梅县年鉴

MEIXIAN NIANJIAN

2016

梅县年鉴编纂委员会
梅 县 年 鉴 编 辑 部 编

方志出版社
Publishing House of Local Records

图书在版编目（CIP）数据

梅县年鉴. 2016/梅县年鉴编纂委员会，梅县年鉴编辑部编. ——北京：方志出版社，2016.11
ISBN 978-7-5144-2219-1

Ⅰ. ①梅… Ⅱ. ①梅… ②梅… Ⅲ. ①梅县—2016—年鉴 Ⅳ. ①Z526.54

中国版本图书馆CIP数据核字（2016）第291397号

梅县年鉴（2016）

编　　者：梅县年鉴编纂委员会
　　　　　梅县年鉴编辑部
责任编辑：刘方圆
出 版 人：冀祥德
出 版 者：方志出版社
　　　　　地址　北京市朝阳区潘家园东里9号（国家方志馆4层）
　　　　　邮编　100021
　　　　　网址　http://www.fzph.org
发　　行：方志出版社发行中心
　　　　　电话（010）67110500
经　　销：各地新华书店
印　　刷：梅县程江彩色印刷厂有限公司
开　　本：787×1092　1/16
印　　张：28.5
字　　数：543千字
版　　次：2016年11月第1版　2016年11月第1次印刷
印　　数：001～800册

ISBN 978-7-5144-2219-1　定价：200.00元

梅县年鉴编纂委员会

主　任：钟光灵（区委副书记、区长）

副主任：张志锋（区委常委、区委办主任）

赖启忠（区政府副区长）

委　员（按姓氏笔画为序排列）：

王志华　王庆润　丘孝良　叶福祥　刘森江

李孟文　郑伟荣　黄钦昌　曾婉玲　廖峰松

梅县年鉴编辑部

主　　编：曾婉玲

副 主 编：叶永生

编　　辑：黄　森　黎志康　卢　清

邓慧聪　陈福君

图　　片：翁尚华　许国义　朱日晖　叶繁荣

有关单位提供

编辑说明

一、《梅县年鉴》由中共梅州市梅县区委、区人民政府主办，梅县区人民政府地方志办公室组织编纂。1994年创刊，每年出版一卷。全书以马克思列宁主义、毛泽东思想、邓小平理论、“三个代表”重要思想、科学发展观为指导，旨在全面、系统、准确地反映梅县区自然、政治、经济、文化、社会等各方面的基本情况，为有关单位和社会各界人士了解和研究梅县区提供基本资料，并为编纂梅县区地方史志积累资料。

二、《梅县年鉴（2016）》为总第22卷，采用分类编辑法，以篇目、类目、分目、条目组成主体部分，图文结合，以文为主。全书设大事记、梅县区概况、政治、经济、科教文、社会生活、乡镇建设、国民经济主要指标、内设机构、名录人物、文献辑存等11篇、共40章、104节、694个目、彩照40版，约54万字。

三、《梅县年鉴（2016）》在保持基本框架相对稳定的前提下，对部分内容进行更新、调整、充实。其中：政治篇中，将组织、宣传、党校、老干、直工委和信访归入中共梅州市梅县区委章；将编制管理和行政服务调至政治篇，增设行政服务管理章。经济篇中，将交通和公路归并为交通运输。社会生活篇中，将工商联调至政治篇与民主党派构成章；文联并入科教文的文化艺术章。

四、《梅县年鉴》资料主要来源于辖区内各单位提供的资料及内部情况通报、调查材料、网络、报刊、杂志等。各单位提供的资料均经供稿单位领导审阅，供稿人署名标在文后。所用的统计数字由各单位和区统计局提供，单位提供数字与统计局提供数字不一致的，以区统计局编制的《国民经济主要指标》统计数字为准。

五、《梅县年鉴》的编辑出版工作得到各级各部门领导的重视、关心和各有关单位的通力合作以及社会各界人士的大力支持，在此深表谢意！有不足之处，敬请批评指正。

领导寄语

历史博物展览，为的是见证历史、以史鉴今、启迪后人。要在展览的同时高度重视修史修志，让文物说话、把历史智慧告诉人们，激发我们的民族自豪感和自信心，坚定全体人民振兴中华、实现中国梦的信心和决心。

——习近平总书记于2014年2月25日考察首都博物馆时强调

地方志是传承中华文明、发掘历史智慧的重要载体，存史、育人、资政，做好编修工作十分重要。

——李克强总理为第五次全国地方志工作会议批示

梅县区行政区划图

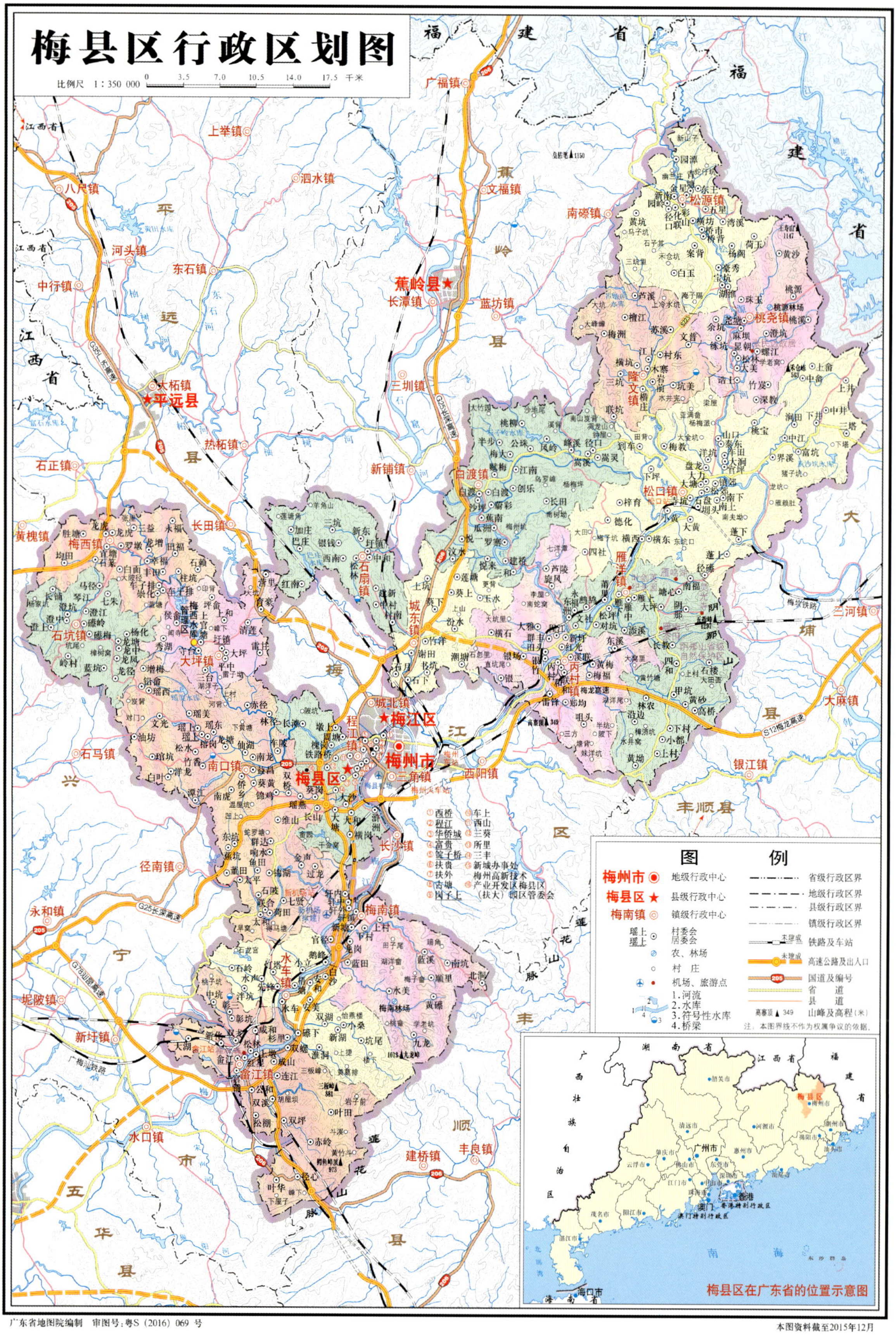

广东省地图院编制 审图号：粤S（2016）069 号

本图资料截至2015年12月

1 月 25 日，中国科协副主席陈章良（右前三），全国政协原委员、中国科技馆原馆长王渝生（右前二）等专家在市、区领导的陪同下到松口镇调研

1 月 27 日，中共梅州市梅县区委员会召开十二届五次全体（扩大）会议

2月14日，梅县区召开梅县区第十四届人民代表大会第五次会议

2月14日至15日，政协第十三届梅州市梅县区委员会第五次会议在区文化活动中心召开

4月16日，全国政协委员、香港客属总会主席、丝宝集团董事长梁亮胜（右前二）及全国政协委员、金利来集团有限公司副主席兼行政总裁、香港嘉应商会会长曾智明（右前三）一行，在市、区领导的陪同下到梅县区参观考察

6月4日，广东省副省长邓海光（左前二）率省查相关部门领导在市、区领导的陪同下到梅县外国语学校考察

6月9日，广东省政协主席王荣（左前二）、副主席梁伟发（左前一）在市、区领导的陪同下到梅县外国语学校考察

6月17日，广东省委副书记、省长朱小丹（左前二）率省相关部门负责人在市、区领导的陪同下到“锦绣国际”考察城市扩容提质工作

8月8日至9日，广东省委常委、省纪委书记黄先耀（中）率队到梅县区检查镇街纪委规范化建设和农村基层党员干部违纪违法线索集中排查工作

8月14日，全国人大常委会原委员、香港金利来集团董事局主席曾宪梓博士（前中）在区领导的陪同下参观中山大学第三附属医院粤东医院

10月12日，第四届世界客商大会开幕仪式在梅县区文体中心举行

10月12日，梅县区举行金利来梅州地区经济总部建设工程动工仪式

10月14日，国家水利部部长陈雷（右前三）、广东省省长朱小丹（右前二）在市、区领导陪同下到梅县区调研水利改革发展情况

10月20日，中央政治局委员、广东省委书记胡春华（右前四）在广州市、梅州市和梅县区领导的陪同下到梅县区调研并检查“三大抓手”推进情况

11月6日，集一家居国际控股有限公司在香港联合交易所上市，成为梅州市第一家在香港主板上市的企业

11月12日，广东省委巡视组在梅县区政府大院后楼会议室召开巡视工作动员会

梅县区“十二五”期间获得的国家级荣誉

全国文明县城

中国长寿之乡

中华诗词之乡

中国民间文化艺术之乡

全国阳光计生行动示范单位

第三批国家现代农业示范区

国家知识产权强县工程试点区

全国法治县创建活动先进单位

全国义务教育发展基本均衡县

全国水田水利基本建设先进单位

建设节约用地试点省先进示范单位

全国客家文化生态旅游知名品牌创建示范区

数字梅县

地区生产总值

人均生产总值

数字梅县

三次产业结构比例

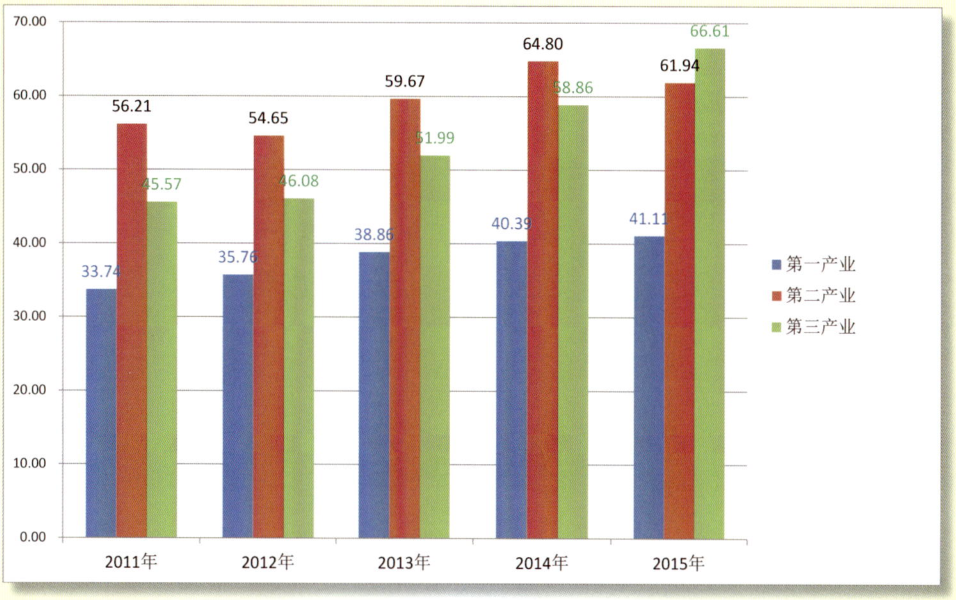

固定资产投资

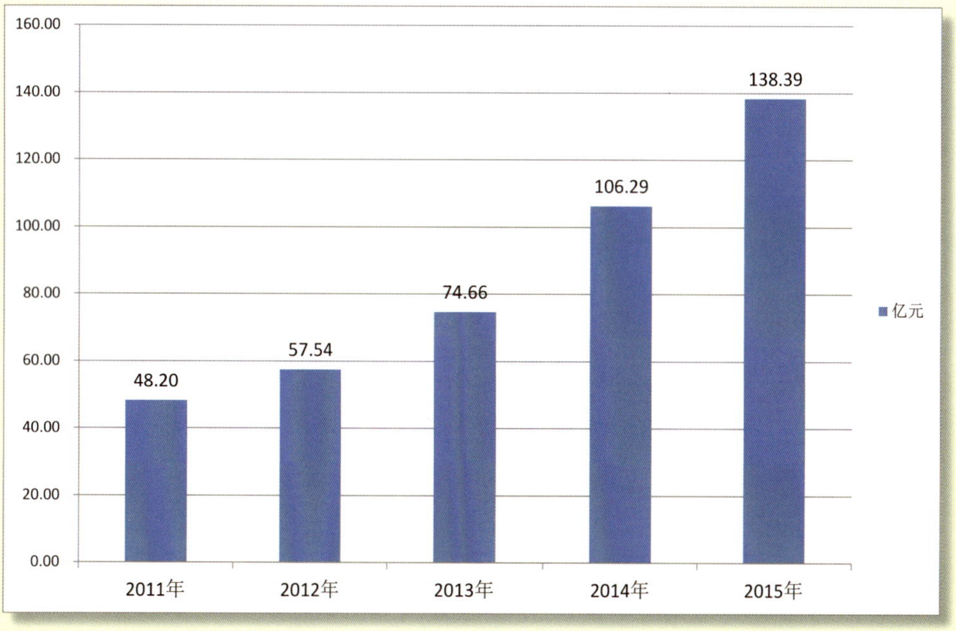

数字梅县

规模以上工业

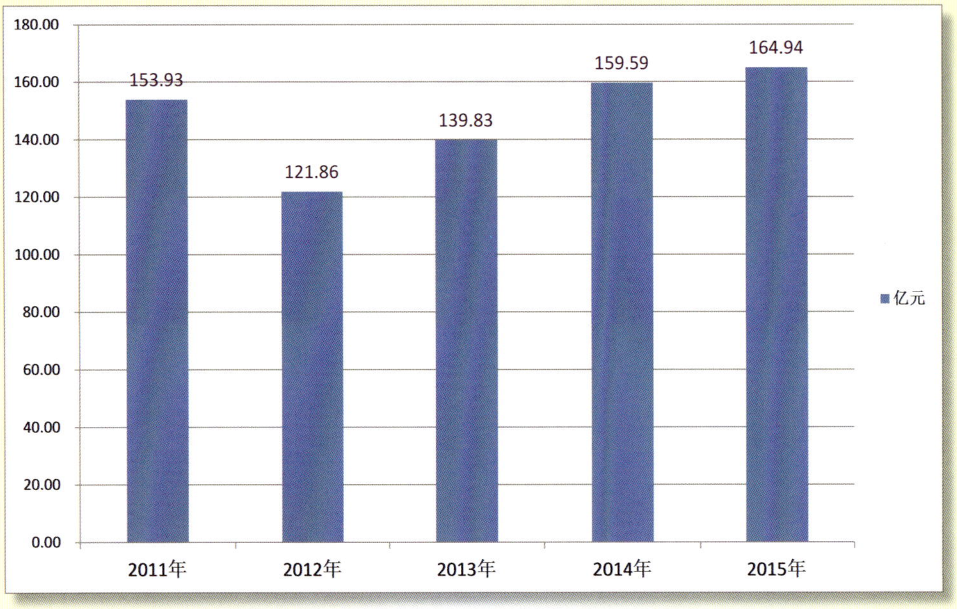

社会消费品零售总额

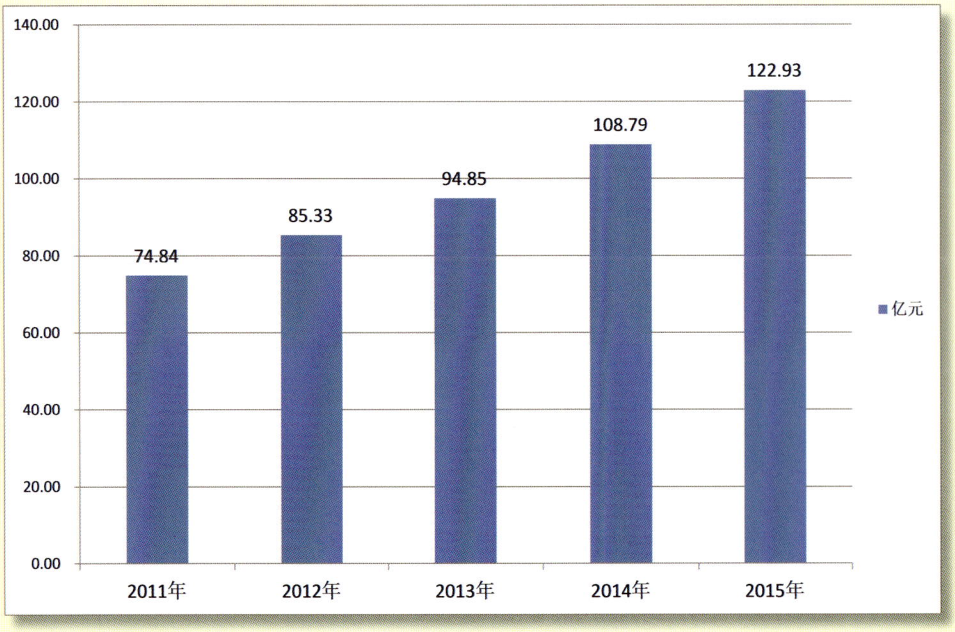

数字梅县

进出口总额

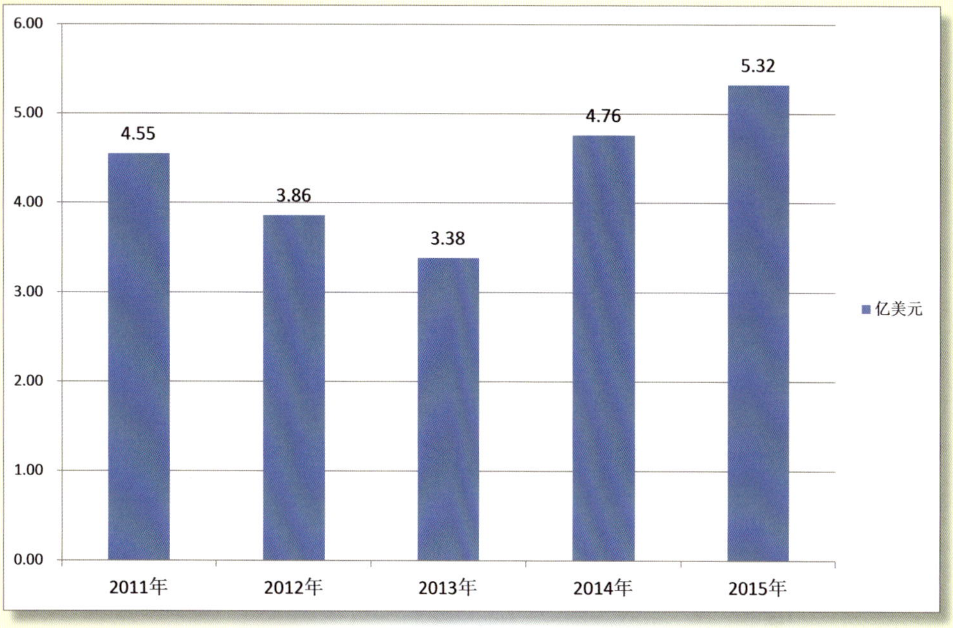

本地税收总额

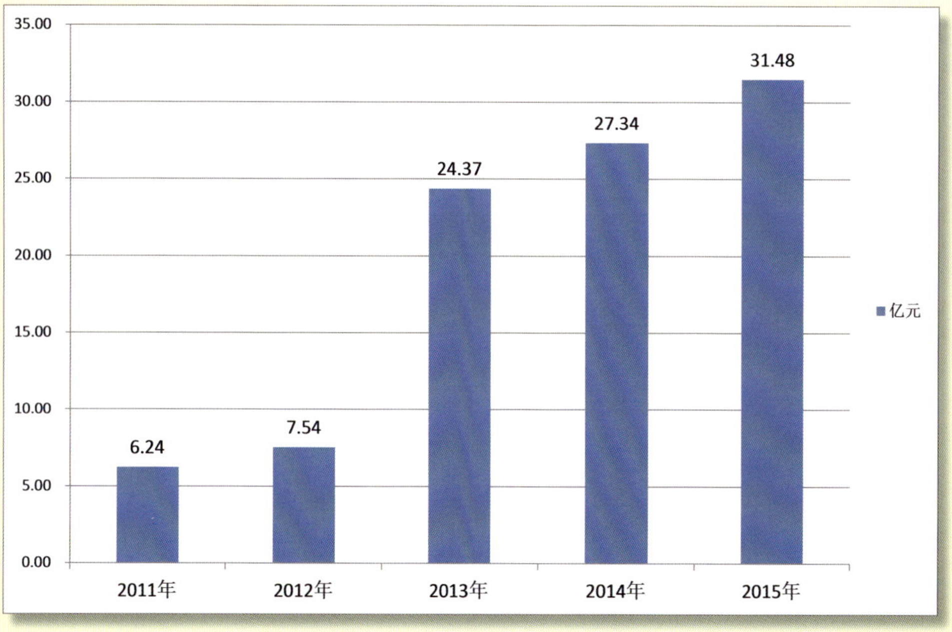

数字梅县

地区公共财政预算收入

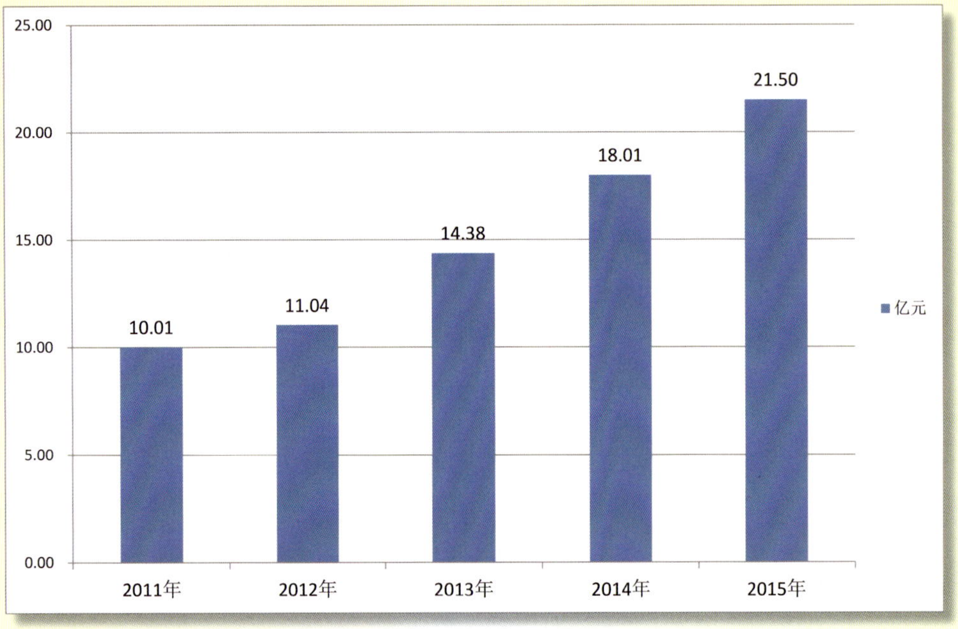

城镇、农村人均年收入

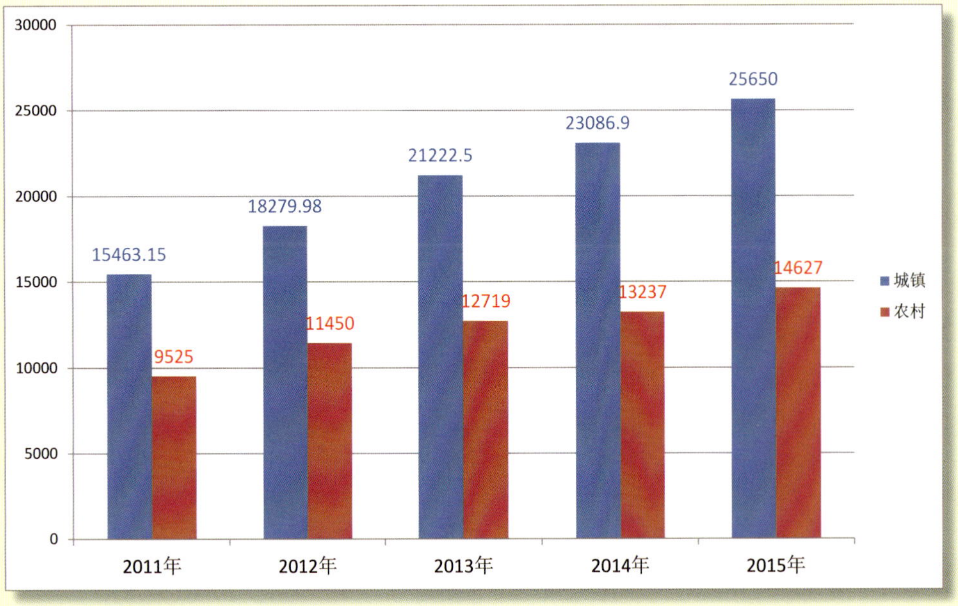

2015年10月，中央政治局委员、广东省委书记胡春华（左前二）在梅县区调研"三大抓手"推进情况

经济实现跨越发展

"十二五"末，全区生产总值169.65亿元，年均增长10.5%；预计人均生产总值31400元，比"十一五"末增长40%。公共财政预算收入在2011年突破10亿元的基础上，2015年又突破20亿元大关，达21.5亿元，是"十一五"末的2.84倍；税收31.47亿元，是"十一五"末的2.19倍；本级税收从2010年居全省山区五市30个县（市、区）第三位，上升到2015年居粤东西北74个县（市、区）第二位。固定资产投资138.39亿元，是"十一五"末的3.8倍，年均增长30.6%；进出口总额5.32亿美元，是"十一五"末的1.23倍。城镇居民人均可支配收入、农村居民人均可支配收入分别达到20168元和14626元，年均增长11.7%和13.6%。

2015年10月，广东梅兴华丰产业集聚带梅县集聚区系列工程动工仪式

梅县集聚区畲江产业园规划图

经济结构调整优化——产业园区

全面启动畲江产业园、水车产业园和城东白渡产业园“三园合一”集聚区的规划建设，制订实施培育发展“装备制造、电子信息、新能源、商贸物流”四个产值超百亿元产业方案，出台系列扶持企业发展优惠政策，促进实体经济加快发展。

2015年11月，区委书记张文广（右）出席梅县企业“集一家居”在香港上市仪式

超华科技股份有限公司新办公大楼

广东华银生物医药产业园

经济结构调整优化——工业发展

梅雁、宝丽华、超华、华银、BPW（梅州）车轴、卡莱（梅州）轮胎等一批龙头企业实力明显增强，新增3家上市企业（嘉元科技、集一、骅锋科技），增加20家规模以上企业，“十二五”末规模以上工业总产值实现164.94亿元。创办电子商务产业园，入园企业58家，被评为“广东省电子商务示范基地”。

2014年5月，梅州云电商生态城在梅县区新城挂牌成立

BPW（梅州）车轴有限公司厂房

卡莱（梅州）橡胶制品有限公司

国基公司现代化的工业机械手臂

博森光电工业园区

2013年11月，梅县金柚飘香招商会在雁鸣湖召开

现代化的金柚自动清洗一体机

经济结构调整优化——精致农业

农业发展水平不断提高，新增11家省级农业龙头企业、12个省农业名牌产品、2个省名特优新农产品、72个"三品"认证农产品，新发展农民专业合作社727家、家庭农场525家，金柚成为"岭南十大佳果""广东十件宝"，农业增加值年均增长3.9%。

丙村镇水稻全程机械化生产基地

松口大黄村农民专业合作社分红大会

无公害水产养殖

移动育秧大棚

无人机专业化统防统治

国家 AAAAA 级旅游景区 -- 梅县区雁南飞茶田度假村

国家 AAAA 级旅游景区 -- 梅县区雁鸣湖旅游度假村

经济结构调整优化——文化旅游

文化旅游产业加速发展，获评"中国长寿之乡"，雁洋成为全国第二个"国际慢城"，联合国教科文组织设立的"印度洋之路"移民纪念项目在松口落成，"全国客家文化生态旅游知名品牌创建示范区"通过国家验收，县域旅游综合竞争力连续五届跻身全省十强。

中国移民纪念广场落成仪式

梅县区麓湖山文化产业园

桥溪景区

国家级传统古村落——南口镇侨乡村

第六届广东自驾游日活动

天汕高速程江段

梅大高速丙村立交

基础设施明显改善——交通道路

五年交通建设共投入 78.5 亿元，全力配合推进“两高一场”建设，境内高速公路通车里程增加至 116.5 公里，新建公路 488 公里、改造公路 891 公里，通车总里程达到 2547 公里，每百平方公里公路密度 102.59 公里，比 2010 年增长 24%；完成新农村公路硬底化改造 480 公里，具备通车条件的行政村客运通达率 100%。

S223 快速干线

城市道路 LED 灯工程

S332 线白渡段路面改造

石扇镇乡村公路

G206 线梅县段新改造

梅县区亲水公园

水库堤围

堤围建设现场抽芯检测

基础设施明显改善——水利建设

水利惠民工程成效明显，五年完成水利投资 12.79 亿元，完成 268 宗水利工程建设、城乡堤围除险加固 71 公里、病险水库除险加固 47 座、中小河流治理 31 宗，解决了 22.6 万多人的安全饮水问题。

梅县区白渡镇石子岭水库区

除险加固后的丙村镇白沙坪水库

白渡镇产业园区自来水供水处理工程

梅县区松源河综合治理工程

梅县区小型农田水利建设工程

梅县新城空间布局规划图

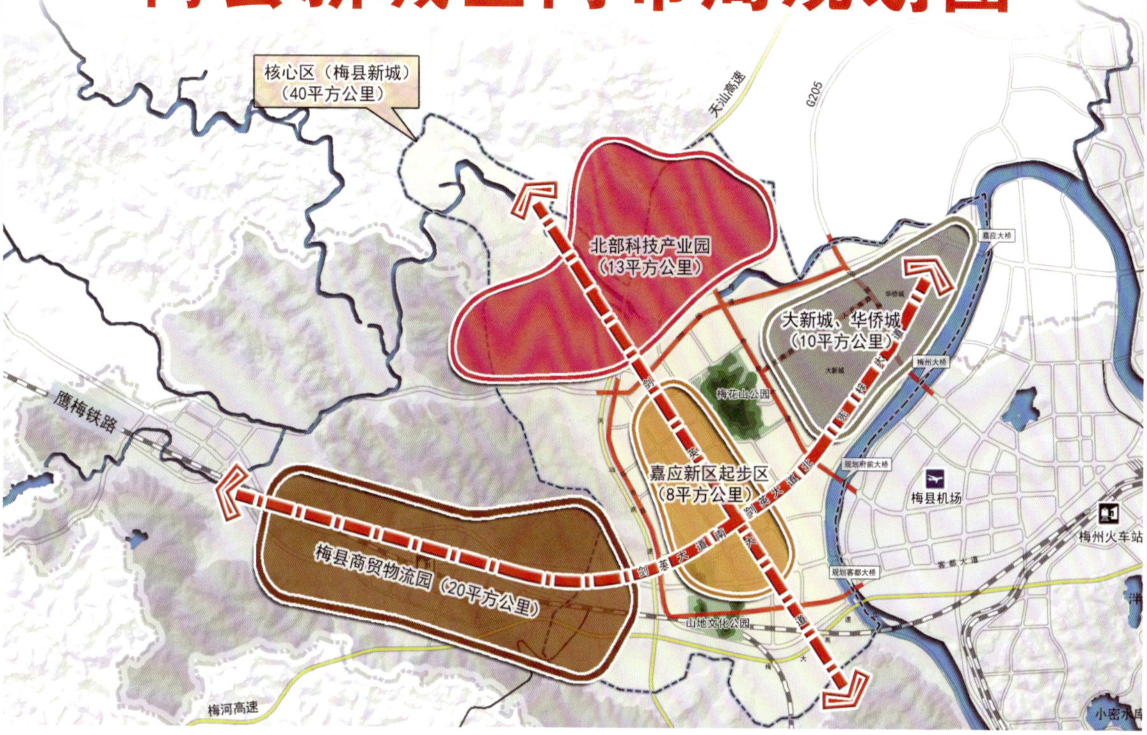

城乡建设步伐加快——撤县改区

2013年，梅县撤县改区。梅县新城规划区面积由25平方公里扩展至40平方公里，建成区面积由2010年的12.31平方公里增至20平方公里、人口由12万人增至18万人。

梅县区文体中心、曾宪梓体育场

梅县区山水城剑英大道

锦绣国际家居博览中心

梅县区新城汽车城

梅县区数字城管

城乡建设步伐加快——城市建设

建成剑英大道、文体中心、曾宪梓体育场、中山大学粤东医院、外国语学校等一批城市功能配套项目，一批城市综合体加快推进，文化教育、医疗保健、汽车商贸、家居建材、电子商务、金融等产业不断发展。

2014年6月，国际慢城联盟正式授予梅县区雁洋镇"国际慢城"证书

松源镇足球场

白渡镇美丽乡村

城乡建设步伐加快——美丽乡村

全面完成乡镇规划编制及村庄整治规划，城乡环境整治深入推进，生态建设全面加强，完成造林 33.85 万亩，建成 1 个湿地公园、136 个绿化美化乡村。美丽乡村建设扎实推进，传统村落保护工作取得成效，12 个村被列入中国传统村落名录，幸福村居示范片加快建设，"十村联动"美丽乡村建设成为全市新农村建设典型。

雁洋镇“南福春秋”美丽乡村建设

南口镇侨乡村古村落群

石扇镇中村村美丽乡村建设示范点

阴那山生态风光

梅南镇森林公园

“梅州月 中华情”央视中秋晚会

社会事业全面发展——居民收入

城镇居民人均可支配收入、农村居民人均可支配收入分别达到 20168 元和 14626 元，年均增长 11.7% 和 13.6%。年末城乡居民储蓄存款余额 194.97 亿元，年均增长 15.9%。

畲江镇安置房工程

秋季招聘会

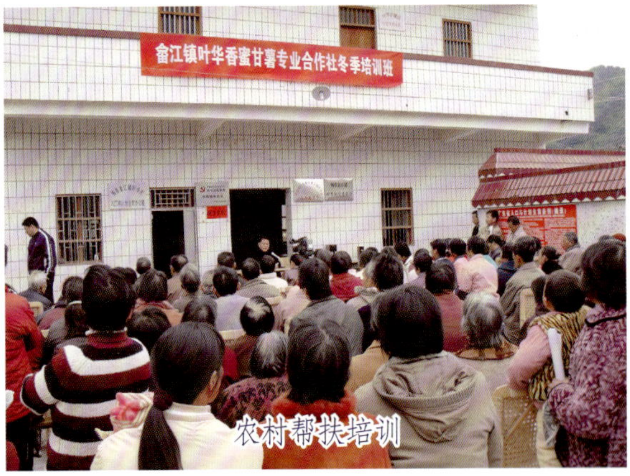

农村帮扶培训

社会事业全面发展——社会保障

城乡居民、职工医疗保险和城乡居民养老保险实现全覆盖，参加各类社会保险人数达 415.73 万人次，比“十一五”末增长 12%。就业形势保持稳定，五年新增就业 2.06 万人、劳动力转移就业 8.23 万人、培训劳动力 2.31 万人，城镇登记失业率保持在 2.4% 左右。安居工程建设稳步推进，五年开工建设各类保障性住房 610 套，完成棚户区改造 780 户，农村危房改造 5791 户。完成两轮扶贫开发“双到”任务。

梅县区外国语学校航拍图

丙村镇中心小学课外活动

雁洋镇文化园

社会事业全面发展——惠民建设

建成并启用梅县外国语学校，成功创建全国义务教育发展基本均衡县，启动争创广东省推进教育现代化先进区工作。完成一批农村文化俱乐部、乡镇农民健身工程等基层公共文化体育设施建设，图书馆、文化馆、博物馆、乡镇综合文化站（室）免费开放，富力切尔西足球学校建成，群众体育运动广泛开展。建成并启用中山大学附属第三医院粤东医院，成立梅县中医院，基层医疗卫生条件明显改善。

梅县区中山大学附属第三医院粤东医院

梅县区市民在区图书馆参观主题书画展览

群众在乡村文化馆内自娱自乐

富力切尔西足球学校上训练课

全区文体设施免费向群众开放

目 录

大 事 记

梅县区概况

政 治

经　济

科 教 文

社会生活

乡镇建设

国民经济主要指标

内设机构

名 录

文献辑存

大事记

大事记（2015年）

1月

3 日　由中国生态学学会旅游生态专业委员会、中国旅游媒体联盟、中国城市旅游杂志社联合在四川成都举办的第一届中国气候旅游高峰论坛上，雁鸣湖旅游度假村被颁发“中国特色生态旅游节庆奖”。

6 日　梅县区被文化部命名为“中国民间文化艺术之乡”。

8 日　广东省农业厅检查督导组在区委常委曾繁伟等的陪同下到梅县区生原现代农业有限公司、丙村镇农业服务超市等地开展岁末年初农业安全生产检查。

10 日　春天集团之夜“和谐中国梦·文化客都情”梅州 2015 群星演唱会在梅县区文体中心举行。费翔、陈慧琳、张信哲、容中尔甲、黑鸭子组合等相继亮相，为全场观众带来一场精彩的视听盛宴。

13 日　广东省人大常委会原副主任、广东省雁洋公益基金理事长谢强华，市委书记黄强、市委副书记叶胜坤等在区委副书记钟秀堂等领导的陪同下到梅南镇九龙嶂广东工农革命军东路第十团团部旧址调研。

22 日　梅县区被农业部认定为第三批国家现代农业示范区。

24 日　深圳铁汉生态环境股份有限公司董事长刘水、深圳华侨城都市娱乐公司运营总裁吴澧波等 16 名企业家及专家团队在副市长李远青和区领导张文广、曾京铭等的陪同下到梅县外国语学校、富力城、文体中心、曾宪梓体育场、亲水公园等地考察新城规划建设情况和投资环境。

25 日　中国科协副主席、书记处书记陈章良，全国政协原委员、中国科技馆原馆长王渝生等专家在市委常委、统战部部长张丽霞和区领导张文广、张志锋、李丹玲等的陪同下到松口镇抗黄龙病试验园进行实地调研。

29 日　广东省副省长林少春、省人力资源社会保障厅厅长林应武在副市长陈建青、区委书记张文广等的陪同下到程江镇调研医疗保险工作。

31 日　广东省委常委、统战部部长林雄一行在市委书记黄强、区委书记张文广等的陪同下到丙村镇旋风村和卡莱（梅州）橡胶制品有限公司慰问和看望困难党员、贫困户、外来务工人员和老劳模。

2月

4 日　中国人社部党组副书记、副部长杨志明在广东省人社厅副厅长谢树兴、梅州市副市长陈建青、梅县区委常委张小兰等的陪同下到卡莱（梅州）橡胶制品有限公司调研“十三五”期间推进农民工市民化情况。

11 日　位于梅县区南口镇的梅州市首座大型公交车充电站正式投入使用。

26 日　中山大学原校长黄达人及中山大学常务副书记、副校长陈春声等在市领导陈丽霞、区领导张文广等的陪同下到中山大学附属第三医院粤东医院进行考察。

是月　锭子桥圆盘改造工程全面完成。

是月　梅县区被农业部评为 2014 年“全国粮食生产先进单位”，是梅县区自 2009 年之后再次获此殊荣。

3 月

3 日　梅州市委书记黄强在市委常委、市政府党组副书记黄伟闻和区委书记张文广等的陪同下到梅县区木子金柚合作社调研农业工作。

4 日　梅州市委书记黄强率市领导周章新、张丽霞、杜敏琪一行在区领导记张文广、张志锋等的陪同下到雁洋镇三乡、富力切尔西足球学校、梅县高级中学等地调研足球工作。

16 日　梅州市市委书记黄强在市委常委、市政府党组副书记黄伟闻和区领导张文广、曾繁伟等的陪同下到松口镇、雁洋镇、丙村镇、南口镇等地，现场察看林下经济发展、林业育苗基地建设、碳汇造林苗木准备、林业产权流转服务平台建设等情况，并在丙村镇东溪村碳汇造林示范点参加义务植树活动。

18—20 日　广东省地方志办主任温捷香及省政协常委、文史委副主任、省地方志办原主任陈强率调研组在市政府党组成员李钢和区领导张文广、钟光灵、赖启忠等的陪同下到松口镇、水车镇、南口镇等地调研梅县区自然村落历史文化现状及开发保护情况。

21 日　由梅县华银雁鸣湖旅游度假村主办的梅县区第四届柚花飘香旅游节在雁鸣湖开幕。

30 日　中国农业发展银行副行长何兴祥率考察组在市领导黄强和区领导钟光灵等的陪同下到雁洋镇南福村、桥溪村等地考察美丽乡村建设情况。

4 月

1 日　梅县区新城建成区正式开始禁止饲养家禽家畜。

是日　梅州市市委书记黄强、市长谭君铁和市委常委、秘书长彭耀新在区长钟光灵等的陪同下到梅县区富力城调研房地产业发展情况。

16 日　广东省驻京办主任周德全在区委书记张文广的陪同下到梅县区富力城、外国语学校、锦绣国际 · 家具博览中心、云电商生态城、文体中心、曾宪梓体育场等地参观考察。

是日　全国政协委员、香港客属总会主席、丝宝集团董事长梁亮胜及全国政协委员、金利来集团有限公司副主席兼行政总裁、香港嘉应商会会长曾智明一行，在原市人大常务副主任李俊夫和区领导张文广、钟光灵、曾京铭、张志锋、张小兰等的陪同下到梅县区云电商生态城、粤东医院、外国语学校、富力城、红星美凯龙、剑英大道延长线建设工地、亲水公园等地参观考察。

17 日　广东新南方集团有限公司总裁朱拉伊、广东珠光控股集团有限公司董事长朱庆伊在副市长陈丽霞、李远青和区领导张文广、曾京铭、张志锋、赖启忠等的陪同下到梅县区文体中心、曾宪梓体育场、中山医院粤东医院、富力城、外国语学校、锦绣国际家居博览中心等地考察。

20日 梅州市市长谭君铁在区领导张文广、钟光灵、黄增国等的陪同下到梅兴华丰产业集聚带现代创业孵化园实地查看畲江产业园中园开发建设进展情况。

21日 梅县区云电商职业技术学校在梅县云电商生态城挂牌成立。

是日 广东省关工委主任张幗英、副主任林惠俗在市领导叶胜坤、曾祥华、何正拔及区领导张文广、林碚等的陪同下到程江镇中心小学、木子金柚专业合作社进行考察。

是日 梅州市市委书记黄强在市委常委、秘书长彭耀新、副市长陈丽霞和区领导张文广、张志锋、管纪城等的陪同下到程江镇检查指导计划生育工作。

24日 梅州市市长谭君铁在市委常委、市政府党组副书记黄伟闻和区长钟光灵等的陪同下到畲江镇、水车镇等地调研中小河流治理和造林绿化工作。

下旬 梅县区残疾人联合会邀请广东三九脑科医院专家在区中医院开展残疾儿童抢救性康复项目筛查义诊活动，对疑似脑瘫儿童进行确诊。

5月

7日 梅州市市委书记黄强在区委书记张文广、副区长管纪城等的陪同下到梅县区现场督查国家卫生城市迎复审工作。

10日 泛华集团董事长杨天举率队在副市长李远青、区委书记张文广、副区长赖启忠等的陪同下到外国语学校、锦绣国际和文体中心等地参观考察。

上旬 梅县区19个镇(办事处、高管会)网上办事站自助终端设备全部完成安装、调试，链接到区网上办事大厅，实现网上办事自助终端全覆盖。

14日 梅州市市委书记黄强、市长谭君铁在市委常委、秘书长彭耀新和区领导张文广、钟光灵、张志锋等的陪同下到畲江镇中心卫生院、新医院选址、镇中心小学等地考察。

14—15日 富力地产集团联席董事长兼总裁张力、廖冬芬伉俪一行在区领导张文广、钟光灵、张志锋等的陪同下到梅县区富力切尔西足球学校、富力城、外国语学校、锦绣国际等地参观考察。

18日 “梅县侨批与‘海上丝绸之路’文物展”在梅县区博物馆开展。

是日 中华国际商贸物流商会常务副会长李远恒、88国际控股有限公司董事长林忠、惠海集团公司总裁王丽一行到梅县区电子商务产业园、文体中心、中山大学粤东医院、外国语学校、锦绣国际·家居博览中心等地参观考察。

19日 梅县在梅县华侨城广场举办“中国旅游日”暨“文明旅游、快乐出行”万人签名活动。

22日 梅县区工商联被全国工商联评为“五好”县级工商联。

27日 梅县区启动“云平台”项目，举行“农技宝”服务终端发放仪式，120名区、镇农技员和380户科技示范户获“农技宝”服务。

是月 梅县外国语学校被列为高中阶段招生第二批次录取学校，正式面向全市招收高中一年级新生。

6月

2 日　梅州市市长谭君铁在副市长陈建青和区委书记张文广、区长钟光灵等的陪同下到广东华银生物医药产业园调研。

4 日　广东省副省长邓海光率省水利厅厅长林旭钿、省农业厅厅长郑伟仪、省人力资源社会保障厅党组成员、外专局局长劳帜红、省住房城乡建设厅总规划师李永洁一行在市领导黄强、彭耀新、李远青和区领导张文广、钟光灵等的陪同下到外国语学校和综合保税区等地考察。

9 日　广东省政协主席王荣、副主席梁伟发在市委书记黄强、市政协主席李金元和区委书记张文广、区长钟光灵、区政协主席曾京铭等的陪同下到雁南飞茶田、桥溪古歆、外国语学校等地参观考察。

17 日　广东省委副书记、省长朱小丹率省相关部门负责人在市领导黄强、谭君铁、彭耀新、李远青和区领导张文广、钟光灵等的陪同下到外国语学校、锦绣国际、电子商务产烽园等地考察城市扩容提质工作。

19 日　“国际慢城”雁洋镇荣获国际慢城联盟总部颁发的“橙色蜗牛2015”大奖。

25 日　梅州市市委书记黄强在市委常委、统战部长张丽霞和区政协主席曾京铭等的陪同下到广东骅锋科技股份有限公司、广东华银生物制药有限公司等企业调研科技创新工作。

29 日　梅州市市委书记黄强在市委常委、秘书长彭耀新和区领导钟光灵、曾繁伟、林砧等的陪同下到程江镇扶贵村看望慰问基层老党员和困难党员。

是月　梅县外国语学校出台招生政策，除幼儿园外，小学一年级、初一、高一全面招生。

7月

2—3 日　南方物流集团总裁管金虎率队到梅县区现代物流规划区、云电商生态城等地调研，了解现代物流业发展现状。

6 日　太平洋建设集团董事局主席严昊一行在区领导张文广、钟光灵、张志锋、黄增国、赖启忠等的陪同下到梅县区保税物流园、梅县新城参观考察。

上旬　全国人大代表、深圳市奥林投资有限公司董事长邓振龙捐资500万元，用于兴建松口太乙公园。

上旬　梅县区委宣传部联合区文学艺术界联合会在梅城华侨博物馆举办以“人文秀区、美丽梅县”为主题的美术书法作品展。

23 日“两岸情——台湾著名画家李沃源国画/瓷板画梅州展”在梅县区文体中心举行。

是月　梅县区被中华诗词学会授予“中华诗词之乡”称号。

8月

8 日　梅县区被农业部列为“国家农产品质量安全县（市）”创建试点单位。

9 日　广东省委常委、省纪委书记黄先耀率队在市委书记黄强、市委常委、纪委书记胡钛和区领导张文广、罗时亮、张志锋等的陪同下到南口镇、雁洋镇等地检查基层纪委规范化建设、基层党员干部违纪违法线索排查、农村“三资”管理、基层行政服务中心等情况。

10日 深圳市有信达物流集团有限公司董事长陈小斌到梅县区考察投资环境并商讨项目落户事宜。

11日 梅州市委书记黄强率队在区领导张文广、钟光灵、钟秀堂、张志锋等的陪同下到梅县区了解梅畲快速干线项目建设进展情况。

13日 远信集团广州柚子舍生物科技有限公司CEO凌志强率领考察团到梅南、水车、畲江、丙村、雁洋、松口等镇了解产业园区、交通基础设施建设和金柚种植、生产加工等情况。

是日 梅花山森林公园升级改造项目举行动工仪式。该项目由梅县富力城房地产开发有限公司斥资千万元进行升级改造。

14日 全国人大常委会原委员、香港金利来集团董事局主席曾宪梓博士在区领导张文广、曾京铭、张志锋等的陪同下参观曾宪梓体育场、中山大学粤东医院、富力城、梅县外国语学校、锦绣国际家居博览中心、梅县区亲水公园。

中旬 梅县区雁洋镇长教村被授予“中国乡村旅游模范村”称号。

24日 梅县区环城路扶大段改造工程已经全面完工。

27日 梅州市市长谭君铁一行在区领导钟光灵、黄增国等的陪同下到城东镇郊区加油站、白渡园区航鑫科技公司、丙村石化厂等地现场检查企业安全生产责任制、规章制度、安全措施等落实情况。

28日 梅县区第三家社区康园中心在松口镇正式启用。

31日 在区委五楼常委会议室举行广东珠光集团有限公司投资潮塘文化旅游产业项目签约仪式。

9月

1日 梅县区外国语学校建成并投入使用。

2日 由梅县区残联投资建设的松口社区康园中心启用。

5日 叶选宁将军在区领导张文广、钟光灵、张志锋等的陪同下到外国语学校、富力城、粤东医院等地参观考察。

7日 在梅县区富力切尔西足球学校举行广东梅县东山中学富力分校揭牌仪式。

7—8日 深圳市有信达物流集团总裁陈小斌、联邦快递中国区副总裁钟国仪率盐田国际平盐海铁联运有限公司和深圳市海购通电子商务有限公司等相关人员组成的考察组在副市长陈丽霞和区领导张文广、钟光灵、赖启忠等的陪同下到梅州综合保税区选址点和O2O项目拟用场地、云电商生态城、文体中心、富力城、梅县外国语学校等地进行考察。

14日 梅州市市委书记黄强到梅县区云电商生态城、剑英大道延长线、外国语学校、综合保税区等地检查指导工作。

16日 法国留尼汪省顶磅市市长曾宪建率队到石扇镇、梅县区文体中心、外国语学校、粤东医院等地参观考察。

17—19日 深圳海王集团股份有限公司执行总裁高锦民一行到梅县区文体中心、曾宪梓体育场、粤东医院、富力城、外国语学校、锦绣国际、盛世通生物有限公司、中大红豆杉种植基地、南寿峰中药养生园、长荣林业发展股份有限公司、梅州综合保税区、水车生物岛等地进行调研。

22 日　广州薇美姿实业有限公司总经理曹瑞安一行到梅县区电商产业园、梅县区文体中心、广东十记果业有限公司、中山大学粤东医院、梅州富力城、梅县外国语学校、锦绣国际·家居博览中心、梅州综合保税区等地参观考察。

23 日　广东省建筑工程集团有限公司董事长、党委书记丘小广率领考察组到梅县文体中心、粤东医院、富力城、锦绣国际、客都大桥连接线等地进行考察。

30 日　梅州市在梅县区南口镇革命烈士陵园举行烈士公祭活动。

是月　梅县区环城路段完成改造。

是月　梅县金柚产业园部分投产。

10 月

3 日　梅州市市委书记黄强一行到梅县区文体中心、人民广场和曾宪梓体育场等地检查第四届世界客商大会相关筹备工作。

10 日　梅县外国语学校举行海外顾问聘任仪式。聘任丹斯里拿督、马来西亚客家公会联合会永远荣誉会长、马来西亚多美金钻珠宝有限公司董事长吴德芳和印尼熊氏集团总裁、印尼国际日报报业集团董事长熊德龙及泰国华人青年商会会长李桂雄为该校海外顾问。

12 日　第四届世界客商大会开幕仪式在梅县区文体中心举行。

是日　梅县区举行梅县外国语学校、中山大学附属第三医院粤东医院国威门诊大楼、李有权医技大楼、陈梅冰高压氧治疗中心的启用仪式及金利来梅州地区经济总部、金利来花园、梅兴华丰产业集聚带梅县集聚区有信达保税物流项目等系列工程的动工仪式。

15 日　广东骅锋科技股份有限公司（证券简称：骅锋科技，交易代码：833796）在北京全国中小企业股份转让系统举行梅县区专场挂牌仪式。

18—19 日　印尼侨胞世界联合总会秘书长、印尼客属联谊总会永远荣誉主席钟家燕率印尼各地议员、企业家代表参观梅县新城和部分现代农业基地。

20—21 日　广东省委书记胡春华、省委常委、秘书长林木声、副省长邓海光、广州市委副书记、市长陈建华一行在市领导黄强、谭君铁和区领导张文广、钟光灵等的陪同下到梅畲快速干道改建工程、锦绣家居博览中心、梅县外国语学校、梅县区电子商务产业园等地进行调研。

21 日　梅县区扶大高新区三葵村金利来梅州经济总部项目奠基。

22 日　广东嘉元科技股份有限公司（证券简称：嘉元科技，交易代码：833790）在北京全国中小企业股份转让系统举行梅县区专场挂牌仪式。

25 日　马来西亚霹雳嘉应会馆会长李爱贤一行到梅县外国语学校参观考察。

11 月

4 日　市委书记黄强在区领导钟光灵、曾繁伟、林础等的陪同下到程江镇扶贵村调研挂钩村软弱涣散党组织整顿工作。

是日　中国二十二冶集团董事长张会清率领考察组在区委书记张文广的陪同下到锦绣国际家居博览中心、梅县外国语学校、中山大学粤东医院、云电商生态城、梅县亲水公园等地参观考察。

是日　佛光寺举行开放20周年庆典。宗教界以及社会各界人士近千人参加庆典。

7日　梅县区在雁鸣湖旅游度假村启动创建国家农产品质量安全县行动。

8日　梅县区在雁鸣湖旅游度假村启动创建国家农产品质量安全县行动。

12日　广东省委第十二巡视组到梅县区开展巡视检查工作。

中旬　总投入200多万元升级改造的梅县区残疾人康复中心正式启用，可供80名康复对象入住开展康复训练。

20日　梅州市市委书记黄强在到松源、桃尧、石扇等三镇调研并检查“一区两带”项目建设进展情况。

21日　梅县区残疾人康复中心启用，可供80名康复对象入住开展康复训练。

25日　交通运输部政策研究室副主任刘鹏飞在区委副书记钟秀堂等的陪同下到雁洋镇桥溪村、阴那村等地了解乡村公路建、管、养、运等情况。

26日　铁汉生态环境股份有限公司总裁陈阳春到梅县区文体中心、曾宪梓体育场、麓湖山文化产业园和第一职业学校葵岗校区参观考察。

12月

28日　梅县区财政局被财政部授予“全国财政系统先进集体”荣誉称号。

是日　香港梅县同乡会回乡联谊访问团在区领导张小兰的陪同下到梅县区文体中心、曾宪梓体育场、粤东医院和富力城、外国语学校、锦绣国际、亲水公园等地参观考察。

责任编辑：黄　森

梅县新县城济济楼，与周围耸起的新式住宅和谐并存，和而不同，体现了新旧文化的交融。（锐视角航拍）

梅县区概况

基 本 概 况

【位置面积】 梅县区位于广东省东北部，韩江上游，梅州市中部。介于北纬 23° 55′ — 24° 48′、东经 115° 47′ —116° 33′ 之间，东西宽 78 公里，南北长 98 公里；东邻大埔，西界兴宁，南连丰顺，北接蕉岭；东北与福建省上杭、永定毗连，西北与平远接壤，中部环接梅州市梅江区。2014 年底，全区总面积 2482.86 平方公里；向有“八山一水一分田”之说，盆地、丘陵、山地分别占总面积的 22.5%、55.4%和 22.1%。

【自然环境与资源】 境内千米以上山峰 9 座，最高阴那山五指峰 1297 米，次为王寿山 1147 米。主要河流有梅江河、石窟河、程江河和松源河，梅江为主干流（母亲河），流经区境约 70 公里，年平均径流总量 90 多亿立方米，水能理论蕴藏量 30 万千瓦，占全县水能理论蕴藏量 40.13 万千瓦的 75%。隆文镇岩前村“绿窟源”是近期发现的国内首个顶级待开发的水下全淹洞。

矿产资源以大理石、煤、铁、锰、钨、锌、铜、石灰石等为大宗，其中大理石储量 40 多亿吨、煤近 4 亿吨、铁 1318 万吨、锰 700 万吨。

野生动物资源兽类主要有野猪、黄猄、大灵猫（五段子）、狐、狸、野兔、黄鼠狼、豪猪、松鼠等 10 多种，禽类有竹鸡、雉鸡等，鸟类有斑鸠、鹧鸪、猫头鹰、喜鹊等 10 多种，鱼类有河鲶、斑鱼、黄鳝、泥鳅等近 10 种，两栖爬行类有田螺、鳖鱼、龟、青蛙、穿山甲、金环蛇、银环蛇等 10 多种。

植物资源主要有金柚、茶叶、柑橙、香蕉、柿子、西瓜、烤烟、仙人草、竹笋、南药等。

【气候】 2015 年，年平均气温 22.0℃，比历年平均偏高 0.4℃；年降水量 1696.3 毫米，比历年平均偏多 13%；年日照时数 1740.4 小时，比历年平均偏少 6%。年极端最高气温 38.1 ℃，极端最低气温 1.3℃。日最大降水量 78.2 毫米。

5 月 9 日，受高空槽前气流及低空槽切变线影响，梅县区出现中到大雨，局部暴雨到大暴雨的降水天气过程，其中石扇镇 142.4 毫米、白渡镇 119.7 毫米，造成局部山洪暴发，沿河低洼地方受浸，农作物受淹，部分水利设施受损。全区受灾人口 200 人，紧急转移 14 人，农作物受灾面积 600 亩，直接经济损失 40 万元。

6 月 1 日，受西南暖湿气流影响，梅县区西北部出现暴雨局部大暴雨的降水过程，石坑镇 106.0 毫米，梅西镇 79.0 毫米。

【旅游景区景点】 主要有国家AAAAA级旅游景区雁南飞度假村，国家AAAA级旅游景区叶剑英纪念园、雁鸣湖度假村、千年古刹灵光寺，国家AAA旅游景区南寿峰健康产业园，省文物保护单位元魁塔，最具代表性的中国五大特色建筑客家民居围龙屋南华又庐、丙村温公祠，国家级文化产业园南口麓湖山庄，国家级古村落水车茶山村、南口侨乡村，广东省十大最美古村落雁洋桥溪村、国家历史文化名镇和历史文化名街松口、世界最大圆形建筑——梅县文体中心，主要地方名胜阴那山、王寿山、九龙嶂等。

【荣誉与人物】梅县区先后荣获中国金柚之乡、全国水果百强县、中国旅游强县、全国文化先进县、中国民间艺术之乡（山歌艺术之乡）、全国绿化模范县、全国绿色小康县、全国文明县城、全国卫生城市等称号，并被确认为中央苏区县、中国长寿之乡。是传统的文化之乡、足球之乡、华侨之乡。客家文化源远流长，客家话方言以梅县客家话为代表，文化底蕴深厚，孕育出不少杰出人物。著名的有清代著名诗人宋湘、黄遵宪，辛亥革命烈士陆军上将邓仲元，中华人民共和国元帅、全国人大常委会委员长叶剑英，现代著名画家林风眠，全国政协副主席叶选平，全国人大常委、香港金利来集团有限公司董事局主席曾宪梓，两院“院士”古德生、张楚汉等 14 人。

【行政区划】2015 年底，梅县区设新城办事处、扶大高新区管理委员会 2 个镇级建制单位和程江、南口、畲江、水车、梅南、梅西、石坑、大坪、城东、石扇、白渡、丙村、雁洋、松口、隆文、桃尧、松源 17 个镇，下辖 355 个村委会、33 个居委会。2015 年，全区人口出生率为 11.37‰，死亡率为 5.66‰，自然增长率为 5.7‰。年末，全区户籍人口 610169 人，同比增长 1.67%；其中，非农人口 135161 人，同比增长 0.3%。

经济社会发展概况

【简述】2015 年，梅县区抓住国家促进原中央苏区、省促进粤东西北振兴发展和市进一步加快县域经济发展的一系列扶持政策契机，充分利用广州增城对口帮扶机遇，围绕振兴发展主线，扭紧“三大抓手”，壮大实体经济，优化产业结构，加快区经济发展步伐。全年全区完成地区生产总值（GDP）169.65 亿元，同比增长 7.8%。其中：第一产业增加值 41.11 亿元，同比增长 4.2%，拉动GDP增长 0.8 个百分点；第二产业增加值 61.94 亿元，同比增长 5.8%，拉动GDP增长 2.9 个百分点；第二产业中的工业增加值 53.14 亿元，同比增长 5.6%，拉动GDP增长 2.4 个百分点；第三产业增加值 66.6 亿元，同比增长 13%，拉动GDP增长 4.1 个百分点。三次产业结构比例为 24.2:36.5:39.3。实现一般公共财政预算收入完成 21.5 亿元，同比增长 19.4%。全区税收总收入 31.48 亿元，同比增长 15.1%。其中，国税税收 10.28 亿元，同比增长 14.5%；地税税收 21.2 亿元，同比增长 15.5%。公共财政预算收入和本级税收总量均在粤东西北 12 个市 74 个县（区）中排名第二位。居民人均可支配收入 20168 元，同比增长 10.9%；其中：城镇居民人均可支配收入 25650 元，同比增长 11.1%；农村居民人均可支配收入 14627 元，同比增长 10.5%。

全年完成固定资产投资总额 138.39 亿元，同比增长 30.2%。按产业分，第一产业投资 4.77 亿元，同比增长 154.3%；第二产业投资 35.92 亿元，同比增长 24.6%；其中：工业投资 35.92 亿元，同比增长 24.6%；第三产业投资 97.7 亿元，同比增长 29.3%。完成房地产开发投资总额 48.48 亿元，同比增长 11%。

2015 年，梅县区分获“中国民间文化艺术之乡”“中华诗词之乡”称号；区财政局在全省县级中唯一荣获全国先进集体殊荣，区工商联荣获全国“五好”县级工商联称号。

【工业】 大力发展壮大实体经济，着力提升经济增长速度、质量和效益。全面落实扶持实体经济发展政策，大胆创新，出台贷款贴息、“助保贷”等多项扶持措施，重点扶持“新三板”上市培育企业、招商引资落户企业、增资扩产企业发展，增强发展后劲。全年新增规模以上工业企业 8 家，新增 10 亿元产值企业 1 家、亿元以上产值企业 5 家。集一家居成为梅州第一家在香港联交所上市的企业，嘉元科技和骅锋科技 2 家企业在“新三板”上市。

主动将梅县集聚区纳入丰华兴梅产业集聚带的总体规划，突出“三园合一”（畲江产业园中园、水车产业园、城东白渡产业园）的产业集聚区规划思路。与广州（梅州）产业转移工业园精准对接、产业配套，错位发展、融合发展，重点发展装备制造和商贸物流、休闲健康医疗、新型电子和新材料主导产业，积极争取享受省级产业转移园政策优惠。梅兴华丰产业集聚带梅县集聚区已获省批准，纳入园区统计考核，享受省产业转移政策，获得 5000 万扶持资金。加快城东白渡产业园博森光能、梅盛伟业旋窑水泥、佳锐力等一批在建项目建设进度。2015 年末，畲江工业园区有规模企业 26 家，完成规模以上工业总产值 30.25 亿元，同比增长 8.7%；城东白渡产业园落户企业 34 家，其中建成投产企业 25 家，与增城合作共建的产业园，已入园、在建、落实的招商引资项目有 10 个。

围绕在三五年内打造装备制造、电子信息、新能源、商贸物流四个产值超百亿元产业和宝丽华集团主营业务收入超百亿元企业的目标，全力支持宝丽华、梅雁、华银、超华、BPW（梅州）车轴、卡莱（梅州）橡胶、振声科技等骨干企业增资扩产、挖潜增效、做大做强，吸引上下游配套企业聚集，健全完善产业链，推动产业集群发展，推进企业上规模、保规模和上亿元台阶工作。

2015 年末，全区装备制造企业 105 家，实现产值约 45 亿元，其中亿元产值以上的企业有BPW（梅州）车轴有限公司、卡莱（梅州）橡胶制品有限公司、华南三一工程机械有限公司、梅州国基精密制品有限公司等 4 家企业。

电子信息产业企业 85 家，实现产值 30.7 亿元，其中亿元产值以上的企业有广东超华科技股份有限公司、广东嘉元科技股份有限公司、梅州紫晶光电科技有限公司等 3 家企业。

新能源产业企业规模以上 4 家，其中亿元产值以上的企业有广东宝丽华新能源股份有限公司、梅雁吉祥水电股份有限公司等 2 家企业。新能源产业实现产值 51.8 亿元。

工业重点项目建设有序推进，博森光电年产 500 兆瓦太阳能多晶硅片制造、BPW（梅州）车轴扩产和车轴配件出口基地建设、鸿荣重工工程机械配件生产技术革新以及增加生产线、嘉好废旧汽车拆解、和安沥青混凝土、重源有机肥、技腾电声、亮如昼电子、星泰环保等项目至年底大部分已竣工投产；梅盛伟业旋窑水泥、聚金建材、富柚生物等新建和卡莱（梅州）、超华科技、嘉元科技、宝丽华电力、航鑫科技、庆达实业、泰山建材等公司的技改等项目正在建设，工业投资和技改投资呈现出良好的发展势头。全年完成工业投资35.92亿元，同比增长24.6%，其中投入工业技改资金 8.28 亿元，同比增长78.9%。

2015年，全区完成规模以上工业总产值164.94亿元，同比增长5.8%；实现规模以上工业增加值46.75亿元，同比增长5.1%；规模以上工业企业实现利税总额27.22亿元，同比增长19.4%。

规模以上工业总产值按经济类型分：国有企业产值 10384 万元，同比下降 47.6%；集体企业产值4455万元，同比下降24.8%；股份合作企业产值 13380 万元，同比增长1.9%；股份制企业产值1306334万元，同比增长 6.2%；外商及港澳台投资企业产值287194万元，同比增长5.6%；其他经济类型企业产值27678万元，同比下降48.5%。

至年底，全区有工业企业557家。其中：规模以上企业91家（其中：大型企业2家，中型企业14家；年产值超亿元的企业30家，畲江工业园企业 26 家），规模以下企业 466家。新增规模以上工业企业8家，新增10亿元产值企业1家、亿元以上产值企业5家。

工业产品主要有发电量、电子元件、水泥、车轴、橡胶轮胎、编织工艺品、电解铜箔、服装、覆铜板、精炼铜等10类产品。

【农业】 2015年，梅县区围绕全面深化农业农村改革、加快推进农业现代化这一主题，以加快转变发展方式、推动农业转型升级为目标，以“国家现代农业示范区建设”“创建国家农产品质量安全县”为抓手，大力发展特色农业，促进农业农村经济保持持续健康发展。2015年全区有耕地面积21.2万公顷，粮食播种面积 31.7 万公顷，其中水稻种植面积23.46万公顷。全区实现农业总产值65.74亿元，同比增长4.2%。其中，种植业产值51.37亿元，同比增长4.2%；林业产值0.78亿元，同比增长15.2%；牧业产值9.87亿元，同比增长 2.3%；渔业产值 2.7 亿元，同比增长5.7%；农林牧渔服务业产值1.01亿元，同比增长11.8%。

全年谷物产量 17.66 万吨，同比增长3.0%；其中水稻产量 16.87 万吨，同比增长3.0%。经济作物产量中，花生同比增长3.6%，烤烟同比增长 2.8%，蔬菜同比增长 2.8%,甘蔗同比增长8.3%。

全年水果总产量 73.9 万吨，同比增长5.5%；其中，柚子产量51.1万吨，同比增长6.4%，总产值约 25 亿元，人均金柚收入约5000 元。生猪饲养量 62.2 万头，同比增长1.0%；猪肉产量3万吨，同比增长1.7%；水产品产量2.91万吨，同比增长5.4%；三鸟饲养量894.3万只，同比增长0.6%。完成造林面积8.3万亩；建成生态景观林带50公里；完成森林抚育 26.87 万亩；扩大生态公益林6.3万亩；年末森林覆盖率达74.62%。

全区有县级以上农业龙头企业123家，其中省级17家、市级43家；农民专业合作社842家；家庭农场525家。“三品”认证企业105家：其中无公害42家、绿色食品21家，有机食品42家。新增12个省级名牌产品，农产品电商63家。

2015年，被认定为“国家现代农业示范区”，被列为创建“国家农产品质量安全县”。

【招商引资】 围绕打造装备制造、电子信息、新能源、商贸物流四个超百亿元产业目标开展招商。依托产业集聚地、电子商务产业园、梅州综合保税区和新城扩容提质，加大招商引资力度，与中新集团、棕榈园林股份有限公司、远信集团、橙天地娱乐有限公司、广州企业家投资商会等对接，重点引进装备制造、新能源、新材料、保健养生等项目。积极争取本区重点外资企业BPW车轴、卡莱轮胎公司的产业配套发展项目落户。

充分利用第四届世界客商大会的契机，加快促成深圳有信达海购通跨境电子商务产业园项目落户畲江产业园、金利来梅州地区经济总部项目在客商大会期间动工、广州富力集团与深圳海王集团投资 20 亿元的水车富力生物谷项目在客商大会签约。瞄准全国百强企业，利用百强企业掌握丰富的企业资源，拥有众多的产业配套供应商的优势，采取PPP模式，将园区土地资源依法交由企业建设并进行对外招商。首期分别引进中新集团对畲江产业园首期 380 亩土地进行开发，并负责汽车及相关产业的招商；引进广州富力集团在水车产业园内建设生物谷，围绕生物医药健康主导产业共同招商。

此外，2015 年，先后出台《企业融资（助保贷）扶持实施办法》《丰华兴梅产业集聚带梅县集聚区招商优惠办法》《梅县区企业上市（新三板）扶持实施办法》《梅县区企业贷款贴息扶持实施办法》，在土地、财政扶持、税收、费用减免、投资者子女就读、管理与监督等费用方面给以大力优惠和扶持，以优惠政策促进招商引资。2015 年，全区计划投资 5000 万元以上的落地项目有 44 个，计划总投资 177.73 亿元，已投入 43.91 亿元。

【国内贸易 对外经济】 2015 年，全区实现社会消费品零售总额 122.93 亿元，同比增长 13%。其中：城镇零售总额 86.87 亿元，同比增长 13.9%；农村零售总额 36.06 亿元，同比增长 10.9%。分行业零售总额中，批发和零售业零售总额 106.61 亿元，同比增长 14.2%；住宿和餐饮业零售总额 16.32 亿元，同比增长 5.6%。

2015 年，对外贸易新签外商投资项目（已批准）3 个，合同利用外资金额 5430 万美元，同比增长 2.76%。实际利用外资 1900 万美元，同比增长 0.8%。全年完成外贸进出口总额 5.32 亿美元，同比增长 11.8%。其中，出口总额 4.78 亿美元，同比增长 17.52%；进口总额 5421 万美元，同比下降 21.75%。其中，卡莱（梅州）橡胶制品有限公司出口 1.3 亿美元，BPW（梅州）车轴有限公司出口达 3000 多万美元。

【电子商务】 梅县区在新城行政区域建立起梅县区电子商务产业园后，引进云电商基金建设云电商生态城，形成以云电商生态城、电商创业大厦、淘宝创业园、萨维尔电子商务公司为主体的电子商务发展平台。至年底，产业集聚区已引进电商企业 58 家，全区有电商企业 80 家。2015 年还引进广东工业设计城有限公司进驻梅县区，建立广东工业设计粤东基地，实现网店运营、设计、客服、营销、仓储、物流、售后等服务一体化，打造工业创业平台。

【旅游】 2015 年，梅县区继续打响“叶帅故里、客都明珠、国际慢城”特色旅游品牌。全年共投入各级财政资金 436 万元扶持旅游企业的发展。重点抓好“创意南口 · 客归侨乡 · 麓湖山庄”、恒溪生态园建设项目、南寿峰健康文化产业园建设项目、三乡养生度假村建设项目、中国收藏文化示范基地项目、新南湾水岸游乐休闲中心综合开发项目建设。

加强对麓湖山文化产业园、南寿峰健康

文化产业园和洞天湖旅游区创建A级景区的指导，协助景区做好各项申报工作。协助雁南飞、雁鸣湖和灵光寺3家A级景区开展评定性复核工作。

2015年，梅县区再次荣获广东省县（市）域旅游综合竞争力“十强”，雁南飞荣获国家生态旅游示范区，雁洋镇荣获广东旅游名镇，雁洋“国际慢城”荣获“橙色蜗牛2015”大奖，雁鸣湖、灵光寺顺利通过国家AAAA级旅游景区的复评，南寿峰健康产业园评为国家AAA级旅游景区和广东省中医药文化养生旅游建设单位，雁洋镇长教村荣获中国乡村旅游模范村和广东旅游名村，梅县区生泰鱼庄、乡村人家、杜陂坑、腾飞和善庆庐等5家农家乐被评中国乡村旅游金牌农家乐。2015年，梅县区新开业莱雅木屋温泉度假村、四季佳禾农业园、维也纳国际酒店、梅花山酒店、尚客优酒店、吉盛酒店等一批旅游企业。全年接待游客1454.78万人次，同比增长20%，其中过夜游客1091万人次，同比增长20%。旅游总收入122.11亿元，同比增长21%。

【基础设施建设】 交通基础设施建设　围绕“一区二带”发展战略，积极构建“对外快速连通、对内全面畅通”的综合交通网络。全年规划实施交通项目34个，完成投资9.4亿元，同比增长22%。

2015年，济广高速公路梅县段建成通车，梅平高速公路完成施工图设计。长深高速增设葵岗立交互通直接联通高铁梅州西站项目，完成工程可行性研究报告编制。配合梅汕高速铁路梅县段建设前期工作和梅县新机场预选址工作及梅畲快速干线新建项目的前期工作。城东白渡工业园的G205国道至白渡梅州坑工业园道路（含瓜洲大桥）项目，投入5000万元完成立项、施工图设计和评审等。

继续抓好剑英大道延长线和客都大桥连接线工程建设，配合市交通公路部门做好城区客都大桥、新程江大桥的建设，葵岗高速出口至新城区的进城大道2.5公里进入施工阶段。

全年投入6500万元，完成76公里农村公路硬底化建设，完成项目有松口镇永月至洋坑村大金旅游公路、大坪上和马缺头至下嶂旅游公路、县道X020线大坪圩镇路面大修工程、县道X026线南口至石坑段公路路面改造工程、九龙公路和新农村公路硬底化建设等。正在实施项目有丙村大桥建设工程，县道X010线石坑至梅西段公路路面工程和X968线畲江段路面改造工程。

至年底，区域内通车总里程为2546.8公里，其中高速公路5条共116公里；国道2条共84.18公里；省道3条共155.1公里；县道21条共301.46公里；乡道200条共915.43公里；村道471条共974.63公里。每百平方公里公路密度102.59公里，每百平方公里公路硬底化密度88.6公里，高速公路密度每百平方公里4.21公里（梅州市平均为2.61公里），全区“外通内联”的区域交通网基本形成。有3家出租公司，2家客运企业，55家货运企业。全年旅客运输量472万人，旅客周转量61359万人公里，同比增长12%；货物运输量2156万吨，货物周转量38.82亿吨公里，同比增长13.8%。

水利水电建设　2015年，全区投资3.89亿元实施55宗水利工程项目建设，其中：27宗中小型灌区续建与节水改造工程，2宗机电排灌改造工程和农村水电增效扩容工程，12条中小河流治理工程（其中7宗山区中小河流治理工程），6宗新出险病险水库除险加固工程、程江涝区治理工程、新城水质净化厂配套集污管网项目首期工程等水利工程。

至年底，全区已完成工程建设资金 2.92 亿元，开工建设项目 53 宗，完成工程建设任务 75%。

全年实施建设中小型灌区续建、节水改造工程及2014年度中央财政小型农田水利重点县建设项目共27宗。至年底，中小型灌区续建与节水改造工程完成投资6391万元，全面建设完成23宗改造工程；2014年度中央财政小型农田水利重点县建设项目全部完成。

全年投资3138.9万元，实施建设2宗机电排灌改造工程，2 宗农村水电增效扩容工程和 1 宗涝区整治工程。至年底，全面完成机电排灌改造工程和农村水电增效扩容工程建设，涝区整治工程完成工程进度60%。

邮电电信　2015年，完成邮电业务总量9.20 亿元，同比增长 23.8%。其中：邮政业务总量5972万元，同比增长10.8%；通信业务总量8.6亿元，同比增长24.8%。年末，全区固定电话用户 6.55 万户，移动电话用户47.38万户，互联网用户29.7万户。

【城乡建设】 城市建设　2015年，梅县区新县城投入建设资金 12.55 亿元，建设项目 37项，建筑面积87.88万平方米，其中市政基础设施建设投入1.99亿元。至2015年底，梅县区新县城累计投入资金218.78亿元，建设项目4549项，建筑面积1381.88万平方米，建成区面积20平方公里，建成区绿化覆盖率达38.69%，绿地率达35.35%；城区人口14.5万，人均公共绿地面积为18.06平方米。

城市规划区面积从 25 平方公里扩展至40平方公里，控制区范围从40平方公里扩展至70平方公里；西片区划定8平方公里作为嘉应新区的起步区。围绕汕梅高铁梅州西站建设，在城市规划控制区面积内规划16平方公里高铁新城。围绕2015年新建进城大道、喜之郎侧、金利来侧等10条扩容提质市政道路进行规划建设，做好天然气在 3 条市政道路长2.5公里管线规划建设，做好205国道铁炉桥段 800 米的雨水、污水管道规划建设，做好电力在9条市政道路15.6公里管线规划建设。

至2015年底，完成重点工程项目有：投资10.5亿元建设梅县外国语学校，2015年9月建成开学，招生规模 5000 人。投资 13.5亿元建设三级甲等标准综合医院——中山大学粤东医院。剑英大道延长线市政道路工程项目，总投资约 2.16 亿元，完成总工程量90%。客都大桥连接线市政道路工程项目，总投资4321.49万元，8月开工建设，完成总工程量 50%。全年城区扩容提质的水利工程4宗，总投资约4.92亿元（其中：亲水公园二期工程计划投资2.49亿元、程江河堤提升改造工程计划投资 1.8 亿元、程江涝区治理工程 4326 万元、梅县新城水质净化厂配套集污管网项目首期工程2000万元）。

乡村建设　做好全区农村生活垃圾无害化处理工作。完成编制全区城乡生活垃圾收运处理专项规划，有13个镇（高管会、办事处）的生活垃圾运送到奇龙坑实施无害化处理，并下发《关于切实抓好“一镇一站、一村一点”生活垃圾设施建设工作的通知》，要求各镇严格按技术规范要求，高标准、高质量建设生活垃圾处理设施。至年底，已完成全区19个镇（高管会、办事处）垃圾处理的相关设施建设。

推进行政示范村建设，2015年全区打造名镇1个（雁洋镇），打造名村39个，示范村 116 个。30%的行政村完成示范村建设，10%的镇和行政村完成名镇名村建设。

推进幸福村居示范片建设。积极开展“中央苏区县创建幸福村居示范片”工作。示范片以南口镇葵黄、益昌2个行政村和丙村镇群丰、大雅村2个行政村为核心村。项目总投资1150.42万元，其中，省级专项补助资金1000万元，自筹资金150.42万元。

【建筑房地产业】2015年，全区资质等级以上建筑业总产值17.55亿元，同比增长17.5%；完成建筑业增加值8.99亿元，同比增长7.6%。完成房地产开发投资总额48.48亿元，同比增长11%。商品房施工面积235.1万平方米，同比增长7.6%；商品房竣工面积151.12万平方米，同比增长36.2%；商品房销售面积102.06万平方米，同比增长79.5%；商品房销售额45.99亿元，同比增长87.9%。发放商品房预售许可证95宗，批准预售面积81.1万平方米、5401套。2015年全区销售7842套，销售均价4330元/平方米，同比下降0.5%。

【社会民生】2015年，梅县区新一轮扶贫开发"双到"工作有省定重点帮扶村33个、贫困户1799户、贫困人口6358人。33个重点帮扶村分别由广州市对口帮扶15个村，梅州市对口帮扶7个村，梅县区直单位帮扶11个村。从2013年4月启动新一轮"双到"工作起，33个帮扶单位共投入帮扶资金1.69亿元，平均每村513万元；其中生产经营项目195个投入资金2660.6万元，基础设施项目591个投入资金1.18亿元，民生项目388个投入资金1014.1万元。各贫困村"三年规划"的建设项目全部完成，贫困户全部实现脱贫。新一轮扶贫开发"双到"工作被省、市核定有"优秀"等次。

加强农村供水设施建设和村道硬底化建设。积极推进村村通自来水工作进程，完成村村通自来水工程的规划和工程设计招投标及建设方案。至年底，解决了农村13.8万人的安全饮水问题，基本实现村村（行政村）通自来水。加快实施300人以上的自然村公路硬底化工程，实现村村通公路和村道水泥硬底化，促进新农村建设和山区经济的发展。

积极推进保障性安居工程建设。加快廉租住房、经济适用住房、公共租赁住房、棚户区建设工作进度。全年完成市政府下达给梅县区新增公共租赁住房20套任务、城市棚户区改造770户任务和基本建成保障性住房121套任务。

2015年，城镇新增就业人员4292人，帮助失业人员实现再就业4102人，帮助就业困难人员实现就业394人；城镇登记失业率2.4%；全年劳务输出15.05万人，其中，城镇3.84万人，农村11.21万人。

2015年，城乡各种救济对象得到国家救济的有45945人，合计资金5364.9万元。全区现有城乡低保对象8438户19725人，农村五保供养2167人，孤儿73名。从2015年1月起提高了低保、五保、孤儿养育标准，城镇低保标准450元/人月、农村低保标准350元/人月。城乡低保对象月人均补差分别为城镇380元，每人每月增加41元；农村180元，每人每月增加28元；五保供养标准调整为每人每月662元，每月人均增加25元。全年发放低保金4522.7万元，五保金1724.9万元；孤儿补贴标准为社会散居孤儿每人每月从700元提高到760元，福利机构集中供养孤儿每人每月从1150元提高到1240元。全年农村困难家庭义务教育阶段得到学生生活费补助共有860人，合计金额11.8万元。

2015年，全区有7.43万人参加社会养老保险，3.23万人参加失业保险，5.57万人参加职工医疗保险，3.82万人参加工伤保险，3.84万人参加生育保险，50.46万人参加城乡居民医疗保险，22.64万人参加城乡居民养老保险。全年社保费征收 3.8 亿元，超额完成全年任务 3.4 亿元的 11.8%。

【国土资源】 2015 年，梅县区耕地面积 21.9 万公顷（其中基本农田 18.89 万公顷）、园地 18.02 万公顷、林地 18.02 万公顷、草地 1443.3 公顷、城镇村及工矿用地 1.22 万公顷、交通运输用地 3300 公顷、水域及水利设施用地 7713.3 公顷。有 36 家矿山企业（13 家建筑石场、2 家矿泉水企业、4 家铁矿、1 家铜矿、13 家石灰石、1 家银锑矿、2 家大理石）。

完成国土资源部门实施的 2013 年度松口、程江镇共 524.3 公顷高标准基本农田建设任务，并做好 2014 年松源，白渡、城东镇共 499.2 公顷高标准基本农田建设前期相关工作。

完成 2015 年度区与镇、镇与村、村与村民小组耕地保护责任书签订工作和2013年度基本农田经济补偿资金拨付工作，共拨付资金 993.97 万元（其中省补助 851.97 万元、区配套 142 万元）。同时，配合做好 2014 年度省政府耕地保护考核组对市政府耕地保护责任制考核工作，以及市对区耕地保护责任制考核工作。

争取新增建设用地指标 15 批次，累计面积 661.4 公顷。有力地保障梅县区城市扩容提质、梅兴华丰产业集聚带梅县集聚区、白渡城东新型电子产业基地和文化旅游、城镇基础设施等省市区重点项目工程的用地需求。

做好 3 个省重点项目梅雁祥和养生园、雁洋三乡养生度假村、梅县福晋老年公寓规划调整修改工作。完成梅州综合保税区 29.3 公顷有条件建设区的规划调整工作，正在进行调整规划修改的有客都大桥延长线、新城自来水厂项目、南口镇、松源镇有条件建设区。做好 2015 年报批用地中 5 批次 33.8 公顷耕地占补工作，实现占优补优和占补平衡。

做好扶大铁炉桥医院背 13.3 公顷、梅花山脚（扶大）富力城背 5.7 公顷、三丰村 13.3 公顷、新城水厂 6.7 公顷、畲江园区约 40 公顷的征地工作以及扶大、南口进城大道征地工作，及梅畲快速干线、梅汕高铁和梅平高速征地前期准备工作。充分发挥政府土地融资平台作用，积极向农发行融资，为城市扩容提质提供财力支撑。

全年办理各类土地证书 9407 本，其中：国有土地证 8281 本，抵押他项权利证 172 本，集体土地使用权证 954 本。做好农村集体土地确权登记发证的复核、整改、归档等后续管理工作，完成全区 18 个乡镇 494 宗集体所有制权证审核，重新更新补发 65 宗集体所有制权证。

全年通过动态巡查及区“两违三抢”督查小组发现土地违法行为 113 件，其中制止在萌芽状态 10 宗，立案查处 9 宗，拆除 94 宗。

【环境保护】 2015 年，环保审批建设项目 159 宗（其中：建设项目环境影响报告书项目 4 宗，建设项目环境影响报告表项目 93 宗，建设项目环境影响登记表项目 62 宗），否决 26 宗选址不当的申报项目。环保投资 3.02 亿元，同比增长 117.27%。全年削减COD排放量 198.11 吨、削减氨氮排放量 149.4 吨、削减二氧化硫排放量 4949.23 吨、削减氮氧化物排放量 1174.18 吨。环境空气质量保持稳定，优于国家二级标准，局部环境空气质量持续向好；地表水水质基本达到划定功能区标准，饮用和备用水源水质达标率为 100%；城区环境噪声基本符合城市噪声质量标准。

加强对国控企业的日常监管及各项环保设施和在线监测系统正常运行的日常监督。

投资1071万元的雁洋、畲江和松源3个中心镇污水处理厂建设投入试运行。继续开展"未批先建、未验先投"专项整治工作，严格按照《广东省排污许可证实施细则》的要求，办理排污许可证60家。会同相关部门联合开展环保大检查，开展重点行业挥发性有机物、产生含破坏臭氧层物质企业及重点行业烟粉尘排放源企业的综合整治行动。坚持以征促治的原则，依法进行排污申报，确保排污费依法、全面、足额征收。全年排污费入库总额为787.26万元，全年入库单位155家。

加大城区环境噪声整治力度。加强大气污染防控，发放机动车环保标志9476个。新城区空气质量明显优于上年同期。积极开展创建国家环境保护模范城市活动。制定《梅州市梅县区创建国家环境保护模范城市总体工作方案》和《梅州市梅县区创建国家环境保护模范城市2015年和2016年实施方案》，积极做好巩固国家卫生城市工作。加强畜禽养殖污染防治，严格执行环保"三同时"制度，加大对规模化畜禽养殖排放物综合利用和无害化处理设施运转情况监督检查。加大对全区15个乡镇集中式饮用水源保护区的监督管理和监测力度，及时清除各种威胁饮用水源安全的隐患。

全年受理群众投诉419宗，其中：反映水污染33宗，大气污染268宗，噪声污染132宗，其他污染7宗。处理率为100%。

【科技】 2015年，梅县区有国家高新技术企业12家；广东省创新型企业2家、创新型试点企业1家，省级工程技术研究开发中心6家、市级5家；广东省省部产学研示范基地3家、科技特派员工作站5个；省部产学研合作重点实验室培育单位1家；省级技术创新专业镇6家、市级3家；全国企事业知识产权试点单位1家、省知识产权优势企业5家、省知识产权教育试点学校2所。

组织申报2015年省级科技计划项目13项，已获准立项8项，获得财政资金支持近600万元。组织6家企业申请省级企业研究开发补助资金。其中广东超华科技股价有限公司和广东嘉元科技股价有限公司2家企业分别获补助金额88万元和85万元。梅州市中大南药发展有限公司的《红豆杉新品种关键技术研发及产业化创新团队》通过省专家组认定，核准为2014年省扬帆计划引进创新创业团队项目，获资助经费300万元。组织BPW（梅州）车轴有限公司申报2016年广东省（高性能车轴及车轴关联部件）工程技术研究中心建设项目，申请经费100万元。

组织广东泰鸿科技有限公司、广东十记果业有限公司、梅州市盛世通生物有限公司、梅州正方网络有限公司、梅州富家酒实业有限公司和梅县雄辉实业有限公司等6家企业与4所高等院校、科研院所建立起产学研合作关系，聘请11名科技特派员。广东金森林实业有限公司和广东十记果业有限公司经省科技厅批准组建起省部产学研科技特派员工作站。

广东金森林实业有限公司、广东振声科技股份有限公司、梅州鸿荣重工有限公司等3家企业通过高新技术企业认定。广东泰鸿科技有限公司、广东骅锋科技有限责任公司、梅州正方网络有限公司等3家企业通过高新技术企业复审。广东金森林实业有限公司、广东绿园环保科技有限公司、梅州鸿荣重工有限公司、梅州鸿荣机械有限公司、广东航鑫科技股份有限公司等5家企业获准高新技术培育企业入库。组织广东嘉元科技股份有限公司等企业的《新型高抗拉强度电解铜箔》等3种新产品申报省高新技术产品并通过认定。

全年专利申请量 1554 件（其中：发明专利 47 件，实用新型专利 1417 件，外观设计专利 90 件），同比增长 49.42%；专利授权量 1736 件（其中：发明专利 14 件，实用新型专利 1645 件，外观设计专利 77 件），同比增长 118.64%。连续两年实现专利申请量和授权量爆发式增长。全年全区有 1 项科技成果通过省科技成果鉴定，7 项科技成果获 2015 年市科学技术奖。

【教育】 2015 年，梅县区有各类学校 60 所（其中：完全中学 8 所，初级中学 17 所，中心小学和直属小学 26 所，中等职业学校 4 所；其他各类学校共 5 所），中小学生 62220 人（其中：普通高中 10511 人、中等职业学校 4104 人、初级中学 12096 人、小学 35509 人），小学入学率为 100%，辍学率为零，毕业率为 100%；15 周岁人口初等教育完成率 100%，初中入学率为 100%，辍学率为 0.34%；高中毛入学率为 96.05%。全区中小学有教职工 5253 人，专任教师 5009 人。小学教师学历达标率 100%，初中教师学历达标率 99.9%，高中教师学历达标率 93%。2015 年招录 77 名全日制师范类本科以上学历毕业生充实到中小学校任教。

全区有各类幼儿园 105 所（区直属幼儿园 1 所、镇中心幼儿园 19 所、学校附设幼儿园 19 所、民办幼儿园 66 所），其中：广东省一级幼儿园 1 所，梅州市一级幼儿园 18 所，梅县区一级幼儿园 10 所。幼儿园教职工 1880 人，教师学历达标率为 98.9%；在园幼儿 19448 人，学前三年毛入园率 98.3%。

年度教育经费总投入 12.64 亿元（其中：国家财政性教育经费 11.32 亿元、民办学校自行投入 4616.4 万元、社会捐赠经费 367.4 万元、事业收入 7850.8 万元、其他收入 386 万元），比上年增加 2.67 亿元，同比增长 26.78%。全区中小学有独立科学馆 26 幢，实验室 637 间，仪器室 92 间，语言实验室 41 间，计算机室 223 间，计算机 9899 台，生机比 10：1，电教平台 940 个，地面卫星接收系统 10 套，仪器设备总值 2775 万元。中小学图书室、阅览室 181 间，图书 201.6 万册。

2015 年高考考生 4475 人，600 分以上人数有 52 人；上重点本科线人数 160 人，比上年增加 8 人，其中：高级中学考生刘佐顺以总分 659 分居全区理科第一名、李晓钰以总分 600 分居全区文科第一名；上本科线的人数 1320 人，入围率为 29.5%；上省三A线的人数 2339 人，入围率达 52.27%。 高级中学再获佳绩，600 分以上人数有 50 人；上重点本科线人数 137 人；考上本科线以上的有 843 人，入围率为 69.97%；考上省三A线的人数 1135 人，入围率达 94.35%。

中考考生 3951 人，750 分以上 4 人，700 分以上 177 人，650 分以上 597 人，600 分以上 1078 人，最高分为高级中学考生吴滔滔总分 757.7 分。

【文化艺术】 2015 年，梅县区文化部门投入资金 333 万元，在区博物馆建成“客都明珠——梅县区历史文化专题陈列”布展室，结束梅县区博物馆无专题陈列展览室的历史。继续实施图书馆、文化馆、博物馆、乡镇综合文化站（室）免费开放，不断充实镇、村文化设备设施，全年省拨 222 万元的文化设备设施充实镇文化站和村文化室，全区新增藏书 22255 册，新购电子阅读机两台；投入资金约 572 万元，完成雁洋、石坑、松口（2 个）、城东、桃尧、梅南、松源、梅西、畲江、白渡等 11 个农村文化俱乐部建设任务。

2015年，完成农村电影放映4260场，广场电影371场，科技电影进步月放映355场，扶贫济困敬老院放映活动160场，农村文化俱乐部活动38场，广东工会情系职工放映活动6场，“构建和睦家园，反对家庭暴力”“关注留守儿童”主题电影公益活动18场，观众达40多万人次。全年客家山歌传承保护中心、木偶传习所各送戏下乡演出80多场。

群众文艺创作，歌曲《旗袍》分别获省群文创作二等奖和梅州市群文创作一等奖；曲艺《红娘队》分别获省群文创作三等奖和梅州市群文创作一等奖；相声《狗语人情》《王元呗》获梅州市群文创作一等奖。国画作品《围龙夜月》获文化部全国公共文化服务中心主办的“文化大视野——全国群众文化、图书、博物文集”优秀奖。由梅县区文化馆组织，区客家山歌传承保护中心排演的表演唱《拦门戏亲》，参加广东省第八届群众戏剧曲艺花会比赛荣获铜奖。

山歌剧《古寨牛人》参加由广东省委宣传部、省文化厅举办的“中国梦·南粤情——全省优秀舞台艺术作品巡演”活动；大型歌舞剧《梦幻客都》参加梅州市第四届世界客商大会、第三届文博会系列活动演出；广东省第八届（中青年）戏剧演艺大赛,客家山歌传承保护中心14人报名参加比赛，廖渊荣获“银奖”，刘谦隆等荣获“铜奖”，单位荣获“组织奖”。

《客家迎客谣》代表梅州市梅县区“山歌艺术之乡”于6月24日—27日参加文化部办公厅在江苏省苏州市吴江区举办的“中国民间文化艺术之乡”民歌、山歌展演活动；8月，应新加坡茶阳（大埔）会馆的热情邀请，参加新加坡茶阳（大埔）会馆主办的为庆祝中华人民共和国成立50周年—SG50、会馆成立157周年以及茶阳基金会成立20周年三大庆典“客家文化节”演出活动。

从县（区）、市级文物保护单位中筛选9处申报为第八批省级文物保护单位；从不可移动文物、县（区）级文物保护单位中筛选8处申报为市级文物保护单位。做好省级文物保护单位——群丰大夫第的维修工作，同时做好宋湘故居、李金发故居的维修勘察设计方案。

做好省级第六批非物质文化遗产项目梅县足球运动的申报工作以及第五批市级非物质文化遗产项目代表性传承人梅县区客家门神画的传承人侯文发和松口客家山歌的传承人廖建隆的申报工作。年底，梅县区客家门神画的传承人侯文发被评定为第五批市级非物质文化遗产项目代表性传承人。至年底，梅县区有省级非遗项目4项、市级非遗6项、县（区）级非遗项目30项，共有9类40项；各级非遗项目代表性传承人40名。全区有文化产业企业153家，从事文化产业的工作人员总计达1800多人。

【医疗卫生】2015年，梅县区有医疗卫生计生单位26间，其中：直属单位有8间（粤东医院、妇幼保健计划生育服务中心、疾病预防控制中心、卫生监督所、慢性病防治院、中医医院、康乐医院、流动人口计划生育管理服务队），镇级卫生院18间。有职工1569人（干部993人，工人576人）；卫生专业技术人员1381人（正高职称9人，副高职称116人，中级职称388人，初级职称868）。2015年科研立项共42项，卫生科研课题15项，获梅州市科学技术奖课题26项。

全年，公立医疗机构门、急诊总人数为97.55万人次，比上年增加5.18万人次，出院总人数3.88万人次，比上年增加5208人次。

基础设施建设　在畲江镇新大桥侧规划

新建梅州畲江医院，按二甲综合医院标准建设，规划用地 53.7 亩，总建筑面积约 45200 平方米，分三期建设。推进区中医医院改扩建工程实施。抓好乡镇卫生院“五个一”（一辆救护车，一台全自动生化仪、一台心电图仪、一台 500 毫安 X 光射线机和一台 B 超仪）装备配套，共筹集配套采购资金 930 万元，年底已完成设备装备任务。

机构改革 根据上级关于优化整合妇幼保健和计划生育技术服务资源的指导意见要求，于 5 月整合组建“梅州市梅县区妇幼保健计划生育服务中心”，保留“梅州市梅县区妇幼保健院”牌子。整合镇人口计划生育服务中心和镇卫生院妇幼保健职能，在镇卫生院加挂“妇幼保健计划生育服务中心”牌子。村级保留村级卫生室和村计划生育专干。

医药卫生体制改革 继续探索县级公立医院改革，加快区中医院改革试点，取消药品加成，推进医疗保障制度建设，改革收费方式和项目价格。城乡居民医保继续推进总额预付下的按人头、按病种、总额预付等复合支付方式。全区城镇居民参保率达到 100%，城乡居民医保政府补助标准提高到 380 元，政府范围内最高支付限额达到 22 万元。乡镇一级城乡居民医保报销比例达到 90%。国家基本公共卫生和重大公共卫生服务项目全部免费或补助的方式向全民提供。

计划生育 坚持各级党政“一把手”亲自抓，将计生工作列入年度绩效考核内容，继续实行 “一票否决”。深入开展婚育新风进万家活动，规范“三栏、两室、一校”建设，与媒体合作积极办好《人口与计划生育》《健康园地》等专题栏目。全年投入计生经费 2836.93 万元，人均 52.78 元；年征收社会抚养费 2757.6 万元。2015 年全区人口出生率为 11.37‰，死亡率为 5.66‰，自然增长率为 5.7‰。年末，全区户籍人口 610169 人，同比增长 1.67%，其中非农人口 135161 人，同比增长 0.3%。

重大公共卫生 农村妇女宫颈癌检查及农村地区宫颈癌监测完成年度筛查 10000 例任务，查出宫颈癌 3 例，均进行手术治疗。完成农村孕产妇住院分娩补助 3500 人，完成率 100%。预防艾滋梅毒乙肝母婴传播项目初诊孕妇数 3774 人，接受HIV抗体、梅毒及乙肝两对半检测 3774 人，检测率 100%。

地贫防控项目初诊孕妇 3774 人，地贫筛查 3773 人，筛查率 99.97%，确诊地贫孕妇 321 人，检出夫妻同型地贫 32 对，确诊重型地贫胎儿 4 例，均已终止妊娠。2015 年，无重型地贫儿出生。

基本公共卫生 全区建立居民电子健康档案 38 万多份。预防接种免疫规划各苗基础和加强免疫接种率均达 95%以上，随访适龄儿童建卡发证、扩大免疫规划疫苗基础和加强免疫接种率均达 99%以上。重点加强对 0—3 岁儿童系统管理，3 岁以下儿童 22053 人，系统管理 21548 人，系统管理率 97.71%；新生儿死亡率 1.73‰，婴儿死亡率 1.87‰，5 岁以下儿童死亡率 3.02‰。全年产妇数 6911 人，活产 6953 人，产前检查 6911 人，产前检查率 99.40%；住院分娩 6953 人，住院分娩率 100%；高危产妇 2005 人，高危产妇检出率 29.01%；高危产妇管理 2005 人，高危产妇管理率 100%；孕产妇死亡 2 例，孕产妇死亡率 28.76/10 万。

全区在册严重精神障碍患者 3272 例，在管患者 3142 例，规范管理 2264 例。全年检查可疑肺结核病人 1727 例，发现活动性肺结核病人 396 例，其中初治涂阳病人 136 例，复治涂阳病人 33 例，初治涂阴病人 227 例（其中重症涂阴病人 44 例），完成市下达任务的

104.76%。人均基本公共卫生服务经费标准由35元提高到40元以上。

【体育】2015年，梅县区体育基础设施主要有大、小足球场103座，乒乓球桌(室) 78个，田径场25座，篮球场256个，游泳池2个。大型的体育设施分别有：梅县文体中心，占地面积9850平方米,建筑面积22136平方米，总投资4亿多元。场馆为客家全围龙式的圆形建筑，可容纳观众6000多人，是一个集比赛、大型演出和会展于一体的综合性场馆。曾宪梓体育场，曾宪梓体育场与梅县文体中心前后相接，占地面积3.2万平方米，其中建筑面积4600平方米，观众座位2万多个，总投资约2.8亿元。曾宪梓体育场可进行足球、田径等体育项目的大型赛事活动。

群众体育工作　认真贯彻落实《全民健身条例》《梅县全民健身计划（2011—2015年）》，积极开展群众体育活动，不断提高人民群众的健康水平。2015年分获“跃速杯”梅州市“五·四杯”青年足球比赛冠军，梅县代表梅州市参加2015年广东足协七人制足球联赛（粤东大赛区）冠军，梅县铁汉生态足球队在中乙足球联赛南区比赛中获第三名，广东联盟杯七人足球赛梅县庆达足球队荣获第三名，并获最佳阵容和体育道德风尚。全年完成1000多名群众监测样本。2015年，松口镇成立松口元魁塔足球俱乐部，是梅州市第一个乡镇级足球俱乐部。

竞技体育工作　重视抓好各项竞赛活动，提高竞技水平，加强后备人才的培养。2015年分别获得中国青基会希望学校足球赛梅县丙村镇小荣获冠军，广东省少年足球联赛梅县富力切尔西足球学校荣获冠军，梅州市足球选拔赛（2001—2002年龄段）男子足球冠军，梅州市足球比赛（2014—2015年龄段男子组）冠军，年梅州市足球选拔赛（2001—2002年龄段女足）冠军。

梅县区业余体校　2015年梅县区业余体校全年投入训练和比赛等经费68.88万元(其中足球专项经费58万元)，用于选才、组队和参加市级以上的比赛。有足球教练员8人（其中高级教练2人，中级教练4人，初级教练2人)。另聘请羽毛球教练2人，乒乓球教练2人，跆拳道、拳击教练1人备战市运动会；有运动员201人。分别组建了01、02年龄组女子足球队，03—06年龄组女子足球队；01、02年龄组男子足球队；04、05年龄组男子足球队。

2015年，业校在参加梅州市比赛中分别获得：2001—2002年龄组少年男子、女子足球赛均获得冠军；2004—2005年龄组少年男子足球赛获得冠军；2003—2004年龄组少年女子足球赛获得第三名。

富力切尔西足球学校　2013年9月18日正式开学，首期工程占地16.67公顷，共投资2亿元兴建行政中心、教学中心、生活中心、运动员培养与发展中心，及14块具备全天候训练条件的国际顶级足球场，其中人造草球场选用荷兰进口GreenField品牌草种。参照“中国足协青少年足球培训基地”和省一级学校标准，学校二期工程（中学部）建筑面积8000平方米于2015年9月正式完工投入使用，涵盖教学、生活、住宿等功能，建设有文化课室、生化实验室、物理实验室、技术分析室、会议室、公寓、食堂、餐厅、更衣室等,能够同时满足500人的生活、学习、足球教学和会议需要。

富力切尔西足球学校作为一所国际化学校，有来自韩国、俄罗斯及中国香港等各地的学生。2015年有学生230人，其中广东省人数占58%。

梅县客家足球俱乐部　梅县客家足球俱乐部于2012年12月12日成立，前身为东莞南城足球俱乐部。2015年初，被深圳市铁汉生态环保股份有限公司董事长刘水收购，更名“梅县铁汉生态队”。2015年参加中国足协杯和中国足协乙级联赛，在主教练王宏伟的带领下，以主场不败之势在南区预赛中获得第三名的成绩并挺进全国总决赛。在1/4决赛中，与对手南京钱宝队的两场苦战，遗憾最终在点球大战中败北，未能更进一步。中乙联赛结束后，梅县铁汉生态队排名全国第五名。

民主法制建设概况

【依法行政】2015年，梅县区人民政府健全科学决策、民主决策机制，坚持依法行政，自觉接受区人大及其常委会的监督和政协的民主监督，认真听取各民主党派、工商联、无党派人士及工青妇等人民团体意见。加强依法治区，大力开展“按法治框架解决基层矛盾试点”工作，落实领导包案调处制度，推进矛盾纠纷大排查大调解活动。深入开展“3+2”严打专项行动，严厉打击各类违法犯罪。统筹安排60名律师进驻全区390个村（社区），一村（社区）一法律顾问实现全覆盖，公共法律服务体系覆盖城乡全体居民。

【依法监督】2015年，梅县区人大常委会坚持改革创新，积极主动作为，依法履行监督职责。全年举行常委会会议6次、审议议题30项，听取和审议专项工作报告8项、专题调研报告6项，开展专项视察9项、执法检查2项，依法作出决议决定7项。围绕改革发展大局科学制订年度监督计划，扎实开展调研，推动相关重点工作的落实。听取和审议区政府关于2014年预算执行及其他财政收支的审计工作报告、2015年上半年国民经济和社会发展计划执行情况的报告和2015年上半年预算执行情况的报告。严格审查并批准梅县区2014年区本级决算和2015年度相关预算调整方案，切实管好政府“钱袋子”。

关注重点项目建设　人大常委会关注“三大抓手”及重点项目建设进展情况，听取和审议区政府关于产业集聚区建设和招商引资工作情况的报告，组织省市区人大代表对锦绣国际家居建材城、客家新世界、梅畲快线、进城大道、济广高速梅县段等城区扩容提质、交通基础设施建设等重点项目开展专项视察，并围绕视察主题提出进一步完善基础配套设施、加快梅县新城自来水厂、安置小区、棚改项目等重点民生项目建设等意见建议。

依法做好人事任免　依法行使人事任免权，全年任免国家机关工作人员38人，及时依法补选1名市人大代表。同时，扎实推进干部任前法律知识考试、任后向常委会报告工作等制度，不断增强被任命人员的责任意识和法治意识。

关注社会民生　人大常委会牢牢抓住民生这个“牛鼻子”，聚焦社会民生、关注发展短板，努力推进社会民生持续改善。

对政府2015年十件民生实事实施情况进行全年跟踪督办，及时掌握项目进展情况，帮助协调解决存在问题，并在年底听取审议专项工作报告。在社会保障、文化教育、医疗卫生、生态环境、交通便民、法律服务等领域解决了一批事关群众切身利益的热点难点问题。针对城区交通拥堵的现象，组织视察交通秩序综合整治工作情况，并结合梅县区实际，提出完善交通信号灯、接通城市断头路、实施环岛拆除改造等意见建议。

【依法治区】人大常委会加强对“一府两院”执法、司法工作监督，推进依法治区工作扎实开展。常委会组织市区人大代表视察全区学习贯彻《中华人民共和国宪法》和遵纪守法专题活动情况，先后对《中华人民共和国旅游法》《中华人民共和国统计法》实施情况开展执法检查，并就法律实施中存在的主要问题，提出改进意见。坚持全年督办政府职能部门行政程序、行政许可、行政执法情况，听取审议区检察院关于反渎职侵权工作情况报告，开展区法院公正司法提高执行力情况专题调研，并组织市区人大代表参加旁听案件庭审和“检察开放日”活动；听取审议区住建局、交通运输局等10个政府部门的工作报告，并开展满意度测评，着力推进政府部门执政为民、依法行政。坚持全年督办按法治框架解决基层矛盾试点工作，听取审议区政府关于一村（社区）一法律顾问工作情况报告。全年接群众来信28件，接待来访群众69人次，调处疑难案件17宗。

人大常委会注重发挥代表的参政议政作用，积极邀请人大代表列席常委会会议，参加执法检查、视察调研等各项监督活动，充分听取和吸纳代表的意见建议，广开言路、集思广益，依法保障代表知情知政权，使人大代表更好地发挥议政督政、管理国家和社会事务的作用。全年组织172名省市区人大代表参加13个专题视察、执法检查和旁听庭审等活动。

及时办理落实好代表议案建议，区委区政府高度重视代表建议办理工作，及时联合召开区十四届五次会议代表建议交办会，对会议期间代表提出的18件建议和3件重点督办建议，迅速落实承办单位和责任人，并实行区领导包案制度，对重点建议，区主要领导还亲自督办落实。至年底，各项建议已全部办理完毕并答复代表，反馈满意率达100%。

【法制教育】2015年，司法部门积极开展普法学习教育和“六五”普法检查验收工作。依托“青少年法制教育基地”“国家公务员法制教育基地”和青少年活动中心的“法纪长廊”及举办年度普法骨干培训班、组织年度无纸化网络普法考试等形式，不断加强领导干部、公务员、青少年和企业经营管理人员的学法用法工作，推进重点对象法制宣传教育深入开展。全面完成全区95个单位“六五”普法工作的检查考核验收。

扎实推进民主法治示范村（社区）创建活动。以“一村（社区）一法律顾问”工作深入开展为契机，大力开展“民主法治示范村（社区）”创建活动，积极推进基层农村（社区）法制建设和普法依法治理工作。至年底，全区有90%的村（社区）达到“民主法治示范村（社区）”标准。2015年，雁洋镇长教村被司法部和民政部授予第六批“全国民主法治示范村”荣誉称号。

深入开展“法律六进”活动。大力推进法制宣传教育进机关、进乡村、进社区、进学校、进企业、进单位活动。全年向全区普法对象下发普法学习资料5700多本，到中小学上法制课123场次，举办年度普法骨干培训班1期160多人次，开展法制挂图20场次、

“送法下乡”法制讲座 6 场次、法律咨询活动 23 场次，向干部、群众、学生印发普法学习资料和法律知识宣传资料 49000 多份，全区受法制教育人数达 20 多万人次。

进一步完善“大调解”机制和矛盾纠纷排查制度，坚持常规排查的同时，认真抓好重大活动期间、敏感期间等的专项排查调处工作，把问题发现于苗头，调处于初发阶段。2015 年，基层司法所和调委会调处各类民间纠纷 2863 件，调解成功 2863 件，调解成功率 100%，全区无因调处不及时或调处不当而引发的矛盾激化、凶杀、自杀、民转刑、越级上访的事件。

【创建平安社区（村、居委）】 深入开展“平安细胞”建设，以点带面、全面铺开。在新县城，筛选出 6 个治安复杂小区进行整治、提升、改造，采取安装出入智能升降机、视频监控设备、改造大门挡雨棚等措施，进一步提高小区的防范能力和管理水平。各乡镇把平安村（居）创建与“美丽乡村”建设结合起来，通过建立治安岗亭、成立护村队、安装视频监控系统，整治环境卫生和加强基础设施建设等，开展平安村（居委）创建。至年底，安装有视频监控系统的平安村（居）80 多个，100%完成平安村（居）建设。各镇对原有治安视频进行升级改造，提升农村地区治安防控水平。至年底，城区已完成全部 135 个标清镜头的高清改造，拟增设 100 个高清治安视频镜头，实现重点区域、路段的全覆盖。

【维护社会稳定】 深入开展“社会矛盾化解年”活动。4 月 7 日，区委召开“按法制框架化解基层矛盾纠纷动员会”，部署区存量“积案”化解工作，每宗案件由区政法各部门领导牵头，引导当事人在法制框架内解决问题，成功调处李某某反映程江镇老君嶂观音庵违章建筑案、隆文镇“理九居”房产纠纷信访积案等。同时，深入开展涉土地征用、山林纠纷、农村基层管理、城镇拆迁、国企改革、劳资纠纷、环境保护等方面的不稳定因素的排查化解工作。全年调处各类民间纠纷成功率达 100%，全区无因调处不及时或调处不当而引发的矛盾激化、凶杀、自杀、民转刑的事件。此外，健全和完善区委政法委司法救助资金制度。2015 年，政法机关先后对 53 宗案件的 95 个当事人提供司法救助专项资金合计 28.4 万元。

【社会治安综合治理】 2015 年 3 月 11 日，区委、区政府召开全区政法工作会议，部署 2015 年政法综治工作，对 2014 年度 42 个综治先进单位、34 个综治先进个人进行表彰。同时，区委区政府与全区 19 个镇（办事处、高管会）、93 个区直及省市属驻梅单位签订为期 3 年的（2015 年—2017 年）综治目标管理责任书，进一步明确各单位的职责任务。坚持区综治委全会和区五部委联席会议制度，及时研究部署、督促检查综治工作。组织部、人社局等部门在提拔考核干部和办理干部评先、评优和晋级时，发函征求综治部门的意见。全年区综治办共对 61 名副科级以上领导干部考察对象在综治工作中有无“一票否决”情况进行严格审核并复函。

扎实开展基层社会治理工作平台建设，为群众提供“一站式” 服务。各镇完成牌匾制作并挂牌，成立领导机构，制定相关工作制度并上墙公示，统一印制《梅县区镇、村干部社会管理服务手册》，充分利用现有的政务综合办事大厅，为群众提供“一站式”业务办理服务，并推行网格化管理，实行镇、村（居）干部挂村包片入户制度。区财政、区政法委先后拨款 60 多万元用于社会治理服务中心建设经费，并为每个镇配备 2 台电脑，1 台多功能复印打印传真一体机。同时，在全区基层推行“一册通”手机版软件，使相关办事人员可以随时随地的记录群众反映的信息和上级的工作指示，随时记录最新的片区信息，从而有效提高工作效率。

【打击刑事犯罪】 2015 年，梅县区以突出创建平安梅县、建设法治梅县、打造过硬队伍三个重点，忠实履行好维护国家安全和社会大局稳定、保障人民安居乐业。政法各部门各司其职、通力协作，对各类违法犯罪活动坚决做到露头就打，实现快侦、快破、快审、快判，决不姑息手软。全年立各类现发刑事案件 1282 宗，同比下降 12.6%，破案 682 宗，抓获犯罪嫌疑人 377 人。受理行政案件 1161 宗，查处违法嫌疑人 1049 人。区检察院受理公安机关提请批准逮捕案件 214 件 331 人，经审查逮捕 165 件 229 人；区法院共受理案件 2637 件（旧存 22 件），办结 2550 件，结案率为 96.7%，其中受理刑事案件 311 件，全部审结，给予刑事处罚 466 人，免予刑事处罚 5 人。

党的建设概况

【思想、组织、作风建设】 健全和完善学习型党组织制度，以区委理论学习中心组为龙头，引领全区各基层党委（党组）中心组的学习，制订出《基层党委（党组）中心组年度学习计划》，组织专题学习会，丰富中心组的学习内容。开展创建学习型党组织示范单位工作，其中区城市综合管理局被列为 2015 年市级学习型党组织示范单位。

重大主题宣传教育　围绕中共的十八大和十八届三中、四中、五中全会精神及中国特色社会主义理论等重点内容，先后组织开展市委六届五次全会精神宣讲、培育和践行社会主义核心价值观革命老区基层宣讲、“三严三实”专题教育暨“四个全面”战略布局宣讲报告会、党的十八届五中全会精神报告会等主题宣讲活动近 30 场次，受教育党员干部 3000 余人。

党员远程教育　切实巩固基层站点的开机使用率，确保全区 415 个站点每月开机使用率达 100%。充分发挥远教功能作用，采取集中学习与分散自学并重的办法，扩大参与农村党员干部现代远程教育平台学习的覆盖面，实现广大党员干部群众完整收看到省委组织部的四场直播讲座和市委、市政府的两场直播会议。在梅县综合频道开设电视专栏节目“梅县党建”。2015 年，全区有党员 34259 人，其中：农民党员 20233 人，党政机关党员 3722 人，公有经济单位职工党员 7912 人，非公有制企业党员 1167 人，女性党员 9954 人。

基层党组织建设　2015 年，梅县区确定雁洋、城东 2 个镇为开展创新完善农村基层党组织设置试点镇，在以地域、单位为主设置党组织的基础上，打破城乡、区域、行业界限，因地制宜、灵活多样地设置党组织，加大在村民小组（自然村）、农民合作社、农业企业、专业协会、农业社会化服务组织、农民工（外来务工人员）聚居地等建立党组织的力度。坚持重心下移，把支部建在更基层，有效扩大党组织工作的覆盖。在农村超过 100 名党员的党支部中成立党委的有城东 1 个，超过 50 名党员的村支部中成立党总支的分别有雁洋 13 个、城东 8 个。2015 年，经纪委、组织、检察、信访等部门会商研判，全区排查出 39 个软弱涣散村级党组织，通过“一村一策”，并以“三个一”配强整顿工作组（每个软弱涣散农村（社区）党组织，由 1 名区领导、1 个区直单位、1 名优秀年轻干部挂任“第一书记”）包村整顿软弱涣散基层党组织，给予每村 1 万元专项经费。全区共筹集 1148 万元，帮办 265 件民生实事，整顿转化率达 100%。通过整顿，补强基层党建“短板”，强化了基层党组织的领导核心地位和战斗堡垒作用。

干部监督管理　加强干部思想、作风教育，主动掌握了解干部情况，及时发现、及时警示、及时指出苗头性问题。认真贯彻实施“三书”预警告诫制度，对有举报反映或自身存在不足及问题的领导干部，及时进行函询、提醒或诫勉。通过对干部考察、信访举报、档案清查等途径，全面掌握干部情况，特别是对领导干部 8 小时工作外的情况进行考察了解，加强与纪检、检察、公安、卫计、综治等部门的互联互通，发现干部有违法违纪行为坚决予以查处。坚持用制度管权管事管人，专门出台关于干部调动、干部抽（借）调、党政机关和企事业党委负责人离任责任交接、领导干部因私出国（境）手续办理等多项制度。针对基层干部 “不作为”“乱作为”问题，建立定岗定职定责制度，将驻点联系工作与所驻点的“两违三抢”防控、环境卫生整治、计划生育、信访维稳、安全生产等重点工作紧密结合起来，明确干部职责，提升干部履职的主动性、积极性。

【党的干部队伍建设】 干部选拔任用　始终坚决落实党要管党、从严治党的要求，坚持培养、选拔、管理并重，培养造就一支信念坚定、为民服务、勤政务实、敢于担当、清正廉洁，能够担当起全区振兴发展重任的干部队伍。

（以下内容要充实）

2013 年 11 月以来，全区共召开 16 次区委常委会研究科级干部任免 458 人（次），其中，平级交流调整 358 人（次），提任 100 人（领导职务 81 人，非领导职务 19 人），在提拔干部中，35 岁以下年轻干部 16 人，女干部 14 人，党外干部 2 人；建立了由 189 名优秀年轻干部组成的后备干部队伍。

党员干部培训　党员干部培训工作突出“做什么，学什么”，以“三个紧扣”贯穿全年的培训工作。一是紧扣党性教育抓培训，围绕中共十八大、十八届三中、四中、五中全会精神、习近平总书记系列重要讲话和“四个全面”战略布局开设教学安排。二是紧扣梅县区振兴发展需要开展培训。围绕国务院关于原中央苏区振兴发展的若干意见和广东省粤东西北振兴发展计划“两大政策”，重点以 “三大抓手”、发展实体经济、农村综合改革等市、区重大决策部署科学设计课程和教学内容。三是紧扣岗位需求和个人需求，突出党员干部的能力提升，将不同类别、不同层次、不同岗位的干部分为各类专项业务培训，切实增强教学培训的针对性。全年开设 7 个专题，有 9 个班次共 750 名干部参与培训。同时，利用党校的师资力量和教学资源，培训干部约 1 万多人次。选送科级以上干部 68 人参与中央、省、市各级部门的业务培训，选送40名农村实用型人才参加电子商务推广与应用培训。

人才工程　扎实推进“扬帆计划”。2015年对5家文化旅游服务创业企业、7家电商产业园优秀企业、6家优秀农家乐，给予一定的小额资金作为贷款贴息扶持。由梅州市中大南药发展有限公司引进的红豆杉新品种关键技术研发及产业化创新团队成功入选2014年度“扬帆计划”创新创业团队项目，获300万元资助。广东振声科技股份有限公司的黄杰贤、吴怀广等2名博士后，成功入选2014年“扬帆计划”博士后扶持项目，每人获资助资金12万元。此外，梅县区以“电商精英孵化集聚工程”为项目主题，申报2015年省“扬帆计划”竞争性扶持市县重点人才工程中的县级项目。

实施“百人计划”引才。2015年通过“百人计划”引进硕士毕业生2名。至年底，梅县区已引进四批次共27名高素质人才（均为硕士研究生，在岗24人）。有序推进人才工程实施。积极开展穗梅人才对口帮扶，推荐广东振声科技、广东嘉元科技股份有限公司、BPW（梅州）车轴有限公司等4家企业作人才、技术重点帮扶企业，架设穗梅人才对口帮扶桥梁。9月和11月，衔接广州市委组织部组织7名专家到梅县区12家企业进行交流指导。

【党风廉政建设】加强宣传教育　编印内刊《正道》15期，全部下发到区直各单位和各镇村（居）委。办好《纪检监察之窗》栏目，制作“严惩群众身边的腐败”“乡镇纪委规范化建设”等节目，新开辟《寻找廉政记忆》系列节目。大力宣传中央和省关于加强党风廉政建设和反腐败工作各项决策部署，进一步促进广大党员干部廉洁勤政。

扎实开展以“守纪律、讲规矩、作表率”为主题的纪教月活动，重点组织开展“十个一”活动。利用“掌上梅县”手机客户端，开设“每日e廉”栏目，持续传递廉洁正能量。重视开展警示教育，组织全区副县级以上干部到广东省梅州监狱开展“严于律已”专题警示教育活动，“零距离”接受警示教育。继续打造梅县区“孝廉文化”品牌，举办“孝廉文化”楹联征集和“孝廉文化教育进课堂”系列活动。举办主题为“举报贪腐 共创廉洁”活动，营造风清气正的良好氛围。

强化对领导干部的监督问责　认真贯彻落实中央《建立健全惩治和预防腐败体系2013—2017年工作规划》，制定并落实《2015年区直单位党风廉政建设和反腐败工作责任分工》，把严守纪律、严明规矩放到重要位置来抓，努力在全区营造守纪律、讲规矩的氛围。认真配合省委第十二巡视组做好巡视工作，积极做好巡视组交办信访举报信件的办理和相关案件的纪律审查工作。

切实加强对权力运行的制约和监督，大力加强廉政风险防控机制建设，把权力关进制度的笼子。进一步加强对科级党政“一把手”的有效监督，抽取10位科级党政“一把手”在纪委全会进行述责述德述廉。对落实工作不力或在完成工作过程中出现问题的单位和个人进行问责，先后对省审计厅在审计中发现的两宗问题及梅县区博物馆项目建设推进缓慢等问题进行责任追究。全年有10人被追责。

落实主体责任，加强作风建设　印发《梅县区关于认真落实党风廉政建设主体责任强化责任追究的通知》，制定《党风廉政建设主体责任清单》，明确党委（党组）领导班子、党委（党组）书记、领导班子成员党风廉政建设主体清单共64项。落实纪委监督责任，加强对执纪监督的组织领导，制定并印发《关于认真落实党风廉政建设纪委监督责任的通知》和《纪检监察机关“一案双查”流程图》。2015 年，已对因落实主体责任或监督责任不力的 3 位科级干部开展诫勉谈话，并责令其 3 个单位进行整改。

加强对领导干部“八小时以外”的监督管理，严格执行《梅州市领导干部“为官不为”问责暂行办法》《关于落实“三个区分”原则实施容错减责的暂行办法》，督促各级领导干部自觉践行“三严三实”，忠诚履职、干净干事、勇于担当。锲而不舍落实中央八项规定精神。盯住一个又一个时间节点，抓住一个又一个具体问题，坚持暗访、查处、追责、曝光“四管齐下”，紧盯“四风”新形式新动向，坚决查处并通报曝光公款吃喝、公款旅游、公车私用、收送“红包”礼金等问题，释放越往后执纪越严的信号。紧紧依靠广大群众和新闻媒体的监督，形成反对“四风”的良好社会氛围。2015 年，全区开展明察暗访 82 次，制作专题暗访片 6 个，约谈 2 位窗口工作人员，查处并曝光 1 起公车私用案例，通报批评 15 人，查处并曝光 7 宗典型案例。

积极推进党员领导干部“八小时以外”活动监督管理试点工作。确定区国税局、教育局、松口镇、梅南镇 4 个单位为全区示范先行点，探索加强党员领导干部“八小时以外”活动监督管理制度化、信息化和规范化的有效方法，引导党员领导干部进一步净化“社交圈、生活圈、休闲圈”，增强自我约束和接受监督的意识。

开展违法违纪线索摸排　全面开展农村基层党员、干部违纪违法线索集中排查活动。实行各级党委书记、纪委书记包片包案督办制，突出排查重点，实行区级重点村和镇级重点村走访排查、包村督查制度，严查基层腐败案件。2015 年全区已排查出违纪违法线索 469 条，涉及五类范围线索 366 条；立案 63 宗，已结案 62 宗，党纪政纪处分 62 人，查处一批农村基层党员干部典型案件。

加大遏制腐败力度　纪检监察机关不断加大办案工作力度，积极挖掘案源，坚持“老虎”“苍蝇”一起打，严肃整治“小官大贪”“小村大腐”问题。区纪委监察局实行领导包案制度，规定每个委局领导负责 2 个乡镇的自办案件，其中负责案件的纪委副书记和纪委常委各负责 4 个和 3 个乡镇，形成全委办案的工作格局。2015 年，纪委监察局受理群众信访举报 244 件（次），办结率 100%，查处农村党员案件 51 宗，同比增长 34.21%。纪检监察机关立案查处违纪违法党员、国家机关工作人员案件 80 宗 80 人，立案总数同比增长 6.7%，其中查处科级干部 11 宗 11 人。

2015 年，将查办案件的重点放在基层，结合农村党员违纪线索集中排查的机会，由挂点领导亲自带队指导、协调乡镇查办案件工作，重点查办农村基层党员干部违纪行为。全年乡镇纪委立案 50 宗，同比增加 14 宗，同比增长 38.9%，乡镇纪委办案率连续九年达 100%。

责任编辑：叶永生

梅县沿江一景

政治

梅县区领导机关

中共梅州市梅县区委

【区委十二届五次全体（扩大）会议】 2015年1月27日上午，中共梅州市梅县区委召开十二届五次全体（扩大）会议在区政府大院后楼九楼会议室召开。会议由区委书记张文广主持，区委常委在主席台就座，区委委员、候补委员出席会议。不是区委委员、候补委员的区人大、区政府、区政协领导，区法院院长、检察院检察长、区副县级干部和区纪委常委，各镇（办事处、高管会）党（工）委书记、镇长（主任），区直各单位党委书记，区直局和省、市驻梅单位主要负责人以及先进企业代表列席会议。区委书记张文广在会上代表区委常委会作题为《适应新常态 增创新优势 奋力开创梅县振兴发展新局面》的工作报告，系统、全面回顾2014年的工作，提出2015年的工作目标和要求。区委副书记、区长钟光灵在会部署2015年的经济工作，指出要重点抓好产业园区建设、实体经济发展、统筹城乡发展、重大项目建设、招商引资选资、社会民生改善、法治政府建设等七个方面的工作，加快推进全区振兴发展。会议还书面传达省委十一届四次全会和市委六届五次全会精神，宣读梅县区2014年度镇级工作绩效考核的情况通报和2014年度纳税50强企业的表彰通报。

【区委主要工作】 政治理论学习　健全党委理论中心组学习制度，把深入学习贯彻中共十八大和十八届三中、四中、五中全会和习近平总书记系列重要讲话精神作为一项重大政治任务，把学习系列重要讲话精神贯穿于“三严三实”专题教育全过程，采取措施推动学习贯彻向广度深度拓展，引导全区党员干部用讲话精神统一思想、武装头脑、指导实践，把学习成果转化为推动全区加快振兴发展的工作本领和决策能力。区委常委会坚持理论中心组学习，组织专题报告会，举办学习培训班，营造浓厚学习氛围，把学习贯彻活动与加快发展的各项工作紧密结合，使各级党组织和广大干部深化对习近平总书记系列重要讲话精神的认识和理解，增强维护党中央的权威、维护党的团结统一的坚定性和自觉性，不折不扣落实上级各项决策部署，推动全区经济社会的较快发展。

城区扩容提质　城区规划面积40平方公里，其中10平方公里的梅县新城是嘉应新区起步区的重要组成部分，是广东梅兴华丰产业聚集带的功能配套区。按照“科学规划、产城联动、滚动发展”的理念，聚焦产业与项目建设，完善公共交通、公共服务、公共配套和产业项目建设，新城建设步伐加快，城市规模不断扩大，公共设施不断完善。新引进金利来、铁汉生态、棕榈园林等一批企业集团投资城市建设，建成中山大学粤东医院、梅县外国语学校等一批公共项目；京东等一批知名电商进驻电子商务产业园，富力城、喜之郎、客商银行、新城水厂等一批项目建设加快。利用国家棚户区改造政策、发行企业债券、推行 PPP 投融资模式，加快推进城市路网、地下综合管廊、棚户区等公共设施建设。推进城乡环境综合整治，落实网格化、精细化管理，城市管理水平提升，通过国家卫生城市复审工作。围绕葵岗高速出口开通、梅县电厂搬迁，谋划 15 平方公里的葵岗城市发展区和 10 平方公里的槐岗城市发展区，城市发展架构不断拉开。

产业园区建设　在梅兴华丰产业集聚带核心区内规划建设以畲江产业园、水车产业园和城东白渡产业园“三园合一”产业集聚区，完成集聚区的总体规划，依法征收土地 3300 多亩，道路等基础设施采用 PPP 项目建设模式推进，创业孵化中心以及医院、学校等一批重点项目正在建设，引进广铁物流、深圳有信达保税物流、中新集团和锦丰科技集团汽车零部件、富力集团和海王集团建设生物谷、珠光集团“古梅梦景”等一批项目；综合保税区的申报和建设有序推进，部分道路开工建设，申报材料由国务院批转海关总署征求相关部门的意见；航鑫科技首期、BPW（梅州）车轴六期等一批项目建成投产。集聚区基础设施不断完善，承载力明显增强，全年完成固定资产投资总额 18.8 亿元、增长 2.7 倍，工业增加值总额 11.2 亿元、增长 34.5%。

基础设施建设　全年规划实施的境内 34 个交通项目完成投资 9.4 亿元，增长 22%。保障境内济广高速平兴段的建成通车和梅平高速的动工建设，梅汕高速铁路的征地拆迁和争取增设葵岗高速出口的前期工作有序推进。完成城东至扶大等长 90.5 公里的 6 个国省道升级改造项目和 76 公里的县乡公路建设，加快剑英大道延长线和客都大桥连接线建设进度，动工建设新的进城大道和梅畲快速干线、白渡园区快速干线，开通城区至各镇的公交线路，道路等级和通车能力进一步提升。同时，水利、信息、农村电网等基础设施建设稳步推进。

县域经济发展　抢抓国家促进原中央苏区和省促进粤东西北振兴发展的政策机遇，落实扶持实体经济发展政策，出台贴息贷款、助保贷等系列措施，重点扶持企业发展以及“新三板”上市培育企业，壮大发展实体经济。全区公共财政预算收入达 21.5 亿元，比 2011 年的 10.1 亿元翻了一番；新增规模以上工业企业 8 家，规模以上工业增加值达 46.75 亿元。发展和利用资本市场成效显著，企业上市实现新突破，集一家居在香港主板上市、嘉元科技和骅锋科技在“新三板”上市，还有 18 家企业与保荐机构签订“新三板”挂牌合作协议。利用产业园区建设平台和第四届世界客商大会举办契机，推进招商引资工作，全年引进计划投资 5000 万元以上的落地项目有 43 个、计划总投资 240 亿元。发展电子商务、文化旅游、现代物流、现代金融等新经济业态，推进装备制造、电子信息、新能源、商贸物流四个产值超百亿元产业的培育发展。

现代农业发展　推进国家现代农业示范区建设和国家农产品质量安全县创建试点工作，农村土地承包经营权确权登记颁证工作稳步推进。全年新增省级龙头企业 2 家、市级 7 家。依托电子商务产业园，推进“全国电子商务进农村综合示范县”建设，在乡镇建立电商服务站，运用“互联网+”模式发展农村电商，推动主导农产品“上网触电”，带动金柚等主导农产品的市场拓宽和价格提升，增加果农收入。推进农业基础设施建设，完善中小型灌区续建与节水改造、中小河流治理工程。发展林下经济，新增 2 家省级林下经济示范基地。推进森林碳汇、乡村绿化美化等重点生态工程建设，全面完成“一消灭三改造”任务，全年造林面积 5533.3 公顷，森林覆盖率达 74.62%。

文化旅游发展　贯彻落实广东梅江韩江特色旅游产业带规划建设的部署，完善重点景区景点的旅游服务配套设施建设，加强古镇古街、古村落、红色资源等的保护开发和美丽乡村建设，加大对梅南九龙嶂革命根据地旧址群修缮保护。古梅梦景、雁鸣湖健康养生基地、新南湾水岸游乐休闲中心等一批旅游重点项目加快建设，“全国客家文化生态旅游知名品牌示范区”创建工作通过国家现场验收，进一步擦亮中国长寿之乡、中国旅游强县品牌。全年旅游接待人数 1442 万人次、旅游总收入 122 亿元，分别增长 19%和 21%，县域旅游综合竞争力位居全省第三。

社会各项事业发展　贯彻落实中央、省委和市委关于全面深化改革的部署要求，深化行政审批和商事登记制度、基层社会治理创新、医药卫生体制等方面改革，狠抓改革任务落地。社保体系进一步完善，底线民生标准持续提高．社会保障水平稳步提升。完成市级下达的社会保险扩面征缴和被征地农民养老保险保障金分配任务，完成任务指标位列全市第一。实施更加积极的就业政策，鼓励多渠道多形式创业就业，推进“大众创业、万众创新”。全年培训各类人员 1.5 万人次，新增转移就业 1.2 万人次。完成 770 户城市棚户区改造、1062 户农村危房改造任务。筹集“双到”资金 1.7 亿元，完成第二轮扶贫开发“双到”工作任务。梅县外国语学校建成启用，各类教育协调发展，争创“广东省推进教育现代化先进区”工作全面启动。优化配置医疗卫生资源，中山大学粤东医院的医疗技术、服务管理得到社会认可。公共文化基础设施和服务网络不断完善，创作《拦门戏亲》等客家文艺精品。群众体育运动广泛开展，振兴足球之乡十年规划工作取得阶段性成效，制定实施足球综合改革方案。配合市委市政府成功承办第四届世界客商大会等重大活动和系列赛事。健全完善社会矛盾纠纷防范调处体系，群众诉求渠道进一步畅通，“按法治框架解决基层矛盾试点”工作和“民主法治示范村（社区）”创建活动扎实开展，一村（社区）一法律顾问实现全覆盖。加大投入，完善城区和农村治安视频监控系统建设，平安建设巩固提升，群众安全感增强。

干部队伍建设　完善“三重一大”制度，制定区委党建工作清单。开展“三严三实”专题教育活动，常委们带头落实责任，到基层讲专题党课、参加专题民主生活会，挂点督导基层党建工作。配合省委巡视组做好巡视检查工作，对巡视发现的问题，落实责任，立行立改，以整改实际成效推进各项工作。严格按照条例要求，完善选人用人规程，一批想干事、能干事、干成事的优秀干部选拔进各级领导班子。软弱涣散基层党组织整顿等 19 项基层治理重点工作取得明显成效。建立落实村干部报酬增长机制，保障村（居）办公经费。完善“联述联评联考”制度，落实各级党组织书记党建主体责任。严守政治纪律、政治规矩，持之以恒落实中央“八项规定”，加强干部“八小时以外”监管，从严执行领导干部重要事项报告等制度。保持反腐败斗争的高压态势，依纪依法查处违法违纪行为，曝光处理 7 起 15 名“庸、懒、散、

奢”违规干部，纪检监察机关立案查处违纪违法党员、国家工作人员 80 宗、80 人。实行财政统一发放津补贴，干部职工收入提高，实现与市直机关同城同待遇。

【组织】2015 年，梅县区委下辖基层党（工）委 42 个，其中区直系统党委 11 个、区直单位党委 4 个、镇（办事处、高管会）党（工）委 19 个、非公企业党委 7 个、村级党委 1 个；辖党（总）支部 986 个，其中村支部 355 个、社区支部 29 个。

基层党组织建设　2015 年，确定雁洋、城东 2 个镇为梅县区开展创新完善农村基层党组织设置试点镇，在以地域、单位为主设置党组织的基础上，打破城乡、区域、行业界限，在村民小组（自然村）、农民合作社、农业企业、专业协会、农业社会化服务组织、农民工（外来务工人员）聚居地等建立党组织的力度，坚持重心下移，把支部建在更基层，有效扩大党的组织和工作覆盖。按照超过 100 名党，在城东汾水村成立汾水村党委，在雁洋成立 13 个、城东成立 8 个党总支。员的党支部成立党委和超过 50 名党员的村支部中成立党总支。建立纪委、组织、检察、信访等部门定期会商研判机制，2015 年排查出 39 个软弱涣散村级党组织，通过“一村一策”，三个一”配强整顿工作组（每个软弱涣散农村（社区）党组织，由 1 名区领导、1 个区直单位、1 名优秀年轻干部挂任“第一书记”）包村整顿，给予每村 1 万元专项经费，筹集 1148 万元办 265 件民生实事，整顿转化率达 100%。

党员队伍建设　2015 年，梅县区有党员 34259 人，其中：农民党员 20233 人，党政机关党员 3722 人，公有经济单位党员 7912 人，非公有制企业党员 1167 人，女性党员 9954 人。从年龄看，35 岁及以下党员 7638 人，36 岁至 45 岁党员 6008 人，46 岁至 55 岁党员 5808 人，56 岁至 59 岁党员 2938 人，60 岁及以上党员 11867 人。从学历看，研究生 103 人，大学本科 4588 人，大学专科 7194 人，中专 3024 人，高中、中技 8982 人，初中及以下 10368 人。新发展党员 228 人，其中女性党员 89 人。

党代表工作责任制　按照中央、省、市提出的“试行乡镇党代会年会制”的要求，先后在雁洋、丙村、城东三个镇试行党代会年会制，实行年会“重要情况通报、重要会议旁听、重大事项垂询”三项制度。同时，实施党代表分区域联系服务党员群众制度，深入联系服务区域开展“五个一”活动；推行党代表轮值接待制度，完善考核评价体系，充分发挥党代表的桥梁纽带和履职作用。

干部选拔任用　坚决落实党要管党、从严治党的要求，坚持培养、选拔、管理并重。2015 年提拔科级领导干部 46 人，其中：领导职务 44 人，女干部 6 人，党外干部 2 人。

干部监督管理　加强干部思想教育，做到及时警示预防，贯彻实施“三书”预警告诫制度，对有举报反映或自身存在不足和问题的领导干部，及时进行函询、提醒或诫勉。通过对干部考察、信访举报、档案清查等途径，全面掌握干部情况，特别是对领导干部 8 小时工作外的情况进行考察了解，加强与纪检、检察、公安、卫计、综治等部门的互联互通，发现干部有违法违纪行为坚决予以查处。坚持用制度管权管事管人。专门出台关于干部调动、干部抽（借）调、党政机关和企事业党委负责人离任责任交接、领导干部因私出国（境）手续办理等多项制度。针对基层干部 “不作为”“乱作为”问题，建立定岗定职定责制度，将驻点联系工作与所驻点的“两违三抢”防控、环境卫生整治、计划生育、信访维稳、安全生产等重点工作紧密结合起来，明确干部职责，提升干部履职的主动性、积极性。

档案管理　组织部管理在职干部档案有89个单位1960卷，退休干部档案3800多卷。抓好档案的日常管理，做到严格执行档案管理制度。2015年办理查阅档案236人次，借阅档案501人次；接收干部档案97卷，转出档案40卷。完成2014年退休干部档案整理造册63卷。根据市委组织部统一部署要求，深入开展干部“三龄二历一身份”的审核，进一步抓好干部基本信息的确认，完善补充档案缺失材料，切实抓好干部档案专项审核清理保密工作。

党员干部培训　2015年，党员干部培训突出“做什么，学什么”，以“三个紧扣”紧扣党性教育抓培训，紧扣梅县区振兴发展需要开展培训，紧扣岗位需求和个人需求，突出党员干部的能力提升，贯穿全年培训工作。依托党校为主阵地，精心组织举办党建理论研讨、实体经济与园区发展、依法行政与依法治区、原中央苏区及粤东西北振兴发展七个专题共九个班次750名干部参与培训。同时，利用党校的师资力量和教学资源，协助梅县区人社、司法、工商、直工委和部分乡镇举办各项业务知识培训十多场，培训干部约1万多人次。选送科级以上干部68人参与中央、省、市各级部门的业务培训，选送40名农村实用型人才参加电子商务推广与应用培训。

党员远程教育　坚持管理与维护并重，切实巩固基层站点的开机使用率，确保上半年梅县区415个站点每月开机使用率达100%，实现连续6个月在全市排名第一。采取集中学习与分散自学并重的办法，让现代远程教育平台学习覆盖面最大化，全年使广大党员干部群众完整收看了省委组织部的四场直播讲座和市委市政府的两场直播会议。主动与区电视台对接，在梅县综合频道开设电视专栏节目“梅县党建”，拍摄制作专题课件。并从各基层党（工）委及其下属单位，征集有关党的建设、致富向导、普法宣传、科教文卫、客都风情等方面的课件。上半年向市远程办提供8个有关种养知识、以案说法等方面的课件，提前半年超额完成市远程办下达给组织部的课件上送任务。

人才工程建设　扎实推进2012省“扬帆计划”继续扶持项目的实施。2015年，利用省扶持资金80万元，对5家文化旅游服务创业企业、区电商产业园7家优秀企业、6家优秀农家乐，给予一定的小额资金作为贷款贴息扶持，撬动放大资金效应。会同人社局、党校、旅游局等单位，组织梅县区文化旅游人才培训。2015年，由梅州市中大南药发展有限公司引进的红豆杉新品种关键技术研发及产业化创新团队成功入选2014年度“扬帆计划”创新创业团队项目，获300万元资助。广东振声科技股份有限公司的黄杰贤、吴怀广等2名博士后，成功入选2014年“扬帆计划”博士后扶持项目，每人获资助资金12万元。此外，2015年，梅县区以“电商精英孵化集聚工程”为项目主题申报了2015年省“扬帆计划”竞争性扶持市县重点人才工程中的县级项目，并于12月接受了省评审组的汇报答辩和实地考察。2015年，通过“百人计划”引进硕士毕业生2名，至年底，梅县区已引进四批次共27名高素质人才（均为硕士研究生，至年底，在岗24人），落实相关待遇15万元。贯彻宣传市政府出台的“千人计划”调整方案，及时将引才重点向梅县区教育、医疗等人才较为紧缺的企事业单位倾斜和加大鼓励和扶持梅县区规模以上非公有制企业及符合条件的中小微企业引进人才。实施企业创新人才结对帮扶，推荐广东振声科技、广东嘉元科技股份有限公司、BPW（梅州）车轴有限公司等 4 家企业作人才、技术重点帮扶企业，架设穗梅人才对口帮扶桥梁。9 月和 11 月，衔接广州市委组织部组织 7 名专家到梅县区 12 家企业进行交流指导。积极实施乡贤人才工程，助推“乡贤回归投资兴业工程”。

【宣传】 2015 年，梅县区宣传思想文化系统深入学习宣传贯彻中共十八大和十八届三中、四中、五中全会以及习近平总书记系列重要讲话精神，认真按照中央的要求和省、市、区委决策部署，适应新常态、打好主动仗、唱响主旋律、凝聚正能量，为加快梅县区振兴发展，推进“四个全面”建设提供强有力的思想保证、舆论支持、精神动力和文化条件。

重大主题宣传教育 围绕中共十八大和十八届三中、四中、五中全会精神及中国特色社会主义理论等重点内容，先后组织开展市委六届五次全会精神宣讲、培育和践行社会主义核心价值观革命老区基层宣讲、“三严三实”专题教育暨“四个全面”战略布局宣讲报告会、中共十八届五中全会精神报告会等主题宣讲活动近 30 场次，受众达 3000 余人。

网络舆论引导 2015 年 3 月，成立梅县区互联网新闻信息中心，有效加强网络舆情信息监控、研判、处置和跟踪工作，提升网络舆情应对能力和水平，让网络空间风清气正，保证舆论安全。全年，搜集处置涉及梅县区的网络舆情事件 25 起，监控和处理传统媒体舆情 138 起。

对外宣传 加强与凤凰网、人民网、奥一网等知名媒体沟通合作，全年上送优质新闻稿件 18 篇，采用稿件 10 篇。在省、市主要媒体深入宣传报道梅县区经济、社会、文化发展的最新动态，在省、市主要报纸、电台、电视台刊播稿件 600 多篇，其中在《南方日报》《羊城晚报》专版报道 17 篇。大力加强新闻宣传阵地管理，维护更新好梅县区宣传网、“掌上梅县”党政客户端、“梅县发布”微信订阅号、“中国梅县”微博等平台，全年推送新闻消息 5000 多条。

群众文化活动 积极开展送戏下乡惠民活动，山歌剧团演艺公司参加香港梅县同乡会、武警梅县区中队和消防大队等单位慰问演出 80 场，观众人数 10 万多人次；木偶剧团演艺公司到汕头、潮州、广州、江西、丰顺、东莞、雁洋镇等地演出 80 场，观众人数有 10 万多人次；农村电影放映 4260 场，广场电影 371 场，科技电影 355 场，观众人数 30 万多人。开展移动阅读服务活动、深入覆盖网络电子图书，群众利用移动阅读服务和读者的手机终端，电子阅读机点读率达 10000 次，下载图书 3000 多册。以“4 · 23”世界读书日为契机，成功举办“书香梅县 · 共享阅读”全民阅读活动；与广东省立中山图书馆全作，联合举办“阅读看世界”——2015 年世界阅读日粤港创作比赛活动；举办“图画的魔法”——凯迪克奖及获奖图画书展，展示 100 多种近 300 册获凯迪克金奖和银奖的作品；举办“关爱老人、送书到敬老院”活动，为梅县区 22 个敬老院送书 3400 册。成功举办“美丽梅县 · 巾帼风采”农村业余文艺会演。组织客家传承保护中心、木偶传习所、图书馆、文化馆、电影公司开展形式多样的巡演活动：举办“魅力非遗 · 美丽梅县”“非遗大观年”“美丽梅县 · 法治区”等系列演出；举办“中国梦 · 美丽梅县”摄影

展；拍摄微电影《冲出围龙》等。

文艺创作　木偶剧团演艺公司创作排演的大型木偶剧《白雪公主》《三只小猪之团结三宝》分别在“六一”、暑假期间受邀到汕头、潮州、广州进行演出，赢得许多小朋友的追捧；新创作的提线木偶《钟馗醉酒》参加第十一届深圳文博会。由徐建文撰写的论文《客家古居民建筑装饰中非物质文化遗产项目传承与保护的思考——以梅县区‘客家门神画’为例》论文获文化部全国公共服务中心主办的《文化大视野——全国群众文化、图书、博物论文集》优秀论文奖（最高奖）。根据“松口山歌调”创作改编的无伴奏女声组合《客家迎客谣》代表梅州市梅县区“山歌艺术之乡”于6月24日—27日参加文化部办公厅在江苏省苏州市吴江区举办的“中国民间文化艺术之乡”民歌、山歌展演活动；8月应新加坡茶阳（大埔）会馆的热情邀请，参加新加坡茶阳（大埔）会馆主办的为庆祝50周年—SG50、会馆成立157周年以及茶阳基金会成立20周年三大庆典 “客家文化节”演出活动。

文明创建　以培育和践行社会主义核心价值观为主线，在全区开展“建设美丽梅县、文明我先行”主题系列活动：组织举办“首届梅县区微电影大赛”，全民阅读、道德讲堂教育、“践行价值观·建美好家园”演讲比赛，“践行价值观·传递正能量”微信大赛，“大美梅县”乡村摄影大赛等等；评选出梅县区文明单位、文明窗口、文明镇村（社区）及区精神文明建设先进工作者和“感动梅县十大人物”“十佳最美家庭”，进一步激励梅县区广大人民群众积极投身公民道德建设，营造文明和谐的社会氛围。以巩固国家卫生城市为契机，开展城乡环境卫生整治和绿化工作；各镇在“十村联动”的辐射带动下，开展“践行价值观、共建美丽乡村”活动。深入开展“文明餐桌示范店”“文明餐桌示范食堂”创建活动。组织开展“农村诚信守法先进户”评选活动，提高和增强人民群众的法律素质及诚信守法意识。

爱国主义教育　结合纪念中国人民抗日战争暨世界反法西斯战争胜利70周年活动，组织党员干部参观梅县区抗战文物史料展，增强党史国史知识。“六一”前组织开展“唱响红色主旋律，争做革命接班人”歌咏活动；“七一”前，全区各中小学校组织青少年观看1场“党史教育”专题影片；2015年，全区各中小学校积极组织鼓励、引导青少年认真读好一本爱国书籍，培养未成年人爱国主义情感。组织老干部、老战士、老专家、老教师、老劳模等“五老”人员，对未成年人进行爱国主义教育。

文化惠民工程　扎实推进图书馆、乡镇综合文化站、村文化室和农村文化信息资源共享工程建设，实现乡镇有文化站、村有文化室的公共文化服务网络，实现文化馆、博物馆、图书馆免费开放。开展“送戏送影送书”下乡惠民活动，创建农村文化俱乐部，投入400多万元完善文化站公共电子阅览室及村文化室的设备设施。在梅县文体中心腾退办公用房引入广东客都书画艺术研究院，充分利用该书画院平台，成功举办了“台湾著名画家李沃源国画、瓷板画作品展”“著名客籍画家梁明客家题材山水画展”等活动。

文化遗产保护利用　抓好了第八批省级文物保护单位申报工作，第三批市保八处文物点的保护范围和建设控制地带的划定工作。组织举办“梅县侨批与‘海上丝绸之路’文物展”“梅县区抗战文物史料展——纪念中国人民抗日战争胜利70周年”展览活动。成功举办2015年“非遗文化大观年”和“魅力

非遗 · 美丽梅县”主题系列活动。

文联事业　抓好组织建设，促进协会规范管理，做好协会换届，清理规范非专业出身的各级领导干部兼职工作。组织开展创建诗词之乡工作，继 2015 年 1 月梅县区被评为“广东诗词之乡”后，7 月又被中华诗词学会评为“中华诗词之乡”。组织“书法家协会下乡送春联”“梅县书画作品展”“‘最美梅县’摄影展览”等活动。完成《广东省民间故事丛书 梅州 · 梅县卷 2》《人文秀区梅县书画集》编撰出版发行工作。

广电事业　紧扣中心，服务大局，创新性地推出新栏目，策划新专栏。《梅县新闻》策划推出了《弘扬主旋律，传递正能量》专栏，重点做好“中国梦”“社会主义核心价值观”“中华优秀传统文化”报道；策划推出了《推动重点项目，促进振兴发展》系列专栏；推出《以案说法》新专题栏目。体制改革持续深化。与传媒公司合作，精心推出《有话直说》《观点致胜》《记者再报告》《非常故事汇》等四档电视栏目。12 月，梅州市梅县区文广视讯传媒有限公司正式挂牌成立。做优城区数字电视的网络服务，扩大乡镇数字电视覆盖面，扩大数字电视网络阵地，取得良好的社会和经济效益。

【党校】　领导干部学习培训　2015 年，梅县区委党校主办 8 期专题培训班，参训 750 人。其中：中青年干部培训班，参训人数 59 人；党建理论专题研讨班，参训人数 125 人；依法治区专题培训班（一期、二期），参训人数共 235 人；实体经济与园区发展专题培训班，参训人数 42 人；原中央苏区振兴发展专题培训班，参训人数 55 人；农村综合改革专题培训班，参训人数 103 人；政府公共管理专题培训班，参训人数 132 人。

利用党校的资源优势，承办来自惠阳区委党校、蕉岭县委党校外培班，培训学员 60 多人；与区人社局联合举办专业技术人员“新时期法治思维与法治风尚”培训班，参训 7000 多人；协助政协、统战部、总工会、侨务局、旅游局、科技局、农业局、水务局、财政局、残联等部门举办各类型业务培训班，培训人次达 1000 多人。

编印学习资料

1.《习近平同志重要论述选编》（2014.7–2015.4）；

2.《党的十八届五中全会文件资料汇编》（2015 年 12 月）；

3.《2015 年梅州市梅县区中青年干部培训班资料汇编》（2015 年 10 月）；

4.《2015 年梅州市梅县区党建理论专题研讨班资料汇编》（2015 年 5 月）；

5.《梅州市梅县区 2015 年依法治区专题培训班（一期、二期）资料汇编》（2015 年 5 月）；

6.《梅县区 2015 年实体经济与园区发展专题培训班资料汇编》（2015 年 6 月）；

7.《梅县区 2015 年原中央苏区振兴发展专题培训班资料汇编》（2015 年 7 月）；

8.《2015 年梅州市梅县区农村综合改革专题培训班资料汇编（2015 年 9 月）；

9.《2015 年梅州市梅县区政府公共管理专题培训班资料汇编（2015 年 12 月）；

10.《2015 年培训学员文集》（2015 年 12 月）。

学历教育　抓好仲恺农业工程学院农业推广硕士研究生班招生工作。2012 年梅县县委党校和仲恺农业工程学院联合举办硕士研究生班，至 2015 年共有在读学员 81 人；抓好电大招生和教学。党校 2007 年起与梅州市广播电视大学合作，开设电大教学班，至 2015

年，共有在读学员 120 多人。

学术研讨　钟启明撰写文章《用好用足“原中央苏区政策”，推动梅县振兴发展》提交梅州市广播电视大学校刊。杨普兰的文章《关于梅县区新型城镇化的观察与思考》发表在《梅州远程教育》；《新形势下党员领导干部应如何践行法治》发表在《平远学刊》；《创新社会管理，共享和谐社会》发表在《经营管理者》。陈晋红的文章《关于梅县区新型城镇化的观察与思考》发表在《梅州远程教育》。林锋的文章《治理泥头车撒漏行为需监罚并行》发表在《梅州日报》。

（供稿：罗芳梅）

【老干部工作】 2015 年，梅县区老干部局负责全区离休干部和区处级退休干部服务管理工作，协助离休干部“病、老” 过程的服务，同时，按照上级文件精神要求负责做好区五套班子退休干部的服务管理工作。至年底，全区有离休干部 158 人，其中：机关单位离休干部 63 人，事业单位离休干部 22 人，企业离休 50 人，省直离休干部 16 人，易地离休干部 4 人；另有原五套班子退休干部 33 人，合计总人数 188 人。

落实生活待遇　坚持做好每月 20 日的老干部学习日活动，认真组织老干部学习时事政治，学习中共十八大和十八届三中、四中、五中全会精神，学习习近平总书记系列重要讲话精神，切实加强马克思主义群众观点和党的群众路线教育，使老干部在思想上达到与时俱进。同时还为全区离休干部订阅《秋光》《老人报》等报刊杂志，为老干部提供丰富的精神食粮。

落实政治待遇　工资待遇方面：2015 年，按照全国工资调整的方法，为处级离休干部增加离休费 580 元，科级增加离休费 500 元；全区处级离休干部增加生活补贴 1080 元，科级离休干部增加生活补贴 770 元。医疗待遇方面：梅县区人民医院搬迁至新县城的粤东医院后，离休老干部的门诊开药、住院、床位费等发生变化，区委、区政府及时对各项收费情况作出调整，做到既改善医疗环境，又保障老干部的各项医疗待遇。

组织文体活动　清明节组织在城离退休老干部代表到南口革命烈士纪念碑扫墓；2015 年 9 月 30 日烈士纪念日再次带领老干部代表到南口革命烈士纪念碑前缅怀革命先烈丰功伟绩。老人节期间老干部局和离退休干部联谊会组织门球、象棋、跳棋、乒乓球、麻将比赛和老干部游园、抽奖等活动。

关心下一代工作　2015 年，关工委培训农村青年创业 4 期 520 人次；分别在槐江小学、城东小学、松口镇中小学 3 间举办社会主义核心价值讲座；同时在城东小学、槐江小学、新城中学举办“关爱明天，普法先行”的培训；关爱白血病患者、资助贫困单亲、留守儿童各 1 人，每人资助 2000 元。2015 年，区关工委主任叶启昌和石扇镇关工委常务副主任何浩然被评为省先进个人。

梅县区老促会　中央苏区县申报成功后，老促会充分利用原中央苏区县的政策，积极向上争取支持，不断完善九龙革命纪念亭、纪念馆、纪念碑的配套建设，帮助九龙革命苏区，筹资 200 多万元，新开辟一条由九龙—南坑—马图的红军路，彻底解决苏区人民行路难的问题。

离退休干部联谊会　以老干部活动中心为阵地，积极组织开展乒乓球、麻将、象棋、跳棋、书法等文娱体育活动，老人节期间，还积极组织各项比赛，不断丰富老干部的精神文化生活。各联谊会分会会长每月 9 日定期召开碰头会，汇报交流各分会开展活动情况，每年秋季还组织到邻近的县镇进行参观学习，做到开阔视野，陶冶情操。

（供稿：林　敏）

【直属机关工作委员会】 机关作风评议　2015年，以区委、区政府的名义印发《关于2015年开展机关作风评议活动实施办法》，作风评议坚持贯穿全年，采取查、访、评、曝等方式。按照省纪委《关于整治庸懒散奢等不良风气切实改进工作作风的意见》、区委党廉办《关于加强公务用车管理的通知》及区委整治“庸懒散虚玩奢”行为的工作意见精神，深入治理机关工作人员在工作作风、工作纪律、服务态度、工作效能等方面存在的问题。区评议办组成2个明察暗访工作组，不定期深入各镇（办事处、高管会）、区直单位以及休闲娱乐场所等进行暗访，重点督查、暗访区委、区政府召开的大型会议会风以及机关单位上下班、考勤制度执行和服务质量等方面情况。全年开展明察暗访82次，制作专题暗访片6期，发现15位工作人员不遵守上班纪律，1宗公车私用，涉及的单位1个。发现1个单位10名政府工作人员违规使用特殊人群优惠公交卡。区纠风室、作风评议办对少数单位及其党员干部无视规章制度，脱离群众、作风懒散、管理松懈、工作不力，损害党和政府形象的庸懒散奢典型问题依据《梅县整治庸懒散奢行为问责办法（试行）》进行处理，并向全区通报，进一步严明纪律，教育广大党员干部。

政风行风评议　2015年，梅县区的民主评议政风行风工作改由直工委负责组织实施。直工委按照上级要求，及时成立民主评议政风行风工作领导小组及办公室，制订了《2015年民主评议政风行风工作方案》下发到相关单位，提出总体要求，确定重点评议单位10个，和回头查单位10个，以及评议时间、内容、措施和评定方法，保证梅县区民主评议政风行风工作的顺利开展。11月24日、25日由区直工委相关负责人和各单位相关工作人员组成的评议团，分成两个小组，先后到梅县区中医医院、旅游局、体育局、慢病院、妇幼院、粤东医院、经信局、疾控中心、财政局、发改局等10个单位开展面对面评议。评议团通过看政务公开栏、宣传栏、标语横额、意见建议箱、投诉电话、服务窗口，查政风行风评议相关资料、会议记录，听政风行风评议开展情况等方式，对10个单位进行政风行风评议，并现场给出改进意见和建议。通过评议有力推动了被评议单位弛而不息纠正“四风”，为实现新常态下梅县区振兴发展提供有力保证。

开展纪念建党94周年活动　“七一”前夕，工委协助区委宣传部、团区委抓好“践行价值观，共建好家园”演讲比赛，取得圆满成功。2015年7月，工委与区总工会、团区委、区体育局、区妇联联合在梅县区文体中心举办区直机关纪念建党94周年“亮剑活力团队 助推振兴发展”拓展趣味运动会，11个系统党委共派出500多人参加活动，整个活动分为风采展示、集体接力、百团大战、珠行万里、撕名牌、击鼓颠球、急速60秒等七大块。通过开展系列活动，不仅使机关党员干部放松身心，缓解工作压力，还充分展现机关党员干部奋力拼搏、积极进取的精神风貌。

机关组织建设　2015年6月，工委举办一期党员发展对象培训班，邀请区委组织部、宣传部、党校有关负责人授课，使党员发展对象受到一次深刻的党的理论知识教育。12月，举办区直机关党务干部培训班，各系统党委、基层党委负责党务工作人员83人参加，重点学习十八届五中全会精神、党章、党务知识等内容，通过学习培训，不断提高区直机关党务干部的政治理论素养和业务工作能力，提升机关党建工作。工委还召开领导班子专题民主生活会。会上，班子成员围绕“三严三实”的主题，结合党员领导干部“八小时”以外的表现情况，严肃认真、实事求是、民主团结地开展批评与自我批评，并提出努力方向，会议达到预期的效果。

（供稿：梁　敏）

【信访】 2015 年，区信访局认真贯彻落实中央和省、市关于做好信访工作的各项重要决策部署，完善工作机制，加强源头治理，准确掌握辖区内的信访态势，通过各种有效措施及时调处、化解各类矛盾纠纷。

（一）本级受理情况：

1. 群众来信 30 件，比上年下降 57.1%。

2. 接待群众来访 352 批 956 人次，比上年分别增长 7.6%和下降 22.1%（其中：集体访 48 批 522 人次，重复来访 98 批 143 人次）。来访立案 157 批 378 人次，比上年分别下降 23.4%和下降 49.1%（其中：集体访 30 批 294 人次，比上年下降 3.2%和下降 43.3%）。

3、受理群众网上信访来信 1023 宗（其中：省粤信网案 23 宗），比上年减少 38.1 %，已全部按时办理回复。

（二）上级受理情况：

1. 群众进京上访 20 宗 32 人次，其中非正常上访 5 宗 13 人次。

2. 群众到省上访 22 宗 31 人（无集体上访）。

3. 群众到市上访 37 宗（其中集体上访 11 批 129 人，比上年分别下降 15%和下降 32.8%）。

领导接访下访　区委、区政府党政领导坚持轮流到群众接访大厅公开接待上访群众，带头做好接访、下访工作，有效推动信访突出问题的调处化解，把大批上访人稳定在辖区范围内。全年领导接访日共接待处理到区上访 161 宗 171 人次，其中：集体上访 14 批 109 人次。通过领导干部接访下访活动，有效解决一批与群众利益相关的信访问题，有效地控制和减少越级上访。在此基础上，信访局推行各镇（办事处、高管会）党（工）委书记、镇长（主任）接访周活动。统一在上半年和下半年分别安排一周的时间，实行各镇（办事处、高管会）党（工）委书记、镇长（主任）亲自接访群众，通过接访、约访、亲自研判等方式，及时了解掌握辖区群众反映的热点难点问题，有效解决群众的合理诉求，在源头上消除不稳定因素。

规范信访基础业务办理工作　全面推广应用网上信访信息系统以来，区信访局认真组织各镇（办事处、高管会）和各相关单位分管信访工作的领导和业务操作人员的跟班学习培训，系统应用运行情况良好。按照《国家信访局关于信访信息录入“百日会战”的通知》精神，区信访部门对 2015 年信访基础业务办理工作中存在的问题，进行全面梳理、逐案审查。专门召开各镇（办事处、高管会）、区直各相关单位负责信访工作的分管领导和信访办主任专题会议。对信访基础业务工作办理中存在的问题进行通报，并对进一步规范办理工作进行业务培训、业务指导。同时要求各相关单位对信访业务基础办理方面存在的不足进行整改、纠正，做到应补尽补，目前，整改效果良好。

建立第三方参与信访工作机制　针对群众缠访闹访和一些责任单位对信访问题相互推诿、扯皮的问题，区委、区政府制定《梅县区人民检察院、信访局关于民事行政检察工作与信访工作联动机制的意见》，区信访部门加强与区人民检察院沟通协调，共同推动信访案件妥善处理，有效建立第三方（区人民检察院）参与信访工作的机制。通过定期交流会、整合职能优势、促进依法行政、预防违法犯罪等工作，调查处理影响社会稳定的违法缠访、闹访行为，监督纠正行政违法行为，在化解社会矛盾、促进依法行政和维护社会稳定收到良好成效。据统计，2015 年，通过联动机制商讨研判信访案件 22 宗，有效处理案件 13 宗。

信访积案化解 2015 年，梅县区没有中央、省、市交办的信访积案，越级上访数量明显减少。梅县区专门成立由区委钟秀堂副书记为组长的信访积案化解工作领导小组，制订并下发《梅县区信访积案化解工作方案》。结合实际，对全区信访积案进行全面排查、清理，排查梳理出本级信访积案 6 宗，分别落实区党政领导包案，明确化解责任主体，坚持一案一策，多策并举，经过重点约访、带案下访、上门探访、召开专题研判会等多种方式，以人为本，综合措施，切实把信访积案化解工作抓紧抓实，逐步减少信访积案对信访维稳工作造成的压力。

诉访分离制度实施 认真贯彻执行“诉访分离”制度，将涉法涉诉类信访事项纳入法治轨道解决。梅县区信访工作人员耐心细致向来访群众做好《广东省信访条例》的解疑释惑和指引工作。特别是在涉及土地、劳资纠纷等八类矛盾纠纷案件时，区信访局工作人员会同司法局法律服务的公职律师，向信访人提供信访咨询服务，耐心向信访人宣传法律、法规和相关规定。积极引导和帮助、引导信访人依照法定途径和信访渠道。坚持通过疏导解释，向群众树立正确的信访行为导向，让信访人以理性合法的方式逐级表达诉求。2015 来，共引导信访人申请行政复议 12 宗，依照相关法律申请仲裁 15 宗，通过人民法院诉讼途径解决矛盾 20 宗。

维护敏感时期社会和谐稳定 紧扣 2015 年全国“两会”、五中全会、2015 年世锦赛和抗战胜利纪念活动、省两会及市、区举办大型活动等各个重要敏感时期的维稳任务，成立机构强化组织领导，及早筹谋、周密部署，通过下发文件、通知和召开会议部署等方式全力以赴做好各个敏感时期的信访维稳各项工作。区、镇和相关部门分别在各敏感时期成立信访维稳工作领导小组，加强信访问题的分析研判，增强信访工作的预见性和针对性，制订相应的信访维稳工作方案、应急预案，切实加强组织领导，牢牢把握化解处理的主动权。严格落实单位、部门一把手为第一责任人，抓好重点对象的排查化解、疏导稳控。充分利用公安、国安、维稳的职能作用，密切掌握重点人员动态，严加防范控制。特殊时期实行 24 小时值班制度，启动信访信息零报告制度，全力以赴做好到群众越级上访的工作。

（供稿：办公室）

区人大常委会

【概述】 2015 年，区人大常委会在区委的领导下，围绕全区工作大局，坚持改革创新，积极主动作为，依法履行职责，各项工作取得新进展。全年举行常委会会议 6 次、审议议题 30 项，听取和审议专项工作报告 8 项、专题调研报告 6 项，开展专项视察 9 项、执法检查 2 项，依法作出决议决定 7 项，顺利完成区十四届人大五次会议确定的各项目标任务。

【区十四届人大五次会议】 2015 年 2 月 14—15 日，梅县区第十四届人民代表大会第五次会议在梅县文化中心胜利召开。本次大会听取和审议区政府工作报告、人大常委会工作报告、人民法院工作报告和人民检察院工作报告，审查批准梅县区 2014 年国民经济和社会发展计划执行情况的报告及 2015 年国民经济和社会发展计划、区 2014 年财政预算执行情况的报告和 2015 年财政预算，表决通过政府工作报告的决议等六项决议。大会依法补选李义明为梅县区第十四届人民代表大会常务委员会副主任，赖启忠、管纪城为区人民政府副区长。会议期间，来自全区各条战线的人大代表，认真履行宪法和法律赋予的职责，积极参政议政，提出许多宝贵的意见建议。本次大会收到建议 18 件（其中议案转建议 1 件）。

【监督工作】 常委会坚持围绕中心、服务大局，突出监督重点，改进监督方式，加大监督力度，推动区委重大决策部署和人民群众普遍关注的热点难点问题的解决，促进“一府两院”依法行政、公正司法。

强化经济运行监督　听取和审议区政府关于 2014 年预算执行及其他财政收支的审计工作报告、2015 年上半年国民经济和社会发展计划执行情况的报告、2015 年上半年预算执行情况的报告。积极贯彻新《中华人民共和国预算法》，严格审查并批准梅县区 2014 年区本级决算和 2015 年度相关预算调整方案，切实管好政府“钱袋子”，优化财政支出结构，提高财政资金使用效益。

强化重点项目监督　2015 年，常委会坚持跟踪跟进“三大抓手”及重点项目进展情况，听取和审议区政府关于产业集聚区建设和招商引资工作情况的报告，组织省市区人大代表对锦绣国际家居建材城、客家新世界、梅畲快线、进城大道、济广高速梅县段等城区扩容提质、交通基础设施建设等重点项目开展专项视察，并围绕视察主题提出进一步完善基础配套设施、加快梅县新城自来水厂、安置小区、棚改项目等重点民生项目建设等意见建议，为助推振兴发展建言献策。

强化社会民生监督　常委会全年加强对政府 2015 年十件民生实事实施情况进行全年跟踪督办，及时掌握项目进展情况，帮助协调解决存在问题，并在年底听取审议专项工作报告，有力地推动各项民生工程的加快建设。2015 年，区政府全面完成年初承诺的十件 28 项民生实事，在社会保障、文化教育、医疗卫生、生态环境、交通便民、法律服务等领域解决一批事关群众切身利益的热点难点问题。专题组织交通秩序综合整治工作、城区小学学位情况的视察，督促政府加快城区交通建设，改善城区交通拥堵情况；增加城区学位，提升城市宜居水平。

强化生态文明监督　常委会积极关注生态文明先行示范区创建，组织开展对中小河流域建设、发展林下经济作物种植、公共文化体育基础设施建设等工作情况的视察活动，加大对中小河流环境治理、农业生态发展和城乡“六乱”整治的监督力度，推动环境整治和生态建设工作不断加强，促进城乡环境持续改善。

强化法律监督检查　常委会先后对《中华人民共和国旅游法》《中华人民共和国统计法》等法律实施情况进行了检查，就法律实施中存在的主要问题，提出改进意见，并跟踪督促整改。专题视察调研区法院、检察院、司法局工作情况，听取审议区检察院关于反渎职侵权工作情况报告，开展区法院公正司法提高执行力情况专题调研，并组织市区人大代表参加旁听案件庭审和“检察开放日”活动，组织视察学习贯彻《中华人民共和国宪法》、尊法守法专题活动情况，通过强化司法监督，督促司法机关严格执法、公正司法。同时，着力推进依法治区工作，以梅县区列为梅州市按法治框架解决基层矛盾试点单位为契机，全面推进依法行政、公正司法、法治文化、基层民主法治建设等各项工作；依法做好规范性文件备案审查工作，完成规范性文件备案审查4件。

【依法行使人事任免权】 坚持区委对人大工作的领导，落实党管干部原则，依法行使人事任免权。2015年，任免国家机关工作人员38人，依法补选1名市人大代表。同时，扎实推进干部任前法律知识考试、任后向常委会报告工作等制度，不断增强被任命人员的责任意识和法治意识。

【人大信访工作】 常委会高度重视涉法涉诉信访工作，把人大信访作为密切联系群众、维护社会和谐稳定的重要工作来抓，坚持全年督办按法治框架解决基层矛盾试点工作，听取审议区政府关于一村（社区）一法律顾问工作情况报告，积极探索运用法治思维和方式化解矛盾纠纷的新路子，努力推动矛盾问题和信访积案在法治化轨道化解。2015年，接群众来信28件，接待来访群众69人次，调处疑难案件17宗。

【代表工作】 常委会坚持突出代表的主体作用，积极构筑服务平台，完善代表活动机制，充分激发人大代表的作用。一是不断强化服务平台建设。切实加强乡镇人大代表联络室活动，2015年，全区有500多名市区镇人大代表参加联络室活动，共接待群众1065人次，收集意见建议322件，协助解决问题260宗。2015年10月，在梅州市召开的人大代表密切联系人民群众粤东片工作座谈会上，省人大高度肯定梅县区代表联络室建设的经验做法，并提出将在全省进行推广。二是积极发挥代表主体作用。常委会注重发挥代表的参政议政作用，积极邀请人大代表列席常委会会议，参加执法检查、视察调研等各项监督活动，充分听取和吸纳代表的意见建议，广开言路、集思广益，依法保障代表知情知政权，使人大代表更好地发挥议政督政、管理国家和社会事务的作用。全年组织172名省市区人大代表参加13个专题视察、执法检查和旁听庭审等活动。三是全力督促代表建议落实。区政府高度重视代表建议办理工作，及时联合召开区十四届五次会议代表建议交办会，对会议期间代表提出的18件建议和3件重点督办建议，迅速落实承办单位和责任人，并实行区领导包案制度，对重点建议，区主要领导还亲自督办落实。目前各项建议已全部办理完毕并答复代表，反馈满意率达100%。

区人民政府

【区政府常务会议】 全年召开14场区政府常委会议。会议先后传达学习2015年中央一号文件《关于加大改革创新力度加快农业现代化建设的若干意见》精神；市产业园区扩能增效工作会议精神，市“创模”动员大会会议精神；《广东省贯彻落实〈赣闽粤原中央苏区振兴发展规划〉实施方案》，市巩固国家卫生城市督查座谈会会议精神；《中华人民共和国行政诉讼法（修正案）》；省政府消防公职电视电话会议精神；全市十件民生实事专题推进会会议精神，全市禁毒工作推进会会议精神，“2015 年广东扶贫济困日活动”精神；全市森林防火工作会议精神；《关于进一步加强财政性资金基本建设工程管理的补充规定》（梅府〔2013〕1 号）文件精神；全市大气污染防治工作会议精神；中共十八届五中全会精神；全国“两会”会议精神；中共广东省委十一届五次全会精神，《广东省人民政府关于改革和完善省对财政转移支付制度的实施意见》文件精神；中央经济、城市、农村工作会议精神，国税、地税征管体制改革的主要精神。

会议先后听取全区水利工程建设情况，关于安全生产事故隐患的排查整改情况汇报，关于林业工作的情况汇报；梅县区 2015 年列入省市重点项目计划的情况汇报，关于梅州市梅县区 2014 年度预算执行情况和 2015 年度预算草案的情况汇报，关于 2014 年梅县区行政审批制度改革落实的情况汇报，关于梅县区部分城区道路命名、更名的情况汇报；关于建设梅州西站站前广场至宪梓大道南的进城大道（暂定名）的有关情况汇报，关于白渡梅州坑工业园道路的问题；区迎接国际卫生城市复审工作进展情况汇报，关于全区治理违法违规用地专项行动工作情况汇报；关于依法行政工作情况汇报；关于隆文镇“理九居”权属纠纷问题的调查情况汇报，关于全区实施职务与职级并行制度以及机关事业单位工作人员基本工资标准和增加机关事业单位离退休人员离退休费等相关工作完成情况汇报，关于培育企业“上规模”有关工作情况汇报；关于全区农村危房改造工作的进展情况汇报，关于雁洋镇省级新农村连片示范建设工作，关于全区扶贫“双到”工作的进展情况汇报，关于梅县区博物馆项目的建设进展情况汇报；关于梅县区档案馆馆舍建设工作的情况汇报，关于佳家豪科技公司用地历史遗留的问题。

会议研究同意在梅县儿童福利院大楼设立梅县区残疾人康复中心的问题，关于深圳梅商汇新型电子产业化项目环评工作的问题，关于梅县人民医院新院区（粤东医院）建设增加项目的问题，关于建设现代铁路物流园承诺函的问题，关于对梅县保安服务公司进行处置的问题，关于企业申请用地指标和新增建设用地供地的问题，关于收回国有建设用地使用权后重新公开出让的问题；关于建设梅县区新城进城大道等十条市政道路工程的问题；关于批准梅县区新城区剑英大道延长线与客都大桥连接线市政道路增加工程造价的问题；提高城乡低保补贴资金的问题、提高五保供养标准的问题，关于梅县区石窟河大桥建设超限超载车辆治理高清监控系统的问题，关于解决梅州市纪委办案工作点技术用户建设用地、项目报批及建设经费的问题，关于残疾人康复中心与区光荣院整体利用的问题，关于城东镇湖塘村文化旅游产业项目更换投资主体的问题，关于葵岗城市发展区现状地形测绘招标的问题，关于丰华兴梅产业集聚带创业孵化园拆迁安置区的有关问题；将梅县区程江河（大坪段）治理工程实行设计、施工总承包的施工方案问题，关于丙村煤矿矿部国有工矿棚户区改造建设用地的问题，发行企业债券前期费用和发行企业债券的问题，关于文化产业园旅游产业发展扶持资金的问题，关于相关工程项目采用 PPP 模式建设的问题，关于提高住房公积金缴存比例的问题，关于广东梅县外国语学校开办经费的问题，关于划定活禽零售限制区的问题；关于组建梅州市梅县区汇昇投资有限公司的问题，关于给予 BPW（梅州）车轴有限公司增资扩产项目资金扶持补贴的问题，关于收藏文化示范基地项目的问题；关于解决广东博森光能科技有限公司基础设施建设费用的问题，关于梅县区行政区划调整勘界测绘工作经费的问题，关于做好梅州市梅县区第二次全国地名普查工作的问题，关于梅县新城棚户区改造项目及大沙河唇亲水公园二期工程建设的问题，解决关于投保老年人意外伤害综合保险实施方案的问题；关于购买治超电子抓拍设备服务项目的问题，关于深化文化体制改革的问题，关于对“平安梅县”社会治安视频系统进行升级改造的问题，关于梅县区特殊教育学校建设用地的问题，关于新建妇幼保健计划生育服务综合大楼的问题，关于解决华银公司新县城历史遗留用地的问题；关于梅县区博物馆建设经费列入财政预算的问题，关于四万吨县级储备粮仓库建设的问题；关于购回地税城区分局办税大楼内干部家属商住房的问题，关于新建梅县区特勤消防站的问题，关于水车生物谷数字化地形图测绘工程的问题，关于采购不动产登记服务平台的问题，关于第一职业学校运动场项目建设的问题，关于梅塘西路与宪梓大道交叉口及公园北路与府前大道交叉口改造工程项目的问题；关于梅县城区红绿灯电子警察抓拍系统改造的问题，关于梅县第一职校葵岗小区食堂、宿舍改造 A、B 栋工程预算金额的问题，关于请求批准梅县区政府广场交叉口路口改造工程增加工程造价的问题，关于广州广电运通金融电子股份有限公司股东股份减持奖励的问题；关于给予刘某、张某某、王某某、朱某某开除公职处分、何某行政降级处分的问题。

会议讨论通过《梅县区征兵工作奖惩规定（讨论稿）》《梅县区全面推进公务用车制度改革工作方案（讨论稿）》《2015 年民生实事（征求意见稿）》《省级现代农业示范区 2014 年度项目实施方案（讨论稿）》。

会议审议通过《梅县区企业融资（助保贷）扶持实施细则（讨论稿）》《梅县区征收土地补偿标准》;《梅县区治理车辆超限超载工作责任追究办法》;《梅县区村村通自来水工程建设规划报告和实施方案》《梅州市梅县区行政案件出庭应诉规定》的问题;《梅县区党政机关和事业单位培训管理方法》《梅县区 2015 年财政收支计划调整意见》《梅县区企业贷款贴息扶持实施方法》《梅县区企业上市（新三板）扶持实施方法》《丰华兴梅产业集聚带梅县集聚区招商优惠办法》;《梅县区人民政府关于加强全区河道管理实行“河长制”工作的意见（讨论稿）》《免除城乡居民殡葬基本服务实施方案》，关于解决历史遗留用地的相关问题;《梅县区现代农业示范区“政银保”合作农业贷款实施方法》、现代物流园《承诺函》及《梅县区 2015 年财政收支计划调整意见》《梅县区 2014 年财政总决算草案的报告》;《梅县区 60 周岁以上老人、小学生、初中生、残疾人、现役军人等群体免费乘坐城乡公交车实施方案》；修改《关于进一步加强财政资金基本建设工程管理的补充规定》（梅府〔2013〕1 号）、省级现代农业示范区 2015 年度项目实施方案、区政府部门权责清单（第一批）、区政府 2015 年行政审批制度改革事项目录（第四批）、《梅州市梅县区足球综合改革方案》的议题。会议还通报区公务用车制度改革工作进展情况。

【区政府主要工作】 县域经济 全区生产

总值、公共财政预算收入、税收分别增长7.8%、19.39%和15.1%，公共财政预算收入和本级税收总量均在粤东西北12个市74个县（区）中排名第二位。固定资产投资、全体居民人均可支配收入分别增长30.2%和10.9%。

发展壮大实体经济　落实扶持实体经济发展政策，出台贷款贴息、“助保贷”等多项扶持措施，重点扶持“新三板”上市培育企业、招商引资落户企业、增资扩产企业发展，增强发展后劲。全年完成工业投资35.92亿元，增长24.6%。航鑫科技首期、BPW（梅州）车轴六期等项目建成投产。规模以上工业总产值增长5.8%，新增规模以上工业企业8家，新增10亿元产值企业1家、亿元以上产值企业5家。农业龙头企业、农民专业合作社、家庭农场等一批农业新型经营主体有效发展，被列为国家现代农业示范区。发展电子商务、文化旅游、现代物流等新经济业态，全年电子商务企业实现交易额9.94亿元；南寿峰创建成国家AAA级景区，旅游接待人数、旅游总收入分别增长19%和21%，旅游综合竞争力位居全省第三；新发展各类企业765户、个体工商户3787户，分别增长15.3%、33.5%；专利申请量和授权量高速增长。发展和利用资本市场成效明显，集一家居成为梅州第一家在香港联交所上市的企业，嘉元科技和骅锋科技2家企业在“新三板”上市。推进招商引资，全年引进计划投资5000万元以上的落地项目43个、计划总投资240亿元，实际利用外资完成1900万美元。

基础设施建设　推进产业集聚区等发展平台建设，增强投资吸引力和发展后劲。产业集聚区获得省产业转移政策5000万元扶持资金，综合保税区的申报材料由国务院批转海关总署征求相关部门的意见，深圳有信达保税物流、中新集团汽车零部件等一批产业项目和省市共建创新创业孵化中心、医院、学校等一批配套项目以及道路、供电、供水等基础设施加快建设，园区新增建设用地3300多亩。全年完成交通项目投资9.4亿元，境内济广高速公路建成通车，梅平高速、梅州东环高速丙村至城东段和梅汕高铁建设以及规划增设的葵岗高速出口建设前期工作有序推进，梅畲快速干线、白渡园区快速干线、进城大道动工建设；完成国省道“迎国检”项目90.5公里，建设县乡公路102公里，开通城区至乡镇的公交线路。完成水利工程建设投资2.92亿元，开工建设中小型灌区续建与节水改造、中小河流治理等项目55宗。投入4500万元实施电网改造和变电站改造等工程，4G和宽带网络逐步延伸至行政村。

提升城乡建设质量　全年投入12.55亿元推进新城建设，外国语学校建成招生，新城水厂动工建设，富力城、锦绣国际家居博览中心、宝丽华集团客商银行等一批项目加快推进。新建进城大道等10条市政道路，改造、新建4座市场，剑英大道延长线基本建成，客都大桥连接线进展加快。改造锭子桥圆盘和文化城圆盘，完成18座公交站港湾式改造，规划30公里的综合管廊，推进网格化、精细化管理，拆除违法建筑110宗共6800平方米，城市综合管理进一步加强，国家卫生城市顺利通过国家暗访。谋划16平方公里的葵岗和14.2平方公里的槐岗两个城市发展区，拉开城市发展构架。新城建成区面积达20平方公里、人口18万人，城镇化率为50.71%。以城带乡，城乡联动，开展农村道路、水利、农田基础设施建设和农村饮水安全工作，推进农村生活垃圾治理，加强重点生态保护区、水源涵养区、江河源头区保护。19个镇的垃圾处理设施建设全面完成，城区生活垃圾无害化处理率达100%，雁洋镇省级新农村连片示范建设和“中央苏区县创建幸福村居示范片”建设加快，建成万村绿美丽乡村示范村46个，雁洋镇列入省新型城镇化“2511”试点，美丽乡村建设稳步推进。

加强生态环境保护 推进新一轮绿化广东大行动，投入1.16亿元，完成造林8.3万亩，森林抚育11.67万亩，扩大生态公益林6.3万亩，建成生态景观林带50公里，生物防火林带187公里、森林公园5个、湿地公园1个，森林覆盖率达74.62%。实施环境监察网格化管理，大力加强污染治理，严厉打击环境违法行为。推进高耗能、高污染、资源消耗性产业转型淘汰进程，完成各项节能减排年度计划任务，单位生产总值能耗下降3.66%，新城水质净化厂二期投入运营，3个中心镇污水处理设施投入使用。创建国家环境保护模范城市、国家森林城市工作深入推进。全年未发生重大环境事件和污染事故。

社会各项事业发展 全面完成十大民生实事，底线民生保障水平明显提高，残疾人就业及各项康复计划有序推进，儿童福利院、残疾人康复中心投入使用，农村劳动力创业就业能力有效提升。完成公共租赁住房、保障性住房以及棚户区、农村危房改造任务。筹集帮扶资金1.7亿元，实施到村项目1174个、到户项目1.9万个，完成贫困村“三年规划”建设项目，贫困户全部实现脱贫。启动“广东省推进教育现代化先进区”争创工作。梅县外国语学校与广东外语外贸大学和深圳外国语学校共建，聘任首批海外顾问；组建的华侨中学办学步入正轨，特殊教育学校建设全面展开，各类教育协调发展。完成梅县区博物馆建设，创建10个农村文化俱乐部，完善一批文化站公共电子阅览室和村文化室，成立文广视讯传媒有限公司。制订实施足球综合改革方案，成立全市首个镇级足球俱乐部。新增7处省级文物保护单位。被命名为“中国民间文化艺术之乡”，荣获“中华诗词之乡”称号。全面开展第三次全国农业普查工作。启动数字梅县地理空间框架项目。区级财政在全省县级中唯一荣获全国先进集体殊荣，工商联荣获全国“五好”县级工商联称号，档案工作被省确定为优秀等级。国防建设深入开展，双拥创建工作通过省考核验收，优抚政策全面落实到位。

维护社会和谐稳定 开展“按法治框架解决基层矛盾试点”工作，落实领导包案调处制度，推进矛盾纠纷大排查大调解活动。统筹安排60名律师进驻全区390个村（社区），一村（社区）一法律顾问实现全覆盖，公共法律服务体系覆盖城乡全体居民。改进信访工作机制，群众诉求表达渠道进一步规范和畅通。完成首批农村气象应急预警“大喇叭”工程，新增城区100个高清监控点，农村治安视频监控系统建设深入推进，群众安全感增强。全面落实安全生产“网格化”管理制度，安全生产形势持续稳定好转。食品药品安全监管不断加强，被列为创建“国家农产品质量安全县”。

区政协

【梅县区政协十三届五次全会】 中国人民政治协商会议第十三届梅州市梅县区委员会第五次会议，于2015年2月14日至15日在梅县区举行。会议听取并审议通过李发祥主席代表常务委员会所作的工作报告，钟梅福副主席代表常务委员会所作的提案工作情况的报告。委员们列席梅县区第十四届人民代表大会第五次会议，听取并赞同钟光灵区长所作的《政府工作报告》，赞同区人民法院工作报告和区人民检察院工作报告及其他报告。会议选举曾京铭同志为区政协主席，并增选常务委员。会议圆满完成各项议程。

【提案办理】 区政协十三届五次会议后，区政协常委会围绕区委、区政府中心工作，发动广大委员、政协各参加单位和各专门委员会，深入调研，撰写提案，为梅县区的改革振兴发展，解决民生热点问题，积极建言献策。全年收到提案55件，经审查立案54件，转意见建议1件。并挑选出8件提案作为2015年的重点提案，由区领导挂案督办。至2015年10月底，通过承办单位和委员们的共同努力，已全部办理答复完毕，提案人满意率为100%。梅县区政协被省政协确定为“提案工作重点联系县（区）”。评选出“乘‘梅兴华丰产业聚集区’发展东风，做大做强我区实体经济”“关于落实中央一号文件，加快梅县区农田水利建设的建议”等11个优秀提案，评选出梅县区政府办公室、住建局、新城办等11个承办提案优秀单位。

【协商议政】 区政协围绕区委中心工作和社会民生热点，组织政协委员积极开展视察活动，组织委员围绕视察主题，深入开展协商议政。2015年初，开展对水利建设的专题视察，组织委员到小型农田水利建设和中小河流治理现场进行实地了解，围绕工程建设中存在的困难和问题积极议政建言，所提意见建议得到区委区政府的高度重视，多次列入政府常务会内容要求加快推进。针对梅县区东北片交通滞后影响均衡发展这一热点难点问题，区政协组织委员沿途现场视察，切身体会该片区道路曲折难行的状况，并围绕改善该片区交通状况积极建言，视察报告得到区委区政府高度重视，把改善梅县区东北片交通事宜列入“十三五”规划，力争尽快规划建设。此外，区政协围绕梅县产业集聚区建设进行专题调研，提出“鼓励引导企业优势互补，最大限度盘活存量资源”等可操作性的意见建议。

【民主监督】 区政协切实履行民主监督职能，通过开展专题调研、专题视察、委员提案、“委员之家”网络平台等方式，把民主监督贯穿其中，对政府职能工作提出意见建议，促进政府职能工作的民主化和科学化。

【专题调研视察】 主要是组织开展对“水利工作”“产业集聚带工作”“我区东北片交通公路建设工作”的专题调研视察，深入了解情况，积极建言献策。形成调研视察报告《梅县区政协视察水利建设工作的情况报告》《梅县区政协视察我区东北片乡镇交通公路工作的情况报告》《梅县区政协视察梅兴华丰产业集聚带梅县集聚区的情况报告》等3篇。

【联谊交流】 2015年，区政协加强联络力度，频繁与外界交流互动，大力宣传推介梅县区人文和投资环境。分别在5月、10月和12月应邀出席“香港儿童鼓乐团成立典礼”“港区梅州市各级政协委员联谊会会员大会”“香港梅州社团总会成立暨首届会董会就职典礼”。此外，区政协创新模式，履行节约，把以往通常在香港召开的座谈及乡情通报会改在深圳举行，于10月在深圳召开港澳委员座谈会，共同座谈交流，通报家乡经济社会建设发展情况，共商振兴发展大计。与此同时，还认真做好各级政协到梅县区学习交流的接待工作，2015年接待市政协历届委员联谊会领导到梅县区考察、河源市政协到梅县区考察及福建江西等地兄弟市县政协到梅县区考察等，加强了纵向及横向的沟通交流，达到互相学习共同提高的良好效果。

【专委会活动】 2015年，各专委会认真选取相关课题，积极组织实施调研视察，形成调研视察报告，并组织相关人员对调研报告进行审评，有效地提高各专委会的工作积极性。其中，学习文史专委会开展“古民居的开发保护与旅游相结合”的专题调研，提案专委会开展“加快农村电商”的专题调研，社会法制专委会开展“构建和谐宗教”的专题调研，经济科技专委会开展“环境保护与经济发展”的专题调研，民营经济开展“生物防火林带建设”的专题调研，文教卫体专委会开展“养成教育”的专题调研，港澳台侨专委会开展“培育发展商贸物流产业”的专题调研。

【关注民生】 协助相关单位广泛发动各界人士热心捐助，筹集1800多万元成立梅县外国语学校奖教奖学基金。组织委员到隆文镇开展“送医送药下乡”爱心活动，为400多位山区群众义诊服务，为敬老院老人、群众赠送500份价值12500元的药品。

（供稿：办公室）

区纪委

【召开梅县区纪委十二届五次全会】 2015年1月27日，梅县区纪委召开十二届第五次全体会议，会议由区委常委、纪委书记罗时亮主持，会议传达中纪委十八届四次全会、省纪委十一届四次全会和市纪委六届五次全会精神，纪委书记罗时亮在会上总结全区2014年党风廉政建设和反腐败工作情况，研究部署2015年的工作任务，区委书记张文广在会上作重要讲话。

【党风廉政建设】 抓住落实党风廉政建设主体责任这个“牛鼻子”，强化责任追究。印发《梅县区关于认真落实党风廉政建设主体责任强化责任追究的通知》，制定《党风廉政建设主体责任清单》，明确党委（党组）领导班子、党委（组）书记、领导班子成员党风廉政建设主体责任清单共64项。组织开展科级党政“一把手”向纪委全会进行述责述廉述德工作，严格倒查履责情况并跟踪落实问题整改，各级党委（组）履行党风廉政主体责任意识得到进一步强化。全面落实纪委监督责任，加强对执纪监督的组织领导，制定并印发《关于认真落实党风廉政建设纪委监督责任的通知》《纪检监察机关“一案双查”流程图》，充分发挥各级纪检监察组织的职能作用，全区党风廉政建设和反腐败工作取得新成效。2015年，对因落实主体责任或监督责任不力的3位科级干部实施诫勉谈话，并责令整改。

【体制改革】 扎实推进纪律检查体制改革。按照党的纪律检查工作双重领导体制具体化、程序化、制度化的要求，强化上级纪委对下级纪委的领导。围绕“查办腐败案件以上级纪委领导为主，线索处置和案件查办在向同级党委报告的同时必须向上级纪委报告”制度，探索建立和完善线索排查、线索处置、保密和责任追究机制，纪律审查质量和效率不断提高。积极探索制定镇（办事处、高管会）纪（工）委书记、副书记的提名、考察、后备和轮岗交流办法，夯实基层纪委监督执纪问责的基础。

【作风建设】 认真落实中央“八项规定”精神。盯住一个又一个时间节点，抓住一个又一个具体问题，坚持暗访、查处、追责、曝光“四管齐下”，紧盯“四风”新形式新动向，坚决查处并通报曝光公款吃喝、公款旅游、公车私用、收送“红包”礼金等问题，释放越往后执纪越严的信号。紧紧依靠广大群众和新闻媒体的监督，形成反对“四风”的良好社会氛围。2015 年，全区开展明察暗访 82 次，制作专题暗访片 6 个，通报批评 15 人，查处并曝光 7 宗典型案例。

积极推进党员领导干部“八小时以外”活动监督管理试点工作。确定区国税局、教育局、松口镇、梅南镇 4 个单位为全区示范先行点，探索加强党员领导干部“八小时以外”活动监督管理制度化、信息化和规范化的有效方法，引导党员领导干部进一步净化“社交圈、生活圈、休闲圈”，增强自我约束和接受监督的意识。

【查处违纪违法案件】 全区纪检监察机关围绕减少存量、遏制增量的目标，加大执纪审查力度，重点查处十八大后不收敛不收手，群众反映强烈、问题严重的党员领导干部。2015年，区纪委监察局受理群众信访举报264件（次），同比上升 27.5%；全区纪检监察机关立案查处违纪违法党员、国家机关工作人员 80 宗 80 人，其中查处科级干部 11 宗 11 人。

建立提醒谈话抓早抓小工作机制。探索运用监督执纪“四种形态”，加大谈话、函询、诫勉力度。2015 年，全区纪检监察机关开展任前廉政谈话 277 人（次）、诫勉谈话 15 人（次）、实施信访谈话函询 8 人（次）；给予党纪政纪处分 77 人，其中党内严重警告以下和行政降级以下等轻处分 61 人，占党纪政纪处分总人数的 79.2%；党纪政纪重处分 16 人，占 20.8%；移送司法机关 2 人，占 2.6%。

依法依规开展执纪审查。落实信访举报目标管理工作，全区信访举报核查率 100%。贯彻“两个尊重”“三个区分”原则，坚持实事求是，严格区分为公与为私，既严肃处理违纪行为，又澄清问题、保护干部。全年为 41 名受到诬告错告的党员干部澄清了问题。严格落实执纪审查安全责任制，修订完善办案工作监督管理制度，进一步加强办案设施设备建设，强化对基层执纪审查工作的督查，全区实现执纪审查安全“零事故”。梅县区的执纪审查安全工作得到省纪委执纪审查安全“飞行”检查组的充分肯定。

【违纪违法线索集中排查】 农村基层党员干部违纪违法线索集中排查工作取得阶段性成效。全区排查出“两违”线索 469 条，涉及五类范围线索 366 条；立案 78 宗 78 人，纠正和查处一批侵害农村群众切身利益的问题。线索排查工作先后得到省委常委、省纪委书记黄先耀等省、市纪委主要领导的充分肯定。

【宣传教育】 开展形式多样的廉洁从政教育活动。扎实开展以“守纪律、讲规矩、作表率”为主题的纪教月活动，重点组织开展“十个一”活动。在“掌上梅县”手机客户端开设“每日 e 廉”栏目，持续传递廉洁正能量；协调组织全区副县级以上干部到广东省梅州监狱开展“严于律已”专题警示教育活动；

对区直200多名“双集”人员进行廉洁从业教育；举办“孝廉文化”楹联征集和“孝廉文化教育进课堂”系列活动；组织开展党规党纪知识测试；举办主题为“举报贪腐 共创廉洁”的信访举报开放日活动。全区通过“一网四平台”扎实开展新修订的《廉洁自律准则》《纪律处分条例》学习宣传活动。

注重舆论宣传。编印内刊《正道》5期，下发到全区各级各单位。办好《纪检监察之窗》栏目，制作“严惩群众身边的腐败”“乡镇纪委规范化建设”等专题，新开辟《寻找廉政记忆》系列节目，营造全社会崇廉尚洁氛围。

【机构改革】 夯实监督执纪问责的基础。按照省、市纪委要求，区纪委监察局内设机构由原来的11个调整为10个。纪检监察室由原来的3个增加到5个，占机关内设机构的50%。调整后，直接从事监督执纪问责的室达到8个，占内设机构总数的80%，机关监督执纪问责力量增至人员编制的90%。厘清监察局各项行政权责清单，梳理出监察局行政权责事项4类31项。

【基层建设】 全力推进镇级纪委规范化建设。加大人力、物力、财力等方面投入，全区19个镇（办事处、高管会）纪（工）委按期实现软硬件“六有”目标和工作内容、管理考核规范化，改变过去基层纪委办案设备缺乏、纪检监察干部兼职分工过多、纪律审查质量不高等问题，促使基层纪委力量进一步聚焦到监督执纪问责的主业上。

（供稿：刘森江）

民主党派与工商联

民　革

【概述】 2015年，民革梅县区委员会紧紧围绕区委、区政府的中心工作，团结带领广大党员，坚持以邓小平理论和“三个代表”重要思想为指导，认真贯彻落实科学发展观和中共十八大及十八届三中、四中、五中全会精神，不断加强思想、组织、制度等各方面建设，积极发挥参政党的作用，为促进梅县区经济、社会发展做出积极贡献。至年底，全区有4个支部，党员60人。其中：市人大代表1人、市政协委员1人、区政协副主席1人、区政协委员9人（常委1人）。

【思想建设】 结合自身实际，努力做好学习工作。一是以邓小平理论、“三个代表”重要思想、科学发展观、习近平总书记系列重要讲话精神为指导，认真学习中共十八大及其历次全会精神。二是学习法律法规和党的各项方针政策。三是努力学习民革中央、省、市有关文件精神，自觉阅读党报、党刊。四是积极学习新时期统一战线理论，为做好海外联谊工作打下扎实基础。五是学习民革的党章党史。9月，组织部分党员骨干参加2015年梅县区党外干部培训班学习。10月，组织区委委员和支部主委参加省委会周天鸿主委主讲的关于民革组织思想建设的专题学习讲座。通过学习，广大党员进一步树立正确的世界观、人生观、价值观，增长见识，牢固树立坚持中国共产党的领导，坚持走中国特色社会主义道路的信心和决心。

【组织建设】 围绕国家大政方针，紧跟形势发展，大力加强自身建设，不断提高整体素质，更好地履行参政党职能。首先是通过民主集中制团结带好班子。工作中充分发扬民主，求同存异，共同研究制定计划，解决问题。其次是选备好干部建设好基层。2015 年，区委会开展主委下基层活动，余洪昌主委深入所有基层支部开展调研活动，进一步了解基层党员的各方面情况，指导广大党员自觉加强学习，鼓励党员立足本职岗位，努力工作。根据党章的要求，2015 年，梅县区民革各支部圆满完成换届工作。第三是发展好新党员做好组织建设。区委会坚持高标准、严要求，做到既重视数量，又注重质量发展党员。2015 年，在梅县区铁炉桥医院发展魏利娟、梁淑芳、杨向凯三人加入组织，为 2016 年年初在铁炉桥医院设立支部打下基础。另外在当地中共党组织的支持帮助下，发展松南中学的李明加入组织，同时区委会还培养 1 名对象。

【参政议政】 围绕参政议政、服务大局这一中心工作，就梅县区的经济社会建设、群众关心的热点难点问题积极建言献策。2015 年，民革领导余洪昌主委多次参加区委、区政府、人大、政协等有关部门召开的座谈会、协商会、情况通报会及各种活动，参与梅县区大政方针和重大问题的协商。政协会议是民主党派参政议政的主渠道，要求各支部积极开展调研，认真建言献策，通过调动广大党员、基层支部的积极性，注意把个人的智慧转化和汇集为集体的力量，民革的发言和提案质量水平有较大提高。年底，有市人大代表和政协委员各 1 人，区政协委员 9 人，在区政协十三届五次全会上，李朝晖代表区委会作了题为《做好我区安全生产工作，促进经济社会健康发展》的大会发言，对梅县区安全生产工作的现状及存在问题作了比较全面的阐述，对如何抓好梅县区安全生产工作，为经济社会发展保驾护航，提出切实可行的建议。此外，区委会还提出《关于做好我区交通安全工作的建议》《关于为我区镇级安监机构配备专职人员的建议》两件提案；李朝晖提出《关于切实做好我区禁燃禁放工作的建议》，黎竹新提出《关于乡镇医疗急救水平的提高的建议》。这些提案针对性较强，调研有深度，解决办法和措施可行性强，得到有关部门的高度重视，有些问题得到较好的解决。比如《关于切实做好我区禁燃禁放工作的建议》提出后，相关部门积极做好群众宣传工作，发放禁放宣传图册 18000 份，自 2 月 10 日起至 3 月 6 日止，进行为期 25 日的执法巡查，收缴、销毁违法经营烟花爆竹 3.5 吨。

【社会服务】 2015 年是孙中山诞辰 149 周年和 90 周年忌辰，区委会为纪念孙中山逝世 90 周年，缅怀他的丰功伟绩，组织年轻党员和志愿者 100 多人，在相关部门的配合下前往丙村镇种下了 40 多亩的民革“博爱林”。区委常委、统战部长张小兰应邀参加植树纪念活动，与余洪昌主委共同栽种棵树苗。

【本职工作】 区委会充分发挥人才智力优势，努力做好促进梅县区经济社会发展工作。钟李峰、曾彩霞夫妇长期积极回报社会，树立民革党员的良好形象，他们所创办的铁炉桥医院，一直执行平价医院政策，为前来就诊的门诊患者免挂号费 10 多万元、检查费 20 多万元；为贫困户、低保户住院患者减免各项费用近 80 万元；多次组织医务人员到各乡镇免费为老人进行白内障筛查，并到石扇等地义诊免费送医送药 200 多份。他俩积极响应区委会建设民革“博爱林”的号召，亲临栽种树苗，带头捐款 3000 元用于建设“博爱林”2015 年，钟李峰被民革广东省委会评为“优秀基层组织工作者”。朱日晖的摄影作品《围龙新歌》荣获由文化部《文化大视野》编委会主办的《文化大视野——全国群文系统文艺作品选集》优秀作品奖（最高奖），并且该作品荣获“客家圣地美丽家乡”闽粤赣三地摄影作品联展优秀奖。李英霞被评为梅县区先进教师。廖国优、冯剑辉在 2015 年干部年度考核时被评为“优秀”等级。郭瑞霞的教学设计《2.5 的倍数的特征》获梅县区三等奖，设计的课例《游戏公平》获区一等奖，撰写的论文《浅谈如何打造小学数学高效课堂》获区一等奖，《如何提高小学数学课堂的有效性的思考》获区一等奖；刘胜金撰写的论文《浅谈小学数学高效课堂》获区三等奖，教学设计《整十数加减整十数》获区三等奖，设计的课例《前后》获区二等奖。

民　盟

【概述】　2015 年，民盟梅县区委员会围绕区委、区政府的中心工作，团结带领广大盟员，坚持以邓小平理论和“三个代表”重要思想为指导，认真贯彻落实科学发展观和中共“十八大”及十八届三中、四中、五中全会精神，不断加强思想、组织、制度等各方面建设，积极发挥参政党的作用，为促进梅县区经济、社会发展做出积极贡献。至年底，全区有 7 个支部，盟员 159 人。其中：省人大代表 1 人、市人大代表 1 人、市政协委员 1 人、区人大代表（常委）1 人、区政协委员 11 人（常委 1 人）。

【思想建设】　区委会十分重视政治理论学习，不断提高思想觉悟，保持敏锐的政治性。谢芳主委精心组织全区基层盟干和新盟员进行统战理论、盟史和盟章学习活动，参加民盟梅州市委会组织的到四川省邓小平故居和民盟杰出前辈张澜故乡学习考察和工作交流；卢挺文副主委前往北京中央社会主义学院参加盟省委组织的党派理论知识系统培训学习；盟区委委员、骨干盟员和后备干部共 13 人参加区委统战部等部门组织的为期 3 天的党外干部培训班学习。通过理论学习和形式多样的教育活动，进一步提高广大盟员的政治素质，牢固树立坚持中国共产党的领导，坚持走中国特色社会主义道路的信心和决心， 始终做到思想上同心同德，目标上同心同向，行动上同心同行。

【组织建设】　2015 年，4 月 24 日至 26 日，民盟梅县区全体区委委员赴福建龙岩市和江西赣州市开展革命传统教育，交流盟务工作经验。5 月 29 日，民盟梅县区委员会召开后备干部推荐会，民主推荐盟区委领导班子后备干部，以无记名投票的方式进行投票推荐，最终推选出 6 名作为区民盟领导班子后备干部人选。6 月 19 日，民盟梅县区委会召开十四届七次委员（扩大）会议，补选叶柳华为副主委，李志平为区委委员。10 月 21 日上午，民盟梅县区委员会举行重阳节座谈会，主委谢芳、副主委卢挺文、吴文龙和在梅城居住的二十多位老盟员欢聚一堂，共度重阳佳节。

按照组织发展的原则要求，2015 年，盟区委发展新成员 5 人，年龄都在 35 岁以下，具有中级职称。各个支部根据实际积极开展形式多样的组织活动，提高盟组织的凝聚力和吸引力。城区、高级中学、文艺、南口中学等盟支部纷纷组织盟员到古田会议会址和古田会议纪念馆、叶剑英纪念园、平远红军纪念园重温党的光辉历史，接受革命传统教育。

【参政议政】 王华春在省人大十二届三次会议上提交《广东省全面实施先诊疗后付费制度》《关于将梅州列入广东省“21 世纪海上丝绸之路”建设规划，助推梅州振兴发展的建议》两份议案。在区政协十三届五次大会上，盟区委提交题为《加强农民科技教育培训，提高农民科技致富水平》的大会发言材料、集体提案 2 件，政协委员个人提案 6 件，内容包括：教育、医疗卫生、法律等方面。民盟梅县区委会 2014 年提交的集体提案《关于配足农贸市场，营造良好的市容环境的建议》被评为优秀提案。

2015 年 6 月，盟区委组织课题组撰写理论文章《提升民主党派提案质量的自身因素和思考》并上报区委统战部；盟区委（5—10 月）组织调研组围绕“农业科技服务平台现状与提升”为主题到惠州、河源等地区进行专题调研，撰写的提案《加强农业科技服务，推进农民脱贫致富》被民盟广东省委员会采纳，作为民盟广东省委会集体提案材料，拟在省政协十一届四次会议期间上交。

【社会服务】 民盟区委组织人员在春节、重阳节期间前往南口镇、水车镇敬老院看望慰问年迈体弱的老人，送营养品送文艺演出送温暖；组织文艺盟员骨干到梅南镇开展法制宣传演出，通过客家山歌、五句板、小品、歌舞节目等形式结合法制内容，向人民群众传递正确向上的价值观，引导人民群众学法知法懂法守法，增强道德判断力和法律意识，演出取得较好的效果，深受百姓的喜爱和欢迎。同时，广大盟员积极参与植树绿化、扶贫济困等活动，共捐款 9850 元。 由区委会资助的 2 名高三级学生在 2015 年高考中于优异的成绩考上大学。

【本职工作】 张育欢老师荣获广东省教育厅《中国梦，我的梦》优秀指导老师奖；钟兰芳、郭小岚两位老师荣获“叶剑英基金优秀奖”；梁娟老师荣获“梅州市教学工作先进教师”称号； 张志远、廖斌、李俊祥、林梅等老师被评为梅县区优秀班主任；丘芳老师获县（区）教改积极分子称号；李俊祥老师获梅县区历史科高效课堂比赛一等奖；吴仕权、廖富梅、童大东、陈国强等老师被评为梅县区年度考核优秀；梁娟老师撰写的德育论文《浅析班主任与学生的沟通》获梅县区一等奖和在广东省 2015 年普通高中教师职务培训中评为优秀学员；朱满莲老师撰写的论文《打造以生为本的高效课堂》获梅县区优秀论文评选一等奖。 （供稿：罗　樱）

农工党

【概述】 2015 年，中国农工民主党梅县区委员会（简称农工党）自觉接受中国共产党领导，积极参与梅县经济社会发展，履行参政党职责。年底，农工党有五个支部，党员64人。其中：在职33人，离退休31人，在职党员中医卫界27人，占82%。有市政协委员1人、区人大代表（常委）1人、区政协委员10人（常委1人）、区特约人民监督员1人、特约审计员2人。

【参政议政】 政协梅县区第十三届五次会议于2015年2月13日至15日在文化活动中心礼堂隆重召开。农工党共有10名政协委员参加会议，会议期间提交书面发言《完善农村财务管理制度，加强村级财务管理规范化的建议》1份，提交完善农村财务管理制度，加强村级财务管理规范化的建议，关于加大城区供水管网建设的建议，关于府前大道至粤东医院转弯处安装电子红绿信号灯的建议，关于加快美丽乡村建设的建议和关于梅州市梅县区实施地中海贫血防控项目的建议等提案5份。《关于大力发展电子商务，促进区域经济发展的建议》《关于大力发展农民专业合作社，促进我区农业增效农民增收的建议》获第十三届四次会议优秀提案。

2015梅州市政协大会上市政协委员李钦祥《建议“兴建梅州市垃圾焚烧发电厂”》提案获梅州市政协优秀提案；同时建议《筑堤固坝，疏塞河床，保“两岸”涝灾平安无险，水务民生》《充分挖掘“一元帅”“两基地”风雨同舟，多党合作红色，人杰地灵将帅游作用，全面提升我市旅游事业发展》《加大城区供水管网，增大、增压扩容提质工程力度，确保解决梅州城区高层住户，特别是江北五洲城低水压供水状况》《建议保护参保人员利益，严格执行国家基本药物制度》4份市政协提案，均得到市政府相关部门高度重视。

梅县区第十四届人大五次会议上，人大常委张清祥提交关于梅县区城市交通调研报告。

【思想建设】 加强政治理论学习。11月接上级文件，要求学习中共十八届五中全会精神，农工党立即组织县委委员学习和及时转发给支部组织党员认真学习，要求每位党员结合自己的本职工作认真学习贯彻落实好五中全会精神。学习新时期统战理论、农工党党章党史。通过学习进一步提高党员的政治素质，始终做到与中共在思想上同心同德、目标上同心同向、行动上同心同行。参加培训班学习。11月15日至20日，办公室李雪梅参加农工党省委会在湖南大学举办全省专职干部培训班，深入学习中共十八届五中全会精神，中共中央统战工作会议精神及机关干部创新管理与素质提升等。通过培训、交流，提高专职干部政治素质和业务能力，增强各地方组织专职干部之间联系和友谊，开拓工作思路。

【组织建设】 2014年10月，粤东医院和梅县区中医医院成立，原属梅县人民医院党员分在梅县区中医医院工作的成员有6人，有利开展党务工作和社会活动，积极参政议政，扩大农工党的影响。2015年1月成立梅县区中医医院支部，支部工作由宋国良负责。组织发展工作的重点放在发展骨干成员和高素质人才上。2015年，发展方明、肖艳红两人为新党员，年底，有5个支部，党员64人。其中：人民医院支部23人、机关支部20人、中医医院支部6人，退休支部9人、松口支部6人。在职33人、退休31人。在职党员中医卫界27人，占82%，教育界5人，占15%，其他1人，占3%，中高级职称26人，占79%。2015年，区委会对后备干部队伍全面摸底，推荐出区委委员后备人选 11 名和正副主委后备人选 5 名，进入后备干部队伍建设人才库。9 月 23 日至 25 日，农工党有 12 位骨干成员参加梅县区统战部、组织部、党校联合举办的“2015 年梅县区党外干部培训班”。期间，还到水车镇黄琪翔将军故居纪念馆、松口镇丘哲故居参观学习，接受爱国主义教育。

【社会服务】 11 月 27 日，农工党梅县区委员会组织医卫界专家，李钦祥、张清祥、宋宏忠、郑素芬、宋国良、吴伟文、罗琼瑶、黄念先、黄建平等九人到统战部帮扶点大坪镇开展送医送药义诊活动。活动中送出宣传小册子 600 多份，药品 2000 多元，受益群众达 500 多人。

2015 年，农工党中央在全国范围内开展“优秀地市级组织、县级组织和先进基层组织”评选表彰活动中，以团结带领广大农工党党员，围绕中心、服务大局，特别是在学习实践活动开展过程中，在思想建设、组织建设、参政议政和社会服务等工作中取得突出成绩，2015 年 12 月 3 日被农工党中央授予“中国农工民主党优秀县级组织”称号。

（供稿：李雪梅）

致　公　党

【概述】 2015 年，致公党梅县区委员会认真学习邓小平理论和“三个代表”重要思想，深入学习中共十八大及四中、五中全会精神，贯彻落实科学发展观，围绕建设宜居梅县区这个中心，带领全体党员在加强自身建设、参政议政、海外联谊、社会服务等方面取得可喜的成绩。至 2015 年 10 月底，全区党员中，有市人大代表 1 人，市政协委员 1 人，其中常委 1 人；区政协委员 14 人，其中常委 1 人。特邀监察员 2 人，公安警务监察员 1 人，王德恩和张晴洪被受聘为梅县区人民法院人民陪审员。2015 年度发展新党员 3 人，由湛江市委会转入一人，一位老党员（廖耿光）去世，至 10 月底，全区有四个支部，党员 85 人。

【思想建设】 区委班子非常重视自身建设，组织党员认真学习邓小平理论和“三个代表”重要思想，学习中共十八大精神，结合区委、区政府的战略方针，以及本党的实际，努力提高参政议政水平，发挥致公党应有的积极作用。全体党员在思想上更加坚定自觉接受中国共产党领导的政治观念。充分发挥基层党组织，在工作上做到规范化、制度化、常态化，构建强有力的高素质民主党派队伍，在新时期民主政治格局中发挥本界别应有的作用。各支部党员坚持学习本党中央、省有关文件精神以及传达县两会有关精神。按照致公中央和省要求，开展坚持和发展中国特色社会主义学习实践活动、开展纪念中国致公党成立 90 周年活动，配合梅州市委会，组织支部党员报名参与省、市书画参展、文艺演出、参观学习等一系列活动。

【组织建设】 区委会努力打造一支高素质的后备干部队伍，把参政人才的培养作为当前的要务。2015 年，李丹玲主委参加由梅州市妇女儿童工作委员会组织的在北京中国人民大学举办的“妇女发展纲要和儿童发展纲要”人才培训班，选送杨馗章参加致公党省委会举办的全省青年党员培训班学习；张晴洪参加省级举办的人民陪审员学习培训；黄利云、罗菊芳、徐婉玲等12人参加梅县区2015年党外干部培训班学习，还有其他党员在各自的岗位上参加学习。通过各级的培训学习，提高党员的政治素质、思想素质以及业务水平。2015年度获梅州市委会表彰的“先进基层组织”称号的有城区二支部和丙村支部2个支部，有11位党员获得“优秀致公党员”称号。李国泰、温干强被评为优秀政协委员，杨小琴获评2015年度考核优秀。

【参政议政】 针对“梅兴华丰产业聚集区”建设发展情况，2月，区委会组织调研小组，深入到梅县区经贸局、招商局、统计局和白渡工业园区等进行有关情况的现场调研，形成调研报告，由徐婉玲代表区委会在2月14—15日召开的区政协十三届五次会议上作《乘“丰华兴梅产业聚集区”发展东风 做大做强我区实体经济》的大会发言。区委会在广泛调查研究的基础上，以集体的名义提出《关于做大做强我区实体经济的建议》《关于加快发展我区养老服务业的建议》《关于建设梅县博物馆新馆的建议》等提案。个人提案有4件，分别为陈瑞玲提《关于落实中央一号文件 加快我区农田水利建设的建议》等两件，王德恩和张晴洪各提一件，全部经立案。上次会议致公党所提《关于大力实施名牌战略的建议》的提案被列为政协主席督办，并在本次会议被评为优秀提案。完成2015统一战线理论研究课题《 关注梅州“海上丝绸之路”统战工作的冷点》。2015年，致公党党员在各种会议上以党派名义发言的有20多次，对梅县区的政治、经济、文化教育等方面提出看法和建议。担任特邀监察员的党员分别参加区纪委开放日活动，担任各级人大代表和政协委员的党员分别参加各种类型的视察和考察活动，代表本党履行参政议政职能，树立本党的社会形象。

【海外及港澳台联谊和社会服务】 区委会十分注意发挥自身的优势开展工作，区委会主要领导经常接待“三胞”和归侨、侨眷。2015年，有李国泰、陈健、陈瑞玲等多位党员到东南亚及中国港澳台等地探亲访友、学术交流。全年，致公党党员接待“三胞”1300多人（次）。7月9日，组织医技、农技人员代表以及区委委员十多人，会同致公党梅州市委会有关领导及医农技术人员，带上精心选购、价值五千多元的药品，到梅县区侨乡——松口镇敬老院、松东敬老院以及松东农技站，为老人们把脉问诊检查身体并送上药品和慰问金，为乡村农民解答种植疑难问题并附上农技知识手册300多份。李国泰在各级报刊发表作品20多篇，其中省级4篇，市级10多篇；陈瑞玲在报刊发表文章4篇；李国泰参与编辑的《梅县侨声》杂志发挥桥梁和纽带的作用，深受“三胞”的欢迎。

（供稿：陈瑞玲）

工 商 联

【概述】 2015年，梅县区工商联围绕区委区政府中心工作，突出 “两个健康”工作主题，坚持团结、服务、引导、教育的方针，抢抓机遇，主动作为，团结带领全区非公经济人士为梅县区经济振兴发展做出新的贡献。1月，梅县区工商联被广东省工商联评为“五好”县级工商联，5月被全国工商联评为“五好”县级工商联，成为全国、全省首批获得“五好”荣誉称号的县级工商联。

【思想建设】 工商联以组织各类型的活动为载体，突出以守法诚信为主题，推动理想信念教育实践活动的开展，5 月，工商联召开工作推进会。增强梅县区非公有制经济人士对中国特色社会主义的信念、对党和政府的信任、对企业发展的信心、对社会的信誉。6 月，以“守法诚信、锐意创新、共谋发展”为主题，组织工商联常委前往广东雁归来养生产业有限公司和广东嘉元科技股份有限公司参观学习交流。组织民营经济人士参加由区委区政府开展的首届“大众创业万众创新”活动，现场为参会的企业开展相关政策咨询活动。组织民营经济人士参加由锦发集团主办的专题讲座，邀请全国十大管理培训专家李太林导师主讲“合伙人与绩效解码”。组织会员参加西南财经大学学习培训。

【组织建设】 扎实推进基层商会建设。2015 年，按照省工商联“五好”县级工商联建设工作要求，区工商联不断推进基层商会法人登记工作，完成对梅西、丙村、石扇、梅南商会的注册登记工作。至年底，全区已有 5 个镇级商会完成法人治理结构的过渡完善工作。成立梅州市松源商会，以促进梅州、松源两地经济文化的交流与发展。年底，全区有 12 个镇级商会组织和 3 个行业协会组织。

致力发展壮大会员队伍。区工商联坚持广泛性和代表性相结合的原则，做好会员发展工作，注重发展企业会员，使大部分规模以上企业入会，会员结构逐年优化。2015 年，发展会员 167 名，全区工商联会员总数 1170 名。完善工商联会员分类数据库信息，实行会员常态管理。

【联络交流与宣传】 以工商联网站和《梅县商会》为平台，宣传服务会员，宣传国家的经济政策和梅县区扶持中小微企业及招商引资的优惠政策，宣扬民营企业家创业的精神。2015 年会刊、网站共发布各类信息 200 多条。在《梅县民声》栏目主办《创业 · 在路上》专栏节目中，宣传报道 20 多位民营企业人士的创业故事，先后共宣传报道 50 多位民营企业家创业故事，展现企业家的风采。广泛组织开展对外联络交流，联合丰顺县工商联开展两地企业交流活动，到丰顺县马山生态茶园基地开展“革命老区马山行 · 最美春茶品鉴会”学习交流；参观梅州锦绣国际、梅州市客乡乳业、四季佳禾现代农业园。组织民营企业家参加市工商联成都招商推介会。与平远县工商联进行“五好”县级工商联学习交流活动。各基层商会、行业协会积极组织会员参加各类学习交流会，大坪商会、梅西商会开展“以球会友”共庆元宵佳节。小水电行业协会与大埔县、河源市水利水电行业商会进行学习交流。食品行业协会为食品企业提供免费食品安全检测服务。畲江商会与工艺行业协会重视加强工艺行业技术创新，提高工艺附加值，积极引导会员企业转型升级，构建和谐劳动关系。各基层商会、行业协会组织会员参加商务考察、贸易洽谈、展销会等各种经贸活动 150 人次，签订投资项目、合作协议 20 个，投资总额达到 5000 万元。

【参政议政】 工商联非公经济代表人士担任省人大代表 2 名、市人大代表 12 名、区人大常委 1 名、区人大代表 42 名，省政协委员 3 名、市政协委员 18 名、区政协委员 65 名，在“两会”期间，人大代表提交议案 3 份，林树贵代表提出“关于关闭松源镇径口村岭美水库猪场的建议”，列为重点议案。政协委员上交提案 4 件，其中《加强政银企合作，推动金融生态环境建设的建议》《加强行业协会建设，助推梅县经济振兴发展》2 件提案列为重点提案，由区委领导挂案督办。开展针对梅县区非公经济人士价值追求现状的调查与思考，撰写《关于当前非公经济人士思想动态调查》的调研报告报送市委统战部，进一步掌握非公经济人士的思想动态和价值取向。撰写《"三大创新"促县级工商联工作发展》的经验材料报送全国工商联，并在《中华工商时报》刊登发表。

【企业项目建设】 超华科技积极实施"电路解决方案提供商+智慧城市方案解决和服务运营商"双轮驱动战略，出资 1 亿元，参与中国科学院计算技术研究所发起成立的智慧城市关键技术专项基金，每年出资 200 万元参与由中国科学院计算技术研究所设立的联合实验室，新建的超华研发中心大楼建成投入使用，投入资金 1.8 亿元增资深圳市贝尔信智能系统股份有限公司，投入资金 500 万美元认购 XINGTERA(芯迪半导体)新发行的 B 轮优先股权，投入 1.02 亿元收购珠海亚泰电子科技有限公司部分股权，控股亚泰电子。此外，全资子公司超华科技股份(香港)有限公司以 6500 万元受让广州三祥多层电路有限公司 25%股权。航鑫科技投资 3 亿元的厂区整体搬迁及企业升级改造工程项目，1 月建成投产。BPW（梅州）车轴公司 2015 年增加投资 1.5 亿元扩产和车轴配件出口基地建设，即六期增资扩产项目，建成一条年产 4 万根 BPW 新型车轴生产线，已进入试产阶段。庆达实业公司投资 1.5 亿元扩大车轴配套产能及配套车轴制动蹄铁项目，已投入资金 5000 万元。莲泉酒业投资 2000 万元新建一条自动化生产线和扩建储酒窖项目已全面启动。杉维集团首期投资 3 亿元兴建的"南寿峰健康产业园"，占地 933.3 公顷，已建成 "药王养生谷"，是集商务、旅游、度假为一体的国家级养生胜地，4 月开始接待游客。振声科技整合梅西水库洞天湖生态旅游资源，投资 8000 多万元开发的一个集观光休闲、餐饮住宿、温泉健身于一体的综合型度假村——莱雅木屋温泉度假村成功开业。锦发集团投资 6 多亿元锦发 · 君城二期项目着力打造梅县新城宜居宜业的大型城市综合体和城市新地标，2 月举行开盘仪式。金辉地产、海泰地产联合开发的海泰新天地项目，总投资 3.8 亿元，占地面积达 1.89 万平方米，8 月举行开盘仪式。梅县康松公司投资 5 亿元的世纪金郡项目占地面积 1.8 万平方米，建筑面积 10.38 万平方米，9 月举行开盘仪式。客家新世界城市综合体项目总投资 6 亿元，总占地面积 10 万平方米，建成集购物、休闲、饮食、娱乐、商务、居住为一体的城市商业综合体广场，10 月举行开盘仪式。山水明珠项目投资 1.3 亿元，打造的高品质商住区，建筑面积 4.4 万多平方米。欧派 · 大家居梅州航母店投资 5000 万元，经营总面积达 3000 平方米打造的大型家居购物中心 9 月举行隆重开业。投资 2 亿元的金锭商城引进维也纳国际酒店进驻管理，4 月开始试业。投资 2800 万元的梅州尚客优连锁酒店将于 12 月建成试业。骏晖实业公司投资 1500 万元在梅南九龙兴建的千亩生态茶园。

借助资本市场，促进产业升级　中小企业积极借道资本市场做强做优做大。2015 年 9 月，广东嘉元科技股份有限公司获准在全国中小企业股份转让系统（简称"新三板"）挂牌，成为国内铜箔行业首家登陆"新三板"的企业。10 月，广东大鑫豪文化传媒股份有限公司和深圳前海盛尊龙华控股有限公司携手共创上市之路，举行签约仪式，完成股份制改造，在深圳前海股权交易市场挂牌。梅县区会员企业广东振声科技、广东航鑫科技、广东泰鸿科技、广东鸿荣重工、广东长荣科技、广东绿园环保、广东客家园林等陆续进入券商辅导阶段，正努力打造“新三板”挂牌。

【服务非公企业】 全力协助做好客商大会的工作。10 月 12 日，以“汇聚客商力量，共创海丝未来”为主题的第四届世界客商大会在梅县区文体中心举行。梅县区工商联按照市、区的统一部署，积极做好梅县籍部分国内客商的沟通联络和会议期间的后勤接待工作，共联系 50 多名客商参加世界客商大会。

开展暖企行动，服务会员企业。每月安排一定的时间走访会员企业，主动上门服务，及时了解民营企业生产发展中遇到的困难和问题，为民营企业排忧解难。2015 年，工商联加强与职能部门沟通，协助 30 多家会员企业解决遇到的困难和问题，维护会员企业合法权益。

加强银企合作，解决融资问题。全年组织开展银企合作座谈会 3 场。1 月与工商银行梅州支行签订战略合作框架协议支持中小企业的发展，其中广东振声科技、广东航鑫科技、广东泰鸿科技分别与该行现场签订授信贷款协议。2 月，梅西商会与客家村镇银行建立合作协议，为会员企业授信 1 亿元。5 月，邀请建设银行梅县支行开展银企项目推介活动。

【履行社会职责】 梅县区工商联会员企业在扶贫助学、社会公益、抗震救灾、光彩事业中都担当着主力军。发动企业家支持梅县区教育事业，倡导成立广东梅县外国语学校奖教奖学基金会，至年底，社会各界人士捐资近 2000 万元。锦发地产开展“锦发君城助力梅县中考，百部金车送学子”公益助学活动。各基层组织在促进地方经济发展的同时，大力弘扬爱国爱乡的热情，带动广大非公经济人士热心投身社会公益事业。梅西商会发放奖教奖学金 18 万元，筹资 12.6 万元慰问重病患者。石扇商会发放扶贫助学资金 15 万元。丙村商会捐资公益活动金额 11 万元，帮助特困家庭和患重病群众等弱势群体。梅州市松源商会慰问武警支队官兵 10 万元。大坪商会发放扶贫助学资金 4 万多元，资助重病学生 2 万多元等。

（供稿：罗永红）

人 民 团 体

总 工 会

【概述】 2015 年，梅县区有工会组织 2268 家，其中企业工会 2123 家，发展会员 6.9 万多人，其中农民工入会 5.1 万多人。

【基层工会组织建设】 圆满完成市总下达全年完成 43 家市总工会下达的换届任务；完成 7 家企业民主建会，超额完成市总下达的 6 家任务；农民工集中入会有新突破，在城东镇木子金柚专业合作社作试点的基础上，使各镇农民工入会活动开展，全年实现新增农民工入会 15000 多人，超额完成市总下达的 12000 人任务。

【**争先创优**】做好 2015 年度全国劳动模范、广东省劳动模范和先进集体的推荐工作，梅县区获表彰全国劳模 1 人（广东振声科技股份有限公司售后部经理李好）、省先进集体 1 个（广东宝丽华电力有限公司）、省劳模 2 人（广东振声科技股份有限公司董事长黄志平、梅州市木子金柚专业合作社理事长李永生）。

【**职工服务**】筹资 25 万多元救助困难职工 428 人次，其中生活救助 326 人次、医疗救助 102 人次；筹资 12.7 万元开展金秋助学活动，共资助困难职工和困难农民工子女 59 人；开展“工伤探视”活动，全年慰问因公受伤职工 31 人，金额 3.1 万元；做好职工互助保障，有 26 个单位的 1226 人办理“二次医保”，全年为 41 人综合报销 5.7 万元；参加省女职工安康保险的有 626 人、职工医疗（重大病）的有 210 人，其中有 5 位女职工因患原发性癌症获得理赔 12 万元；筹集 6 万元为雁南飞和卡莱（梅州）橡胶制品有限公司等企业的 400 名女职工免费开展“两癌”筛查。

【**职工维权**】认真做好 2014 年新颁布实施的《广东省企业集体合同条例》宣传贯彻工作，不断推进集体协商工作，完善集体协商指导员队伍建设。突出抓好区域性、行业性合同的签订，全年集体协商完成覆盖企业 657 家、覆盖职工 10548 人，其中：完成到期合同续签覆盖企业 173 家、覆盖职工 2917 人，占任务数的 100%；完成新建工会企业建制覆盖企业 441 家，覆盖职工 6035 人，超额完成 429 家工作任务；完成单独签订集体合同 15 家、覆盖职工 1345 人、100%完成任务；完成行业性集体合同签订 3 份，覆盖企业 28 家、覆盖职工 251 人，全面完成工作任务。

依法科学维护职工合法权益，促进职工队伍的稳定，不断健全和完善区、镇（办事处、高管会）和企业三级工会劳动争议调解机构。畅通信息渠道，做好职工群体性劳资纠纷信息报送和预警工作。聘任 3 名专职律师担任卡莱（梅州）橡胶制品有限公司和超华科技等 9 家重点企业的法律顾问，引导、帮助职工维护自身合法权益，较好地维护职工队伍的稳定，促进企业发展。

【**职工活动**】举办职工足球赛。区总工会联合 3 家单位筹集 20 多万元首次举办梅县区庆“五一”“富力城杯”职工足球赛，有宝丽华电力、卡莱（梅州）橡胶制品有限公司、嘉元科技、超华科技等 16 支企业足球队参赛，区委书记张文广、区委常委林碚分别到现场指导和观看比赛。通过比赛丰富职工业余文体生活，密切全区各企业之间的联系，激发职工足球运动热情，夯实职工足球运动基础。

举办职工各项体育活动。“七一”前，区总和直工委等单位联合举办以“亮剑活力团队 · 助推振兴发展”为主题的区直系统庆祝建党 94 周年拓展趣味运动会，全区 11 个系统的 500 多名干部职工参与活动，加强区直单位的沟通与交流，丰富干部职工文化生活，凝聚正能量。同时，在富力城分别举办非公企业篮球赛和职工羽毛球赛，通过活动激发企业职工“我为企业多作贡献”的正能量。

【**经费收缴和管理**】税务代收工会经费工作取得新的成绩，全年实现上缴上级工会 154.4 万元，占市总下达任务 150 万元的 103%，实现工会经费稳步增长，为做好工会各项工作提供保障。

【工会管理监督】 经审工作进一步规范，2015 年重点对梅县区供电局工会委员会等 8 家基层工会的经费收支和资产管理等经济活动的真实性、合法性和效益实施进行审查，强化基层工会经费使用的规范性和合法性，提高工会经费的使用效益，维护工会资产安全。（供稿：办公室）

共青团

【概述】 2015 年，共青团梅县区委员会有基层团委 49 个，团（总）支部 1304 个，团员总数 32061 人。

【组织建设】 2015 年，胜利召开共青团梅州市梅县区第十四届三次全委（扩大）会议，会议总结了共青团梅县第十四次代表大会和共青团梅县第十四届一次全会以来的工作，研究部署梅县区今后共青团工作的任务。不断扩大工作覆盖面。在巩固街道、社区、学校、企业等传统领域团建基础上，进一步推动两新组织、电商等新兴领域团建工作，并加强对青年社会组织的引导，尤其深化与待业青年、创业青年企业家等群体的联系服务。加强团干部队伍建设，结合“三严三实”主题教育实践活动，组织党员代表在高级中学等学校给团员学生上党课，提前接受党性教育，参加人数达千余人，取得很好的宣传教育效果；增强广大团员的光荣感和使命感。举行新团员入团仪式和 18 岁成人宣誓仪式，对团员青年进行团员先进性教育，不断提高服务青年的工作水平。深化探索农村基层团建新格局，借鉴雁洋、松口、丙村等三镇共 14 个村为试点开展“村村联动联青年”的项目模式，在全区各乡镇全面铺开“村村联动联青年”建设工作，形成梅县区特色团建品牌。

【思想建设】 联合有关职能部门，结合“学雷锋”活动月、庆祝建团 91 周年等重要时间节点，积极开展各项主题活动，进一步扩大宣传面和加强教育效果。借助“五四”青年节，联合区委宣传部、区直工委举办 “践行价值观、建美好家园”主题演讲比赛，加深青少年对“中国梦”的认识，弘扬“五四”精神，激发他们投身建设美丽中国、美丽梅县区行动的热情。在全区中小学开展森林防火宣传教育活动，各中小学在基层团委与学校大队部组织下，利用自然课、思品课、综合实践课等时间开展“五个一”专题教育活动，即写一篇森林防火作文、出一期森林防火黑板报、发一批森林防火短信、张贴一批森林防火标语、上一堂森林防火课等系列专题活动，培养中小学生热爱家乡、保护生态资源的环保意识。开展孝廉文化进校园活动。在新城中学、程江镇小等学校开展 “孝廉文化进校园”主题活动，通过召开主题宣讲、图片展览、故事会、征文比赛等活动形式，引导学生建立正确的价值观、人生观，领会孝廉文化的深刻含义，传播青春正能量。深入推进重点青少年调查摸底工作，重新排摸出重点青少年 5000 人，全部录入广东省重点青少年管理综合信息平台，并做好数据更新完善和社区认领、帮扶工作。

【志愿服务】 围绕中心，服务“巩卫”工作在城区中学举行城区“巩卫”志愿活动启动仪式，并以此为契机开展系列巩卫志愿活动。一是联合区卫计局、区总工会、区妇联等多个部门在城区沿街设立 30 余个“爱卫驿站”，向周边群众与顾客宣传巩卫和爱国卫生相关知识，协助监督城市环境卫生，为环卫工人、巩卫志愿者提供茶水、便民用药、简易雨具等服务。组织青年志愿者、党员志愿者到卜蜂莲花超市沿街、新城街道办沿街、科技路和人民北路等地开展清除卫生死角大行动，并沿街发放“爱卫”宣传单。开展植树造林活动。3 月 10 日，组织党员志愿者、青年志愿者、部分学校师生在丙村银竹德湖进行义务植树活动；11 日，联合团市委、市青年企业家协会、市林业局、松口镇政府在梅县区松口镇梅教村开展公益植树活动，共植树 2000 余株。服务大型赛会。组织 110 名青年志愿者为第四届世界客商大会开幕式及曾宪梓博士足球邀请赛暨捐球仪式提供会场布置、验票、协助安检和维持秩序等志愿服务。

深入基层　一是开展送戏下乡活动。1 月 9 日晚，与区妇联、梅南镇政府在梅县区梅南镇文化广场联合主办 2015 年迎春文艺汇演暨公益表彰晚会，并对梅南近年来涌现出的好人好事和先进事迹进行表彰。二是做好拥军优属慰问工作。组织青年志愿者定期开展拥军优属的慰问活动，走访慰问退伍困难老兵，并联合区妇联、梅县勇兴集团到程江镇槐岗村、梅南镇九龙村、蓝田村、龙岗村等抗战老兵及军烈属贫困家庭开展春节慰问活动。三是开展春运志愿服务活动。2 月 11 日以来，组织党员志愿者、青年志愿者到顺风客运站开展春运志愿服务活动，为回乡欢度春节乡亲和离梅回乡旅客提供志愿服务；同时组织青年志愿服务队在畲江镇开展志愿活动，服务经梅回乡的农民工朋友，为他们提供水、方便面、面包和牛奶等食物。四是开展义诊志愿活动。联合党员志愿服务队创建党员志愿林活动；发动社会捐资，参加九龙嶂革命根据地建设；在梅南、松口等多个乡镇开展送医送药等义诊志愿活动。

【扶贫助学】 7—8 月，开展“扶助贫困学生上大学”活动， 75 万余元爱心善款，资助全区 267 名贫困学生。5—8 月，与区社工委、区妇联联合梅州市春天集团、春天车友会共同举办大型公益亲子活动“梅县爱心公益行走进最美乡村”，先后到石坑、松口、隆文等乡镇，为当地 100 多位贫困学童送上 8 万余元的爱心助学金以及一批学习用品和生活用品。

【服务青年就业创业】 举办 SYB 和 YBC 培训，鼓励和帮助有创业意愿和创业能力的城乡青年创业，吸纳和带动更多的劳动者实现就业。号召全区各级团组织加大对就业创业青年需求信息的摸底登记，帮助创业青年申请小额贷款等，与区妇联、区中小企业局联合举办青年就业技能培训，让成功创业的青年分享经验，吸引全区 100 多位创业青年到场参与。依托展翅计划，为青年提供实习见习的机会。2015 年度“展翅计划”共提供岗位 109 个，为青年学生搭建社会实践与就业体验的平台。积极开展电商创业培训，寻求青年创业新途径。在梅县区淘宝创业园举办 5 场“中小微电子商务运营实操公益培训”，让 500 多名青年创业者、个体经营者就电商转型升级事宜进行探讨学习，帮助更多有志青年探索创业新途径，实现创业理想，同时成立梅县区首个电商职业技术学校——云电商职业技术学校、青年创业就业见习基地，打造贴心服务平台，为梅县区电商发展培养人才。

【青年交流】 与团市委在豪生国际大酒店联合举办“缘定客都 幸福牵手”第七届梅州单身青年嘉年华活动，吸引140多名单身青年男女参加，有20多对青年男女建立了进一步交流平台。联合区直工委、区总工会、区体育局、区妇联等单位在梅县区曾宪梓体育场联合举办“亮剑活力团队 · 助推振兴发展”梅县区直系统庆祝建党94周年拓展趣味运动会，区直各系统单位组成11支队伍参加比赛，促进广大青年干部职工之间的交流沟通。促进梅县区与港澳地区的交流，2015年，区团委先后接受安排香港服务团第五、第六期的10名志愿服务成员分别到松口中学、雁洋镇小、丙村镇小丙村中学、展开爱心义教活动，开启梅县区全新的志愿服务与教育的交流模式。定期组织梅县区青年与在梅的香港青年志愿者交流座谈、到外国语学校开展听课交流活动，交流教学经验，学习香港志愿服务的先进经验，同时利用节假日带领服务团成员游梅县，让团员们感受美丽梅县的人居环境，以此为契机宣传推介梅县区。

【体育比赛】 响应市委、区委的号召，以实际行动进一步擦亮梅县区“足球之乡”的品牌，组建足球队参与“跃速”杯“五四”青年足球联赛，蝉联冠军。（供稿：张姗姗）

妇　联

【概述】 2015年，梅县区妇联深入贯彻落实上级新时期妇女工作重要指示精神，服务于区委、区政府工作大局，切实维护妇女儿童合法权益，促进男女平等，富有创造性地开展一系列工作，团结带领广大妇女为梅县区争当粤东西北振兴发展排头兵贡献巾帼力量。2015年，区妇联被评为梅州市梅县区机关作风先进单位。年底，全区有妇女人数30.36万人，占总人口数49%。

【基层组织建设】 按照进一步加强“妇女之家”建设要求，在梅县区原建设10个省级“妇女之家”示范点的基础上，2015年在区图书馆挂牌成立机关事业单位“妇女之家”示范点，推动全区基层妇女组织的阵地建设。

【精神文明建设】 区行政服务中心、区妇幼保健院分别被授予省“巾帼文明岗”“三八红旗集体”称号。在全省开展“寻找广东最美家庭 粤有爱 越温暖”活动中，梅县区的林期隐家庭、王艾平家庭被评为2015广东百户“最美家庭”，为梅县区精神文明建设的发展树立了典型。联合区委宣传部、区文明办等单位开展2015年梅县区“十佳最美家庭”评选活动。评出10户梅县区“十佳最美家庭”。开展形式多样的文艺活动。联合团区委、梅南镇政府在梅县区梅南镇文化广场联合主办“2015年迎春文艺会演暨公益表彰晚会”；联合文广新局在梅县人民广场举办“美丽梅县巾帼风采”农村业余文艺会演，充分展现现代女性的自信、活力、风采；联合直工委、团区委、区总工会、区体育局等单位在梅县区曾宪梓体育场联合举办“亮剑活力团队 ·助推振兴发展”梅县区直系统庆祝建党94周年拓展趣味运动会。

【促进城乡妇女事业发展】 继续有效推进第

二轮梅县区扶持妇女创业小额担保财政贴息贷款项目，全年筹集贴息资金55.8万元（其中省财政46万元，区财政配套9.8万元），为全区 69 名妇女提供共 465 万元贷款（二年期），辐射带动全区1000多名妇女创业就业。在春节期间，联合区人社局在梅县人民广场共同举办梅县区2015年“春风送岗位”迎三八专场招聘会，为梅县区高校未就业女大学生、城镇失业妇女、农村留守妇女等有择业意愿的女性提供众多就业岗位。围绕中央提出“大众创业，万众创新”的号召，在“互联网+”新业态中主动作为。在区淘宝创业园举办两期女性电子商务知识普及培训班，为120多名妇女群众提供培训和创业机会，助推巾帼电商创业发展。联合区农业局开展农村妇女果蔬种植实用技术、巾帼创业基地培育与管理等知识培训，帮助妇女掌握一技之长。

【关爱妇女儿童健康】 一是在梅县区继续实施“两癌”项目县的免费普查公益项目。2015年初联合区妇幼保健院共同开展“两癌”免费普查项目工作，为全区 10000 名妇女进行宫颈癌健康普查。普及女性健康知识，提高女性保健意识。不定期组织举办女性健康专题讲座，在“三八”期间邀请梅州市卫生和计划生育局副局长李利平在文化中心举办女性健康专题讲座。做好“贫困母亲两癌救助”项目工作。2015年，争取项目资金20万元，为20名贫困“两癌”母亲进行救助，同时及时做好“贫困母亲两癌救助”摸底调查情况及信息登记存档工作。依托各村文化活动场所，整合“妇女之家”“农家书屋”“儿童友好社区”等活动阵地开展一系列关爱活动；“六一”期间慰问贫困留守儿童，发动爱心父母牵手农村困境留守儿童等。

【维护妇女儿童权益】 依托妇女维权站阵地和“12338”妇女维权热线，加强妇女信访代理和协理工作，及时化解矛盾纠纷。现有信访协理和代理员10名，全年接待来信来访来电336件，其中：来信1件、来访195件、来电140件，办理法律援助19件，将隐患消除在萌芽状态。在新城办事处程江社区利用社会志愿者活动场所成立社区“反家庭暴力中心”，为社区妇女提供心理支持、法律援助。在“三八”节期间联合市妇女儿童工作委员会、市妇联、市妇幼保健院在梅县区华侨城广场举办了以“助力法治梅州巾帼在行动”为主题的“三八”妇女维权周宣传咨询及义诊活动。

【扶贫帮困】 梅县区获得广东省妇女儿童基金会、腾讯公益基金会及“叶剑英助学金”共43万元爱心款，资助困境儿童390人。妇女联合会借助热心人士力量，开展节日送温暖系列活动。春节期间会同梅州市爱心天使义工协会的志愿者们召开“单亲特困母亲春节座谈会”，看望慰问 20 多名特困单亲母亲代表；“三八”节、母亲节到石坑、松源、隆文等镇慰问单亲特困母亲、孤儿等，为 250户困境家庭送上拉啥尔250张，慰问金达12.5万多元。联合梅州市汽车行业协会、春天车友会开展“梅县爱心公益行”活动，共筹集25万元到城东、石坑、梅西、桃尧、松源、隆文等镇为 300 多位寒门学子送上慰问品和慰问金。

【妇儿规划】 2015 年是梅县区实施妇女儿童发展规划（2011—2020）之年，对照量化指标，两个规划的实施取得明显成效。根据2014年梅县区妇女儿童发展规划监测统计资料显示，对照《妇女发展规划》中提出的78

个主要定量指标，有 64 项指标提前达标，占 82%，有 14 项指标预期可达标，占 18%。对照《儿童发展规划》提出的 60 个主要定量指标，有 58 项指标提前达标，占 97%，有 2 项指标预期可达标，占 3%。

（供稿：钟　妍）

武　　装

人民武装

【战略措施】 2015 年，人武部按照“抓首位铸军魂、抓训练备打仗、抓队伍打基础、抓作风正秩序”的工作思路，高标准抓好年度各项工作，年度现役干部军事训练考核取得分区第一名，全市轻舟分队比武取得“四连贯”，征兵、计划生育等工作均受到上级表彰。先后迎接广州军区原副司令员陈照海、省军区司令员张利民、副司令员宫波、政治部主任吴烈冲等 4 位将军的视察。

【队伍建设】 人武部紧贴任务和实际，扎实抓好队伍建设。一是狠抓班子队伍建设。认真组织人武部党委班子重新学习《党委工作条例》，严格落实党委集体领导下的首长分工负责制，落实分工，明确责任，不断增强党委班子的凝聚力和战斗力。二是突出加强队伍政治教育。坚持用习主席系列讲话精神凝魂聚力，开展党委中心组专题理论学习、战斗力标准大讨论、“学习践行强军目标，做新一代革命军人”主题教育等活动及“三严三实”专题教育整顿活动同时，人武部党委积极贯彻整风精神，抓好“四个整顿”；5 月底，组织召开党委专题民主生活会，对照标准深查细照、扎实整改，切实形成作风建设新常态。三是加强队伍业务培训。组织 2 期专武干部培训，重点学习征兵知识、兵役登记、基层“四个基本”建设业务知识，并进行军事基础课目训练。

【军事训练】 坚决贯彻习主席“能打仗、打胜仗是强军之要”的指示要求，全面提高人武部部队和民兵预备役“双应”能力。严格对照《大规模作战准备检验评估标准》，深入查找问题，研究解决办法，瞄准差距攻坚克难。2—5 月，严格按照上级的民兵整组方案计划，对全区 3000 名基干民兵进行了调整。同期，组织一期 300 人次的基干民兵训练，重点对市属、区属民兵应急连进行点验。5 月，人武部集中 15 天时间与区水务局协同完成年度轻舟分队训练，在分区组织的 8 个县（市、区）评比竞赛中取得总分第一名的成绩。6—7 月，认真组织现役干部进行为期 1 个月的强化训练，在分区组织的评比性考核中，取得总分第一名的成绩。11 月，组织全体职工和 40 名应急队员进行 1 个月的强化训练，在分区组织的考核中，职工队伍、应急分队各取得团体总分第三的成绩。

【征兵工作】 面对梅县区适龄青年较往年同

期减少，且征兵任务数增加的严峻形势，积极发挥主观能动性，扎实做好征兵宣传发动工作，高标准全面完成市征兵办赋予梅县区新兵征集任务，其中大学生占比33%。9月7日，召开“阳光征兵”电脑派号现场会，邀请全体双合格青年、家长、民兵营长和专武干部参加，共同监督兵员去向，确保“阳光征兵”电脑派号公平公正。

【后勤保障】 按照分区统一部署，认真抓好财务大清查工作，逐笔审查2013、2014年度经费开支，共清退违规票据23.8万元。按照省军区下发的《广东省军区师团级机关正规化建设规范》，抓好人武部办公场所和库室的规范建设。4月，完成内部3个招待房的装修改造。6月，完成会议室视频会议系统改造工程。7月，对人武部“三室两库”和民兵应急分队库房进行全面调整。8月，对民兵应急分队营房进行全面整修改造，进一步提高正规化管理水平。10月中旬至11月，对照军分区下发的资产清查明细表，全面清查人武部固定资产、库存物资、土地资产，并采集相应图像资料存档上报分区。

【双拥工作】 人武部官兵在完成战备训练任务的同时，主动抓好拥政爱民工作。充分发挥民兵在抗击自然灾害、维护社会稳定、扑灭山火等行动中的主力军和突击队作用。2015年，出动民兵3000余人次，完成扑救山火和抗洪抢险22场次，执行治安维稳任务和安保任务等92场次。积极参与“广东扶贫帮困日”活动和扶贫开发“规划到户责任到人”工作，帮扶贫困村2个、贫困户30户。协调解决7名随军家属安置和26名军人子女上学问题。维护军人合法权益3起，使军人军属的涉法问题得到较好解决，有效地维护国防利益和军人军属合法权益。

（供稿：办公室）

人民防空

【人防宣传教育】 2015年，区人民防空办公室注重结合新时期人防建设的新任务，加大人防宣传教育力度，较好地增强市民的人防意识和国防观念，提升人防的影响力。重点抓好各级领导干部的宣传，充分利用有关会议、请示、汇报工作等时机，宣传人防法律法规政策，积极争取各级领导对人防工作的重视和支持，严把“结建”关，维护人防的职能。印发5万份人防知识宣传资料、人防知识读本，分别派发至学校、机关和社区，全方位、多角度地开展人防知识进学校、进机关、进社区、进企业、进家庭等“五进”系列宣教活动，特别是争取区委党校和区教育局的大力支持，在党校机关干部培训中开设人防知识专题讲课、在城区学校初二级学生中开设人防知识专题课，扩大宣传覆盖面。充分利用全区公交车、主要机关事业单位、重点公共场所、较大社区的网络视频平台，在全区151个公交车视频、157个消防视频及16个机关单位、社区公共场所视频平台播放人防知识宣传视频，深入推进人防宣传教育“五进”活动。与司法部门配合，充分利用“12·4”法治宣传日，组织人员到城区向群众散发人防宣传资料，宣讲人防知识和人防法律法规；在开展警报试鸣活动前后，通过电视台播放人防警报知识、警报试鸣《通告》、人防专题片等内容，让市民更多了解掌握人防知识，增强居民群众的国防观念和防空防灾意识。

【人防结建工程】 坚持把人防建设与城市建设同步规划、同步推进，不断加强人防防护设施建设，加强人防指挥通信系统管理，防空应急保障体系建设得到进一步加强。一是认真落实“结建”政策。坚持严格执行人防相关法律法规，严格执行梅州城区同城同价的“结建”收费标准，进一步简化人防工程建设审批手续，严格征缴易地建设费，有力促进人防“结建”工作的进一步落实，推动人防地下室建设。全年新增竣工验收备案人防工程7宗。二是加强工程的安全执法检查。坚持人防工程“建管用”并重原则，组织人员对人防工程开展常态化质量和安全监督检查，及时发现问题，切实保障工程安全。三是抓好人防通信指挥系统管理。加强对人防应急指挥中心、人防机动指挥所和警报设备的日常调试、维护管理工作，确保指挥通信系统的正常运转，在12月3日成功举行第14次防空警报试鸣活动。四是加强人防专业队伍实训。积极做好应急应战指挥通信信息保障训练，开展经常性通信拉练、实兵实装训练，提高通信技术人员操作能力，密切与部门相协作，充分利用和整合人才资源，利用区应急大队的专业队伍，增加人防专项实训，提升人防应急保障能力。五是做好《防空袭方案》修编前期工作。提供相关的基础性材料，积极推进新一轮《防空袭方案》修编前期工作，确保修订工作顺利进行。

【健全体制建设】 深化行政审批制度改革。进一步完善行政服务中心窗口部门的工作程序；全面落实上级部署，实行网上报建审批会签制度，对人防“结建”工程审批等三个项目实行网上办理，有效推进人防机关网上审批工作，进一步公开项目审批报建的透明度。同时做到收费项目、收费标准、办理程序、办理时限“四公开”，严格执行收支“两条线”，切实依法行政审批，做到以收促建、应收尽收、应建尽建。健全人防工程验收备案制度。联合住建等职能部门，加强人防工程建设的管理和监督，对竣工验收的人防地下室实行验收备案制度，有效发挥自身的职能作用，树立人防部门的权威。

（供稿：杨素娜）

责任编辑：曾婉玲

法　　治

综　述

2015年，梅县区政法工作以法治为引领，忠实履行好维护国家安全和社会大局稳定、促进社会公平正义、保障人民安居乐业的职责使命，为梅县区全面转型升级，加快振兴发展创造和谐稳定的社会、政治环境。全年立各类现发刑事案件1282宗，同比下降12.6%，破案682宗，抓获犯罪嫌疑人377人。受理行政案件1161宗，查处违法嫌疑人1049人。区检察院受理公安机关提请批准逮捕案件214件331人，经审查逮捕165件229人。区法院受理案件2637件（旧存22件），办结2550件，结案率为96.7%，其中受理刑事案件311件，全部审结，给予刑事处罚466人，免予刑事处罚5人。对55宗案件，95个当事人提供司法救助专项资金共计28.4万元。

【维护社会稳定】 深入开展“社会矛盾化解年”活动，4月7日，区委召开“按法制框架化解基层矛盾纠纷动员会”，部署全区存量“骨头案”化解工作，每宗案件由区政法各部门领导牵头，引导当事人在法制框架内解决问题，成功调处李某某反映程江镇老君嶂观音庵违章建筑案、隆文镇“理九居”房产纠纷信访积案等。同时，深入开展涉土地征用、山林纠纷、农村基层管理、城镇拆迁、国企改革、劳资纠纷、环境保护等方面不稳定因素的排查化解工作，对排查出来问题，认真研判，抓好落实。全年调处各类民间纠纷2863件，调解成功2863件，调解成功率100%，全区无因调处不及时或调处不当而引发的矛盾激化、凶杀、自杀、民转刑事件。

【社会治安综合治理】 2015年3月11日，区委、区政府召开全区政法工作会议，传达贯彻上级政法工作会议精神，部署2015年政法综治工作，在表彰2014年度42个综治先进单位、34个综治先进个人的同时，区委区政府与全区19个镇（办事处、高管会）、93个区直及省市属驻梅单位签订为期3年（2015年—2017年）综治目标管理责任书，进一步明确各单位的职责任务。坚持区综治委全会和区五部委联席会议制度，及时研究部署、督促检查综治工作。组织部、人社局等部门在提拔考核干部和办理干部评先、评优和晋级时，发函征求综治部门的意见。2015年，区综治办对61名副科级以上领导干部考察对象在综治工作中有无“一票否决”情况进行严格审核并复函。

扎实开展基层社会治理工作平台建设，为群众提供“一站式”服务。各镇完成牌匾制作并挂牌，成立领导机构，制定相关工作制度并上墙公示，统一印制《梅县区镇、村干部社会管理服务手册》，充分整合资源，利用现有政务综合办事大厅，为群众提供“一站式”业务办理服务，并推行网格化管理，实行镇、村（居）干部挂村包片入户制度。区财政、区委政法委先后拨款60多万元用于社会治理服务中心建设经费，并为每个镇配备2台电脑，1台多功能复印打印传真一体机，改善基层社会治理工作平台办公条件。同时，在全区基层推行“一册通”手机版软件，该软件整合了社会综合治理服务中心的各项业务，使得相关办事人员可以随时随地记录群众反映信息和上级工作指示，随时记录最新片区信息，从而有效提高工作效率。

【邪教问题防范与处理】 以开展“三个五”无邪教创建活动为契机，重点防范打击邪教“法轮功”诬告滥诉活动，连续多年实现中央提出的“三零”目标。一是完成5个无邪教示范村建设。建成大坪守台村、雁洋对坑村、梅南顺里村、松口大黄村、南口榕坑村等5个无邪教示范村，并通过市防范办检查验收。二是全方位开展反邪宣传和警示教育工作。设置大型LED广告牌1块，制作并在80多个点播放反邪宣传小视频，悬挂宣传横额20条，印制并发放宣传生活用品1万件，扩大防邪反邪入户知晓率。同时，在全区60间中小学校开展“一橱一窗”主题宣传活动。三是加强邪教参与人员的帮教转化工作。重点对邪教“法轮功”诬告滥诉人员开展帮教，落实一对一帮教措施。四是强化打击力度。

全年破获邪教案件多宗，缴获邪教光碟、书籍、电脑、宣传单和其他设备等一批。

【执法督查】 2015 年初，由区委政法委制订《2015 年度开展督促检查政法工作和执法监督活动工作实施方案》，对梅县区敏感案件、重点案件及“两法衔接”工作开展执法督查。全年共开展 2 次督查，抽查各部门案件 20 宗，从检查情况来看，政法各部门均能依法依规办案，能够保障相关当事人合法权益，没有发现办理“关系案、金钱案、人情案”，和立案难、申诉难、执行难情况；没有发现行政机关有案不移、“以罚代刑”现象出现。同时，对办理案件过程中存在问题进行分析、讨论，提出整改意见，并进行通报。

【创建平安梅县】 由区委政法委牵头，联合政法各单位和梅县区广电台，以电视专题节目形式，开办“以案说法”电视专题栏目。对发生在梅县区群众身边典型案例进行深入剖析，并通过法律专家讲解，向广大群众普及法律知识，提高全民法治观念和道德观念，引导广大群众学法、知法、守法、敬法，用法律手段和正确途径解决问题，减少社会对抗因素，营造和谐稳定和公平正义社会氛围。2015 年 5 月开通栏目，至年底，共制作播放 34 集次。

深入开展“平安细胞”建设，以点带面、全面铺开。继续实行区综治委成员单位直接挂点小区建设做法。在新县城，筛选出 6 个治安复杂小区，由区综治委成员单位分组挂点进行提升、改造，成员单位共筹资 22.6 万元，采取安装出入智能升降机、视频监控设备、改造大门挡雨棚等措施，进一步提高小区防范能力和管理水平，至 10 月底，6 个小区改造任务全面完成。在农村，各乡镇把平安村（居）创建与“美丽乡村”建设结合起来，通过政府引导，科学规划，发动村民自主参与，多方筹集资金，建立治安岗亭、成立护村队、安装视频监控系统，整治环境卫生和加强基础设施建设等。至年底，安装有视频监控系统平安村（居）80 多个，100%完成平安村（居）建设。不断完善区、镇两级治安视频监控系统建设。2015 年，在城区已完成全部 135 个标清镜头的高清改造，并正在增设 100 个高清治安视频镜头，该工程完成后，城区将有 410 个高清治安视频镜头，实现重点区域、路段的全覆盖。各镇对原有治安视频进行升级改造，提升农村地区治安防控水平。石坑镇在升级镇级治安视频监控系统的基础上，建立起全区首个集治安视频、护林防火、防控“两违三抢”、巡查环境卫生等功能于一体的综合调度平台，在全镇制高点、主要出入口和重要路段安装 48 个高清摄像头，实现视频资源共享，有效提高工作效率。　　（供稿：刘志敏）

公　安

【概述】 2015 年，梅县区公安工作围绕增强人民群众安全感和满意度的总要求，牢牢抓住维护国家安全和社会稳定的总任务，以增强公安工作主动性、创造性，提升公安队伍凝聚力、战斗力为抓手，全年化解处置隆文坑美村企冲突等一批涉众纠纷及突发事件，摧毁一批涉黑恶、涉盗抢、涉诈骗、涉毒、涉赌犯罪团伙，取得破案数、逮捕数、移送起诉数等 3 项指标与 2014 年同比上升的重大成效，“3+2”打击整治专项行动绩效排名全市第三，完成第四届世界客商大会等一系列重大活动安保，群众安全感、满意度均排全市前列。

【队伍建设】 开展“严治警·顺民意”谈心帮扶和跟班培训活动，有效提高队伍整体素质。4个单位荣立集体三等功，5个单位受到集体嘉奖，123人次获得各种表彰奖励，其中个人二等功3人、全省政治工作先进工作者1人、个人三等功18人、个人嘉奖102人。

【维护社会稳定】 加强反颠覆、反渗透、反恐怖斗争，健全完善反恐应急处置机制体制，全年立邪教类案件14宗，查获涉案嫌疑人18人，同比分别增长280%和257%。加强维稳形势分析研判机制建设及涉稳风险评估预警，配合区党委、政府深入开展矛盾纠纷滚动排查化解，全年组织不稳定因素排查18次，基础调查7次，撰写排查专报13篇、调研汇报材料7篇，编报《梅县区政、社情信息研判》12期，收集各类情报信息283条。

【治安管理】 加强“人屋车场网会”管理，全年受理行政案件1328宗，其中涉赌案件68宗，涉黄案件9宗。查处违法嫌疑人1139人，其中行政拘留541人，行政罚款157人。大力打击涉爆涉枪违法犯罪活动，全年收缴各类枪支156支、子弹6606发、炸药1317.9公斤、雷管4432枚、仿真枪290支、管制刀具2280把、弩20把，手榴弹1枚。圆满完成全国“两会”“9·3”抗战胜利70周年阅兵及“第四届世界客商大会”“和谐中国梦文化客都情梅州2015群星演唱会”“终极传奇世界格斗系列赛梅州站”“为你圆梦、我们在路上——2015年爱心音乐会”等各类安全保卫和中央、省领导来梅视察警卫任务。

【刑事案件侦查】 以“3+2”专项行动为契机，重点打击涉毒、涉黑恶、涉盗抢、涉诈骗、涉赌等突出犯罪。全年共立刑事案件1398宗，同比下降13.4%，破案709宗，其中“命案”2宗，破获2宗，抓获犯罪嫌疑人403人，逮捕289人、移送起诉522人、抓获逃犯62人。

【经济犯罪案件侦查】 全年立经济案件9起，破案4起，刑事拘留3人，移送审查起诉5人，逮捕1人，取保候审3人。

【网络安全监管】 开展情报侦察、舆情管控、打击犯罪、安全监察等工作，利用网侦手段侦破刑事案件98宗，抓获嫌疑人40名，其中逃犯18人。

【道路安全】 辖区公路总里程2482.8公里，机动车14.12万辆（其中汽车4.09万辆，摩托车9.93万辆，拖拉机956辆），驾驶员18.97万人（其中汽车类驾驶员10.3万人，摩托车类驾驶员8.63万人，手拖驾驶人342人）。积极开展城区交通秩序综合治理、农村道路交通秩序重点整治。全年辖区共发生交通事故5231宗，其中死亡事故68宗，事故宗数同比下降11.35%，死亡事故宗数同比增长上升3.03%，受伤人数同比下降47.95%。

【禁毒】 围绕创建“全省毒害最少城市”和守住辖区“无制毒”底线两大工作目标，大力开展对毒品案件侦破和吸毒人员查处、收戒工作。同时，开展毒品宣传教育和综合治理。全年侦破毒品案件44宗，查处吸毒人员462人，送强制隔离戒毒143人，责令社区戒毒15人，缴获毒品冰毒1230克，k粉1500克、海洛因0.91克、其他毒品1.97克和吸、贩毒工具一批。

【消防管理】出台《梅县区消火栓管理办法》《梅县区人民政府关于进一步加强全市政府专职消防队伍建设的意见》。加快占地 35.10 亩的汶水特勤消防站建设。依托消防安全"网格化"管理平台开展火灾隐患治理，全年开展联合执法 18 次，下发责令改正通知书 524 份，下发处罚决定书 21 份，下发临时查封决定书 14 份，责令停产停业 13 家，罚款金额 37.53 万元，拘留 2 人，火灾隐患重点地区大坪镇各类场所火灾隐患整改率达 100%。2015 年全区发生火灾 66 起，1 人死亡，烧毁建筑 1020.9 平方米，直接财产损失 77.8 万元。全年接火警 102 次，抢救被困人员 28 人，疏散被困人员 20 人，抢救财产价值 63.9 万元，成功处置"4・6"汕梅高速汽油罐车泄露等急难险重事故。

【户政管理】 2015 年，梅县区常住人口 61.01 万人，其中：男 30.65 万人，女 30.36 万人。流动人口 1162 人，出租屋 139 间。受理居民身份证 3.63 万人、临时身份证 6380 人。

【出入境与往来港澳台管理】推出证件办理网上预约申请、手机版政务网站及台胞再次签注网上申请等便民服务新举措，购买 4 台自助办证一体机，"立等可取"将申领往来港澳个人游再次签注时间由过去的 7 个工作日缩短为 5 分钟。全面清理整治梅县区"三非"外国人。全年受理各类申请材料 3.77 万份，其中：港澳通行证（个人旅游）2.87 万份、（探亲）922 份，港澳单程（定居）150 份，往台湾通行证 1518 份，护照 6352 份，台胞证延期 9 份，商务通行证 11 份。

【监所管理】治安拘留所全年收押拘留人员 582 名（女 97 名），其中吸毒人员占比率大有 263 名。看守所全年收押犯罪嫌疑人 509 人，依法处理出所人 496 人，其中取保候审 130 人、刑满释放 83 人、转本省其他所 44 人、投送劳改 176 人、其他派出所 62 人。2015 年 12 月 9 日正式启用"AB"门，显著增强了监所安全。

【警务监督】 组织开展实地和网上督察行动，全年受理信访举报 73 宗。对违规违纪民警进行党内警告 1 人、警诫 3 人、停止执行职务 1 人、"双开" 1 人。受理 2 宗维权案件，维护了 5 名民警的合法权益，确保公安民警执法权益不受侵犯。

【110 报警服务】 2015 年，梅县公安局 110 报警服务台总受理群众报警及求助电话 11.83 万起，其中有效接警 1.73 万起。有效接警中，刑事类报警 803 起，治安类报警 795 起，交通事故类报警 6038 起，求助类报警 3133 起，其他 6527 起。

（供稿：罗继东）

检　察

【打击刑事犯罪】 2015 年，梅县区检察院受理公安机关提请批准逮捕案件 231 件 377 人，经审查逮捕 181 件 266 人，不批准逮捕案件 50 件 111 人，不捕率为 29.44%；受理移送审查起诉案件 348 件 575 人，审结 315 件 520 人，提起公诉 308 件 498 人，不起诉 7 件 22 人。

【预防职务犯罪】 2015 年，反贪部门立案查处贪污贿赂犯罪案件 6 件 6 人；反渎部门立案查处渎职侵权职务犯罪案件 8 件 9 人，立案数量取得突破。预防职务犯罪做法：一是建立反渎案件释法论理制度。近年，对反渎拟立案的案件，召集区人大等部门及案发地党委、政府主要领导，与拟立案对象面对面陈述发生事件及应负责任，既充分保障当事人合法权利，又可以听取各方意见、建议，确保案件质量。如：1 月，反渎部门就区国土局相关国家工作人员涉嫌玩忽职守一案，召集区人大等相关部门负责人以及当事人召开释法论理会议，阐明嫌疑人的行为后果、危害性以及立案理由、法律依据等等，让嫌疑人心悦诚服，维护了社会稳定。二是预防职务犯罪和刑事犯罪同步开展。把预防职务犯罪和刑事犯罪放在同等重要位置。3 月，与区教育局联合开展以“行法制青春路，圆法治中国梦”为主题法制宣传活动，并制作青少年法制教育宣传片，供全区中小学校播放；9 月，对区 200 多名“权力集中，资金密集”人员进行专题辅导课。

【社会管理与服务】 推行全体党组成员包案，在法治框架下化解历史信访积案。3 月初，区检察院专题召开党组会，研究讨论《关于进一步发挥职能服务区委中心工作》的请示，提出检察长、副检察长参与化解梅县区信访积案，7 月，包案范围扩大到全体党组成员。党组成员牵头化解信访积案，在调查“理九居”历史信访积案中，立查国家工作人员渎职犯罪 2 件 2 人。该信访积案的妥善处理，收到了良好社会效果。开展“一镇一科长”活动，服务镇村社会发展。2015 年初，由 19 名科长以上干警每人挂点一个镇，每一名挂点科长为当地党委政府至少解决一宗棘手信访案件，化解社会矛盾。重点做到“三个突出”，即突出法制教育，提高镇村干部依法行政能力；突出化解历史遗留问题，消除不稳定因素；突出增强群众工作经验，检验干警实际能力。该项活动得到《检察日报》《广东检察工作简报》的宣传介绍。发挥派驻检察室监督职能，认真履行打击、预防、监督、教育、保护的工作职责，服务当地党委中心工作。如在程江镇大沙村梅州市自来水厂项目征地拆迁工作中，派驻程江检察室会同相关科室，依法介入林某松养鸭场等拆迁户的土地收回工作，对区、镇相关部门进行监督，规范其行政行为，同时，做好漫天要价者的思想教育工作，为区财政节约资金 2000 多万元。切实维护残疾人合法权益。区检察院注重保护、关心弱势群体，采取从经济上慰问、提供司法救助、法律援助、依法从宽处理等方式，维护残疾人合法权益。10 月份，通过纠正法院刑期折抵错误，为在押人员杨某（残疾人）找回十五天自由，有效维护在押人员合法权益，并为其协调法律援助有关事项。积极服务企业发展。5 月中旬为全区 100 多家企业负责人上了一堂以“以法治思维推动企业创新发展”为主题法治教育课，预防职务犯罪和刑事犯罪。不定期深入企业调研，征求、听取企业家们意见，是否存在吃拿卡要现象，维护企业合法权益。

【诉讼监督】 严把“批捕关”，守住案件质量“红线”。坚持区别对待方针，切实落实中央关于“两减少、两扩大”要求，加强与公安机关沟通，统一执法尺度，对轻微刑事案件，社会危险性较小，在不影响诉讼顺利进行前提下，一般均作出无逮捕必要，减少不必要羁押，建议公安机关直接移送起诉。全年有不批准逮捕案件 50 件 111 人，不捕率为

29.44%，不捕率连续多年保持30%左右，为全市最高，确保案件质量。构筑“三道防线”，提升案件质量。一是建立案件质量承诺制度。案件承办人员及分管领导在办理每一宗案件时都要在案件质量承诺书上签名并随案移送，明确出现错案后应当承担责任，更能有效地防止冤假错案发生。二是建立案件质量定期通报制度。发挥内部监督效能，让有瑕疵案件在离开检察环节之前都能筛选出来，最大限度降低承办人员错捕、错诉可能。并对不规范情况，每个月定期进行通报。三是建立案件联席会议制度。与区公安分局建立案件联席会议制度，不定期召开会议，共同商讨在办案工作中如何提高办案质量，并对一些办案中存在问题进行分析，对于存在突出问题提出善意建议。

【执法监督】 对基层派出所刑事侦查开展监督尝试。对派出所刑事执法中存在重点问题、突出问题进行监督，尝试对案件较多宝华派出所的刑事案件开展立案监督、侦查活动监督以及引导侦查取证，在区公安分局支持配合下，监督试点工作有序开展。加强行政执法监督，促进依法行政。采取部门联动，推动行政检察促进社会管理创新。2015年初，民政部门与区信访局建立联动工作制度，制定实施方案，以区“两办”名义下发至区直有关部门及各镇。找准监督切入点，树立监督权威。在依法介入国有苗圃场等土地回收工作中，通过检察机关法律监督，国有土地回收补偿资金预算由原来的5600多万元降为2000多万元，避免3000多万元经济损失，并发现职务犯罪线索。

（供稿：张丽如）

法 院

【概述】 2015年，梅县区法院充分发挥审判职能作用，立足执法办案第一要务，全面深化司法改革，推进司法分开，加强队伍建设，不断提升司法公信力，为梅县区加快振兴发展提供有力的司法保障。全年受理各类案件2637件（含积存22件），办结2550件，结案率为96.7%。其中，审结刑事案件311件，民商事案件1410件，行政案件24件，执行案件889件，执行到位金额1.39亿元。

【刑事审判】 区法院全年共受理刑事案件311件492人，全部审结。继续贯彻“宽严相济”刑事政策，给予刑事处罚466人，免予刑事处罚5人。其中，被判处五年以上有期徒刑16人，重刑率达3.4%，被判处有期徒刑、拘役缓刑217人，缓刑适用率达46.6%。以教育、感化、挽救为目的，依法对15名未成年罪犯适用非监禁刑，帮助其改过自新。

【民事审判】 区法院全年受理民商事纠纷案件1410件，审结1325件，解决诉讼标的额3.14亿元。继续坚持“调解优先、调判结合”原则，积极推行全程全员调解，妥善化解矛盾，民商事案件调解与撤诉案件674件，调撤率达51%。

【行政审判】 区法院全年受理行政诉讼案件24件，审结22件。受理非诉行政审查案件103件，全部审结。积极探索诉前调解、和解方式化解行政争议，继续加强与行政执法部门联系协调，对行政执法、行政审判过程中出现的新情况、新问题及时沟通，增进相互理解，共同促进行政纠纷有效化解。

【案件执行】 区法院全年受理各类执行案件889件，执结889件，执结率为100%，执行到位金额1.39亿元。积极开展涉民生执行案件专项执行活动，及时查封高威电子厂的厂房、机器设备，成功执结梅州高威电子厂拖欠工人薪酬系列案件208件；通过全国法院执行案件信息管理系统等新媒体公布133名失信被执行人基本信息，使其在投资、置业、出境等方面受到限制；向51件执行案件的92位特困当事人发放27万多元司法救助资金，充分体现司法人文关怀。

【便民服务】 区法院建立导诉员工作制度，为当事人提供咨询和导诉服务。通过在诉讼服务中心设置电子触摸屏、放置便于群众取阅的各类案件立案须知、诉讼文书范本等诉讼资料，指引群众明明白白诉讼；开展电话预约立案和探索建立网上立案，为身体原因不能及时到庭的当事人提供上门立案服务；全年上网裁判文书971份，上网率96.6%，方便当事人随时查阅；搭建远程视频信访平台，让申诉人与最高院法官“面对面”表达诉求。（供稿：林翠娟）

司法行政

【概述】 2015年，梅县区司法局充分发挥法律服务、法律保障、法律宣传等职能作用，为平安梅县、法治梅县建设，为促进全区经济社会发展和维护全区社会稳定营造良好的法治环境。全年向全区普法对象下发普法学习资料5700多本，举办年度普法骨干培训班1期160多人次，到中小学上法制课123场次，向群众散发法律知识宣传资料4.9万多份，全区受法制教育人数达20多万人次。全区基层司法所和调委会调处各类民间纠纷2863件，调解成功率100%，无因区司法局律师担任有关单位和村（社区）法律顾问49家；办理法律援助案件109件，公证处办理各类公证2380件；基层法律服务所担任法律顾问466家，解答法律咨询4057人次；避免和挽回经济损失共283万元。

【普法教育】 积极开展普法学习教育和“六五”普法检查验收工作。一是依托“青少年法制教育基地”“国家公务员法制教育基地”和青少年活动中心“法纪长廊”，举办年度普法骨干培训班、组织年度无纸化网络普法考试等形式，不断增强领导干部、公务员、青少年和企业经营管理人员学法用法自觉性。二是由区普法办根据上级主管部门要求制定检查验收标准及方案，扎实开展“六五”普法检查验收工作。7月中旬，全面完成对梅县区95个单位普法工作检查考核验收，较好地完成“六五”普法各项任务。创新普法手段和载体，突出普法实效。一是联合区文广新局组织梅县山歌剧团在全区19个镇（高管会、办事处）扎实开展“梅县区法制文艺暨服务群众行巡回演出”活动。二是联合区法院、区检察院、区公安分局、区广播电视台等单位共同录制《以案说法》普法栏目，并邀请律师对案件中的情理、法理进行解读，传播法治知识，弘扬法治精神。三是运用“流动普法宣传车”，搭建“流动普法”平台，依托100辆出租车车顶LED字幕屏每6分钟滚动播放一次时长10秒的法制宣传标语、警句。四是积极开展法治文化传播活动，推进法治文化公园建设，至年底，建成法治文化公园（广场）、长廊 8 个。五是利用户外 LED 显示屏宣传法律法规，充分利用城区主要交通道路 LED 显示屏（人民广场、西桥北端、梅州大桥北端、秋云桥）每天 24 小时滚动法制宣传标语、警句。六是利用人员流通大的地方实施宣传，在区综治信访维稳中心（区司法局）安装 LED 显示屏、法制宣传栏、印制宣传小册子等方式向干部、群众宣传有关法律法规，扩大普法覆盖面。推进民主法治示范村（社区）创建活动。以“一村（社区）一法律顾问”工作深入开展为契机，认真为村（居）开展法制宣传教育、提供法律援助和法律服务，满足人民群众法律需求。全年 90%的村（社区）达到“民主法治示范村（社区）”标准，梅县区雁洋镇长教村被司法部和民政部授予第六批“全国民主法治示范村”荣誉称号。开展“法律六进”活动。通过各种宣传媒体开展“法治广东宣传教育周”系列法律宣传咨询活动、举办法制讲座和法制文艺节目等宣传形式和手段，大力推进法制宣传教育进机关、进乡村、进社区、进学校、进企业、进单位活动。全年到中小学上法制课 123 场次，举办年度普法骨干培训班 1 期 160 多人次，开展法制挂图 20 场次、“送法下乡”法制讲座 6 场次、法律咨询活动 23 场次，向干部、群众、学生印发普法学习资料和法律知识宣传资料 4.9 万多份，全区受法制教育人数达 20 多万人次。

【人民调解】 进一步完善“大调解”机制和矛盾纠纷排查制度，不断健全矛盾纠纷分析研判制度，深入开展矛盾纠纷大排查大调解活动，坚持常规排查的同时，认真抓好重大活动期间、敏感期间等专项排查调处工作，把问题发现于苗头，调处于初发阶段，扎实做好社会矛盾纠纷排查调处化解工作。全年基层司法所和调委会调处各类民间纠纷 2863 件，调解成功 2863 件，调解成功率 100%，无因调处不及时或调处不当而引发的矛盾激化、凶杀、自杀、民转刑、越级上访事件。

【信访工作】 抓信访维稳，营造和谐局面。一是热情接待来访群众，耐心听取他们诉求，积极做好教育疏导化解工作。二是及时处理来信来访群众反映问题。全年受理处理群众来信 12 件，接待来访 21 宗 58 人次。

【社区矫正和安置帮教】 区司法局认真落实社区矫正人员接收、报到、报告、教育学习、社区服务、外出迁居审批、解除等制度，对脱离监管人员及时通报裁决机关，对违反监管人员依法进行惩处，确保社区矫正人员得到有效监管。一是加强与政法各相关单位、监狱、监所衔接，确保社区矫正对象始终处在监管之中。二是每个社区矫正对象建立监管帮教小组，确保责任到位，监管措施到位。三是集中开展“大走访、大排查、大帮教”活动，全面掌握社区矫正人员情况，并根据罪错和现实表现情况确定重点人员，实行分类管理，对重点人员进行教育帮教。四是加强日常监管，对每名矫正对象实行一人一档，建立规范化档案、台账。五是推行社区矫正电子定位系统，将社区矫正人员纳入移动电话定位管理综合信息平台，进行实时定位监管，逐步实现信息化管理。六是认真落实调查评估工作，对法院、监狱委托的缓刑、假释审前调查评估，组织人员到村（居）委进行调查走访，出具评估意见书。七是加大帮扶力度，积极开展形式多样教育活动和公益活动，让社区矫正对象感受社会温暖，引导其树立正确人生观。八是认真做好特赦报批工作，对符合条件12名社区矫正服刑人员依法进行特赦报批，确保不错赦一个、不漏赦一个。九是开展定期、不定期督查和联合督查，进一步促进社区矫正工作规范化管理。十是建立应急处置机制，制定社区矫正工作突发事件应急处置预案，成立应急指挥中心，整体联动，科学应对，及时处置突发事件。全年接收社区矫正对象1198人，按规定解除矫正对象853人，全区现有在矫对象345人，未出现社区矫正人员脱管、漏管和虚管现象。

【安置帮教】 进一步完善刑释人员回归前的衔接和建档工作，建立规范完整刑释人员工作台账，做到底数清、情况明。全区先后建立完善社区矫正人员和安置帮教对象的过渡性安置基地4个。现有安置帮教对象1015人，已衔接刑释解教人员建档率100%，安置率和帮教率98%。

【律师事务】 区司法局扎实推进区、镇、村三级公共法律服务实体平台建设，积极构建覆盖城乡居民的公共法律服务体系。在区一级，利用现有“法律顾问室”“信访工作律师团”“公益法律服务来访接待室（法律咨询室）”优势资源，在局机关一楼建设区级公共法律服务中心，并借助司法局网站推进法律在线宣传、法律在线咨询、服务在线办理等信息平台建设。在镇一级，依托综治信访维稳中心这一平台建立“镇公共法律服务中心”，为居民提供法制宣传、法律咨询、纠纷调解、法律援助、社区矫正、安置帮教以及代办公证等一站式法律服务。在村一级，依托人民调解委员会、法律援助站点等服务载体，建立覆盖村（社区）的公共法律服务工作站，定期到村（社区）为人民群众提供日常法律服务，并收集、反馈、联系群众法律服务需求。至年底，全区公共法律服务体系涵盖1个区公共法律服务中心、19个镇（办事处、高管会）公共法律服务中心和390个村（社区）（含梅西水库两个管理区）公共法律服务站三级公共法律服务实体平台。全面推进一村（社区）一法律顾问工作。区委、区政府把该项工作纳入2015年全区十件民生实事项目之一。区司法局高度重视，成立一村（社区）一法律顾问工作领导小组和工作督导组，印发《梅县区司法局开展一村（社区）一法律顾问工作方案》《梅县区村（社区）法律顾问考核办法（试行）》《梅县区一村（社区）一法律顾问工作督导方案》。统筹安排60名律师进驻全区390个村（社区）（含梅西水库两个管理区），并签订《梅县区律师进村居法律顾问协议书》，一村（社区）一法律顾问工作实现全覆盖。制定和制作统一的公示栏上墙公示一村（社区）一法律顾问工作职责、工作机制和工作要求。统一制作律师事务所和村（社区）法律服务站门牌标识、律师在村（社区）提供法律服务工作制度、工作台牌、工作证、法律服务联系卡、工作手册以及档案台账，形成一整套开展一村（社区）一法律顾问工作长效机制。通过电视、户外LED显示屏、局网站设置专栏、法制文艺演出和制作工作手册、印发宣传小册子等形式，提高群众对一村（社区）一法律顾问工作的知晓度和参与度。7月下旬和12月中旬，由局领导班子成员带队，组织公律股和基层股相关人员，分四个考核组对全区19个镇（办事处、高管会）一村（社区）一法律顾问工作进行专项检查考核，采取一听、二看、三座谈、四抽查、五评议的方法，对全区390个村（社区）60名驻村律师半年和年度工作进行检查考核。在检查考核工作中，考核组认真听取当地党委、政府意见，组织召开司法所长、村干部和群众代表参加座谈会，抽查走访及电话了解部分村（居）民，司法所、村（社区）干部及群众代表都比较肯定驻村律师的工作。10 月 27 日，由汕头市司法局工作人员组成的检查组代表省司法厅到梅县区，就 2015 年一村（社区）一法律顾问工作开展情况进行专项考核检查。检查组充分肯定梅县区一村（社区）一法律顾问工作，认为梅县区实现法律服务在基层社会全覆盖，基层干部群众法律观念和法律素质不断提升，有效推进基层法治社会建设。律师公益法律服务， 全年接待群众来访 68 宗 126 人次；区司法局律师担任有关单位和村（社区）法律顾问 49 家，没有当事人举报违法违纪案件。

【法律援助】 完善“三级”法律援助工作网络，全区设立 1 个区法援处，19 个镇（办事处、高管会）设立法律援助工作站，388 个行政村（居委）全部聘请村（居）委治保主任（调解主任）担任法律援助联络员。梅县区看守所设立法律援助工作站。认真落实 12345 政府热线反馈信息,及时为困难群众提供法律援助咨询和受理法律诉求。全年办理法律援助案件 109 件，接待群众咨询 475 人次，所有案件均实现零收费、零违纪、零投诉。

【司法公正】 坚持把公证工作作为服务大局、促进和谐的重要途径和有效举措，加强公证处力量，配齐办公设备，强化业务人员技能培训，提高办证质量。指派公证员为基层党委政府中心工作、重大经济项目等提供公证法律服务，充分发挥公证工作在预防矛盾纠纷中作用。全年办理各类公证 2380 件，取得良好经济和社会效益。

（供稿：李红梅）

责任编辑：卢　清

统战 · 侨务 · 港澳台事务

统　战

【思想建设】 2015 年，区委统战部专门召开会议，听取张小兰关于统战工作专题汇报。召开统战工作会议和统战工作联席会议，学习贯彻中央、省、市委统战部长会议，中央统战工作会议，习近平总书记在中央统战工作会议上发表的重要讲话和《中国共产党统一战线工作条例（试行）》。干部职工定期开展集中学习讨论。每周五以分组的形式，各部门股室轮流主持会议，组织学习、汇报工作，分享学习工作经验，共同讨论解决存在问题。建设好宣传栏，定期更新宣传内容，为更好顺应新时期的统战工作打下坚实的思想和理论基础。进一步完善《梅县区统战工作联席会议制度》。

【民主党派建设】 多方协调沟通、听取意见，发函到纪委、监察局征求廉洁自律等方面意见做好梅县区 6 个民主党派领导班子后备干部人选推荐、考察、初定工作。做好全区 45 周岁以下副高职称（三年）、副科级以上党外人士调查摸底工作，充实党外后备干部人才库。积极稳妥地做好党外人士的政治安排和实职安排工作的落实。2015 年，推荐选拔工作取得新的突破，盟员叶柳华任民盟梅县区委员会专职副主委，致公党徐婉玲任梅县区法制局局长。做好党外人士交流服务和培训教育工作。协助中山大学统一战线 29 名专家教授名医专家来梅开展“为山区人民献爱心”医疗服务活动。举办为期 3 天的党外干部培训班，着力提高党外干部参政履职能力。

【参政议政】 统战系统各单位完成《非公经济人士思想动态调查》《“三大创新”促县级工商联工作发展》等专题调研报告 10 篇。各民主党派、工商联会员积极履行人大代表、政协委员的职责，递交提案、议案、建议，积极参政议政，建言献策。其中，有 3 件提案被区政协评为优秀提案。工商联撰写的《“三大创新”促县级工商联工作发展》的经验材料报送全国工商联，并在《中华工商时报》刊登发表。

【社会服务】 中山大学统一战线组织名医专家赴粤东医院开展“为山区人民献爱心”医疗服务活动。做好抗战将领遗嘱慰问和中国人民抗日战争胜利 70 周年纪念章发放工作。组织工商联企业家视察广东梅县外国语学校的建设情况，发动企业家成立广东梅县外国语学校奖教奖学基金会，现场认捐资金 800 多万元。各民主党派积极开展为民服务：民革党员钟李峰、曾彩霞夫妻俩创办的铁炉桥医院为前来就诊的门诊患者免挂号费、检查费近 30 万元，为贫困户、低保户住院患者减免各项费用近 80 万元，多次组织医务人员到各乡镇免费为老人进行白内障筛查，到石扇等地义诊免费送医送药 200 多份，在纪念孙中山先生诞辰 149 周年和 90 周年忌辰活动中筹集资金 9 万多元，组织年轻党员和志愿者 100 多人，在相关部门的配合下前往丙村镇种下 40 多亩的民革“博爱林”。民盟梅县区委员会组织盟员到水车镇敬老院看望老人，并带上大米、食用油等慰问物品，同时扶助贫困学生上大学。农工党梅县区委员会组织医卫界专家到大坪镇开展送医送药义诊活动。农工党梅县区委员会被农工党中央授予“中国农工民主党优秀县级组织”称号。

【非公经济】 优化组织结构。注重选拔综合素质好的非公有制经济代表人士担任工商联兼职副主席，吸收小微企业和个体工商户入会，扩大会员覆盖面。建立健全工商联常执委、会员和基层商会组织分类数据库，信息库建设列入对镇级的工作绩效考核范畴。同时，根据实际制定并下发《关于加强基层商会规范化建设指导意见》，不断推进镇级商会完善法人治理结构。至年底，全区有 12 个镇级商会组织和 3 个行业协会组织。组织主席季度座谈会、常委半年学习交流会等各类型的活动为载体，推动学习型商会建设，培养爱国敬业的社会主义建设者。完善工商联网站和《梅县商会》建设，宣传国家的经济政策和梅县区扶持中小微企业及招商引资的优惠政策，宣扬民营企业家创业的精神，宣传企业品牌、弘扬社会正能量。建立与经信、工商、税务、技监、环保等 11 个政府职能局联系制度，协调解决非公有制企业发展中遇到的融资困难等问题。

【港台统战】 认真做好“第四届世界客商大会”梅县籍台胞的邀请名单的推荐、联络和会务接待服务工作。积极协助梅州市台办和市美术家协会办好主题为“两岸情”台湾著名画家李沃源国画瓷板画展在梅县文体中心开展，实现梅台两地书画界的深入交流与合作。热情接待张世伟理事长带领台北市梅州同乡会参访团一行32人到梅县区参观访问。率团赴台参加在新竹县举行的“世界客属第28届恳亲大会”。加强与香港梅州联会、梅县同乡会、三乡同乡会等的沟通联系，率团参加香港社团活动开展专项工作。

【侨界统战】 充分发挥《梅县侨声》杂志积极宣传区委、区政府的发展战略和工作部署。不断完善梅县区外事侨务、侨联网站，充分发挥单位门户网站对外宣传主阵地的作用，促进区情侨情的宣传，有力地支持配合全区侨务工作的开展。大力宣传侨法，努力提高侨法的普及程度，做好涉侨信访工作，切实维护侨胞权益。加大扶贫济困力度，关注侨界民生。做好省困难归侨扶助资金的发放工作和教育助学基金的发放工作。加强侨捐项目监督管理，保护侨胞爱国爱乡积极性。不断完善区、镇、村三级侨捐监管体系，及时更新侨捐项目原始资料库和电子信息资料库，实现信息化管理。主动“请进来”“走出去”，促进乡情乡谊，巩固老朋友，广交新朋友。精心策划，办好梅港青年交流营活动。不断加强与国际友好城市鸠比市的友好往来，继续推进双方在旅游、教育、文化、体育等方面的广泛交流。

【民族宗教】 挖掘整合提升本区宗教文化资源，助力梅州文化旅游特色区建设工作，对一批有鲜明宗教文化特色的古建筑进行保护修缮；把寺观教堂的重建纳入城乡规划。积极争取上级财政下拨200万元专项资金并筹措善款1000多万元用于灵光寺维修及满堂菩萨案桌的更新等。协助佛光寺筹集资金实施寺院改扩建工程建设项目，开辟梅县区新城又一座宗教文化旅游新景点。对灵光寺大殿等文物的修缮，按照国家文物保护单位的要求，公开招投标聘请资深的专家、学者和资质、级别高的单位进行设计、维修，坚持保护原有建筑结构、原有建筑风格，做到了修旧如旧。健全完善宗教文物、文化遗产、寺庙宫观的管理体系，规范各项规章制度，组织场所相关人员进行消防安全、饮食安全、防盗安全等知识培训共100多次。积极协调区林业、国土、交通等部门支持及发动场所本身在寺庙周边栽植名贵树木，对寺庙周围环境进行绿化美化，对道路进行维护，配套建设标识标牌、标志性建筑和景区内散步通道，提高旅游服务水平。组织国土、城管、宗教、信访、程江镇政府等多个部门，依法对程江镇老君嶂观音庵违法建筑进行强制拆除。

（供稿：李发强）

外事侨务

【国外代表团来访】 2015年，区外事侨务局认真做好外事侨务工作。加强国际友好交流，先后接待莅梅考察访问的法国留尼汪省顶磅市市长曾宪建、印尼各地议员访问团等官方高层。发展民间外交，接待新加坡南洋客属总会张家胜会长一行，印尼万隆客属联谊会访问团、马来西亚嘉属会馆联合会梅州寻根之旅访问团等印尼、马来西亚、新加坡社团组织，推动梅县区外交向更高层次、更宽领域发展。

【梅县区代表团出访】 加强海外联谊工作，参与和支持海外侨胞举办的各种联谊活动，区主要领导随市领导率领的访问团考察访问意大利、德国、英国、泰国、新加坡、印度尼西亚，区政府组团参加印尼日惹客联新馆址落成庆典和日惹客属联谊会第五届理监事就职典礼等活动，代表团每到一处，都会与梅籍侨贤广泛接触，联络乡情，向海外梅籍乡亲介绍梅县区近期经济发展情况，诚邀他们来梅考察，投资发展。

【交流往来】 主办梅港青年交流营活动、协助举办中国寻根之旅冬令营—马来西亚华裔青年梅州营的相关活动，以增进华裔后代及港澳青年一代对祖国和家乡的了解，增强对中华民族的认同感。积极介入，认真筹备，做好第四届世界客商大会梅县区嘉宾的联络接待工作。全年接待到梅县区考察访问、回乡省亲、寻根问祖、观光旅游的华侨“三胞”1.1 万人次。按照“政府结好、多方受益”的原则，继续推进与国际友好城市鸠比市在经济、旅游、教育、文化、体育等方面的广泛交流。

【为侨服务】 加强信访维权工作，确保侨界一方稳定。继续聘请三名法律顾问，为广大归侨侨眷、海外侨胞、港澳同胞提供法律帮助。建立健全信访工作制度，拓宽涉侨信访维权渠道，转变工作作风，把上访变下访，将不稳定因素化解在萌芽中，化解在基层第一线中，极大地减少越级上访的现象。2015 年来，接待来信来访 18 批 45 人次。倾情相助，帮助侨胞寻根问祖。2015 年，为美国李立仁，马来西亚张盛闻，李尧庆，潮汕铁路创建人张榕轩第四代裔孙张汕福等 30 多位侨胞找到祖居地，实现他们寻根拜谒祖先的心愿。关注侨界民生，加大扶贫济困力度。做好贫困归侨救助专项补助资金的发放工作。 全年发放 57.5 万元，其中归侨低保户 106 户两次共 31.7 万元；因病因灾临时扶持救助生活困难户 312 户共 25.8 万元。争取各级和侨界热心人士的支持，关爱贫困学生、残疾人、白内障患者等。全年有 500 多名困难学生获得王俊宏教育助学基金、侨界仁爱帮扶基金及邹锡昌、余锋光、李伟宏奖教奖学金、梅县爱心文化协会助学基金资助；有 92 名白内障患者获陈梅冰女士和力行植林慈善基金会支持，切除白内障，重见光明；有 200 名困难群众获李有权博士慈善基金会资助。

【对外宣传】《梅县侨声》杂志是梅县区对外宣传的重要载体，根据新时期侨务工作形势， 增大文章及重要图片的中英文对照，增强内容可读性、扩大增阅范围等形式，提高刊物的宣传效果， 不断提高梅县区在海内外的知名度，吸引大批海外侨胞和社会各界人士前来考察。2015 年，出版 4 期 12000 多册，发行 30 多个国家和地区。同时，对单位网站进行改版升级， 由专人负责网站管理，及时更新首页栏目，报道最新侨务信息，推介梅县区，保持每月有 20 条信息更新，向省、市部门投稿 60 多篇，其中采用 40 多篇，有力地促进梅县区区情侨情的宣传和侨务工作的开展。此外，配合区教育局做好外派华文教师的推荐和储备工作，2015 年选派 1 名优秀教师到海外支教，为传播、传承优秀传统中华文化起到桥梁作用。

港澳台事务

【港澳台支持家乡建设】 2015年，全区接受港澳同胞捐资500多万元人民币，主要用于道路、桥梁、学校、医院、扶贫济困等各项公益福利事业建设。配合区委区政府实施的“乡贤回乡投资兴业工程”，香港曾智明投资的金利来梅州经济总部已正式落户梅县区。

（供稿：办公室）

行 政 管 理 事 务

编制管理

【行政管理体制改革】 权责清单编制工作 根据上级部署，梅县区于2014年11月开始启动权责清单编制工作，由编办牵头，成立以区发改局、法制局和综政办等6个部门组成的编制权责清单工作审核小组，选取10个单位开展试点工作，并对单位编制工作人员进行培训。为进一步做好此项工作，落实全市推行政府工作部门权责清单动员会要求，2015年8月26日，区政府召开推行政府工作部门权责清单制度动员会对此项工作进行部署。同时，编办专门制作《编制权责清单工作指引》，认真指导各单位开展清理权责清单编制工作。

2015年，梅县区有45个单位开展权责清单编制工作（包括部分参公事业单位），编办将这些单位分成四组并指定人员专门负责联络跟进并审核。通过组建QQ工作联系群、在Q群共享《广东省推行市、县政府工作部门权责清单制度工作方案》等省市区编制权责清单的相关资料，并在线解答各单位填表过程中遇到的问题。通过四个多月的清理，完成对各单位的权责审核工作，共清理出行政职权事项5421项，其中行政许可195项、行政处罚3399项、行政强制324项、行政征收31项、行政给付77项、行政检查373项、行政确认68项、行政奖励6项、行政裁决5项、其他943项。

行政审批制度改革 进一步清理压减行政审批事项，开展行政审批制度改革后，全区开展4次清理行政审批事项工作，并形成3批目录。共取消审批事项128项（其中转日常管理58项）、下放镇级事项28项，行政审批事项压减47%。年底，第4批目录已公布，共清理调整审批事项58项，其中取消审批事项32项、转为日常业务管理事项11项、转为政府内部审批管理事项14项、合并1项。清理政府向社会转移职能：制订印发梅县区政府向社会转移职能工作方案，清理公布区政府向社会转移职能目录（第一批），结合第三批调整行政审批目录共公布向社会转移职能7项；清理政府向社会力量购买服务事项，制订政府向社会力量购买服务实施暂行办法，清理公布区政府向社会力量购买服务目录（第一批），共91项。把政府直接向社会公众提供的一部分公共服务事项，按照一定的方式和程序，交由具备条件的社会力量承担，并由政府根据服务数量和质量向其支付费用；深入推进“三证合一”登记制度改革，编办作为商事登记制度改革成员单位，积极配合工商部门做好“三证合一”商事登记制度改革。按照上级部署，2015年9月1日起，广东省率先全面推开“三证合一”登记制度改革，实施“一照一码”登记模式，梅县区于当天上午现场颁发梅州市首份“三证合一”、“一照一码”的营业执照。实行“三证合一”改革后，各项工作衔接进展顺利，至12月底，全区发放986份“三证合一”营业执照。开展行政审批标准化建设工作，按照《行政审批事项办事指南编写规范》《行政审批事项业务手册编写规范》的要求和规定，本着主动为申请对象行方便，向工作时间要效率的原则，全力优化审批流程、减少审批环节、压缩办理时限。并根据实施中存在的问题不断修改完善，持续改进行政审批办理工作，增强行政审批标准化工作的有效性，不断提升行政效能。

政府机构改革　按照精简统一效能原则，梅县区紧密衔接上级政府机构改革要求，结合本区实际，稳步推进机构和职责整合，规范机构设置，理顺权责关系，完善体制机制，着力形成精干高效的政府组织体系。

一是设立中共梅州市梅县区委农村工作办公室（加挂梅州市梅县区扶贫开发局牌子）。

二是整合区政府采购管理办公室组织实施政府集中项目采购的职责、区建设工程交易中心、区国土资源交易中心的工作职责任务，组建梅州市梅县区公共资源交易中心。

三是撤销梅州市梅县区人民政府办公室下属事业单位“梅州市梅县区人民政府驻广州办事处”。

四是将区妇幼保健院和区计划生育服务站合并，设立区妇幼保健计划生育服务中心（区妇幼保健院）；将镇人口和计划生育服务中心的职责和人员整合并入镇卫生院，加挂“妇幼保健计划生育服务中心”牌子，接受区卫生计生行政部门和镇级政府双重管理；至2015年5月底，机构和人员全部整合到位，按时完成改革。

行政执法体制改革　撤销梅州市梅县区人力资源和社会保障局下属事业单位“梅县区劳动保障监察大队”，设立“梅州市梅县区劳动保障监察综合执法大队”，为梅县区人力资源和社会保障局内设机构，核定行政执法专项编制7名，其中大队长1名，副大队长2名。

推进农业综合执法体制改革。年底，经市编办批复，同意将原广东省渔政总队梅县区大队和梅县区农业行政执法大队整合，设立梅县区农业综合行政执法大队，为梅县区农业局直属行政机构，加挂“广东省渔政总队梅县区大队”牌子，副科级建制。

不动产登记制度改革机构整合　根据省编办《关于整合不动产登记职责的通知》（粤编办发〔2014〕199号）和市编办相关通知要求，编办密切配合国土局开展不动产登记制度改革机构整合。一是设立梅州市梅县区不动产登记局，为区国土资源局正股级直属行政机构，加挂地籍管理股牌子，承担本区域不动产登记工作职责，核定行政编制4名，其中局长1名、副局长2名。二是设立梅州市梅县区不动产登记中心，加挂梅州市梅县区不动产交易登记服务中心牌子，为区国土资源局管理的事业单位，不定级，事业编制15名，主任（副科级）1名，副主任3名，内设窗口部、地产登记部、房产登记部、农林登记部、信息档案部。

【机构编制管理】专门成立梅县区控编减编工作领导小组，组长由区长钟光灵担任，副组长由区委常委、组织部长林硞担任，成员由纪委（监察局）、组织部、编办、财政、人社等部门领导组成。专门印发《梅州市梅县区机构编制控编减编工作实施方案》，并通过加大宣传力度、加强信息管理、优化编制资源、健全完善制度和建立联动机制抓好五项措施落实。

通过合理调整事业单位布局和对部分符合条件的事业单位进行合并重组，冻结机构编制事项，人员只出不进。至2015年底，全区行政编制和各类专项编制不突破上级下达的总额，事业编制不突破2012年底总量，并在总量内有所减少。

【事业单位分类改革】编办进一步推进事业单位分类改革，按照"政事分开、事企分开、管办分离"的原则，对现有未分类的事业单位进行严格分类。一是做好调研。结合各单位实际情况，认真宣传解释分类标准和政策，分类指导，帮助单位准确把握分类政策要求，细致审核和把关相关材料，进一步修改完善分类方案。深入相关事业单位开展调研，通过座谈了解等方式，摸清有关情况。做到机构数额明了、编制总量清晰、实有人员清楚、职责任务分明。二是严格把关。在制定事业单位机构编制方案的过程中，认真审核文字表述，反复推敲，选出最恰当的词语和表达方式，避免歧义和模糊，提高方案的准确性。将事业单位机构编制方案提交编委会审议下发，进一步确保方案的权威性。至年底，梅县区共有337个事业单位（含已定为行政类机构2个），已发文分类的单位279个，其中：公益一类事业单位262个、公益二类13个、公益三类4个，另有56个事业单位因机构改革等问题暂未进行分类。

【事业单位法人治理结构试点】拓展试点单位，借鉴2014年梅县区4个法人治理结构试点单位的成功经验，2015年事登局指导广东梅县外国语学校开展法人治理结构工作，并取得预期效果。这是梅县区法人治理结构工作从试点到推广走出的重要一步。

【事业单位登记管理】 结合"两建"工作，加强事业单位登记管理。2015年，事登局办理法人设立登记事项3个、变更登记事项70个、证书补领事项5个。同时结合"两建"工作部署，在事业单位登记管理网站公开事业单位年度报告书309份，借助社会力量对事业单位进行监督，促使其按照机构编制部门核定的主要任务正确开展业务活动，有利于落实社会公众对事业单位的知情权和监督权。

【政务和公益机构中文域名注册管理】2015年，编办投入3万多元完善办公设施和设备，选调2名工作人员专门负责域名注册管理工作，并积极安排人员参加中文域名业务培训，认真做好域名管理中心的各项日常管理、缴费和发票发放的衔接工作，为各部门注册续费提供相关服务。至年底，梅县区注册有效域名259个，注册单位192个；申请挂标单位118个，其中有53个党政机关单位成功挂标，有65个事业单位领取标识。

梅县区的域名注册费用是由各单位单独

汇款至中央，这种收费方式在一定程度上影响域名注册率的提升。为有效促进网上名称管理工作的开展，编办做出预算，积极与财政部门进行衔接沟通，申请将域名注册纳入财政统一支付，以确保网上名称管理工作常态化、长效化。

【档案管理工作】 条理化整理历年档案　编办将 1981 年至 2015 年的档案进行基本的分类、组合、排列，使编办档案形成一个有序体，并组织人员，把分类整理出的一千多份档案进行编号、编制目录，把目录信息录入电脑以便查找。同时不断完善档案设施，编办特设专门的场地，购置一批档案柜、档案盒等设施，将整理出的档案资料实行按年份、按类型存放，使原始档案能够得到更完整的保存。

完善事业单位登记档案　一是结合机构改革，重新整理全区事业单位登记档案。二是结合事业单位信用建设，充分利用广东事业单位登记管理网这个业务系统，建立完善全区事业单位的基本数据信息和存储其单位年度报告，确保全面有效地记录各事业单位的信用信息。

（供稿：赖怡均）

行政服务

【概述】 2015 年，梅县区行政服务中心做好“一口受理、限时办理、规范办理、透明办理、网上办理”行政审批五大措施的改进工作，抓好“着力提升政务环境，完善实体办事大厅、网上办事大厅和“12345”政府热线等三大平台建设，着力解决服务群众方面存在的不足和问题。

全年累计受理行政审批、服务事项 187040 件（其中网上受理 21767 件），已经办结 186845 件，按时办结率 99.9%。网上办事大厅受理总数 21767 件，网上办结 21722 件，网上办结率 99.8%。镇村网上办事站（点）受理总数 929 件，网上办结 925 件，网上办结率 99.6%。全区行政审批事项网上办事深度一级以上达到 96%，二级以上达到 93%，三级以上达到 78.5%，社会事务服务事项网上办事率达到 76.6%。公共资源交易中心全年进行 126 场建设工程公开招投标和土地招拍挂，交易金额 5.83 亿元。

【加强实体中心规范化建设】 根据撤县设区后部分单位机构变动和职能配置调整的情况，做好服务窗口、审批服务事项、工作人员调整等相关工作。区行政服务中心改用电子屏幕窗口索引，使办事窗口所在楼层、位置一目了然，更加方便群众寻找。办事大厅实现 Wi-Fi 全覆盖，办事群众可免费接入互联网。完成中心网站升级，将原来的二级网站升为一级网站，更加方便群众查询政务服务相关信息。窗口服务工作认真贯彻执行“六办”制度，做到手续齐全马上办、手续不齐帮着办、特殊项目特殊办、紧急事项加班办、重大项目上门办、难办项目跟踪办。

【优化审批服务流程】 按照“三减一优化”原则（减环节、减时限、减材料，优化办理流程），推进审批服务事项流程简化工作。根据不同的业务链条，梳理审批服务相关要素，通过清理前置条件，规范中介服务，推广并联审批，重新规范和简化审批服务流程，基本实现一般事项办理只需“一审一核”2 个环节，复杂事项办理不超过 3 个环节。

【完善网上办事大厅】 4 月，在区行政服务中心设立网上办事大厅自助专区，配备 3 台自助终端、2 台电脑和高拍仪、打印机等设备；5 月，在全区 19 个镇（办事处、高管会）的办事大厅安装网上办事自助终端设备。按照“三减一优化”的要求，对网上办事进行流程再造设计，减少群众来回现场次数。针对部分单位审批服务事项不能在线申办问题，做好协调工作，提高全区行政审批服务事项的在线申办率。并且建立网上办事考核机制，把网上办事大厅建设应用情况，依托信息化建设推进服务创新提速增效情况列入考核内容，对网络建设和网上办事实行量化考核，要求各单位开通网上办事大厅，部门与中心窗口网络实现互联互通，在网上完成受理审批办结的行政许可事项达 95%、非行政许可事项达 80%，未能达到的进行相应扣分。还重点做好网上办事培训和推广应用工作，分期举办镇级网上办事业务培训班，进行业务操作培训；加大网上办事的宣传报道，录制网上办事操作宣传视频在办事大厅及公交车上循环播放；在网上办事自助专区安排专人指导群众上网办事，网厅使用率逐步提高。

【完善“12345”政府服务热线】 协调相关成员单位，把服务延伸至与市民日常生活息息相关的领域和镇、村两级，使热线服务逐步实现民生服务全覆盖。围绕提高现场解答率、工单回复率和群众满意率的目标，加大资源整合力度，丰富和完善平台知识库内容，协调各职能部门做好群众求助、投诉事项的办理、回复工作。

【推进行政审批各项改革创新】 设立“并联审批办公室”，建立并联审批工作机制，制定规范的工作流程，对同一申请人提出的依法必须由本级政府两个以上部门分别实施行政审批的事项，实行一个窗口受理、抄告相关部门、各部门同步审批、限时办结发证的审批方式。协助工商部门推行商事制度改革，实施注册资本认缴制，商事主体登记由“先证后照”改为“先照后证”，放宽企业、个体户经营项目限制，放宽房产产权限制，为辖区企业降低准入门槛和创业成本。协调相关窗口单位做好“三证合一、一照一码”审批业务及人员的整合，解决“三证合一”后台办公场地，配备电脑等办公设备，还协调各相关部门解决企业在“三证合一”后遇到的问题，并做好解释工作。

（供稿：办公室）

责任编辑：邓慧聪

“围龙”新歌（围龙居）

经济

经 济 管 理

发展与改革

【规划编制】 2015 年，科学编制《梅州市梅县区 2015 年国民经济和社会发展计划》。完成梅县区《“十三五”国民经济和社会发展规划纲要》编制初稿。

【重点项目建设】 牢固树立“抓项目就是抓发展”理念，扎实推进重点项目建设，着重加强对重点项目调研跟踪和协调服务，定期向区主要领导汇报重点项目工作进展情况，及时协调解决重点项目建设中存在的难点问题，努力促使项目早日建成，取得良好成效。2015 年，全区列入省、市重点建设项目 37 个，总投资 456.28 亿元，年度计划投资 42.55 亿元。比上年增加 8.97 亿元，同比增长 26.7%。至 11 月，全区已完成投资 39.08 亿元，占年度投资计划 94.04%。

【固定资产投资管理】 切实推进固定资产投资工作，努力构建便捷投资审批平台。3 月，全面实行企业投资项目网上备案，进一步简化备案流程，方便企业备案申请。全年共办结项目 202 宗，涉及固定资产投资 206.8 亿元，其中审批、核准项目 152 宗，涉及固定资产投资 71.8 亿元；备案 50 宗，涉及固定资产投资 134.9 亿元。顺利完成全年资产投资任务。

【项目申报】 发展与改革局牵头制定《梅县区贯彻落实赣闽粤原中央苏区振兴发展规划实施细则》。做好项目生成、储备和对接工作，争取更多项目进入省市国家的“笼子”。同时以编制“十三五”规划为契机，立足梅县区实际，谋划基础设施、工业、交通、能源等各类重点项目 152 个，项目总投资超千亿元。并主动对接，力争有更多项目列入国家、省、市“十三五”规划。

【重点领域改革】 开展公车改革工作，贯彻落实中央、省人民政府有关公务用车制度改革精神，成立梅县区公务用车制度改革工作领导小组，对全区党政机关公务用车现状进行全面摸底，制定并印发《梅州市梅县区公务用车制度改革实施方案》及相关配套方案，指导区属各单位贯彻落实。在公车改革中，梅县区共保留公务用车 296 辆，封存处置车辆共 178 辆。区直单位公务交通补贴从 10 月份开始发放至各单位；乡镇从 2016 年 1 月份开始发放。车改前 2013 年公务交通总支出 4110.48 万元，车改后预计公务交通总支出 3819.66 万元，节支率达 7.08%。

【经济运行监测】 加强经济运行情况监测分析，按季度对全区经济运行情况进行调研分析，重点分析农业、工业、财政、金融、固定资产投资、消费品市场、城乡居民收入、第三产业等社会经济发展情况，研究经济运行过程中存在问题，并提出合理化建议。重点对上半年及全年经济运行情况进行分析，为梅县区经济社会事业健康发展提供领导科学决策。同时按照梅县区经济发展新形势制定下一年度经济社会发展目标，做好2016年国民经济和社会发展计划（草案）编制工作。

（供稿：吴子龙）

物价管理

【价格管理】 2015年，梅县区物价部门加强物价管理工作。一是认真落实各项电价政策。继续贯彻落实差别电价政策，对高耗能、高污染、资源消耗性产业，实行惩罚性电价政策，加速其转型、淘汰进程，促进节能减排；继续落实“平价商店”用电优惠政策和农村饮水安全工程供水用电优惠政策；继续贯彻落实小水电上网电价最低保护价政策。二是继续做好镇级自来水价格、医疗药品价格和医疗保险定点零售药品价格监管工作。三是加强对覆盖全区城乡社区平价商店和平价药店监督管理，定期不定期对其进行重点检查和抽样检查等，发挥其稳价惠民作用。同时，认真督促各平价商店和平价药店加强内部管理，建立健全相关管理制度，依法依规经营。2015年，争取省市级价格调节基金170.48万元（其中市级63万元），扶持平价商店和平价药店经营发展。强化价格调节基金征收管理工作，全年共征收价格调节基金521万元。

【收费管理】 一是继续积极贯彻上级关于省级产业转移园企业免缴14项行政事业性收费和经营服务性收费实行优惠政策，对在区工业园区内投资生产性企业减免37项行政事业收费和其他规费，对“三旧”改造涉及经营服务性收费给予优惠。二是认真抓好涉农收费、涉企收费清理整顿，取消、降低和暂停工商、质检、国土、人社、住建、农业、林业、畜牧等部门的部分行政事业性收费，进一步减轻企业负担。同时，继续做好各级明令取消、降低和减免收费项目的监督管理工作。三是继续做好价费公示工作。在稳定涉农收费公示制度和全面实行行政事业性收费公示基础上，继续按照省、市业务主管部门有关要求，对新城各社区收费公示牌实施动态管理。

【价格监督检查】 一是开展春运票价、涉企收费等专项检查和重大节日市场价格巡查。并结合梅县区实际，针对与群众生活关系密切的社会和群众反映强烈价格和收费问题，有选择地开展重点检查。二是加强粮油肉菜及小宗农产品价格检查，继续整治商贸流通和服务行业价格行为，规范市场价格秩序。三是做好群众来电、来信、来访管理工作，充分发挥“12358”价格投诉举报电话作用。全年共受理价格举报案件21宗，全部作出妥善处理。四是继续强化餐饮、旅游等重点领域明码标价监督，加强对农贸市场和商品房销售明码标价监督，积极推进明码实价工作。

【价格服务】 一是认真做好价格监测工作。主要采取定期开展城市居民食品和日用工业消费品零售价格监测工作，并每周上报市业务主管部门。二是加强价格成本调查工作。继续开展水稻、金柚生产成本调查工作，并落实医疗服务、药品等重要商品和服务价格成本监审制度，抓好教育培养成本、食盐生产经营成本监审工作。三是积极做好价格认证工作。切实开展刑事、民事、经济、行政案件和仲裁的涉案财物价格鉴定等工作，全年共评估涉案物品等价格 121 宗，评估金额 200.81 万元。（供稿：温盛财）

工商行政管理

【登记注册管理】 2015 年，工商行政管理部门坚持简政放权、放管结合、优化服务“三管齐下”，继续深入落实商事制度改革各项政策措施，改革红利得到持续释放。全面铺开“三证合一”登记制度改革工作，实行“一照一码”登记模式。2015 年，新办理各类企业设立登记 965 户，同比增长 15.3%；新办理个体户 3787 户，同比增长 33.5%；新办理农民专业合作社 175 户，同比增长 10.1%。新发展家庭农场 320 户。

【企业监督管理】 2015 年是《企业信息公示暂行条例》正式实施的第一年，区工商局在加强对企业和个体户年报工作指导基础上，及时协调解决年报过程中出现困难，积极开展上门便民服务，确保年报工作顺利完成。至年底，完成 2013 年度企业年报率 94.2%，2014 年度企业年报率 90.23%。积极开展“守合同重信用”企业评选活动，引导企业“讲诚信、促共信、不失信”，推进社会信用体系建设。全区评选公示“守合同重信用”企业 196 户，比上年新增企业 15 家，连续十年以上“守重”企业 38 家，比上年新增 3 家。

【市场监管执法检查】 紧密结合企业信息公示、信用监管、“商改”后续监管，深入开展各类专项整治行动。一是加强安全生产监管以及无照经营专项检查；积极配合和参与当地政府及相关部门组织的各类安全生产检查、督查工作。做好节日期间的安全值守和应急工作，严防各类安全事故的发生。2015 年，共检查经营户 3632 户，检查集贸市场 18 家，发出行政指导书 36 份，查处案件 18 宗，罚款金额 8.49 万元。二是加大对虚假宣传、不正当竞争、商标侵权和走私成品油等违法行为的打击力度；三是开展反不正当竞争、治理商业贿赂工作。对辖区内大超市、各类批发市场和商业繁华街道的重点整治区域，开展反不正当竞争专项行动，严查商标侵权、虚假宣传、不正当有奖销售行为、商业贿赂等违法行为。全年共立案查处不正当竞争违法违规案件 20 宗，罚没金额 18.43 万元，有效规范市场公平竞争秩序。三是加强重点商品质量监管。认真开展各项节前市场专项整治，先后组织开展元旦、春节、“五一”、国庆“双节”等市场商品打假专项整治工作，深入开展流通领域商品质量监测和商品抽样检验工作。2015 年，共抽检食品 74 批次，其中合格 43 批次，不合格 31 批次。全系统共检查食品经营户 1.6 万户次，下达行政指导书 906 份。2015 年，查处各类经济违法违章案件 129 宗，罚没入库金额 67.8 万元。此外，还开展活禽市场临时休市和 H7N9 禽流感防控工作，严查休市期间违法经营行为；配合区政府做好“集中屠宰、冷链配送、生鲜上市”等工作。

【商标与广告管理】 一是重点推进“商标强区”战略。结合山区实际，实施重点品牌帮扶，引导梅县区重点企业培育申报知名商标、著名商标，提升梅县区企业综合竞争力。以梅县区优势农产品“梅县金柚”作为龙头，重点引导柚农创建品牌商标，积极推进“梅县金柚”地理证明商标的申报工作。全年办理商标查询 560 件，帮助引导企业商标申请注册 21 件，国家商标局核准注册商标 33 件。二是规范商标和广告市场秩序。进一步加强商标专用权保护，与“宝洁”等国际国内知名商标企业联合开展以打击制售假冒伪劣商品为内容专项行动，严厉查处商标侵权行为，全年查处商标违法案件 8 宗。结合省、市局部署的各项广告专项整治行动，加强巡查监管，坚持动态管理，严厉打击虚假违法广告行为，净化广告市场。2015 年，共审批户外广告 2280 条（块），监测电视广告达 1334 条（次），查处违法广告案件 15 宗。

【消费者权益保护】 组织开展“3•15”国际消费者权益日系列活动，积极宣传和普及新消法，引导消费者科学、健康、文明消费，提高消费者维权能力。拓展延伸社会维权网络，积极推进“12315”进商场、进超市、进市场、进企业、进景区的“五进”工作，至年底，全区共成立“消费维权服务站”67 家。进一步完善消费维权诉调对接工作机制，与区人民法院建立相应的衔接联席会议制度，完成了梅县区首宗消费联合调解。2015 年，受理消费者投诉 91 宗，受理群众举报 6 宗，挽回消费者经济损失 8.81 万元。

（供稿：李千勤）

国土资源管理

【概述】 2015 年，梅县区有耕地面积 21.9 万公顷（其中基本农田 18.89 万公顷）、园地 18.02 万公顷、林地 18.02 万公顷、草地 1443.3 公顷、城镇村及工矿用地 1.22 万公顷、交通运输用地 3300 公顷、水域及水利设施用地 7713.3 公顷。至年底，全区有 36 家矿山企业（13 家建筑石场、2 家矿泉水企业、4 家铁矿、1 家铜矿、13 家石灰石、1 有银锑矿、2 家大理石）。

【保障用地计划指标】 加强与上级国土资源管理部门的沟通联系，共争取新增建设用地指标 15 批次，累计面积 661.4 公顷。其中，经省审批项目 8 宗，面积 167.7 公顷；上报至省国土厅尚未批准项目 3 宗，面积 135.6 公顷；正在组织用地报批梅汕高铁建设、梅平高速建设、梅畲快速干线建设等国家、省、市重点建设项目 4 宗，面积 358 公顷。有力地保障梅县区城市扩容提质、梅兴华丰产业集聚带梅县集聚区、白渡城东新型电子产业基地和文化旅游、城镇基础设施等省市区重点项目工程的用地需求，为梅县区经济社会快速发展提供优质高效国土资源保障。

【用地预审、规划修改、耕地占补】 一是认真做好省、市、区重点工程项目用地预审和企业新上项目的选址工作。2015 年，用地预审 1 宗、市级用地预审请示 3 宗、项目用地选址 8 宗。二是认真开展土地利用总体规划调整完善（评估）工作做好城市周边永久基本农田划定工作。组织调入项目用地与调出建设用地规模挖潜工作。做好低丘缓坡规划调整修改工作，上报市级专家评审及征求部门意见后报省审批，于 2015 年 8 月完成省国土资源厅备案工作。做好 3 个省重点项目梅雁祥和养生园、雁洋三乡养生度假村、梅县福晋老年公寓规划调整修改工作，于 2015 年 5 月 28 日经省国土资源厅完成备案工作，完成梅州综合保税区 29.3 公顷有条件建设区规划调整工作，正在进行调整规划修改的有客都大桥延长线、新城自来水厂项目、南口镇、松源镇有条件建设区。三是做好 2015 年报批用地中 5 批次 33.9 公顷耕地占补工作，实现占优补优和占补平衡。

【土地征收储备、土地融资】 协助做好扶大铁炉桥医院背 13.3 公顷、梅花山脚（扶大）富力城背 5.7 公顷、三丰村 13.3 公顷、新城水厂 6.7 公顷、畲江园区约 40 公顷征地工作以及扶大、南口进城大道征地工作。协助做好梅畲快速干线、梅汕高铁和梅平高速征地前期准备工作。协助做好区林业局苗圃场收回工作和区政府土地使用权收回工作，使梅县区土地储备配备更为合理。及时准确规范填报省土地储备监测监管系统各类数据，消除红牌警告。充分发挥政府土地融资平台作用，积极向农发行融资，2015 年向农发行融资 4 亿元，为城市扩容提质提供财力支撑。

【整合和盘活资源】 一是推进“三旧”改造工作，积极挖掘用地潜力，“三旧”用地共出让 6 宗，面积 3.36 公顷，出让金额 851 万元。二是推进闲置土地处置工作，对全区已供土地作深入细致的排查，全年处置完毕 6 宗闲置土地，面积 15.6 公顷，其中 2 宗列入国家督察整改，面积 4.5 公顷，均按整改要求完成处置到位（置换土地）。三是有效提高节约集约用地水平，共盘活有量国有建设用地 3 宗，面积 9 公顷。

【耕地保护责任制落实】 配合做好 2014 年度省政府耕地保护考核组对市政府耕地保护责任制考核工作，以及市对区耕地保护责任制考核工作。完成 2015 年度区与镇、镇与村、村与村民小组耕地保护责任书签订工作。完成 2013 年度基本农田经济补偿资金拨付工作，拨付资金共 993.96 万元（其中省补助 851.97 万元、区配套 141.99 万元），同时镇与村签订基本农田经济补偿协议书及向区财政局申报拨付 2014 年度基本农田经济补偿资金给各镇、村。

【基本农田保护】 一是圆满完成由国土资源部门负责实施的 2013 年度松口、程江镇共 7865 亩高标准基本农田建设任务，并通过市级竣工验收。二是做好 2014 年松源，白渡、城东镇共 497.2 公顷高标准基本农田建设前期有关工作，完成项目立项，勘测、规划设计与投资预算编制，规划设计与投资预算审批，工程施工招标等各项工作。

【矿产资源管理】 一是对全区 36 个矿山开发利用情况进行日常监管，并每季度到现场检查，全年收取采矿权价款 114 万元，收取矿产资源补偿费 133 万元。二是对梅县区国土资源局发证的 28 个矿山进行年检，对 10 个部、省发证矿山进行年检的初检， 28 个发证矿山年检合格，其余的同意上报。三是对探矿权人加强管理，重点是检查硐探、槽探有无“以采代探”及超工作量硐探等，检查未发现有违法行为。四是完成丙村龙骨坑石场的变更矿区范围发证工作。

【执法监管】 2014 年，国土资源部下发梅县区 268 个疑似违法用地（W）图斑，经核查，新增建设用地面积 175.97 公顷，其中：合法用地 112 宗，面积 146.9 公顷；违法用地 93 宗，面积 29.1 公顷；军事用地 1 宗，面积 0.41 公顷。经核查，判定为违法用地图斑有 93 宗，其中：立案查处 37 宗，作出行政处罚 37 宗，移送法院申请强制执行 37 宗；罚款金额52万多元，已落实罚款金额52万多元。根据国土资源部核定的2014年度新增建设用地占用耕地面积为57.5公顷，卫片执法检查认定违法占用耕地面积为4.8公顷，违法用地耕地占比为10.4%。非立案查处56宗（含临时用地、设施农用地、一户一宅、实地伪变化图斑）。对违法用地依法予以整改查处，违法用地案件立案率、查处率、整改率100%，依法履行职责到位率达95%。加强动态巡查监管，严控新增违法用地，严格执行零报告等五项制度，及时发现、及时制止、及时查处国土资源违法行为，全年全区通过动态巡查及区“两违三抢”督查小组发现土地违法行为113件，其中：制止在萌芽状态10宗，立案查处9宗，拆除94宗。

【土地登记发证】 按照《土地登记办法》等有关规定进行收件、受理、审查、登记工作，并在规定时间内办结登记审查发证，对于办理土地登记及信息查询，严格执行“首问责任制”及“一次性告之制度”。从规范土地登记程序入手，对办理土地登记流程、时限进行再优化。2015年共办理各类土地证书共计9407本，其中国有土地证8281本，抵押他项权利证172本，集体土地使用权证954本，并及时将地籍资料整理装订归档。全面推动梅县区不动产统一登记前期工作，按照省、市要求尽快颁发不动产权证书。做好农村集体土地确权登记发证复核、整改、归档等后续管理工作。完成全区18个乡镇494宗集体所有制权证审核，重新更新补发65宗集体所有制权证。同时，完成更新集体所有制权数据管理系统和上报省、市备案工作，为农村集体土地确权登记管理打下扎实基础。

【信访和土地权属纠纷调处】 国土资源信访，全年受理各类信访573件，其中反映违法占地376宗，土地权属纠纷17宗；另外征地过程中因农村村民拒绝交出被征土地而申请人民法院强制执行11宗。对各类信访件，全面得到落实。土地权属纠纷调处，全年接待有关土地权属纠纷来信来访25多批150多人次。同时，做好群众向省厅和市、区信访办反映的有关土地权属纠纷问题处理、复核和答复工作，同时对群众和国土所人员有关咨询进行详细答复，有效解答群众疑难问题，有力地维护社会和谐与稳定。

【地质灾害防治】 编制实施《2015年地质灾害防治方案》和《梅县区2015年地质灾害隐患点搬迁和治理工作实施方案》。至年底，已完成上级下达的50个地质灾害隐患点搬迁和治理任务。。抓好地质灾害隐患点的排查与防御工作，给地质灾害隐患点的群众发放避险明白卡，落实地质灾害隐患点监测人和监测责任人，及时更新发布地质灾害气象风险预警。配合区电视台在地质灾害隐患点拍摄一组地质灾害防治短片在区电视台播放，向村委会、隐患点群众发放地质灾害防治小册子、省、市印发的地灾防治宣传画,并组织防灾减灾日等系列宣传活动。此外，于12月底完成“三区两线”废弃石场矿山地质环境治理项目施工。

【地价评估及土地使用权交易】 全年办理国有土地使用权出让评估56宗，面积109.1公顷，显化土地资产10.27多亿元，其中：挂牌出让评估40宗、补办出让评估8宗、“三旧”改造用地评估8宗；配合区委区政府收回国有土地使用权评估工作4宗、面积25.4公顷，置换1宗、面积553.4平方米；完成119宗国有出让土地抵押备案工作。依法依规挂牌出让新增国有建设用地使用权25宗、面积74.4公顷、出让金额5.97亿元，划拨新增国有建设用地使用权10宗、面积24.6公顷，补办出让国有建设用地使用权6宗，面积1.2公顷，出让金额113万元；个人宗地补办出让及转让28宗，面积0.13公顷，出让金额57.5万元；审批个人建房用地327宗，面积3.3公顷，审批设施农用地32宗，面积7.3公顷。

【土地变更调查与遥感监测】 按照上级要求，做好各个批次多宗建设用地报批所需地类和面积数据核算、相关图件制作和资料报送工作；同时做好国家、省、市对梅县区年度土地利用变更调查的抽查和整改，后成果上报工作。全面完成省、市对梅县区4.8万亩耕地后备资源调查、核实、建库和汇总，并通过省、市检查验收后报送国家备案。做好土地调查数据库权属信息更新试点工作和招标选定作业队、前期资料收集整理、数据库合并等工作。

【测绘管理】 依据广东省政府构建“数字广东”规划要求，逐步做好加密控制点坐标测量，“一村一镇一地图”建设前期工作和数字县（区）建设试点工作，积极采集数字化有关信息数据，构建“数字梅县”地理空间框架，推动梅县区数字化建设进程。完成全区境内1∶500数字化测量15平方公里，并实施质量监督检查管理。完成6个批次73宗、测图面积228.3公顷勘测报告任务，完善全区“三旧”改造外业图斑调绘，为地籍转让、出让、土地交易、征地服务中心征地等提供及时、合格图件。

【档案管理服务】 2015年，梅县区国土资源局各类档案归档1090卷，其中：地籍类910卷1.12万本；建设用地类68卷546份；抵押类112卷。同时，对往年文书档案进行完善，归档288卷。严格执行档案借阅制度，提供利用服务1300余次，档案信息资源借阅利用给企业、群众创造了很大的便利。

【信息化建设】 以“数字梅县”建设为契机，对原有机房进行升级扩容改造，新增配备了UPS、精密空调、防火设备、门禁、监控等一系列基础设施设备，提升机房管理水平，切实保障全局日常办公正常运行。同时，结合上级有关网站普查整改工作要求，全面加强局门户网站整改完善及更新维护工作。

（供稿：吴昊英）

统 计

【经济运行形势监测】 2015年，全区完成地区生产总值（GDP）169.65亿元，同比增长7.8%。其中，第一产业增加值41.11亿元，同比增长4.2%，拉动GDP增长0.8个百分点；第二产业增加值61.94亿元，同比增长5.8%，拉动GDP增长2.9个百分点；第二产业中的工业增加值53.14亿元，同比增长5.6%，拉动GDP增长2.4个百分点；第三产业增加值66.6亿元，同比增长13%，拉动GDP增长4.1个百分点。三次产业结构比例为24.2∶36.5∶39.3。公共财政预算收入完成21.5亿元，同比增长19.4%。全区税收总收入31.48亿元，同比增长15.1%。其中，国税税收10.28亿元，同比增长14.5%；地税税收21.2亿元，同比增长15.5%。年末居民消费价格指数比上年同期上涨1.6%，商品零售价格指数比上年同期下降 0.5%。城镇新增就业人员 4292 人，帮助失业人员实现再就业 4102 人，帮助就业困难人员实现就业 394 人；城镇登记失业率 2.4%；全年劳务输出 15.05 万人，其中，城镇 3.84 万人，农村 11.21 万人。全年，城乡各种救济对象得到国家救济的有 4.59 万人，合计资金 5364.9 万元。全区现有城乡低保对象 8438 户 1.97 万人,农村五保供养 2167 人，孤儿 73 名。从 2015 年 1 月起提高低保、五保、孤儿养育标准，城镇低保标准 450 元/人月、农村低保标准 350 元/人月。城乡低保对象月人均补差分别为城镇 380 元，每人每月增加 41 元；农村 180 元，每人每月增加 28 元；五保供养标准调整为每人每月 662 元，每月人均增加 25 元。全年发放低保金 4522.7 万元，五保金 1724.9 万元；孤儿补贴标准为社会散居孤儿每人每月从 700 元提高到 760 元，福利机构集中供养孤儿每人每月从 1150 元提高到 1240 元。全年农村困难家庭义务教育阶段得到学生生活费补助共有 860 人，合计金额 11.8 万元。

【联网直报】 2015 年，统计部门全面更新完善单位名录库,逐一核对联网直报企业单位库中单位信息、单位类型、组织结构,清除不符合规定的单位,确保联网直报企业单位库信息真实可靠。加强对联网直报企业统计人员培训，全年举办培训班 8 期，参加人员 300 多人次。继续推进一套表制度建设,推广联网直报系统应用,严格执行《广东省一套表联网直报单位统计工作规范》。同时还抓好固定资产投资调查、乡镇统计等纳入联网直报有关工作。

【基层建设】 2015 年，分期、分批、分专业对全区统计人员（调查员）开展统计业务及统计法规法律知识培训 10 多场，达 600 多人次。要求统计人员积极参加统计从业资格和统计技术资格考试，切实提升基层统计人员综合素质。多方筹集资金为每个镇（新城办、高管会）购置电脑一台及办公设备，改善基层统计工作条件；另外为鼓励“四上”联网直报企业做好统计工作，区财政拨款二十多万元，对完成台账建设的每位“四上”联网直报企业统计员每月发工作补贴 100 元，持有统计从业资格证的每月再加 50 元。

【统计服务】 密切关注梅县区经济运行中热点难点问题，为区委区政府科学决策提供针对性强、参考价值高的咨询建议，全年撰写统计分析 16 篇，及时编印和发送《统计月报》给有关单位和领导。此外，还主动与经信、住建、发改等政府部门沟通，提供更为主动有效统计服务；整理编辑出版《2014 年梅州市梅县区国民经济和社会发展统计资料》。还通过中国梅县和梅县区统计局网站及时发布各项统计数据和信息资料，不断为社会公众提供更多统计信息产品。

【专项调查统计】 继续做好第三次全国经济普查资料开发利用工作。启动做好第三次全国农业普查，前期准备工作和全国 1%人口抽样调查。在做好国情国力调查的同时，扎实开展各专业各领域国家、省、市、区布置的常规统计调查和各项重大专项调查。主要有：实施规模以下工业企业调查；工业企业成本费用调查；继续实施城乡一体化住户抽样调查；开展主要畜禽监测调查；非公有制企业（单位）人才资源状况调查；大力开展基本单位清查及粮食生产大县抽样调查等工作。此外，在完成各项国家统计报表任务的同时，配合区委、区政府及相关部门认真组织实施促进粤东西北地区振兴发展考核评价有关指标的调查统计监测，区纪检监察干部“廉勤”指数测评。

【统计法制】 重点抓好各级党政领导、统计机构工作人员和一套表联网直报企业负责人和统计人员的学法用法，组织开展统计法制宣传活动，按照上级统一部署开展统计执法大检查，主要检查镇（街道）和联网直报企业统计人员持证上岗信息库和企业统计人员持证上岗情况；检查联网直报企业台账建设情况；检查数据质量情况。

（供稿：范郁辉）

审　计

【概述】 2015 年，梅县区审计部门切实加强审计监督。至年底，共完成审计项目（单位）30 个，已审、在审未出报告的审计项目 8 个。其中离任审计 8 个。查出违规金额 312 万元，管理不规范金额 4096 万元，应上缴财政金额 158 万元，提交审计结果报告 16 篇，提出审计整改意见和建议 3 条。

【财政审计】 审计部门围绕预算执行这条主线，对资金、资产管理和项目实施效益性、合法性、真实性进行审计。经审计发现如下问题：一是年终预算差异未报人大审批。二是少列公共财政预算收入 7230.85 万元，少列基金预算收入 4064.59 万元，少列公共财政预算支出 1.68 亿元，虚列公共财政预算支出 9.32 亿元等。三是预算管理方面资金拨付不够及时，专项资金未按规定范围使用，暂付款未及时清理。四是未及时足额收缴土地出让款，未按规定拨款途径拨付农口专项资金，部分资出未取得正式发票及存在账证不符的情况。对存在问题，提出 3 个方面审计建议，并向人大提交了审计结果报告。

【专项资金审计】 着眼维护群众利益，加大民生审计力度，重点开展涉农资金、环保等涉及民生领域资金和项目审计。完成对农田保护示范区建设项目资金、省级优势农作物重大技术集成推广资金、棚户区改造资金、农业科技推广体系建设资金及农机示范县项目、国家测土配方施肥项目等 9 个专项资金项目的审计。通过审计，有效促进专项资金使用、规范专项资金的管理

【行政事业审计】 财政性资金的拨付使用管理情况及“三公”经费、人员经费和会议费使用情况，反映部门单位是否严格落实中央八项规定和“约法三章”有关规定，掌握其预算内外资金的来源、收支规模、管理方式，揭示其存在问题，并从体制、机制、制度建设和管理层面分析原因，提出改进建议，促进深化部门预算改革，提高财政资金使用效益。抽取 5 个单位与经济责任审计、部门预算执行审计同步进行。

【经济责任审计】 在经济责任审计中，认真贯彻《党政主要领导干部和国有企业领导人员经济责任审计规定》精神，围绕以规范权力运行为目标，深化领导干部经济责任审计，促进中央“八项规定”落到实处，促进干部守法守纪守规尽责。2015 年开展 16 个单位领导干部经济责任审计，其中，镇党委、政府 8 个（党委书记 5 个，镇长 3 个）；审计共查出违规资金 310 万元，管理不规范资金 782

万元，提交经济责任审计结果报告 16 篇。审计中，发现领导干部所在单位存在截留、挤占专项资金、票据使用不合规等问题。针对上述问题，依照《中华人民共和国审计法》及有关财经法规进行处理处罚，并督促相关单位限期予以整改。 （供稿：陈永辉）

经济与信息化

【概述】 2015 年，梅县区经信局坚持用好用足国家促进赣闽粤原中央苏区和省促进粤东西北振兴发展“两大政策”，规划建设“梅兴华丰产业集聚带”梅县集聚区，把产业、城市、交通建设融为一体，着力培育发展装备制造、电子信息、新能源、商贸物流四大超百亿元产业。到年底，全区有工业企业 557 家。其中：规模以上企业 91 家（大型企业 2 家，中型企业 14 家；年产值超亿元企业 30 家，畲江工业园企业 26 家），规模以下企业 466 家。工业产品主要有：发电量、电子元件、水泥、车轴、橡胶轮胎、编织工艺品、电解铜箔、服装、覆铜板、精炼铜等 10 类产品。全年全区规模以上工业企业实现工业增加值 46.75 亿元，比上年同期增长 5.1%；实现工业总产值 164.94 亿元，同比增长 5.8%。完成工业投资 35.92 亿元，同比增长 24.6%，其中：工业技改投资 8.28 亿元，同比增长 78.9%。社会消费品零售总额 122.93 亿元，同比增长 13%。

【支柱产业】 装备制造业。全区共有装备制造企业 105 家，实现产值约 45 亿元，其中亿元产值以上有 BPW（梅州）车轴有限公司、卡莱（梅州）橡胶制品有限公司、华南三一工程机械有限公司、梅州国基精密制品有限公司 4 家企业，规模以上有梅州鸿荣机械有限公司、梅县庆达实业等 7 家企业。电子信息产业。全区共有电子信息产业企业 85 家，实现产值 30.7 亿元，其中亿元产值以上有广东超华科技股份有限公司、广东嘉元科技股份有限公司、梅州紫晶光电科技有限公司 3 家企业，规模以上有梅县锦江电路板有限公司、高迪数码科技（梅州）有限公司等 7 家企业。新能源产业。全区新能源产业企业规模以上有广东宝丽华新能源股份有限公司、梅雁吉祥水电股份有限公司、梅县龙上电站、梅县洁源水电有限公司 4 家企业，其中亿元产值以上有广东宝丽华新能源股份有限公司、梅雁吉祥水电股份有限公司 2 家企业。新能源产业实现产值 51.8 亿元。商贸物流产业。梅县区商贸业产值 98 亿元，引进广东喜之郎集团有限公司、红星美凯龙家居集团股份有限公司，投资建设以食品研发中心及城市综合体为主的集大型商业、高端住宅、特色风情街于一体现代城市综合体。在新城行政区域建立梅县区电子商务产业园，引进云电商基金建设云电商生态城，形成以云电商生态城、电商创业大厦、淘宝创业园、萨维尔电子商务公司为主体电子商务发展平台和产业集聚区，已引进电商企业 58 家，全区现有电商企业 80 家。还引进广东工业设计城有限公司进驻梅县区，建立广东工业设计粤东基地，实现网店运营、设计、客服、营销、仓储、物流、售后等服务一体化，打造工业创业平台。

【工业建设】 2015 年底，竣工或即将竣工企业有博森光电年产 500 兆瓦太阳能多晶硅片制造、BPW（梅州）车轴扩产和车轴配件出口基地建设、鸿荣重工工程机械配件生产技术革新以及增加生产线、嘉好废旧汽车拆解、和安沥青混凝土、重源有机肥、技腾电声、亮如昼电子、星泰环保等项目。建设中的项目有：梅盛伟业旋窑水泥、聚金建材、富柚生物等新建和卡莱（梅州）、超华科技、嘉元科技、宝丽华电力、航鑫科技、庆达实业、泰山建材等公司的技改项目。引进规划建设的项目有城东、白渡产业园的新型电子产业化项目、畲江工业园赛翡蓝宝石项目、东电化广晟稀土项目（已试产）、合百草制药项目、嘉和微电机项目、和顺人防设备项目、恒顺个人护理用品项目等。超额完成市下达梅县区年投资总额33.5亿元的任务，同比增长16.2%。

【信息化建设】 一是做好对梅县区区政府网站和60个相关部门网站从专业角度、运用专门设备进行全面巡查监测，形成《梅县区政府网店普查初评报告》。二是做好梅县区网上办事大厅系统互联互通调查工作，提高网上办事大厅服务水平。三是做好两化融合管理体系专题项目入库以及2016年贯标试点企业和服务机构申报工作。向社会主动公开政府信息1947条，其中发布工作动态信息1113条，视频新闻234条、规范性文件信息47条，其他类信息553条。另外各行政机关向社会公开的信息有1124条，其中发布工作动态信息832条，通过公告116条、政策法规、办事指南等信息176条。

【产业转型升级】 传统产业转型升级。2013–2014年，梅县区建材（水泥）产业共淘汰20家企业落后水泥产能407万吨（17家企业立窑产能357万吨，3家企业粉磨产能50万吨）；新上先进水泥粉磨站4家，产能240万吨。高新技术产业自主创新。至2015年末，全区有11家国家级高新技术企业（未含畲江工业园企业），20家省民营科技企业，2家省创新型企业，5家省知识产权优势企业；3家省级企业技术中心，6家省级工程研究开发中心；工业类：1件中国驰名商标，12件广东省著名商标和10个广东省名牌产品。2014年，梅县区被确定为全市首个国家知识产权强县工程试点区。“两化”融合已现雏形，工业化与信息化融合程度走在全市前列。工业、物流业平台规划建设。把工业园区建设作为加快振兴发展的重要载体。借助广州增城的全方位对口帮扶，邀请省市规划专家团队启动集聚区规划建设，制定实施方案，将“丰华兴梅产业集聚带”梅县集聚区划分为畲江产业园中园、水车产业园和城东白渡产业园三大区域，以“三园合一”的思路，建设梅县集聚区，并纳入“丰华兴梅集聚带”整体规划；明确园区的功能定位和产业布局。到年底，初步完成丰华兴梅集聚带梅县集聚区的规划方案；完成畲江产业园首期700亩征地拆迁，已与广铁集团达成合作意向，建设现代铁路物流园（含保税物流中心）项目，城东白渡产业园落户企业达34家，其中建成投产企业25家。有序推进动新型电子产业化项目的规划建设。与增城合作共建的产业园，已落实入园、在建招商引资项目10个。此外，位于大坪镇的梅雁吉祥产业园完成设施建设，梅雁电子科技、TFT公司已开始搬迁进园，星泰环保公司亦进入最后的车间完善和设备安装阶段。

【服务企业发展】 帮助企业申报省市技术改造投资专项资金。1. 申报广东嘉元科技股份有限公司“2000吨/年动力锂离子电池负极用高延展性低轮廓铜箔研究与产业化”项目，获省贴息额 23 万元，广东永利机械设备有限公司“年产 500 台真空冷冻干燥设备”项目，获得贴息额 8 万元。2. 广东航鑫科技股份公司“厂区整体搬迁及企业升级改造技术改造项目”拟安排股权投资扶持 1300 万元，已在广东省经济和信息化委员会网站公示。3. 梅县南口镇金蔡烧灰砖厂“年产 1.5 亿元块粉煤灰砖智能型自动生产线技术改造项目，申报《2015 年省级企业转型升级专项资金设备更新（机器人应用）专题项目》，其中金蔡煤灰砖厂的技改项目已在广东省经济和信息化委员会网站公示。4. 广东嘉元科技股份有限公司“高档电子铜箔生产线（一期）生产主设备更新升级换代技术改造项目”，申报《2015 年广东省省级企业技术改造资金(第二批)项目》，拟申请贴息 53.8 万元。5. 申报卡莱（梅州）橡胶制品有限公司卡莱（梅州）橡胶制品有限公司的“设备升级技术改造项目”“草地胎扩产技术改造项目”“成本节约技术改造项目”、BPW（梅州）车轴有限公司的“新型车轴扩产技术改造项目”、广东嘉元科技股份有限公司的“电解铜箔生产线能量系统优化及电机系统节能技术改造项目”、梅州鸿荣重工有限公司的“智能数控设备更新升级技术改造项目”、梅县泰山建材有限公司的“立式磨技术改造项目”和梅州国基精密制造有限公司的“淘汰老旧设备技术改造项目”。为《2015 年省级企业转型升级专项资金设备更新淘汰老旧设备专题项目》，已经省审查通过，总共安排专项资金 420.36 万元。6. 广东嘉元科技股份有限公司“新增 1500 吨/年高性能超薄电解铜箔技术改造项目”，申报广东省省级相关财政专项资金中省政府相关重点工作专题项目，该项目已在广东省经济和信息化委员会网站公示，拟安排财政资金 350 万元。

【产业转移工业园建设】 2015 年，经信部门继续做好梅兴华丰产业集聚带的规划建设，突出“三园合一”（畲江产业园中园、水车产业园、城东白渡产业园）的产业集聚区规划思路。畲江现代产业孵化园重点培育机电装备制造和商贸物流主导产业，年底综合保税区完成 1400 亩土地的征地拆迁，首期 700 亩用地平整，申报材料已由国务院转海关总署。综合办公大楼、货场检测中心等正在进行规划设计，道路基础设施建设项目、深圳有信达保税物流项目、中新集团汽车零部件、现代创业孵化中心以及医院、学校等一批项目正加快建设；水车产业园养生发展医药，研发、医药保健品生产、南药种植和科普实践。至年底引进有广州富力集团和深圳海王集团共同投资建设生物谷项目，与远信集团广州柚子舍生物科技有限公司签订入园协议，华大基因、中大南药等一批项目在洽谈中。城东白渡产业园重点培育新型电子和装备机械制造主导产业，规划、环评等前期工作有序推进；到年底，落户企业 34 家，其中建成投产企业 25 家，梅兴华丰产业集聚带梅县集聚区已获省批准，纳入园区统计考核，享受省产业转移政策，获得 5000 万元扶持资金。

【安全生产】 依据《民用爆炸物品安全管理条例》做好广东天诺民爆有限公司梅县分公司、梅州市兆安民爆梅县分公司等民爆生产、仓储企业日常监管。督促民爆企业进行应急演练，开展民爆物品警示标识登记、消防设备、维护检查记录等进行认真细致检查，在此基础上抓好企业的安全生产。做好加油站年检和换证工作，对加油站加强监管和整治，依法审核油品经营资格，消除各种安全隐患，严禁无牌、无证走私油流入市场，保证成品油市场平稳有序，全区 55 座加油站，通过省经信委年检 36 座，换领新证 19 座；落实安全主体责任，对辖区内 55 间在营加油站进行系统、全面、细致拉网式检查，在营站点均证照齐全，经营资质符合要求，制度管理，证照管理、经销管理，安全管理等基本健全。特别是加油站安全生产、人员接班、销售、库存、消防、事故预案等相关制度相继健全，安全运营良好。但也发现一些问题，少数加油站不按规定挂成品油零售经营许可证和其他相关证照，过期灭火器材未能及时清理，与有效灭火器混放，部分加油站营业室放置简易床，存在一定安全隐患。

【节能降耗】 配合完成市政府对区政府 2014 年度的节能考核，并以 93.9 分成绩在六县两区中排名第一。梅县区经信局被推荐为 2014 年度广东省节能先进集体。2014 年梅县区万元 GDP 能耗同比下降 5.88%，超额完成市政府下达下降 3.86%年度目标。电机能效大幅度提升，至 2014 年全区电机能效提升容量累计 4.01 万千瓦，超额完成市下达 2.5 万千瓦任务。2015 年，万元 GDP 能效同比下降 5.08%，工业增加值能耗下降 15.37%。开展电机能效提升工作，帮助企业转型升级，如梅县恒发建材有限公司、梅县恒塔旋窑水泥有限公司、梅县泰山建材有限公司、梅县建兴水泥有限公司、梅县梅雁旋窑水泥有限公司等 5 家企业共更换 475 台电机 6926.1 千瓦，申请补贴 63.31 万元。梅县嘉鼎水泥有限公司、梅县永恒建材有限公司已经进行电机系统节能改造，2 家企业共更换 289 台电机 4087.1 千瓦，申请财政补贴 57.22 万元。

【商流贸易】 按照家禽“集中屠宰、冷链配送、生鲜上市”要求，做好扶贵、扶外市场的活禽市场规划工作。组织企业利用节假日和传统节庆开展“消费促进月活动”。协助做好 2015 年世界客商博览会参展工作，深入企业进行调研，要求企业按“四大板块图文展示内容”及博览会工作方案要求，认真抓好图文资料、产品组织、重点展示企业形象设计等各项工作，确保客商博览会顺利开展。依据市商务局文件精神对内贸特种行业（拍卖、典当、二手车交易市场、报废机动车回收拆解及再生资源回收等）及市场规划与建设开展调研工作，及时掌握企业动态以及当前面临的困难和问题。

【电商产业】 梅县区电子商务产业园创办于 2014 年 5 月，是梅州市首个电子商务产业园。有办公用 3000 平方米，建筑面积 1.6 万平方米。至 2015 年底，先后引进了云电商基金、阿里巴巴跨境贸易、京东、广东引领、客家村镇银行金融服务中心等 58 家电商企业进驻（其中包括“广货网上行”百家商城 1 家、千家网店 3 家、广东省电子商务示范服务商 1 家）。2015 年，企业申报省级信息产业发展（物联网技术应用）、电子商务等项目 30 项，获得支持资金合计 1187.38 万元。同时，积极探索帮助小微电商企业创业创新，共开展跨境贸易、大学生创业、农民、返乡青年、残疾人电商创业就业培训班 28 期，培训学员达 1400 人，实现培训学员就业率 95%，解决年轻人就业 1360 人。至年底，全区电子商务企业交易额 9.94 亿元，比上年同期增长 108.8%。

（供稿：张铭生）

质量技术与监督

【稽查打假】 2015 年，质监局积极开展农资产品、计量、标准、特种设备安全监管执法检查，加大对产品质量（特别是建材、服装、汽车配件等产品）监督检查力度。全年出动执法人数 518 人次，检查生产、销售企业 113 家次，查处各类违法案件 14 宗，查获涉案货物货值 5.28 万元，罚款到位 7.53 万元，无一例申请复议案件或诉讼案件。

【标准化工作】 质监局大力实施标准化战略，推进全区各企业积极实施标准化工作，并取得显著成效。2015 年，国家标准《印制电路用金属箔通用规范》和行业标准《锂离子电池用电解铜箔》得到公布实施，给两个项目负责起草或参与起草单位——广东嘉元科技股份有限公司赢得了在这两个领域的话语权和行业地位。帮助梅县嘉鼎水泥有限公司、梅县金盘水泥有限公司和梅县金辉建材有限公司共 3 家企业申报产品“采标”工作，并通过省局验收取得“采标”证书；为 15 家企业取得条码注册证书，19 家取得续展证书；组织机构代码办证 959 家，换证 344 家，变更 648 家。

【计量管理及检测】 帮助 10 家加油站取得三级计量保证体系证书；辖区内 9 家高能耗企业的能源计量工作通过市节能监察中心考核，其中梅雁旋窑还通过能耗测试。全年发展诚信计量单位 9 家；协助质检所拟定天然气、医用辐射源、心电图机、环境温湿度计四个新上项目。努力提高企业计量器具的检定覆盖率，全年受检测计量器具服务的企、事业单位 320 家，免征企业收费 102 万元，上缴行政事业性收费 4200 元，技术服务收入 30 万元，合计检测计量器具 1.33 万台件，相比去年各项业务工作量较大提高。

【重要消费品安全保障】 质监局对全区 21 家工业产品生产许可证获证企业、5 家质量管理体系获证企业和重点监管企业全面进行建档、巡查和分类监管；对 3 家产品监督检查不合格企业，积极做好后处理工作，督促企业按期完成整改工作；积极推进“客家文化生态旅游全国知名品牌示范区”创建工作，顺利完成国家局的检查验收。

【特种设备安全监察】 质监局确定重点摸排对象，全年排查出主要问题都集中在安全管理人员无相应资格证书 7 家使用单位，并及时对 7 家单位提出整改要求。切实解决特种设备安全中突出问题和薄弱环节。全年出动安全监察人员 397 人次，检查特种设备生产、检测、抽查使用和气瓶充装单位设备 543 台套，共制作《特种设备安全监察检查记录》193 份，发出《特种设备安全指令书》63 份，至年底，整改 56 份，移交稽查处理 8 宗。

（供稿：丘意平）

招商引资

【概述】 2015 年，梅县招商引资取得新城绩，全区计划投资 5000 万元以上的落地项目有 44 个，计划总投资 177.73 亿元，已投入 43.91 亿元。

【招商措施】 一是瞄准目标招商。围绕打造装备制造、电子信息、新能源、商贸物流四个超百亿元产业目标开展招商。依托产业集聚地、电子商务产业园、梅州综合保税区和新城扩容提质，加大招商引资力度，重点引进装备制造、新能源、新材料、保健养生等符合国家、本地有关产业政策的项目。积极争取梅县区重点外资企业BPW车轴、卡莱轮胎公司的产业配套发展项目落户。全力跟进水车生物谷、畲江现代创业创新孵化园、广铁现代铁路物流园等项目。二是“一把手”主导招商。在招商引资工作中，梅县区党政“一把手”亲自抓招商，亲自率领招商队奔赴北京、上海、浙江、广西及珠三角地区洽谈项目，与中新集团、棕榈园林股份有限公司、远信集团、橙天地娱乐有限公司、广州企业家投资商会等对接，有力地推进项目签约、落地进度。2015年，梅县区招商队组织外出招商62批次，接待客商90批次。其中，党政“一把手”带队外出招商40次，接待客商30次。三是创新模式招商。充分利用第四届世界客商大会的契机，主动联系，促成深圳有信达海购通跨境电子商务产业园项目落户畲江产业园、金利来梅州地区经济总部项目在客商大会期间动工、广州富力集团与深圳海王集团投资20亿元的水车富力生物谷项目在客商大会签约。采取政企合作，推动以商引商。瞄准全国、全省百强企业，利用百强企业掌握丰富的企业资源，拥有众多产业配套供应商优势，采取PPP模式，将园区土地资源依法交由企业建设并进行对外招商。如引进中新集团对畲江产业园首期380亩土地进行开发，并负责汽车及相关产业招商；引进广州富力集团在水车产业园内建设生物谷，围绕生物医药健康主导产业共同招商。四是优惠政策招商。在抓好工业项目招商引资若干规定、加快电子商务产业发展扶持办法等优惠政策落实基础上，2015年先后出台《企业融资（助保贷）扶持实施办法》《丰华兴梅产业集聚带梅县集聚区招商优惠办法》《梅县区企业上市（新三板）扶持实施办法》《梅县区企业贷款贴息扶持实施办法》，在土地、财政扶持、税收、费用减免、投资者子女就读、管理与监督等费用方面给以大力优惠和扶持，以优惠政策促进招商引资。

（供稿：余　琴）

食品药品监督管理

【机构改革】 2015年，根据《广东省人民政府关于改革完善市县食品药品监督管理体制的指导意见》（粤府〔2013〕85号）精神，设立梅州市梅县区食品药品监督管理局，加挂梅州市梅县区食品安全委员会办公室牌子，为区人民政府工作部门。

【食品安全监管】 食品生产监管，严格按照要求，对乳制品、肉制品等重点单位采取加大监管频次和力度的做法；对食品生产加工单位生产状况、卫生情况、台账记录、安全生产情况进行记录；监管面做到不留死角。食品流通监管，抓住食品经营户进货查验义务的履行，健全完善食品安全索证索票和进销货台账制度，把好流通环节源头关；同时，加大流通环节食品安全专项执法检查力度，严格流通环节食品经营主体市场准入。餐饮监管，开展示范食堂工程，实施量化分级管理，全年有4家学校食堂通过A级现场考核。节日期间加强对食品安全检查巡查，对重点区域、重点场所、重点食品的安全状态进行强化管理，确保全区农村宴席和重大活动的大型用餐食品安全。

【药品、医疗器械监管】 围绕“审、批、查”等不同职能，强调过程监管，将监管覆盖到生产经营全过程，要求日常监督检查记录中体现专项检查和安全检查内容，检查记录在当月内录入省局监督管理电子平台。重点开展中药饮片专项整治、银杏叶药品专项检查、含麻黄碱类复方制剂、兴奋剂、终止妊娠类专项整治和开展医疗器械“五整治”回头看和“植入、无菌类”等其他医疗器械方面专项整治工作。

【保健食品、化妆品监管】 以规范市场秩序为基础，以拒绝假劣、净化市场、保障安全为目标，以重点产品、重点企业、重点区域、重点案件为突破口，在全区范围内形成打击保健食品化妆品生产经营违法违规行为高压态势，重点开展打击保健食品“四非”专项行动、化妆品安全专项整治等工作。依法查处一批食品药品违法案件，有效净化梅县区食品药品市场环境。

【打击制假售假专项行动】 一是开展糖果生产企业专项监督检查。根据上级《食品药品监管总局办公厅关于开展糖果和巧克力生产企业专项监督检查的通知》文件要求，迅速组织工作人员对辖区内 7 家糖果生产企业进行专项监督检查。均未发现有超量使用苯甲酸等防腐剂、食用色素、二氧化硫行为和超范围使用甜味剂和违法添加药品或非普通食品原料等行为。并均持有有效糖果制品 QS 证。在检查中，发现有 4 家企业在卫生条件、1 家在进货查验、1 家在生产过程控制、2 家在出厂检验方面、2 家在标签标识方面存在问题，要求 2 家企业责令改正。二是查处违法生产经营含破壁灵芝孢子粉产品的行动。全年出动工作人员 168 人次，检查生产经营单位 42 家次。全区保健品生产环节未发现有以破壁灵芝孢子粉作为原料生产加工保健食品的行为，食品生产环节无破壁灵芝孢子粉生产加工单位，未发现有违法生产经营破壁灵芝孢子粉的黑窝点。食品流通环节和餐饮环节出也未发现有相关违法行为。三是开展打击走私冷冻肉品专项整治行动。根据梅州市食品药品监督管理局办公室《转发关于开展打击走私冷冻肉品专项整治行动的通知》（食药监办食通函〔2015〕85 号）精神，全面开展打击走私冷冻肉品专项整治行动，全年出动行政执法人员 41 人次，检查冷冻肉品经营企业（户）147 家（其中检查冻库 9 家，冷冻肉品经营企业（户）138 家）。没有发现经营企业存放、销售走私或者无合法来源冷冻肉品。四是打击制售假酒专项行动。梅县区有酒类经营户 1047 户，开展监督检查 1 次，出动执法人员 437 人次，检查酒类经营户 803 户次，抽检 3 批次。未发现制售假酒行为。

（供稿：李嘉媚）

中小企业

【概述】 2015 年，梅县区中小企业局围绕“粤东西北振兴发展排头兵”的目标任务，积极开展暖企行动，推动全区中小微企业保持快速平稳健康发展。至年底，梅县区有中小微企业（民营企业）2.38 万家，其中：第一产业 2012 家，第二产业 8109 家，第三产业 1.37 万家；另有上市公司 4 家（香港上市 1 家）。从业人员 7.68 万人，占全区职工总数 87%；完成税收 25.31 亿元，占全区税收 85.76%；全区中小企业（民营企业）生产总值 130.49 亿元，占全区社会总产值 70.6%。

【服务体系建设】 充分发挥中小企业服务中心平台作用，开展咨询、融资、市场开拓、科技创新、后备上市新三板等全方位服务。服务中心先后与广东引领信息科技公司、客家村镇银行、梅县邮储银行、源瑞会计事务所、恒泰律师事务所等服务机构签订合作协议，致力完善中小企业服务网络，全面提升中小企业服务中心的服务水平和能力。2015年，分别举办制造业企业、流通领域企业、外贸企业、小水电企业等行业企业，开展融资、技术改造、法律、会计等咨询交流会。5月8日，邀请金融、法律、会计、证券、电商、劳动仲裁等服务机构在梅县区服务中心门口广场举办综合服务活动，现场为企业解决困难和问题。10月23日，在锦绣国际广场举办“大众创业，万众创新”服务活动，组织经信、科技、人社、妇联、农业、银行等部门，为100多家企业代表开展现场咨询和企业产品展示现场服务活动。

【协调企业转型升级】 中小企业局积极争取上级扶持中小微企业发展专项资金。2015年，为创亿谷电商公司、木子金柚向省、市申报发展专项资金共70万元。通过财政扶持资金作用，加快梅县区中小微企业发展步伐。

【开展融资服务，促银企对接】 中小企业局充分发挥服务中心桥梁作用，开展各种形式政银对接活动，为企业解决融资难问题。2015年，与邮政银行合作举办了几场专题服务活动，为中小企业搭建融资平台，拓宽中小企业融资渠道，解决中小企业融资难问题。同时，为企业在生产经营活动中提供法律咨询、支持和会计辅导等服务活动。全年为广东引领信息科技公司、梅县华创风汽车配件有限公司、创亿谷电商公司、众鑫恒电子厂、广东省航鑫科技股份公司、广东集一家居建材连锁股份有限公司、佛山旭和门业、梅县辉煌家具厂和梅县帅乡山泉水有限公司等100多家企业解决5亿元融资贷款。

【开拓产品市场】 组织企业参加中博会、企业产品展销会、发挥电子商务等，拓展产品销售渠道，让企业产品更好地销往全国和世界各地。6月5日，中小企业局组织60多家企业代表及附城村主任到揭阳军埔参观电商村建设情况，致力推动梅县区电子商务发展。同时，中小企业分别与梅州市创亿谷电子商务公司、广东引领信息科技公司联合举办6场（次）400多人参加电商创业培训，并在丙村、梅南、梅西等建立电商体验店，全力推动以发展农村电商为主的“互联网+”工作。

【技能培训】 中小企业局通过自身主办、协助企业举办、组织管理者参加上级举办各类培训等形式，努力推动全面提高企业管理者和普通员工的素质和水平。按省局要求，挑选30家企业做好每月按时网上直报经济运行数据工作（梅州市只有梅县和兴宁列为监测直报点）。同时，还对企业直报员进行两期业务培训；并确保企业每月按时网上直报经济运行数据。还协助部分规上企业做好提高统计数据质量培训工作。 （供稿：宋 青）

安全生产监督管理

【概述】 2015年，全区有非煤矿山企业28家，危险化学品生产经营企业59家（生产企业2家，经营企业57家），烟花爆竹经营户

66家（批发2家，零售64家）。梅县区安全生产工作有效防范遏制重特大事故，促进全区安全生产形势持续稳定好转。全年发生安全生产事故26起，死亡24人，各项事故均未超过市下达的控制指标，较好地完成全年安全生产任务。

【“一岗双责”制度】 一是全面落实梅县区安全生产“网格化”管理制度，明确各级领导干部的监管责任，坚持“管行业必须管安全，管业务必须管安全，管生产经营必须管安全”，形成政府纵向分级负责、部门横向按责监管、网格人员责任管理的全覆盖监管网络，实现“责任全覆盖，监管无盲区”。二是全面落实党政领导干部安全生产“党政同责，一岗双责，失职追责”，加大对安全生产责任制考核，在《梅县区2015年度镇级推进振兴发展工作考核实施办法》安全生产工作考核占180分，占考核总分1000分的18%，由区安委年终组织安全生产责任制考核小组对19个镇（办事处、高管会）和24个区直单位进行考核。

【安全监管】 一是重点行业、重点地区的治理。2015年，梅县区被省局列为非煤矿山重点监管县，城东镇被市局列为非煤矿山重点监管镇，梅县区认真制订攻坚方案，加强宣传、加强领导、加强监管，对不具备专业人员的矿山全部与中介服务机构签订技术服务协议，编制“一矿一策”实施方案和隐患排查情况分析报告，提出存在问题和相应的整改措施及整改时限，完成治理攻坚任务。二是开展全区安全生产大检查。继续深化“八打八治”打非治违专项行动和重点行业（领域）专项整治，认真吸取天津港“8·12”爆炸事故深刻教训，开展危险化学品和易燃易爆物品、非煤矿山等为重点安全生产大检查，对辖区内所有生产经营单位进行全覆盖检查。检查中对非法违法行为和重大安全隐患“零容忍”，一经发现，坚决采取“四个一律”和停产、停建、停电、停供、扣押、关闭等强制执法措施，做到从严查处、整治到位。全区检查生产经营单位2384家次，发现一般隐患1279处，挂牌督办重点安全生产隐患12宗，对未完成整改的1宗重点安全生产隐患和97处一般隐患由有关部门督促生产经营单位跟进落实整改。三是烟花爆竹专项整治。成立烟花爆竹专项整治领导小组，由区委、区政府主要领导任组长，安监、公安、消防、工商、城综、质监等有关单位组成的专项整治领导小组，进行联合执法，采取不定期、不定时到烟花爆竹禁止燃放区域现场进行专项整治，坚决取缔“三合一”、“多合一”、无证照经营烟花爆竹等行为。全年出动执法人员360多人次，收缴、销毁非法储存的烟花爆竹约3.5吨。全年发放禁放宣传图册1.8万份，在电视台每天播放禁放烟花爆竹的规定。四是加强对重点行业安全生产监督检查。制订《2015年度安全生产工作要点》，明确安全监管任务，落实责任，保证全区安全监管工作落实。全年排查安全生产一般隐患372项，已完成整改352项，整改率94.6%，其中：非煤矿山企业146项，危险化学品企业74项，烟花爆竹经营单位71项，其他企业18项。同时，梅县区继续与梅州市梅正矿山技术服务有限公司签订技术服务协议，加强安全技术支撑力量，促进安全生产监管工作。

【执法监察】 按照《梅州市梅县区安全生产监督管理局2015年度安全生产监管执法工作计划》的要求，每季度开展一次联合执法行动，认真开展有计划、全覆盖、规范化的执法检查工作。全年以非煤矿山、危险化学品、烟花爆竹、建材等高危行业为重点，加大现场监督监察执法力度。对安全生产管理不到位、企业主要负责人和安全管理人员未依法参加培训、未落实职业健康监护管理制度等违反安全生产相关法律法规的生产经营单位依法作出行政处罚，共实施事前处罚26次，罚款9万元。对生产安全事故依法进行严肃查处和责任追究。

【应急救援】 把安全生产应急救援实战演练工作列为镇级政府和职能部门安全生产工作考核的一个重要内容，督促各镇各部门加强对企业指导，加大对安全生产应急救援的实战演练工作，完善和提高应急救援的实用性和可操作性，积极开展应急救援演练工作，提升处置紧急安全事故的能力，提高安全生产自我保护意识，减少事故人员伤亡。全年全区开展安全生产应急演练95场，参加演练共5千多人，参加安全生产应急救援培训800人。

【职业安全健康】 加强《中华人民共和国职业病防治法》等法律法规的宣传，积极督促企业职业危害申报。全年以非煤矿山、电子、电镀重点行业作为2015年重点监管行业，加大行政检查执法力度，全年检查企业83家，发现隐患191处。严格执法，对违反《中华人民共和国职业病防治法》的企业进行查处，作出行政处罚5家，罚款金额1.1万元，督查3家企业开展职业卫生“三同时”工作，2家企业开展职业卫生现状评价。

【宣教培训】 一是加强安全生产宣传教育，以“安全生产月”等活动为载体，利用各种宣传媒体，开展新修订《中华人民共和国安全生产法》等法律法规的宣传，全年印发新修订《中华人民共和国安全生产法》等安全生产资料5万多份，印发职业病防治相关资料1000多份、消防宣传资料10万多份。二是加强安全生产培训工作，自筹资金4.5万元，委托中介机构对非煤矿山企业安全管理和特殊岗位人员共244人进行业务培训；对烟花爆竹零售经营户从业人员144人进行安全知识培训，培训其他生产经营单位主要负责人和安全管理人员547人。

（供稿：熊　宁）
责任编辑：卢　清

农　业

综　述

2015年，梅县区以转变农业发展方式，加快推进农业现代化建设，着力提升农业效益为目标。认真落实好各级强农惠农政策，重视粮食生产发展，推进省级现代农业示范区建设，大力发展金柚、茶叶、茶油、优质稻米等绿色产品，加快特色农业基地建设，因地制宜发展林下经济。积极拓展农业功能，努力发展农林产品加工业、观光农业、休闲农业，推进金柚、油茶等大宗农副产品精深加工。完善农产品直供直销等平台，健全线上、线下农产品流通网络，力促农业由单纯的农作物生产向农产品加工和流通及休闲服务业等领域交融发展，拉伸农业产业链条，促进一、二、三产业融合互动，实现农业附加值的增加和农民的增收。

2015 年，全区耕地面积 21.2 万公顷，粮食播种面积 31.7 万公顷，其中水稻种植面积 23.46 万公顷。全区实现农业总产值 65.74 亿元，同比增长 4.2%。其中，种植业产值 51.37 亿元，同比增长 4.2%；林业产值 0.78 亿元，同比增长 15.2%；牧业产值 9.87 亿元，同比增长 2.3%；渔业产值 2.7 亿元，同比增长 5.7%；农林牧渔服务业产值 1.01 亿元，同比增长 11.8%。

全年谷物产量 17.66 万吨，同比增长 3.0%，其中水稻产量 16.87 万吨，同比增长 3.0%。经济作物产量中，花生同比增长 3.6%，烤烟同比增长 2.8%，蔬菜同比增长 2.8%,甘蔗同比增长 8.3%。

全年水果总产量 73.9 万吨，同比增长 5.5%，其中，柚子产量 51.1 万吨，同比增长 6.4%，总产值约 25 亿元，人均金柚收入约 5000 元。生猪饲养量 62.2 万头，同比增长 1.0%；猪肉产量 3 万吨，同比增长 1.7%；水产品产量 2.91 万吨，同比增长 5.4%；三鸟饲养量 894.3 万只，同比增长 0.6%。完成造林面积 5400 公顷；建成生态景观林带 50 公里；完成森林抚育 1.79 万公顷；扩大生态公益林 6.3 万亩；年末森林覆盖率达 74.62%。

全区有县级以上农业龙头企业 123 家，其中省级 17 家、市级 43 家；农民专业合作社 842 家；家庭农场 525 家。“三品”认证企业 105 家，其中无公害 42 家、绿色食品 21 家，有机食品 42 家。新增 12 个省级名牌产品，农产品电商 63 家。

2015 年，被认定为“国家现代农业示范区”，被列为创建“国家农产品质量安全县”。

种植业

【概述】 2015 年，全县有耕地面积 21.2 万公顷，粮食播种面积 31.7 万公顷，总产 19.39 万吨，其中水稻种植面积 23.46 万公顷，产量 16.87 万吨。金柚面积 19.33 万公顷，产量 51.1 万吨，总产值约 25 亿元，人均金柚收入约 5000 元，占人均纯收入的 30%。全区有县级以上农业龙头企业 123 家，其中省级 17 家、市级 43 家；农民专业合作社 842 家；家庭农场 525 家。“三品”认证企业 105 家：其中无公害 42 家、绿色食品 21 家，有机食品 42 家。新增 12 个省级名牌产品，农产品电商 63 家。农业总产值 65.74 亿元，农民人均纯收入 14627 元。

2015 年，梅县区被认定为“国家现代农业示范区”，被列为创建“国家农产品质量安全县”。

【粮食生产】 积极推广良种良法,加强技术指导工作，通过梅县农情、农业信息、新闻专题和深入田间指导等方式，加强在水稻生长各时期肥水管理和病虫防治等方面的生产指导；大力推广深两优 5814、深优 9516 等优良品种；结合基层农技推广示范项目，加强技术培训，加大病虫综合防治、测土配方施肥和水稻控释肥等各项实用新技术的推广应用。全年全区种植粮食面积 31.7 万公顷，总产 19.36 万吨，其中水稻面积 23.46 万公顷，总产 16.87 万吨,杂交稻推广面积占水稻总面积的 97%，优质稻占水稻总面积 88%。

【金柚生产】 全面推广果园标准化管理。依托农业部柑橘标准园——雁鸣湖金柚种植基地和省级现代农业示范园区项目，继续推进梅县区金柚标准化生产、规模化种植和产业化经营。通过开展标准园创建活动，带动千家万户的果农实行标准化生产，提高金柚管理水平。全区金柚面积 1.93 万公顷，总产 51.1 万吨，产值约 25 亿元。

加强金柚管理，提高金柚质量。按《无公害金柚栽培技术》要求，在各个农事季节及时召开现场会、培训班、印发技术资料、农业信息和深入果园现场指导，全年举办培训班 6 期、编印《农业信息》600 份。此外，还印发《关于加强金柚质量管理的通告》到各镇村人流密集场所进行张贴并发放到各果园，并开展金柚质量巡查活动，指导果农适时采摘，确保金柚质量提高。

【金柚基地与品牌建设】 全县建立起一批金柚商品化生产基地和从事柚类产业的各级农业龙头企业、农民专业合作社。其中较大型的有：农业部柑橘标准园——雁鸣湖金柚种植基地和省级现代农业示范园，种植金柚 80 公顷；石扇象村坪柚果出口示范基地，种植金柚 2.67 公顷，年柚果产量达 15 万公斤；雁洋南福村金柚生产示范基地，种植金柚 100 公顷；桃尧卢雪芬等“十大优质金柚示范园”；广东梅龙柚果股份有限公司、梅县石扇其峰水果专业合作社、梅县石扇柳记专业合作社、梅县启勇水果专业合作社、梅县桃尧镇维记水果专业合作社等签约的柚果基地。打造出木子、十记、泰岭、嘉应梅龙、嘉珍、松峰、老钟、石扇、梅燕、梅盛、新萍、嘉宝山等 20 多个品牌金柚。

【经济作物】 发展以程江、南口为中心的城郊农业经济区，发展一批名贵树木、无公害蔬菜、花卉等高效高值经济作物和出口创汇农业；以梅西、大坪、石坑为中心的西部山地农业经济区，发展种植银杏、油茶、脐橙、板栗、奈李、柿等一批优质水果及南药等经济作物。

【蔬菜基地建设】 通过引进新品种、新技术，加强蔬菜种植技术培训和无公害、标准化种植基地建设，大力扶持农业龙头企业和种植大户建立专业合作组织，引导农民逐步向种植绿色蔬菜、有机蔬菜发展。至年底，全区有蔬菜专业镇 1 个，蔬菜专业合作社 30 个，无公害蔬菜认证企业 8 家，全年蔬菜复种面积约 13 万公顷，产量 47 万吨，产值达 7.5 亿元。省级蔬菜专业镇梅南镇全年蔬菜种植面积（包括复种面积）806.7 公顷，总产量达 3 万多吨，产值近 5000 万元。建起番茄、菜椒、苦瓜、丝瓜、冬瓜、豆角、萝卜等七大品种基地。以程江、南口为中心的城郊农业经济区，发展无公害蔬菜种植，其中南口镇侨乡村的绿丰农品现代农业发展有限公司种植蔬菜 6.67 公顷。

【种子管理】 根据农业生产特点，在不同时期开展对各类农作物种子市场巡查，并建立检查档案，对存在问题的经营主体进行教育或依法进行处罚。继续严厉打击六种违法违规行为：一是无证无照经营、超范围经营；二是生产、销售过期、标签不全、不合格以及国家禁用农种产品；三是生产、销售品种审定、生产许可证、经营许可证、农种产品；四是生产、销售掺杂使假、以次充好等假冒伪劣农种产品；五是生产、销售假冒他人产品商标、名称、包装、生产地址的各类农种产品；六是假冒伪造或者买卖生产、经营许可证、批准文号。全年开展农种市场、门市专项整治活动85个/次，出动执法人员92人次，检查全区6家农种生产经营企业和100多家农种销售门点。

【农业科技推广】梅县区是测土配方施肥补贴项目县。开展试验、测土、配方、配肥、施肥指导服务，取土样品305个，化验土壤样品305个，化验项目为有机质、全氮、水解氮、有效磷、速效钾、缓效钾、pH值等共2135项次。开展水稻、玉米、金柚肥效试验3个；举办培训班12期，培训技术人员、营销人员2300人次；建立县级测土配方施肥示范点2个、镇级示范点16个；全区各镇均建立测土配方施肥技术咨询服务网点。

推广测土配方施肥技术面积4.87万公顷，施用配方肥面积2.3万公顷，为全县9万户农户提供测土配方施肥技术服务，总增产节支2340万元。通过宣传、培训和示范带动，达到了增产节支增收效果。

全年实施耕地保护与质量提升项目面积3.3万亩。有18个镇150个行政村完成使用秸秆腐熟剂稻秆还田面积2333.3公顷，秸秆腐熟剂98吨；播种紫云英种子4.6万公斤，面积2066.7公顷。建立起南口、白渡、石扇、城东、隆文5个秸秆腐熟剂使用监测点。分别在南口镇侨乡村、益昌村，丙村溪联村，城东汾水村等村建立冬种紫云英示范片；各镇建立示范点。此外，还开展水肥一体化示范建设，通过招投标在松口小黄村和盘龙村金柚种植基地建立示范点2个，面积23.3公顷。

在基层农技推广体系中选聘100名技术指导员（含畜牧、水产），采取上门指导、电话咨询、集中培训等多种形式，为科技示范户提供技术服务；100个村遴选1062名科技示范户，每户示范户辐射带动20户，共辐射带动农户2万户。通过电视《梅县农情》节目、中国农业推广网平台等媒体对梅县区农业、农产品进行宣传。全年安排制作《梅县农情》节目39期，其中农业局制作25期。

结合基层农技推广补助项目和新型职业农民培育项目，全年农民科技培训115期次，培训1.1万人次。组织新型职业农民800多人到珠海、福建平和、澄海等地参观学习，以开阔新型职业农民的视野。完成镇级农业科技培训中心视频会议系统的建设，通过互联网可实现区级与乡镇远程培训。同时，实施“云平台”建设项目，为120名农技人员和420名种植户提供信息化服务。

【病虫害预测与防治】全年水稻病虫发生程度为中等、局部偏重，发生特点是迁飞性害虫发生较重；金柚生产方面黑斑病、沙皮病中等偏重发生，红蜘蛛、锈蜘蛛、潜叶蛾、炭疽病中等偏重发生，柑橘粉虱、溃疡病中等偏轻发生；蔬菜病虫中等偏重发生，病虫种类多。

根据病虫发生情况，农业部门及时制定防治措施，全年编发《农作物病虫情报》18期（次），其中水稻方面7期（次），果树方面7期（次），蔬菜方面4期（次）。编报病虫电视预报节目5期，编发病虫防治短信6期，将综合防治技术广泛告知农民，让农民及时掌握病虫防治技术，给农业生产安全提供力保障。

重点加强检疫性害虫红火蚁的监测防控和普查柑橘黄龙病工作，把黄龙病防控列入全年的重点工作，组织技术干部到各金柚种植面积比较大的镇进行普查和现场教果农进行黄龙病防控技术，印发宣传单页6000份，小册子1.2万本。同时，在金柚核心区松口大黄村建立黄龙病防控示范点，提高果农对黄龙病的认识。

对红火蚁防控，及时发出疫情告知通知书10多份，协调城管、体育、教育、公路、水务、医院、畬江、程江、雁洋、白渡等镇做好红火蚁的防控和宣传工作，对人民广场、体育馆、新县城绿地、粤东医院等地的红火蚁疫情进行扑灭。全年共完成红火蚁普查、监测和防控共48次。红火蚁专题培训8次，印发宣传单页5000页。成功控制红火蚁疫情的蔓延。

【农产品认证与质量监管】 一是全面推广农业标准化生产，积极开展“三品”认证农产品和“广东省名特优新牌农产品”等农产品品牌的培育、认证推荐工作，树立农业品牌意识，全年全区有农产品“三品”认证企业105家，其中：无公害42家，绿色食品21家，有机食品42家；广东省著名商标3个，广东省名牌农产品11个，广东省名特优新农产品2个，蔬菜生产种植基地8个，19个镇级农贸市场、5个区级农贸市场，大、小型农超市10家等。

二是加大农产品质量安全监管。1.制订农产品质量安全监测工作方案，加强农产品质量安全例行监测工作；2.加强“三品一名牌”农业龙头企业的农产品动态监管，下发《关于梅县区“三品”农业龙头企业必须自建农产品检测的通知》，要求“三品一名牌”农业龙头企业做好本企业上市农产品的自检和送检工作，确保“三品一名牌”农业龙头企业上市农产品的质量安全；3.做好省、市食品安全考核组对梅县区农产品质量考核的相关工作。

三是推进国家农产品质量安全县创建。全年市下达农产品检测指标任务2400个，实际快速检测抽检2432个，合格2396个，合格率98.52%；定量检测抽检34个，合格34个，合格率 100 %。各镇蔬菜样品抽检共10366个，合格10360个，合格率99.94%。

此外，还加强“元旦、春节、中秋、国庆”等重大节日期间蔬菜基地、农贸市场、超市等农产品质量安全监管和媒体宣传工作。

【农业执法检查】 一是对全区各镇的农资门店进行检查。在日常巡查监管基础上重点突出在“春播春种”、“夏收夏种”和“秋冬管理”环节上加强巡查力度，实施农资打假专项治理行动，进一步杜绝销售和使用甲胺磷等禁用高毒农药行为，确保农民用上优质放心农资。全年累计出动执法人员2896人次，检查农资门店1448间次，立案查处各类农资违法违规案件5宗，查封扣押假冒伪劣农资产品1002公斤，涉案农资产品货值5.05万元，罚缴财政1.06万元，为农民群众挽回经济损失20万元。通过严格执法，有效防止假劣农资产品流入农业生产领域。二是对农产品生产基地和生产企业进行检查。特别是对农产品检测站例行抽检中发现有农药残留超标和使用限用农药的基地加大执法力度，实行检打联动。全年出动执法人员150人次，检查种植基地和菜场25家次，对菜场、基地使用的农药进行专项清查确保农业投入品的安全使用，提高农产品质量安全水平。

【惠农补贴】 根据中央、省、市有关对种粮农民进行综合直补、直接补贴、良种补贴、政策性水稻种植保险的文件和通知精神，全年良种补贴水稻面积是2.86万公顷，补贴标准是早晚稻每亩 15 元，享受补贴的农户有10.93多万户，补贴金额642.92万元（其中早造水稻补贴面积1.42万公顷，晚造水稻补贴面积 14.38 万公顷）；综合直补和直接补贴面积 28.57 万公顷，补贴金额 2798.83 万元。全年累计水稻种植投保面积 27.6 万公顷。通过落实对种粮农民的各项优惠政策，确保全区的粮食安全。

【农业综合开发与项目扶持】 大力推进现代农业示范区建设　引导社会资金投入农业领域创办农业园区、基地；扶持农业企业创品牌、精加工，提高农产品附加值；着力打造国家级现代农业示范园区。国家级现代农业园区建设已下拨资金 2680 万元，主要用于核心区“金柚主题文化产业园”项目、农技推广体系项目、“政银保”贷款项目和奖补类项目各项建设。2014 年度“政银保”类项目安排省级财政资金 700 万元，撬动金融资本 1 亿多元参与农业生产建设。

不断改善农业生产条件，提升现代农业水平　一是加快现代标准农田建设，全年项目整治农田 1100 公顷，完成排灌渠道 6.27 万米，机耕路 0.52 万米，小陂头 15 座，投入资金 2047.05 万元，改善项目区农民耕作条件。二是推广水稻全程机械化和山地自动运输系统等现代农业装备应用，全面提升现代农业装备水平。全区农机总动力 28.1 万千瓦，机耕率达 96%，机收率达 65%，机械化育插秧率达 15%。三是实施一事一议财政奖补项目。全年建设 63 宗，项目总投资 1546.5 万元，其中财政奖补资金 509.5 万元，直接受益人口达 10 万人，通过实施水泥硬底化道路、安装路灯、建垃圾池等公益项目，农村的生活生产条件得到明显改变。

【农业产业化建设】 鼓励打造培育发展龙头企业，至 2015 年底，已有 17 家企业获省级农业龙头企业考核组验收考核，其中：2 家申报省级农业龙头企业， 4 家企业申报市级农业龙头企业，9 家企业申报县级农业龙头企业并获得考核组验收。

根据农业部下发《关于促进家庭农场发展的指导意见》，大力培育发展家庭农场，至 2015 年底，全区发展家庭农场 154 家。总数达到 525 家，在 2014 年评选出 10 家区级示范性家庭农场的基础上，2015 年计划申报 15 家区级示范性家庭农场。

【农业社会化服务体系建设】 不断创新服务模式　一是创新农技推广机构综合服务模式，对产业的规划布局、技术引进、示范推广等提供系列服务，促进优势产业优势发展。全区镇两级建起农技推广机构 20 个。二是创新农民专业合作社模式，以产业为基础、资金为纽带，将单个农民组织起来的合作经济组织，为农户提供信息、技术、购销等产前、产中、产后的服务。2015 年，新成立合作社 93 家，全区共有合作社 842 家。三是创新农业龙头企业模式，采取一头联市场，一头联基地、联农户的方式，以推进产业发展，促进农民增收。全年发展省级龙头企业 2 家、市级龙头企业 4 家、区级龙头企业 9 家，全区共有区级以上农业龙头企业 123 家，其中省级 17 家、市级 43 家；新成立家庭农场 154 家，共有家庭农场 525 家。四是“政银保”助推全区农业发展。推出政府部门、合作银行、合作保险公司三方联合办理的“政银保”业务，至年底，共为 50 家企业发放贷款 4000 万元。根据梅县信用联社对各农民合作社开展的项目评估，年授信总额度达 1500 万元以上，将辐射带动 60 个农民合作社、2000 多家农户增收致富，对促进专业合作社转型升级，助推全区农业发展起到了积极的作用。

不断延伸服务领域　一是开展病虫害统

防统治服务。重点整合中央和市里的农作物病虫害专业化统防统治项目资金，扶持 9 个专业化防治队的建设，重点帮助梅县田园农业机械服务专业合作社购买无人机一台。全年与水稻和茶园 2400 多户农户和 3 个公司签订了 1173.3 公顷防治合同，开展统防统治补助金额 20 多万元。

开展农事专业化服务　分别在松口、城东、松源、石扇等 4 个镇设立 5 家农业服务超市试点，成立农机、统防统治、金柚管理、茶叶管理等农事服务队 11 支，有队员 182 人。农事服务队不但有助于解决“用工荒”，还能促进土地流转，有助于发展集约农业。同时，农事服务队专业化的服务、机械化的操作有利于农业生产标准化、规范化，推进农业生产商品化。全区正在山地机械化配套、信息化服务、土地流转和金融配套、政策支持等方面进行全方位的探索和联动。

通过农业社会化服务体系建设，互联网+的应用，梅县金柚销售渠道全面扩宽，销售量直线上升，全年线上线下销售可达到 50 万吨，增值 6.7 亿元。传统模式的实体和“互联网+”模式发展金柚电商平台，使梅县的种植户们迈入了致富的快车道，有效增加农民的收入。

【农业经济组织管理】一是促进农民合作社规范发展。合作社推行农业标准化生产，推广使用节地、节肥、节药等技术措施，控肥、控药、控添加剂，指导成员建立生产记录制度。实行农产品质量标识制度，开展“三品一标”认证、建立健全农产品质量可追溯体系。开展种养殖废弃物利用和无害化处理，防止环境污染。2015 年，全区新成立农民专业合作社 93 家，共发展农民专业合作社 842 家。二是成立健全金柚协会组织，为会员提供信息咨询服务，指导会员按照标准会进行生产，引进新品种、推广新技术、促进生产技术和管理水平的提高，搭建平台、整合资源、共塑品牌。全区有石扇、白渡、雁洋、松口、桃尧等五个镇成立了金柚协会。

【农业信息化建设】 2015 年 10 月，启动信息化项目，在全区推广建设 100 家惠农信息社，帮助村民查询信息、找专家、卖产品、网上购物等，让农民分享到现代信息技术发展成果。通过实施基层农技推广服务云平台项目，为 120 名基层农技推广体系技术指导员和 380 名科技示范户提供“农技宝”信息化服务。充分利用电子商务产业园资源，依托园区内的电子商务人才培训中心举办 3 期电商培训班，至年底，已有 150 多名学员获得电商创业技能免费培训。运用“互联网+”模式发展农村电商，鼓励帮助农业企业开拓网上销售市场，将互联网商贸平台与传统农业产品合理融合，打造成智慧农业、智慧城市项目，真正步入“互联网+”时代，全区已发展电商企业 50 多家，涉农经营主体 13 家，其中具有代表性的“十记果业”与中粮集团我买网、京东商城、本来生活网合作，拓宽金柚销售渠道，进一步擦亮金柚品牌，由线上带动线下销售，推动梅县区金柚走向全国和海外市场。

【农业可再生能源开发与利用】 继续完善、配套、服务、培训农村户用和养殖场沼气建设，形成高效、安全沼气生产体系。完成农村户用沼气补贴 66 户，检查、指导、培训农户、养殖场主沼气建设、安全生产 25 场次，发放《梅县区农村户用沼气建设与使用管理手册》1500 份。

配合省、市农业部门做好养殖场申报

2015 年世行贷款牲畜废弃物治理子项目的工作，对规模化猪场进行摸查和宣传发动，猪场的实地考察，编制项目简要实施方案。

【农村土地承包与经营权流转】 全面铺开农村土地承包经营权确权登记颁证工作，稳步推进农村土地承包经营权流转，盘活农村土地资源，积极支持农村发展适度规模经营。截至 2015 年 10 月底，全区农村土地确权工作已开展的镇有 10 个镇，涉及 132 个村委会，1572 个村民小组，3.9 万户，完成外业指界面积约 9 万多亩，约占全区耕地面积的 31%。南口、雁洋、城东、丙村、程江、石坑、石扇、梅西等 8 个镇已进入公示阶段工作。丙村、雁洋、梅西等 3 个镇已完成第一轮公示，进入第二轮公示阶段。年底，全区完成确权总工作量 40%。

（供稿：张　峰）

林　业

【概述】 2015 年，林业部门围绕绿化、美化、生态化的目标，积极响应省委省政府开展新一轮绿化广东大行动的号召，强化资源管理，提高森林质量，增加森林碳汇，提升生态功能，扩大森林覆盖，加快发展现代林业，林业工作取得新成效。全年投入林业资金 1.85 亿元，其中造林抚育资金 6346.9 万元，发放生态公益林补偿金 4247.92 万元，完成造林 8.3 万亩，建成生态景观林带 50 公里，完成森林抚育 1.79 万公顷，创建美丽乡村 45 个，扩大生态公益林 4200 公顷，建设生物防火林带 187 公里，规划建设 5 个森林公园、1 个湿地公园，完成梅花山森林公园改造提升工作，推荐申报森林产品生产基地 2 家，林下经济示范基地 2 家。

【植树造林与森林抚育】 扎实开展全民义务植树活动。3 月 10 日区五套班子成员，区府各单位领导干部，区武装部官兵、区林业局全体干部职工、96169 部队、区消防官兵、丙村镇全体干部，以及丙村中学师生共 800 多人参与丙村镇银竹村山场的义务植树活动，种下山杜英、赤楠、枫玲木、香樟等树苗 4000 多株。全区建成义务植树点 25 个，义务植树 90 万株，认种认养捐款 70 多万元，送苗下乡 80 多万株。

全力抓好森林碳汇工程。2015 年度（含 2012–2014 结转面积）森林碳汇重点生态工程造林任务面积 4086 公顷，建设面积 4206 公顷，造林合格面积 4206 公顷，碳汇工程任务完成率 103%，抚育管护面积 4206 公顷，碳汇林抚育管护率 100%。造林地点主要分布在程江、南口、梅西、石坑、水车、畲江、丙村、石扇、白渡、松源、桃尧等 11 个镇。完成社会造林 1333.3 公顷、封山育林 2026.7 公顷，封育地点选在南口镇车陂村、林径村、赤径村、南龙村、仙湖村、瑶东村，共规划为 9 个封育区，育苗 1150 万株。

规划建设生态景观林带工程。全年下达生态景观林带工程任务里程 50 公里，面积 354.7 公顷；完成林带合格里程 50 公里，面积 354.7 公顷。适合种植林带长度和已种林带长度均为 10.29 公里。已种植林带面积、成林面积、林带抚育管护面积均为 354.7 公顷。规划设计种植景观林带公路 18 公里，其中济广高速公路梅县区段 14 公里、梅大高速公路丙村出口匝道 4 公里；设计种植林带 10.29 公里、面积 74.7 公顷，其中济广高速公路梅县区段

67.7 公顷、带状造林 7 公顷。

全面铺开森林抚育工作。整合中央、省森林抚育资金，区财政预算投入森林抚育资金 300 万元，全面开展 2012、2013、2014 年碳汇造林 1.79 万公顷的森林抚育工作，全面完成抚育任务。

【生态公益林建设】 依法加强生态公益林管理。完善全区的生态公益林效益补偿信息系统，扩大省级以上生态公益林 4200 公顷，建成石坑、阴那山省级生态公益林示范区，发放给农户损失性补偿款 3320.9 万元。

【自然保护区建设】 加强自然保护区管理，全年自然保护区发放宣传资料 5 万多份，悬挂横幅 75 幅，出动宣传车 183 车次，制作永久性宣传牌 5 块。

【城乡美化绿化】 全区完成 5 个森林公园和 1 个湿地公园的规划建设工作，涉及松源、桃尧、程江、石扇、梅西、扶大等 6 个镇。投入 249 万元，改造提升梅花山森林公园；建成万村绿、美丽乡村省级示范村 3 个、市级 3 个、县级 40 个，年底各村已完成绿化工作。

【苗木抚育】 全区重点工程合格种苗量、本地苗圃合格苗木供应量、重点工程合格种苗量均为 550 万株，重点工程种苗合格率和种苗自给率均达 100%。

【林业基地建设】 以保护生态环境为前提，以市场为导向，科学合理利用森林资源，因地制宜，科学规划，大力发展林业经济。引进长荣林业、中大南药、兴源林业等龙头企业，实行“公司＋基地＋农户”联合经营的模式，推动林下经济规模化、产业化发展。至年底，培育 “广东省林业龙头企业”8 家，其中广东省长荣林业发展股份有限公司和梅州市中大南药发展有限公司为省级林下经济示范基地。发展种植红豆杉 400 公顷、金花茶 153 公顷、佛手 133 公顷、金线莲和石斛 16.3 公顷。建成“万亩银杏基地”“万亩油茶基地”“万亩珍贵树种基地”等一批规模大、效益好、带动力强的种植示范基地。2015 年林下经济产值达 3.86 亿元，受益林农达 1.6 万户。

【森林资源保护】 开展林业宣传　采取多层次、多角度开展林业宣传工作，全年区电视台播放林业新闻 39 条，市电视台播放林业新闻 8 条，梅州日报社刊登林业新闻 11 条、专题 5 条，有效提高全民生态意识。

检疫与病虫害防治　全年完成松材线虫病防治面积 880 公顷，其中雁洋镇发生面积 633.5 公顷、松口镇发生面积 90.3 公顷、畲江镇秋季新发生面积 154.9 公顷。编制 2015 年梅县区松材线虫实施方案，对雁洋和松口老疫点、畲江新疫区以及程江镇新疑似疫点全面进行防治，全年共清理病枯死木等 3147 株，共装袋熏蒸消毒 3414 袋；设置 200 株诱木；悬挂诱捕器 230 个，诱捕天牛 5598 只；打孔注药保护珍贵松木 120 株。完成林业有害生物防治面积 880 公顷，防治率达 100%。

护林防火　一是创新宣传，利用区气象局村村“大喇叭”天气预报方式，每天进行森林防火宣传，区山歌剧团开展送戏下乡活动，到各镇进行森林防火巡演；在重要景区、景点、主要交通要道，树立固定防火宣传牌 350 多块，悬挂森林防火横额 1000 多条,印刷防火宣传挂历 10 万份，《致广大干部群众一封信》10 万份，法律法规宣传贴纸 4200 张。二是强化奖惩措施，对全年无山火的镇由区政府一次性奖励 10 万元，对发生山火的镇

（高管会），按过火面积大小，发生一宗扣该镇1万元、3万元、5万元和8万元，并对单位和个人进行责任追究；对野外违章用火的，镇、村不及时处理的，每宗扣该镇5000元，全区形成区、镇、村三级齐抓共管的防火新局面。三是加强检查。林业局党组成员分片进行督查，重点检查护林人员的责任落实情况、工资发放情况、镇级巡查队和护林员在岗情况。四是加大投入，筹集243万元建设187公里的防火林带；投入80多万元政府采购扑火工具一批；投入46万元建成电视电话视频系统、防火指挥系统。全年查处野外违法用火案件396起，罚款6.2万元，发生一般森林火灾5宗，过火面积53.3公顷。

林政资源管理　制定《梅县区林业局占用征收林地项目会审制度（暂行）》，办理征占用林地10宗，面积88.3公顷，收取规费639.44万元。加强对全区木材生产点、加工企业的巡查，确保规范生产、安全生产。全年受理信访21宗，全部做到依法查处，及时答复。配合综合执法大队查处各类林业行政案件7宗，处罚2.8万元，没收木材92.23立方米。发放林木采伐证40份，审批木材采伐蓄积12.72万立方米。

山林纠纷调处　按照“依法处纠，维护林区社会治安稳定”的山林调处工作思路，扎实有效地做好全区的山林权属纠纷调处工作。全年处理政府各级转来群众信访案件11宗，完成信访案件答复11宗；查实属山林权属纠纷5宗，现场调查取证、调处45宗次，成功调处6宗，面积36公顷，其中以经济补偿方式对梅西石篆村林权争议案进行重新调解，并已成功解决争议。接访群众来访23批91人次，答复群众23宗次。

【山林承包与经营权流转】　至2015年底，全区共流转林地宗数2000宗，流转面积2.32万公顷。其中，一次性流转面积在100亩以上的有771宗，一次性流转面积在100—500亩之间的有978宗，一次性流转面积在500—1000亩的有143宗，一次性流转面积在1000亩以上的有108宗。林地的流转平均期限为40年。（供稿：曾平清）

畜牧·水产

【概述】　2015年，畜牧水产部门按照“生态、发展、增效”的工作思路，以突出抓好畜牧水产业生态健康养殖为中心，以市场需求为导向，以科技创新为动力，以产业结构调整为主线，以培植龙头企业为重点，大力发展瘦肉型猪、山地鸡、肉牛及新西兰肉兔等畜禽养殖。在稳步发展“四大家鱼”常规养殖基础上，引进新品种长丰鲢、台湾泥鳅、平胸龟、黄缘盒龟、中科3号鲫鱼、澳洲龙虾等进行试养、示范推广。加强对全区的重大动物疫病防控、肉产品检疫和渔船安全生产的指导和监管。继续推进病死动物无害化处理工作，提升梅县区动物疫病防控水平。进一步加强对全区屠宰场的管理，杜绝屠宰场病害肉流入市场的。加大对制售假劣兽（渔）药和“电、毒、炸”鱼等违法行为的查处力度，推动全区现代畜牧水产业的持续健康发展。

2015年，全区生猪饲养量为64.63万头，其中存栏27.37万头,出栏37.26万头；三鸟饲养量896.63万只，其中存栏220.35万只，出栏676.28万只；牛饲养量2.51万头；羊饲养量4.26万头；兔饲养量46.88万只；肉类总产 4.55 万吨；新种牧草 2800 公顷；牧业总产 11.5 亿元。水产养殖面积 4113.3 公顷，同比增长 0.8%，水产品产量预计达 2.92 万吨，同比增长 5%，其中优质鱼放养面积达 2353.3 公顷，同比增长 3.8%，占放养面积的 56.5%；优质鱼水产品产量 15207 吨，同比增长 8.5%；渔业总产值 3.65 亿元，同比增长 8%。

【畜牧】 品种引进与改良 继续抓好以生猪、牛等品种为主的改良工作。采取印发宣传资料、送科技下乡，开展咨询、电视播放等多形式多方式地向广大农民群众宣传良种良法，推动品种改良，引导群众走科技兴牧之路。全年印发资料 6000 多份，送技术下乡、咨询 8000 多人次。着重抓好畜牧品改示范基地，以基地示范，辐射带动农户搞品改，促进全区加快品改步伐。至年底，全区建起猪品改示范基地 16 个，其中万头肉猪示范基地 9 个，牛品改示范基地有 2 个。抓好黄牛冷精配种工作，继续实行冷配员与养牛户联系卡制度，充分发挥冷配员能力，鼓励其跨乡镇开展冷配工作并做好冷配后的回访工作，全年冷配改良黄牛 1630 头，产下冷配杂交小牛 1401 头。年底，全区存栏纯外种猪 2820 头，纯外二元杂母猪 37435 头，瘦肉猪饲养占生猪饲养比例达 97.8%。

主要畜禽品种 全区畜禽养殖品种以猪、鸡为主，牛、羊、兔、鸭、鸽、奶畜、蛋禽、鹅等为辅，逐步发展一些特种珍稀畜禽，如七彩山鸡、贵妃鸡、野猪等。

畜禽基地建设 继续以产业结构调整为重点，抓住梅县区获省级现代农业示范区项目，省财政 3 年 9000 万元资金扶持这一契机，积极发展精致高效畜牧业的生产，加快培育主导产业，引导特色养殖，实现养殖结构多元化。特别是发展无公害农产品生产和标准化示范场建设方面，继续巩固发展 19 家获得国家农业部无公害农产品认证和省农业厅无公害农产品产地认定养殖企业，巩固发展 6 家农业部畜禽标准化示范场。

养猪规模生产，继续巩固发展 3 家省级原种猪场，10 家种猪扩繁场，8 家二元杂种猪场，7 家省级重点生猪养殖场和 16 个区级猪品改示范基地；年底，全区年出栏万头肉猪以上的规模养猪场有 9 个，年出栏千头以上的规模养猪场 58 个，年出栏百头以上规模养猪场 1032 个。

养鸡规模生产，继续巩固发展 4 家省级重点养禽场，以重点养禽场示范带动，充分利用果园多的有利条件大力发展山地果园养鸡模式。全年出栏百万只以上的规模养鸡场有 1 个，年出栏十万只以上的有 5 个，年出栏万只以上的有 76 个。

养兔规模生产，以梅州市山水源现代农业发展有限公司丙村种养场、梅县区城东镇上坑专业养兔村为代表，大力发展全区的肉兔养殖，年出栏万只肉兔以上的规模养兔场有 2 个，年出栏千只以上的有 75 个，年出栏 300 只以上的有 908 个。

“一村一品”的特色畜牧养殖专业村建设，2015 年，全区有畜牧养殖专业村 50 个，其中养猪专业村 28 个，养鸡专业村 15 个，养牛专业村 4 个，养兔专业村 3 个；有区级以上的畜牧龙头企业 34 家，其中省级 3 家，市级有 13 家，区级有 18 家。

项目申报 继续贯彻落实国家扶持畜牧生产的各项惠民政策。全年申报落实 2 家中央畜禽标准化养殖扶持项目，2 家健康生态养殖基地（建设病死猪无害化处理设施补助项目），19 家畜禽污染减排以奖促治扶持项目。此外，继续开展能繁母猪保险续保工作和优质后备母奶牛饲养补贴工作；抓好国家扶持畜牧生产的各项惠民政策的落实，以提高全区畜禽规模化和标准化水平。

动物检疫 加强产地检疫和屠宰检疫。强化养殖场畜禽出栏前报检的产地检疫制度，杜绝带病畜禽调运和宰杀。全区定点屠宰场严格执行生猪凭动物检疫合格证明和“免疫耳标”方可进场制度。屠宰检疫加盖检疫合格印章，凭动物检疫合格证明方可上市销售。全年屠宰检疫率达 100%。定期组织执法人员到各屠场、白渡三鸟批发市场开展检疫巡查，有针对性的组织人员对全区产地检疫和票证使用加强督查，并将产地检疫程序发文到各镇，要求工作人员规范检疫和出票。

屠宰检疫 一是做好屠宰企业基本情况调查和生猪定点屠宰资格审核，对全区各生猪定点屠宰场企业名称、法人代表、屠宰场批准号、定点屠宰代码、经营场所面积、各车间划分、屠宰场地址、动物防疫条件合格证、企业联系人、屠宰场工作人员认真核实上报，并对照 2012 年经信部门会同 9 部门开展生猪定点屠宰资格审核清理工作中认定公诉保留的全区 16 家生猪定点屠宰场的审核清理。二是开展生猪屠宰专项整治行动，张贴宣传标语，联合各部门严厉打击生猪私屠滥宰违法行为，依据生猪屠宰违法线索，深化对企业主责任主体教育，开展一次多部门联合执法，关闭一批私屠滥宰窝点，全年出动执法人员达 700 人/次，罚没并作无害化处理肉 550 公斤，确保全区生猪肉品质量安全。三是严格按《广东省农业厅、财政厅关于进一步加强生猪定点屠宰厂病害猪无害化处理管理工作的通知》要求，对各屠场的病死肉及不可食用肉一定要由肉品品质检验人员、无害化处理人员、定点屠宰厂负责人、动监所官方兽医、货主等分别签字确认，处理清单必须每天记录、处理时照片必须即时拍摄。监督生猪定点屠宰企业将屠宰环节产生的病害猪及产品作无害化处理，并做好记录和摄相片作佐证材料备查。坚决杜绝病死肉从屠场流向餐桌，确保畜产品质量安全。

疫病监测与防控 加强疫病监测，掌握疫情动态和免疫效果水平。不断完善区、镇、村动物疫情监测网络，充分发挥镇、村动物疫情报告观察员的作用，保证疫情报告的及时性和准确性，提高预警预报水平。全年完成猪瘟抗体检测共 271 份血清，O 型口蹄疫抗体检测共 272 份血清，羊口蹄疫抗体检测共 80 多份血清，抗体水平均在合格以上；猪伪狂犬野毒感染抗体检测共 20 份血清，结果全部为阴性；种猪和奶羊布鲁氏菌病抗体检测共 330 份血清，结果全部为阴性；鸡禽流感和新城疫抗体检测各 382 份，阳性率高达 95%和 91.7%。

在重点指导开展春、秋两大防疫工作的同时，全面抓好常年防疫的业务工作，切实做到应免尽免。春、秋两防期间，全面启动区、镇、村三级动物防疫网络机制，任务分包到村。严格按照分组双人操作，登记造册，建立免疫档案，发放免疫证、卡，落实技术责任制，确保免疫质量。对有一定技术力量的较大规模场、户在防疫人员的监督下自行免疫。进一步开展区免疫示范村建设。通过健全责任制度、改造防疫条件、完善防疫档案、规范防疫操作、建立追溯体系等措施，提高示范村内的畜禽饲养场（户）的科学防疫水平。全年高致病性禽流感、口蹄疫、猪瘟、高致病性猪蓝耳病免疫率均达 100%，鸡新城疫免疫率达 95%以上。

兽药饲料市场监管 全区有 13 家（含换证）动物养殖场、屠宰场通过实地审查合格领取动物防疫条件合格证，2 家依法领取种

畜禽生产经营许可证，8 个养蜂户领取养蜂证。梅州金柚康健康科技有限公司，于 2015 年 8 月 3 日取得广东省农业厅核发饲料添加剂生产许可证，是梅县区继梅县永芳饲料厂和广东顶业农牧饲料有限公司两家饲料生产企业的第三家饲料生产企业。

对全区 51 家兽药经营企业和 1 家兽药生产企业和 3 家饲料生产企业进行全面质量安全监管。依法对全区 51 家兽药经营企业和 1 家兽药生产企业推行实施《兽药经营质量管理规范》，简称兽药 GSP，建立兽药产品采购、储存、销售等环节质量追溯管理体系，规范兽药饲料生产、经营和使用行为。全年出动执法人员 300 人次，抽检兽药、饲料经营、使用单位 10 家，抽查结果合格。同时，切实加强严禁使用“瘦肉精”等违禁药物的监管工作，全年全区“瘦肉精”监测：养殖环节速测 1766 份，屠宰环节 22142 份，监测结果为阴性，未发现有经营、使用“瘦肉精”等违禁物品的行为。

污染减排　积极引导各规模养殖场及其它养殖业主对畜禽污染进行综合整治，从生态建设和场区建设的长远效益入手，按照标准化、规模化建设和《广东省规模化畜禽养殖场（小区）主要污染物减排技术指南》的要求，发展“养殖畜禽—沼气—果树（或鱼塘）”的立体、循环、生态农业模式，走“绿色、环保、可持续、健康”发展的养殖业路子，推进全区“绿色畜牧业”的健康养殖。全年已申请通过农业源污染减排项目验收的有 25 家。年底，全区年出栏猪千头以上的猪场 100%建立了排污池、沼气池和过滤塘；年出栏 100—999 头的养猪场（户）95%建立沼气池，100%建立排污池。为全区的规模养猪场发放《梅州市养猪污染防治技术指南》，并与养猪户签订承诺书。

【水产】 水产品种引进与改良　引导水产养殖单位、苗种场引进水产新品种，并对大宗养殖品种草鱼、鲢鱼、鳙鱼、鲤鱼等亲本进行更新。2015 年 5 月，区畜牧兽医水产技术推广站从中国水产科学院长江水产研究所引进 5 万尾长丰鲢苗种和 10 万尾异育银鲫中科 3 号苗种放于水车大新森昌鱼苗场进行培育；同年 8—9 月，梅州市龙蝠生态科技有限公司引进澳洲淡水龙虾、黄金石斑亲本试养成功，并在核心区放养嘉应锦鲤、澳洲淡水龙虾、黄金石斑、台湾泥鳅、湘云鲫、中华鳖等名优品种进行试验示范养殖。同时，介绍梅州市海志水产养殖公司从湖南、湖北调进几十万尾 1—2 两异育银鲫中科 3 号鱼苗销售给养殖户进行成鱼养殖。还引进有台湾泥鳅、淡水白鲨等新品种。梅县水车伟发鱼苗繁殖场将草鱼、鲢鱼、鳙鱼、鲤鱼等亲本进行更新，其中更新草鱼亲本 100 对、鲢鱼亲本 50 对、鳙鱼亲本 50 对、鲤鱼亲本 150 对，从而保证了繁殖出水花的质量。

水产基地分布与建设　梅县区水产基地分布在水车、畲江、南口、梅西、白渡、丙村、松口等镇，针对全区山塘水库多情况，利用吊网捕鱼技术大力发展大水面养殖草鱼技术，重点扶持梅州市晨丰水产养殖有限公司、梅县宝丰生态农业发展有限公司、梅州市正佳水产生态养殖场、梅县水车伟发鱼苗繁殖场等 23 户有规模、有发展潜力的养殖单位。2015 年，水车镇在油草塘、大窝里建成梅县绿色健康渔业示范园区，总占地 38.6 公顷。

科技推广应用　围绕科技兴渔战略，开展新技术、新品种、病害防治、水产品质量等培训工作，2015 年，分别在金德宝酒店、华丰新酒店结合基层农技推广体系建设和渔业科技入户示范工程等项目，开展微孔管道曝气技术、浮性饲料投喂技术和中科 3 号异育银鲫、长丰鲢等新优品种技术培训 3 场，培训人数达 300 多人。在水车、畲江、南口、梅西、丙村、雁洋、松口 7 个镇结合渔业科技入户工程和健康养殖与规范用药、质量安全、基层农技推广体系建设等项目开展淡水鲨鱼、通威 361 模式等内容的技术培训 8 场，培训人数达 600 多人。2015 年梅县区《长丰鲢引进、人工繁育及规模化推广与应用》和《吊网捕鱼新技术的推广与应用》获得省农业技术推广奖三等奖;《大鲵制种与健康养殖关键技术开发研究与示范应用》获得梅州市科学技术一等奖。

病害监测与防控　一是抓好水产苗种检验检疫工作。重点监测国家二类疫病草鱼出血病和国家三类疫病小瓜虫病流行，全年共检疫的水产苗种共 5.32 亿尾，合格率为 100%，出具动物检疫合格证明（A 证、B 证）110 份。二是抓好鱼病高峰期（4—10 月）草鱼四病（出血病、烂鳃病、赤皮病、肠炎病）防控工作。主要是疫苗注射、渔药防治、水质调节剂和渔料管理等。三是确保舌尖上水产品安全。全年出动执法人员 75 人次，执法车辆 20 辆次，检查渔药销售门店 45 间、市场鱼摊档 50 间、农业部水产健康养殖示范场 10 个、规模养殖单位 35 个。配合农业部、省渔业检测中心对全区 16 例水产样品进行抽检。

水产养殖办证件　至年底，全区共有无公害农产品（渔业）认证单位 11 个，面积 726.6 公顷；创建农业部水产健康养殖示范场 10 个，水产养殖专业合作社 11 个。全年完成辖区内水域滩涂养殖证、水产种苗生产许可证换发，新办中华人民共和国水域滩涂养殖使用证 120 本，水产种苗生产许可证 10 本。

惠渔政策　积极落实中央“惠渔”政策，对全区受惠渔船逐一登船核实现有渔船生产设备检验和证件的审核，并对合格且符合条件的渔船进行公示，做到公平、公正、公开、透明，让渔船补贴结果接受社会监督。全区享受柴油补助渔船共 183 艘，2014 年度发放油补资金（二批）共 233.15 万元，通过银行直接打入符合条件的渔船船主个人账户。

渔船生产管理　牢固树立“安全第一，预防为主”的方针，坚持日常巡逻检查和专项检查相结合，全面深入排查治理事故隐患，对发现存在安全隐患的渔船如救生衣残旧、消防配置不齐、船体破损的渔船下达限期整改通知书 23 份。在渔船检验时要求渔船主进行驾驶渔船现场实际操作，考查船员的操作技术，有效提高船员安全生产技能。与船主签订《渔业船舶安全生产保证书》，签订率达 100%；全年渔业生产没有出现水上安全事故。

渔政执法检查　以专项执法行动和群众举报电鱼作业为重点，打击电鱼作业违法分子。全年出动执法人员 330 人（次），橡皮艇、快艇巡航 18 艘（次），其中夜间巡逻执法 18 航次。处罚或教育违规渔船 4 艘（次），其中处罚电鱼案件 2 宗，没收电鱼工具 2 套，现场拆解违法电鱼“三无”泡沫船 1 艘。

增殖放流　2015 年渔业资源保护与渔民转产中央补助安排资金 15 万元给梅县区开展人工增殖放流活动。通过公开招投方式采购鱼苗，分别于 2015 年 9 月 13 日和 10 月 15 日在梅县区亲水平台和梅南镇新源船厂码头分二批进行放流。二次放流活动共投放青鱼、草鱼、鲤鱼、鳙鱼、鲫鱼等常规的品种共 141 多万尾。通过放流活动，倡导呼吁民众要科学增殖放流，树立资源环境保护意识，共同保护好母亲河——梅江。

全区主要养殖水产品种规模　全年全区渔业养殖面积 6.12 万亩，产量 2.69 万吨；主要养殖品种有草鱼、鲢鱼、鳙鱼、鲤鱼、鲫鱼、青鱼等，其中草鱼产量1.53万吨、鲢鱼产量3640吨、鳙鱼产量2504吨、鲤鱼产量2481吨、鲫鱼产量1199吨、青鱼产量109吨。梅县区渔业仍以常规品种养殖为主，优质鱼高效养殖还有待提高。

（供稿：古冬菁）

水利水电

【概述】 2015年，梅县区水务局坚持“改善水利设施、营造水环境、发展水经济”理念，积极筹集项目资金，扎实抓好工程建设管理，强化水资源执法检查，为梅县区扩容提质提供强有力的水保障和水安全。

2015年，全区投资3.89亿元实施55宗水利工程项目建设，其中：27宗中小型灌区续建与节水改造工程，2宗机电排灌改造工程和农村水电增效扩容工程，12条中小河流治理工程（其中7宗山区中小河流治理工程），6宗新出险病险水库除险加固工程、程江涝区治理工程、新城水质净化厂配套集污管网项目首期工程等水利工程。至年底，全区已完成工程建设资金投入约2.92亿元，开工建设项目53宗，完成工程建设任务75%。

【水利工程建设与管理】 认真贯彻执行部、省有关水利工程质量管理的规定，做到“监、帮、促”相结合。一是进一步完善质量监督工作制度，规范工程质量监督管理程序，使水利工程质量监督逐步制度化、程序化、规范化。二是加强对各参建单位的质量行为的监督检查。重点检查各参建单位是否建立质量管理网络，工程质量责任制的落实情况和人员到位情况，以及其履行相应的质量责任和义务的行为。三是加大受监工程的质量监督巡查力度，做好工程实体质量监督工作，发现问题及时整改或坚决返工。四是做好安全生产工作。督促参建单位健全安全生产责任网络和各项规章制度。2015年度，全区新增受监工程总投资2.17亿元，新增受监工程项目24项，全年受监工程未发生任何安全生产事故。

【农田水利建设】 2015年，计划投资8090.2万元实施建设27宗中小型灌区续建与节水改造工程和2014年度中央财政小型农田水利重点县建设。至年底，中小型灌区续建与节水改造工程完成投资6391万元，全面建设完成23宗改造工程；2014年度中央财政小型农田水利重点县建设完成投资率100%，完成工程进度100%。

【农村安全饮水工程建设】 坚持以保障农村饮水安全，完善农村社会化供水服务体系和农村供水城市化为目标，积极推进村村通自来水工程建设。一是成立村村通自来水工程建设领导小组，统筹工程建设和管理的各项工作。二是积极筹措资金，加大资金投入。按省级补助政策只对规划内24.064万人进行补助，仅能获得省级补助5715.64万元，按此补助标准严重偏低，难于按规划要求完成村村通自来水任务。建议争取上级调整为按村村通自来水工程规划人口进行补助，并争取中央苏区县的补助政策。年底，全区完成村村通自来水工程的规划和建设方案的工作，完成工程设计招投标，正在进行工程的初步设计。

【农村小水电建设】 2015年，计划投资

3138.9 万元，实施建设 2 宗机电排灌改造工程，2 宗农村水电增效扩容工程和 1 宗涝区整治工程。至年底，全面完成机电排灌改造工程和农村水电增效扩容工程建设，涝区整治工程完成工程进度 60%。

【水资源保护与开发利用】 2015 年，全面落实以用水总量、用水效率和水功能区限制纳污等“三条红线”为主要内容的最严格水资源管理制度，认真做好水资源的配置、节约和保护工作，实现水资源的可持续利用。一是加强水功能区的管理。2015 年，政府编制《梅县区水功能区划》，全区共划定水功能区 8 个，其中一级水功能区 1 个、二级水功能区 7 个。二是着力抓好饮用水源地的管理和保护。区政府出台《梅县水资源保护办法》，通过划定饮用水源保护区，制定相应的管理和保护措施，全力抓好饮用水源地的保护。2015 年，饮用水源地水质达标率达 100%。三是积极落实节水“三同时”管理制度，对新建的梅州麓湖山高尔夫球场、梅县雁鸣湖高尔夫球场进行节水评估，开展项目水平衡测试。四是依法征收、使用和管理水资源费。严格按照有关规定，加强水资源费等规费的征收，并实行收支两条线管理制度，确保征收的水资源费主要用于水资源的管理、节约和保护，全年征收水资源费 397 万元，应收费取水户征收率达 100%。

【水土保持】 围绕生态文明建设的目标，积极响应梅州新一轮“绿满梅州大行动”号召，搞好沿路、沿河、沿江、沿线、沿城“五沿”崩岗水土流失治理工作，实现水土资源的可持续利用和生态环境的可持续维护。分别投资 260 万元实施先锋河（泮坑水）崩岗治理工程建设；投资 242 万元开展“五沿”崩岗综合治理；投入 650 万元落实新彰河小流域综合治理工程。

【河道管理】 积极开展河涌整治与生态修复，推进南粤水更清行动。以荷泗河（荷泗段）、南口河治理工程为重点，大力开展清淤清障、景观改造为主的河涌整治工程，打造“河畅、水清、岸固、景美”的水环境。全年投资 2.4 亿元，完成 11 宗中小河流治理工程。同时做好河道采砂管理工作。采用日常巡查和依托视频、GPS 监控系统规范全区 10 个中标砂场的采砂秩序，使采砂活动严格按《广东省河道采砂管理条例》的规定和省市有关河道采砂监管文件要求依法有序开展。

【三防工作】 2015 年，坚持“安全第一，常备无懈，以防为主，全力抢险”的工作方针，精心调度、分类指导，扎实、有序、高效地开展防汛抗洪和水库安全度汛的各项工作，实现全年水事平安和水库安全度汛的目标。一是扎实开展汛前大检查。按照“分级管理、分级负责”的原则，要求各级各部门必须对本辖区内的水利工程进行全面防汛安全检查，全年共检查水利工程 945 宗。二是充实更新防汛物资。全年投入 110 万元，更新补充抢险救灾器材物资，确保抗洪抢险需要。三是提高预测预报水平。进一步完善水文气象监测网络，加强水务、气象、水文、国土等部门对气象信息的会商，为防汛决策提供更加全面准确的信息和依据。四是落实汛期值班制度。落实值班责任领导和值班责任人，确保全天 24 小时有人值班，做到发生险情、灾情不迟报、不误报、不漏报。

【水政执法】 不断加大水资源违法案件的查处力度，水务部门通过开展日常执法检查和水资源管理执法专项行动，查处水资源违法案件2宗，调处水事纠纷30件，规范取水、用水、入河排污和水源保护等水事行为，有效提高水资源执法效率。

（供稿：周国贤）

气　象

【概述】 2015年，年平均气温22.0℃，比历年平均偏高0.4℃；年降水量1696.3毫米，比历年平均偏多13%；年日照时数1740.4小时，比历年平均偏少6%。年极端最高气温38.1℃，极端最低气温1.3℃。日最大降水量78.2毫米。

5月9日，受高空槽前气流及低空槽切变线影响，梅县区出现中到大雨，局部暴雨到大暴雨的降水天气过程，其中石扇镇142.4毫米、白渡镇119.7毫米，造成局部山洪暴发，沿河低洼地方受浸，农作物受淹，部分水利设施受损。全区受灾人口200人，紧急转移14人，农作物受灾面积600亩，直接经济损失40万元。

6月1日，受西南暖湿气流影响，梅县区西北部出现暴雨局部大暴雨的降水过程，石坑镇106.0毫米，梅西镇79.0毫米；降雨造成石坑镇1名"五保"老人落水死亡。

【天气预报】 梅县区气象局始终把提高天气预报质量作为一项最重要的工作。认真组织预报人员的业务学习和培训，以提高职业道德和业务知识水平。坚持汛期24小时值班制度，坚持重要天气会商制、局长签发制和值班登记制，抓住灾害性、关键性、转折性天气做好预测预报服务。根据天气变化及时分析制作天气快报，专题服务，按时发布长、中、短期天气预报和森林火险等级、地质灾害等级预报等服务产品，天气预报质量处在全市前列。

【气象服务】 主动为全区农业龙头企业与种植大户制作针对作物生长与气象条件关系的"农业气象月报""农情调查"等服务产品。全年制作农情调查旬报36期、气象月报12期。

大型户外气象信息LED显示屏在梅花山公园气象观测站正式投入使用，有效提升公共气象服务水平和气象信息发布的时效性，同时扩大了气象信息覆盖面，让更多过往群众在第一时间收到实时的气象信息，为公众应对突发性公共事件能力发挥着重要作用。此外，认真做好元旦、春运、春节、"五一"、端午、中考、高考、中秋、国庆、客商大会等气象服务工作，制作专题预报服务材料10期。

【灾害天气预警发布】 全年通过各类渠道主动发布重大气象信息快（专）报45期，天气报告30期，决策和公共服务短信116条，总计25.73万人次。全年发布各类预警信号71次，其中寒冷预警信号8次、暴雨预警信号14次、雷雨大风预警信号27次、高温预警信号8次、森林火险预警信号8次、台风预警信号2次、大雾预警信号4次。在可能出现灾害性天气或已出现灾害性天气时，气象局都及时发布预警信号，并通过公众服务平台、决策服务平台、气象预警大喇叭、显示屏、微博、微信等方式通知公众和决策者，对气象灾害的临近预警起到很重要的作用，避免或减少气象灾害带来的不必要损失。

【测报站点管理】 全年地面测报业务运行正

常，全年无错，地面气象测报个人和台站质量均为 0.0‰。地面气象报表 0.1 条错情，月平均错情率 0.0 条/月。酸雨、农气质量全年无错。自动气象站数据传输及时率 99.59%，逾限率 0.07%，缺报率 0.34%。在中国气象局观测司第 24 次全国酸雨观测质量样品考核为合格。无早、迟、缺测、涂改和伪造等重特大责任性事故。2015 年 1 月 1 日起正式启用新型自动气象站，全年运行正常。完成闪电定位仪和新型自动气象站仪器的检修和撤换。在探测基地布设蓝天观测仪和气溶胶质量浓度观测站。7 月 10 日起气象资料业务管理系统（MDOS）正式运行，8 月起利用 MDOS 系统制作地面气象月报表。11 月 1 日起综合气象观测系统监控 2.0 版正式运行。

按照区域站骨干网遴选方案，梅县区气象局对雁洋区域站进行改造，气象观测设备"落地"；在梅县区宪梓中学内安装温、雨、风四要素首个"校园气象站"。

【防雷安全管理】 严格执行防雷设施检测制度，油库、气库、化学品仓库、烟花爆竹、易燃易爆场所的防雷设施检测每半年一次，其余场所每年一次的检测。严格执行技术规范和标准，做好新建、改建、扩建建设项目防雷装置设计技术评价和跟踪检测，严把质量关，确保建筑物的防雷安全。全年对 10 宗 31 栋建筑物进行跟踪检测，对新建、改建、扩建的 39 宗 164 个项目建（构）筑物进行竣工检测，对 91 宗 326 个爆炸及火灾危险环境场所开展防雷装置定期检测，对 44 宗 167 个项目的一般建（构）筑物进行防雷装置定期检测各项技术服务。易燃易爆场所检测覆盖率达 100%，一般性建筑物检测覆盖率达 90%。同时，还督促整改一批存在防雷隐患的建筑物，全区建筑物防雷安全得到有效改善，消除雷击隐患。联合区经信、住建、安全监管、公安消防、教育等五部门，对辖区内气象灾害防御暨防雷安全生产情况进行联合执法检查。区气象、教育部门联合成立防雷安全专项检查组，对全区的中小学校（含幼儿园、职校）建筑物进行防雷安全设施专项检查，对各学校的防雷安全隐患数量、类型和存在问题，进行建立台账。

【气象应急预警大喇叭工程】 2015 年 2 月，经省气象局的支持，完成全区首批农村气象应急预警"大喇叭"工程（广东山洪地质灾害防治气象保障工程 GPRS 大喇叭项目）建设任务。全区 17 个镇 355 个行政村安装了气象应急预警"大喇叭"，总投资 180 多万元。10 月开始还利用"大喇叭"进行森林防火宣传。

【设备安装与服务站挂牌】 2015 年 9 月，梅县区顺利完成 19 个乡镇气象服务站设备的安装调试和服务站挂牌工作，总投资 29 万元。该项目是继农村"气象大喇叭"工程后，实现城乡基本气象服务均等化的又一惠民举措，有效解决气象预报预警信息发布"最后一公里"的问题。

【确认灾害防御重点单位】 组织应急办、安监局、水务局、教育局、经信局等单位对梅县区气象灾害防御重点单位进行对照梳理，将雁南飞茶田景区等 75 家单位（企业）确定为首批气象灾害防御重点单位，并报请梅县区人民政府审核。随后，区府办下发《关于公布 2015 年梅州市梅县区气象灾害防御重点单位的通知》（梅县区府办电〔2015〕49 号），对重点单位进行公布。

（供稿：李仕安）

工　业

【概述】 2015 年，全区完成规模以上工业总产值 164.94 亿元，同比增长 5.8%；实现规模以上工业增加值 46.75 亿元，同比增长 5.1%。规模以上工业总产值按经济类型分：国有企业产值 10384 万元，同比下降 47.6%；集体企业产值 4455 万元，同比下降 24.8%；股份合作企业产值 13380 万元，同比增长 1.9%；股份制企业产值 1306334 万元，同比增长 6.2%；外商及港澳台投资企业产值 287194 万元，同比增长 5.6%；其他经济类型企业产值 27678 万元，同比下降 48.5%。全区规模以上工业企业实现利税总额 27.22 亿元，同比增长 19.4%。

至 2015 年末，全区有工业企业 557 家。其中：规模以上企业 91 家（其中：大型企业 2 家，中型企业 14 家；年产值超亿元的企业 30 家，畲江工业园企业 26 家），规模以下企业 466 家。

工业产品主要有发电量、电子元件、水泥、车轴、橡胶轮胎、编织工艺品、电解铜箔、服装、覆铜板、精炼铜等 10 类产品。

【全力推进产业集聚区建设】 主动将梅县集聚区纳入丰华兴梅产业集聚带的总体规划，突出“三园合一”（畲江产业园中园、水车产业园、城东白渡产业园）的产业集聚区规划思路。与广州（梅州）产业转移工业园精准对接、产业配套，错位发展、融合发展，重点发展装备制造和商贸物流、休闲健康医疗、新型电子和新材料主导产业，积极争取享受省级产业转移园政策优惠。畲江现代产业孵化园重点培育机电装备制造和商贸物流主导产业，道路基础设施建设项目、深圳有信达保税物流项目、中新集团汽车零部件、现代创业孵化中心等一批项目正加快建设。水车产业园养生发展医药，研发、医药保健品生产、南药种植和科普实践，引进广州富力集团和深圳海王集团共同投资建设生物谷项目，与远信集团广州柚子舍生物科技有限公司签订入园协议，正在洽谈华大基因、中大南药等一批项目。梅兴华丰产业集聚带梅县集聚区已获省批准，纳入园区统计考核，享受省产业转移政策，获得 5000 万元扶持资金。加快城东白渡产业园博森光能、梅盛伟业旋窑水泥、佳锐力等一批在建项目建设进度。强化跟踪服务，力促保税物流中心等一批意向项目尽早落户园区。2015 年，畲江工业园区有规模企业 26 家，完成规模以上工业总产值 30.25 亿元，同比增长 8.7%；城东白渡产业园落户企业 34 家，其中建成投产企业 25 家，与增城合作共建的产业园，已入园、在建、落实的招商引资项目有 10 个。

【大力培育发展主导产业】 围绕在三五年内打造装备制造、电子信息、新能源、商贸物流四个产值超百亿元产业和宝丽华集团主营业务收入超百亿元企业的目标，全力支持宝丽华、梅雁、华银、超华、BPW（梅州）车轴、卡莱（梅州）橡胶、振声科技等骨干企业增资扩产、挖潜增效、做大做强，吸引上下游配套企业聚集，健全完善产业链，推动产业集群发展，推进企业上规模、保规模和上亿元台阶工作。

2015 年末，全区装备制造企业 105 家，实现产值约 45 亿元，其中亿元产值以上的有 BPW（梅州）车轴有限公司、卡莱（梅州）橡胶制品有限公司、华南三一工程机械有限公司、梅州国基精密制品有限公司 4 家企业，规模以上的还有梅州鸿荣机械有限公司、梅县庆达实业等 7 家企业。

电子信息产业企业 85 家，实现产值 30.7 亿元，其中亿元产值以上的有广东超华科技股份有限公司、广东嘉元科技股份有限公司、梅州紫晶光电科技有限公司 3 家企业，规模以上的还有梅县锦江电路板有限公司、高迪数码科技（梅州）有限公司等 7 家企业。

新能源产业企业规模以上 4 家，分别有广东宝丽会新能源股份有限公司、梅雁吉祥水电股份有限公司、梅县龙上电站、梅县洁源水电有限公司等企业，其中亿元产值以上的有广东宝丽华新能源股份有限公司、梅雁吉祥水电股份有限公司 2 家企业。新能源产业实现产值 51.8 亿元。

【发展壮大实体经济】 着力提升经济增长速度、质量和效益，全面落实扶持实体经济发展政策，大胆创新，出台贷款贴息、"助保贷"等多项扶持措施，重点扶持"新三板"上市培育企业、招商引资落户企业、增资扩产企业发展，增强发展后劲。全年完成工业投资 35.92 亿元，增长 24.6%。航鑫科技首期、BPW（梅州）车轴六期等项目建成投产。规模以上工业总产值增长 5.8%，新增规模以上工业企业 8 家，新增 10 亿元产值企业 1 家、亿元以上产值企业 5 家。集一家居成为梅州第一家在香港联交所上市的企业，嘉元科技和骅锋科技 2 家企业在"新三板"上市。

【重点工业项目建设】 2015 年，工业重点项目建设有序推进，博森光电年产 500 兆瓦太阳能多晶硅片制造、BPW（梅州）车轴扩产和车轴配件出口基地建设、鸿荣重工工程机械配件生产技术革新以及增加生产线、嘉好废旧汽车拆解、和安沥青混凝土、重源有机肥、技腾电声、亮如昼电子、星泰环保等项目至年底大部分已竣工投产；梅盛伟业旋窑水泥、聚金建材、富柚生物等新建和卡莱（梅州）、超华科技、嘉元科技、宝丽华电力、航鑫科技、庆达实业、泰山建材等公司的技改等项目正在建设；城东、白渡产业园的新型电子产业化项目，正进行规划、环评。此外，畲江工业园赛翡蓝宝石项目、东电化广晟稀土项目（已试产）、合百草制药项目、嘉和微电机项目、和顺人防设备项目、恒顺个人护理用品项目等正按计划推进。工业投资和技改投资呈现出良好的发展势头。全年完成工业投资 35.92 亿元，同比增长 24.6%。

【技术改造升级】 2015 年，梅县区投入工业技改资金 8.28 亿元，同比增长 78.9%。申报广东嘉元科技股份有限公司的"2000 吨/年动力锂离子电池负极用高延展性低轮廓铜箔研究与产业化"项目获省贴息额 23 万元，广东永利机械设备有限公司的"年产 500 台真空冷冻干燥设备"项目获得贴息额 8 万元。

广东航鑫科技股份公司的"厂区整体搬迁及企业升级改造技术改造项目"拟安排股权投资扶持 1300 万元，已在广东省经济和信息化委员会网站公示。

梅县南口镇金蔡烧灰砖厂的"年产 1.5 亿元块粉煤灰砖智能型自动生产线技术改造项目申报《2015 年省级企业转型升级专项资金设备更新（机器人应用）专题项目》，其中金蔡煤灰砖厂的技改项目已在广东省经济和信息化委员会网站公示。

广东嘉元科技股份有限公司的“高档电子铜箔生产线（一期）生产主设备更新升级换代技术改造项目”申报了《2015年广东省省级企业技术改造资金(第二批)项目》拟申请贴息53.8万元。

申报卡莱（梅州）橡胶制品有限公司卡莱（梅州）橡胶制品有限公司的“设备升级技术改造项目”“草地胎扩产技术改造项目”“成本节约技术改造项目”、BPW（梅州）车轴有限公司的“新型车轴扩产技术改造项目”、广东嘉元科技股份有限公司的“电解铜箔生产线能量系统优化及电机系统节能技术改造项目”、梅州鸿荣重工有限公司的“智能数控设备更新升级技术改造项目”、梅县泰山建材有限公司的“立式磨技术改造项目”和梅州国基精密制造有限公司的“淘汰老旧设备技术改造项目”。为《2015年省级企业转型升级专项资金设备更新淘汰老旧设备专题项目》已经省审查通过，总共安排专项资金420.36万元。

广东嘉元科技股份有限公司的“新增1500吨/年高性能超薄电解铜箔技术改造项目”申报广东省省级相关财政专项资金中省政府相关重点工作专题项目，该项目已在广东省经济和信息化委员会网站公示，拟安排财政资金350万元。

【高新企业培育】 2015年，广东金森林实业有限公司、广东振声科技股份有限公司、梅州鸿荣重工有限公司3家企业通过高新技术企业认定。广东泰鸿科技有限公司、广东骅锋科技有限责任公司、梅州正方网络有限公司3家企业通过高新技术企业复审。组织做好广东省高新技术培育企业入库申报工作：广东金森林实业有限公司、广东绿园环保科技有限公司、梅州鸿荣重工有限公司、梅州鸿荣机械有限公司、广东航鑫科技股份有限公司5家企业获准高新技术培育企业入库。组织广东嘉元科技股份有限公司等企业的《新型高抗拉强度电解铜箔》等3种新产品申报省高新技术产品并通过认定。

2015年末，全区有国家级高新技术企业12家，省民营科技企业20家，省创新型企业2家，创新型试点企业1家，省知识产权优势企业5家；省级企业技术中心3家，省级工程研究开发中心6家，省部产学研合作重点实验室培育单位1家；工业类：中国驰名商标1件，广东省著名商标12件和广东省名牌产品10个。2014年，梅县区被确定为全市首个国家知识产权强县工程试点区。工业化与信息化“两化”融合已现雏形，并走在全市前列。

【产业转型升级】 淘汰落后产能企业，发展先进节能企业。2013—2014年，梅县区建材（水泥）产业共淘汰20家企业落后水泥产能407万吨（其中：17家企业立窑产能357万吨，3家企业粉磨产能50万吨）；至2015年底，新上先进水泥粉磨站4家，产能240万吨。

促电机能效提升，帮助企业转型升级。如梅县恒发建材有限公司、梅县恒塔旋窑水泥有限公司、梅县泰山建材有限公司、梅县建兴水泥有限公司、梅县梅雁旋窑水泥有限公司等5家企业共更换475台电机6926.1千瓦，申请补贴96.31万元，梅县嘉鼎水泥有限公司、梅县永恒建材有限公司已经进行电机系统节能改造，2家企业共更换289台电机4087.1千瓦，申请财政补贴57.22万元。

【节能降耗】完成市政府对梅县区政府2014年度的节能考核，并以93.9分的成绩在全市六县两区中排名第一；梅县区经信局被推荐为2014年度广东省节能先进集体。2014年梅县区万元GDP能耗同比下降5.88%，超额完成市政府下达下降3.86%的年度目标。电机能效大幅度提升，至2014年全区电机能效提升容量累计40069.2千瓦，超额完成市下达25000千瓦任务，2015年1—9月，万元GDP能效同比下降4.49%，工业增加值能耗下降12.18%。

【规模以上七大支柱工业总产值】 电力生产占比重34.66%，实现产值571698万元，同比下降7.2%；电子产品业占比重12.67%，实现产值208961万元，同比增长6.4%；机械制造业占比重15.52%，实现产值256021万元，同比增长17.0%；医药化工业占比重4.86%，实现产值80224万元，同比增长76.2%；编织工艺业占比重2.33%，实现产值38392万元，同比增长8.9%；建材业占比重9.5%，实现产值156616万元，同比下降0.9%；矿产品业占比重2.84%，实现产值46904万元，同比下降7.7%。其他工业占比重17.62%，实现产值290607万元，同比增长14.8%。

2015年，全区完成建筑业增加值8.99亿元，同比增长7.6%。全区资质等级以上建筑业总产值17.55亿元，同比增长17.5%。

【供电】 2015年，梅县区加快推进电网建设投资，全年新建配网工程投资3300万。认真做好“大埔电厂接入系统”“110千伏三长线”等项目属地化管理；严格按照WHS质量控制标准，以点带面进行推广，其中城东所F72汾水石盘角公变台区改造工程等获得2015年度广东电网“安全、优质、文明”样板工程。

优化“三基”工程管理，加强主配网基础数据核查工作，提高基础数据质量。借助PDA信息终端，强化设备、线路巡视和维护，累计消除10千伏及以下线路设备缺陷38处。加大竹木清障力度，累计砍伐违章竹木约3.8万棵，实现百公里跳闸率下降0.59个百分点。开展10千伏线路多次跳闸专项治理工作，着力解决罗衣、冷水角等线路设备健康问题。建立和健全低电压台区档案，重点做好重过载和低电压台区整改工作，D类电压合格率同比提升0.38个百分点。

落实梅州局供电所指标监控考核方案，建立指标亮灯预警机制，在月度工作会议上专题通报指标完成情况；对全市排名后50名和环比退步20名的供电所负责人实行“说清楚”，落实改进措施和提升指标。18个供电所指标考核在全市105个供电所中排名整体靠前，平均每月进入前十名约5个。

全力以赴挖潜增效，完成利润9.64万元，实现扭亏为盈。持续推进精益化管理，提高预算执行监控、预警能力情况。加强固定资产管理，提升资产管理绩效。完成固定资产报废原值1007万元，净值30万元，实现固定资产报废净值率2.98%。扎实推进新财务系统上线工作，完善和细化新系统上线基础数据，确保系统应用无障碍。稳妥解决历史遗留问题，完成650万元历史贷款本息偿还工作。

2015年，安全生产保持稳定局面，全局未发生四级以上电力安全事件，实现连续安全生产14周年；用户平均停电时间为4.14小时，用户平均停电次数0.86次，综合电压合格率99.98%；累计售电量7.04亿千瓦时，同比下降0.46%；综合线损率3.69%，同比下降0.22个百分点；电费回收率为99.88%；利润9.64万元，模拟EVA-9868万元，可控单位供电成本203.20元/千千瓦时，配网可转供电率45.45%。

交　通 · 通　信

交通 · 运输

【综述】 2015 年，梅县区交通公路部门贯彻落实《中华人民共和国公路法》《中华人民共和国水路运输管理条例》《广东省道路运输管理条例》《广东省公路条例》等法律法规。以国家促进原中央苏区和省促进粤东西北振兴发展为重大契机，围绕“一区二带”发展战略，明确任务，落实责任，积极构建“对外快速连通、对内全面畅通”的综合交通网络。全年规划实施交通项目 34 个，完成投资 9.4 亿元，比上年的 7.7 亿元增长 22%。至年底，区域内通车总里程为 2546.8 公里，其中高速公路 5 条共 116 公里；国道 2 条共 84.18 公里；省道 3 条共 155.1 公里；县道 21 条共 301.46 公里；乡道 200 条共 915.43 公里；村道 471 条共 974.63 公里。每百平方公里公路密度 102.59 公里，每百平方公里公路硬底化密度 88.6 公里，高速公路密度每百平方公里 4.21 公里（梅州市平均为 2.61 公里），全区“外通内联”的区域交通网基本形成。有 3 家出租公司，2 家客运企业，货运企业 55 家。旅客运输量 472 万人，旅客周转量 61359 有人公里，同比增长 12%；货物运输量 2156 万吨，货物周转量 388162 万吨公里，同比增长 13.8%。

【交通基础设施建设】 高速公路、高速铁路和新机场迁建　2015 年底，济广高速公路梅县段建成通车，梅平高速公路完成施工图设计。配合做好梅州东环高速建设前期工作和项目用地防“三抢”工作。长深高速增设葵岗立交互通直接联通高铁梅州西站项目，完成工程可行性研究报告编制，正与交通集团洽谈投资问题。配合梅汕高速铁路梅县段建设前期工作和配合开展梅县新机场的科学预选址。

产业园区道路建设　配合市交通公路部门做好梅畲快速干线新建项目的前期工作，完成投资人招标。城东白渡工业园的 G205 国道至白渡梅州坑工业园道路（含瓜洲大桥）项目，投入 5000 万元完成立项、施工图设计评审、环评、通航论证和水保专项评估，进行用地、林地评估专项研究，与合作投资方太平洋建设工程有限公司进行施工控制交接工作，转入施工阶段。

城市扩容提质项目建设　继续抓好剑英大道延长线和客都大桥连接线工程建设；配合市交通公路部门做好城区客都大桥、新程江大桥的建设工作，完成客都大桥及 700 米连接线的征地拆迁；葵岗高速出口至新城区的进城大道 2.5 公里进入施工阶段。

县乡公路建设　全年投入 6500 万元，完成 76 公里农村公路硬底化建设，完成项目有松口镇永月至洋坑村大金旅游公路、大坪上和马缺头至下嶂旅游公路、县道 X020 线大坪圩镇路面大修工程、县道 X026 线南口至石坑段公路路面改造工程、九龙公路和新农村公路硬底化建设等；正在实施项目有丙村大桥建设工程，县道 X010 线石坑至梅西段公路路面工程和 X968 线畲江段路面改造工程。

省养公路建设改造　全年完成省养公路建设改造项目 6 个（上年基本完成 1 个），涉及 5 条管养线路，总长度 90.5 公里（养护总里程 245.055 公里）；总投资 2.96 亿元。分别完成全长 8.03 公里、总投资 5000 万元的国道 G205 线梅州市城东至扶大（梅县段）一级路改造工程；完成全长 22.8 公里、总投资 8638 万元的国道 G206 线梅县区梅南巢布坝至畲江高速出口段路面改造工程；完成全长 17.3 公里、总投资 4511 万元的省道 S224 线梅县城东至雁洋剑英大桥段路面改造工程的附属完善工程（上年基本完成）；完成全长 3 公里、总投资 800 万元的省道 S224 线梅县甲坑至社二段路面改造工程；完成全长 39.381 里、总投资 9780 万元的省道 S332 线梅县松东至白渡段路面改造工程；完成总投资 886 万元的省道 S223 线松口秋云大桥抢险加固工程。

【公路养护】 围绕"迎国检"，加大投入，健全管理，全力推动养护管理作业规范化、服务管理精细化，打造"畅、洁、绿、美、安"的交通公路路况，保障公路的安全畅通。一是注重路面保洁，加强重点路段整治；二是提升绿化管护，100%完成可绿化路段；三是推进挖补中修、灌缝、沥青路面修复工作，保持良好的路容路貌；四是完善道班经济承包责任制，努力往机械化养护方向推进；五是完善养护月检（路况）细节，加大稽查力度，倒逼日常养护；六是做好冬季公路大整修工作，注重路面养护、路基整修、桥涵养护工作，刷新标志标线、桥面等。至 2015 年底，管养县道 21 条 312 公里、乡道 1054 公里、村道 511 公里，合计 1877 公里。设 5 个大道班（片养护中心）负责县道日常养护，19 个镇级乡村公路管理站负责各镇乡村公路日常养护工作。

安保设施建设　投入 1325 万元完成县道 X019、X021、X022、X969 线完善钢筋砼护栏及钢护栏 48 公里；投入 760 万元完成乡道钢护 38 公里，县乡公路标志牌 850 块、标线 58000 米、路口桩 4800 根、减速设施 286 处。

绿色廊道建设　本着"宜种则种、见缝插绿、逢种必绿"的原则，打造公路"小景观"，投入 230 多万元完成 X020、X019、X954、X975 线计 68.5 公里绿色廊道建设。

水毁预防与修复　加强对县道及各镇辖区内乡道的排水系统、上下边坡及桥梁进行专项检查，对存在隐患，发现一个，处理一个；全年自筹 280 多万元对县乡道路 150 多处塌方、滑坡进行清除、修复，确保道路安全畅通。

路政管理　坚持以"维护路产路权，保障公路畅通"为目标，开展全省统一综合整治工作，坚决遏制乱搭乱建、乱摆乱卖、乱停乱放等"六乱"行为。联合公路局、交通运输局、城综局等区直单位及雁洋等沿线乡镇，分组对 5 条线路进行拉网式路域环境综合整治，共清理公路路障、杂物 3800 立方米，清除非公路标志 180 块、违章宣传广告条幅 230 条。全年征收路产赔（补）偿款 7.8 万多元，发现和制止违法案件 56 宗，有效维护了路产路权。

【交通综合执法】 强化交通综合执法，加强对超限超载、校车、机电动三轮车及泥头车的综合治理。一是在日常路面巡查的基础上，执法人员经常深入客货运输企业、站场、危货运输企业等客货运源头采取定期与不定期相结合的源头执法监管，从源头上减少安全隐患。二是加强国土、城建、公路等部门及案发地所在镇政府的联动，形成多部门联合执法的局面，路政执法逐步走向规范化、常态化。三是采取源头管理和路面巡查相结合、固定和流动相结合的办法，联合公安交警等部门不间断、不定期进行查处超限超载车辆；加快治超电子抓拍设施建设，积极开展科技治超，目前治超监控抓拍设备建设正有序推进。四是加强辖区港口航道和水路运输的日常巡查和监管工作，不定期配合市局开展联合检查，促进水路运输安全有序。全年查处各类交通违法行为385宗，发放宣传资料1.35万份。

【道路运输管理】 全年共审批行政许可申请维修企业42家、普通货物运输企业5家，受理机动车教练员申请110宗，换发道路运输从业人员从业资格证5760张；办理客运车辆新增入户124辆，完成客运车辆年度审验219辆次，完成车辆二级维护签章862辆次；办理危险品货物运输车辆新增入户11辆，普通货运营运车辆新增入户1052辆，完成车辆年度审验4981辆次，完成车辆二级维护签章19924次；完成行政许可场地验收50次、驾培机构资质复核2家、年度企业质量信誉考核36家。

办好民生实事　投入217辆公交车，开通梅县区公交线路35条，完成梅县区全面开通农村公交工作，认真做好农村客运退出市场后企业和从业者的转岗安置，确保客运市场的稳定；进一步加大出租汽车投放，完成双燃料出租汽车投放120辆。

营运驾驶员管理　严格驾驶员录用条件，严格审核相关资质，严把驾驶员聘用关；做好驾驶员岗前培训，定期组织安全教育培训，定期开展安全生产考核。

营运车辆GPS管理　严格要求客运车辆、危货车辆、总质量达12吨以上普货车辆等重点车辆安装GPS定位装置，落实GPS监控制度，建立监控台账，确保车辆实时在线，及时发现和纠正超速行驶、疲劳驾驶和不按规定线路行驶等违法违规行为。

机动车驾驶员培训管理　对辖区内3家机动车驾驶员培训机构实现机动车驾驶员培训学时IC卡计时管理系统的全面运作，推进驾驶培训计时管理系统与道路运政管理系统以及公安考试系统的联网对接，实现数据共享，共同管理。杜绝“以包代管”“只收钱不管理”的空壳驾校以及挂靠教练车、无牌无证教练车现象，切实维护驾培行业市场秩序。

机动车维修行业管理　对无证经营，占道经营，非法改装车辆等违法行为坚决予以打击，对不符合申请条件的企业一律不予许可，对现有维修企业进行机动车维修行业质量信誉考核，引导和促进维修企业依法经营、诚实守信、公平竞争，提升服务能力。

【安全生产管理】 贯彻“安全第一，预防为主、综合治理”方针，一是深入开展“安全生产月”“八打八治”打非治违专项行动。二是加大危桥改造、安保设施建设力度。三是加强在建工程项目的施工安全监督管理，督促施工单位整改消除安全隐患。四是加强安全应急管理和安全培训、演练。全年投入120万元在各线新增安全设施一批，发放道班安全服250件。全年未出现因管理不善、安全设施不齐全而造成各种等级道路交通责任事故的情况。

【公路绿化】 配合市、区美丽乡村建设，按照市委市政府“五沿”绿化和 “有土必绿”“立体绿化”的要求。公路绿全年投入 23 万元，完成 G205 线、S224 线等地绿化补种。

【基层站建设】 抓好配套基础设施建设。按市局部署，对新城养护中心养护机械配备结构进行完善，投入 61 万元，购置大型压路机 1 台和养护车 2 台，以满足沥青路面养护里程逐年增多的需要。全年组织一线职工共 6 批 123 人次参加市公路局安排的大道班生产管理系统、沥青路面修复技术、标志标线规范化管理等培训。

【创建文明安全示范路】 全年实施文明安全路投入资金 243.16 万元，以省道 224 线城东至雁洋圆盘段（桩号：K0+000 至 K23+810）为先行段，将该路段打造成“文明示范路”样板段，构建“畅、安、舒、美”的公路交通环境，提高该路段的通行能力、路况水平、安全水平、出行服务水平和公路文化水平。

（供稿：吴文华、黄焱明）

邮政（梅县区分公司）

【概述】 2015 年，企业名称由“梅县邮政局”改为“中国邮政集团公司梅州市梅县区分公司”。梅县区分公司（以下简称分公司）在全区建起 25 个城乡网点（含代理金融网点 21 个），其中 19 个乡镇建有网点，邮政投递服务覆盖全区所有城乡，有员工 208 人。公司一直秉承“人民邮政为人民”的服务宗旨，加快企业转型发展，提高服务水平、促进地方经济发展。全年实现业务收入 6683.52 万元，同比上年增长 14.27%。

【代理金融业务】 2015 年，分公司以“银行化、专业化、战略化”的眼光和策略，积极应对市场变化，狠抓项目营销、渠道营销、客户营销、市场营销，做大做实代理金融业务的发展。

一是抓好邮储各项业务的发展。开展代理金融“开门红”及每月一个主题营销活动和劳动竞赛，推动代理金融各项业务的发展；针对商业行列利用利率优势抢夺邮储客户的现状，推出提升存款额 1 万—5 万元的客户规模。利用商户资金回笼高峰期契机，走访网点周边的批发商、餐馆、汽修、超市等行业客户，不断提升 5 万—10 万元以上客户资料建档率。通过节日活动回馈客户，进一步拓展乡镇客户资源。

二是大力发展第三方存管业务和社保金等业务。三方存管业务有利于沉淀客户股市回流资金，绑定高端客户；利用第三方资源，加快业务发展，同时提高 VIP 客户的产品覆盖率。促进二代社保卡养老金发放银行转化及城居社保代发项目资金的沉淀，开展客户维护活动，与商业联动优惠促销，提供服务性增值服务，促进客户资产升级。全年邮储余额规模达 33 亿元，邮储余额规模市场占有率达 18.88%；累计实现代理金融业务收入同比上年增长 14.58%。

【邮务类业务】 分公司积极申请 2015 年电子商务进农村综合示范县项目。开展进村路演、农技讲座、送医下乡、送戏下乡等活动，宣传邮政农资业务，实现“邮政，就在您身边”，拉近与政府、群众距离；借助农业部的有力政策，与农业局“惠农信息社”合作，打造“邮政+农业”的服务农村平台。函件业务引用“互联网+”，创新发展广告传媒业务，新增公交车车载视频业务，联动项目蓬勃发展，有效拉动函件收入增长。

大力扩展函件业务市场 做好与市交警的合作，先后印制交警账单邮资封、宣传内页各 10 万枚和 13 万枚。加强对各类商户的走访力度，重点挖掘车行、饮食、通讯等中小企业客户；主打消防视频、车载视频业务；辅以 DM 广告，成功开发视频和 DM 业务。利用现有消防视频和网点视频覆盖面广、受众群体多、广告宣传效果佳的特点，结合邮政新的公交车视频业务，创新发展新媒体业务。全年实现业务收入 208.15 万元，同比增长 59.1%。

积极拓展集邮业务 继续做好新邮预订工作，开展纪念抗战 70 周年集邮巡回展览、集邮文化季等活动。结合社会热点，强推一些邮品，如生肖版票、十二生肖银钞、拜年版票等。加强客户维护，培育集邮氛围。通过不定期组织客户赴“集邮墟”，与钱币协会、收藏家协会、“邮贩”加强横向联系，为集邮客户提供交流平台。全年实现收入 157.89 万元，同比增长 35.1%。

报刊业务稳步发展 一是继续做好日常补续订工作。二是做好校园报刊市场的发展，联合《课堂内外》刊社通过爱心公益大课堂走进校园（新城中心小学），并借助新闻媒体的力量进行多次报道，有效促进校园报刊收订工作。三是借助中秋节、世界邮政日等节日优惠政策做好《羊城晚报》《南方农村报》等重点报刊的抢订工作。全年实现业务收入 206. 02 万元，同比增长 0.7%。

积极发展电子邮政 加强“银信通”业务、代理车险业务和便民服务站代缴电费业务的发展。全年实现业务收入 226.43 万元，占全年任务 97.18%。

稳妥发展分销业务 通过做好年初“寻找最美种植户”活动、第二季度的夏日扫村活动等邮政农资业务宣传，提升邮政农资的影响力。坚持每月走访三农加盟商，以贴心换得加盟商的诚心。

【邮政营业网建设与管理】改善邮储硬件设施，提升网点形象，给客户提供舒适方便的用邮环境。2015 年，分公司对嘉应西路、五福等网点进行整治；加强对 ATM、POS 机日常维护和管理，网点的服务能力得到改善。强化内部基础管理，确保邮政资金、财产和人身安全。

2015 年，梅县区分公司按照省、市分公司党组提出的“三大战略”、“六大机制”、“六量齐升”的发展战略，以“六大战役”为全年工作抓手，充分调动各方面的积极性，全年累计实现业务收入 6683. 52 万元，同比增 14. 27%。

【基础保障工作】 2015 年，根据网运重点服务指标考核方案，着重考核给据普邮全程时限和国内小包当日妥投率指标，并对指标情况和存在问题进行分析通报。投放 PAD 手持终端，覆盖全市城乡所有投递道段，既方便投递员信进行邮件投递息反馈，又提升了全区快递包裹邮件实时反馈率和当日妥投率。结合集团公司“一体两翼”的战略，突出抓好重点业务的作业，售后服务质量管理。

（供稿：办公室）

通 信

【概述】 2015 年，完成邮电业务总量 9.20

亿元，同比增长 23.8%。其中，邮政业务总量 5972 万元，同比增长 10.8%；通信业务总量 8.6 亿元，同比增长 24.8%。年末，全区固定电话用户 6.55 万户，移动电话用户 47.38 万户，互联网用户 29.7 万户。

【电信】 2015 年，梅县区分公司主要经营业务有固话、宽带、移动、数据通信及增值业务、网元出租、综合传媒、全球眼以及 ICT 等综合信息服务。

基础设施建设　2015 年，梅县区分公司加大网络信息化基础设施建设投资力度，实现城区光宽覆盖率约 85%，基本实现农村圩镇范围内的光宽全覆盖；城区 4G 信号覆盖率达到 95%，基本实现农村乡镇 4G 信号覆盖。

抢抓“互联网＋”商机，助力打造“智慧梅县”建设　梅县区分公司顺应“互联网+”潮流，以服务地方经济发展为己任，大力推介行业应用信息化项目，以优质周到的服务和前瞻的信息化方案为梅县区提供“农业局视频会议系统”等多个信息化解决方案。

重点业务发展实现 V 形反转　面对重点业务发展全市靠后局面，团结班子成员，奋力协作，全体员工真抓实干，至年底，彻底扭转业务发展下滑的趋势，部分重点业务发展走在全市前列。

节能减排、降本增效　梅县区分公司认真做好节能减排工作，挖掘盘活闲置资源，开展资源利用率提升专项行动，提高资源效益。落实光进铜退、设备缩容、退网下电节能项目和机房整体割接退网工作。

创新提升企业运营　梅县区分公司积极响应“大众创业、万众创新”改革号召，2015 年 2 月成立互联网事业部（虚拟团队）。借用互联网思维，签约多户营业厅视频媒体广告，拉动收入大幅增长。开展“520 梅县有爱，天翼传情”，有效推广光宽及 4G，为公众号增粉，提升分公司影响力。

此外，还建立创新工作机制，全年征集 100 多个创新方案或建议。5 月，还成立梅县区互联网创新工作坊，分公司择优报送的岗位微创新成果多次获评省公司季度奖、月度奖，在全市的获奖成果中分公司获奖占比第一。　　（供稿：赵松武）

【移动】 2015 年，中国移动广东公司梅县分公司（以下简称分公司）强力落实“网络优势扩大，4G 运营突破，数字化服务精耕，企业管理创新”四项重点工程，推进价值转型，再造核心优势，促进企业发展。全年通信业务总收入 6.83 亿元，同比增长 27. 53%；主营业务收入 1.91 亿元，同比增长 0.48%；移动电话用户达 40.8 万户，同比增长 3%；年末互联网用户 23.8 万户，同比增长 1.71%。分别获得中国移动广东公司评选的全省班组管理 GPEM 先进班组；获得中国移动广东公司梅州分公司颁发的“2015 年度流量经营贡献奖”。

抓业务、促发展　持续优化营销模式，扩大 4G 规模优势，给客户提供多种 4G 套餐选择，实现客户通信需求精准定位，促市场稳定提升。大力推动渠道转型，提升 4G 运营效能，引导合作伙伴向宽带等融合性业务转型，提供更具竞争力的业务产品，促进合作伙伴各项业务创新发展，实现 4G 时代代理商运营的成功转型。扩展光网宽带的深度和广度覆盖，推进农村光网建设，全年实现新增宽带用户 1.5 万户。着力推进梅县区企业的信息化发展，深挖行业需求，开展精准营销，推动集团专线与个人通信的融合营销，助力梅县区“互联网+”的新业态培育。

网络建设　充分发挥网络属地化管理优势，通过网络资源整合、提高合作单位效能、加强通信应急保障等手段，全方位保障县域网络高效稳健运行，为县域市场提供强力网络支撑。一是以“宽带提速”“4G 深耕频谱”为契机深入实施“一张光缆网”工程，结合加强覆盖、优化结构、消除瓶颈等方式，完善综合业务接入区结构，大幅提升网络承载能力。二是以开通站点为导向，做到早规划、快建设，优化前移快速形成生产力，全年新增开通 183 个 4G 站点，助力 4G 流量大幅提升；全年新增开通 56 个 2G 站点，进一步提升客户感知。三是做好宽带和专线建维，为高速上网提供强有力网络保障，实现家宽网络预覆盖突破 10 万户，在维用户达到 3.4 万户。

企业管理　建立健全“创新、现场、学习、质量”等十大班组管理制度，推动班组管理水平提升。推动卓越班组管理模式 GPEM，打通班组管理的主动脉；组织 QC 小组活动，鼓励全员参与质量管理；派员参加 QC 诊断师培训，为质量管理提供强力支撑；定期通报指标进度情况，带动整体绩效提升；优化激励方式，提升员工干事激情；推动班组全积分体系，多维度打造员工成长平台。

（供稿：饶宏航）

【联通】 2015 年，中国联合网络通信有限公司梅县分公司（以下简称梅县联通）按照省、市公司的战略部署，深入贯彻“移动宽带领先与一体化创新战略”，推进“六个创新引领”，以提质增效为目标，加快规模新发展，推进改革创新，提高移动互联网的差异化核心竞争力，开创以 4G 为引领的企业创新转型升级和规模效益发展新局面。

创新发展深化转型　2015 年，梅县联通深入贯彻“移动宽带领先与一体化创新战略”，深化推进“六个创新引领”，坚持“三个并重”（量质构效并重、增量存量并重、传统领域与新兴领域并重），深入推进九大重点工作。一是 4G 引领，深化实施“移动宽带领先与一体化创新”战略，实现全业务“量质构效”规模发展。二是加快宽带业务发展模式转型，实现高速、长效宽带与融合业务快速发展。三是信息消费引领，推动新兴领域第三波增长。四是推进“线上线下一体化”运营改革，强势推进全渠道、全业务互联网化。五是打造感动服务体系，深化存量经营变革，巩固服务新优势。六是超卓网络引领，实现客户卓越体验迈上新水平。七是推进全公司信息化，高效支撑公司规模效益发展。八是转型创新，深化推进“全公司一体化运营”“人本管理变革”，提升管理效益。九是落实各项风险管理制度，为公司健康发展保驾护航。

网络建设　梅县联通围绕宽带中国发展战略，以创建“宽带中国”示范城市为目标，全力提速 4G 建设，以实现城市、农村高速网络覆盖。同时加快光纤到户建设，打造城乡一体化的高速宽带网络，推动未来全网 IP 化信息发展。至 2015 年底，移动通信基站累计达 253 座，其中 3G 站点 183 个，4G 站点 70 个；公共区域 WLAN 热点 8 个，在重点区域建成 150M 精品 4G 网络，给用户提供了手机高速数据业务；光缆线路长度达 924 公里；光纤入户行政村 38 个。

客户服务　梅县联通在 4G 时代不断完善人性化的客户体验，向在网用户开放升级 4G；联通 4G 使用全球主流制式，用户使用联通“双 4G 双百兆”的极速 4G，可不换卡、不换号即可完成办理。对服务渠道网上营业厅、手机营业厅、微信营业厅和迷你营业厅、自助终端等进行全面升级与转型，无缝覆盖到用户能接触到的所有终端，促进服务的深度转型。以便捷的微信营业厅为例，只需拿出手机通过微信平台搜索公众账号“广东联通”或扫描二维码成为订阅用户，在公众账号的热点、服务和发现三大栏目下，可以了解联通现有的优惠与产品，也可以进行话费充值、账户查询、宽带业务，还能查找附近营业厅，真是藏在手边的贴心小管家。给钻金银客户提供免押金开通国际漫游、“10010”热线优先接入、紧急开机、免费补卡、营业厅业务优先办理、节日双倍信用额度、免打扰、发票邮寄等8项专享服务。

业务范围包括公众客户、商企客户和政府机构等客户提供包括固定电话、移动电话、数据传输、互联网、宽带接入等基础电信业务和增值业务，以及与上述业务相关的行业应用、系统集成、信息咨询等相关服务。

信息化发展　2015年，梅县联通全面完善本地云计算平台，为智慧城市各领域提供云存储、云计算等信息化服务。

成功建设梅县技工学校旅游电子商务实训平台项目等各类信息开放平台。

（供稿：刘嘉玲）

责任编辑：叶永生

城　乡　建　设

住房和城乡规划建设

【概述】 2015年，梅县区新县城全年投入资金建设12.55亿元(其中市政基础设施建设投入1.99亿元)，建设项目37项，建筑面积87.88万平方米。至年底，梅县区新县城累计投入建设资金218.78亿元，建设项目4549项，建筑面积1381.88万平方米，建成区面积20平方公里，建成区绿化覆盖率38.69%，绿地率35.35%，人均公共绿地面积18.06平方米。

【城乡规划】 2015年，住建部门配合做好中心城区市政专项规划、中心城区梅县区新城片区地下管线普查及审查涉及梅县区城市的总规编制、控规全覆盖等工作，做好梅县区30公里的综合管廊规划工作，做好御元健康城等小区修详规联合审查工作。按照“先规划后开发、先‘地下’后‘地上’、先安置后拆迁”的开发思路，加快新城扩容提质步伐，将城市规划区面积从25平方公里扩展至40平方公里，控制区范围从40平方公里扩展至70平方公里，至年底，新城建成区面积20平方公里。编制《梅州市城市总体规划（2012—2020）》、编制14.2平方公里的槐岗片区和14.1平方公里的西片区控规，其中，西片区划定8平方公里作为嘉应新区的起步区；编制梅州市中心城区市政专项规划；围绕汕梅高铁梅州西站建设，在城市规划控制区范围内规划高铁新城16平方公里。召开梅县区城乡规划委员会专家论证会，对每一个工程项目进行严格把关，对专家提出的意见逐一审查，确保无误后提交规划委员会审议，并对所有项目采取批前公示，对有异议的项目暂缓实施，需从新提交专家审议的一律从新设计上报专家审查。住建部门对梅县富力城 B 区、客家新世界、梅州锦绣国际家居博览中心 B、C 区等一批大项目报建进行审核，全年出具规划用地条件 43 宗共 89.54 万平方米、发出用地规划许可 18 宗共 76.24 万平方米、发出工程规划许可 147 宗共 85.68 万平方米、工程规划核实 135 宗共 136.79 万平方米。村镇规划编制完成 54 个村庄整治规划，全面完成村庄整治规划编制工作。做好历史建筑调查及上报，全年完成 40 个历史建筑物的调查并归档，并从中评选出 17 个符合历史建筑的建筑物。阴那山风景名胜区总体规划委托广东诚实建设工程设计有限公司实施修编，年底通过省检查组对阴那山省级名胜区 2015 年度执法检查。全年完成规划核实测量 118 宗，私人建房用地测图、原状重建 32 宗，建筑工程放线复验线 66 宗，纵横断面图、市政管线工程放样和高程测量 13 宗，土石方工程测算 5 宗，地形勘测、地籍调查 8 宗。

【城乡基础设施建设】 按照以城带乡、节约集约、生态宜居、和谐发展的城镇化建设理念，坚持城乡统筹，城乡一体化发展。市政道路规划建设方面：围绕 2015 年新建进城大道、喜之郎侧、金利来侧等 10 条扩容提质市政道路进行规划建设，做好道路红线的选线定点和规划设计审核工作；做好文化城交通环岛等交叉口的渠化信号灯改造建设；做好天然气在 3 条市政道路长 2.5 公里管线规划建设，做好 205 国道铁炉桥段 800 米的雨水、污水管道规划建设，做好电力在 9 条市政道路 15.6 公里管线规划建设，落实相关管线单位在新建道路同步敷设管线，实行统一规划，分工合作机制。至年底，总投资约 2.16 亿元的剑英大道延长线市政道路工程项目完成总工程量 90%。总投资 4321.49 万元的客都大桥连接线市政道路工程项目已投资约 2200 万元，已完成总工程量 50%。计划投资 4326 万元程江涝区治理工程完成投资 2100 万元，计划投资 2000 万元的梅县新城水质净化厂配套集污管网项目首期工程完成投资 300 万元。村镇建设方面：完成编制全区城乡生活垃圾收运处理专项规划，有 13 个镇（高管会、办事处）的生活垃圾运送到奇龙坑实施无害化处理，并下发《关于切实抓好“一镇一站、一村一点”生活垃圾设施建设工作的通知》，要求各镇严格按技术规范要求，高标准、高质量建设生活垃圾处理设施，至年底，完成全区 19 个镇（高管会、办事处）垃圾处理的相关设施建设。

【建筑市场管理】 加大建筑法规宣传、抓好建设培训教育和企业资质动态核查，配合人社局解决落实建筑工人劳资纠纷等工作，促进建筑业健康发展。全年协助解决拖欠建筑工人工资 50 多宗、涉及工人 900 多人次；办理 66 项招标文件告知性备案；办理 93 项竣工验收备案。通过落实建筑业发展优惠政策，扶持本地企业拓展外地市场，增强建筑企业市场竞争力，全年全区 32 家施工企业完成建筑业总产值 16 亿元。加强建设工程安全、质量重点，全年受监工程 20 项，同比下降 57.5%；面积 77.7 万平方米，同比下降 38.5%；投资 23.31 亿元，同比下降 33.8%；全年验收工程 66 项，同比增长 47%；面积 141.7 万平方米，同比增长 52.8%；投资 45.5 亿元，同比增长 58.5%；验收合格率 100%。开展各类安全检查，全年发出监督通知 2 份，建设工程质量安全整改通知 90 份，对在建工程的安全生产实行动态管理办法；对施工、监理单位落实安全生产责任等方面进行扣分共 115

条，并上网上报省建设厅。梅县富力城B1、B2、B7、B8栋获梅州市安全生产、文明施工“双优”示范工地。全年办理93项竣工验收备案手续、建筑面积87.5万平方米、投资金额约12.06亿元。交易中心严格执行《中华人民共和国招标投标法》和各级各行业相关的招标投标法律法规、规章，改进和规范投标程序和《招标文件》，及时更新和维护建设工程信息网站的有关信息，做到公平、公开，按时发布信息，提高投标透明度和公平性。全年共进行招标项目119项，总投资5.59亿元，其中公开招标工程115项、总造价5.57亿元，邀请招标工程4项、总造价200万元，均按发展改革局核准文件进行。抓好散装水泥、墙体革新和建筑节能工作。推广散装水泥方面：全年散装水泥供应量420万吨，同比增长18.3%，销售预拌混凝土55.9万立方米以上，同比增长11.3%，城区内建筑施工现场搅拌禁止率98%，逐步推进使用抒拌砂浆，散装水泥专项资金入库70.8万元，散装水泥专项资金返退8单、合计19.93万元，推进墙体革新方面：以城乡“禁实限黏推新”为重点，加快非黏土新墙材的发展和应用，全年生产粉煤砖1.9亿块，综合利用粉煤灰130万吨，混凝土砌块生产量12.3万立方米。全年新墙材应用验收28宗，面积95.2万平方米，工程全部采用新型墙体材料。做好墙材专项资金的征收和管理工作，全年墙材专项资金入库858万元，返退30单合计资金765万元。开展建筑节能方面：加强建筑节能监督，实行民用建筑节能设计审查备案制度，全年办理建筑节能设计审查备案28宗，其中：公共建筑面积8.9万平方米、居住建筑面积58万平方米，建筑节能审查备案率100%。

【房地产管理】 *房产交易* 全年立卷归档11753卷（件），其中：2014年度文书档案450件、会计档案952卷、基建档案1397卷、专业档案110卷、房产档案6619卷、他权档案2225份。2015年底，室藏资源158280卷、录入档案条目141116条。

产权办证 全年完成房产登记、办证10722份，收入723.34亿元，比上年同期有较大增长。

房地产业 全年发放商品房预售许可证95宗，同比增长90.47%；批准预售面积81.1万平方米，同比增长71.07%；5401套，同比增长59.87%。全年全区销售7842套，同比增长37.62%，销售面积94.85万平方米，同比增长37%，每平方米销售均价4330元，同比减少0.5%。

保障性住房建设 2015年，完善住房保障体系，推进保障性安居工程建设。加快廉租住房、经济适用住房、公共租赁住房、棚户区建设进度，完成市政府下新增公共租赁住房20套、城市棚户区改造770户和基本建成保障性住房121套的任务。推进棚户区改造工程，启动扶大三丰和程江大沙等2个棚户区改造项目。全年解决公租房对象11户，比上年增加120%；租赁补贴的有10户，且已按季度直接发放到户，发放金额1.28万元；审核1户不再符合条件享受公租房的住户；审批核准房改房上市30户，申请继承7份，开具住房货币补贴证明26份（次），审批使用住房基金单位1个4.5万元。做好公房房租收缴和公房安全维修管理等工作，全年维修房屋608间，建筑面积1.95万平方米，维修费支出25.02万元。与上年相比减少房屋出租18间、增加房租收入8万元、增加维修费支出5万元。

房屋征收与安置 坚持先安置、后拆迁

原则，依法依规推进征地拆迁工作，妥善安置失地农民和拆迁户。全年拆迁工程主要有：低丘缓坡项目、进城大道项目、程江水厂项目、铁炉桥建设、梅花山脚下富力城建设项目、扶大三丰第十六批次征收项目。涉征项目 9 个，完成 141 宗房屋征收补偿协议书签订与补偿工作，房屋及附属物拆迁占地面积 2.96 万平方米，建筑面积 4.4 万平方米，房屋拆迁补偿约 1.34 亿元（其中各镇所付补偿款为 2128.04 万元）。

住房公积金　2015 年提高全区干部职工的住房居住水平，加快城镇化进程，缓解公积金贷款难问题，财政部门调整住房公积金的缴交比例，由原来的 5 %提高至 9%。梅县区新增非公企业 15 家共 785 人参与建立住房公积金制度。至年底，办理住房公积金缴交单位有 401 个，缴存 2 万多人。全年归集住房公积金 2.6 亿元,累计吸存住房公积金 12.31 亿元，归集余额 5.82 亿元，同比增长 8%。全年审查住房公积金抵押贷款 788 户，发放贷款 435 户，累计贷款发放 4972 户。全年发放贷款额 1.04 亿元，累计发放贷款总额 8.23 亿元。全年收回贷款金额 5373 万元，累计收回贷款金额 2.18 亿元。全年办理住房公积金支取、转移人数 4932 人、金额 1.97 亿元，累计提取总额 6.54 亿元。催收补交住房公积金单位 33 个。

【名镇名村示范村建设】 至 2015 年底，实现全区 30%的行政村完成示范村建设，全区 10%的镇和行政村完成名镇名村建设的任务要求。具体是：从 2011 年到 2015 年打造名镇 1 个，即雁洋镇，确定雁洋以发展“叶帅故乡美、客家风情浓”为主题的红色经典旅游、以长教桥溪村等客家古村落为主体的绿色历史文化和客家文化旅游，大力发展自驾车旅游和其他特色专项旅游。打造名村 39 个、示范村 116 个。各镇按行政村数量，按 10%名村建设、30%示范村建设的比例，分年度规划实施。

城市综合管理

【环境卫生管理】 （1）治理环境卫生。按照国家卫生城市标准，加大城区 200 多万平方米道路清扫、保洁力度，主要街道路面按照 18 小时的保洁要求进行保洁。实施城区上门收运生活垃圾服务费由自来水公司代收缴方案，降低生活垃圾收集清运收费成本及从源头上解决乱丢垃圾的问题。推行环卫作业市场化，基本实现“管干分离”，提升城市清洁水平，城区生活垃圾无害化处理率 100%。同时完善环卫基础设施，全年投入资金 400 多万元,购置移动式垃圾压缩箱 4 套、卷压式垃圾压缩箱 2 套、配套移动箱 1 套、后压式垃圾车 3 部、钩臂车 2 部、并在华侨城广场新建公厕 1 座。（2）整治市容市貌。按照国家卫生城市复审的要求，推进市容市貌整治，加大对城区乱摆乱卖等“六乱”行为的整治力度，对占道经营的夜排档进行专项整治。处理好堵与疏的关系，投资 700 多万元，在扶外村建设美食街，为夜排档的经营提供场所。引导社会资金分别在扶贵村委侧和扶外村新建市场 2 座。全面治理违章户外广告和店面招牌，确保城区市容市貌整洁、有序。全年组织集中整治行动 60 次，规范店外经营门店 1900 多间，取缔流动乱摆卖摊档 880 多宗，清理、拆除城区违章灯箱广告牌 2000 多块，整治夜排档 100 多家。

【市政道路】 加快城市扩容提质，提升城市品位，完善市政道路基础设施。投资 2.5 亿元，完善剑英大道延长线及客都大桥连接线市政道路工程；投资 1.8 亿元，建设进城大道；投资 1.3 亿元，建设富力城地块、喜之郎地块、金利来地块等市政道路工程 10 条；投资 630 多万元，在府前大道等路段新建港湾式公交站 18 座，投资 1060 万元，改造锭子桥圆盘和文化城圆盘及新建公园北路与府前大道交叉口交通信号灯。

【园林绿化】 2015 年，投资 30 多万元，对城区绿地进行增绿补绿，增加绿地面积 5000 多平方米，同时加强对城区 45 万平方米公共绿地的监管力度，完善对承包企业的考核制度，提高城区绿化水平。

【路灯、灯饰】 全年投资 500 多万元，改造沿江金岸等路段的路灯，新装华银街等路段路灯，至年底，城区路灯里程长 158 公里，有路灯 7483 杆 1.82 万盏；城区路灯亮灯率保持在 98%以上，路灯故障修复及时率、开关灯时间准确率、灯容灯貌合格率均达到国家规定标准。

【城市管理监察】 按照新型城镇化建设要求，加强城市管理行政执法工作。一是违法建设得到有效防控。把违法建设防控整治列为城管工作的重中之重，对"两违三抢"建设及时发现、及时制止、及时拆除。全年拆除违法建筑 110 宗共 6800 平方米。二是建筑垃圾运输车辆管理成效明显。加强对未封闭严密、轮胎带泥、沿途撒漏、污染路面的泥头车的整治力度，城区泥头车撒漏污染路面和乱倒建筑垃圾等现象得到有效遏制。加强对建筑工地的管理，在城区主要建筑工地安装无线视频摄像头，实时监控建筑垃圾运输车辆进出工地的情况，发现违规情况后及时介入查处，提高管理力度和执法效率。

【管道燃气】 增强燃气供应保障能力，全年敷设完成天然气市政管道 15.37 公里、庭院管道 40.53 公里；全年梅县区天然气供气总量 81.26 万立方米、液化石油气供气总量 2860 吨。至年底，累计天然气用气户数 1 万户。

环境保护

【概述】 2015 年，环保部门，以实施新修订的环保法为契机，严格环境监管，推进污染减排，解决突出环境问题，全区环境质量总体保持良好，环境空气质量保持稳定，优于国家二级标准，局部环境空气质量持续向好；地表水水质基本到划定功能区标准，饮用和备用水源水质标率 100%；城区环境噪声基本符合城市噪声质量标准。

【环境监测】 在开展常规监测的同时做好重点污染源和总量监测、环境质量监测和抓好建设项目环评及竣工验收监测等工作，积极应对环境突发事件。加大对全区 15 个乡镇集中式饮用水源保护区的监督管理和监测力度，做好强台风、强降雨期间环境风险源的巡查，及时清除各种威胁饮用水源安全的隐患。全年取得有效监测数据 1 万多个、出具监测报告 200 多份、监测费收入 63 万元。

【环境保护管理】 一是切实执行环保法律、法规，加强审批服务。全年审批建设项目 159

宗（其中：建设项目环境影响报告书项目 4 宗、建设项目环境影响报告表项目 93 宗、建设项目环境影响登记表项目 62 宗），否决选址不当的申报项目 26 宗，全年完成建设项目环境保护竣工验收 29 宗。继续开展“未批先建、未验先投”专项整治工作，严格按照《广东省排污许可证实施细则》的要求，办理排污许可证 60 家。二是创新环保监管方式，落实监管责任，实施环境监察网格化管理。建立“三清三到位”（区域清、底数清、职责清和监管到位、互通到位、服务到位）的立体环境监管机制，全面掌握区内重点污染源和环境风险源等环境监管对象。加大监督检查的力度和频次，严厉打击违法排污行为，对超标排放企业实施限期整改或行政处罚。全年出动执法人员 1524 人次，检查企业 564 家次，对 5 家违法排污的企业实施限期整改，完成环境违法行政处罚立案审查 6 宗、罚金 12.08 万元。三是强化危险废物和严控废物环境管理。加强转移联单审核和固体废物管理信息申报登记等工作。对全区 24 家生产危险废物企业进行整治，规范危险废物从产生、贮存、转移、处置、利用全过程管理，提高危险废物安全处理处置水平，杜绝物非法转移行为。开展强制性清洁生产审核工作，至年底，全年停产 1 家，通过审核验收 10 家，待验收 11 家，正在施工 2 家。四是解决辖区重点难点环境问题。排查出被市政府列入全市十大重点环境问题 3 个。基本完成第 3 季度的 “梅江饮用水源（长沙段）水质下降问题”和“梅县区城市规划区内黏土砖（瓦）厂问题”。已着手解决第 4 季度的重点环境问题。五是依法征收排污费。坚持以征促治的原则，在征收工作中强化排污量的核定与提高服务质量，明确企业缴纳排污费的知情权、责任权，提高排污单位的环保自律意识，规范自身环保行为，依法进行排污申报，确保排污费依法、全面、足额征收。全年入库单位 155 家，全年排污费入库总额 787.25 万元。六是加大环境宣传力度和资金投入，倡导节约资源能源、保护自然环境的生态文明理念，提高社会公众的环保意识。开展送环保知识进社区、进企业、进学校的“三进”活动。在梅县区的 3 个公共场所户外 LED 屏幕及部分政府、事业单位、社区、酒店、学校、医院等 42 个邮政社区视屏广告机、区环保局公众网站、区环保局大厅 LED 屏幕中滚动播放创模及环保公益宣传广告。全年宣传经费投入 10.84 万元。七是发挥“12345”政府服务热线的作用，完善信访办理工作机制，畅通信访渠道。认真执行局长接访日制度、领导包案制度，做好环境信访工作，为群众排忧解难。全年受理群众投诉 419 宗，其中来电 126 宗、来信 110 宗、电子邮件 166 宗，接待群众来访 17 批 44 人次；反映水污染 33 宗、大气污染 268 宗、噪声污染 132 宗、其他污染 7 宗；处理率为 100%。完成政协答复 4 宗。

【污染减排】加强对国控企业的日常监管和各项环保设施、在线监测系统正常运行的日常监督；投资 1071 万元的雁洋、畲江和松源 3 个中心镇污水处理厂完成建设并投入试运行；对列入 2015 年农业源减排计划的规模养殖场现场检查，指导养殖场管理者完善场内治污设施，整理减排台账材料；督促有关部门提供满足总量减排核查核算的机动车信息，报送机动车淘汰减排材料，加快黄标车的淘汰工作。据初步估算，全年削减 COD 排放量 182 吨、削减氨氮排放量 26 吨、削减二氧化硫排放量 3293.4 吨、削减氮氧化物排放量 570 吨。

【环境综合整治】 一是加大城区环境噪声整治力度。参与区政府组织的联合执法队，对梅县城区进行综合整治，规范经营秩序，解决噪声扰民、油烟污染等问题，有效改善城区环境质量。开展高、中考期间绿色巡查行动，加大巡查力度，及时、妥善处理噪声扰民投诉，确保考生有宁静的学习、休息和考试环境。二是加强大气污染防控。会同区质监局、交警大队、经信局做好锅炉污染整治、机动车污染防治、加油站油气回收改造等工作。加强机动车环保检验合格标志发放工作，配合交警部门做好黄标车的淘汰工作；列入2015年度综合整治计划的13台燃煤锅炉基本完成整治，发放机动车环保标志9476个。三是开展企业环境问题排查整治。会同相关部门联合开展环保大检查，开展重点行业挥发性有机物、产生含破坏臭氧层物质企业及重点行业烟粉尘排放源企业的综合整治行动。排查环境风险源，开展涉重金属矿采选冶炼、铅酸蓄电池和电镀等重点行业的整治行动。密切关注环境动态，及时查处环境突出问题，严厉打击偷排等违法行为。四是开展创建国家环境保护模范城市工作。按照梅州市创模工作安排，配合做好梅县区创模相关工作，成立领导小组，制定《梅州市梅县区创建国家环境保护模范城市总体工作方案》和《梅州市梅县区创建国家环境保护模范城市2015年和2016年实施方案》，并按方案要求协调指导各有关部门开展工作。五是加强畜禽养殖污染防治。严格执行环保“三同时”制度，加大对规模化畜禽养殖排放物综合利用和无害化处理设施运转情况监督检查，督促养殖企业落实各项环保措施，切实加强污染防治。

对外经济贸易

【外商投资】 2015年，梅县区吸收外资稳步增长，1—12月批准外商投资项目3个，合同外资金额5430万美元,实际利用外资1900万美元，分别同比增长2.8%、0.8%；合同外资和实际利用外资两项指标均超额完成市下全年5300万美元、1890万美元的任务。

【对外经济贸易】 2015年，梅县区进出口平稳增长，1—12月完成进出口总额5.32亿美元，同比增长11.8%，其中出口总额4.78亿美元，同比增长17.5%。超额完成市下5.19亿美元的进出口任务。

【对外经济管理】 1. 营造良好的投资发展环境。一是做好挂点联系重点企业的工作。为提高对外经贸企业的服务水平和发展业务提供优质环境，局领导和各业务股长分别挂点卡莱（梅州）橡胶、BPW（梅州）车轴、梅州博森新能源、航鑫科技、超华、锦芳工艺等一批重点企业，配合市、区领导做好挂点企业的工作，通过真诚的服务，与企业建立良好的互信关系。加强与海关、税务、外管等涉外部门协调联动和区直各单位联络沟通，为企业排忧解难，促企业稳健发展。二是开展送政策、送服务活动。面对当前复杂的外经贸环境和政策的不断调整，以“服务企业”为出发点，深入到各进出口企业，及时将省、市外贸稳定增长及梅县区融资（助保贷）、借款贴息等扶持政策，不折不扣地宣传到每一家企业，并帮助企业争取上级各类专项资金，增强企业发展信心，全年为18家企业争取上级各类资金约150多万元。三是简化办事程序，提高办事效率。行政服务中心窗口加大即受即办力度，对窗口授权到位的事项，实行即受即办，当场或当天办结的，绝不拖延。2. 加大对意向项目的跟踪和服务，促成项目落地。2015年，获悉广东集一家居建材连锁有限公司有并购的意向后，专门派人全程跟踪服务，帮助企业修改完善合同、章程等有关材料及陪同企业到省商务厅，以最短的时间为广东集一家居建材连锁有限公司办妥并购项目的审批。公司在并购审批后，于当年6月投入资金1000多万美元，使梅县区提前完成市下全年 1890 万美元的实际利用外资任务。3. 搭建平台，推动企业“走出去”。2015年，组织20多家外贸企业参加广交会、高交会、加博会及中国香港、澳门地区和南美、中东和东南亚等国内外的各类展会，争取出口订单。梅州梅龙贸易有限公司通过2015年的粤港、粤澳名优产品展，出口的梅州金柚同比上年成倍增加。

梅县区2015年外贸骨干企业出口海关统计表

表1

序号	企业名称	当年金额（美元）	基期金额（美元）	同比增长%
1	卡莱（梅州）橡胶制品有限公司	137328280	136405166	+0.67
2	BPW(梅州)车轴有限公司	30626200	32726232	–6.41
3	梅州市锦芳工艺有限公司	9303073	8640121	+7.67
4	梅县新瑜盛制衣有限公司	7141820	5048451	+41.46
5	梅州市中一实业发展有限公司	6475141	4797443	+34.97

梅县区2015年外贸骨干企业进口海关统计表

表2

序号	企业名称	当年金额（美元）	基期金额（美元）	同比增长%
1	卡莱（梅州）橡胶制品有限公司	39256823	47006076	–16.48
2	BPW(梅州)车轴有限公司	8603735	9909086	–13.17
3	梅州市锦芳工艺有限公司	4369296	10218653	–57.24

（供稿：李珊）

商 贸 流 通

2015年，全区实现社会消费品零售总额122.93亿元，同比增长13%。其中，城镇零售总额86.87亿元，同比增长13.9%；农村零售总额36.06亿元，同比增长10.9%。分行业零售总额中，批发和零售业零售总额106.61亿元，同比增长14.2%；住宿和餐饮业零售总额16.32亿元，同比增长5.6%。

供销商业

【概述】 在2015年全省供销合作社系统综合业绩考评中被评为县级供销合作社综合业绩评价一等奖。2015年，实现商品总购进57863.77万元，同比增长12.88%；销售总额61569.3万元，同比增长11.82%；农产品销售额15540.87万元，同比增长3.77%；有农民专业合作社74家，新发展9家，计划实现利润36万元，同比增长16.1%。

【“新网工程”建设】 一是织就农业生产资料现代流通网络，以配送中心、22个加盟店、67个农家店为依托，加强与种植专业合作社沟通联系，灵活经营，组织各种化肥、农药、农膜等农资商品，以“一站式、零距离”的服务，送肥送药到果园、田间地头，保质保量供应群众，服务“三农”。全年销售各类化肥、农药1.48万吨，金额3692.37万元，同比增长17.22%。二是把金柚销售作为农产品流通网络建设的主要抓手，全方位服务区域内金柚销售，以梅县区电商产业园电子商务平台为依托，鼓励农民专业合作社与国内电商企业进行合作。供销合作联社“梅县梅松柚果专业合作社”下属“广东十记果业公司”引进京东商城落户梅县区云电商产业园，并于10月16日签订建设梅州特色馆合作协议。10月28日，广东十记果业公司又引进国内大型优质生鲜食品网“本来生活网”，在松源举行金柚基地挂牌仪式，与“本来生活网”签订金柚产销对接协议，为“本来生活网”供应优质金柚300多吨，推动了梅县区电子商务的发展，扶持各类专业合作社网上开店，开展与5i5D代销平台业务，实现农产品与电商企业有效对接，开拓网上销售农产品业务，组织59家农民专业合作社进入市供销社的电子商务平台，其中有4家农产品入驻实体店，以公司+专业合作社+农户的经营模式，构建农产品现代流通网络，扩宽农产品及金柚销售。全年销售蜜柚、金柚8万多吨，销售额3.2亿元。三是动员组织家居、食品药品、服装、生活日用品等110家商家入驻“梅州市供销社百货大商场栏目”，使广大消费者通过电子商务平台能快速得到民生综合服务的各种信息，为群众提供更全面更完善的便民服务。完善“城市配送中心＋乡镇超市＋行政村加盟店”的三级联动双向的现代经营流通网络，改善城乡消费环境，扩大日用百货消费品销售，全年日用消费品销售额1.26

亿元，同比增长43.52%。四是重点打造和完善全区50个加盟店和200多个经营网点的废旧物资回收网点功能，发挥物资回收公司的龙头带动作用，开展绿色回收进社区、进乡镇、进农村活动，开拓业务，推动再生资源回收业务的发展，全年废旧物资销售额8900.76万元，同比增长8%。五是创新举措，大力推动“农电”对接，推动发展供销合作社电子商务，实现线上线下融合发展，以建设“农电”对接工作服务平台为抓手，抓好网上供销社的建设工作，协助转制后直属公司“梅县供销冶金化工建材公司”、梅西中心社开办网上供销社业务，开展线上线下一体化服务，拓展业务经营，高效推动“新网工程”建设。

【农民专业合作社建设】 一是按照组织化、规模化、品牌化、产业化标准要求，扶持发展影响力较大、带动能力较强的农民专业合作社9家，累计74家，打造省级市范社2个，累计27家、市级市范社15家。二是以多元化、多形式、全面发展的思路，打造专业合作社品牌，推动专业合作社走旅游农业综合发展路子，扶持梅县区三乡情青梅专业社做好梅山、梅园文章，完善园区路道及旅游景点设施建设，打造集赏梅、品梅、酿酒、休闲娱乐、生态产业发展、高效精致的特色旅游观光农业示范园，推动区三乡情青梅专业社与梅州市假日旅行社共同合作，在“五一节”期间推出以赏梅、品梅、品酒、采摘青梅农家乐、送清泉等节目的特色旅游活动，梅县金丰园种养专业合作社成立旅游开发公司，以“公司＋农户＋综合旅游”的发展模式，开发自然生态旅游，水上有游船，供游客观赏上官塘自然风景；陆上有丰富的自然景点，内设餐饮供应，钓鱼、摘果取乐、各处有景点标示牌，打造健康休闲、积极放松的现代“桃花源”。三是抓好利民、大雅两个国家农综项目的完善实施。为确保利民水果专业社800亩金柚示范基地建设、丙村大雅1000红肉蜜柚创新型示范项目建设的完善实施，联社组织主要骨干力量经常深入项目基地，检查督促建设项目实施，加强项目资金监督使用，及时为专业合作社排忧解难，按时按质按量完成项目建设任务，两个建设项目均通过省、市评审验收，丙村大雅1000红肉蜜柚创新型示范项目推荐为全省示范项目。四是依托医药加工企业广东华清园生物科技有限公司，以供销社+公司+基地+农户的模式，扶持发展梅片树种植。协助农户处理好经济效益与生态效益、短期收益与长远利益、梅片树产业与生物医药产业发展的关系，确保农户利益和企业效益，推动梅片树产业健康有序发展。五是支持农民专业合作社开展信息交流、技术培训、农产品质量认证、产品品牌建设、农业生产基础设施建设、市场营销和技术推广等服务，推动农民专业社发展。

【农超对接和平价商店建设】 一是抓好农超对接、平价商店建设工作，促进专业合作社与超市的有效对接，扩大农产品直接供应超市的销售，提升助农增收能力，推动“农超对接”和平价商店建设再上新的台阶；二是依托基层中心社，做好平价粮油进县入镇工作，着力把畲江中心社的平价粮油商店打造成全市最具规模的经营门店，搞活商品流通，改善城乡消费环境。

【市场监督管理】 为建设市场良好秩序，确保优质商品供应市场，全年组织出动50多人次，检查所属农资配送中心、农资加盟店、

“万村千乡市场工程”农家店60多间，检查化肥3000多吨、农药30多吨，所属经营网点均未发现生产、销售伪劣产品的行为。检查废旧物资回收经营网点120多个，均能按规定建立废旧物资回收登记管理制度。

【基层组织建设】 加强基层组织建设，提升服务“三农”水平。一是加强基层社的管理，协助基层社解决困难和问题，恢复和健全基层社的为农服务功能；二是完善畲江中心社的建设，提升中心社为“三农”服务功能，抓好管好分社的业务，重点抓好“四大流通网络”建设、专业合作社发展、农超对接、平价商店建设及平价粮油进区入镇等工作。推进梅西中心社的建设，扶持中心社发展专业合作社和家庭农场建设，组织专业合作社的产品参与市社的电子商务平台建设，鼓励和支持中心社开展义务下乡服务和农技、农资宣传到户活动。全年中心社销售额3103.36万元，同比增长23.33%。

（供稿：利亮宏）

烟草专卖

【概述】 2015年，全年实现销售收入5.97亿元，同比增长11.18%；实现税利1.49亿元，比增32%；上缴税收3600万元，同比增长165.92%。

【烟叶生产】 一是落实烟叶种植收购工作。落实“严控面积，坚守红线”要求，与722户烟农签订电子合同，种植烤烟680公顷，收购计划150万公斤。严守收购流程和纪律，优化烟农服务，收购烟叶149.5万公斤，完成收购计划的99.99%，其中中、上等烟占比97.05%，收购均价每担1302.35元。二是全面提升烟叶生产水平。建设优质烟叶生产示范片3个，面积49.6公顷，以点带面促进适用技术落实；全面开展优化烟叶结构、土壤改良和废弃地膜回收处置工作，改善种烟土壤与环境，促进烟叶等级结构更加合理。协助烟农合作社开展专业化育苗、机耕、植保、烘烤、分级服务，提高烟叶生产效率。三是增强烟叶发展后劲。2015年，批准辖区新建烟基项目188个，预计投入补贴资金530万元，项目建设工作严格按照建设流程，规范有序开展；按照先易后难原则，有序推进隆文、松东烟叶工作点新建工作。

【卷烟营销】 一是实现效益结构“双提升”。落实卷烟提税顺价政策，保障市场状态稳定，辖区全年销售卷烟20,876.2886箱，同比增长2.86%；销售收入51,816.08万元（不含税），同比增长13.09%；实现单箱销售收入29,040.01元（含税），同比增长10.15%；一、二类烟销量为7,013.3656箱，同比增长15.48%，所占比重33.6%，同比增长12.49%。二是品牌培育效果显著。强化工商协同，利用微信等平台开展宣传促销，重点推进以省产“双喜”为主的23个重点品牌培育工作，培育双喜（经典工坊）等新品，扶持娇子、金圣等老少边穷特色品牌，全年重点品牌市场总销量18570.4176箱，占总销量的88.96%。三是夯实网建基础。应用“135”工作法，实施亲情服务和增值服务，全区有持证入网户1764户，发展网上订货户1663户、电子结算户1656户。建成零售终端382户（其中形象终端4户，功能终端378户），占零售户总数的21.61%，实现系统扫码销售上传379户。

【专卖管理】 一是打击制售假。深化联合打假机制，多次联合公安、质监等部门开展卷烟制假窝点排查行动；开展打假宣传，落实“一村一牌”工作；扩大情报收集面，落实打假工作责任制，推动打假工作下移到村。全年查获假烟案件7宗，查获假烟5.46万支。二是加强市场监管。突出非烟综合治理，梳理非法收购不法分子“黑名单”，建立大户和违规经营户档案，加大对重点人员、环节、场所的监督管理，全年查处非烟案件187宗，其中万元以上案件9宗。推进APCD工作法，统一市场监管模式，释放监管工作时间，实现精准打击，确保市场监管效果。全年处理涉烟违法案件212宗，案值66.15万元。三是依法推进行政许可。发动稽查中队进一步摸清零售点区域分布情况，依法探索新一轮合理布局工作。开展行政许可自查自纠，规范许可办理及后续监管。全年办理许可证1241份。四是抓好内部监督。完善制度建设，紧抓宣传培训，确保生产经营规范有序。开展“两烟”专项检查和日常监管，核查市局下发卷烟预警41宗，收集涉及规范经营投诉52次。

（供稿：钟怡明）

食盐专卖

【概述】 2015年实现盐产品销售4791吨，实现销售收入1160万元，比上年增加100万元；全年实现非盐业务收入200万元，比上年增加80万元；碘盐合格率、覆盖率、货款承付率均100%。

【主营业务】 一是结合食盐专营企业准公共性企业的定位，立足保市场供应、保食盐安全、保经济效益、保企业和谐，把营销工作向纵深方向发展，做精做细每一个环节，确保市场持续稳定；二是推进市场终端网络建设，提高市场终端掌控能力，9月，正式启动对熟食加工业、餐饮服务业和集体食堂的食盐直配直送工作，拉近公司与终端网络间的纽带关系，确保终端环节的食盐安全，至年底，终端客户到500多家；三是做好饲料用盐和工业用盐客户的沟通和合作；四是合理布局季节性用盐的供应，并提前做好沟通联系，确保腌制用户不会从其他非法渠道购进盐产品。

【盐政管理】 一是采取“高、大、全”的市场管理方法，加大盐业市场巡查力度，按照守土有责的原则，对市场管理频率不降、力度不减。同时，根据人员安排、气候情况、市场特点和私盐违法分子活动规律，对食盐市场进行有针对性的检查和清理；二是实行集中整治与强化日常监管相结合，从制度上、措施上落实食盐打假专项行动的各项工作；三是加强领导，协调联动，集中打击，牵头组织工商、质监、食药监等职能部门联合检查，重点对全区中小学校、幼儿园、大专院校等食堂及酒楼宾馆、食品加工用盐企业的用盐安全进行全面检查；四是加强食盐流通市场的日常监管，重点加强毗邻外省、市、县边界地区和城乡接合部的食盐市场监管力度；五是与区畜牧局联合行动，加强对饲料添加剂氯化钠的监管，从源头上防范和杜绝“三无”盐产品、工业用盐通过饲料企业和饲料添加剂氯化钠流入市场，维护全区食盐安全。

【盐政宣传】 一是利用“3·15”消费者权

益日和“5·15”防治碘缺乏病日，会同疾控、工商、质监、教育、打假办等部门在华侨城广场开展宣传咨询活动，向消费者宣传食盐消费自我保护常识和盐业法规，提高广大市民“吃好盐”“少吃盐”和科学用盐意识；二是深入乡镇、偏远的乡村及农户家里进行宣传；三是联合疾控中心、教育局向幼儿园、中小学校开展碘盐科普画册、图片宣传，发放印有防治碘缺乏病字样的作业本等，建立长效的“社会—学生—老师—家长”小手牵大手食用合格碘盐的宣传链，通过孩子影响家长，到宣传的目的。（供稿：吴建强）

电子商务与物流

【概述】 梅县区着力建立全方位、立体性的电子商务产业发展体系，打造人才聚集区、电商企业集中区、农村电商示范区，加快发展电子商务事业。梅县区电子商务产业园引进云电商基金建设云电商生态城，形成以云电商生态城、电商创业大厦、淘宝创业园、萨维尔电子商务公司为主体的电子商务发展平台和产业集聚区，全区有电商企业80家。2015年，全区电子商务企业交易额9.94亿元，同比增长108.8%。申报省级信息产业发展(物联网技术应用)、电子商务等项目30项，获得支持资金1187.38万元。梅县区电子商务产业园获评广东省电子商务示范基地、广东省农村电子商务示范基地、梅州市农村电子商务示范县（区）、梅州市农村电子商务示范基地；广东十记果业有限公司获评广东省农产品电子商务示范企业；天草农业、永兴食品、木子金柚、梅龙柚果、客来客往、十记果业等企业获评梅州市农产品电子商务示范企业。

【发展规划】 至2015年底，电子商务在梅县经济社会各领域的应用水平显著提高，现代物流体系基本完善，电子商务和现代物流对经济发展起到明显的促进作用。梅县电子商务品牌的国内外影响力显著提升，电子商务产业发展在全市以及全国同等山区城市中处起领先地位。全区电子商务交易额30亿以上，其中网络零售额占社会消费品零售总额的比例超过10%；增强电子商务产业集聚度和市场辐射力，培育1—2家国内外知名的电子商务龙头企业，打造具有重要影响力的电子商务平台和产业集聚区，推动电子商务事业发展。

【政策扶持】 梅县区人民政府出台《梅州市梅县区人民政府关于印发加快发展电子商务实施意见的通知》梅县区府〔2014〕3号、《关于印发梅县区加快电子商务产业发展扶持办法的通知》梅县区府〔2014〕5号。

【培育龙头】 借力阿里巴巴、京东集团、云电商基金，助推广东十记果业有限公司联合京东集团、中粮集团、天天果园等知名农电平台共同打造“京东·广东梅州特色馆”“中粮集团我买网”“本来生产网种植基地”；继续支持、培育天草农业、永兴食品、木子金柚、梅龙柚果、客来客往等企业的发展。

粮食储备

【概述】 2015年，粮食部门抓好依法管粮工作和完成粮食储备任务，确保全区粮食安全。全年完成代储中央储备粮 1 万吨，承储省级储备粮 8800 吨、县级储备粮 1.4 万吨(含新增落实储备任务 8000 吨)和食用植物油储备 50 吨，各占计划任务的 100%。

【仓储管理】 做到储粮管理到位，制度健全，堆位品种数量清楚，粮情稳定，实现“一符四无”要求。抓好人、财、物的安全管理和规范化管理，严格执行省、市有关储备粮管理办法。组织人员学习培训，进行科学保粮推广，运用环流熏蒸、电子测温、机械通风保粮新技术，做好防高温、防虫、防鼠雀、防霉变等工作，降低粮食损耗，确保粮食储藏安全。

【保管和轮换】 在储备粮的管理工作中，严格遵守规章制度并依照科学保管程序，严防不漏，抓好粮食安全生产管理工作，做好防盗、防火、防水、防台风、防高温的管理。发挥自身化验室的作用进行粮食质量储藏出入库的监测，管好每一个库点的粮食。在程江、马麻岌、畲江、白渡、松口等五个储粮点均实现“数量真实、质量良好、储存安全”和到“储得进、管得好、调得动、用得上”的储备粮管理目标。在储备粮的轮换中，尊重市场规律，加强市场研判，把握行情，降低轮换成本，把亏损减少到最低限度，并采取错峰轮换和包干轮换两种方式，解决好销售和仓容的两大难题。提前筹足粮食收购资金，定出符合市场行情的粮价，敞开收购农民手中的余粮，确保不向农民打白条。2015 年完成县级地方储备 1 万吨的轮换及新增收购任务。

【价格监测】 做好粮油市场调控工作，完善粮油监测体系，抓好城镇居民粮油消费和社会粮油供需平衡调查，提高粮油市场保供稳价能力。加强市场粮情监测制度和预警体系建设，坚持粮价网点监测制度，落实定点专人负责，及时掌握市场粮情动态，为上级政府实施粮食宏观调控提供可靠的依据。全年开展各类粮食执法检查 12 次，出动 43(人)次。

【应急机制】 按照《梅县区粮食应急预案》和梅县区粮食应急预案领导小组要求，落实梅县区粮食应急预案的日常工作，加强全区粮食市场的监管和应急、预警体系的建设，全区设立应急供应网点 23 个、建立平价粮油商店 5 个、应急配送中心 1 个、应急加工企业 2 家、应急运输企业 2 家。开展粮食应急加工、运输、供应演练，加强与各相关部门合作，各司其职，各负其责，稳定粮食市场，确保全区粮食安全。

【集资矛盾化解】 粮食集团公司于 1993 年起向职工和社会集资总额 1.74 亿元，虽经十多年的努力，兑付一部分债务，但由于集资额较大，涉及面广，如果处置不妥，将严重影响社会的和谐稳定。粮食局专门成立综治领导小组，筹集资金并做好集资户的解释工作，对特殊困难户采取一些灵活措施，抓好每年 1%集资兑付和嘉得利酒店的管理，全年未发生集资户集体上访。

（供稿：陈访军）

旅　游　业

【概述】 2015 年，旅游部门围绕“一个目标，三大抓手，两条底线”的总体部署，利用促进粤东西北地区振兴发展和原中央苏区振兴发展两大优惠政策，推动梅江韩江生态文化健康旅游特色产业带规划建设，推进旅游项目建设和旅游招商引资，加快乡村旅游发展，强化依法治旅、旅游安全管理、旅游宣传营销和旅游市场环境，擦亮“中国旅游强县”金字招牌，打响“叶帅故里、客都明珠、国际慢城”的特色旅游品牌。

2015 年，梅县区再次荣获广东省县（市）域旅游综合竞争力“十强”，雁南飞荣获国家生态旅游示范区，雁洋镇荣获广东旅游名镇，雁洋“国际慢城”荣获“橙色蜗牛 2015”大奖，雁鸣湖、灵光寺通过国家 AAAA 级旅游景区的复评，南寿峰健康产业园评为国家 AAA 级旅游景区和广东省中医药文化养生旅游建设单位，雁洋镇长教村荣获中国乡村旅游模范村和广东旅游名村，梅县区生泰鱼庄、乡村人家、杜陂坑、腾飞和善庆庐等 5 家农家乐评选中国乡村旅游金牌农家乐。新开办莱雅木屋温泉度假村、四季佳禾农业园、维也纳国际酒店、梅花山酒店、尚客优酒店、吉盛酒店等一批旅游企业。全年争取各级财政资金 436 万元扶持旅游企业发展。

据统计，全年接待游客 1454.78 万人次，比增 20%，旅游总收入 122.11 亿元，比增 21%。

【旅游发展规划】 中期目标（2011—2015 年）做好特色旅游形式（自驾车游、文化专题游、探险游等）的配套设施建设，加强宣传促销力度，挖掘客家文化，推出大型客家文化娱乐品牌项目，完善旅游产品系列。

1. 中期规划目标（2011—2015 年）形成鲜明的度假旅游和文化旅游形象；新增 2—3 个景区成为国家 AAAA 级景区；至少一个项目成功申报国家文化遗产；旅游业成为梅县第三产业的支柱产业。

2. 中期建设重点

中期规划建设重点项目与内容

表 3

功能组团	建设项目	主要建设内容
西阳生态旅游组团	明山嶂景区	开发为户外探险旅游区
	清凉山景区	度假村、生态茶园、生态林区
	白宫河景区	开展漂流、漂游、观光游览等项目
	西阳度假村	多功能住宿接区
松口民俗文化组团	松口旅游镇	开发松口镇各主要景点

（续表 3）

功能组团	建设项目	主要建设内容
南口客家建筑组团	南口旅游镇	继续对南口镇开发，将可利用的围龙屋等建筑进行商业改造，将南口镇建设成为旅游集镇
梅南生态旅游组团	九龙嶂景区	山地度假、景区观光、森林探险、红色旅游等
	小桑村“扛公王”民间习俗	打造为旅游节庆活动
	彩虹特色农业示范园	建设为农业观光园，利用当地材料开发特色餐饮
	畲江镇、水车镇工业旅游	选取适当街区，发展手工艺工业旅游
	水车窑景区	遗址展示、博物馆建设、改善交通

3. 中期市场营销规划

巩固基础市场和核心市场，拓展其他市场；增加促销经费，保证一定数额的常规宣传促销经费，加强市场调查研究，深入研究游客心理需求，确定优先细分市场；加强对旅游从业人员及其相关部门的政府工作人员进行培训，提高接待服务质量；

定期举办金柚节、客家民俗文化节、客家山歌节、客家文化博览会等节庆活动，使之成为梅县旅游的金字招牌。

【重大项目建设】 按照梅县区委、区政府2015年重点工作安排，落实重点项目挂钩联系制度，挂钩联系“创意南口·客归侨乡·麓湖山庄”、恒溪生态园建设项目、南寿峰健康文化产业园建设项目、三乡养生度假村建设项目、中国收藏文化示范基地项目、新南湾水岸游乐休闲中心综合开发项目，为旅游建设重点项目服务。

【配套设施】 根据《关于印发 2015 年广东省旅游扶贫专项资金申报指南的通知》的文件精神，对辖区内的相关乡镇、村、景区、农家乐新建、改建的旅游厕所进行筛选，确定麓湖山新建旅游厕所 1 间、雁鸣湖改建旅游厕所 1 间，两个景区各获得扶贫资金 15 万元、10 万元。经过对全区的调查摸底核实，计划 2015 年—2017 年新建或改建旅游厕所 47 间。针对旅游市场自驾车游客比例多的特点，在梅县区雁洋镇兴建雁洋国际慢城自驾车游客服务中心，为游客提供旅游咨询、宣传推介、旅游预订、导游服务、特色小吃、旅游购物等服务。

【景区（景点）建设】 推动旅游景区提档升级，提升景区建设和管理水平。一是加强对麓湖山文化产业园、南寿峰健康文化产业园和洞天湖旅游区创建 A 级景区的指导，主动协助景区做好各项申报工作，2015 年，南寿峰健康文化产业园评为国家 AAA 级旅游景区。二是指导各 A 级景区提升服务水平和品牌形象，协助雁南飞、雁鸣湖和灵光寺 3 家 A 级景区开展评定性复核工作，12 月，雁鸣湖和灵光寺通过省景区评定委员会组织的交叉复评。三是做好市旅游局安排的 AAA 景区的交叉复核工作。

【旅游宣传】 一是在梅县华侨城广场举办“5·19 中国旅游日”暨“文明旅游、快乐出行”万人签名活动，参与雁鸣湖的柚花飘香节、杨梅节、灵光寺的禅茶文化旅游节等一系列的大型节会活动，加大对外宣传推介。二是利用各种推介平台进行宣传，参加梅州市旅游局组织的北京、上海、香港、海口、郑州、厦门、汕头、揭阳、佛山、江门、韶关、清远等一系列旅游宣传推介会和广州旅游博览会，并到深圳、广州等地开展招商引资，推动水车镇茶山村、南口镇侨乡村等古村落旅游开发。三是利用梅县区雁洋镇加入“国际慢城”联盟的契机，通过报纸、电视、网络、户外广告、宣传资料等多种形式加大对外的旅游宣传推介。在《中国旅游报》《环球时报》等知名媒体集中刊发图文并茂的新闻报道；在南方卫视、旅游卫视等媒体对梅县区旅游进行全方位宣传；在《梅县侨声》杂志中增加旅游版面；制作北京俱乐部“我的长寿 我的团”纪录片。四是利用政府网站及时更新网站旅游信息，与梅州市新梅互联有限公司合作，利用网络、微信等平台进行智慧旅游宣传，用新颖的视角、崭新的图文展示梅县区独特的旅游休闲特点和魅力，扩大旅游影响力和知名度。五是参与 2015 第四届世界客商大会客博会的筹备工作，梅县专门设立旅游展位供旅游企业参展，通过派发旅游宣传资料来加大宣传梅县区旅游。六是加印《叶帅故里 客都明珠》宣传画册 1 万册，加印《走读梅县》5000 册，根据旅游发展现状重新设计印制图文并茂的梅县旅游宣传扎页 5 万份，包含所有旅游景区景点、宾馆酒店、旅行社等。七是于 12 月，从省旅游局争取宣传经费 33 万元，做好对外宣传工作。在广州上下九步行街主入口门楼牌坊（30 平方米）、广州交通电台、梅县人民广场大型 T 牌上宣传梅县区旅游景区。

【景区（景点）选介】 梅州市南寿峰健康产业园位于梅州市梅县区松口镇，总投资 10 亿元，分三期开发，首期项目南寿峰药王养生谷投资 3 亿元，包括种植南药、红豆杉；参之源车间通过 GMP 认证；游客中心、凤维楼接待中心、会议中心、养生草堂（多功能宴会大厅）、两栋养生别墅、七栋钓鱼台木屋别墅、生态大门、养生长廊、观景长廊、望景餐厅、观景接待室、养生湖、风雨廊桥、水系观景区、杉维大道、环山大道、凤维楼广场、游客中心广场、养生广场、供电设施等一批硬件设施建设已投入使用。健康产业园门楼、农耕文化长廊、南药文化长廊、健康文化长廊（网上医院）、游泳池、五星级酒店等在建设或招商中。项目建设理念：建设“神秘的世界客家药王谷，国家级的养生养老胜地”。梅州市南寿峰健康产业园有限公司于 2014 年 1 月开业，累计投资 1.8 亿元，接待游客 30 万人次，营业收入 3120 万元。

（供稿：张　波）

财 政·税 务

财 政

【概述】 2015年，财政部门围绕振兴发展主线，广开财源谋发展，强化增收节支，依法科学理财，着力保障和改善民生，地方公共财政预算收入实现新的突破。2015年，全区地方公共财政预算收入214982万元，同比增收34914万元，增长19.39%；全区地方公共财政预算支出469909万元，同比增支66056万元，增幅16.36%。

【财政改革】 财政部门坚持改革，全面推进财政管理科学化信息化，健全绩效透明、运行规范、监督有力的财政管理机制，提高政策资金效益和理财水平。一是推进部门预算改革工作，提高预算编制的有效性与合理性，严格按照年初人大批准的预算按计划拨付资金。二是深化国库改革，提高财政资金的监督管理水平。三是推进公务用车制度改革，建立新型公务用车制度，降低行政成本。四是推进国有资产管理、政府采购等改革，增强财政活力。五是全区机关事业单位工作人员津贴补贴由原来的分散发放调整为统筹发放，杜绝违规发放津贴补贴行为。六是探索以PPP模式实施建设项目。

【民生支出保障】把好资金使用关，保障基本运行、重点支出和民生支出需要是做好财政工作的基本要求。财政部门提升民生保障水平加大投入力度，围绕区委、区政府确定的重点项目，推进各项民生事业的发展。一是实施民生工程，重点关注农村社会保障等惠民政策落实，十件民生实事全部完成，本级财政投入2.7亿元。二是预算足额安排财政配套资金，加强资金监督管理，加快资金拨付进度，保障重点项目建设，加强各成员单位之间协调配合，形成整体合力。三是社会保障、医疗卫生、节能环保、农林水事务等重点支出得到较好保障，促进社会事业的发展。

【财政管理】财政部门通过规范理财，提高资金使用效益。一是落实新《中华人民共和国预算法》，在预算管理上按照“无预算不支出”的原则严格执行人大审议通过的预算，增强预算的约束力和执行力。二是建立和健全结转结余资金定期清理机制，做好盘活存量资金工作。2015年，梅县区结转结余2年以上（2013年度以前）的上级转移支付资金共12382万元，由财政收回统筹使用资金8247万元，财政收回后由主管部门安排使用资金4135万元。财政存量资金规模明显下降，存量资金大幅减少，提高财政资金使用效率和效益。三是加强对政府采购工作的监管和规范政府采购操作程序，全年组织政府采购1940批次，节约率5.33%。四是加强和健全“非税收入”管理、周转金、会计工作等的管理。五是加强投资审核管理，全年完成各类审核预结算项目 133 个，综合审减率 18.48%。六是落实中央“八项规定”和《党政机关厉行节约反对浪费条例》，做好部门预决算和“三公”经费等公开工作，通过强化财政监管，从多个角度、多个层面规范财政资金的使用管理。

【财政监督】 一是落实中央“八项规定”和《党政机关厉行节约反对浪费条例》，加强财政支出管理，严禁超预算或无预算安排支出。二是强化预算执行，严格控制预算追加，增强预算约束力。三是加强财政监督管理，开展重大财税政策实施情况专项检查，建立和健全覆盖政府性资金和财政运行全过程的监督机制。四是强化财政支出绩效考评，加快建立“预算编制有目标、预算执行有监控、预算完成有评价、评价结果有反馈、反馈结果有运用”的预算绩效管理模式。

税 务

【国家税务】 2015 年，国税部门围绕省国税局“三步走”发展战略和市国税局“四个增强”工作要求，强化征管、优化服务、规范执法，坚持组织收入原则，确立“向管理要税收”的思路，围绕“目标管理”，根据税源结构特点，采取“五个抓好”措施，深化前置服务，细化税源管理，全年实现税收 10 亿多元。

税收收入 2015 年，梅县区国税局组织税收收入 102785 万元，同比增加 12987 万元，增长 14.46%。从入库级次看，中央收入 70808 万元，同比增加 7687 万元，增长 12.18%；省级收入 6938 万元，同比增加 2418 万元，增长 53.5%；县（区）级收入 25039 万元，同比增加 2882 万元，增长 13.01%。从税种收入看，实现增值税收入 75356 万元，同比增加 2413 万元，增长 3.31%；企业所得税收入 27316 万元，增加 10706 万元，增长 64.46%；消费税收入 113 万元，同比减少 132 万元，减幅 53.88%。

税源管理 （一）抓好行业性增值税评估。在对计算机、通信和其他电子设备制造业、商贸批发业、广告业及其他一些行业的部分或全部一般纳税人进行评估的同时，还对办理差额征税备案的一般纳税人和商品混凝土、采砂、批发零售行业的纳税人进行评估，合计评估的纳税人有 51 户，发现 22 户企业存在问题，责成纳税人自查补报增值税 25.12 万元，加收滞纳金 2.61 万元，转出进项税额 6.41 万元,通过抓好行业性增值税评估，规范税收征管，增加税收收入。（二）抓好企业所得税管理。一是加强面向纳税人的日常政策宣传和业务辅导，专门为纳税人和税收管理员举办两场所得税业务培训班，提高企业所得税纳税申报和汇算清缴质量。二是按照评估面不低于所辖企业户数 20%的原则，选取 366 户企业为评估对象，以评估类型为出发点，开展企业所得税纳税评估工作,发现存在问题的企业 16 户，占评估户数的 4.37%，调减亏损 234.6 万元，调增应纳税所得额 25.42 万元，补征税款、加收滞纳金 5.21 万元。全年实现企业所得税收入 27316 万元，同比增长 64.46%。（三）抓好非居民税收管理。采取对外支付税务备案、强化源泉扣缴管理、做好 2014 年特别纳税调整等措施，加强非居民税收管理，全年服务贸易等项目对外支付税务备案 14 份，备案金额 24990 万元；全年开展对外支付项目核查45户次，查补税款3.87万元,2015年，实现非居民税收1615.87万元。（四）抓好出口退（免）税管理。执行好出口退（免）税管理工作规范，落实好分类管理办法，加强函调，加快审核，加速税款退抵，提高出口退（免）税管理的规范化水平和工作质效。全年完成审核退（免）税14729万元，办理出口退（免）税14075万元（其中退税额4175万元，免抵税额9900万元），同比增加4021万元，增长37.6%，办理率95.55%。全年实现免抵调库收入9900万元，占全局完成税收收入的9.63%，同比增加3750万元，增长61%。（五）抓好“营改增”企业税收管理。2015年“营改增”工作的重点是抓好已完成“营改增”纳税人的税收管理，开展调查研究，探讨“营改增”纳税人管理办法，挖掘税收潜力。全年“营改增”纳税人实现税收3070万元，同比增收666万元，同比增长27.7%，成为重要的税源。对建筑、房地产、餐饮娱乐等纳入“营改增”行业进行调研，做好新一轮“营改增”的各项准备工作。

依法治税　（一）夯实税收征管基础。推进增值税发票系统升级版和“金税三期”系统单轨运行上线工作，贯彻落实好《全国税收征管规范（1.0版）》；推行“一照一码”登记制度改革和“双委托”业务工作，规范发票管理。（二）疏理重点执法事项。经过查找、梳理，明确10类29项重点税收业务，涵盖纳税服务、税收基础管理、税收政策执行、出口退（免）税管理、税收收入管理、税务稽查等十大类别的税收，涉及“双定户”定额核定和自行申报管理、税（费）种登记认定、营改增行业增值税管理、金银首饰和酒类生产行业消费税管理、股权转让涉税事项管理、非居民税收管理、税收优惠政策落实管理、税收收入分析与预测、征管与稽查互动合作等29项具体税收业务。突出税务部门的主业，给出每项业务的办理流程和要求，规范税收执法。（三）抓好优惠政策落实。一是抓好基层落实资源综合利用最新目录、农资、农村专业合作社等增值税税收优惠政策和落实对享受免征增值税优惠企业实行备案管理。二是做好小型微利企业所得税税收优惠政策、固定资产加速折旧税收优惠政策的宣传辅导工作，要求基层征管单位执行好优惠政策，辅导纳税人更好地遵循优惠政策，符合条件的纳税人的受惠面100%，优惠税额超过380万元。（四）发挥稽查职能作用。一是发挥金税工程协查子系统作用，办理好协查案件。二是强化举报管理工作，扩大案件来源。三是运用电子查账软件，探索电子化稽查模式，提升稽查水平。四是加强与公安机关合作，加大对涉税违法行为的打击力度。五是辅导企业开展自查，纠正纳税人遵从税法的差错。突出抓好日常税收检查和税收专项检查及打击发票违法犯罪活动工作，发挥税务稽查打击涉税违法行为和规范税收执法的作用。全年开展各类检查、稽查案件70户（宗），查补税收、罚款、加收滞纳金1624.08万元，占全年稽查收入任务的106.15%。（五）实施执法风险监控。一是依照国家税务总局、省国税局和市国税局规定的督察重点内容，按照30%的比例对4个基层征管单位开展税收执法督察工作，整改存在的问题。二是用好“税收执法信息管理系统”“税收执法监察子系统”“税收执法风险防御系统”等计算机监控软件，提高执法的规范化水平。三是从政府其他部门采集相关涉税数据，开展风险疑点排查、分析，全年税收风险监控涉及纳税人214户，其中存在风险疑点的纳税人89户，在化解风险的过程中实现税款637.4万元。

纳税服务　（一）优化办税服务软环境。一是执行好“办税服务零距离、办税流程零障碍、办税质量零差错、政策落实零折扣、业务培训零收费、服务对象零投诉”的服务标准，严要求、高标准为纳税人提供服务。二是做好实体办税、网上办税、自助办税的整合利用，发挥办税设施的作用。三是简化办税流程，完善“一站式”“一窗式”服务模式，做到“走进一个门，选择一个窗，办完所有事”，让纳税人获得更加方便、规范、高效、放心的服务。四是落实好首问责任、办税资料一次性告知、即时评价办税、办税服务厅领导值班、导税指引、投诉受理等制度，保障全局五个办税服务厅工作高效运转。五是加强学习培训，改进沟通技巧，规范服务用语,提高服务规范、服务礼仪的熟练水平。

（二）提供多元办税服务。一是试行“免填单”“无纸化”服务，提高办税效率。二是开展预约服务、延时服务、错峰服务、直通车服务、上门辅导服务。三是发挥“窗口办税、网上办税、自助办税”三位一体办税服务体系作用，为纳税人提供全天候服务。四是利用“税企短信平台”“税企 QQ 群”、微信群等信息技术为纳税人提供提示、提醒、咨询服务。（三）做好咨询解答工作。认真对待、详尽解答，纳税人来人、来电、来函咨询涉税问题，为纳税人提供更加优质的服务。一是做好纳税人的税务咨询工作，解答计算机软件企业所得税优惠政策、对外支付费用代扣代缴非居民税收问题、对外支付股息享受税收协定优惠问题、“营改增”等有关业务问题。二是做好电池、涂料、成品油消费税政策的辅导，细致解答纳税人疑问，帮助纳税人熟悉政策。

【地方税务】2015 年，地方税务部门坚持以组织收入为中心，以税费管理为重点，确保全年各项工作顺利完成。

税收收入　2015 年，组织税费收入 27.38 亿元，同比增收 3.05 亿元，增长 12.55%。其中：入库地方税收 21.2 亿元，同比增收 2.84 亿元，增长 15.46%；含中央级收入 3.48 亿元，同比增收 0.31 亿元，增幅 9.82%；省级收入 5.15 亿元，同比增收 0.36 亿元，增长 7.59%；县级收入 12.57 亿元，同比增收 2.16 亿元，增长 20.8%。组织社保费收入 5.22 亿元，同比增收 0.15 亿元，增幅 3%。组织其他规费收入 0.96 亿元，同比增收 0.05 亿元，增幅 5.5%。

税源管理　一是做好税源调查，落实任务分解。重点做好大企业的税收预测工作，及时、科学、合理地分解落实税收任务，计划到户、责任到人。二是抓大不放小，强化税源监控管理。一方面抓好重点税源的监控管理：做好建安行业和房地产业营业税、土地增值税等税种的管理工作；做好企业所得税预缴、汇算清缴和年所得 12 万元以上个税自行申报工作。另一方面抓好零星税源的管理：加强房产税、土地使用税的征收管理工作；做好企事业单位个人所得税的管理工作；加强印花税、城建税等小税种的管理。三是加大欠税清缴力度，严格控制新欠。专门成立清理欠税小组，加强对企业的督查，加大清理力度。四是发挥数据管税作用，寻求税收增长点。利用金三系统、第三方涉税信息共享平台和纳税评估等手段，全方位掌握税源信息，健全协税护税网络，召开全区涉税信息共享工作情况通报会。五是完善信息共享平台建设，促进信息管税工作。加强涉税信息平台的建设和完善，扩大涉税信息平台的应用范围，健全涉税信息交换和共享机制，促进涉税信息分析应用的发展。六是健全纳税评估机制，强化征稽联动工作。利用纳税评估机构和稽查局税收督查机构，加强两部门交接程序上配合。七是利用科技平台，提升征管质效。实现金税三期征管系统的上线，启用税费征管电子档案影像系统，提高工作质效。

依法治税　一是发挥税收稽查的震慑力，净化税收法治环境。二是及时在各宣传平台公布、更新部门政务信息，明确办事流程，设置群众意见箱，公开征求收集群众意见建议，做好税收宣传，促进政务公开透明，实现群众有效监督。三是坚持组织收入原则，加强税收执法、规范性文件管理，加强税收减免、税收票证等方面的检查，对薄弱环节及时进行整改，及时发现和纠正税务人员在征管工作中存在的问题，落实行政执法责任考核和执法过错追究制。四是落实小微企业税收优惠政策。围绕关于小微企业税收优惠的文件精神，及时安排部署，抓好组织落实，确保符合条件的纳税人享受税收优惠。

纳税服务　一是做好日常纳税服务和全国税务机关纳税服务规范的落实，规范前台人员的工作流程，提高税务机关的办事效率和服务质量。二是结合税宣月和便民办税春风行动，扩大税宣影响力和覆盖面，开拓新纳税服务举措：与区广播电台联合打造一档固定每天三个黄金时段播出的税收专题栏目，向广大纳税人讲解最新政策法规和热点难点问题；联合区国税局开展税收宣传进校园和绿色骑行送税宣活动；联合区人社局在梅县华侨城广场举办税费政策现场咨询及税费知识有奖问答活动；开展领导走访企业，到重点企业开展税收宣传和调研；在行政服务中心、商场、车站等公共场所播放税收公益视频和税宣动漫；加强税企交流，举办“税宣杯”羽毛球友谊赛和上门为小微企业举办优惠政策辅导课。三是优化纳税服务设施。在办税服务厅安装综合性智能监控管理平台和无线网络；继城区分局后在南口分局设置第二个“预受理服务区”；开通微信公众号，为纳税人提供更方便快捷的互动办税平台。

（供稿：陈嘉荣）

金　　融

银行业

【概述】 2015 年，年末金融机构各项本外币存款余额 252.74 亿元，同比增长 23.15%。其中，城乡居民储蓄存款余额 194.97 亿元，同比增长 19.42%。金融机构各项本外币贷款余额 122.24 亿元，同比增长 25.84%。

【中国工商银行股份有限公司梅县支行】
2015 年，中国工商银行强化“四大标杆”意识，深化“四大理念”，创新营销手段，提高营销水平；以中小客户、重点项目、政府资源三大板块为主线，以拓户、服务工作为抓手，提高网点竞争力和产能，拓展存款业务市场，深化资产业务经营转型，以信贷业务可持续发展创效益；加强重点项目和重点客户的营销工作，加快中间业务发展，夯实中间业务发展基础。至年底，各项存款余额为

366033 万元，比年初增加 35046 万元。各项存款日均余额 329100 万元，比上年增加 35700 万元，增量四行排名第一，完成分行下任务的 198%。各项贷款（剔贴现）比年初净增 30100 万元，完成分行下任务的 109%,贷款实现零不良。实现账面中间业务收入 2675 万元，同比增加 54 万元。面对 2015 年经济下行、多种不利因素互相叠加下，利润实现持续增长,拨备前利润 10165 万元,比增 1217 万元，增幅 13.6%，利润首破亿元大关。

业务经营　存款方面：（1）抓好柜台服务工作，提升网点服务质量和服务效率。（2）按新常态的工作要求加强存款稳定增长的管理，强化存款日均的通报，及时提醒各网点的存款进度，对存款增存缓慢或无工作过程的网点加强督导。（3）存款是全行性的工作，通过与绩效工资分配挂钩等，层层落实存款目标任务，责任到人。（4）加大对征地拆迁款等资金的营销力度。通过“存款+理财产品”组合营销，带动各项存款的增加；加大代发工资的营销力度，拓展三方存管和私人银行客户，通过业务营销系统筛选目标客户、营销客户，利用支行优势产品，为客户量身订制个性化服务，提高市场竞争力，拉动各项存款的增长。信贷业务方面：（1）开展集群式营销。面对市场变化，将信贷业务市场重点转向实体经济。通过加强与当地工商联、青企协会等团体的沟通联系，参与其举办的系列会员活动，实行集群式营销。（2）开展网点阵地营销。为改变网点重储蓄轻公司的传统思想，对辖属营业网点均下小企业拓户任务，通过加强对网点的对公业务培训，强化日常业务督导等形式，推动网点人员主动向存量及新增对公客户营销小企业业务，实现小企业信贷业务的全网点覆盖。（3）打造梅县支行小企业服务品牌。及时解决客户的融资需求，打造小企业服务高效率的品牌，支行建立对公信贷业务跟进制度，细化规定对每一笔业务、每一项流程的工作时限，并通过邮件通报和定期例会汇报等形式，督导客户经理加快业务报批速度和效率。（4）发展个人贷款业务，实现个人贷款总量 5 亿多元。（5）严控信贷风险。通过定期调整客户经理管户及网点，建立 AB 岗管户制度，以便及时发现和把控风险；定期组织对公客户经理开展风险分析会，通过逐户汇报分析客户，及时发现风险并清退客户。

内控案防　支行以“三严三实”作为作风建设的新坐标，抓好党风廉政建设和案件防范工作责任制的落实，坚持廉洁合规教育，筑牢全行拒腐防变思想道德防线；并突出重点，抓好违规放贷、违规代客理财等七大风险点的案件防控工作；强化员工异常行为动态管理工作，及时消除案件隐患。一是强化合规理念的传导，培育合规文化，提高员工内控与合规理念、违规风险和责任意识。二是开展党风廉政建设、案件防范专项治理和查防工作、商业贿赂案件专项治理等活动，与各单位负责人签订内控管理、党风廉政建设和案件防范、社会治安综合治理和消防安全等责任书，确保内控案防和安全工作责任落实。三是坚持按月召开案防分析会议，抓好案件多发部位、重要交易环节的检查工作，规范操作行为，对检查中发现的问题及时落实整改，杜绝屡查屡犯。四是做好反洗钱和反假货币工作，严格执行《中华人民共和国反洗钱法》和反假货币的管理规定，实现全年安全运营。（供稿：黄健明）

【梅县农村信用合作联社】 2015 年，梅县联社坚持立足农村、服务“三农”、服务中小微企业的市场定位，密切关注经济发展动态，努力践行普惠金融。梅县联社事业有新发展。至年底，各项存款余额 554554 万元，同比增长 11.36%；各项贷款余额 356620 万元，同比增长 11.21%。存贷款规模均居梅县区金融机构首位。

业务经营　一是加大“三农”领域信贷投入。加强信贷考核，引导信贷资金更多投向农村、农业等，加大“三农”重点领域信贷投入。截至年底，联社涉农贷款余额 15.32 亿元，比年初增加 1.67 亿元，增幅 12.20%，比各项贷款高出 0.99 个百分点；涉农占比 42.97%，比年初增加 0.38 个百分点，完成省联社支农支小工作要求，提升了农村市场占有率。二是加大支农信贷产品创新力度。一方面，优化“柚农宝”“柚商贷”信贷产品；另一方面，推出农民合作社“政银保”贷款、“农资担保贷”项目贷款。至年底，发放柚农宝贷款 725 笔，发放金额 4636.48 万元；发放柚商贷贷款 37 笔，发放金额 604 万元；政银保授信 500 万元，其中 2015 年新增授信 300 万元。三是完善电子服务功能。2015 年，增发银行卡 1.79 万张，新增网上银行用户 0.13 万户，新增手机银行用户 0.73 万户，自助设备累计发生交易笔数 72.47 万笔，交易金额 13.29 亿元，电子交易替代率 57.81%。至年底，布放机具 114 台、自助设备 47 台，全区卡存量 23.56 万张，开通网上银行 1.29 万户，手机银行 1.26 万户。四是做好普惠金融工作。推进普惠金融试点“四项”建设和“四项”推广工作，一方面，协助村委会做好信用村评选工作，为梅县区评选出信用村 249 个。另一方面，联社作为梅州市农户信用信息系统的主要采集者和试点金融机构，采集农户信息约 8 万户，并对 7.56 万户农户进行信用评级，批量授信 81830 万元，夯实农村金融服务信用环境建设。联社加大助农取款服务点的建设力度，至年底，设立助农取款服务点 114 个，助农取款笔数为 16.69 万笔，转账笔数 353 笔，话费充值及缴交电费 714 笔，查询 1.54 万笔，农户足不出村就能办理各项金融业务，梅县联社开办票据转贴现、智慧存新型存款业务、“双代”业务（代开发票、代收税款）、政银保贷款、农资担保贷，丰富金融业务种类，不断增强竞争力。

内控管理　一是开展各项检查、审计工作。2015 年，联社开展现金（重空）检查、高管人员履职审计及各岗位人员离岗审计，开展“两个加强、两个遏制”专项检查、“回头看”检查、打击银行卡非法买卖专项检查以及票据融资业务专项检查、内控制度梳理和落实案件风险防控治理、信访维稳、普法教育、事后监督、监控系统回放等工作。通过以查促管，以管促纠，进一步规范化管理，实现稳健经营。二是落实安全保卫工作。在安全责任管理上，实行单位“一把手”负责制，分管领导发挥核心作用，职能部门加强管理和指导，网点负责人具体落实安全制度的安全网络体系，保证任何时间安全防范工作有人过问。在责任落实上，联社与各网点、部（室）签订“安全保卫、社会治安综合治理”责任书，各网点和机关部（室）与全体员工签订“个人安全防范”责任书，责任明确到岗到人。执行《企业事业单位内部治安保卫条例》和省联社安全保卫工作会议精神，以创建“平安金融”为主线，贯彻“预防为主、单位负责、突出重点、保障安全”的方针，开展“平安金融”创建活动。三是强化合规理念宣导，筑牢思想基础。联社在 2015 年度开展持证上岗在线学习、有关信贷风险方面的业务培训和工作、防范和打击非法集资、运营主管业务培训、反洗钱知识、法律风险知识等培训工作，提升各岗位员工的业

务知识水平和在日常工作中防御风险发生的能力。（供稿：刘运霞）

【中国农业银行梅县支行】 2015 年，中国农业银行梅县支行通过聚焦稳增长，为重点项目建设提供综合金融服务；通过聚焦产业转型，支持产业结构调整；通过聚焦增就业，加强小微企业金融服务；通过聚焦保民生，加大对社会保障卡项目和“三农”金融服务力度。至年底，梅县农行资产总额 38 亿元，资产规模连续多年居同业之首；实现利税 1,200 万元。各项贷款余额 30 亿元，全年净增各类贷款 4 亿元，投放各类贷款 21 亿元，存贷比为 86%。

业务经营 1.实体经济稳步发展。一是加大对重点企业的支持力度。投放 3 亿元支持富力城一期、二期项目建设，投放 5 亿元支持宝新能源甲湖湾电厂建设并签订 70 亿元银团贷款合同。二是加大对当地中小企业的信贷投放。重点支持当地房地产、机械、制造等相关产业，全年对中小企业投放贷款 2.1 亿元。三是引导居民消费的升级。通过住房按揭、汽车按揭、装修分期、公务员信用贷款等方式促进居民消费升级，全年投放住房按揭贷款 6 亿元。四是推进农业产业化发展。与政府签订“政银保”合作协议，通过“公司+基地+农户”等形式重点支持梅县金柚、水稻、油茶、养殖等农业产业，全年投放涉农贷款 1.8 亿元，其中“政银保”贷款 1500 万元。2.民生福祉改善。推进城乡居民社保卡代理项目，利用社保卡逐步为农民代理发放各类财政支农补贴资金，做到补贴发放、费用代收、缴费参合“一卡通”，至年底，农行为全区市民免费发放二代社保卡 16 万张。同时，针对农村地区银行网点少、人员不足、服务成本高和农村居民金融需求难以有效满足等问题，农行发挥产品、网络、科技优势，创新金融服务模式，推进金穗惠农通工程，改善农村金融服务渠道。投入资金 600 万元，在全区设立助农取款服务点 243 个。

内控管理 2015 年，农行通过严格把控全行的信贷管理风险、内控合规管理、操作风险管理及法律事务，推动支行稳健经营。在员工行为管理中，通过成立工作领导小组、制定《梅县支行关于员工行为“网格式”管理的实施意见》和《中国农业银行梅县支行开展员工行为“网格式管理”工作实施方案》，强化员工的集体意识和责任意识，有针对性地对员工进行指导和帮助，并做好必要的风险提示。（供稿：赖　斌）

【中国农业发展银行梅州市梅县支行】 2015 年，梅县支行以“贷款立行、存款增效、风控提质、作风护航”为指导思想，主动适应经济发展新常态。至年底，各项贷款余额 68072 万元，比年初减少 5011 万元；各项存款余额 32725 万元，比年初减少 12979 万元；中间业务收入 4.55 万元，实收利息 4357 万元；利息收回率为 100%，实现账面盈利 2135 万元，比上年增加 1595 万元；人均利润 164.2 万元。

业务经营 1. 推动业务发展，支持新农村建设。履行农发行现阶段职能，做好粮油收储资金供应管理。重点做好各级储备粮油收储和轮换的信贷支持工作，全年投放地方储备粮贷款 2995 万元，支持粮食企业夏粮收购 9981.33 吨（其中支持新增地方储备粮储备规模 8000 吨，投放地方储备粮贷款 2400 万元），确保粮食收购资金供应。不定期开展粮食库存检查，确保粮食库存银行账与企业相一致，以及企业销粮款的跟踪检查，确保及时足额回笼销货款。落实“存款增效”工

作多渠道挖掘存款资源。2. 增强发展意识，积极营销非经营性中长期贷款业务。一是因地制宜营销中长期贷款，行领导、客户业务部人员主动向区政府汇报，介绍贷款品种、期限、利率、办贷流程等，加强与区政府、财政、金融办等部门沟通协调，争取有关部门的支持和配合，以土地整治、棚户区改造、改善人居环境建设等项目为重点。至年底，已对接棚户区改造项目，初步营销梅县新城起步区 628 户，总投资 45435 万元。二是抓好已发放政府非经营性项目贷款的管理工作。按照上级行有关项目贷款管理的要求，执行“盯住土地、卖地还款”的管理模式，指定专人负责跟踪项目贷款收储土地挂牌出让情况，及时收回贷款本息。全年置换债券和收回非经营性农村土地整治中长期贷款 6610万元,非经营性水利建设中长期贷款700万元。做好 2015 年度 3 户贷款企业信用等级评定和授信工作,加强贷后监管和贷款基础信息真实性核查工作，执行贷款“十不准”，与 3 个贷款企业签订《银企廉政共建协议书》。

内控管理　一是开展银监会“两个加强、两个遏制”专项检查“回头看”自查工作，防范操作风险，遏制案件发生，推进依法从严治行，完善各项管理措施。二是开展业务库专项安全、生产安全大检查、执法监察等自查工作，健全内部控制监督机制，提高风险防控能力。三是落实各项规章制度，落实《梅州市分行基础管理考核实施办法》等制度办法，落实业务流程化和责任。结合内外部业务检查，抓好整改落实，强化基础管理考核激励约束作用。四是开展保密、印章管理专项检查，加强保密管理和规范印章的保管、审批、使用、登记手续。五是执行各项内部控制制度，规范各项业务操作，防控各类风险，落实安全保卫岗位责任，定期开展职工安全教育，发挥安全保卫监控系统、印章管理监控系统作用，防范各类案件和事故的发生。（供稿：张　萍）

【中国邮政储蓄银行梅县支行】 2015 年，梅县支行围绕市分行的总体部署和重点工作目标，开展“开门红”、公司三大营销、小企业“扎牢基础、稳健发展”等系列营销活动，做好各项业务发展和经营管理工作，完成市分行下的收入和利润目标。至年底，邮银网点 24 间，储蓄存款余额 413760 万元，比上年增加 19025 万元；贷款结存余额 73546 万元，比上年增加 16182 万元。贷款总体不良率 0.22%，资产质量优良。

业务经营　1. 整合平台，拓展空间，夯实政银企合作。加强与政府平台沟通，做好各类推介活动和后续跟进，推进“大三农”金融服务，加快梅县区政府“助保贷”、农业局“政银保”合作协议签订和对接农业“五大协会”，跟进服务家庭农场、专业大户、农民专业合作社和农业龙头企业等新型农业经营主体融资需求，提升金融服务质量和信贷风险控制水平，打造阳光信贷工程和民心工程。2. 巩固基础，强抓落实，保持宣传营销的持续性。做好墙体广告、楼层广告、横幅和电视广告宣传。利用金点子广告发行范围涵盖县城和各乡镇商户的特点，在宣传单页上推介信贷产品，加大信贷产品宣传的深度、广度。对全区各乡镇进行分片分区域挂钩管理，尝试区域营销模式，每月至少开展一次“建信用村、送贷下乡”主题宣传推介会，结合助农取款点、金融服务站建立“贷款咨询点”、发展社会信息员，联合邮政开展“做大信贷规模、提升邮政金融品牌”劳动竞赛，并每周督导跟进成效。3. 坚持创新，转型升级，加快中间业务发展。做好存款与大理财的互动，加强商贸客户综合开发，强化社保IC卡激活、发放工作，重视信用卡和电子银行发展。加快产品创新力度和零售信贷业务转型升级，坚持小额贷款发展战略地位。把握好“普惠金融”服务政策和行业资金需求旺季，利用金柚贷、再就业贷款、家庭农场（专业大户）贷款的良好市场反响，提升服务新型农业经营主体市场竞争力。加快公司重点营销项目拓展，参与区财政乡镇国库集中支付招投标，拓展同业业务，整合公司和信贷的客户资源，推进中间业务发展。4. 加强管理，效益优先，提升工作执行力。加强员工学习和交叉持证，提升业务素质。加强团队建设，加强业务培训和过程管控，提升团队营销能力和业务处理时效。抓好“四项制度”的落实。落实“亲属回避、强制休假、岗位轮换、经济责任审计”等“四项制度”。加强基础管理和制度执行及履职承诺考核，落实岗位职责，提升工作执行能力。

内控管理　2015年，支行坚持业务发展和合规教育、内控与案防建设工作一起抓。在年初及时落实安全责任制，各部室、各网点均与支行签订安全责任书、员工合规承诺书、网点人员柜面重大违规操作行为整治规定知悉确认书。开展“全行讲合规、我该怎么办”和“合规回头看”活动，一把手亲自撰写课件并带头授课，全行员工积极参与，加强规章制度学习和提升全系统制度执行力。

合规检查员日常对各自营网点和代理网点进行常规审计，开展邮政金融资金安全专项整治、员工行为排查、信贷业务专项排查、内控与案防工作评价等多个专项检查活动，并配合上级和各级监管部门开展各项内控检查。邮、银双方领导和职能部门定期召开“控管会”，提升各级管理层与员工的合规意识和内控水平。落实贷款三查制度，处理好业务发展与风险控制的关系，加大对逾期客户的催收力度和做好不良贷款压降工作，确保信贷业务的发展。（供稿：刘爱婷）

【梅县客家村镇银行】 梅县客家村镇银行成立于2010年11月，总部位于梅县区华侨城，是广东省山区市首家村镇银行。2015年，梅县客家村镇银行新设分理处7个、乡村金融服务点2个，在梅州市大埔县设立普惠金融服务点。至年底，客家村镇银行网点总数34家，基本覆盖梅县区各乡镇。从业人员268人。资产总额25.87亿元，较年初增加10.87亿元；各项存款余额21.32亿元，较年初增加10.86亿元；资本净额1.3亿元，较年初增加0.09亿元；各项贷款余额为12.14亿元（含贴现），较年初增加3.95亿元。各项收入1.11亿元，比上年增加0.38亿元。实现税前利润0.15亿元，净利润0.1亿元，资本利润率8.88%，资产利润率0.48%，资产费用率2.65%。

业务经营　2015年，银行陆续推出“政银保”“助保贷”“客家税融通”“创新贷”和“创业贷”5种特色化贷款产品，响应银监局发展普惠金融的政策理念，在梅州市大埔县设立普惠金融服务点。继续执行各档次利率一浮到顶的政策，为梅州市民提供实惠安全的存款产品。金融创新方面：2015年11月12日，梅县客家村镇银行大埔普惠金融服务点正式运营。大埔普惠金融服务点以服务社区居民和小微企业为定位，主要通过远程视频柜员机向广大客户提供存、取款、查询等基础业务，还能办理发卡、销户、挂失、存款证明开具等传统柜面业务，让客户享受一站式的便捷服务。同时，增加灵活性，扩宽服务范围，节约运营成本，对提升农村金融服务环境意义重大。业务创新方面：创新推出“政银保”“助保贷”“客家税融通”“创新贷”和“创业贷”5 种特色化贷款产品。贷款产品具有政银联动、专业性，针对性等特点。客家村镇银行通过推行“创新贷”和“创业贷”对自主创业的居民发放不需要抵押担保并用于生产经营的创业贷款并推出“客家税融通”贷款并与税务部门合作，将企业纳税情况作为审批条件，提高纳税人的纳税意识，构建展现纳税信用价值的新平台。

内控管理 1. 制度建设。先后制定《梅县客家村镇银行反洗钱和反恐怖融资管理办法》《梅县客家村镇银行流动性风险预警管理办法》《梅县客家村镇银行流动性管理办法》《客家村镇银行重大信用风险应急预案》《梅县客家村镇银行操作风险管理办法》等管理办法。2. 稽核检查。开展《关于加强内部管控遏制违规经营和违法犯罪专项检查》《关于对各网点信贷业务专项检查》《对各网点综合业务检查》《关于 2015 年度信贷专项检查》等专项检查。3. 安全保卫。对各网点的工程质量和案防设施进行验收，对本行的营业安全情况进行评估，对金库管理存在的尾箱交接不规范、缺少金库应急预案和演练的问题进行整改。4. 监管指标监测和报送。配合会计结算部、综合业务部，每月对各项监管指标进行测试，将数据情况对财务总监进行汇报，对不符合监管指标的数据，提供一个修正的参考；每月按监管规定报送监管报表，全年约报送报表 468 张。

（供稿：吴怡雯）

保险业

【概述】 2015 年，梅县区中保财产险全年各类保费收入 3851.1 万元，同比增长 1.8%；赔款金额 1393.1 万元，同比下降 10.5%。梅县区中保人寿险全年各类保费收入 10815 万元，同比下降 7.4%；赔款金额 320 万元，同比增长 34.5%。

【中国人民财产保险股份有限公司梅县支公司】 2015 年，年末梅县支公司实现保费收入 3845 万元，同比增加 63.5 万元，同比增长 1.72%。其中，非车险实现保费收入 1916.4 万元，同比增长 0.31%，车险实现保费收入 1928.6 万元，同比增长 3.29%。赔付案件 4282 宗，赔付 1332 万元，赔款较上年同期下降 9.72%。全年实现利润 925.4 万元。

业务经营 （1）加强与脱保客户的沟通联系，办理客都旅游公司、线艺通讯元件公司车队业务和梅州市公安局梅县区分局团意险，为公司增加业务收入 100 多万元；（2）参与市政工程建设的保险项目，在 5 月初签下客都大桥建设项目保险，新增保费 47 万元；（3）维护好所有合作车商关系，东风小康和江淮同意独家代理公司产品。东风标致保费量基本能成协议保费量；（4）维护好大客户关系。获得顺风客运公司 60 多万元的新出租车保险业务。车险和非车险业务均实现正增长。

客户服务 一是重视团队建设。将出单、理赔及综合岗人员归属至综合部，业务方面设立综合业务一、二部，非车险业务部和车商业务部。通过团队的划分，明确各团队及各岗位的职责。二是加强与客户的沟通联系。在重点维护好原有客户关系的同时，尽可能挖掘新的客户，特别是做好脱保客户沟通工作。

【中国人寿保险股份有限公司梅县支公司】

2015 年，梅县支公司经营的险种主要有人寿保险类（含新拳头产品 “国寿鑫福年年养老年金保险”及国寿防癌疾病保险）、意外伤害险类、短期健康险类等 30 多个。2015 年，完成首年新单期交保费 2016 万元，同比增长 46%。

业务经营　2015 年，发挥保险社会管理和保障功能，开发新险种，适应保险市场需求。适时推出国寿防癌疾病保险、国寿鑫福年年养老年金保险等新险种。个险业务方面：个险标保完成 860 万元，首年新单期交完成 1516 万元，完成年度计划的 150%，10 年期交完成 1192 万元，完成年度计划的 145%；个险短险完成330万元，完成年度计划的100%。人力方面：年度持证人力完成 485 人，月均增员率 7.7%；季均有效人力、综合举绩人力、主险举绩人力均 120%以上，所有个险业务、人力考核指标均超额完成年度任务。农网新晋升南口、石坑 2 个省一星营销服务部。银保方面：完成首年保费 2634 万元，完成首年期交 501 万元；团险方面：完成短险 428 万元，其中完成意外险 320 万元。

客户服务　一是抓好队伍建设。加强保险知识学习培训，加强新人的业务培训及代理人队伍后续教育，加强作风廉政建设，建立一支适应社会和业务发展的社会服务型专业保险队伍。二是强化保全理赔，实行岗位责任制，加强技能培训，提高服务质量。保证客户投保和客户续期缴费、复效、退保、期满给付等各项保全工作顺畅。

上　市　公　司

梅雁吉祥
（证券代码：600868）

【概述】 2015 年，公司的主营业务是水利发电和制造业。1. 水电行业。建成投产的 6 个水电站总装机容量 12.9 万千瓦，年设计发电量约 4.3 亿千瓦时。2. 所属的制造业产品主要为熟料、矿石、重钙粉。其中，熟料营业收入占制造业的营业收入比重 75%以上。水泥熟料是指以石灰石原料为主要原料，按适当比例配制成生料，烧至部分或全部熔融，并经冷却而获得的半成品。报告期末公司总资产 260483.70 万元，归属于母公司净资产 214997.12 万元；报告期末公司营业总收入 24850 万元；归属于母公司净利润 1976.83 万元。

【经营情况】 2015 年上半年度，公司电站所在区域干旱少雨，对电站整体发电产生不利的影响。公司相继出台以“每毫米雨的发电量”与“质量安全环保工资及产值工资”挂钩、考核计算至班组的激励机制，以及“每毫米雨量的发电量增加 10%以上，实行岗位提升鼓励”等管理措施。保障报告期内持续高温且降雨不均、蒸发量大的不利因素下的稳定发电。2015 年下半年度的发电量较上年同期有所增加。

1. 公司以“实物出资形式新设全资子公司”方式分别设立“梅州丙村水电有限公司”及“梅州坝头水电有限公司”两家子公司，

进行独立运营，实现企业的转型和结构调整。

2. 利用市场机制倒逼成本，改革管理模式，使控股子公司原材料、电费、运输等成本实现下降。

3. 近年来水泥熟料市场持续低迷，造成旋窑水泥公司较大亏损，控股子公司梅县梅雁旋窑水泥有限公司于 2015 年 8 月停产，避免亏损面扩大，有效控制经营风险。旋窑水泥公司运用市场倒逼成本机制，调研复产前提及条件，开展高端产品的课题研究，探讨岗位联产责任制的共享机制。

4. 广东梅县梅雁矿业有限公司报告期内未生产，主要原因是受到近年来白银价格持续走低、恢复生产需支付人工、燃料等成本，银矿开采业务暂时未能实现效益。

5. 广东翔龙科技股份有限公司调整生产、控制和节约成本、盘活闲置资产，在报告期内实现净利润 578 万元。

6. 强化出让资产工作，为企业实现预算利润目标奠定基础。2015 年 6 月 30 日，梅雁吉祥将名下位于梅县丙村镇新圩村河堤 A 段，面积约 41760 平方米的商住用地转让给广东客都房地产开发有限公司，交易总价款 2506 万元。9 月 29 日，梅雁吉祥再次将持有的占梅县金象铜箔有限公司总股本 42%的股权转让给广东嘉元科技股份有限公司，股权转让价 7358 万元。11 月 19 日，梅雁吉祥将控股子公司所属的位于梅县雁洋镇东洲村坝头的石头纸厂土地、地上建筑物及相关机器设备转让给梅县穗丰粮食收储有限公司，交易总价款 2133 万元。11 月 27 日，梅雁吉祥股东大会审议以 7980 万元的价格转让全资子公司梅县梅雁螺旋藻养殖有限公司 100%股权。

【分配预案】本报告期内，截至 2015 年 12 月 31 日止，公司经审计的母公司净利润 −1792.45 万元，合并报表归属于母公司所有者的净利润 1976.83 万元。董事会建议 2015 年度不派发现金红利，不实施公积金转增股本。

超华科技
（证券代码：002288）

【概述】 2015 年，公司着眼于主营业务向上游高附加值原材料产品发展，通过外延并购方式，在坚守主业中寻求变革，向智慧城市关键技术产业领域发展,开启“电路解决方案提供商+智慧城市方案解决和服务运营商”双轮驱动的发展战略。报告期内，公司主要从事 PCB、CCL 及其上游的电子铜箔、专用木浆纸等产品的研发、生产和销售。实现营业收入 1,047,767,155.45 元，归属于上市公司股东的净利润 25,984,138.24 元，基本每股收益 0.0294 元，截至 2015 年 12 月 31 日，总资产 2,604,041,828.19 元，归属于上市公司股东的所有者权益 1739879860.16 元。

【经营情况】 公司坚持走“科技创新”发展道路，围绕成为“中国最具规模的印制电路解决方案提供商之一”的发展目标，坚持“纵向一体化”的产业链滚动发展战略，产品包括铜箔基板、铜箔、半固化片、单/双面覆铜板、单面印制电路板、双面多层电路板、覆铜板专用木浆纸、印制电路专用油墨、钻孔及压合加工在内的全产业链产品线，为客户提供“一站式”产品服务。在行业中保持独树一帜。

1. 聚焦优质大客户，改善市场分布。凭

借稳定的产品质量、准时的交货期，强化市场营销推广，深挖已有市场资源，与骨干客户飞利浦、欧司朗、美的空调、欧普光电、松下、立讯精密、欣旺、雷士照明等多个国内外知名企业深度的战略合作，导入了富士康、中京电子、玛斯特等客户，正稳步导入台电子、群光电子、金宝通等客户。出口境外产品保持量保持价齐升的态势，开拓韩国、印度、欧美等市场。通过使用销售管理移动终端平台，降低因子公司分处三地导致销售人员分布分散、沟通缺失等引发的营销管理效率低的风险。重视营销队伍建设，建立垂直产业链上各细分市场的营销体系和对各子公司内部建立差异化的管理体系，发挥研发、市场、技术支持和服务资源协同效应，推进市场开发，扩大市场占有率。

2. 加大研发投入，紧追行业领先技术。推进新技术和新产品的研发，紧追行业领先技术，以超薄电子铜箔、特种绝缘纸、高频/高速电路板及覆铜箔板、挠性线路板等电子基材系列产品及其加工新技术与装备研发为主题，提高公司产品生产技术水平和产品层次，强化核心技术，提高公司核心竞争能力。至年底，公司取得发明专利 3 项，实用新型专利 10 项。随着募集资金投资建设的研发中心建设项目的完成，将成为公司发展的新引擎，加强与高校和科研院所的产学研合作，孵化新产品、新技术。公司于 2015 年底前与三船株式会社签订协议采购铜箔生产设备，主要生产厚度为 6—8 米的高精度锂电铜箔。这种做法符合国家、行业建设和产业政策，符合公司向线路板上游原材料行业拓展的战略，将拓宽铜箔产品的产品线，增强公司在超薄铜箔领域的竞争力，6—8 米的高精度锂电铜箔在品种、质量、技术水准、价格上有很强的竞争优势，市场前景广阔，既缓解了国内高精度电子铜箔市场供不应求的局面、替代进口，也促进了公司产品提高精度档次及结构调整，提高了生产、制造的自动化水平和信息化水平。

3. 推行精细化管理，实现降本增效。着重以降本增效为核心，推行精细化管理。一是执行预算管理。围绕年初目标，做好各项预算指标的细化分解，防范资金风险，盘活存量资金；二是推行独立核算制度，确立与市场挂钩的部门核算制度、培养具有经营者意识的人才和全员共同参与经营的理念，突破现有管理瓶颈，提升业绩；三是健全绩效激励机制，完善重点岗位目标任务和责任制落实考核体系；四是降低各项物耗、能耗，降低成本，提高利润率；五是完善内部控制，健全各项内控制度，加强过程监控，规避经营风险。

4. 开启“双轮驱动”战略模式，抢占战略性新兴产业制高点。一方面做优做强现有主业，坚持“纵向一体化”产业链发展战略，向上游原材料产业领域拓展；另一方面，积极择机谋求跨行业发展，布局智慧城市产业领域，参股投资深圳市贝尔信智能系统有限公司，购买芯迪半导体 B 级优先股，并拟通过与中国科学院计算技术研究所共同发起设立智慧城市关键技术专项基金。凭借中国科学院计算技术研究所在大数据、云计算、微处理机芯片设计技术研究、大规模并行计算机与超级服务器系统软硬件技术研究等方面的领先技术和研发优势，以贝尔信作为智慧城市方案解决和服务运营商为载体，以专项产业基金收购、孵化智慧城市产业内的优质项目为发展动力，以芯迪半导体专注“智慧家庭”和“智慧城市”领域的半导体集成电路芯片及核心软件的设计能力为创新潜力引擎，抢占和培育战略性新兴产业的制高点。

【分配预案】公司经本次董事会审议通过的利润分配预案为：以 931643744 股为基数，向全体股东每 10 股派发现金红利 0.03 元(含税)，不送红股，不以资本公积金转增股本。

宝新能源
（证券代码：000690）

【概述】宝新能源主营业务：洁净煤燃烧技术发电和可再生能源发电，新能源电力生产、销售、开发（凭资质证书经营），新能源电力生产技术咨询、服务。房屋建筑、公路、桥梁、市政等基础设施工程的设计、承揽与施工（凭资质证书经营），房地产开发经营，投资高新技术产业。2015 年度报净利润 6.44 亿元，同比下降 36.95%

【经营情况】公司总体经营情况：2015 年，在国家实施电力市场化改革及经济新常态的背景下，受宏观经济下行、产业结构调整等因素影响，全国电力消费增速明显放缓，设备利用小时数同比下降，行业发展压力较大，经营形势趋于严峻。公司在稳健经营的基础上，实施“产融结合、双轮驱动”的发展战略，抓好生产管理，确保安全生产，保障经济效益平稳发展。

（1）抓生产，梅县荷树园电厂运营稳定。

在宏观经济下行、产业结构调整及发电装机规模增长的背景下，梅县荷树园电厂抓好安全生产，实现稳定运营，但受制于整体经济疲软、电力需求放缓，发电量和设备利用小时同比有所下降。

（2）重建设，陆丰甲湖湾基地进展顺利。

利用各种有利因素，推进陆丰甲湖湾清洁能源基地项目建设工作。报告期内，广东陆丰甲湖湾电厂新建工程项目(2×1000 兆瓦超超临界机组)于 2015 年 2 月 9 日正式获得广东省发改委粤发改能电函〔2015〕590 号文核准，并于 2015 年 11 月 28 日举行奠基仪式及银团贷款签约仪式。

该项目将为公司实施蓝海战略、贯彻新能源电力“221”发展规划、实现规模化扩张展开宏伟蓝图。

（3）立新业，金融投资板块发展良好。

做大做强新能源电力，全力构建涵盖银行、证券、基金、投资、保险、征信的大金融平台，培育打造“宝新金控”金融产业集群，形成上市公司新的利润增长点，实现金融板块与电力板块的良性互动发展。

报告期内，公司有序推进广东客商银行股份有限公司（暂定，简称“客商银行”）筹建事宜。公司第七届董事会第一次临时会议审议通过《关于发起设立广东客商银行股份有限公司的议案》，公司拟以自有资金，联合广东塔牌集团股份有限公司、广东超华科技股份有限公司、广东温氏食品集团股份有限公司、广东喜之郎集团有限公司、深圳市科陆电子科技股份有限公司发起设立客商银行。客商银行拟定注册资本人民币 20 亿元，公司拟以自有资金出资人民币 6 亿元，占注册资本的比例 30%，为主发起人及第一大股东。公司按照政策指引，与相关部门密切沟通，推动客商银行筹建事宜。

报告期内，公司证券投资严选投资标的，取得良好收益和发展。截至报告期末，证券投资损益 86010188.74 元。公司投资的百合网股份有限公司股票于 2015 年 11 月 20 日在全国中小企业股份转让系统挂牌（证券简称：百合网；证券代码：834214）。截至报告披露日，公司出资 100,003,000.00 元，持有百合网 36,857,895 股，占百合网股份比例为 3.77%。

（4）强保障，筹措资金形式多元化。

①报告期内，公司申请并获中国银行间市场交易商协会接受发行注册中期票据 10 亿元，并于 6 月 18 日成功发行 2015 年度第一期中期票据 6 亿元、9 月 10 日成功发行第二期中期票据 3.5 亿元，筹措资金 9.5 亿元。

②报告期内，公司审议通过公司 2015 年度非公开发行股票相关议案。2015 年 12 月 11 日，公司非公开发行股票申请获得中国证监会《关于核准广东宝丽华新能源股份有限公司非公开发行股票的批复》（证监许可〔2015〕2871）核准。

截至报告披露日，公司完成非公开发行，计发行人民币普通股（A 股）449275362 股，每股发行价格人民币 6.90 元，募集资金总额为人民币 3099999997.80 元，扣除发行费用人民币 34981997.80 元后，募集资金净额为人民币 3065018000.00 元。募集资金于 2016 年 4 月 8 日到位，经北京兴华会计师事务所（特殊普通合伙）审验，并出具《验资报告》〔（2016）京会兴验字第 03020004 号〕。新增股份于 2016 年 4 月 26 日上市，公司股份总数增至 2,175,887,862 股。

③报告期内，公司与中国农业银行股份有限公司广东省分行、中国农业银行股份有限公司梅州分行、中国工商银行股份有限公司梅州分行、中国银行股份有限公司梅州分行、中国建设银行股份有限公司梅州市分行、交通银行股份有限公司梅州分行及中国邮政储蓄银行股份有限公司梅州市分行，共同签署了《广东陆丰甲湖湾电厂 2×1000MW 超超临界机组及配套码头工程项目银团贷款合同》。贷款总金额人民币 70 亿元，贷款期限 15 年。资金将根据工程进度及资金需求适时分笔发放，保证项目建设需要。

（5）新机制，十年员工持股共建共享。

报告期内，公司审议通过《2015 年至 2024 年员工持股计划》及其配套文件。公司员工持股计划分十期实施，首期参加对象 25 人，于 2015 年 6 月 5 日通过二级市场买入方式完成首期员工持股计划股票的购买。员工持股计划是公司一项新建立的长效激励机制，制度机制的创新牵引，聚合优秀人才加盟。

【分配预案】 2015 年度利润分配及资本公积金转增股本方案为：以 2016 年公司非公开发行新增股份登记到账后总股本 2175887862 股为基数，向全体股东每 10 股派发现金红利 2.00 元（含税），计分配利润 435177572.40 元，剩余未分配利润结转以后年度分配。本次不送红股也不进行资本公积金转增股本。

责任编辑：黄　森

科教文

科学技术

【概述】 2015年，梅县区科技部门以实施“创新驱动发展战略”为主线，以建设国家知识产权示范区为目标，积极争取《省政府关于加快科技创新的若干政策意见》政策扶持和省科技经费扶持，大力推动全区科技创新和科技进步，促进全区经济和社会又好又快发展。2015年底，全区有国家高新技术企业12家；广东省创新型企业2家、创新型试点企业1家；省级工程技术研究开发中心6家、市级5家；广东省省部产学研示范基地3家、科技特派员工作站5个；省部产学研合作重点实验室培育单位1家；省级技术创新专业镇6家、市级3家；全国企事业知识产权试点单位1家、省知识产权优势企业5家、省知识产权教育试点学校2所。

【科技创新与项目申报】 科技项目 梅州市中大南药发展有限公司的《红豆杉新品种关键技术研发及产业化创新团队》通过省专家组认定，核准为2014年省扬帆计划引进创新创业团队项目，获资助经费300万元。组织申报2015年省级科技计划项目13项，获准立项8项，获得财政资金支持近600万元。立项主要包括：嘉元科技和梅州振声现代农业装备有限公司获准产学研协同创新成果转化项目立项、石扇镇和梅南镇获准专业镇产业升级示范建设项目立项、广东引领信息科技有限公司获准科技创业服务中心建设项目立项，项目经费各100万元；广东十记果业有限公司获准企业科技特派员工作站建设项目立项，项目经费50万元。组织申报2016年省级科技计划项目11项。组织6家企业申请省级企业研究开发补助资金。其中，广东超华科技股份有限公司和广东嘉元科技股份有限公司2家企业分别获补助金额88万元和85万元。

科技创新平台建设 组织BPW(梅州)车轴有限公司申报2016年广东省（高性能车轴及车轴关联部件）工程技术研究中心建设项目，申请经费100万元。

产学研结合 组织广东泰鸿科技有限公司、广东十记果业有限公司、梅州市盛世通生物有限公司、梅州正方网络有限公司、梅州富家酒实业有限公司和梅县雄辉实业有限公司6家企业与4所高等院校、科研院所建立起产学研合作关系，聘请11名科技特派员。广东金森林实业有限公司、广东十记果业有限公司经省科技厅批准组建起省部产学研科技特派员工作站。

【科技成果与奖励】 至2015年底，全区有1项科技成果通过省科技成果鉴定，7项科技成果通过市级科技成果鉴定，7项科技成果于2015年12月3日获梅州市人民政府颁发2015年梅州市科学技术奖。组织专家鉴定区科技成果3项，推荐5项发明专利和6项区科技成果参加区科学技术奖评审，评选出2014年度区科学技术奖6项。其中：《泄压阀技术在油浸式变压器生产中的推广应用》（广东卓立变压器有限公司）项目成果获一等奖，由区政府对项目完成单位和个人颁发奖励证书和奖金，奖励金额共10万元。

2015 年梅县获市级以上科学技术奖情况表

表 4

序号	获奖成果名称	完成单位	获奖情况
1	大鲵制种与健康养殖关键技术开发研究与示范应用	梅县海霞水产品有限公司、中山大学	梅州市科学技术奖一等奖
2	新型车轴产业化技术	BPW（梅州）车轴有限公司	梅州市科学技术奖一等奖
3	公交车及载重车用低粉尘、耐磨、耐高温型陶瓷刹车片研发及产业化	广东金森林实业有限公司	梅州市科学技术奖二等奖
4	宫、腹腔镜联合导丝介入治疗输卵管阻塞性不孕应用	中山大学附属第三医院粤东医院	梅州市科学技术奖三等奖
5	全自动真空冷冻干燥机	广东永利机械设备有限公司	梅州市科学技术奖三等奖
6	金萱茶品种绿、乌、红兼制技术研究与推广应用	梅州市梅县区农业科学研究所、梅县华银茶叶有限公司	梅州市科学技术奖三等奖
7	益生菌代替常规消毒药物和抗生素在肉兔养殖业中的应用研究与推广	梅州市梅县区畜牧兽医水产技术推广站、梅县旺农饲养专业合作社	梅州市科学技术奖三等奖

备注：无省级以上奖励

【高新企业管理】 一是组织做好高新技术企业的申报和复审工作。广东金森林实业有限公司、广东振声科技股份有限公司、梅州鸿荣重工有限公司 3 家企业通过高新技术企业认定。广东泰鸿科技有限公司、广东骅锋科技有限责任公司、梅州正方网络有限公司 3 家企业通过高新技术企业复审。二是组织做好广东省高新技术培育企业入库申报工作。广东金森林实业有限公司、广东绿园环保科技有限公司、梅州鸿荣重工有限公司、梅州鸿荣机械有限公司、广东航鑫科技股份有限公司 5 家企业获准高新技术培育企业入库，扶持经费 50 万元（5 家企业经费各 10 万元）。组织广东嘉元科技股份有限公司等企业就《新型高抗拉强度电解铜箔》等 3 种新产品申报省高新技术产品并通过认定。

【知识产权】 专利申请　积极运用专利补助政策，促进专利申请量和授权量双提升。全年全区专利申请量 1554 件(其中发明专利 47 件，实用新型专利 1417 件，外观设计专利 90 件)，同比增长 49.42%；专利授权量 1736 件

（其中发明专利 14 件，实用新型专利 1645 件，外观设计专利 77 件），同比增长 118.64%。继 2014 年申请量突破千件大关后，2015 年授权量一同突破千件大关，连续两年实现专利申请量和授权量爆发式增长。

专利授权补助 重新修订完善《梅州市梅县区专利授权补助管理办法》，将授权专利补助标准修改为：国内发明专利 1500 元/件、实用新型专利 800 元/件、外观设计专利 200 元/件，香港注册标准专利、澳门授权发明专利、台湾授权发明专利为 5000 元/件，国外授权专利为 10000 元/件。全年办理授权专利补助 413 件，发放专利补助资金 32.2 万元。

知识产权服务管理与质押融资 经组织申报，广东嘉元科技股份有限公司“电解铜箔生产废水处理工艺”专利获 2016 年广东省专利优秀奖。组织广东富家酒实业有限公司和梅州市亿讯网络科技有限公司 2 家企业认定为梅州市“正版正货”承诺单位。同时，创新开展知识产权质押融资工作，根据 9 月份区政府出台的《梅县区企业贷款贴息扶持实施办法（试行）》，做好政府贷款贴息工作。该办法采取贷款贴息方式支持知识产权质押融资，对首次获得知识产权质押融资的企业补贴 50%的利息，上限不超过 30 万元；企业获得知识产权质押融资自第二次起，利息补贴比例为 20%，上限不超过 15 万元。积极与金融机构衔接，推动银行业开展知识产权质押融资。其中：梅县客家村镇银行于 6 月出台《知识产权质押贷款管理办法（试行）》，率先在全市开展知识产权质押融资业务。

知识产权培训与执法 2015 年，梅县区在中青年干部培训班上开设知识产权专题培训课程，邀请嘉应学院政法学院讲师讲授相关知识，2 期共 150 名区直局及各镇政府的中青年干部参加培训。全年出动知识产权执法人员 122 人次，检查相关经营场所 92 家、商品 313 件（其中 78 个商品标有专利标识），暂未发现有假冒专利现象。

【科普工作】 *基层科普* 2015 年 1 月 24 日至 25 日，中国科协副主席、书记处书记陈章良和全国政协原委员、中国科技馆原馆长王渝生及中国科协科普部副部长刘亚东等专家来梅县区开展农村科普调研，并在梅县区松口镇召开座谈会。4 月 14 日至 16 日由市、区科协等单位在梅县新城中学联合开展 2015 年“关爱青少年 · 共筑中国梦”提升青少年科学素质行动科普进校园活动。特邀全国政协委员、中国科技馆原馆长王渝生教授作题为“中国梦　科技梦　青春梦”的科普讲座，有 1000 多名师生参加。同时，邀请广东省科学馆何副馆长一行 10 多人到学校开展科普大篷车进校园活动。

社区科普 6 月，区科协联合区农业局、区工商局等 9 个部门在梅县华侨城广场举行 2015 年全区食品安全宣传周活动。同时，围绕“尚德守法 全面提升食品安全法治化水平”为主题，采取开设咨询台、发放宣传资料等形式，开展现场宣传咨询活动。9 月，由梅州市科协、梅县区科协、梅县区科技局主办，梅州市天园农业公司、梅县区四季佳禾现代农业公司协办的以“现代农业”知识为主要内容的科普活动在梅县区四季佳禾园区内启动。在“全国科普日”活动期间，主办方展出科普挂图 3 套 36 幅，发送科普宣传手册、资料 4000 多份，吸引 8000 多名来自各地的游客和广大市民参加。

青少年科普 6 月，组织参加省科协、省教育厅、省科技厅、省知识产权局、河源市政府共同主办的第 30 届广东省青少年科技创新大赛，来自主办单位及成员单位的领

导嘉宾、全省各地参赛师生约 2000 人参加开幕式。大赛以“成长、体验、快乐、创新”为主题，其中梅县区新城中学的创新项目“安培力教学探究仪”获得一等奖及广东工业大学校长创新奖。同时，做好第三十一届省、市青少年科技创新大赛的预备工作。

基层科普行动计划　这项计划由“科普惠农兴村计划”“社区科普益民计划”两个子计划构成。中央财政采用“以奖代补、奖补结合”的方式给予资金支持，带动农民提高科学文化素养，掌握生产劳动技能，建立科学、文明、健康的生产和生活方式；提升社区居民科学文化素质，推动社区文化建设。

该计划实施九年时间，培育了一批有较强示范作用的、辐射性强的农村专业技术协会、科普示范基地以及农村科普带头人等先进集体和个人，其中梅县松口沙田柚协会获得全国优秀“农村专业技术协会”称号及 20 万元的奖励。

【梅县区科学馆】 2015 年，科技部门分别向区委区政府提出“关于整合资源、共建共享，打造梅县区科学馆的建议”和向区机构编制委员会申请《关于设立梅县区科学馆的请示》，得到区机构编制委员会的批复，隶属区科技协会管理，为正股级公益类事业单位。按照整合资源、共建共享、优势互补的角度，把梅县区图书馆与科学馆结合起来，在图书馆四楼建立梅县区科学馆。编制数 4 人，实有编制 4 人（正、副馆长各 1 名）。

区科学馆于 2015 年 10 月开始搭建一个以动手、制作、创新为主的科技创新平台——梅县区青少年创客基地。面积约 200 平方米，总投资近 30 万元，装修基本完工。基地内设有：创客文化展示区、操作实践区、手工艺术区、互动娱乐区、器材加工区、儿童活动区等六大空间。

【防震减灾】 防震抗震管理与服务　做好梅西柱坑、龙虎地震观测井的运行维护管理工作。经申报，梅县区锭子桥社区被认定为广东省地震安全示范社区。认真严格做好地震安全性评价审核和网上行政审批工作，全年办理 29 项。完善网上办事大厅信息，《建筑工程抗震设防要求及地震安全性评价审批》等网上办事事项在梅县网上办事大厅正常运行。

防震减灾宣传　5 月“防震减灾宣传周”期间，在程江镇中心小学开展防震减灾科普宣传和避震演习，印发防震减灾宣传挂图 800 份到各乡镇、学校等部门。

（供稿：郑　敏）

教　育

【概述】 2015 年，梅县区教育局全面落实国家教育规划和梅县教育“十二五”规划，以素质教育为导向，坚持育人为本，明确三大任务，即学前教育抓普及、基础教育促均衡、高中教育强特色，立足新起点，谋划新跨越，坚定走内涵发展之路，取得了较大的成绩。全区高考上本科入围率 29.5%，其中高级中学本科线入围率达 70%。

【学前教育】 全区有各级各类幼儿园 105 所

（区直属幼儿园 1 所、镇中心幼儿园 19 所、学校附设幼儿园 19 所、民办幼儿园 66 所），其中有广东省一级幼儿园 1 所，梅州市一级幼儿园 18 所，梅县区一级幼儿园 10 所。幼儿园教职工 1880 人，教师学历达标率为 98.9%；在园幼儿 19448 人，学前三年毛入园率 98.3%。

【中小学教育】 全区有各类学校 60 所（其中：完全中学 8 所，初级中学 17 所，中心小学和直属小学 26 所，中等职业学校 4 所，教师进修学校、富力足球学校、特殊教育学校、青少年宫、技工学校各 1 所)，中小学生 62220 人(其中：普通高中 10511 人、中等职业学校 4104 人、初级中学 12096 人、小学 35509 人)，小学入学率为 100%，辍学率为 0，毕业率为 100%，15 周岁人口初等教育完成率 100%；初中入学率为 100%，辍学率为 0.34%；高中毛入学率为 96.05%。

高考梅县区考生 4475 人，600 分以上人数有 52 人；上重点本科线人数 160 人，比上年增加 8 人，其中：高级中学考生刘佐顺以总分 659 分居全区理科第一名、李晓钰以总分 600 分居全区文科第一名；上本科线的人数 1320 人，入围率为 29.5%；上省三 A 线的人数 2339 人，入围率达 52.27%。高级中学再获佳绩，600 分以上人数有 50 人；上重点本科线人数 137 人；考上本科线以上的有 843 人，入围率为 69.97%；考上省三 A 线的人数 1135 人，入围率达 94.35%。

中考梅县区考生 3951 人，750 分以上 4 人，700 分以上 177 人，650 分以上 597 人，600 分以上 1078 人，最高分为高级中学考生吴滔滔总分 757.7 分。

【中等职业教育】 梅县区有中等职业学校 3 所，即公办中等职中 1 所（梅县区第一职业学校），民办中等职业学校 2 所（梅州市英才外语学校、经委技术学校）。另外，教师进修学校 1 所、技工学校 1 所。在校学生 2998 人；教职工 221 人，其中专任教师 179 人，本科学历 107 人，占 80.9%，高级教师 18 人，占 8.1%，“双师型”教师 90 人，占 24.6%。10 月设立梅县区职业教育中心。

【成人教育】 全区 19 个乡镇（办事处、高管会）均办有成人文化技术学校 19 所(其中：达到省级示范校标准 2 所，市级示范校标准 17 所）。学校均成立镇党委或政府领导参加的校务委员会，配备有成人教育专职工作人员，全区有专职干部 19 名，专职教师 76 名，兼职教师 110 名；有图书阅览室 20 个、图书 5.13 万册、服务实体 20 个。另有村级成人文化学校 22 所、开展培训的中等职业学校 2 所。

【特殊教育】 梅县区历来重视适龄残疾儿童少年接受义务教育工作，7—15 周岁三残儿童少年入学率为 95%。梅县区特殊教育学校为梅县区特殊教育随班就读指导中心，有 19 名智残学生在读；并在全区设立随班就读资源教室 8 间，有 121 名残疾儿童少年就读；另需送教上门的有 51 人。

【特色教育】 广东梅县外国语学校是梅县区为贯彻落实梅州市委市政府工作部署，实现梅县新城的扩容提质，打造叶帅品牌和梅县文化之乡品牌，在梅县区新城建设的一所集高中、初中、小学、幼儿园于一体的 5000 人（其中：高中 1500 人、初中 1500 人、小学 1500 人、幼儿园 500 人）规模的高标准、现代化、有特色的公立外国语学校。学校位于梅县区新城西片区剑英大道旁，占地面积

26.7 公顷，建筑面积 11.75 万平方米，项目总投资 10.5 亿元（学校建设约 4.5 亿元，土地估价 6 亿元），于 2014 年 3 月正式破土动工，2015 年 8 月基本完成建设任务，2015 年 9 月顺利开办。

学校有 82 位教职员工（其中教师 69 人、教辅人员 11 人、校医 2 人），教师均为国家“211”工程院校全日制师范类应届毕业生或 2015 年全日制师范类本科起点的全日制硕士研究生，教辅人员也为师范类全日制本科毕业生。本学期学校三个部共设 18 个教学班，有学生 680 人（其中小学一年级 4 个班 137 人，初一级 6 个班 224 人，初二级 4 个班 159 人，高一级 4 个班 160 人）。

学校创新举措，成立理事会，实行理事会领导下的校长负责制。第一任理事会理事长由广东省工商联副主席、梅州市工商联主席、政协梅县区委员会副主席、广东超华投资管理有限公司董事长梁俊丰担任。理事会聘请从深圳外国语学校选派过来曾担任深圳外国语学校教务处处长、学生处处长的陈建军担任学校首任校长；聘请享受深圳市特殊津贴的深圳外国语学校原校长龚国祥担任名誉校长，聘请广东外语外贸大学何传添副校长、深圳外国语学校汤佳宏校长担任顾问，同时聘请吴德芳、熊德龙、李桂雄为海外顾问。学校还与广东外语外贸大学、深圳外国语学校成功签订了合作共建协议。同时，引进深圳外国语学校的管理办法，积极创建一套有别于其他学校的科学管理机制。

【民办教育】 民办幼儿园　梅县区有民办幼儿园 66 所，在园幼儿 10927 人。其中，梅州市一级幼儿园 1 所，梅县区一级幼儿园 6 所。民办幼儿园教职工 1159 人，教师学历达标率为 98.8%。

民办职业学校　梅县区有民办中等职业学校 2 所（梅州市英才外语学校、经委技术学校）。梅州英才外语学校有教职工 60 人，学生 1415 多人，开设有 4 个专业：计算机应用、电子商务、电子电器（与电工）、学前教育，各专业就业升学率 100%。学校与中央电大及嘉应学院继续教育学院联办大专班，学生可实现中职大专联读，获得国家承认的大专文凭。梅州英才外语学校还打造了学前教育专业实习基地——梅州英才外语学校附属七彩幼儿园。

【教师队伍建设】 师资质量　2015 年底，梅县区中小学有教职工 5253 人，专任教师 5009 人。小学教师学历达标率 100%，初中教师学历达标率 99.9%，高中教师学历达标率 93%。

队伍培训　抓好教师队伍的培训工作，投入 250 多万元用于教师的各类业务培训，如：抓好中小学教师的全员培训、校本培训，国家、省、市的骨干教师培训，组织校长、教师的上岗培训、跟岗培训、提高培训等，大幅度提升了中小学校长管理水平和教师的业务知识能力。

人才引进　招录 77 名全日制师范类本科以上学历毕业生充实到中小学校任教。教师队伍中重点院校的毕业生和高学历人才比例逐年增大。

【教育经费与教学设施】 教育经费 2015 年梅县区年度教育经费总投入 126429.2 万元（其中：国家财政性教育经费 113208.6 万元、民办学校中举办者投入 4616.4 万元、社会捐赠经费 367.4 万元、事业收入 7850.8 万元、其他收入 386 万元），同上年对比教育经费投入增加 26709.7 万元，同比增长 26.78%。

教学设施　全区中小学有独立科学馆 26 幢，实验室 637 间，仪器室 92 间，语言实验室 41 间，计算机室 223 间，计算机 9899 台，生机比 10：1，电教平台 940 个，地面卫星接收系统 10 套，仪器设备总值 2775 万元。中小学图书室、阅览室 181 间，图书 201.6 万册。全区中学、中心小学已实现每校有“30+2”以上计算机室的目标；高中每间学校有 1 间以上“60+2”计算室的目标，高级中学、松口中学装备了校园网。中心小学以上的学校全部开设信息技术课，大部分学校还开展了计算机辅助教学和管理。

【校园卫生安全】 校园卫生安全，专门设置负责综治安全工作的办公室，专门负责检查、督促、指导学校的安全工作，做到及时发现问题及时整改。重点抓好学校安保工作、学校消防安全工作、校园食品卫生安全工作、防学生踩踏事故工作、学生上下学途中的交通安全工作、防范学生溺水事故工作等六方面工作。全年中小学综治安全态势平稳，全区 8 万多名师生犯罪率为零，学校安全事故明显减少。

指导学校开展健康教育和咨询，普及卫生保健知识，提高学生的卫生素养和自我保健能力，掌握常见病、多发病及传染病的防控，协助卫生部门实施对学校教学卫生、体育卫生、环境卫生、饮食卫生等的监督。

【德育】 2015 年，组织全区中小学校开展一系列德育活动，如“传承民族魂，共筑中国梦”中小学主题教育系列活动、生命教育、养成教育、德育评比活动等，培养学生良好的道德品质和文明行为，促进学生全面发展。由团省委、省文明办、省教育厅、南方报业传媒集团、少先队广东省工作委员会联合主办的“南粤美 我传承”广东省青少年社会主义核心价值观实践活动中，高级中学初三（2）班蓝智光同学获得中学诗歌童谣组二等奖。组织 3 位参赛教师参加梅州市首届中小学心理教师专业能力选拔赛，高级中学洪碧霞、进修学校陈艳清分获高中组、中职组唯一的一等奖，丙村中学陈裕获初中组三等奖。同时，洪碧霞、陈艳清代表梅州市参加省级决赛，分获二、三等奖。2013 年立项，2015 年结题的广东省中小学（中职学校）德育、心理健康教育课题中，梅县区 3 个课题均顺利结题，其中松口镇中心小学黄国强主持的“农村学生良好阅读习惯培养的实践研究”课题获优秀等次；广益中学丘忠飞主持的“构建和谐幸福校园背景下的微偏生教育探索”和第一职业学校余雪凡主持的“融入客家文化元素的中职校园文化建设研究”两个课题顺利通过验收。

【体育、文艺】 体育　成功举办梅县区第 56 届中小学生田径运动会、第 11 届中小学生足球联赛和公益彩票杯中小学生篮球、乒乓球比赛；在富力足球学校组织中小学足球教练员培训，基层学校的教练员水平有较大的提高；组织评选校园足球特色学校活动，高级中学获“全国校园足球特色学校”称号，华侨中学、新城中心小学等 20 多所学校申报“梅州市校园足球特色学校”；高级中学、华侨中学、丙村中学、丙村镇中心小学、新城中心小学、程江镇中心小学等 6 所学校被评为“梅州市校园足球传统项目学校”；组队参加“民间球王争霸赛”“禁毒杯”等足球赛，高级中学、华侨中学、丙村中学、丙村镇中心小学、松口镇中心小学等成绩优异；区初中组代表队参加“市长杯”荣获第三名。丙村镇中心小学足球队参加在上海举行的 2015

友邦中国青少年快乐足球冠军杯赛，勇夺冠军，有 3 名球员分别获得 “最佳射手”“最佳守门员”“最佳球员” 称号。中考体育首次进行女生 800 米、男生 1000 米长跑测试，并使用电子测速仪器，加强考试各个环节管理，实现学生和家长零投诉；组织全区中小学校体育、美术、音乐的调查和评估工作，并将调查和评估结果通报全区中小学。

文艺　组队参加市中小学生文艺汇演，有 5 个学校的节目获二等奖、三等奖或优秀奖，其中第一职业中学的节目《木偶杯花》被选送参加广东省第五届中小学生艺术展演。书画比赛中，仅 “墨香书法展示” 有 12 人次获省二等奖。

（供稿：萧　潇）

文化艺术

【概述】 2015 年，梅县区文化广电新闻出版局扎实推进公共文化服务体系建设、丰富群众文化生活、繁荣艺术精品创作、加强文物和非物质文化遗产保护、规范文化市场管理，引导服务文化产业企业。全面完成省、市民生实事项目。同时，抓好市十件民生实事——农村文化俱乐部建设，全面完成梅州市下达梅县区 11 个农村文化俱乐部建设任务。

【文化设施建设】 2015 年，博物馆建设列入广东省十件民生实事，区委区政府决定将区图书馆四楼、五楼提升改建给博物馆使用。在 2014 年完成博物馆办公区和文物库房建设的基础上，2015 年投入资金 333 万元建成 “客都明珠——梅县区历史文化专题陈列” 布展，解决了博物馆无专题陈列展览的问题；同时，搭建 300 多平方米的钢结构玻璃顶，提升改造首层天井作为临时展厅，并在馆内安装电梯，完成大门两边无障碍通道建设，进一步提高公共文化设施的使用率。继续实施图书馆、文化馆、博物馆、乡镇综合文化站（室）免费开放，2015 年广东省下拨价值 222 万元的文化设备设施用于完善 2 个乡镇文化站公共电子阅览室和 103 个村文化室。投入资金 572 万元，全面完成雁洋、石坑、松口（2 个）、城东、桃尧、梅南、松源、梅西、畲江、白渡等 11 个农村文化俱乐部建设任务，并通过市级验收。

【文学艺术创作】 在群众文艺创作方面：歌曲《旗袍》分别获省群文创作二等奖和梅州市群文创作一等奖；曲艺《红娘队》分别获省群文创作三等奖和梅州市群文创作一等奖；相声《狗语人情》《王元呗》获梅州市群文创作一等奖；小戏《酒后话》、五句板《鸡犬不宁》、快板《从头走新路》获梅州市群文创作二等奖；小戏《巴掌山前》《孽债》《今生有你》获梅州市群文创作三等奖；小品《出事了》《断了这念头》《爱的呼唤》《软肋》获梅州市群文创作三等奖；歌曲《江南花雨》获梅州市群文创作三等奖。国画作品《围龙夜月》获文化部全国公共文化服务中心主办的 “文化大视野——全国群众文化、图书、博物文集” 优秀奖（最高奖）。由梅县区文化馆组织、区客家山歌传承保护中心排演的表演唱《拦门戏亲》参加广东省第八届群众戏剧曲艺花会比赛荣获铜奖。

【群众文化】 以“主题文化、节日文化、特色文化”为主要形式，大力发展社区文化、校园文化、广场文化、村镇文化。以每年举办的中秋山歌节、全区中小学艺术节活动、农村业余文艺会演、社区文艺汇演作为活跃基层文化生活、繁荣农村文艺，推动新农村建设。积极开展“送戏、送影、送书”活动。鼓励、扶持业余文艺团队发展壮大。全年客家山歌传承保护中心、木偶传习所各送戏下乡演出 80 多场。2 月 17 日，区文广新局与区妇联联合举办“美丽梅县 巾帼风采”农村业余文艺会演，全区 21 个文艺队参加，并对会演获奖的松口镇等代表队予以表彰。客家山歌传承保护中心荣获第十二届广东省艺术节“优秀剧目二等奖”的山歌剧《古寨牛人》参加由广东省委宣传部、省文化厅举办的“中国梦 · 南粤情——全省优秀舞台艺术作品巡演”活动。做好梅州市第四届世界客商大会、第三届文博会系列活动之一——大型歌舞剧《梦幻客都》的排练和演出；积极参加广东省第八届（中青年）戏剧演艺大赛,客家山歌传承保护中心共有 14 人报名参加比赛，通过角逐，廖渊荣获“银奖”；刘谦隆荣获“铜奖”，单位荣获“组织奖”；积极开展 2015 年“非遗文化大观年”和“魅力非遗.美丽梅县”主题活动。木偶剧团演艺公司创作排演的大型木偶剧《白雪公主》《三只小猪之团结三宝》分别在“六一”、暑假期间受邀到汕头、潮州、广州进行演出；提线木偶《钟馗醉酒》参加第十一届深圳文博会，还积极参加“魅力非遗 美丽梅县”“美丽梅县 依法治区”等主题的巡回演出活动。《客家迎客谣》代表梅州市梅县区“山歌艺术之乡”于 6 月 24 日至 27 日参加文化部办公厅在江苏省苏州市吴江区举办的“中国民间文化艺术之乡”民歌、山歌展演活动。8 月，应新加坡茶阳（大埔）会馆的热情邀请，参加新加坡茶阳（大埔）会馆主办的为庆祝中华人民共和国成立 50 周年—SG50、会馆成立 157 周年以及茶阳基金会成立 20 周年三大庆典“客家文化节”演出活动。

【文化市场整治】 坚持“一手抓繁荣、一手抓管理”的方针，联合文化、公安、消防、环保、工商、城管、综治等职能部门依法对全区文化市场秩序进行综合治理。全年出动执法人员 1612 人次,检查演出场所 21 家/次，艺术品经营单位 27 家/次，游艺娱乐场所 9 家/次，歌舞娱乐场所 167 家/次，网吧 352 家/次，互联网文化经营单位 9 家/次，电影发行放映单位 10 家/次，广播电视、地面卫星接收设施 15 家/次，书报刊经营单位 229 家/次，音像出版物经营单位 41 家/次等，检查音像（电子）出版物经营单位 135 家/次，印刷经营单位 73 家/次，文物单位 209 家/次，其他文化经营单位 42 家/次，作出责令整改 7 家，作出行政处罚 5 家，没收非法出版物 256 册/张。

【电影放映】 2015 年，完成农村电影放映 4260 场，广场电影 371 场，科技电影进步月放映 355 场，扶贫济困敬老院放映活动 160 场，农村文化俱乐部活动 38 场，广东工会情系职工放映活动 6 场，“构建和睦家园，反对家庭暴力”“关注留守儿童”主题电影公益活动 18 场，观众达 40 多万人次。

【公共图书馆】 加强梅县区图书馆文献资源建设，全年新增藏书 22255 册，价值约 66 万元。新购电子阅读机两台，开展移动阅读服务活动、深入覆盖网络电子图书，利用本馆的移动阅读服务和读者的手机终端，电子阅读机点读率达 10000 次，下载图书 3000 多册。新建 3 个基层流动图书站，每个流动站配置 500 册图书（已建 17 个流动分馆）。全年流动书籍 18000 册，受益群众约 22 万人次。以 4·23 世界读书日为契机，成功举办“书香梅县 共享阅读”全民阅读活动；与广东省立中山图书馆全作，联合举办“阅读看世界”——2015 年世界阅读日粤港创作比赛活动；举办“图画的魔法”——凯迪克奖及获奖图画书展，展示 100 多种近 300 册获凯迪克金奖和银奖的作品；举办“关爱老人、送书到敬老院”活动，为梅县区 22 个敬老院送书 3400 册。

【文博】 从县、市级文物保护单位中筛选 9 处申报为第八批省级文物保护单位，入选 7 处。做好市第 4 批市级文保单位的申报工作，拟从不可移动文物、县级文物保护单位中筛选 8 处申报为市级文物保护单位。做好第一次全国可移动文物普查的数据采集和信息登录、上传工作。做好省级文物保护单位——群丰大夫第的维修工作，2015 年争取省财政资金 235 万元对群丰大夫第左横屋进行维修；同时做好宋湘故居、李金发故居的维修勘察设计方案，报省文物局批准通过。完成第三批市保 8 处文物点的保护范围和建设控制地带的划定工作；对县级文物保护单位——松口中山公园的环境整治及修缮方案和梅南镇广东工农革命军东路第十团团部旧址维修方案进行审核。

梅县区各级文物保护单位表

表 5

序号	级别序号	级别	名　称	时间	地　址	文　　号	批　　次
1	1	国家级	叶剑英故居	1897 年	梅县区雁洋镇雁上村虎形自然村	国发〔2001〕25 号	2001 年 6 月第五批
2	1	省级	灵光寺	唐代	梅县区雁洋镇阴那村	粤府办〔2002〕56 号重新核定	1978 年第一批
3	2	省级	元魁塔	明代	梅县区松口镇铜琶村	粤府办〔2002〕56 号重新核定	1989 年 6 月第二批
4	3	省级	南华又庐	1886 年	梅县区南口镇侨乡村	粤府办〔2002〕56 号	2002 年 7 月第四批
5	4	省级	桥溪村古民居建筑群	清代	梅县区雁洋镇长教村	粤府办〔2002〕56 号	2002 年 7 月第四批
6	5	省级	宋湘故居	清代	梅县区白渡镇创乐村	粤府〔2012〕123 号	2012 年 10 月第七批

（续表5）

序号	级别序号	级别	名 称	时间	地 址	文 号	批 次
7	6	省级	李金发故居	1900年	梅县区梅南镇上村	粤府〔2012〕123号	2012年10月第七批
8	7	省级	群丰大夫第（仁厚温公祠）	清代	梅县区丙村镇群丰村	粤府〔2012〕123号	2012年10月第七批
9	8	省级	仪园	1949年	梅县区水车镇先锋村木莲塘	粤府函〔2015〕343号	2015年12月第八批
10	9	省级	世德堂	明清	梅县区松口镇铜琶村下店	粤府函〔2015〕343号	2015年12月第八批
11	10	省级	张民达旧居	1925年	梅县区桃尧镇螺江村	粤府函〔2015〕343号	2015年12月第八批
12	11	省级	双龙村大夫第	清代	梅县区畲江镇双龙村	粤府函〔2015〕343号	2015年12月第八批
13	12	省级	莲塘村古氏洋楼	1919年	梅县区城东镇莲塘村	粤府函〔2015〕343号	2015年12月第八批
14	13	省级	邓仲元旧居和仲元小学旧址	1918年	梅县区丙村镇银场村	粤府函〔2015〕343号	2015年12月第八批
15	14	省级	喆庐	1925年	梅县区松口镇大黄村	粤府函〔2015〕343号	2015年12月第八批
16	1	市级	盘龙围	清代	梅县区石坑镇龙凤村	梅市府〔2014〕2号	2014年1月第二批
17	2	市级	蔡蒙吉故居	宋代	梅县区松源镇金星村	梅市府〔2014〕2号	2014年1月第二批
18	3	市级	新南斐夏堂	明—清	梅县区松源镇新南村	梅市府〔2015〕4号	2015年2月第三批
19	4	市级	闽粤梁氏宗祠	明—清	梅县区松源镇青塘村	梅市府〔2015〕4号	2015年2月第三批

（续表5）

序号	级别序号	级别	名称	时间	地址	文号	批次
20	5	市级	茶山资政第	民国	梅县区水车镇灯塔村茶山自然村	梅市府〔2015〕4号	2015年2月第三批
21	6	市级	侨乡德馨堂	1917年	梅县区南口镇侨乡村	梅市府〔2015〕4号	2015年2月第三批
22	7	市级	肖向荣故居	清	梅县区石扇镇新东村	梅市府〔2015〕4号	2015年2月第三批
23	8	市级	悦来凹下山新居	民国	梅县区白渡镇悦来村	梅市府〔2015〕4号	2015年2月第三批
24	9	市级	邓太乙墓	元	梅县区松口镇盘龙村	梅市府〔2015〕4号	2015年2月第三批
25	1	县级	作庐	1941年	梅县区畲江镇连江村	梅市府字〔1987〕104号	1987年11月第二批
26	2	县级	龙岩寺	清代	梅县区隆文镇岩前村	梅市府字〔1987〕104号	1987年11月第二批
27	3	县级	爱春楼	清代	梅县区松口镇铜琶村	梅市府字〔1987〕104号	1987年11月第二批
28	4	县级	中山公园	1933年	梅县区松口镇社区居委圩镇中心	梅市府字〔1987〕104号	1987年11月第二批
29	5	县级	龙源宫	清代	梅县区松源镇圆岭村蕉松公路旁	梅府〔2010〕43号	2010年11月第三批
30	6	县级	继述楼	清代	梅县区桃尧镇桃源村	梅府〔2010〕43号	2010年11月第三批
31	7	县级	笃敬庄	清代	梅县区雁洋镇南福村矿山	梅府〔2010〕43号	2010年11月第三批
32	8	县级	三堡学堂	清代	梅县区丙村镇人和村丙村中学	梅府〔2010〕43号	2010年11月第三批
33	9	县级	谢氏祖祠	清代	梅县区城东镇谢田村锁形谢屋	梅府〔2010〕43号	2010年11月第三批

（续表 5）

序号	级别序号	级别	名 称	时间	地 址	文 号	批 次
34	10	县级	龙居堂	清代	梅县区白渡镇嵩溪村坎里小组坝围	梅府〔2010〕43 号	2010 年 11 月第三批
35	11	县级	夏氏祖屋	清代	梅县区新城办事处富贵居委红旗村民小组	梅府〔2010〕43 号	2010 年 11 月第三批
36	12	县级	茶山村古民居建筑群	清至民国	梅县区水车镇灯塔村茶山自然村	梅府〔2010〕43 号	2010 年 11 月第三批
37	13	县级	太湖刘屋	清代	梅县区畲江镇太湖村	梅府〔2010〕43 号	2010 年 11 月第三批
38	14	县级	安思居	民国	梅县区雁洋镇三乡小都村黄泥坑	梅府〔2010〕43 号	2010 年 11 月第三批
39	15	县级	陈烈士敬岳纪念碑	1941 年	梅县区丙村镇横石村双对坑	梅府〔2010〕43 号	2010 年 11 月第三批
40	16	县级	宝善楼	1915 年	梅县区城东镇石下村金盘围朱屋	梅府〔2010〕43 号	2010 年 11 月第三批
41	17	县级	承聚楼	1923 年	梅县区城东镇谢田村	梅府〔2010〕43 号	2010 年 11 月第三批
42	18	县级	彭精一故居	1931 年	梅县区石扇镇中和村大围片 13 号	梅府〔2010〕43 号	2010 年 11 月第三批
43	19	县级	光远居	1940 年	梅县区白渡镇创乐村	梅府〔2010〕43 号	2010 年 11 月第三批
44	20	县级	承德堂	民国	梅县区南口镇侨乡村	梅府〔2010〕43 号	2010 年 11 月第三批
45	21	县级	梅县革命烈士纪念碑	1960 年	梅县区南口镇益昌村	梅府〔2010〕43 号	2010 年 11 月第三批

（续表5）

序号	级别序号	级别	名 称	时间	地 址	文 号	批 次
46	22	县级	廖氏雕楼	民国	梅县区水车镇先锋村曾田自然村廖氏庆捷公祠左侧	梅府〔2010〕43号	2010年11月第三批
47	23	县级	广东工农革命军（东路）第十团团部旧址	1927年	梅县区梅南镇九龙村九龙嶂	梅府〔2010〕43号	2010年11月第三批
48	24	县级	来安楼	民国	梅县区梅南镇顺里村大凹	梅府〔2010〕43号	2010年11月第三批
49	25	县级	扬孝石刻	明代	梅县区丙村镇石窟河西崖新墟村古渡口岸边	梅府〔2010〕43号	2010年11月第三批
50	26	县级	高隐洞天摩崖石刻	清代	梅县区大坪镇汤湖村	梅府〔2010〕43号	2010年11月第三批
51	27	县级	水光接天摩崖石刻	明代	梅县区畲江镇莲江村鸭粤威山双头潭吴钩洞口	梅府〔2010〕43号	2010年11月第三批

【文化遗产保护与传承】做好省级第六批非物质文化遗产项目梅县足球运动的申报工作以及第五批市级非物质文化遗产项目代表性传承人梅县区客家门神画的传承人侯文发和松口客家山歌的传承人廖建隆的申报工作；年底，梅县区客家门神画的传承人侯文发已被评定为第五批市级非物质文化遗产项目代表性传承人。在梅县区文化中心礼堂大厅举办“魅力非遗 美丽梅县”主题系列活动之一的梅县区非物质文化遗产图文展览活动，展出图片主要有：松口客家山歌、梅县提线木偶戏、梅县竹板歌、梅县客家娘酒酿造技艺等省、市、县级的非遗项目，共9类40项；同时，在梅县区华侨城广场举行“魅力非遗.美丽梅县”专题文艺演出。至2015年年底，全区有省级非遗项目4项、市级非遗6项、县（区）级非遗项目30项，共有9类40项；各级非遗项目代表性传承人40名。

梅县区省级、市级、县级非物质文化遗产名录项目

表 6　　（全区共 9 类 40 项，其中省级 4 项，市级 6 项，县级 30 项）

<table>
<tr><td>省级非物质文化遗产名录项目（共 4 项</td><td colspan="2">1. 传统音乐；客家山歌（松口客家山歌）（第二批）；2. 传统戏剧；木偶戏（梅县提线木偶戏）（第三批）；3. 曲艺；竹板歌（梅县竹板歌）（第四批）；4. 传统技艺，酿造酒传统酿造技艺（梅县客家娘酒酿造技艺）（第五批）
国家级传承人 1 名：客家山歌的传承人汤明哲。省级传承人 4 名：松口客家山歌的卢月英；梅县提线木偶戏的巫启胜；梅县竹板歌的肖建兰；梅县客家娘酒酿造技艺的温凤珠</td></tr>
<tr><td>市级非物质文化遗产名录项目（共 6 项）</td><td colspan="2">1. 传统技艺：畲江菊花糕（第三批）；2. 民俗：松源扛公王（第五批）；3. 民俗：水车小桑等公王（第五批）；4. 传统体育、游艺与杂技，足球运动（第五批）；5. 传统技艺，南口车陂仙人粄（第六批）；6. 传统美术，梅县区客家门神画（第六批）
市级传承人 1 名：梅县区客家门神画的候文发</td></tr>
<tr><td>县级非物质文化遗产名录项目(共 30 项）</td><td>一、民间文学
1. 客家方言
2. 歌仙刘三妹的传说
3. 民间歌谣
4. 民间谚语
二、传统音乐
1. 客家山歌
三、传统技艺
1. 白渡牛肉干（白渡镇）
2. 松源麦芽糖（松源镇）
3. 南口黄皮豆干（南口镇）
4. 石坑柿花（石坑镇礤岭村）
5. 隆文竹编（隆文镇卢溪、横坑、木寨村）
6. 隆文土纸（隆文镇梅州村）
7. 隆文木炭（隆文镇苏溪村）
8. 梅县客家名菜（新城盐焗鸡）
9. 畲江工艺品（畲江镇）
10. 九龙手工茶（梅南镇九龙村）
11. 丙村开锅肉丸（丙村镇）
12. 石扇鱼血焖饭（石扇镇）
13. 石扇咸菜（石扇镇）
14. 梅西肉丸（梅西镇）
15. 客家服饰</td><td>16. 客家围龙屋
17. 梅县金柚（丙村镇）
18. 金柚陈茶（丙村镇）
19. 客家手工茶（丙村镇）
四、民俗
1. 挂大牌（松源镇松兴坪村）
2. 七月二十八日老姑婆生日（水车镇安和、白沙村）
3. 观音生日（大坪镇营里村）
4. 升龙转火（程江镇西山村）
5. 作福（城东镇莲塘村）
五、传统舞蹈
1. 打腰鼓（桃尧镇）

全区各镇统计数；
丙村镇 5 项；松源镇 3 项；隆文镇 3 项；南口镇 2 项；石扇镇 2 项；水车镇 2 项；畲江镇 2 项；白渡镇 1 项；石坑镇 1 项；新城办 1 项；梅南镇 1 项；梅西镇 1 项；大坪镇 1 项；程江镇 1 项；城东镇 1 项；桃尧镇 1 项；松口镇 1 项；雁洋镇 0 项；扶大镇 0 项</td></tr>
</table>

【文化产业】 2015 年，全区有文化产业企业 153 家，从事文化产业的工作人员总计 1800 多人。以“汇聚客商力量，共创海丝未来”为主题的第四届世界客商博览会和梅州市第三届客家文博会为契机，组织 13 家企业参展，设置创意动漫、工艺艺术特色文化产品两大展区。产品以客家动画片、客家游戏、动漫衍生品和客家微电影，以及传统手工艺品为主。

（供稿：廖惠英）

广 播 电 视

【概述】 2015 年，梅县区广播电视台按照“围绕中心抓宣传，立足观众办节目，面向市场创效益，打造县级强势媒体”这一奋斗目标，实行改革创新，圆满完成年初提出的各项目标任务。该台被广东省新闻出版广电局评为“广东省广播电视公益广告二类优秀传播机构”，上送市台的新闻通联在全市各县（市）台排名连续多年名列前茅。

【宣传报道】 两台节目改革创新　该台通过“两个三”的创新，对电视、电台节目进行改革创新。一是实行“三档节目融合”。2014 年下半年，该台对本台《梅县新闻》《梅县民声》和“今日知多点”三档新闻资讯栏目进行改革融合，把原来独立的《梅县民声》栏目并入《梅县新闻》中，实行“时政新闻＋民声新闻＋今日知多点”三档节目的融合，形成时长 30 分钟的权威资讯节目，有效增强新闻的整体性，提高新闻影响力。二是实行“三项互惠合作”。在广播电视宣传上实行“三项合作”，以打造“有观点的频道”为宗旨，2015 年 1 月 15 日，与湖南长沙中广天择传媒有限公司合作，精心包装推出《有话直说》《观点致胜》《记者再报告》《非常故事汇》等四档合作栏目，安排在本地综合频道播出。《观点致胜》和《有话直说》两个栏目的收视率特别高；实行专题节目制播分离的尝试合作。与梅州市新梅互联科技有限公司合作，将《车友》《球乡》《美丽梅县 · 乡村风采》三个专题节目的采编和广告招商承包给新梅互联公司，推进本地节目的制播分离。继续与天音公司合作，由天音公司负责电台的经营管理，全力打造“私家车 940”频率。

《梅县新闻》宣传　在《梅县新闻》大板块的时政宣传中，策划推出《弘扬主旋律，传递正能量》专栏，在专栏中重点做好“中国梦”“社会主义核心价值观”“中华优秀传统文化”等三个大型系列报道；对“三园合一”“一区两带”推动梅兴华丰集聚带梅县集聚区建设、城市扩容提质、发展壮大实体经济、建设电子商务产业园、打造百亿产业、国际慢城效应、建设长寿之乡、世界客商大会等工作进行宣传，先后开设“围绕三大抓手，加快振兴发展”“推进重点项目，加快振兴发展”“振兴发展看梅县”等 10 多个专栏。同时，还专门推出省委书记胡春华、省长朱小丹到梅县区调研指示精神和市委黄强书记到梅县区调研讲话精神、十八届五中全会精神解读、十三五规划热点解读等的报道，配合推出城市扩容提质系列报道、梅县外国语学校系列报道、金柚电商销售系列报道、实施农产品品牌战略系列报道等 10 多个系列报道。全年播出《梅县新闻》270期1850条，比上年增加133条，播出《今日知多点》262期，播出《梅县一周要闻》52期。

梅县民声宣传　坚持以“关注民生，服务百姓”为宗旨，努力聚焦民生，传递民声，扩大收视人群，提升栏目传播力和影响力。至年底，播放民声节目252期，播出新闻850条，其中监督、诉求、呼吁类新闻150多条，重点配合做好“巩卫”、民生诉求等题材的宣传曝光，并进行跟踪报道，促进一批问题的解决落实，起到了舆论监督的作用。

专题节目　在原有的《梅县农情》《梅县教育》《健康园地》《客家方圆》《车友》《球乡》《纪检监察之窗》《人大之声》等8个专题的基础上，于5月和8月先后推出《以案说法》《梅县党建》两个新专题；9月16日正式开拍28集大型专题纪录片《美丽梅县·乡村风采》，播出自办各专栏节目253期。《车友》《球乡》《美丽梅县·乡村风采》三个栏目实行制播分离外，其他8个栏目均由专题中心负责。通过加强策划，提高制作水平，专题节目推出一批精品，例如：《紫玉淮山》《松口企炉饼》《我的合同到底算不算》《火苗下的救与赎》《不安分的老农》等优秀专题，尤其是《梅县农情》栏目推出的10期特色农业种植、养殖的宣传；《美丽梅县·乡村风采》专题片开播后，社会反响良好，其中“松口篇”在腾讯视频的首月（11月）点击量达2万多次，点击量居当月梅州本地视频之首。

电台节目　1月推出全新直播版面，6月推出全新的节目版面，并在节目中不断融入梅县元素、客家元素，进一步打响“私家车940”频率。组织策划汽车系列嘉年华、爱的享受系列之油卡免费拿、健康我助力、吃喝玩乐就在940、麦王争霸—全球粤语歌唱大汇—梅州赛区系列比赛等一系列活动，使该台广播940频率在梅州市获得较大的社会反响。根据赛立信公司提供的2015年8月梅州市广播市场调研数据，梅县区广播电视台广播940频率拥有固定听众超过70万人，移动收听份额升幅超过22%，影响力逐步显现。

对外宣传　扩宽对外宣传平台，借助市电视台、市电话和本台网站、手机报、微信公众号等，对本地舆论节目进行向外广泛宣传。一是抓好两台通联。继续加大本台新闻上送市台的力度，通过加强每周编前策划，调整任务考核与奖惩、鼓励记者多写稿、多送稿、多出精品等办法，让更多的本区新闻上市电视和广播平台。全年被市电视采用新闻稿件571条（篇），在全市各县级台中位居第一，被市广播采用新闻稿件127条（篇），在全市各县级台中位居第三。二是推广本台微信公众号。利用微信平台，将每天的本地新闻信息有选择地、及时地发布在“梅县区广播电视台”微信公众平台上，并在台2015年度举办的两次“房产汽车文化节”中开展“扫微信，中大奖”活动，微信公众号得到广泛关注。三是加强宣传平台的互动合作。与移动合作，继续编发新闻手机报，继续将《梅县新闻》链接在区政府网站，链接在“掌上梅县”平台上。通过本台网站、微信公众号、手机报和区政府网站以及“掌上梅县”这5大宣传，有效扩宽本地舆论的宣传渠道，把本地新闻资讯推向更多的群众。

【城乡网络建设】　一是网络升级改造。对全区城乡有线电视网络进行建设、改造。全年新架设、改造光缆线路138.9公里、电缆线路315公里，其中：城区新增4条192芯主干光缆，完成新架设光缆线路51.113公里，新架设主干-9线87.553公里，改造-9线14.806

公里；全区新开通光节点 103 个，其中城区新安装和调试 45 个光点，将信号引入富力城、府前壹号、怡景豪园二期等 27 个小区，覆盖 1 万多住户；乡镇新开通 58 个光点，基本上让放大器联级数控制在五级以内，保障信号正常传输。二是实施城区管网建设。配合区委、区政府完成人民北路、客都大桥连接进城大道、国道城东段、新县城进城大道、府前路的公交车站等线路的埋地有线电视管道的迁移改造工作，配合市政建设完善西片区剑英大道、外国语学校等地的管道建设，新建管道 417 米，顶管 110 米，铺设子管 4695 米。

【有线数字电视】 加大对乡镇网络的联网力度，把丙村镇卢陵和旋风、大坪镇三台以及松口蓬上、蓬下等 3 个镇 5 个村原私人运营管理的网络收归台（站）统一管理；新开通南口长山和维山、梅南上村、水车灯塔、松口横西、德化、径礤等 7 个行政村的有线数字电视信号。扩大全区数字电视网络阵地，在开拓集团用户方面，2015 年新签约锭子桥维也纳酒店、雁南飞景区、横东农业发展有限公司、梅州市佛光寺、梅花山酒店等共计 456 户的集团用户。全年城区新装主机 6649 户、同比增长 14.6%，新装副机 1964 户，同比增长 14.9%；乡镇新装主机 5481 户，同比增长 10.6%，新装副机 2846 户，同比增长 134.6.%,其中白渡、石坑两站行政村实现数字电视信号全覆盖。至年底，全区主机在册 127878 户(在用 98760 户),副机 19430 台(在用 18028 台),分别同比增长 9.92%和 28.35%，有线电视主营收入 3316 万元。

【广告经营】 年初对广告创收定下年收入 620 万元的目标任务。广告中心通过“走出去，请进来”的办法，大力巩固和发展广告客户，顺利完成年度目标任务。联合梅州市志昌广告有限公司承办、梅州市大百汇品牌产业园有限公司冠名赞助，于 2015 年 5 月 1 日至 3 日和 11 月 6 日至 8 日先后独家举办“百汇嘉印 2015 房产汽车文化节”和“百汇嘉印 2015 汽车房产家电文化节”活动。该台借助广播电视的媒体优势和展会经验，利用广播电视传媒、传统媒体和网络媒体这“三大媒体”展开“轰炸式”宣传，及时进行户外广告、LED 广告的宣传，通过与市内各县级广播电视台的广播电视频道、《梅州日报》、梅州信息港、梅州时空网站、搜房网、房讯网、客家房产网、微信平台等媒体，对文化节信息进行高密度推介。特别是在第一场文化节活动前，举行“百汇嘉印 2015 房产汽车文化节新闻发布会”。两场次的文化节活动，经过参展商家抱团让利酬宾，给广告带来 90 万元和 80 万元的经济创收，达到了参展商、消费者和主办单位“三赢”的效果。全年广告、专题收入实现 724.9 万元,超额完成 100 多万元目标。

【安全播出】 *改善电视演播室条件* 2 月，筹资 30 多万元对电视演播室进行升级换代，建成启用电视虚拟演播厅。虚拟演播厅提升了电视节目的播出、制作水平，对外宣传和当地群众收看到更优质的自办电视节目提供强有力的技术支持。

增强采编机力 上半年，筹资 30 多万元，配备摇臂、走轨、高清摄像机等电视现场直播设备，在两届的房产汽车文化节开幕式中，通过梅县人民广场前的电子屏幕进行现场直播，提高自制节目的拍摄效果以及提升节目质量。

改善无线发射条件 根据无线发射设备

陈旧的实际，对六楼电台播控机房进行升级改造，把台七楼电台和电视微波迁移到六楼有线机房，使设备在常温下更稳定工作，保证节目源传送到潮塘发射中心；更新电台发射机，使发射功率和收听质量、覆盖范围均大大提高。同时，对潮塘发射铁塔地面基础、护坡及围墙等进行修缮，进一步改善办公条件，夯实广播电视安全播出和安全生产基础，确保中共十八届五中全会和纪念抗战胜利七十周年等“三重”时期广播电视安全播出，全年广播电视安全播出“零事故”。

【文化体制改革】 加快推进文化体制改革步伐，经级评估审计部门评估审计后，2015 年 10 月 16 日区政府召开政府常务会，正式批准成立“梅州市梅县区文广视讯传媒有限公司”。12 月 18 日上午，“梅州市梅县区文广视讯传媒有限公司”正式挂牌成立。新成立的文广视讯公司为产权明晰、独立经营的国有企业，由台经营性的有线电视和广告资产整合组建而成，是区广播电视台唯一的股东，公司注册资本 5000 万元。

公司完整承接服务中心和梅县广播电视网络公司的所有业务及债权债务，具体经营范围定为：广播电视传输服务，广播电视网络技术开发、咨询，影视传媒项目投资和制作，增值电信业务，专用电信网运营，互联网上网服务，计算机服务业，广播电视设备租赁，广告业，批发零售业。文广视讯公司的成立，为全市先行推进广播电视部门文化体制改革的县级台之一。

【队伍管理】 一是开展“走出去”学习活动。选派本台班子成员、干部职工到北京、浙江、江苏、上海、海南、福建、广州等地，就创新宣传管理、兄弟县台办台经验等进行专题学习研讨。二是开展“请进来”学习活动。对全系统 140 名技术人员进行业务技能培训，对 40 多名收费系统操作人员进行业务技能的考核。三是开展互学互比活动。继续开展好新闻、好专题、优秀播音员（主持人）评选和“岗位之星”评选，对获奖的好新闻、好专题，专门邀请浙江传媒大学的专家进行点评，并组织本台采编播人员召开新闻点评会。此外，新闻中心还组织每周编前策划会，专题中心开展周五观片会。2015 年，被市文明委确定为“梅州市社会主义核心价值观示范点”。

（供稿：刘利梅）

体　育

【概述】 2015 年，梅县区体育局认真贯彻落实《梅县全民健身实施计划（2011－2015）》，加快转变体育发展方式，扎实开展群众体育，竞技体育和体育产业蓬勃发展。

【基础设施建设】 梅县区通过不断投入体育基础设施建设，体育设备设施比较齐全，城乡的普通中学和中心小学一般都有足球、羽毛球、乒乓球、篮球、田径等运动场地及器材等设施。据 2014 年全国第 6 次体育场地普查统计，全区有大、小足球场 103 座，乒乓球桌（室）78 个，田径场 25 座，篮球场

256个，游泳池2个。较大型的场馆有：

梅县文体中心　该中心位于梅县人民广场侧，占地面积9850平方米，建筑面积22136平方米，总投资4亿多元。按国际标准比赛场馆涉及建设，并采用客家全围龙式的建筑风格，圆形建筑直径达112米，可容纳观众6000多人，是一个集比赛、大型演出和会展于一体的综合性场馆。

曾宪梓体育场　曾宪梓体育场与梅县文体中心前后相接，并与梅县人民广场、梅县公园连为一体，占地面积3.2万平方米，其中建筑面积4600平方米，观众座位2万多个，建筑资金约2.8亿元。曾宪梓体育场按国际标准比赛场馆设计建设，可进行足球、田径等体育项目的大型赛事活动。

【群众体育】2015年，先后获得2015年“跃速杯”梅州市“五四杯”青年足球比赛冠军；梅县代表梅州市参加2015年广东足协七人制足球联赛（粤东大赛区）冠军；梅县铁汉生态足球队中乙足球联赛南区比赛第三名，2015年广东联盟杯七人足球赛梅县庆达足球队荣获第三名，并获最佳阵容和体育道德风尚。聘请二名专职人员做好体质测定与健身指导工作，负责向市民开放体检，完成1000多名群众监测样本。

【竞技体育】 重视抓好各项竞赛活动，提高竞技水平，加强后备人才的培养。全年获得中国青基会希望学校足球赛梅县丙村镇小荣获冠军；广东省少年足球联赛梅县富力切尔西足球学校荣获冠军；获2015年梅州市足球选拔赛（2001—2002年龄段）男子足球冠军；2015年梅州市足球比赛（2014—2015年龄段男子组）冠军；获2015年梅州市足球选拔赛（2001—2002年龄段女足）冠军。

【体育产业管理】 通过扩大市场规模，制定出台体彩销售佣金奖励方案，做好网点的宣传鼓励工作，超额完成全年梅县区体育彩票销售总额5400多万元的体彩销售任务。同时，完成2015年梅县区十件民生实事之体育场馆免费或低收费工作。

【梅县区业余体校】 2015年，梅县区业余体校全年投入训练和比赛等经费688,820元（其中足球专项经费58万元），用于选才、组队和参加市级以上的比赛。体校全面恢复食、宿、训练为一体的“三集中”办学模式。在梅县区华侨中学旁租赁一栋楼房，供业余体校运动员食宿，进行统一管理。学校有足球教练员8人（其中高级教练2人，中级教练4人，初级教练2人）。为备战市运会聘请羽毛球教练2人，乒乓球教练2人，跆拳道、拳击教练1人。运动员总人数有201人。分别组建2001、2002年龄组女子足球队，2003—2006年龄组女子足球队；2001、2002年龄组男子足球队；2004、2005年龄组男子足球队，业余体校各项目运动员统一安排在离住宿就近的华侨中学、扶大宪梓小学、德兴小学、程江镇中心小学等学校就读和训练。在参加梅州市比赛中获得：2001—2002年龄组少年男子、女子足球赛均获得冠军；2004—2005年龄组少年男子足球赛获得冠军；2003—2004年龄组少年女子足球赛获得第三名。

【富力切尔西足球学校】 学校于2013年9月18日正式开学。首期工程占地16.7公顷，投资2亿元兴建行政中心、教学中心、生活中心、运动员培养与发展中心以及14块具备全天候训练条件的国际顶级足球场，其中人造草球场选用荷兰进口GreenField品牌草种。参照“中国足协青少年足球培训基地”和省一级学校标准，学校二期工程（中学部）建筑面积 8000 平方米，于 2015 年 9 月正式完工投入使用，涵盖了教学、生活、住宿等功能，建设有文化课室、生化实验室、物理实验室、技术分析室、会议室、公寓、食堂、餐厅、更衣室等，能够同时满足 500 人的生活、学习、足球教学和会议需要。学校作为一所国际化学校，有来自韩国、俄罗斯及中国香港等各地的学生。至年底，有学生 230 人，本省人数 58%，外省人数 42%。

【梅县客家足球俱乐部】 俱乐部于 2015 年初由深圳市铁汉生态环保股份有限公司董事长刘水收购。2015 年，参加中国足协杯和中国足协乙级联赛，以主场不败之势在南区预赛中获得第三名的成绩并挺进全国总决赛。中乙联赛结束后，梅县铁汉生态队位列全国第五名。（供稿人：何志新）

社会科学

党史资料征集与党史研究

【党史资料征集与编纂】 2015 年，党史部门收集党史和革命人物史料 2 篇，老同志来稿 1 篇；收集摘录当年党史大事记 3.5 万字。整理《九龙嶂革命斗争历史概述》《红四军在梅南》《广东工农革命军东路第 10 团简介》文稿，古大存、郑天保、胡一声等人物简介，广东工农革命军东路第 10 团团部旧址等 6 处遗址图文资料；核补充实梅县“抗损”B 系列书稿约 1.6 万字；整理 2001—2005 年度和 2014 年度方志年报资料 1.5 万字和 4 幅图片；在梅州党史网站发布 3 篇党史工作简讯。修改补充《广东中央苏区历史——梅县区》丛书文稿 25 万字。查阅整理相关史料，撰写九龙嶂革命斗争历史纪念馆布展脚本，联同市委党史研究室和梅南镇党委做好九龙嶂革命斗争历史纪念馆布展工作（含史料筛选、文字修补、图片选取、版面编排等）。撰写《中共梅县区地方史》第二卷文稿 5 万字。联合市委党史研究室和梅南镇党委编辑出版《九龙嶂革命斗争历史画册》，发行 1000 册。

【史料服务】 配合市委、市政府第四届世界客商大会筹备工作，按市委党史研究室要求，分别为梅州市振兴发展主题展布展提供肖向荣等人物和历史照片 4 幅图文资料，市电视台纪念抗战胜利 70 周年专题报道提供叶剑英、肖向荣、黄琪翔等人物简介史料，并协助做好采访等服务工作，梅州日报社提供第二批抗日英烈 4 名梅县籍烈士事迹介绍材料，韶关市始兴县史志办提供抗战时期中共粤北省委书记李大林（梅县丙村人）有关资料等。同时，整理梅县区和梅南镇重要革命遗址文字和图片资料，送区领导和区住建局有关单位；分别给纪委宣教室提供《梅县革命人物》等 4 本史书和《红四军在梅南》等 4 篇文稿，区委新闻秘书室提供肖向荣、黄琪翔等抗日名人简介史料，区委组织部提供《九龙嶂革命斗争历史概述》等文稿，区委宣传部提供当年习仲勋来梅指导检查工作历史资料，区文联提供组织史资料报送相关单位等。参与区博物馆《客都明珠》陈列大纲文稿听证会和定稿会，就红色革命部分文稿提出参考意见。陪同中央党史研究室、省老促会等有关领导调研九龙嶂革命旧址；做好梅县区革命遗址修缮保护规划和补充整理革命遗址有关史料；做好群众来访回复工作等。（供稿：林柿华）

地方志编修

【综合年鉴编纂】《梅县年鉴（2016）》为总第22卷，全书设大事记、梅县概况、政治、经济、科教文、社会生活、乡镇建设、国民经济主要指标、内设机构、名录人物、文献辑存等共11篇、共40章、104节、694个目、彩照40版，约54万字。在保持基本框架相对稳定的前提下，对部分内容进行更新、调整、充实。其中：政治篇中，将组织、宣传、党校、老干、直工委和信访归入中共梅州市梅县区委章；将编制管理和行政服务调至政治篇，增设行政服务管理章。经济篇中，将交通和公路归并为交通运输。社会生活篇中，将工商联调至政治篇与民主党派构成篇；文联并入科教文的文化艺术篇。年鉴由方志出版社负责审核出版。

【地方志资料年报】 按照区府办安排，3月份专门召开梅县地方志资料年报和年鉴编写工作培训会议，各镇人民政府（新城办事处、扶大高新区管委会），区直和省、市属驻梅各单位编写责任人参加由方志办负责培训的工作会议。会议议程主要是通报全区地方志资料年报工作情况，年鉴和年报工作业务培训，部署2015年的地方志工作。同时，还督促各单位按时按质做好2014年年报工作的查缺补漏以及抓好2015年年报工作的进度与质量。

【地方志资源开发利用】 完成《梅县风华（1988—2013）》的编纂工作，该书分为九个篇章，图文并茂。主要记载梅县自1988年县、区分设以来的经济社会发展历程，回顾总结梅县各阶段重要工作情况、各方面重大成就。

加强梅县区方志室建设。加大相关书籍的征集力度，广泛发动社会力量支持方志室的建设，室内主要存有省内各地的志书、年鉴、地情资料和辖区内的族谱等藏书约4000多册，免费对外服务，方便干部群众查阅和利用资料。

继续开展“梅县微志”宣传工作。在全区开展“梅县微志”宣传工作，从两部《梅县志》中筛选编撰一些对经济社会发展有参考价值、发掘传承优秀历史文化有积极作用的材料，以精炼的文字、简短的篇幅，通过发送手机信息的方式，每隔半个月发送给全区副科职以上的领导干部查阅、学习。

启动《中国名镇志 · 松口镇志》的编纂工作。按照中国地方志指导小组要求，结合梅县区实际，争取区政府的支持，由地方志办负责编纂，联合松口镇发动专业人士编纂《中国名镇志 · 松口镇志》。梅县区政府于11月4日召开《中国名镇志 · 广东梅县松口镇志》编纂工作协调会，区方志办负责人及松口镇等相关单位分管领导参加会议，另邀请市方志办副科长胡锭波参加。11月9日，在梅县区松口镇政府会议室召开《中国名镇志 · 广东梅县松口镇志》篇目设置工作研讨会。

完成“梅县区情宣传展馆”的资料搜集工作。为配合区文广新局开展“梅县区情宣传展馆”的布展工作，积极组织人力协助做好资料的整理、审核，顺利完成相关工作任务。

【信息化建设】 按照省志办要求，信息化工作要在提高点击率、加大信息量上下功夫，因此安排专人负责网站的管理，定期更新内容、及时上传资料。特别是2015年与中国电子出版社合作，对历年年鉴进行数字化处理，并上传至数据库。

【自然村落历史人文普查工作】 根据省志办部署，选取松口镇作为全市试点镇，11月9日，在松口镇政府会议室召开动员部署会议。水车镇茶山村的普查资料还被省志办作为范本在全省推广学习。

（供稿：办公室）

档案工作

【基础设施建设】 2015年，梅县区档案局抓住国家实施西部地区县市级档案馆建设项目的机遇，积极做好梅县区档案馆建设的规划编制和申报工作，经政府常务会议研究决定并印发《梅县区2015—2017年国家综合档案馆馆舍建设工作方案》的通知。同时，加强对库区安装的闭路监控系统和报警系统及涉密计算机进行全面的检修和维护，新购置电脑4台，并对用电、照明、档案消毒、除湿等设备进行维护、维修和保养，确保设备的正常运行。

【基层档案】 加强对区直机关、乡镇、村委会档案管理工作情况的检查和业务指导，结合机关档案目标管理升级、年度档案立卷归档工作，对区检察院、南口镇、人社局等30个单位开展档案业务指导工作，协助相关单位做好档案管理的各项工作，档案立卷归档工作得到有效落实。

【馆藏档案】 至年底，馆藏档案有86567卷又154856件，排架长度858米。其中：中华人民共和国成立后档案112个全宗，档案85217卷；中华人民共和国成立前档案1350卷（民国档案1234卷，革命历史档案116卷）。有声像档案170盘，照片档案7741张，实物档案177件，图书资料7071册。档案案卷目录16本，全引目录937本，归档文件目录174本，专题目录4本。

【档案收集整理】 接收区委区府、组织部文书档案3235件，党的群众路线教育实践活动材料104卷、撤销单位梅县驻广州办事处会计档案528卷，区残联残疾证个人档案7372件；收集和整理2014年度在反映梅县区在政治、经济、文化和社会发展中有重大影响或较大规模的活动相片178张，收集中国优秀摄影家，法国著名摄影家陈根深、香港著名画家林炫荣、中国优秀摄影家，国际知名文艺家陈兴城各自的摄影画册、国画画册和部分藏书。

【档案利用】 提供档案查阅利用850卷余次，接待查阅利用者2100人次，出具复印证明2500余份。为领导决策、修史编志，落实政策、工作查考、离任村干部工龄补助、阶级成分、婚姻关系、解决山林权、责任田纠纷提供有力的证据。

【档案综合管理】 根据省、市档案局关于对档案综合管理已达标单位的复查办法，对档案综合管理达标升级满四年、八年、十二年、十六年以上的区审计局、南口镇、雁洋镇等9个单位及对2014年未通过复查的单位开展档案复查工作，各单位均能按照通知要求进行自查、整改，巩固档案达标成果，提高档案工作规范化管理水平。档案业务经省档案局审核，确定为优秀等级。

【档案达标升级】 全区有53个单位档案综合管理达省特级标准，3个单位达国家二级标准，4个单位达省先进标准，6个单位达省一级标准，78个单位达省二级标准。

【信息化建设】 按照《梅县区档案局数字档案馆项目实施方案》要求，完成第一期项目的电子档案数据中心系统建设一期(基础平台建设)项目和20万页数字化扫描任务。全年新增著录档案文件级条目1万多条，档案目录条目总数达到66万多条。在“梅县区档案局”网站主动公开的政府信息135条，其中：工作动态栏目22条、通知公告栏目19条、档案法规24条，业内动态57条，馆藏情况2条，现行文件11条，并对网站进行重新设计改版，使档案网站特点更加鲜明，风格自然，功能齐全。

（供稿：江岸婷）

责任编辑：邓慧聪

环保洁净　宝新能源

社会生活

社　会　工　作

【村民理事会建设】 2015 年，梅县区社会工作围绕“夯实基层基础、推进村民自治”的目标，按照稳定政策、改革创新、持续发展的总要求，积极培育和引导村民理事会健康有序发展，充分调动群众参与的积极性，促进社会和谐稳定。一是加强领导，明确职责。积极深入推进村民理事会工作，印发《梅州市梅县区培育发展村民理事会的实施方案》，成立梅州市梅县区培育发展村民理事会领导小组，由区委副书记、区社工委主任钟秀堂任组长，分管区领导任副组长，各职能部门分管领导任成员。各镇（办事处、高管会）高度重视理事会的建设工作，自觉将这项工作作为新形势下夯实党在农村执政基础的一项重要举措，推动村民理事会建设。二是抓好试点，积极探索。围绕“至 2016 年底全区条件具备的自然村（村民小组）要实现村民理事会全覆盖”的目标任务，通过对雁洋镇、松口镇等试点镇、试点村进行重点培育，积极探索开展以“星级村民理事会评选”为抓手，结合美丽乡村、宜居家园建设，切实把村民理事会建设打造成为社会工作的一个“品牌”。同时，进一步明确村民理事会的组织架构、职能定位、工作机制，积极探索创新，以点带面，为全区村民理事会建设工作提供有益借鉴。三是加大力度，全力推进。区社工委加大对试点村培育发展村民理事会的培育指导力度，以“帮、扶、助”为主要内容的补位服务型工作模式，对村民理事会在政治上领导、思想上引导、工作上指导，积极引导群众“自己的事情自己办，自己的家园自己建”，帮助各理事会定好目标任务，有计划有目的地开展工作，鼓励各村民理事会大力挖掘内生动力，想方设法发动村民捐资、乡贤支持，积极筹集各项建设资金，认真谋划一些公益项目，多为群众办好事、做实事。四是探索激励机制。采取多种形式，对作出较大贡献的理事会或理事会成员给予一定的表彰奖励，以激发理事会成员的内在动力，营造比学赶超的良好氛围。

【社会组织建设】 社工委把打造骨干型社会组织示范点作为培育发展和规范管理社会组织的一项重要举措，加强组织领导，择优选点，挑选基础较好、具有一定影响、发挥作用明显的社会组织作为培育对象，把木子李金柚合作社、松口沙田柚协会、祥善义工团等社会组织定为全区骨干型社会组织示范点，进行重点指导，提升协会的服务功能，发挥示范作用。采取与培育对象合作共建示范点的方式，从“扶持重点社会组织发展专项资金”中，安排一定的资金，重点扶持骨干型社会组织示范点建设。联合有关部门进行指导、社会组织负责具体任务落实，通过打造骨干型社会组织示范点，示范引领全区社会组织规范发展。同时，积极引导社会组织、企业参与公益志愿活动，全年组织 6 次春天汽车——走进梅县美丽乡村系列活动，组织博爱义工协会、祥善义工团走进麻风村、特殊学校等活动。

【健全社会组织综合监管体制】 开展对社会组织的联合监管试点，探索有效的社会组织综合监管体制，一是梳理监管职责。由社工委汇同编办等对梅县区担负社会组织监管职责的民政、公安、人社、消防、安监、食药监、财政、工信、审计、税收、工商、质监、司法、金融等部门的职能进行全面调研梳理，明确各部门在社会组织监管中的职责，构建各司其职、相互配合的部门联合监管体制。二是制定监管制度。在全面梳理各职能部门对社会组织监管职责的基础上，加强与高校的交流合作，与嘉应学院政法学院签订调研合作协议书，将《梅县区社会组织综合监管机制试行》作为横向合作课题，初步拟订《梅县区社工委关于完善社会组织综合监管体系促进社会组织健康发展的指导意见》《梅县区试行社会组织综合监管联合联合执法制度的意见》《梅县区社会组织综合监管工作联席会议制度》《梅县区社会组织随机抽查制度（试行）》。与此同时，对试点工作进行总结，不断提升试点工作成效。强化规范管理，逐步建立健全统一登记、各司其职、协调配合、分级负责、依法监管的社会组织监管机制。

（供稿：吴增贤）

人力资源和社会保障

【转移就业服务】 2015 年，梅县区人力资源和社会保障局认真抓好转移就业服务工作。特色技能培训　在推进“大众创业，万众创新”发展战略中，结合地方产业特色需要，突出以“提升技能水平、促进有效就业”为目标，以服务产业集聚发展为重点，多形式促进梅县区农村劳动力提升技能，实现转移就业。全年组织劳动力技能培训 3539 人，比任务超额 136%；新增转移就业 12029 人，比任务超额 150.3%。

职业技能培训和鉴定　全年对 7584 名专业技术人员开展继续教育公需科目的培训学习，组织 18 名乡镇公务员赴广州对口培训。梅州市第八职业技能鉴定所鉴定初级农艺工、初级中式烹调师等工种 507 人；鉴定中级计算机操作员、中级钳工、中级维修电工、中级餐厅服务员、中级农艺工等工种 305 人。

就业与失业登记　下发《关于梅县区促进创业就业专项资金使用管理实施办法》《梅县区就业困难人员认定管理试行办法》等多个文件，设立创业就业专项资金使用管理办公室，为申请专项资金的群众提供一站式服务，全年贷出 138 笔约 1000 万元，付出利息 38.4 万元，直接扶持创业者 138 人，带动就业 2275 人。设立青年电商创业孵化基地，为处在“四无”状态或创业“幼苗期”的高校毕业生和广大青年创业者提供技能培训和融资渠道等扶持服务。基地目前入驻 21 家青年创业企业，累计孵化创业企业 86 家，带动就业近 300 人。10 月，动工建设计划总投资 3 亿元、占地 116 亩的省市共建创新创业孵化园，首期投入资金 1 亿元，将作为畲江工业园区的服务配套项目，推动集聚区及现代工业扩能增效。做好高校毕业生服务工作，为高校毕业生提供报到、培训报名、档案代理、就业指导、岗位推介“一条龙”服务，全年通过手机短信以温馨提示方式及时发送就业服务短信超过 2 万条，努力提高高校毕业生就业率。全面扩大就业失业监测工作，从原有 35 家实行就业失业监测的用工企业增加至 104 家，为省、市人社部门及时掌握就业失业动态情况、准确判研就业形势、及时制定相关政策提供第一手数据。举办“春风行动”“南粤春暖”“春暖梅县”等大型招聘会 53 场，推荐省内外城乡劳动力实现就业 6571 人次，参加招聘企业达 891 家，安置城镇新增就业人数 4292 人，帮助失业人员实现再就业 4102 人，帮助就业困难人员实现就业 394 人，全年城镇失业率为 2.4%。

【工资福利制度】逐步推进实施梅县区机关事业单位工作人员 19800 多人（包括离退休人员）的津补贴统一规范工作。稳步推进职务与职级并行工作，为全区 942 名符合条件的公务员晋升职级，其中晋升副科级 773 人，晋升正科级 123 人，晋升副处级 45 人，晋升正处级 1 人。7 月 1 日起，基本工资调整和车改补贴发放全面落实。

【社会保险】养老保险　全年职工养老保险参保人数 89430 人，完成率 100%，征收 36765 万元，完成任务 108%。

医疗保险　职工医疗保险参保人数 55650 人，完成率 100%，征收 12444 万元，完成任务 101%。

失业保险　失业保险参保人数 32250 人，完成率 100%，征收 1563 万元，完成任务 140%。

工伤保险　工伤保险参保人数 38150 人，完成率 100%，征收 786 万元，完成任务 100%。

生育保险　生育保险参保人数 37850 人，完成率 100%，征收金额 618 万元，完成率 142%。

各项参保任务　全区参加城乡居民养老保险人数达到 22.6 万人，全年征收 1.27 亿元，其中 79543 人享受养老金。“五险”累计征收 5.075 亿元，完成任务 105%，同比增加 1600 万元，累计支付 5.39 亿元，其中职工医保总收入 1.21 亿元，同比增长 13.5%，参保 55650 人，总支出 1.32 亿元，定点医疗享受 8281 人次。城乡居民医疗保险参保 50.5 万人，20 万人次享受医疗待遇，基金支付 2.02 亿元；其中大病保险 1509 人次享受，支付 821 万元。实现城乡居民医疗保险费用报销社会化发放，基本医疗保险异地就医即时结算联网医院从 6 家增加到 20 家，1 月起实现城乡医保和职工医保的特殊门诊即时结算，推动城乡医保大病保险在 11 月起实现即时结算，大大减轻参保人先行垫付医疗费用的压力，避免参保人因办理报销造成的来回奔波问题。同时，企业退休人员社会化管理服务率 80.22%，同比提高 4.92 个百分点，顺利完成省下达工作目标。

基金管理与运营　严把内控机制，规范收支流程，提升基金安全系数。一是建立健全内控制度。落实各个岗位职责，严格执行三级审批权限，不断规范业务经办流程。二是严格遵守基金管理制度。严格执行收支两条线，对各项社保基金进行规范核算，建立会计核算制度，保证财实相符，财财相符，完善基金监督机制，分月、季度及时与银行、财政核对基金存款，确保基金数额无误。三是深入开展核查制度。通过上述基金管理制度，使社会保险从参保、登记、缴费、建财、运营、管理等整个收支运转全过程都建立在全面监控之中，实行双人双控，做到事前、事中、事后的监督检查制度，确保各项基金的安全、完整。

【档案管理】 梅县区城乡医保中心建立规范的档案管理制度，将每宗业务产生的材料进行分类、排序、整理、归档、保管，为以后参保群众进行大病保险补偿提供原始数据打下基础。全年整理业务档案209813份，其中零星报销10200份，即时补偿58205份，普通门诊135008份，特殊门诊6400份。

【劳动权益保障】 劳动合同与工资福利　正确引导企业使用规范的全区统一的劳动合同书，积极指导企业与职工在平等协商的基础上，进行公正、公平地签订劳动合同。年底，全区约有企业职工23866人，签订劳动合同的有22357人，劳动合同签订率为93.67%，同比增长1.1个百分点，完成目标任务的101.19%；集体合同签订率为80.1%，同比增长0.3个百分点，完成目标任务的101.2%。以《最低工资规定》《广东省工资支付条例》等现行企业工资政策为主要内容，多渠道、多形式进行广泛宣传贯彻现行企业工资福利政策，努力使企业和劳动者明确企业工资福利待遇标准以及规范的企业工资支付行为。组织抽取35户企业和5619名职工进行企业人工成本情况和在岗职工工资报酬情况进行全面调查。

人事与劳动争议仲裁　全年发放有关劳动法律法规宣传资料超过5000份，接群众来电178宗，处理群众来信89件，处理投诉举报案件116宗，为520名劳动者追回被拖欠或克扣工资622.68万元。共立案受理劳动争议案件272宗，涉及劳动者476人。当期审结256件，法定期限内结案率100%，涉案金额643.71万元。仲裁裁决34件，仲裁调解213件，撤回仲裁申请3件，其他6件，调解率为83.20%。

劳动权益保障　全区创建和谐劳动关系示范区的企业参加率85.00%，累计达标率68.75%。全年经部门鉴证的劳动合同6429份，清退无效或部分无效合同95份，审查8个单位集体合同涉及职工2493人；用人单位遵守劳动用工和社会保险专项执法检查121家（次），涉及职工1.52万人。工伤认定数157宗，其中工亡3宗；工伤伤残鉴定97宗，因病丧失劳动能力鉴定29宗。

【人事人才】 公务员管理　坚持凡进必考，严把公务员入口关。全年梅县区区直单位招录13名公务员，乡镇招录30名公务员。办理公务员转任41人，其中调出5人，调进17人，内调19人。全区3020名国家工作人员参加年度考核，优秀比例控制在15%以内，评出优秀295人（未含科级以上领导）。

事业单位人事管理　全年为86名事业干部办理调配手续（其中调出10人，调进25人，区内调动51人）。及时为事业单位人员办理新聘、续聘、辞聘、终止、变更等手续。指导7个事业单位重新设岗，为252人办理专业技术人员聘用手续。全年事业编制招聘中：教育系统招聘41人，粤东西北专项招聘50人，区直事业单位招聘63人。做好2014年高校毕业生“三支一扶”招募工作，接收13位毕业生下放到乡镇服务。此外，接收自主择业军队转业干部2名。

专业技术人员　按时按质做好梅县区企事业单位专业技术人员申报评审晋升高、中、初级专业技术资格工作：推荐上报评审高级专业技术资格59人；中级专业技术资格26人。开展梅县区农业技术初级专业技术资格评委会评审工作，评审通过初级专业技术资格6人；委托市初评委会评审初级专业技术资格15人；受理审批认定初级专业技术资格16人。全年为企事业单位专业技术人员办理评审、认定高、中、初级专业技术资格122人。做好全国各类专业技术资格考试管理工作，2015年度全国统计专业初、中级资格报考审查报考中级统计资格7人，初级统计资格3人，合计10人，全国计算机应用能力考试核发五批次计算机模块合格证书243份，发放2015年度全国职称外语等级考试成绩通知书319份，2015年度复查初级会计资格发证15人。

【梅县技工学校】 梅县技工学校实训楼建成后，投资2000多万元完善基础设施和专业建设，具体建设项目有：校园绿化提升工程；烹饪专业实训场地及设备建设；电子商务平台建设；电子电工实训室建设；多媒体云平台建设；会议室兼培训场地建设；校园门禁安全系统建设；汽车维修专业建设。

全年招生814人，超额完成省下达的任务。完成13级、14级在校生各专业技能考核624人。全年培训社会人员1665人，其中结业人员达1089人。

大部分毕业生被推荐到东莞五株电子科技有限公司、爱信精机（佛山）汽车零部件有限公司、东莞厚街嘉华大酒店等多家大型名优企业就业，就业率达99%。

（供稿人：李冠海）

卫生和计划生育

【概述】 2015年，梅县区卫生和计划生育局认真贯彻落实上级计划生育政策，计划生育工作。医改工作按照保基本、强基层、建机制的要求，进一步健全机制，强化保障，狠抓管理。

至年底，全区有医疗卫生计生单位26间，其中：直属单位有8间（粤东医院、妇幼保健计划生育服务中心、疾病预防控制中心、卫生监督所、慢性病防治院、中医医院、康乐医院、流动人口计划生育管理服务队），镇级卫生院18间。共有干部职工1569人，其中：干部993人，工人576人。卫生专业技术人员1381人（正高职称9人，副高职称116人，中级职称388人，初级职称868）。离退休人员893人。

全年全区公立医疗机构门、急诊总人数97.55万人次，比上年增加5.18万人次，出院总人数3.88万人次，比上年增加5208人次。

【机构改革】 根据上级关于优化整合妇幼保健和计划生育技术服务资源的指导意见要求，于5月份整合组建“梅州市梅县区妇幼保健计划生育服务中心”，保留“梅州市梅县区妇幼保健院”牌子。整合镇人口计划生育服务中心和镇卫生院妇幼保健职能，在镇卫生院加挂“妇幼保健计划生育服务中心”牌子。村级保留村级卫生室和村计划生育专干。

【计划生育】 一是落实层级责任，工作重心下移。坚持各级党政“一把手”亲自抓，将计生工作列入年度绩效考核内容，政府常务会议每月专题研究。坚持区领导挂镇、镇领导挂村机制，实行人定岗、岗定责、责计分、分计奖惩的责任制度，严格层级动态管理，执行按月奖罚、阶段预警、“一票否决”。二是加强流管工作，创新管理机制。大力推进流动人口双向服务管理，基本公共服务均等化和“网格化”建设工作，按照“三有、四同”的要求，落实镇村干部包街、包路、包巷、包店、包出租房等的计生清理清查和建档立册责任。公安、教育、卫计、住建、人社、城市综合管理等部门齐心协力做好流动人口的计生综合监管。三是抓好宣传教育，转变婚育观念。深入开展婚育新风进万家活动，发挥远程教育网络的作用，打造党员干部教育、农业科技知识、人口计生宣传教育共享工程。规范“三栏、两室、一校”建设，与媒体合作积极办好《人口与计划生育》《健康园地》等专题栏目。四是坚持依法行政，遏制政策外生育行为。采取思想教育、行政措施、经济处罚等多管齐下依法征收，全年征收社会抚养费 2757.6 万元。着力打击“两非”，促进出生人口性别比平衡。五是完善网络建设，提升管理水平。完成区妇幼保健院和计划生育技术机构及镇各卫生院与服务所资源整合，健全完善省、市、区、镇四级人口和计生信息资源网络，实现卫计、公安、住建、人社、综治维稳等部门的信息互通，资源共享。六是抓好综合治理，强化齐抓共管。强化人口计生兼职单位的职能作用，对计生工作进展情况和工作绩效实行阶段性预警和定期通报。七是落实经费保障，增强服务能力。保证计生经费足额到位，全年计生经费投入 2836.93 万元，人均达到 52.78 元。

【医药卫生体制改革】 按照保基本、强基层、建机制的要求，推进医改各项工作开展。确保按人均 40 元保障基本公共卫生经费足额配套到位；继续探索县级公立医院改革，加快区中医院改革试点，取消药品加成，推进医疗保障制度建设，改革收费方式和项目价格。改革医保支付方式，城乡居民医保继续推进总额预付下的按人头、按病种、总额预付等复合支付方式。全年全区城镇居民参保率 100%，城乡居民医保政府补助标准提高到 380 元，政府范围内最高支付限额达到 22 万元。乡镇一级城乡居民医保报销比例达 90%。落实基本公共卫生服务，国家基本公共卫生和重大公共卫生服务项目全部免费或补助的方式向全民提供。

【基础设施建设】 在畲江镇新大桥侧规划新建梅州畲江医院，按二甲综合医院标准建设，规划用地 3.58 公顷，总建筑面积约 45200 平方米，分三期建设。其中，一期主要建设门诊医技楼、住院楼、后勤服务楼等建筑，设置床位 250 张，总投资预算约 2 亿元。工程于 12 月开工。按照市、县关于扩容提质工作安排，区中医医院改扩建工程预计 2017 年 12 月完工。配套乡镇卫生院装备“五个一”（一辆救护车，一台全自动生化仪、一台心电图仪、一台 500 毫安 X 光射线机和一台 B 超仪）装备，由市统一集中招标采购。共筹集配套采购资金 930 万元，完成设备装备任务。

【重大公共卫生】 宫颈癌筛查　农村妇女宫颈癌检查及农村地区宫颈癌监测工作于 10 月 16 日在全区范围内全面实施，12 月底前完成本年度筛查任务 10000 例，查出宫颈癌 3 例，均进行手术治疗。宫颈癌癌前病变检出 21 人，检出率 366.56/10 万，均进行有效治疗。

农村孕产妇住院分娩补助　年度任务3500人，完成3500人，完成率100%。

农村妇女增补叶酸预防神经管缺陷项目　年度任务5500人，完成5500人，完成率100%。

预防艾滋、梅毒、乙肝母婴传播项目　初诊孕妇数3774人，接受HIV抗体、梅毒及乙肝两对半检测3774人，检测率100%，查出1例HIV抗体阳性孕妇并终止妊娠；全区医疗保健单位住院产妇4390人，其中孕期艾滋病、梅毒及乙肝两对半检测4345人，产时检测46人，检测率100%，查出孕妇梅毒阳性8人均接受治疗。乙肝表面抗原阳性产妇477人，活产婴儿477人，其中474名婴儿接受注射乙肝高效免疫球蛋白，乙肝高效免疫球蛋白使用率99.37%。

地贫防控项目　初诊孕妇3774人，地贫筛查3773人，筛查率99.97%，确诊地贫孕妇321人，检出夫妻同型地贫32对，其中进行产前诊断21对，其余9对为一方静止型地贫，经咨询市级医院后，因不会出现重度地贫儿，其夫妇自行选择不进行产前诊断而继续妊娠，2对正在追踪。确诊重型地贫胎儿4例，均已终止妊娠。本年度无重型地贫儿出生。

【基本公共卫生】 建立居民健康档案　认真开展对城乡居民特别是重点人群健康档案建档工作，全区建立居民电子健康档案38万多份。

健康教育服务　围绕计划生育基本国策，提高群众健康水平的目标，做好卫生计生政策、卫生健康知识的普及宣传教育工作。加强与媒体沟通，充分发挥大众媒介作用，向区电台投稿25篇，梅州日报社投稿8篇，与区电视台合作设立“健康园地”节目专栏，每周播出一期，主要内容有卫生计生知识及政策法规。开展卫生计生重大节日宣传活动，采取播放DVD宣传片、展出宣传海报、免费发放宣传资料和宣传品等多种形式进行宣传，并现场解答群众咨询。

预防接种　免疫规划各苗基础，免疫接种率均达95%，随访适龄儿童建卡发证、扩大免疫规划疫苗基础和免疫接种率均达99%。

儿童保健管理　重点加强对0—3岁儿童系统管理。7岁以下儿童44181人，保健管理43207人，保健覆盖率97.80%；3岁以下儿童22053人，系统管理21548人，系统管理率97.71%；新生儿死亡率1.73‰，婴儿死亡率1.87‰，5岁以下儿童死亡率3.02‰。

孕产妇保健　全年产妇数6911人，活产6953人，产前检查6911人，产前检查率99.40%；系统管理6846人，系统管理率98.46%；产后访视6911人，产后访视率99.40%；住院分娩6953人，住院分娩率100%；高危产妇2005人，高危产妇检出率29.01%；高危产妇管理2005人，高危产妇管理率100%；孕产妇死亡2例，孕产妇死亡率28.76/10万。

老年人保健　开展老年人免费体检工作，全区管理65岁及以上老年人54118人。

高血压、糖尿病　全区管理高血压患者22387人，其中规范管理22111人，管理糖尿病患者5083人，其中规范管理的人5031人。

重性精神疾病管理　全区在册严重精神障碍患者3272例，在管患者3142例，规范管理2264例，肇祸1例，伤2人，均上送住院。

结核病患者健康管理　全年检查可疑肺结核病人1727例，发现活动性肺结核病人396例，其中初治涂阳病人136例，复治涂阳病人33例，初治涂阴病人227例（其中重症涂阴病人44例），完成市下达任务的104.76%。辖区内五率完成情况：各医疗机构病人报告率为98.73%、病人转诊率为97.83%、病人系统管理率为95.45%、追踪到位率为97.17%、病人家属筛查率为97.65%，病人规则服药率为95.45%。

卫生监督协管服务　进一步贯彻实施《梅县基本公共卫生服务项目卫生监督协管工作实施方案》，聘任38名卫生监督协管员，开展法律、法规和业务知识培训，提高政治素质和业务水平。各镇对辖区的信息员进行业务培训，提升卫生监督协管能力，开展各项专项整治行动，发现线索及时上报。建立完善卫生监督协管档案，及时做好巡查记录。

传染病及突发公共卫生事件报告管理　落实传染病疫情报告制度，加强资料管理，做好应急事件处置工作。各医疗机构门诊、住院医生均配备有门诊日志、传染病报告卡、传染病登记簿，有专人负责疫情报告工作，传染病网络正常运行，及时做好传染病的报告和管理。按要求做好应急物资的储备工作，建立完善相关卡册，及时报告疫情和做好相应处理。

【卫生监督检查】公共卫生监督　配合市政府做好国家卫生城市复审工作，采取日常监督、突击检查、专项整治三结合等措施，依法查处违法行为。开展打击“两非”专项整治、传染病医源性感染防控专项整治、放射诊疗防护检查等工作，提高监管工作的能力和水平。至年底，受理各类行政许可总数1103份。出动卫生监督人员约5043人次，查处无证行医6宗，取缔6宗，办案时限规范，结案6宗，无行政复议或败诉案件；实施行政处罚4宗，罚款金额1万元；对3家次医疗卫生机构的不良执业行为实施记分，共记10分；调查处理群众投诉举报4宗；收缴非法医疗广告牌2块；全年发出卫生监督意见书2588份。

饮用水卫生监督　全区有集中式供水单位27家，持证18家，持证率50%，日供水千吨以上水厂5家，100—1000立方米供水单位40家，100立方米以下村级集中式供水有166家，其中有自检能力的集中式供水单位1家。自建设施集中式供水的学校18家，自建设施供水的农村寄宿制学校16家，二次供水管理单位2家。出动卫生监督员108人次，卫生监督协管员92人次，下达监督意见书92份，有整改落实的集中式供水单位18家。各供水单位均建立卫生管理机构，企业负责人与从业人员能持健康证和卫生知识培训合格证上岗；有完整的卫生管理制度，制水过程能遵守技术操作规程；取水点周围水源卫生有防护措施；具有水净化设施，并且正常运转。

学校卫生监督　全年检查中小学校55所，出动卫生监督员约87人次，卫生监督协管员38人次。辖区内学校饮用水监督检查，对辖区内9间中小学开展学校卫生综合评价工作，监测9间学校教学卫生存在问题较大，人均面积、课桌分配符合率低，采光照明合格率低。通过开展教学卫生环境监督检查，发现各学校均建立传染病管理制度，有专人或兼职人员负责传染病报告和落实晨检制度，能严格做到公共用品消毒、教室通风；基本上能按国家《生活饮用水卫生标准》的要求为学生提供符合卫生要求的饮用水，生活饮用水池加盖加锁。绝大部分学校对传染病防治，均有相应的上报制度、应急预案及措施。同时，也存在有薄弱环节，大部分学习无校医室、无专职保健意识，部分学校未将学校卫生纳入安全管理工作内容。消毒剂没有索取生产厂家卫生许可证，没有生活饮用水管理制度等。

【传染病防治】 一是继续开展AFP病例、麻疹、新生儿破伤风的主动监测。无新生儿破伤风病例监测报告。麻疹病例监测19例，对发生麻疹疫情的疫点进行规范处置。二是做好传染病和突发公共卫生事件网络直报工作，及时、准确完成传染病网络直报；认真落实狂犬病、艾滋病、人感染H7N9禽流感、腮腺炎、手足口病等重点传染病的监测工作。全年无甲类传染病发生，乙、丙类传染病发生16种共4086例，死亡病例3例。三是开展消除疟疾的工作。加强对各镇的督导和检查；对镜检人员培训8人次；完成400片血片制作任务；做好迎接国家消除疟疾的各项准备工作。四是继续做好食管癌/贲门癌筛查及早诊早治项目。在水车、扶大、石坑、梅西、白渡、石扇、隆文、大坪等镇开展筛查工作，筛查任务为1000人，全面完成年度筛查任务。五是艾滋病监测。对扶大看守所在押人员进行监测，共采集血样标本152例、自愿检测6例、医务人员本底检测1例，检测159例，结果均为阴性；性病门诊监测1540人，阳性1人。六是人感染H7N9禽流感疫情处理。2月19日，市疾控中心对梅县区人民医院送检的1例ICU肺炎病例标本进行流感病毒核酸检测，标本检出H7N9禽流感病毒核酸阳性。接报后，立即派出专业人员开展流行病学调查和疫情处置，落实各项防控措施， 无后续病例发生。

【卫生科研与应用】 全年科研立项42项，卫生科研课题15项，获梅州市科学技术奖课题26项。上送进修人员183人。

【爱国卫生运动】 在城区主要干道设立30个爱卫驿站开展志愿服务，向周边群众宣传巩卫和爱国卫生相关知识。印发“致市民朋友一封信”“人人参与行动　共建美好家园”“致家长的一封信”等宣传资料11万份；编制印发巩卫工作简报8期，深入开展健康教育和促进工作。设置“巩卫”和健康教育宣传栏322个，建成8公里健康步道、2个健康主题公园。在城区开展药物消杀工作；完善城区主次干道、城中村、各单位和物业小区等下水道口安装防蚊闸，在城区安装灭鼠屋，全面提升病媒生物防制水平。2015年上半年顺利通过省级暗访和考核，年底顺利通过国家级暗访。

【红十字会】 利用“6·14”世界献血日和送医送药等义诊活动，大力宣传《中华人民共和国红十字会法》以及红会相关知识，扩大红十字会的社会影响力。积极开展社会募捐和社会救助活动，募集资金3.9万元。到挂钩帮扶贫困村和麻风村开展春节慰问活动，并发放食用油、大米等慰问品和慰问金。全区有8位贫困妇女得到由省红十字会和省妇女儿童基金会携手开展的“关爱妇女”博爱基金援助贫困妇女“两癌”项目基金会援助。做好贫困家庭先天性心脏病儿童的调查摸底及筛查救助工作，摸查出贫困家庭先天性心脏病儿童19人，参加免费术前筛查17例，符合手术5人，其中2人免费施行心脏手术。

【无偿献血工作】 2015年，无偿献血者1837人，采血量约38.1万毫升血液，有效血量约35.6万毫升，基本满足医疗临床用血的需求。审批用血报销32人次，报销金额32058元。

【便民惠民服务】 开展“服务百姓健康行动”“扶贫送医献爱心”“健康直通车”及巡回医疗等下乡送医、送药活动，全年组织 35 组医疗队，医务人员 680 人次，免费诊治患者 7300 多人次，健康咨询 7000 多人次，发放药品价值 12.25 万元。

【医疗卫生业务】 一是继续抓好区镇村三级医疗服务网络体系建设，基本达到“小病不出村、常见病不出镇、大病不出县”目标。二是抓好传染病防治工作，重点做好人感染 H7N9 禽流感、水痘等疫情防控，全区未发生重大传染性疾病流行。三是抓好妇女儿童保健工作，全区妇女儿童保健水平稳步提升。四是抓好慢性非传染性疾病管理，积极创建“省级慢性非传染性疾病防控示范区”。五是抓好省、市卫生镇村创建工作，同时积极配合区政府做好国家卫生城市复审工作。

【安全生产】 一是加强医疗安全质量管理，开展“平安医院”建设活动，全面改善医疗服务水平，抓好相关核心制度落实，加强医院感染、医疗废物管理工作，并将医疗废物管理列为医疗机构年度校验的内容之一，确保医疗废物处置符合要求；二是加强采供血、麻醉药品、精神药品的管理，确保临床用血、用药安全；三是抓好消防安全管理，完善消防设备设施，重点抓好区中医医院消防安全整治工作，全区卫计系统累计投入 10 多万元用于添置消防设备、设施、整改电线电路、完善消防通道等；四是抓好综治维稳，全年共调解医疗争议 2 宗。区卫计局被评为 2015 年度平安创建暨综治工作先进单位，安全生产责任制考核优秀单位。

（供稿人：钟建新）

扶 贫 开 发

【概述】 2015 年，扶贫开发部门积极发挥部门的职能作用，加强农村工作的综合协调，着力改善农村的生产生活条件，提高贫困群众生活水平，取得可喜的成绩。新一轮扶贫开发“双到”33 个重点帮扶村全部实现脱贫，3 年共投入帮扶资金 1.69 亿元，平均每村 500 多万元。新一轮扶贫开发“双到”工作被省、市核定有“优秀”等次。

【农村改革】 探索创新乡村治理新机制。加强基层党组织建设，完善村级民主自治机制，强化农村基层综治信访维稳工作，建立健全“一村（社区）一法律顾问”的体系。创新金融支农服务模式。探索农村金融保险服务平台建设，推进农村小额信用贷款和农业小额贷款保证保险，探索土地承包经营权和宅基地使用权抵押贷款，扩大林权抵押贷款规模，完善贷款贴息政策，推广“政银保”合作模式。推动社会公共服务改革创新。加快农村集体“三资”管理服务平台建设，村级农村产权管理服务平台基本覆盖。稳妥推进农村产权制度改革，推进土地确权颁证工作，促进资源流转。

【农村环境建设】 提升农村人居环境。加快推进农田水利建设和农村饮水安全，解决农村 13.8 万人的安全饮水问题，基本实现“村村（行政村）通”自来水。加快农村道路建设，实施 300 人以上的自然村公路硬底化工程，实现村村通公路和村道水泥硬底化，促进新农村建设和山区经济的发展。同时，强化农村环境整治。推进新农村示范建设。做好雁洋镇省级新农村连片示范建设。以“叶帅故里 · 国际慢城 · 美丽雁洋”为建设主题，以“政府主导、农民主体”的基本原则，以雁上村、南福村、大坪村、塘心村和阴那村等五个村为示范点建设主体村，覆盖 18 个自然村（村民小组），1745 户 7003 人，总面积 39.1 平方公里。总体规划按差异性定位，着力打造一村一景。按《梅州市重点烟区 2015—2018 年新农村建设实施方案》的相关要求，制定《梅州市梅县区 2015—2018 年重点烟区新农村建设实施方案》，2015—2018 年梅县区共规划建设三个示范村，每个村补助 500 万元，2015 年规划建设松源镇横坊村。按粤委农工办〔2015〕86 号和梅市农办〔2015〕26 号通知精神，积极开展“中央苏区县创建幸福村居示范片”工作。梅县区示范片为“梅县区南口镇—丙村镇幸福村居示范片”项目，核心村为南口镇葵黄、益昌 2 个行政村和丙村镇群丰、大雅村 2 个行政村。项目总投资 1150.42 万元，其中，省级专项补助资金 1000 万元，自筹资金 150.42 万元。

【扶贫开发】 梅县区新一轮扶贫开发“双到”工作有省定重点帮扶村 33 个、贫困户 1799 户、贫困人口 6358 人。33 个重点帮扶村分别由广州市对口帮扶 15 个村，梅州市对口帮扶 7 个村，梅县区直单位帮扶 11 个村。从 2013 年 4 月启动新一轮“双到”工作以来，33 个帮扶单位投入帮扶资金 16945.5 万元，平均每村 513 万元。其中，到村 15442.8 万元，到户 1502.7 万元。到村项目 1174 个，其中生产经营项目 195 个投入资金 2660.6 万元，基础设施项目 591 个投入资金 11816.2 万元，民生项目 388 个投入资金 1014.1 万元；到户项目 19094 个，其中生产经营项目 5211 个投入资金 663.7 万元，民生项目 13884 个投入资金 839.0 万元。各贫困村“三年规划”的建设项目全部高质量完成，贫困户全部实现脱贫。

【老区建设】 贯彻落实《赣闽粤原中央苏区振兴发展规划》和《关于进一步促进粤东西北振兴发展的决定》，充分利用赣闽粤原中央苏区县的优惠政策，制订切实可行的实施方案，不断改善老区群众的生产生活条件，加快老区的经济社会建设步伐。继续做好总投资 680 万元的中央福利彩票公益金支持老区建设项目，确保该项目按规划高标准实施，让项目建设发挥最大效益；积极争取上级老区建设资金用于解决老区群众生产生活的道路、饮水、农田水利设施等基础设施建设；认真做好春节慰问老区工作，让老区人民感受到党和政府的温暖。

【“大禹杯”竞赛活动】 继续在石坑镇马径村和南口镇仙湖村建设“大禹杯”竞赛活动示范点，示范点总投入 117 万元，受益群众达 2426 人。项目建成后，当地农民年人均收入可增加 70 多元。发挥示范点作用，以点带面带动全区“大禹杯”竞赛活动，有效改善农村的生产、生活条件，实现农业可持续发展，同时推动全区社会主义新农村建设的深入开展。

【智力扶贫】 2015 年全区举办各类技术、

技能培训班50多期。通过举办培训班让贫困户劳动力掌握各类技术、技能，实现农村富余劳动力在家创业或向二、三产业转移，拓宽就业门路，家庭的经济收入大幅增加。帮助 20 多名农村贫困家庭子女向学校申请助学金，解决贫困家庭子女“上学难”的问题。

【扶贫农业龙头企业】 着力培育、扶持、壮大一批扶贫农业龙头企业。扶贫农业龙头企业以“公司+基地+农户”的形式辐射带动贫困户融入当地主导产业。贫困户通过发展生产，家庭经济收入大幅提高，一大批贫困户实现脱贫。经省扶贫开发领导小组考核，全年新挂牌 2 家省级扶贫农业龙头企业（广东十记果业有限公司和梅县天草农业发展有限公司），继续挂牌的有 2 家（梅县高山农业有限公司和梅县作家庄园），至年底全区已有省级扶贫农业龙头企业 4 家，市级扶贫农业龙头企业 10 家。

（供稿人：张清祥）

民族宗教事务

2015 年，梅县区民族宗教事务局认真贯彻落实党的民族宗教方针政策和法律法规，积极推进依法行政，创新城市民族工作方法、依法管理宗教事务、引导宗教界人士和信教群众发挥积极作用、维护宗教和谐稳定，进一步巩固和发展了民族团结、宗教和睦的良好局面，为梅县区经济社会发展做出贡献。

【少数民族流动人员的服务管理】 民族宗教事务局联合区国保大队对在梅县区进行经商的少数民族商贩做好调查摸底工作，建立人员名单及联系方式，经常到其摊档进行面对面沟通，了解有关情况，沟通感情，增进情谊；结合创建全国卫生城市契机，配合城综局等相关职能部门做好少数民族固定和流动摊档的迁移和定点管理工作。

【宗教场所整治】 结合平安宗教场所创建活动工作的开展，坚持宗教场所安全工作常抓不懈，大力加强宗教活动场所安全防控体系建设，进一步落实重大活动报告审批制度及场所重大活动、节日、汛期安全管理责任制，同时加强巡查监督，督促各项安全措施落实到位、到岗、到人，把安全隐患降低在最低限度，确保宗教场所建筑、消防、卫生、宗教活动等方面不发生安全事故。同时，坚持依法行政理念，按照上级部署，建立权责清单、清理行政审批事项并严格执行行政审批程序，依法依规严格审核把关。全年新审批登记筹建宗教活动场所 4 间，基督教临时聚会点 1 处。

【“和谐寺观教堂”活动】 全面开展创建“和谐寺观教堂”活动。按照“创建和谐寺观教堂”八条标准要求，切实推动和谐寺观教堂创建活动的全面开展。根据和谐寺观教堂创建标准，恩源禅寺等 5 间场所符合创建要求，均上报上级部门审批。

【法规宣传教育】 加强宣传教育，扎实开展宗教政策法规学习月活动。采取多种形式，开展宗教团体、宗教活动场所、宗教教职人员和信教群众学习宗教政策法规活动，不断增强和提高宗教界人士和信教群众的法律意识、公民意识、国家意识和自身素质。6 月底，继续在佛光寺举办民族宗教政策法规报告会暨宗教活动场所现场观摩会，参加人数 150 多人。整个学习月期间，印发宣传资料 1000 多份，宣传标语 300 多份、认真宣传有关法律法规，努力促进宗教界人士和广大信教群众依法行使权利，履行义务，自觉用法律规范行为，推进崇尚法律、遵守法律、依法办事的社会风尚。

【维稳工作】 完善民族宗教工作协调领导小组工作机制，维护民族宗教领域和谐稳定。及时研判民族宗教领域可能出现的不和谐、不稳定因素，同时注重发挥区佛基两会作用建立健全联系走访、隐患排查、应急预案、重大节日活动维稳、值班等宗教工作的长效机制，做到及时发现问题，及时反映问题，妥善处理问题,不断提高有效抵御渗透的能力和水平，维护梅县区民族宗教界的和谐稳定。一是全力做好圣诞节、元旦、春节等重大节假日的大型宗教活动的安全保障工作。二是依法稳妥处置非法宗教活动。如 5 月份召开区民族宗教工作协调领导小组部分成员会议，专题研究部署梅县区境外宗教渗透专项整治工作，妥善处置华侨城外国语学校、基督教散发异端传单等 2 宗涉境外渗透事件；及时制止新城办康乐托老院进行非法宗教活动行为；依法对程江镇横岗村群众信访举报的非法从事宗教活动的老君嶂观音庵违法建筑进行强制拆除，拆除面积约 157 平方米。维护梅县区民族团结进步发展，宗教和谐稳定的良好局面。

【队伍建设】 一是借助宗教主要教职人员认定备案工作开展的契机平台和基督教换届等有利时机，定期派专人深入宗教团体，指导区佛基两会加强班子建设，理顺宗教团体人员管理关系，推动完善并落实各项规章制度。二是抓好宗教教职人员队伍建设，提高宗教教职人员队伍素质，同时要求各宗教团体要积极培养后备力量，不断充实和提高班子战斗力。如 2 月指导区基督教协会顺利完成换届选举工作；三是指导宗教活动场所按照寺观教堂管理办法，强化教务、财务制度建设和宗教教职人员队伍建设，严格落实重大活动报告制度和执行财务监督管理办法，提高梅县区宗教活动规范化，法制化管理水平。

【宗教场所与宗教文化】 协助推进佛光寺程江河右岸乌仙岩河段河堤工程征地扫尾及佛光大道桥涵工程等各项工程建设，帮助协调解决佛光寺砖厂用地纠纷、协助佛光寺举办建寺 20 周年庆典系列活动，合力打造佛光寺宗教文化景区，开辟梅县区新城宗教文化旅游新景点。引进云天化投资有限公司与佛光寺合作建设云天文化教育基地，进一步弘扬宗教优秀传统文化。帮助协调基督教东门堂新堂建设设计方案落实及解决安全通道问题，推动宗教活动场所建设纳入城乡规划工作。协助恩源禅寺等场所搞好场所建设规划及举办法会活动的安全工作。指导宗教界整合挖掘宗教优秀文化，协调灵光寺推进地藏殿维修工程建设，督促指导扶山寺等宗教活动场所做好搜集编纂《梅州宗教志》资料工作。

【公益慈善事业】 督促指导宗教团体及宗教活动场所开展“扶贫济困日”活动，积极参与救助、社会公益事业和慈善事业，在扶贫、济困、救灾、助学等方面发挥积极作用。2015年春节期间，协助佛光寺开展春节献爱心慰问活动及常态化的扶贫济困活动，发动佛光寺等场所捐献资金帮助松口镇蓬上村地贫儿童换骨髓等。“植树节”期间，指导全区宗教团体、宗教场所及信教群众筹资30多万元用于植树造林护林工作。全年，全区宗教界为社会慈善公益事业捐款捐物达200多万元。

（供稿：曾　鹏）

民　政

【概述】 2015年,梅县区民政局秉承“以民为本、为民解困、为民服务”的工作宗旨，积极适应新常态，认真履行民政工作职责，全力推进民政法治建设，全面落实各类民政对象的政策待遇，各项民政工作取得显著成绩。全年争取中央省、市、县（区）等民政经费达1.3亿元，同比增长13%，用于低保、五保、优抚和社会民生等福利事业。

【社会保障】 低保动态管理　2015年底，全区有城乡低保对象8438户19725人，农村五保供养2167人，孤儿73名。从1月起对低保、五保、孤儿养育标准进行提标，城镇低保标准450元/人月，农村低保标准350元/人月。城乡低保对象月人均补差分别为城镇380元，每人每月增加41元；农村180元，每人每月增加28元；全年发放低保金4522.7万元。

农村五保供养　2015年，五保供养标准调整为每人每月662元,每月人均增加25元；全年发放五保金1724.9万元。

社会救助核对机制　对低保户和五保户申请严格把关，及时在区民政局统一制作的社会救助公示栏上，对村、镇两级申请进行公示、审核，对符合条件的上报区民政局进行审批，并设立举报、投诉电话；通过购买社会服务人员专门负责全区低保、五保户的入户调查和审核工作，确保梅县区低保工作真正实现动态管理，做到“应保尽保，应退尽退”全面杜绝“人情保”“关系保”等现象的发生。2015年6月启动，年底完成全区70个村（居）低保、五保户的入户核查工作。

城乡医疗救助服务　继续实施医疗救助“一站式”结算服务。全年发放医疗救助金720.5万元，受助群众达22150人，其中通过“一站式”结算服务医疗救助720人，救助金额160.3万元。

临时救助　积极实施救助，实现街头救助经常化，全年劝导救助流浪乞讨人员的接受临时救助达115人次，接受临时救助对象121人次，开支救助经费2420元。

【防灾救济】 围绕“科学减灾，依法应对”这个活动主题，开展第七个“防灾减灾日”宣传周活动，宣传防灾减灾知识，提高综合减灾的能力，参与观看有1100多人次，发放防灾减灾宣传画册、折页900多份，应急知识书籍250多本。全年下拨冬春救助款和“全倒户”重建家园资金等计66万元；筹备90万元对原救灾物资储备仓库进行扩建，扩大救灾物资的储备容量，应对可能发生的重大自然灾害。扩建工程项目取得立项并完成征地，正在对扩建工程项目进行建筑设计。

【基层政权建设】 规范农村（社区）党务村（居）务公开栏　全年投入70多万元，对188个村（居）进行党务村（居）务公开栏改造升级工作，将原农村（社区）党务公开栏和村（居）务公开栏合并建设，统一为“广东省农村（社区）党务村（居）务公开栏”，明确实施村务公开的主要责任人是村委会主任，规范各级人民政府、相关部门村务公开工作职责和村务公开的内容。

区村务监督委员会建设　制定并印发《梅县区关于贯彻〈广东省村务监督委员会工作规则〉的实施细则》。以推动全区农村基层治理规范化、法治化，切实保障基层群众参与公共事务民主管理的权利，完善村民自治制度和农村基层治理机制，促进农村和谐稳定。

村务监督委员会经费保障　根据《广东省村务监督委员会工作规则》第七条规定，结合实际，从2015年8月起，村务监督委员会成员每人每月补贴由原来的100元提高到500元，省、市、区各级财政负担400元，村委会自筹100元。村务监督委员会的办公经费纳入村“两委”办公经费中统筹解决。

实施“强居促和谐，强村促稳定”计划　指导和支持各镇选择条件较好的村社区开展村委会、居委会规范化建设，认真落实省市区三级配套资金，充分发挥资金资助作用，指导开展村（居）委会规范化建设。全年争取省第五批“双强双促”福彩公益金30万元，对照各单位项目申报，分别支持梅县区程江镇大塘村、畲江镇红星村、松源镇豪秀村各10万元。

【双拥优抚安置】 落实优待政策。实行按月社会化发放补贴资金，全年累计发给“三属”对象、在乡残疾军人、复退军人、参战涉核退役人员、中华人民共和国成立前入伍入党老同志、“五老”人员的抚恤补助和义务兵家庭优待金等款项达713万元。根据社会收入水平的提高，从2014年10月1日起，梅县区增加金额100多万元用于及时调整和提高待遇标准，确保优抚对象生活水平与社会经济发展同步提高。

落实优抚对象医疗待遇。严格执行《梅县优抚对象医疗保障实施细则》的相关规定，给予优抚对象医疗保障待遇。全年拨出专款138万元，为全区优抚对象购买城乡医疗保险、发放门诊补助和对因病住院的优抚对象给予医疗补助和大病救助。

开展“爱心献功臣”活动。积极发动社会各界热心捐助，帮助特别困难的烈士遗属、残疾军人、在乡复员军人等重点优抚对象解决生活难、住房难、医疗难“三难”问题。区财政拨出专项资金20多万元作为补助经费，帮助解决有“三难”问题的重点优抚对象200多人；在纪念抗战胜利70周年之际，为全区131名抗战老兵发放一次性慰问金共计73万元。会同梅州市复退军人医院在“八一”节前夕和11月先后两次组织“关爱功臣”巡回医疗队到石扇镇、梅西镇为200多名重点优抚对象开展免费送医送药活动。认真解决残疾军人的实际困难，筹集近7万元为2位伤残军人配备假肢和配置一部电动三轮摩托车。提高四级以上伤残军人的裹伤标准，由每年500元提高到1500元。

开展清明祭奠革命先烈活动。在清明节和9.30烈士公祭日期间，认真组织干部、群众、青少年和社会各界人士、烈士家属开展祭奠革命先烈活动，以缅怀革命先烈的丰功伟绩，激励后人继承和发扬革命传统。全年开展祭奠革命先烈活动120多场，共15万人（次）。

涉军维稳工作。充分利用退伍军人管理服务中心的作用，筹资近10万元对历年退伍军人档案进行全面整理，完成电子和文字档案收集，有效地掌握全区解放以来在乡复退军人信息方面的管理；对全区复退军人信访问题进行拉网式排查，针对排查出来的上访问题和人员逐人逐案核实情况进行处理，注重预防和化解矛盾。对到省市上访的参战退役人员提出的上访诉求，耐心细致做好政策解释工作和矛盾转化工作，使全年到省、市、区政府上访的人数大幅减少，为经济发展和社会稳定起到促进作用。

军休干部待遇落实与军休所管理。严格按照政策规定，认真落实军队离、退休干部的经济待遇和政治待遇，组织走访慰问在广州、深圳、珠海等在外居住的老同志。同时，加强军休所的管理，为军休干部提供舒适的娱乐场所，改善军休所工作人员的办公环境。

做好退役军人接收安置。成立接待站，严格做好退伍接待和登记工作，至年底，全区接待102名退役士兵。大力推行城乡退役士兵安置改革，安排了当年任务的12名转业士官和历史遗留的2名三期转业士官，对155名城乡退役士兵发放安置补助金377万元。抓好职业技能培训相关政策的宣传和报名工作，2014年冬退役士兵155人中，有130人报名参加职业技能培训，参培率达80%。

开展“双拥”创建工作。开展2015年创全省双拥模范城（县）的评定和迎接省检查验收工作，采取广播、电视、报刊等各种宣传媒体，大力宣传做好“双拥”工作的重要性，宣扬军爱民、民拥军的新型军政、军民关系及驻梅人民子弟兵为梅县区经济发展做出的贡献等好人好事；积极开展“援建军营图书室，共建学习型军营”系列活动，区双拥办向96169部队捐赠图书500套；“八一”春节等重大节日，区领导深入军分区96169部队、区武装部、区消防大队、区武警中队及农村基层优抚对象家中走访慰问。元旦、春节及“八一”期间，组织文艺小分队深入到武警、公安消防部队进行送戏进军营慰问活动。区委、区政府拨出专款60万元，作为驻梅部队138名随军家属就业安置补助金，为部队官兵解除后顾之忧。2015年，梅县区从物力、财力上支持部队建设资金达365万元。全年，驻梅州部队派出官兵1400多人次，出动车辆机械134多台次支援地方公路交通、水利设施、经济开发区等重点工程建设以及参加地方抢险救灾、扑灭山林火灾等急、难、险、重任务。武警梅县区中队积极参与维护地方社会治安综合治理活动；积极开展“双拥在基层”活动，促成梅县区消防大队与广东杉维药业有限公司实现军民共建，双方相互支持、相互配合，开展文体、消防宣传、灭火演练等一系列双赢活动，丰富企业文化和活跃军营生活。9月17日，省民政厅副厅长曾凡瑞带领省双拥工作检查组到梅县区检查验收创建双拥模范区工作并顺利通过检查验收。

【社会福利机构】 敬老院基础设施建设全年投入250多万元，对丙村镇、南口镇和大坪镇敬老院的基础设施进行新建和改扩建工程项目建设；投入60万元为全区21间敬老院更新木床、衣橱、棉被和蚊帐等生活设施；投入40万元进行消防设施（包括新建消防楼梯、疏散标志、灭火器和供电线路等）的升级改造，同时组织全区敬老院工作人员参加由消防大队指导的消防安全业务知识培训，严格执行敬老院 24 小时值班不离岗制度。

农村幸福院建设申报 组织并协助全区 30 个条件比较成熟的村做好农村幸福院建设的上报，积极争取中央和省、市的资金扶持，对 2013—2015 年申报农村幸福院建设的 27 个村进行验收，对验收合格的村核拨建设资金每个村 3 万元。

儿童福利院建设 梅县区儿童福利院项目建设被列入省、市、区的重点民生工程，总投资 600 多万元，建筑面积 1861 平方米，楼高四层，内设居住、教育、医疗、护理、文娱等功能于一体，共 32 间房 75 张床。年底项目建成验收后，按区政府决定转交区残联使用。孤儿补贴标准为社会散居孤儿每人每月从 700 元提高到 760 元，福利机构集中供养孤儿每人每月从 1150 元提高到 1240 元。

引进民间资本兴办养老服务业 梅县区福晋老年公寓是广东省 2013 年重点项目工程，计划投资 6.2 亿元，建设集养生、养老、康复、休闲、娱乐为一体，可容纳一万人的养生、养老机构。第一期投资 2 亿元，完成建筑面积 5 万平方米，建设房屋建筑包括办公楼、接待楼、公寓楼 4 栋，达到 1000 多个床位和部分配套设施，进入试运营。梅县新城居家养老服务示范中心总投资 250 万元，建筑面积 1650 平方，内设 20 多个室（厅），年底已投入使用；新增 1 家民办养老机构——白渡镇善运颐养院。

【光荣院管理】 将闲置的房产划归区残联作为康复中心使用，及时做好老人的沟通协调和安抚，并在大楼加装电梯，将所有的房间进行粉刷和更换窗帘，投资 7 万多元重新建设厨房饭厅，改善及规范光荣院工作和生活环境。

【民间组织管理】 严格审批、依法登记、充分发挥网络登记平台，规范民间组织的登记工作和年度年检工作。从 7 月开始实行网上办理登记业务，成功登记社团 13 个。全年新登记社团 13 个，新登记民办非企业单位 5 个，变更 4 个，换发证书 13 个，社会组织 340 个；加强民间组织档案管理工作，建立 2014 年度文书、业务档案 9 卷，整理修复档案 96 卷。

【公益慈善事业】 在“6 · 30”第三个广东省扶贫济困日活动期间，围绕“扶贫济困，共同参与”的活动主题，通过各种方式加大宣传，引导社会各界积极参与活动，共筹集各类扶贫济困和慈善款项达 210 多万元，给贫困人口、弱势群体和困难群众的生产生活提供帮助。

【福利彩票】 2015 年，坚持“安全运行，健康发展”的工作方针，积极拓宽销售渠道、加大公益宣传、加强基础设施建设、提升服务质量，实现安全运行和平稳发展。全年销售福利彩票 3956 万元，完成市下达任务数 3800 万元的 104%，同比增长 6.9%，筹集公益金 390 多万元用于发展和保障梅县区社会福利、公益慈善和民政事业。

【婚姻登记】 2015 年，依法依规办理婚姻登记业务总额 10932 宗。其中：结婚登记 5733 对、离婚登记 1179 对，补领婚姻登记证 1143 对、补领离婚证 69 件，出具无婚姻登记证明 2653 件，出具婚姻登记证明 155 件，登记合格率达 100%。

【收养登记】 严格执行收养登记标准，确保收养工作合法化、制度化，积极做好收养登记档案的建档和管理工作，确保档案管理工作规范化。全年办理申请收养登记业务 35 人次，符合条件并办理的有 2 宗。

【老龄工作】 为梅县区 80—99 周岁老人发放每人每年 200 元高龄补（津）贴，符合发放人数有 21248 人，发放资金 424.96 万元；做好 2015 年“银龄安康行动”投保老年人意外伤害综合保险工作，为全区户籍 80 周岁以上高龄老人及 60 周岁以上困难群体和优抚对象共 27575 人，投保每人每年 20 元/份意外伤害保险，投保资金 55.15 万元，为老年人意外伤害解决后顾之忧，成为梅县区养老保障体系的重要组成部分。做好广东省“银龄行动”第十二期帮扶工作。开展以医疗、教育、农业等方面的智力援助及帮扶活动。做好“客家寿星奖”的统计上报和百岁老人保健金等补贴资金发放，合计 24.86 万元。开展重阳节慰问和“敬老月”活动。按上级老龄委关于开展以“培育敬老家风，建设和睦家庭”为主题的 2015 年“敬老月”活动，开展老年人维权，走访慰问送温暖活动，营造尊老、敬老、爱老的良好社会风气。

【殡葬改革】 加强殡葬改革政策宣传，强化殡葬工作办事流程。推行生态丧葬、文明树葬等新型文明丧葬方式，利用清明节期间加大宣传力度，举行生态文明树葬活动。2015 年度树葬区接受安葬 116 例。做好违规建坟的处理，对接报和发现违规建坟案件，积极与所在乡镇联系沟通，并及时向当事人发出《限期改正通知书》，对因建坟引发的纠纷，细致做好群众的思想工作，努力化解群众之间的矛盾。开展公墓检查和整治工作。对辖区 1 家经营性公墓和 5 家经批准建设的公益性公墓及 3 家历史形成的公墓进行检查，对个别公墓存在墓位档案不规范的问题及时督促整改。在做好免除低收入群体殡葬基本服务费用的申报和审核工作的基础上，从 9 月份起，对全区户籍人口实行 7 项基本殡葬全民免费，切实减轻群众的负担。全年免除殡葬基本服务费 1048 宗，金额 110.64 万元。全年殡葬火化率 100%。

【区划地名】 认真做好第三轮行政区域界线联检工作，落实好界线签约委托管理工作，把界线、界桩日常管理维护责任逐级落实到镇、村、到人。边界线实地埋设界桩 39 颗（包括 5 个三交点），界线实地位置清晰易认；边界线自勘界后持续稳定，没有发生过边界争议和群众性事件。加强地名规范化管理，切实提高地名标志设置和维护工作，对城区已命名设置好的路牌加强日常管理和维护，对城区不规范和破损的地名及地名标牌进行清理及更换，督促指导各乡镇、办事处做好梅县区城镇道路名称命名、更名及门楼牌设置管理工作。开展梅州市梅县区划调整勘界测绘工作，积极查找相关资料和信息，做好相关部门协调工作。并认真做好广东省第二次全国地名普查工作和编制梅县区地名规划前期工作。

（供稿人：陈伟岳）

残疾人事业

【概述】 2015 年，梅县区残疾人联合会以建设残疾人社会保障体系为出发点，以完善残疾人社会服务体系突破口，采取行之有效的措施，切实解决残疾人最关心、最直接、最现实的利益问题，使全区的残疾人事业得到进一步健康发展。梅县区有残疾人近 3.5 万人，占全县总人口的 5.86%，其中持证残疾人 13430 多人，约占残疾人总数的 39%。

【民生工程】 2015 年，梅县区符合贫困残疾人生活津贴条件的残疾人 5021 名，重度护理补贴条件残疾人 8372 名，并于 9 月中旬全面进行社会化发放 2080.32 万元；为 4535 名重度残疾人缴交 2016 年度的居民医保；为符合参保条件的 88 名重度残疾人、精神、智力残疾人和 3066 名 60 周岁以上的重度残疾人、精神、智力残疾人购买城乡居民养老保险。同时，认真开展就业困难残疾人调查摸底工作，把残疾人自主创业就业列为 2016 年全区十大民生实事。

【残疾人康复】 梅县区残疾人托养中心于 2012 年开工建设，该中心占地面积 12000 平方米，使用面积约有 7000 平方米，350 多名残疾人在托养中心托养、康复，2014 年 2 月被评为全国第二批“阳光家园”示范机构。残疾人联合会整合利用区民政局属下的儿童福利院和光荣院两幢大楼，改造建成梅县区残疾人康复中心。该中心占地面积 10000 平方米，使用面积 4500 平方米，于 2015 年 11 月投入使用。中心内设有康复训练区、残疾人培训中心、辅具展示中心、盲人定向行走训练基地。梅县区残疾人爱心康复中心是自闭症儿童康复机构，也是梅州市唯一的一个自闭症儿童训练基地，在该中心康复训练 80 多名自闭症儿童。此外，新城办、梅南、水车、石扇、松口均建有“康园中心”，让街道（乡镇）社区残疾人在康园中心也能得到工疗、农疗辅助性工场康复训练。全年完成 360 多例白内障复明手术，低视力康复治疗 18 人（次），低视力验配助视器 8 名，免费为 16 名残疾人装配假肢，免费集中收治重度残疾人 260 多名；收治脑瘫儿童传统康复训练 30 名，智力儿童康复训练 44 名，孤独症儿童康复训练 45 名。免费发放轮椅 368 辆，装配助听器 2400 个，开展盲人定向行走技能培训 50 名。

【扶残助学工程】 协助教育部门做好残疾儿童学前教育，继续实施“扶残助学”工程，开展残疾人实用技术培训、岗前培训等个性化的职业技能培训 254 人次。2015 年 12 月，区残联与梅州市优客网络科技有限公司联合举办残疾人电子商务培训班，组织 42 名残疾人参加为期 10 天的残疾人电商培训，提高残疾人的劳动就业技能，实现自主“创业梦”。同时，抓好贫困残疾人学生扶残助学调查、登记、帮扶工作，争取香港力行植林慈善基金会捐资 20 多万元，帮助 102 名贫困残疾人家庭优秀学生完成学业。完成危房改造 73 户。

【扶残助残活动】 开展第二十五次“全国助残日”系列主题宣传活动，做好《广东残疾人》《中国残疾人》《三月风》等杂志各 30 份的征订、发送工作；开展“文化下乡”“文化助残”活动；积极筛选培训优秀运动员 20 多名；推动志愿助残融入“学雷锋”“三关爱”志愿服务活动；与区委宣传部、电影公司共同开展“关爱残疾人送影下乡”活动，到各乡镇放电影 400 多场次，营造良好的扶残助残氛围。

【残疾人就业】 贯彻落实《广东省分散按比例安排残疾人就业办法》，按照“广东省残疾人就业保障金年审和地税征收系统”提供的数据进行年审核定，严格把关，促使企业安排残疾人就业比例逐年提高。征收残疾人就业保障金 427 万元，发出 450 份残疾人就业保障金年审核定书，49 家企业安排就业残疾人 81 人，开展就业困难残疾人调查摸底 278 人。

【信访工作】 2015 年，接待来访残疾人 43 人（次），处理来访 28 人(次)，其中处理来信 16 件。有序开展残疾人证换发工作，办理残疾人证 1140 本。

（供稿人：李广呈）

责任编辑：邓慧聪

顺风车站

乡镇建设

新城工委、办事处

【概述】 新城办事处地处梅县区城区，办事处驻梅县区华侨城扶贵西路 5 号。东临梅江河，北接梅江区西郊办事处，西、南靠梅县区程江镇。总面积 3.88 平方公里。下辖 5 个居委会。2015 年，辖区常住人口 9 万多人，总户数近 2 万户，户籍总人口 2.3 万多人。全年实现税收 9758 万元；居委集体经济纯收入 280 万元；固定资产投资 5.72 亿元；年居民人均可支配收入 2.35 万元。

【工商企业】 2015 年，招商引资项目有 5 个，计划投资总额 8.72 亿元。较大规模企业有：广东宝丽华集团有限公司、广东华银集团有限公司、梅州市锦发房地产开发有限公司、梅州正大卜蜂莲花连锁超市、梅州乐万家连锁超市有限公司、梅州柏丽酒店等。全办有工业企业 2 家，工业产值 1.5 亿元。有商店 3920 家、超市 13 家、酒店 5 家、餐饮服务业 312 家，有个体工商户 4051 户。

【基础设施建设】 实施“以产兴城、产城联动、统筹城乡”战略，以“规划建设、优化改造、商贸推进、三旧改造、绿化净化”等措施，加快新城扩容提质。推进乖子渡、乌廖沙三旧改造工程的土地、房屋集约工作；完成渡江津桥修复主体工程，进入附属设施完善阶段；跟进新程江大桥的规划设计和环评等工作；改造梅州大桥圆盘和梅塘西路港湾式公交车站；筹资 20 多万元，在西桥居委建设一座 1500 平方米的社区体育公园，完善华侨城文化广场、怡迪苑健身广场、社区文化活动中心等场所。

【民生】 2015 年，全办城镇居民基本医疗保险和城镇居民养老保险参保率 100%；发放低保金 66.8 万元、农村五保供养金 3 万元、临时救助资金 7.78 万元，低保户全部享受居民医保或农村合作医疗待遇；加强劳动力培训转移就业；完善居家养老示范中心，提升康园中心运行能力，为残疾人的康复护理等提供服务。

【综治维稳】 开展矛盾纠纷和不稳定因素大排查，对可能发生的群体上访苗头提前介入，做到早发现、早报告、早控制，把问题解决在萌芽状态，未发生户籍人口群体性上访事件。2015 年，综治信访维稳中心接待来访人员 42 批 130 多人次，受理矛盾纠纷 83 宗(其中网访 52 宗)，调解 81 宗，调解成功率 97%；全年立刑事案件 463 宗，查处治安案件 298 宗。

【计划生育】 全年出生 247 人，政策生育率 92.31%，人口出生率 10.53‰，自然增长率 5.37‰。纯收社会抚养费 98.81 万元。

【文化】 2015 年，筹资 10 多万元，在新城社区文化活动中心设立新城书画活动基地；文艺队演出 24 场，举办大型群众性文艺活动 10 场次，3 月，在梅县区人民广场举行的社区群众文艺会演中，新城办 2 个文艺队获得二、三等奖。

【教育】 有丽群小学（省一级小学）、新城中心小学、扶外小学共 3 所；有小学生 8400 人；有教职工 410 人；适龄儿童入学率 100%，义务教育阶段升学率 100%。有中等职业学校

1 所（国家级重点中等职业学校——梅县第一职业学校）；有学生 2200 人；有教职工 119 人；常年就业率保持在 98%以上。有鹏飞、春天等幼儿园 20 间；有在园幼儿 3543 人；有幼师 219 人。

【党的建设】 2015 年，全办有党支部 21 个，党员 1043 人，其中新发展党员 6 人。突出驻点直接联系群众工作，建设服务型党组织。一是划分责任网格区域。全办设立大网格 1 个、中网格 5 个、小网格 38 个，落实驻点团队成员和辅助团队成员为网格责任人，实现联户工作全覆盖。各驻点团队走访群众 1.07 万户，建立《居民档案》1.07 万本。二是建立联系服务工作台账。分类梳理收集到的群众意见建议；投入资金 120.8 万元，解决群众反映的环境卫生、民生等问题 198 个。三是创新管理服务平台。新城办申报的《建立新城办社会管理服务网络综合系统，推动驻点工作网格化、信息化动态管理》被列为 2015 年的市级书记项目。研发新城办社会综合信息管理平台系统，以内网形式联网到办事处各部门和各社区居委。社会综合信息管理平台系统于 4 月底完成研发并投入使用。从入户登记开始，掌握辖区内居民档案、门店、消防安全、计生等内容和信息，实现驻点工作实行网络化、信息化动态管理，录入人员和门店、出租屋等信息 1.2 万份。深化农村“三资”管理，在办事处一级设立新城办三资监管服务中心，配备专职工作人员 3 名，全面完成居委集体资产的核查和数据录入，建立相关台账。完成西桥社区居委软弱涣散党组织的整顿工作；推进“两新”党组织的建设，新成立 1 个“两新”党组织—梅县顺风客运有限公司党支部；重视预防和查处村干部贪腐问题，排查线索 6 条，立案 2 宗，函询 1 宗，调查了解 3 宗。

【社区建设】 2015 年，把创建平安小区工作作为推进社会治安综合治理的重要举措和民心工程来抓。筹资 10 多万元，提升改造中央大道 A 区、建设路 D2 区、科技路香港花园 D 区三座及科技苑等 4 个安全文明示范小区；新成立小区业主委员会 6 个；全年清查出租屋 210 间、登记流动人口 583 人；推行门禁管理系统工作，强化屋主（或实际管理人）的管理责任，新增出租屋门禁管理系统 17 家。

（供稿：刘莹慧）

扶大高新区管理委员会

【概述】 扶大高新区地处梅县区城区，高新区驻区委党校临时办公室。东临梅江，北靠程江，与程江镇车上、槐岗相邻，西与南口镇接壤。总面积 18.8 平方公里。下辖 4 个行政村和 1 个居委会。2015 年总户数 3811 户，总人口 11249 人。全年实现社会工业总产值 6.97 亿元；规模以上工业总产值 3.6 亿元；完成固定资产投资 45.2 亿元；实现税收 1.39 亿元；镇级地方财政税收 1.07 亿元；年农民人均可支配收入 17550 元。

【农业】 全年水稻种植面积 90 公顷，总产量 705 吨；水果种植面积 87.5 公顷，总产量 3034 吨；金柚种植面积 63.6 公顷，总产量 2506 吨；生猪饲养量 1.97 万头；“三鸟”饲养量 78.7 万只（其中：鸡 71.74 万只、鸭 6.66 万只、鹅 3000 只）；水产养殖面积 28.3 公顷。

在三丰村 4–7、9 组及三葵村 10–12 组创建连片早晚稻粮食高产示范点 2 个，每个点面积 14.7 公顷，实现亩产 630 公斤。

【工商企业】 2015 年，招商引资企业有 4 家，计划投资总额 15.8 亿元，实现招商增税 5826 万元。较大规模企业有：广州富力地产（梅州）有限公司、梅州永兴客家土特产购物中心、梅州市山水城房地产开发有限公司、梅州鸿荣重工有限公司、广东顶业农牧饲料有限公司、广州华银医药科技有限公司、广东恩华通信设备有限公司、广东省水工机械制造有限公司、广东卓立变压器有限公司等；2015 年梅州鸿荣重工有限公司增资 2.35 亿元，成功上规，全年完成产值 1.14 亿元；至年底，有企业 68 家，实现工业产值 6.97 亿元；规上工业企业有 5 家，工业产值 3.6 亿元。有商店 185 家、超市 2 个、酒店 1 家、餐饮服务业 37 家，有个体工商户 402 户。

【圩镇与农村基础设施建设】 推进投资 1420 多万元扶大变电站侧周边道路建设及投资 450 多万元公园北路东北侧 18 米市政道路建设，完成量 90%；筹资 300 多万元，建设水泥硬底化道路、生活排水管工程等设施；筹资 800 多万元建设 900 米乌仙河堤；筹资 340 多万元，对金鸡石水库和下塔子坑水库进行除险加固；投入资金 25 万多元，抓好中小河流治理扶大段的清淤清障；投入资金 20 多万元，维修所里村内涝圳道；投入资金 6 万多元，修复三丰村三前陂水毁圳道；筹资 320 万元，建设梅西灌区改造工程、小河流域治理、水毁工程；投资总额 30 亿元，抓好外国语学校、中山大学粤东医院、客都大道、所里三丰 24 米大道、富力城、锦绣国际、金利来房地产、翡翠绿洲、扶大加油站等省、市、区 32 项重点项目建设。

【旅游】 主要景点有佛光寺，原名乌仙岩，始建于明朝，地处扶大高新区铁炉桥村乌仙自然村，距梅州市区约 6 公里。1988 年开始重建，1995 年春更名为“佛光寺”。由广东潮州建筑设计院依照传统佛教古刹格局，仿明代建筑，精心进行总体规划设计，占地面积约 200 多亩。

【民生】 2015 年，农村社会养老保险参保 3045 人，参保率 95%；参加新型农村合作医疗 8925 人，参合率 100%，参合金 107.05 万元；发放合作医疗补偿 3082 人次、补偿金 71.9 万元；失地农民养老保险办理 2040 多人；发放种粮补贴 37.64 万元；有低保户 81 户，享受低保对象 230 人（其中新增低保 6 户，低保对象 23 人），全年发放低保救助金 52.7 万元；五保户 9 户，均属于分散五保供养，发放五保救助金 7.2 万元；为困难群众解决医疗救助和发放临时救济金 2.3 万元，发放春夏荒救助和冬令救助金 1.1 万元；发放退役士兵优抚补助金 33 万元，发放义务兵家属优待金 3.78 万元；农村劳动力技能培训 124 人（种养技术），转移就业 48 人；利用科技信息帮助各村富余劳动力参加应聘 60 多人；完成危房改造 16 户，发放各类惠民补贴 60 多万元。

【综治维稳】 全年接待来访群众 31 批共 48 人次，为群众提供法律咨询 280 人次，受理群众矛盾纠纷、来信来访 24 宗，解决 24 宗；村级信访工作站全年受理调处矛盾纠纷 99 宗，调处成功率 100%。全年接警 663 起，其中受理治安行政案件 89 宗，查结 55 宗；全年立刑事案件 47 宗，破获 22 宗，抓获各类违法犯罪分子82人。

【环境保护与治理】 投入资金10多万元，完善森林防火装备设备；筹资220多万元，开展农村生活垃圾处理和城乡环境整治及美丽乡村建设，创建省级卫生村1个、市级卫生村2个、美丽乡村示范点2个；完成房屋客家元素改造8座、拆除铁皮瓦76座、拆除围墙190米、拆除违建60座、整治电线管网2300米、“三边”清理102.5公里、种树1500棵。

【土地保护与利用】 采取“一户一策”措施推进工作，率先在全区引入第三方评估办法和按时间节点奖励机制，“三进三出”的梅花山项目取得进展；西片区1、2、5、6号地、铁炉桥武仙片、所里低丘缓坡、三丰进城大道、三丰村三角塘片区和梅花山脚等土地征收，合计面积700多亩，拆迁房屋170多座；做好国土资源动态巡查，发现违法违规用地85宗、强制拆除53宗、制止停建32宗。

【计划生育】 全年出生169人，政策生育率92.31%，人口出生率13.74‰，自然增长率8.15‰。征收社会抚养费36.07万元。

【卫生】 扶大卫生院有现职人员24人，其中执业医师6人、执业助理医师4人、执业护士5人、检验师1人；主要仪器设施有：B超、心电图、血细胞分析仪、尿液分析仪；有住院病床15张。

【教育】 宪梓中学 位于梅县新城区，创办于1969年，是区直属初级中学，梅州市一级学校。原名为梅县扶大中学，1990年起由原全国人大常委、金利来集团董事局主席曾宪梓博士先后捐资1100多万元重新兴建，并于1993年春更名为梅县宪梓中学。2015年，占地面积约10万平方米，建筑面积2.2万平方米，校园绿化率80%。有教学班85个，有学生4242人；有教职工323人，其中中学高级教师66人、中学一级教师166人。曾苑斌老师被评为“南粤优秀教师”，罗辉、郭小岚两位老师获得“叶剑英基金优秀教师奖”。2015年升高中考试入东山中学录取线以上有116人；入梅县高级中学正取线以上有382人。

扶大宪梓中心小学 由原全国人大常委、香港金利来集团董事会主席曾宪梓博士捐资建设。2015年，占地面积1.45万平方米，生均占地面积17平方米；建筑面积6750平方米，生均建筑面积7.9平方米。有教学班26个，有学生1428人；有教职工81人。学校按规范化学校标准配齐功能场室。设教学点1个：铁炉潭教学点设一至四年级6个班，有学生186人；有教师15人。

扶大宪梓中心幼儿园 由曾宪梓博士捐建的一所规划设计达标的全日制幼儿园。于2009年投资150多万元，对幼儿园进行全面改造装修。改建后通过“梅州市一级幼儿园”的评估验收，成为梅州市一级幼儿园。2015年，占地面积2700平方米，建筑面积1400平方米；有教学班7个，在园幼儿340人；有幼师16人。

【党的建设】 2015年，全区有党支部15个，党员634人，其中新发展党员8人。坚持党委中心组学习制度和机关干部每周一次集中学习制度，充分利用远程教育平台等载体，认真开展“创先争优”活动、党的群众路线教育和推进“三严三实”作风建设，在全区干部中深化“群众有问题有人作主、有矛盾纠纷有人帮助解决、有国家政策扶持有人解释宣传、有群众想致富发展有人指导援助”的“四有”工作理念，严格开展好“三查三比”工作（查学习领会、查理念意识、查有效推动；比形象、比用心、比结果）。通过N合一、党代表工作室、干部驻点直接联系群众等工作制度，建立起干部服务群众的长效机制；把整顿帮扶软弱涣散基层党组织纳入“书记项目”，严格执行农村“三资”管理规定，充分发挥村监委会作用，完善村级财务收支管理制度；2015年，高新区党员干部联系走访群众3800户、企业49家、解决实际问题260个。

（供稿：饶　犇）

程　江　镇

【概述】 程江镇地处梅县区城区，镇政府驻大新城步行街。东连新城办事处，西接扶大高新区和南口镇，南望梅州城区，北邻梅江区。总面积54平方公里。下辖14个行政村和1个居委会。2015年总户数1.9万户，总人口4.3万人。全年实现农村社会总产值10.25亿元；村集体经济总收入503万元；实现税收3.64亿元；年农民人均可支配收入15529元。

【农业】 全年粮食作物播种面积1113.3公顷，其中水稻种植面积624.3公顷，总产量4388吨；水果种植面积208.3公顷，总产量4940吨，其中柚子种植面积130.3公顷，总产量3005吨；蔬菜种植面积292.3公顷，总产量1.79万吨；生猪饲养量1.21万头，“三鸟”饲养量10.35万只；水产品总产量620吨。发展浒洲村葡萄园等专业合作社组织,推广良种良法。有农业龙头企业2家；有专业合作社34家；完成9个村98个村民小组的农村土地承包经营权确权登记。

【工商企业】 2015年，招商引资企业有7家，计划投资总额25.9亿元。分别是引进珠海经纬资通财富管理有限公司投资12亿元的梅县区树果果儿童智力乐园落户大沙村；与广东健能生物科技有限公司签订总投资7亿元的协议；引进投资8000万元裕达工程机械有限公司；梅州市创亿谷电子商务有限公司投资1.5亿元建设创亿谷电商园项目工程；引进梅州市癸丰实业有限公司6000万元投资欧派大家居体验店；投资2亿元的豪生苑开发项目；总投资2亿元的华景商业广场落户公园南路梅花御景。以云电商商务产业园和新创立的创亿谷电商园为龙头，发展金融、电子商务、总部经济、商贸物流产业，促进各类消费。以豪生酒店、步行商业街、美食街为带动，发展与城市相配套的餐饮住宿、文化旅游、商贸零售等现代服务业，新注册企业300多家、个体工商户1153户、新增1家（新嘉园酒家）为限额以上餐饮企业。推进产业项目建设，培育新型工业，推进传统产业的转型升级，新增较大规模企业梅县塔牌混凝土有限公司1家；镇辖区的集一建材成功在香港上市、骅锋科技在新三板挂牌上市。

【圩镇与农村基础设施建设】 投入资金230多万元，改造建设大塘、大和等村道；投入资金20多万元，安装大沙村至梅南镇路段安全防护栏；抓好乡树园、梅州师范两条“断头”路的建设。有县管小一型水库一宗（千斤水库），镇管小二型水库三宗（横岗水库、谷畲、石壁坑），总库容 281 万立方米，镇村管重点小山塘十一宗；500 亩以上灌区一宗（梅西水利）；重点小流域程江河一宗。投入资金 1200 万元，实施横岗、大和、大沙中小河流流域治理工程；投入资金 50 万元，建设长滩程江河水文自助观测站；完成总投资 615 多万元 25 公里的三大片农田水圳、周塘大喜摊圳三面光建设和墩上棉田炭水库除险加固工程；投入资金 800 万元进行城区电网升级改造工程，完善新城区基础设施和公共服务，新建 6 个港湾式公交站点。实现网络电视全覆盖。

【民生】 全年发放老龄补贴 1144 人次、计 22.8 万元；全年城乡合作医疗保险参保 32925 人，参保率 99%；做好失地农民养老保险；全年投入资金 296 万元，完成 16 户危房改造。

【综治维稳】 全年受理矛盾纠纷 35 宗，解决矛盾纠纷 35 宗，调处率 100%；村综治信访维稳工作站受理矛盾纠纷 130 宗，解决 129 宗，调处率 99%，未发生一起群体性事件、集体越级上访事件，上访数量明显减少；全镇受理群众报警案件 3144 起，其中立刑事案件 321 宗，抓获犯罪嫌疑人 50 人，逮捕 33 人；受理治安案件 207 宗，查处 189 宗，行政拘留 62 人，社区戒毒 41 人，强制戒毒 10 人。

【环境保护与治理】 一是开展绿化行动。发动农户房前屋后栽花种树，完成辖区高速公路沿线生态景观林带、森林围城、碳汇林等 8100 多亩及生物防火林带 53.3 公里；投入资金 85 万元，在墩上村建设镇级福安康森林公园，抓好各村主干道路两旁、乡村美化绿化，提高森林覆盖率。二是管护森林资源。严厉查处砍伐毁林的不法行为，落实最严格森林管护措施，完善森林防火机制，加强扑火队伍建设管理和配强扑火设施设备，实行领导带班巡查制度，加大野外火源管理力度，从源头上预防山火的发生，确保林业生态安全。三是实施城乡环境综合治理工程。加大环境监督力度，抓好污染减排、大气污染防治，落实环保责任制，开展节能减排全民行动，倡导绿色低碳生活方式。四是按照国家卫生城市复审的标准和要求，落实“网格化”长效保洁责任制度。4 月前完成平原片 5 个村 64 户禽畜养殖户的禽畜退养；投入资金 1600 多万元，新建扶贵、扶外 2 个肉菜市场，完成车上市场升级改造；投入资金 230 多万元，改造巩卫区域五个村的臭水沟 2.5 公里、修复铺打损毁道路 1.2 公里，安装新防蚊闸 450 个、新购置保洁设施一批。五是提升群众保护环境意识。通过发放宣传资料，制作健康教育宣传栏、挂横幅，进行广泛宣传。六是推进美丽乡村建设。投入资金 228 万元，打造横岗村、墩上村为美丽乡村示范村，以点带面推进“五化”建设，完善规划、严格规范建房、完善文体设施、加强环境整治。

【土地保护与利用】 一是以服务新城建设为中心，突出重点，落实征地拆迁工作职责。按上级时限要求，完成连接线、延长线、新城水厂、儿童智力乐园、区应急信息发布中心等项目的征地拆迁，做到依法、和谐征拆，为项目落地提供用地保障。全年整合征用土地 24.45 公顷，拆迁房屋 24 座。二是加大“两违三抢”巡查打击力度，落实镇、村、组三级联动“网格化”管理责任制度。对规划高铁沿线、快速干线等重点区域，进行 24 小时巡查，严格防控“两违三抢”现象的发生。此外，加大宣传力度，制作宣传片 20 多块和悬挂横额30多条，设立举报电话，全年依法拆除违章建筑78处共2.04万平方米。

【计划生育】 全年出生591人，政策生育率93.91%，人口出生率13.34‰，自然增长率7.99‰。征收社会抚养费83.5万元。

【卫生】 程江镇卫生院有干部职工49人，其中管理人员3人、医生14人、护士7人、药剂7人、防疫人员10人、医技人员1人、技工人员7人；设观察床3张、产休床2张、住院病床6张；全镇设村卫生站36个，有乡医36人、保健院10人，有退休人员42人。

【文化】 充实镇文化站的“电子公共阅览室”，方便群众上网学习、查阅资料等；周塘村“秋官第”创建“农村文化俱乐部”；每村设立“农家书屋”，并配备问题协管员定时对外开放。抓好梅县人民广场每周一场电影公益放映，全年下到各村放映电影168场次；组织文艺队员在人民广场跳健身操；镇、村组织业余文艺宣传队6个，不定时下乡演出；镇文艺队和梅江区五洲文艺队进行联欢，重阳送戏下乡到畲江镇。开展2015年暑期以“我的书屋、我的梦”为主题的农村少年儿童阅读活动，并撰写读后感18份。

【教育】 2015年，有完全中学1所（新城中学）；有小学2所（梅县北大附属实验小学和槐岗小学）；有幼儿园26间；适龄儿童入学率100%，义务教育阶段升学率100%。

新城中学　位于梅县区新县城行政区，创办于1954年，是区属完全中学。背靠曾宪梓体育场和人民广场，右枕梅花山公园，左连府前大道。2015年7月8日，原新城中学和华侨中学进行整合，新城中学更名为华侨中学。有校园面积8公顷；有教学班73个，其中高中43个班，初中30个班，有学生4131人；有教职工358人，其中：高级职称89人、中级职称191人、研究生学历9人。

程江镇中心小学　2015年，占地面积3.17万平方米，建筑面积1.58万平方米；有教学班51个，有学生5992人；有教职工305人。设18个功能场室（包括兼用）；设施设备均按义务教育规范化要求配置。

程江镇中心幼儿园（公办）　2015年，占地面积1380平方米，建筑面积2300平方米；有教学班9个，在园幼儿1402人；有幼师23人。设功能室4个。

【党的建设】 2015年，全镇有党支部30个，党员1793人，其中新发展党员13人。通过参加民主评议合格党员占99%；14个村委会95%的农户评为文明户，有11各村评为二、三级或镇级文明村，评出区“五好”支部6个，镇级先进支部4个，建设科学发展示范县模范党员152人。一是抓好党员干部队伍建设，有扶贵、大塘2个软弱涣散党支部得到有效整顿转化提升，同时推进“智慧党建”的云平台视频会议系统建设。二是抓好纪检工作，全年排查出农村基层党员干部违纪违法线索15条，其中重大线索6条。全镇立案7宗，立案率46.7%，结案率100%。三是以廉洁城乡和强化“三资”管理为载体，进一步推进政务公开，促进政府高效、规范、有序运转；依法执行各项制度规定，严肃查处“为官不为”、有令不行、有禁不止等行为。

（供稿：廖文玲）

南 口 镇

【概述】 南口镇地处梅县区西南部，镇政府驻南口圩，距梅县区人民政府12.8公里。东与扶大为邻，西与石坑交界，南与水车毗连，北与大坪接壤。总面积262.5平方公里。下辖46个行政村和3个居委会。2015年总户数16235户，总人口70913万人。全年实现农村社会总产值27.84亿元；镇级财政收入3488万元；实现税收1.26亿元；固定资产投入8.5亿元；年农民人均可支配收入10197元。

【农业】 全年水稻种植面积3866.7公顷，总产量2.7万吨；水果种植面积2400公顷，其中金柚1400公顷，脐橙366.7公顷；生猪饲养量7.85万头；“三鸟”饲养量86.74万只，水产养殖面积587.8公顷。有农业龙头企业16家，其中省级3家（广东健神科技股份有限公司、广东徐梅农林发展有限公司、梅州生原现代农业有限公司）、市级6家（梅县莲泉酒液酿制有限公司、梅县南口镇嘉园蔬菜种植场、梅县南口镇荷泗洋坑种养场、梅州市东强农业科技发展有限公司、梅州市尚鸿农业有限公司、梅州市客乡乳业有限公司）、区级7家（梅县富裕源养鸡有限公司、梅县荣运农业发展有限公司、梅州市鹏嘉生态农业发展有限公司、梅县福田肥业有限公司、梅州市福昌来食品有限公司、梅州葵山农业发展有限公司、梅州征诚园林绿化有限公司），新增区级1家；有农业专业合作社41家，新增2家；有家庭农场14家。建立完善镇农产品质量安全监管站，固定检测室场所，完善检测设施，每月开展100个蔬菜质量安全风险监测及数据报送工作。开展基层农技推广体系建设项目，到12月底集中培训12次，培训学员750人次，现场指导3960人次，建立科技书屋1个，发放科技书籍300册。完成农村新能源项目沼气池建设20个。一村一品有：双桥火龙果、锦鸡砂糖橘、侨乡橘红茶、南龙杨桃、南虎佛手、车陂葡萄等。完成18个村的土地确权外业工作及公示。2015年，全镇农业产值9.8亿元。

【工商企业】 2015年，引进梅州公交盛兴客运有限公司、梅州市梅县区合兴实业发展有限公司、梅州市梅县区毅嘉货物仓储有限公司、广东兴源农林有限公司、梅州市运源现代农业有限公司等企业5家，计划投资总额9.67亿元，已投资1.24亿元。较大规模企业有广东新金基文化创意产业集团有限公司、梅州南宇砂轮有限公司、梅州莲泉酒液酿制有限公司、广东长荣生物科技有限公司、梅州公交盛兴客运有限公司等。2015年，全镇工业产值13.41亿元。

【圩镇与农村基础设施建设】 一是争取省级项目资金，投入资金124万元，对6公里圳道进行三面光工程改造；投入资金3800万元，对中小河流进行治理，完成荷泗河、南口河、大沙河（南口段）“三清”工程；投入资金2600万元，做好山塘、水库、电站除险加固和日常管理。二是通过立项申请财政拨款、乡贤捐资和群众自筹等方式，筹集资金203.8万元，铺设水泥硬底化道路7.73公里。同时，投入资金40多万元，做好乡村公路养护工作。

【民生】 实现城乡居民社会养老保险全覆盖，城乡居民医疗保险参保率99%；足额发放各类涉农补贴资金 423.3 万元，其中粮食直补资金 26.5 万元、综合补贴 362.8 万元、生态林资金 34.1 万元；发放各类民政救助优抚资金 262 万元，落实 1690 人优抚安置，做好 207 名五保户和 981 户低保户的服务保障工作；全年开展农技培训班 6 期，培训 250 人次；新一轮省定重点帮扶村有太平村、蕉坑村、潭江村、铅畲村 4 个村，涉及贫困户 183 户 575 人，实施各类帮扶项目 80 多个，投入帮扶资金 1700 多万元。

【综治维稳】 全年受理各类纠纷 463 宗，其中村级调委会 402 宗，镇级调委会 61 宗，调处调解成功 455 宗，调处调解成功率 98%。无民转刑案件，无重大特大治安责任事故发生；全镇 29 名社区矫正和刑释帮教对象全部实现安置帮教，重新犯罪率为零。全年刑事案件 36 宗，破获 30 宗；发生治安案件 111 宗，查处 102 宗。

【土地保护与利用】 2015 年，发现和阻止高铁防控区域和农民未批先建占用耕地建房违法用地 26 宗。全年组织拆除违章建筑 26 宗。

【计划生育】 全年出生 876 人，政策生育率 93.52%，人口出生率 11.35‰，自然增长率 4.07‰。征收社会抚养费 204.35 万元。

【卫生】 2015 年，南口卫生院装备“五个一”设备，即救护车（含车载），全自动生化仪、心电图仪，DR 机，彩色 B 超。为确保 DR 机的使用，卫生院对放射科室进行包括线路改造、安装除湿机、重装放射科射线挡板门等全面升级改造并全部完成，设备已投入正常使用。全年医院门诊 51890 人，住院人次 718 人，医疗业务收入 400.48 万元。

【文化】 2015 年，先后筹资 700 多万元，在蕉坑、七贤、潭江、铅畲、侨乡、益昌、瑶上居委、瑶西、太和、瑶上、东坑等村兴建文化广场；投资近 200 多万元，充实各村文化室图书资料、电脑、音响设备、演出服装、体育器材等；开展送戏到村到学校活动，发展广场文化、社区文化，全年组织大型文体活动 6 次；镇文艺队的《健身腰鼓》《健身球操》获得市级三等奖，南口圩镇文艺队的《三句半》、侨乡村文艺队的《侨乡颂》、南龙村文艺队的《一把锁》等，成为展示当地人民群众良好文化素养的窗口。

【教育】 有完全中学 1 所、九年一贯制学校 2 所、完全小学 2 所、教学点 3 个、公办幼儿园 3 间、民办幼儿园 4 间、成人文化技术学校 1 所；全镇有学生 4098 人，其中中学生 1840 人、小学生 2258 人、在园幼儿 1217 人；有高中专任教师 98 人、初中专任教师 176 人、小学专任教师 272 人、幼师 52 人、成人文化技术学校教师 12 人。

【党的建设】 2015 年，全镇有党支部 66 个，党员 2949 人，其中新发展党员 29 人，吸收预备党员 69 人。开展镇领导干部驻点普遍直接联系群众互动，坚持四个固定（固定联系时间、固定联系地点、固定联系人员、固定联系方式），强化与群众联系。全镇发放 1.62 万份亲情连心卡，一户一卡实现全覆盖。全镇走（接）访群众 1.54 万户和 4.26 万人次，建立村（居）民档案 2.31 万户。全年收集群众反映问题或意见建议 6450 条，解决民生问题 150 件，化解基层纠纷 250 宗。全镇有新经济组织党组织 6 个。抓好 4 个后进村（文光村、锦湖村、竹香村、榕岗村）的整改。

（供稿：陈　军）

畲江镇

【概述】 畲江镇地处梅县区西南部，镇政府驻畲江圩，距梅县区人民政府 42 公里。东南与丰顺县相邻，西南与兴宁县的下堡乡、水口镇为邻，东北部与水车镇交界，西北与兴宁县的新圩镇接壤。总面积 175 平方公里。下辖 23 个行政村和 2 个居委会。2015 年总户数 10846 户，总人口 48879 人。全年实现工农业总产值 37.8 亿元；镇级机动财力 550 万元；实现税收 3095 万元，固定资产投入 19.89 亿元；村集体经济总收入 201.22 万元；年农民人均可支配收入 15397 元。

【农业】 全镇水稻种植面积 1986.7 公顷，总产量 1.36 万吨；水果种植面积 1373.3 公顷，总产量 3.16 万吨；生猪饲养量 1.18 万头，“三鸟”饲养量 11 万只；水产养殖面积 112.3 公顷。有农业龙头企业 6 家，其中省级 1 家（梅州市惠兴米业发展有限公司）、市级 1 家（梅州市龙广实业有限公司）、区级 4 家（梅县莲花山有机农场农民专业合作社、梅县然中园家庭农场、梅县协鑫农林牧发展有限公司、梅州市德福源农林有限公司）。农业基地有梅州欧玛植物油有限公司、官铺隆兴豪实业有限公司花木场、连江黄塘水库然中园油茶种植基地、梅州市梅县区畲江镇新辉兰花种植场、梅州市梅县区畲江镇金运来兰花种植场。全年蔬菜种植面积超 333 公顷；在双罗村建立 3.3 公顷的优质蔬菜基地，在成山建立 3.3 公顷甜玉米农业基地。做好 2015 年度 1 万多亩“碳汇林”及高速公路沿线景观林带的抚育工作，强化林地保护管理，查处滥占林地建坟、取土等违法行为。查处滥占林地建坟、取土的违法行为 6 宗。2015 年，全镇农业产值 3.85 亿元。

【工商企业】 2015 年，招商引资项目有 5 个，计划投资总额 10.9 亿元，已投入金额 2.34 亿元。亿元以上工业项目是梅州市中新工业园开发有限公司、梅州市畲江镇力超页岩砖厂，另 3 个项目有梅州市德福源农林有限公司、梅州市梅县区畲江镇新辉兰花种植场、梅州市梅县区畲江镇金运来兰花种植场。较大规模企业有梅州市宏丰工艺有限公司、梅州市嘉兴工艺品有限公司、梅县嘉伟工艺制品厂、梅州市裔辉工业品有限公司、梅州市安吉工艺有限公司、梅县好彩工艺厂、梅州市春风工艺品有限公司等。抓好工艺编织产业发展，挖潜革新、升级改造，在红星村集约 60 多亩土地作为工艺研发用地，解决工艺企业扩产用地；充分利用“三旧改造”等政策，帮助宏丰工艺厂、裔辉工艺厂等企业办理相关证照，解决为企业发展所需的融资扩产。2015 年，全镇工业产值 33.95 亿元。

【圩镇与农村基础设施建设】 2015 年，新铺设水泥硬底化道路 5 条、计 4.8 公里；对 206 国道、X023 线、Y968 线进行道路挖补扩宽绿化提升工作；投入资金 3 万多元，修复杉里、叶田、径心、赤岭、叶华等水毁工程；完善乡村道路的线路牌、警示牌、公路桩竖禁令标志、限速标志、出入口反光标志等；每月投入资金 18 万元，用于生活垃圾处理，其中圩镇 12 万元，各村 6 万元；投资 350 万元，在成山村角口建设一座占地面积 2000 平方米，日处理垃圾量100吨的高标准镇级垃圾中转站；总投资额518多万元，在红星河堤侧建设一座日处理污水1000吨的水质净化厂；双龙、杉里、彰坑等7个村进行规划设计，由镇政府投资200多万元对村道进行绿化、亮化、美化，并把公和村和松棚村列入美丽乡村示范点，依托园区在公和村兴建485套具有客家元素的高标准新农村住宅区；升级改造连江黄塘水库湿地公园及现有文化公园；根据圩镇规划，重点规划发展畲江新圩商业中心和红星村新农村建设示范区，其中畲江新圩商业中心总规划面积4200亩，建成18栋4000多间门店，圩镇建筑面积扩展到2.8平方公里，常住人口2.5万多人，初步形成行政区、工艺区、商住区和文化活动区的中心镇。

【民生】 全镇农村社会养老保险参保38312人、金额459.74万元，参保率100%，医疗补助总额1010万元；完成失地农民养老保险参保4687人；全年新增就业岗位632人；下岗失业再就业15人；就业困难人员再就业5人；农村劳动力转移533人；全年扶持新增创业5家，带动就业38人；全年调处成功化解劳务纠纷5宗，涉案人数116人，创建和谐劳动关系示范点15个，涉及职工人数451人；全年举办初级农艺技能培训班4期、283人次；为全镇80岁至99岁的高龄老人147人发放高龄老人补贴20多万元；为1400多位80岁以上老人及60至79岁困难户投保老人意外险，还对7位百岁老人每月发放200元的长寿保健金及客家寿星奖。

【综治维稳】 坚持打防结合、预防为主、专群结合、依靠群众的方针，完善社会治安防控体系，开展平安创建活动，打击各种违法犯罪活动。镇综治中心全年接访群众60场次，镇领导接访咨询220多人次，受理矛盾纠纷48宗，调解成功47宗，调解成功率98%。村级工作站接待群众来访162批，260多人，受理矛盾纠纷129宗，成功调处100宗。全年立刑事案件56宗，破案12宗，发生治安案件99宗，抓获各类违法人员67人，其中逮捕13人，强戒9人，行政拘留56人。

【土地保护与利用】 2015年，完成四批次约966亩的征地拆迁任务，其中完成梅县区畲江园中园2015年第一批次约800亩征地拆迁任务；完成梅畲快速干线双螺、杉里村先行用地征地60亩；在官铺村完成畲江镇中心小学扩建用地70亩；完成广梅园湿地公园用地约70亩；完成红星安置区162户安置、200多户留用地划拨工作。

【计划生育】 全年出生617人，政策生育率92.87%，人口出生率12.66‰，自然增长率7.80‰。征收社会抚养费167万元。

【卫生】 畲江卫生院有现职人员59人，其中主治医师6人，执业医师8人，助理医师8人，执业护士12人，主要仪器设施有：彩色B超、黑白B超、CRX光机、全自动生化仪、血液分析仪、尿液分析仪、心电图、心电监护仪、胎心监护仪、洗胃机等，有住院病床60张。2015年，投资1.5亿元，迁建畲江镇中心卫生院。

【文化】 畲江文化站有站舍1600平方米、室外活动场地6000平方米，活动中心有图书馆、阅览室、综合培训室、少儿培训室、老人活动室、文艺创作室，文艺活动室、办公室等及有价值15多万元的灯光音响和乐器等文化活动器材。全镇23个村3个居委均建立多功能文化活动室，订有报刊，成立有农家书屋，藏书 1.5 万册。开展文艺和送戏下乡活动，举办象棋、篮球、足球、文艺表演、邀请山歌剧团演出等；“畲江民间艺术团”和社区文艺队积极创作节目，在畲江公园或到各村进行巡回演出，全年送戏下乡 20 多场次，播放电影 100 多场次。

【教育】 有完全中学 1 所（畲江中学）；九年制学校 1 所（径义中学）；完全小学 2 所（畲江镇中心小学、韬奋学校）；小学教学点 5 个（太湖教学点、彰坑教学点、松林教学点、杉里教学点、韬奋分教学点）；幼儿园 7 间，其中公办 2 间（畲江镇中心幼儿园、径义镇中心幼儿园）、民办 5 间。2015 年投资 3200 万元，对畲江镇中心小学进行扩建。

畲江中学　创办于 1905 年，原校名为“畲江三堡彬文公学”，创办者有刘清祥、刘云根、叶则愚等人，是市一级学校。2015 年，占地面积 103 亩，建筑面积 3.3 万平方米。有学生 1480 多人；有教职工 178 人，其中高级教师 28 人、中级教师 102 人。

径义中学　前身是 1966 年秋创办的径义林业中学，校址设在叶华村寮子岗。1968 年冬，由县政府拨款 5000 元，在径义村营盘岗建新校，更名为径义中学，1969 年增办高中，1979 年高中停办，为全日制初级中学。2006 年径义镇中心小学并入中学，成为一所九年一贯制学校。2015 年，占地面积 2.33 万平方米，建筑面积 6546 平方米。有学生 210 多人；有教职工 30 人，其中本科学历 24 人、中学高级教师 5 人、中级职称的教师 16 人、梅州市名教师 2 人。

畲江镇中心小学　位于梅县区畲江镇红星村，原名彬文公学，创办于 1928 年。2015 年，占地面积 2.53 万平方米，建筑面积 1.24 万平方米。有学生 2105 人；有教师 109 人，其中中级职称的 96 人、大专学历 98 人、本科学历 41 人，教师学历达标率 100%。

畲江镇中心幼儿园　位于梅县区畲江镇红星村，创办于 1928 年。2015 年，占地面积 2829 平方米，建筑面积 1741.9 平方米。生均占地、建筑面积达到市一级幼儿园的标准。园内有 2168.4 多平方米的户外活动场地，设大、中、小共 8 个班，有幼儿 517 人；有幼师 31 人，其中大专学历 15 人、中专学历 10 人。

【党的建设】 2015 年，全镇有党支部 35 个，党员 1681 人，其中新发展党员 11 人。在全镇推行村（社区）两联席会议制度，对本村（社区）重大事项进行讨论，研讨联系群众工作收集到的意见建议。先后投入资金 70 多万元，抓好新化村和双螺村两个软弱涣散党组织整顿工作；围绕基层工作任务清单，加快公共服务平台建设，建立镇村两级便民服务站点；建立健全农村“三资”动态管理和流转制度，对农村集体资产进行核对，建立资源登记、资产台账和合同管理电子台账；让干部“下得去、回得来、帮得上”，实现“走村不漏户、户户见干部”。全镇接访群众 4514 人，走访群众 11610 人，建立村（居）民档案 9980 户，召开座谈会 455 场；群众反映问题或意见建议 924 个，其中已解决 920 个。充分利用远程教育平台，通过“领导带学”活动组织农村党员干部集中学习 315 次，培训农村党员干部 3600 多人次。

【广东省工艺编织专业镇】 畲江是广东省中心镇，是广东省工艺编织专业镇，是梅州市重要的编织工艺生产出口基地。编织工艺是畲江的主导产业，始于 1977 年，现有工艺企业 30 多家，其中拥有私营出口权的企业 21

家，工艺品种从最初单一的竹制品发展到现在的藤、竹、木、铁、丝制品等五大类八万多个样式，产品远销欧美、日本等世界各国。经过近40年的发展，以畲江编织工艺为代表的梅州工艺品已发展成为广东省装饰品出口产值排名第三的产品，畲江工艺行业吸纳梅县南部2万多闲散劳动力在家从事编织业。

2002年畲江组建“梅县工艺品行业协会”，旨在做好加强技术、人才、信息、项目的交流与合作，促进工艺行业做大做强。通过集聚式发展，以宏丰工艺有限公司、锦芳工艺有限公司、安吉工艺有限公司为代表的工艺龙头企业带动中小型企业发展。随着2008年国际经济金融环境的急剧变化，对畲江的工艺编织出口行业造成一定的影响。镇党委、政府深入企业了解、调研实际情况，帮助企业妥善应对国际经济环境变化对畲江镇工艺行业的影响，一是引导企业加快产业结构优化升级，完善管理体制，改变家族式管理体制，引进专业人才，加强技术创新能力，提高现代化管理水平和科技信息交流，增强工艺产品的国际竞争力。二是推动“产学研”联合，加快科技成果转化。引导、支持企业与高等院校和科研机构建立长期稳定的合作关系，形成“产学研”联合。三是引导企业进一步解放思想，树立做强做大的信心和决心。克服小富则安的小农意识，树立不进则退的发展理念，把畲江镇工艺企业的地缘优势、基础优势、人才优势、技术优势、品牌优势等，转化成发展优势。2008—2015年间，在整体经济下行的不利形势下，畲江工艺总产值仍实现年均约2亿多元，实现税收年均约2867.9万元。

（供稿：林志明）

水　车　镇

【概述】 水车镇地处梅县区南部，镇政府驻水车圩，距梅县区人民政府31.9公里。东南与径义和丰顺县建桥、丰良为邻，西南与畲江相连，东北与梅南交界，西北与荷泗和兴宁市径南、新圩接壤。总面积123平方公里。下辖18个行政村和1个居委会。2015年总户数5180户，总人口2.2万人。全年实现农村社会总产值5.69亿元；工农业总产值4.69亿元；实现税收421万元；固定资产投资3711万元；年农民人均可支配收入1.5万元。

【农业】 全年粮食作物种植面积2846.7公顷，总产量1.67万吨；水稻种植面积766.7公顷，总产量5139吨；金柚种植面积591.3公顷，总产量1.42万吨；生猪饲养量1.14万头，“三鸟”饲养量12.96万只；水产养殖面积300公顷。2015年，全镇农业产值1.93亿元。

【工商企业】 2015年，引进梅州市达兴盛贸易有限公司、梅州市日丽工艺品有限公司和半石塘种养专业合作社等企业6个，计划总投资1.2亿元。水车产业园融入广东梅兴华丰产业集聚带梅县集聚区规划建设，在水车河东片规划13平方公里，引进富力集团计划投资20亿元打造水车生物谷，拟发展高端健康医疗和休闲长寿养生类产业。2015年，全镇工业产值2.76亿元。

【圩镇与农村基础设施建设】 投入资金91万元，加强先锋、水车、水声、灯塔、淮洞等村村级规划建设，特别是村党支部活动场所的建设；投入资金 140 万元，完善水车、水声、灯塔等村道路的水泥硬底化建设；投入资金 70 多万元，完成圩镇全民健身广场建设；筹资 36 万元升级改造先锋村委办公大楼；投入资金 120 多万元，开展“六乱”治理和完善农村生活垃圾保洁机制，完善《水车镇农村生活垃圾处理工作实施方案》《水车镇农村卫生保洁员职责》等制度；投入资金 828 万元，对 8 个村进行灌区加固改造；投入资金 350 万元，完成对先锋、泮坑村崩岗治理工程；投入资金 380 多万元，实施村级圳道三面光建设；投入资金 22 万元，完善圩镇饮水工程；筹资 2200 万元，在小桑片实施小桑河流域治理工程；投入资金 56 万元，用于水声村太阳能路灯安装工程。

【民生】 城乡居民合作医疗参合率 100%，农村社会养老保险覆盖率 80%。改造 64 户农村危房，补助资金 118.4 万元。全年发放优抚、五保、低保等救助款 322 万元。核发种粮直补款 128.6 万元，发放生态公益林补偿金 173 万元。培训劳动力 3000 多人次，劳务输出人员 6000 人。改造 64 户农村危房，补助资金 118.4 万元。

【综治维稳】 抓好社会矛盾纠纷排查和调处，开展平安创建工作。筹资 35 万元，实施小桑、安和、白沙、水声等村平安视频建设。全年立刑事案件 4 宗，破获 2 宗；发生治安案件 30 宗，查处 22 宗。

【环境保护与治理】 投入资金 50 多万元，在先锋村、白沙村作试点改善村容村貌和推动文明乡风；投入资金 120 多万元，加强农村生活垃圾整治，灯塔、安美两个村被评为省级卫生村，水车、白沙、鹅峰三个村被评为市级卫生村；抚育林木 1.2 万亩，完成碳汇林造林 1.7 万亩；投入资金 15 万元，建设 10.5 公里的生物防火林。

【土地保护与利用】 按村（居）委和包户干部职责，落实网格化管理工作机制，网格划分全覆盖；巡查监管定人、定岗、定责，依法严厉打击“三抢”等违法行为。全年制止抢种 9 宗、抢建 15 宗，拆除违建面积 800 多平方米。

【计划生育】 全年出生 296 人，政策生育率 92.91%，人口出生率 12.41‰，自然增长率 7.13‰。征收社会抚养费 69.8 万元。

【卫生】 水车镇卫生院有现职人员 30 人，其中执业医师 5 人、执业助理医师 9 人、执业护士 5 人；主要仪器设施有 B 超、心电图、血细胞分析仪、尿液分析仪、心电监护仪、胎心监测仪等；有住院病床 10 张。

【教育】 梅江中学　创办于 1939 年，首任校长温柏心是日本早稻田大学留学生，1952 年由私立学校改办为公办学校，并纳入国家教育计划中。1960 年，梅江中学更名为水车中学，“文化大革命”期间办 3 年高中。1981 年，经梅县人民政府批准，学校复名为梅江中学，重新恢复校董会和校友会。由原董事长黄琪翔夫人，原全国政协委员郭秀仪女士担任名誉董事长，原全国政协常委、全国妇联副主席黄甘英担任董事长。2015 年，占地面积 4 万平方米，建筑面积 9528 平方米，校园绿化率占 72%；初中毕业考试全科合格率 90%；升中考试重点入围率 15%，学生体育考核合格率 90%。有教师 44 人，教师学历达标率 100%，其中高级职称 7 人、中级职称

30人；设教学班7个，有学生255人。

水车镇中心小学　原名“铸英学校”，创办于1923年，由几间旧祠堂组成。2015年，占地面积5666平方米，建筑面积3419平方米；有教职工40多人，设教学班13个，有学生456人。附设幼儿园一个，设大、中、小共3个班，在园幼儿150多人。

【党的建设】 2015年，全镇有党支部28个，党员1027人，其中新发展党员11人，吸收预备党员25人。镇机关党支部坚持每周一开展集中学习活动，重点组织学习十八届四中、五中全会精神、梅兴华丰产业集聚区建设等专题培训，全年举办各类型的培训班11期。投入资金56.5万元，整治石岭村和先锋村两个软弱涣散党支部。2月，开展直联工作，全镇建立村（居）民档案5263本，定点接访群众287人，入户走访群众5985户，解决群众问题258个。

【梅县区水车生物谷建设情况】 水车生物谷位于镇东部，辖6个行政村，规划总面积约13平方公里，项目建设用地约3平方公里（约4500亩），生态种植基地约1.3平方公里（1944亩），首期计划投资20亿元。按照《广东梅兴华丰产业集聚带总体规划（2015—2030）》的要求，水车镇被纳入“一轴五片区”的规划范围，其中水车片区13平方公里。水车镇党委政府落实“两大政策”和实施“乡贤回归投资兴业工程”，通过“三大抓手”和守住“两条底线”完善基础建设“筑美巢”，推进招商引资“引金凤”。依照生态优先的原则，重点发展医药研发、医药保健品生产、南药种植、科普实践以及配套仓储、商务及生活服务等功能，形成完善的大健康产品发展产业链。已与广州富力集团和深圳海王集团签订合作协议，与远信集团广州柚子舍生物科技有限公司已签订入园协议，正在与华泰基因、中大南药入驻洽谈。

（供稿：张足锐）

梅南镇

【概述】 梅南镇地处梅县区南部，镇政府驻新塘圩，距梅县区人民政府20.2公里。东与梅江区长沙镇相接，东南与丰顺县马图村为邻。总面积146.9平方公里。下辖16个行政村和1个居委会。2015年总户数4405户，总人口15850人。全年实现税收2651万元；固定资产投资1.69亿元；规模以上工业总产值3.46亿元；年农民人均可支配收入14519.6元。

【农业】 全镇水稻种植面积786.7公顷，总产量5272吨；水果种植面积563.5公顷，总产量7926吨；生猪出栏量7148头，“三鸟”出栏量20.28万只；水产总产量821吨。发展高效益、低污染农业项目，促进长燊农业生态旅游、客都来生态农业项目落地，以新开的红军路为依托，引导山区片农户发展优质高山茶和高端南药产业，2015年新增茶叶种植面积80公顷，其中顺里村33.3公顷、北洞村16.7公顷、九龙村16.7公顷、黄礤村13.3公顷。

【工商企业】 2015年，引进“新南湾”水岸游乐休闲中心、柏亨养龟场、敏竣客家妹床垫、骏茗茶业、长燊农业生态旅游、客都来生态农业、广顺海投资有限公司等企业7家，其中“新南湾”水岸游乐休闲中心为市重点项目，骏茗茶业有限公司为亿元以上工业项目。有工业企业10家；有农贸市场1个、酒楼饭店41家、超市1家；有个体工商户381户。

【圩镇与农村基础设施建设】 投入资金1000万元，完成高标准基本农田建设6000亩；投入资金10多万元，完善九龙、黄礤等农村饮水安全工程2宗；整治龙岗河10.4公里；完成总里程约8公里乡村道路水泥硬底化工程；投入资金160多万元，建设X949、Y223、Y227、Y229线梅南段会车道；投入资金50多万元，完成九龙、北洞和黄礤休闲绿道7.3公里；完成轩外村万福桥引道工程，并安装12盏LED路灯。

【旅游】 完成九龙嶂革命根据地八项工程，规划建设九龙嶂革命根据地旧址群修缮工作，突出梅南在梅州苏区的历史地位，把九龙嶂打造成为爱国主义教育基地。结合顺里村红军标语库等，整合资源，发展红色旅游产业。

【民生】 2015年，城乡居民医疗保险参保13663人，参保率100%；低保户248户，546人，发放救助金78多万元；五保户53户，五保户救助金42多万元,；发放优抚安置费53多万元，80周岁以上老人465人，发放老龄补助金9.3万元；推行一对一帮扶，55名机关干部结对帮扶单亲特困家庭、残疾特困家庭和五保户，形成长效帮扶机制；全镇改造危房67户，补助资金每户1.85万元。

【综治维稳】 落实安全生产“党政同责、一岗双责”的要求，开展“八打八治”整治工作，全年未发生重大安全生产事故；开展一村（社区）一法律顾问工作，为困难群众提供法律援助；投入资金近5万元，建设南顺片建设六村（上村、下村、蓝溪、顺里、南坑、北洞）联动群防群治示范点。全年立刑事案件15宗，破获4宗；发生治安案件25宗，查处14宗；全年调处民事纠纷98宗。

【计划生育】 全年出生160人，政策生育率94.38%，人口出生率9.82‰，自然增长率27‰。征收社会抚养费73.1万元。

【卫生】 梅南镇卫生院有干部职工38人，离休1人，退休人员13人，共52人。卫生技术力量配套有副高1人、中级7人（其中2人2015年申报副高）、师级15人、士级15人（含大中专新毕业4人）。承担全镇及邻近乡镇6万多人口的公共卫生和基本医疗、计划生育技术服务工作；年门诊病人量4.2万多人次、住院500多人次。

【教育】 与嘉应学院团委合作，聘请嘉应学院志愿者为中小学生定期（每月2次）教授德育课程。梅南镇中心小学，坐落于梅南圩镇中心，创办于1914年。2015年，占地面积1.27万平方米，校舍面积4839平方米；有教职工53人，有学生472人；梅南中学，创办于1914年。2015年，占地面积4万平方米，建筑面积6000平方米；有教职工40人，有学生138人。

【党的建设】 2015年，全镇有党支部27个，党员788人，其中新发展党员9人，吸收预备党员8人。35岁及以下的党员171名，大专以上学历的党员228人。有基层党组织27个，其中非公党组织4个。

（供稿：温正敏）

梅 西 镇

【概述】 梅西镇地处梅县区西北部，镇政府驻龙虎圩，距梅县区人民政府 51.4 公里。邻界于梅县、兴宁、平远。总面积 92.7 平方公里。下辖 17 个行政村和 2 个居委会。2015 年总户数 8627 户，总人口 30147 人。全年实现农业总产值 3.64 亿元；规模以上工业产值 1.9 亿元；实现税收 761 万元；年农民人均可支配收入 13529 元。

【农业】 2015 年，全镇粮食种植面积 1400 公顷，总产量 1.01 万吨；水果种植面积 1333.3 公顷，总产量 3.2 万吨；水产养殖面积 266.7 公顷；生猪饲养量 4.48 万头，“三鸟”饲养量 1498 万只。全年成立农业专业合作社 5 家、家庭农场 3 家。广东长荣发展有限公司的“万亩油茶”“万亩银杏”实现稳定增产；华润五丰农产品有限公司投入资金 2000 万元，种植泰国柚 133.3 公顷，提供优质柚苗 5 万株，带动周边农户进行品种更新换代和标准化种植；广东嘉阳梅片树发展有限公司投入资金 8000 万元，在盛塘村种备耕梅片树 66.7 公顷；在专业种植大户的带动和农业组专业技术人员的推广下，盛塘村“一村一品”建设逐渐形成规模，种植奈李 20 公顷。2015 年，全镇农业产值 3.64 亿元。

【工商企业】 2015 年，招商引资项目有 3 个，分别是梅州技腾科技有限公司计划投资 1.2 亿元发展音响、喇叭等电子设备加工厂，广东嘉阳梅片树发展有限公司投资 8000 万元在龙虎、盛塘村发展梅片树种植基地，广东三益计量检测有限公司投资 5800 万元发展计量仪器仪表的检测、研究、开发等项目。镇支柱企业振声科技股份有限公司，不断加大科技创新和各行业领域的发展，2015 年新上房地产开发项目翡翠绿洲，并投入资金 3000 万元，完成主体办公大楼建设。2015 年，全镇规模以上工业产值 1.9 亿元。

【圩镇与农村基础设施建设】 济广高速公路平兴段在梅西镇境内长 12.3 公里，2013 年 3 月开始征地拆迁，2015 年 12 月底全面通车；打造美丽乡村示范点石篆村、三益村和车子排村；投入资金 90 万元，完成羊耳圳道修复改造工程；争取到省级移民资金 196 万元，完善龙居、龙增、柱坑、崇化等移民村的水利、道路、桥梁等基础设施建设；投入资金 180 万元，修建丰田电排站，已招投标；投入资金 1100 万元，在均田、龙虎、白面、田福、崇化等 5 个村建设 640 公顷高标准农田。

【民生】 2015 年，参加城乡居民合作医疗保险 2.63 万人，参合率 96.42%；全年种粮直补 5522 户，发放金额 172 多万元；石篆村、三益村作为广州市安监局和区财政局对口帮扶村，通过省扶贫“双到”三年总考核验收；三益村投入资金 440 万元，完成文体健身小广场、平安视频、饮水安全工程等建设；石篆村投入资金 320 多万元，完成村址改造、文体活动广场建设等；同时两个帮扶村为贫困户购买农村合作医疗保险等，实现帮扶到户到人；全镇义务兵家属 36 人，伤残军人 6 人，烈士家属 5 人，全年发放优待金 21.3 万多元；全年组织白内障筛查活动 2 场次，共为 17 位患者进行复明手术；为 80 户困难户进行危房改造；开通往返梅西至梅城的 27 路公交车；全镇 19 个村（居委）完成耕地确权 1086.7 公顷，进行归户表的收集和二轮公示。

【综治维稳】 建立村级综治信访维稳工作站，成立护村队，安排护村队巡逻，同时镇、村还成立扑火队和抗洪抢险队；建立群体性事件和重大暴力犯罪事件应急预案；投入资金 30 多万元，在全镇主要交通要道安装高清监控摄像头 24 个，并在派出所设立视频监控指挥中心。全年受理矛盾纠纷 25 宗，调处 25 宗，调处成功率 100%；全年立刑事案件 2 宗，破获 2 宗；发生治安案件 45 宗，查处 45 宗，查处率 100%；全年抓获吸毒人员 16 人，其中送强制戒毒 5 人，社区戒毒 11 人。

【环境保护与治理】 成立镇环境保护工作领导小组；成立城管队伍，整治龙虎、车子排圩场，规范停车和摆卖秩序，落实圩场卫生保洁；全年投入资金 170 万元，购置各村环卫设施；改进垃圾收集方式，把垃圾桶直接上车转运，实现"垃圾不落地"；成功创建田福、幸福 2 个省级卫生村和三益、车子排、石篆 3 个市级卫生村；投资 188.3 万元，在龙虎村打造占地面积 43.75 公顷的森林公园，公园规划有停车场、环山公路、休息长廊等，2015 年底完工。

【土地保护与利用】 与 19 个村集体经济组织签订基本农田保护经济补偿协议书，涉及基本农田保护面积 2.05 万亩，补贴金额 71.9 万元；建立土地动态巡查机制防控"两违三抢"，实行镇村干部网格化管理，对发现的违法用地现象及时制止、整改，对到期不整改的违章建筑依法依规强制拆除，全年拆除龙虎村违法建房 1 宗；全年开展土地巡查执法 400 多人次。

【计划生育】 全年出生 404 人，政策生育率 92.82%，人口出生率 11.41‰，自然增长率 4.53‰。落实"四术" 136 例。征收社会抚养费 120 万元。

【文化】 推进文化"三下乡"工程，整转数字电视 1450 户，成功申报 3 个市级精神文明社区田福村、幸福村和白面村，丰田村创建农村文化俱乐部 1 个。

【教育】 有中学 1 所（梅西中学），设教学班 12 个，有学生 320 人；有教师 82 人。有小学 1 所（梅西镇中心小学），设教学班 19 个，有学生 507 人；有教师 57 人。有幼儿园 3 间，在园幼儿 290 人；有幼师 28 人。

【党的建设】 2015 年，全镇有党支部 26 个，党员 1273 人，其中新发展党员 12 人。加强对党员干部的教育管理，制定《梅西镇机关干部日常管理制度汇编》，以远程教育、纪律教育片、部门讲课、演讲比赛等方式组织党员干部于每周五定期开展学习活动；严格落实村干部坐班制度和农村"三资"管理制度；开展驻点联系工作，共入户 7065 户，入户率 120%，建立村民档案 5863 册，建档建册率 100%；全年各驻点团队成员共撰写驻点简报、心得体会等 149 篇，其中一篇《梅县区梅西镇以"三结合"力促驻点联系工作服务振兴发展》的简报被省组工网采纳发表；整顿罗墩村和石赖村两个软弱涣散村党组织，投入资金 90 万元，对两个村级党组织活动场所进行改造。

（供稿：罗晓丹）

石 坑 镇

【概述】 石坑镇地处梅县区西北部，镇政府驻转水潭，距梅县区人民政府 39.2 公里。东南与大坪、瑶上相连，北与梅西相邻，西南与兴宁市石马、黄陂、龙北接壤。总面积 87.2 平方公里。下辖 17 个行政村和 1 个居委会。2015 年总户数 6116 户，总人口 2.6 万人。全年实现税收 166 万元；固定资产投资 1010 万元；规模以上工业产值 3588 万元。

【农业】 全年粮食作物播种面积 1500 公顷，其中水稻种植面积 1020 公顷，总产量 7477 吨；茶叶种植面积 166.7 公顷，总产量 322 吨；水果种植面积 1006.7 公顷，总产量 2.33 万吨；其中，柑橘橙种植面积 152.9 公顷，总产量 3439 吨，金柚种植面积 416.3 公顷，总产量 1.13 万吨，李子种植面积 342.4 公顷，总产量 6473 吨；生猪饲养量 3.35 万头，“三鸟”饲养量 16.3 万只，水产养殖面积 48.9 公顷，产量 552 吨。有农业龙头企业 2 家，分别是梅县天草农业发展有限公司、梅县石坑种猪场；有农业基地 7 个，分别是万亩高山油茶基地，万亩石坑土茶基地、万头种猪养殖基地、三千亩石坑柰李基地、五百亩天草柑基地、五百亩金银花基地、杨化村百亩无公害迟菜心和丝苗米及紫玉淮山基地；有农业专业合作社 33 家；有家庭农场 10 家。

【工商企业】 2015 年，招商引资企业有 5 家，分别是恒泰花园、天草电商、志诚达再生能源物流有限公司、绿林农林有限公司和梅州市诚泰发展有限公司。原有企业 9 家，分别是梅州市振声矿业有限公司、梅县昌泰发展有限公司、梅县石坑客乡酿酒有限公司、石坑礤洋径水电站、石坑礤洋径电站樟树坑分站、梅县诚泰实业发展有限公司、梅县石坑沙坑口选矿场、梅县石坑屠宰场、泰亿手袋加工厂。2015 年，全镇规模以上工业产值 3588 万元。

【圩镇与农村基础设施建设】 筹资 100 多万元，铺筑蓝坑洪屋坝至岭村水口 2.8 公里、岭村村址至大坑里 1 公里的水泥硬底化道路；总投资资金 600 多万元，对南口瑶上至石坑镇龙径全长 3.2 公里县道 X026 线进行裁弯取直，路面拓宽，重新铺设混凝土路面；完成圩镇新区征地及设计规划，地块合计 23.6 亩土地将挂牌拍卖，拟建成圩镇综合新区，完善配套超市、幼儿园等设施；筹资 50 多万元，建设连接圩镇新区桥梁；计划投入资金 600 多万元，建设石坑镇转水森林公园，森林公园的规划设计方案已通过论证，门楼、停车场、管理用房及公厕等附属设施和登山主要道路正在施工中；规划长布、澄上为美丽乡村建设示范点，投入资金 400 多万元，建起文化广场、安装路灯、维修道路水渠等。

【民生】 全镇参加新型农村合作医疗 2.2 万多人，覆盖率 100%，参合金额 267 万元。农村社会养老保险参保率 100%。发放部队退伍士兵优抚对象补助 47.59 万元，受益人次 154 人。发放孤儿基本生活保障补助 8.57 万元，受益人次 9 人。发放困难群众基本生活救助补助 277.15 万元，受益 387 人。省下拨危房建设与改造资金 135.05 万元，完成农村低收入住房困难户住房改造 13 户，改造面积 6205 平方米。全年发放种粮农民综合直补 5155 户，种粮直补 7.7 万元、综合补贴 105 万元、良种补贴 26 万元，计金额 138.7 万元。发放生态公益林款 113 万多元，惠及农户 5038 户，涉及森林面积 3846.7 公顷。

【综治维稳】 投入资金 50 万元，将全镇 49 个摄像头全部升级为高清摄像头；投资 20 多万元，建设石坑镇综合调度平台，实行网格化管理和社会治理。全年接待群众 85 人次，办结信访案件 4 宗；调处各类型纠纷 115 宗（其中村级调处各类型纠纷 108 宗，成功调解 108 宗；镇综治信访维稳中心受理 6 宗，调处成功 6 宗），调解成功率 100%；全年立刑事案件 4 宗，破获 2 宗，破案率 50%，受理治安案件 11 起，查处 11 起，查处率 100%。接受刑释解教人员（含社矫期满人员）13 人，安置率、帮教率 100%。

【环境保护与治理】 2015 年，抓好省级生态公益林示范区建设，新增生态公益林 1.6 万亩，种植碳汇林 398.3 公顷。投入资金 20 多万元，在全镇 6 个制高点安装高清摄像头。投入资金 20 多万元，新开辟 10 多公里的森林防火隔离带；加强宣传和巡查落实网格化管理防火责任制，完善森林火灾应急预案，配备扑火装备，对各类特殊人员和儿童的看护和监管，遏制野外违章用火。

【土地保护与利用】 2015 年，发放 2013 年基本农田保护款 44.91 万元，涉及基本农田面积 853.3 公顷。投入资金 49.06 万元，其中申请省级财政资金补助 40 万元，镇、村自筹资金 9.06 万元，完成石坑镇马径村山水田林路综合治理项目。

【计划生育】 全年出生 256 人，政策生育率 92.19%，人口出生率 9.47‰，自然增长率 4.99‰。征收社会抚养费 78 万元。

【卫生】 石坑镇卫生院有职业（助理）医师 16 人，有床位 30 张；主要仪器设施有：X 光机、B 超、心电图、血细胞分析仪、尿液分析仪、心电监护仪、胎心监测仪等。

【教育】 有初级中学 1 所（石坑中学），完全小学 1 所，小学教学点 1 个；幼儿园 1 间；成人文化技术学校 1 所。全镇有教职工 176 人，其中专任教师 116 人，教师学历达标率 100%；有中学生 249 人、小学生 550 人、在园幼儿 251 人。成立有温氏、李氏 2 个奖学基金会及梅县区石坑镇奖教奖学基金会。

【党的建设】 2015 年，全镇有党支部 25 个，党员 1070 人，其中新发展党员 11 人。整顿软弱涣散基层党组织，对两个软弱涣散基层党组织按照“一村（社区）一策”的要求制定村级整顿方案，建立问题清单，把整顿工作作为一项党委重要工作来抓，限期解决。落实领导干部驻点普遍直接联系群众制度，以“五定五联五保障”为载体，以“四个面对面”联系群众为方式，推行镇街领导干部驻点普遍直接联系群众。全镇驻点团队建立定点接访群众 4240 人，分片走访群众 4738 人，建立 5299 户村（居）民档案，召开座谈会 68 场，解决群众反映问题 691 个，化解矛盾纠纷 74 件。（供稿：李　璐）

大 坪 镇

【概述】 大坪镇地处梅县区西北部，镇政府驻大坪圩，距梅县区人民政府 30.5 公里。南面与梅江区城北和梅县区南口镇为邻，西面与南口镇和石坑镇相连，西北与上官塘和梅西镇交界，东北与平远县长田接壤。总面积 76.7 平方公里。下辖 12 个行政村和 1 个居委会。2015 年总户数 3050 户，总人口 2 万人。全年实现农业总产值 2.6 亿元；完成固定资产投资 7550 万元；实现税收 131.6 万元；乡镇净收入 54.3 万元；年农民人均可支配收入逐年增加。

【农业】 全年水稻种植面积 833.3 公顷，总产量 5930 吨。守台村创办粮食高产示范点 40 公顷（早晚两造），产量每亩 550 公斤。水果种植面积 1173.3 公顷，总产量 2.4 万吨，金柚种植面积 628 公顷，总产量 1.27 万吨。生猪饲养量 1.62 万头，“三鸟”饲养量 2.88 万只，羊 953 头。有农业龙头企业 2 家；有农业专业合作社 33 家。三台村彭远珍果园被评为梅县区十大优质金柚园，兰塘家庭农场报送参评区示范家庭农场。做好传统农业，促进农业转型升级，发展现代高效精致农业，引进能人、公司连片种植名贵树木和优质柚果，如大坪村的百亩三红蜜柚示范点和育豪村的百亩紫云英示范点。做好农业技术指导，重点对 36 户科技示范户和合作社、家庭农场进行培训 6 次和技术指导 15 次，对 16 名新型农民进行技术培训 6 期。2015 年，全镇农业产值 2.6 亿元。

【工商企业】 2015 年，招商引资企业有 5 家，分别是星泰环保科技股份有限公司、梅州市亮如昼科技有限公司、TFT 液晶显示器有限公司、梅州市大江畔月饼厂、梅县区大坪镇精一电子厂，计划总投资 5 亿元，已投入资金 1 亿多元，其中 2015 年投入资金 7550 万元。建设发展以光电产业为基础，以新材料新工艺为导向的高新技术的产业园工业。以吉祥产业园为依托，重点服务吉祥产业园区厂房等基础设施建设。

【圩镇与农村基础设施建设】 投入资金 100 多万元，用于圩镇老街道的改造挖补工程、圩镇消防设施和亮化工程，以及综合整治圩镇环境卫生。投入资金 519 万元，完成上和、清连、雷甘、守台、汤湖、秀湖等 6 个村 12.97 公里乡村道路新建及改造工程。投入资金 284.5 多万元，改造圳道 6.9 公里，山塘除险加固 3 宗，新建维修陂头 5 座，铺设饮水管道 6.9 公里。推进美丽乡村创建活动，以大坪村、上和村为美丽乡村示范点，投入资金 500 多万元，用于道路改造、绿化、亮化工程，修建休闲娱乐场所等。

【旅游】 依托上官塘旅游资源，发挥汤湖温泉资源优势，开辟“登尖石壁的山、品凤山茶场的茶、赏上官塘水库的景、泡汤湖温泉的水、尝泰和园、金丰园的果”的独具特色的绿色乡村一日游路线。还有复兴庵、三圣庙、高灵寺、青云寺、国宝堂、田心古屋、丘氏宗祠、芹菜塘等景点，其中芹菜塘是梅蕉平兴边县委和闽粤赣边区人民解放军粤东支队独立第四大队的旧址。

【民生】 推行城乡居民养老保险和城乡居民基本医疗保险，医疗保险参保率 97%。全年农村劳动力转移培训 100 人，转移劳动力 210 人。发放 219 万元，保障 261 户低保户、37 户五保户、2 个孤儿和 84 个优抚对象的基本生活。发放种粮补贴 83.18 万元，涉及农户 4004 户，补贴总面积 1.27 万亩。发放基本农田建设补贴资金 37.35 万元，3900 多户农户。

完成农村危房改造 29 户，投入扶贫资金 1893.37 万元，为汤湖村、守台村、上和村、清连村 4 个贫困村（277 户贫困户）发展生产、发展村集体经济、新建文化活动场所、购买健身器材、安装路灯以及村道水泥硬底化工程等。发挥大坪商会的作用，拨出 4 万元帮助 20 名贫困学生上大学，5400 元慰问敬老院的老人等。

【综治维稳】 通过开展“一镇一检察官”、“一村一法律顾问”活动和落实按法治框架解决基层矛盾工作活动，以及开展倾听群众诉求活动，及时化解各种矛盾纠纷。全年受理各类矛盾纠纷 86 宗，其中镇级 6 宗，村级 80 宗，调解成功率 100%；全年立刑事案件 4 宗，破获 1 宗，发生治安案件 11 宗，查处 11 宗。

【环境保护与治理】 做好护林防火，在保持原有的生态基础上，推进碳汇林抚育 6000 多亩和森林公园 400 多亩。投入资金 25 万多元，在供水站水源保护区新建一条长 230 米的排污渠道，三面浇筑砼进行防渗，同时清理排污渠道，使水资源保护区周围的污水能够正常排出，并用砼铺底，防止渗入水源。投入资金 80 多万元，用于完善农村生活垃圾基础设施建设，成功创建 3 个市级卫生村（大坪村、上和村、三台村）和 2 个省级卫生村（上和村、守台村）。

【土地保护与利用】 推进全镇 12 个村的农村土地确权登记颁证工作。基本农田配套设施建设有序开展，新建维修一批耕作道路和水利设施，提高基本农田质量，全年耕地保护面积保持动态平衡。全年呈报群众新建地 30 宗、办理老屋确权 10 宗、国有土地出让转让 4 宗。全年未出现占用耕地进行非农建设的行为。做好梅平高速公路项目规划建设，成立“两违三抢”巡查工作组，强化日常巡查监管，确保不出现“两违三抢”现象，同时做好项目线路勘定和征地拆迁等前期工作，力争梅平高速公路梅县区大坪段的项目早日动工建设。全年未发现“两违三抢”和无证非法采矿行为。

【计划生育】 全年出生 235 人，政策生育率 92.34%，人口出生率 11.85‰，自然增长率 6.66‰。征收社会抚养费 69.82 万元。

【卫生】 有大坪卫生院 1 间和村级卫生站 11 个。大坪卫生院有医务人员 29 人，其中包括在编人员 19 人，临时人员 10 人。投入资金 80 多万元，用于维修大坪卫生院的医疗业务职工用房和修筑救护通道工程以及修建小型停车场。

【体育】 有标准足球场 2 个，篮球场 9 个。13 个村居均设有体育锻炼场所和设施，可进行篮球、足球、乒乓球、羽毛球等活动，并充分利用节假日开展多种体育比赛。

【文化】 推进镇村文化站建设，完善文化设施。12 个行政村建有农家书屋，有书籍 6.6 万多册，包括科技、农业、经济、文学、医学等类目。7 个行政村和 1 个居委会配有电子阅览室，计划 2016 年普及全镇所有村居。有村级文化活动中心 5 个。成立广播电视站，有线电视用户逐年增加，传输网络覆盖率逐年提高。

【教育】 有幼儿园 2 所、在园幼儿 245 人，有幼师 18 人；有小学 1 所、学生 331 人，有专任教师46人；有初级中学1所、学生164人，有专任教师 45 人；适龄儿童入学率100%，义务教育阶段升学率 100%，教师学历达标率100%。

【党的建设】 2015年，全镇有党支部22个，党员 978 人，其中新发展党员 9 人。巩固和提升党的群众路线教育实践活动问题整改和成果转化，开展“三严三实”专题教育活动，推进镇（街）领导干部普遍直接联系群众工作，实现全镇入户率 100%，建立村民档案4447册，解决民生实事95项；落实市委《关于加强乡镇干部培养使用管理的实施意见》，完善《大坪镇机关工作制度》；加强基层治理，对照《梅县区 2015 年基层工作任务清单》，将任务清单进行细化责任分工并抓好落实；选派一名熟悉党务工作的镇干部到各村（居）委担任党建指导员，持续整顿营里、坪畲村2个软弱涣散基层党组织，按照“一村一策”落实整改；严格执行两联席会议制度，各村（居）委班子联席会议每周召开一次，党群联席会议每季度召开一次；落实发展党员工作细则要求，把好党员入党质量关，各村（居）基层党组织均配备 2 名支部书记后备干部；以党委书记为组长的廉政风险防范工作领导小组，由镇纪委牵头，全面落实廉政风险防范工作。

【消防安全】 2015 年，大坪镇被列为市级火灾隐患重点整治地区之一。镇专门设立一个整治办公室，成立兼职消防队，社区设立固定宣传栏，圩镇主要街道增设 4 个标准市政消防栓，改善大坪镇敬老院的火灾自动报警系统工程；实行网格化管理，与各村（居）委、企事业单位签订《2015年消防安全责任书》，加大防火安全宣传，张贴发放防火宣传标语和宣传单 600 余份；每季度及重大节日期间组织开展对消防安全重点单位的监督检查，并对镇各村各单位进行检查，有火灾隐患的要求限期整改，存在重大安全隐患的责令停业整顿；全年开展消防安全检查20次，发出整改通知5份，全年零火灾发生。

（供稿：梁雅琳）

城 东 镇

【概述】 城东镇地处梅州城郊，镇政府驻竹洋，距梅县区人民政府17.6公里。东邻丙村，西连石扇、城北，南与东郊、西阳交界，北与白渡和蕉岭县新铺接壤。总面积79.3平方公里。下辖12个行政村和1个居委会。2015年总户数5585户，总人口2.1万人。全年实现农村社会总产值21.43亿元；实现工农业总产值19.14亿元；规模以上工业总产值16.14亿元；完成固定资产投资1.68亿元；实现税收1.19亿元；实现镇级财政收入3776万元。

【农业】 全年水稻种植面积1086.7公顷，总产量7684吨；沙田柚种植面积460.8公顷，总产量1.66万吨；生猪饲养量4.12万头，“三鸟”饲养量163.14万只，水产养殖面积173.3公顷。有农业龙头企业 8 家，其中省级 2 家（梅州市城东金鑫种猪场、广东李金柚农业科技有限公司）、市级4家（梅州市和顺堂园林有限公司、高田生物肥有限公司、梅州市木子金柚专业合作社、梅州市新围龙农业发展有限公司）、区级2家（梅州市嘉旺实业有限公司）；有农业专业合作社 30 家。在汾水创建粮食高产示范点 400 亩，承接水稻新品种示范、试验和水稻病虫害综合防治试验。有水稻优质高产、蔬菜安全生产、无公害葡萄栽培、枇杷产业化和优质金柚示范基地 5 个。木子金柚合作社获评国家农民合作社示范社、广东省"菜篮子"基地称号。"益生菌代替常规消毒药物和抗生素在肉兔养殖业中的应用研究与推广"项目获梅州市科技三等奖。

【工商企业】 2015 年，招商引资项目有 9 个，分别是潮塘文化旅游产业、城雄物流、嘉兴物流、重源有机肥、冠桥医疗设备商贸城、唯实公路招商项目 6 个和完成 BPW（梅州）车轴、庆达公司、雄辉实业增资扩产项目 3 个，总投资额 28.61 亿元。鼓励、服务和扶持广东李金柚农业科技有限公司争取新三板上市。该公司和东莞证券签订上市培育协议进行股改。全镇有私营企业、个体户 1085 家，其中新增企业 21 家、个体户 151 户；有酒店 2 家；有餐饮服务业 160 家，新增 41 家。

【圩镇和农村基础设施建设】 完成 205 国道城东段全长 4.73 公里的道路改造，改造后路面从 18 米拓宽至 21 米并全程铺筑柏油，双向 4 车道，并全线安装路灯和实施路肩绿化工程，提升为一级公路。投入资金 110 多万元，对上坑、书坑、潮塘 2.3 公里道路实行水泥硬底化。投入资金 20 多万元，完成 Y183 金盘桥至塘青、Y184 葵岭至玉水等四处水毁公路修复。有镇管小一型水库一宗（艾子坪），镇管小二型水库七宗（芦下陂、大水坑、楼塘、荷坑里、墩子岌、书坑、中坑），总库容 388 万立方米，镇村管重点小山塘 12 宗；500 亩以上灌区一宗（杨陂径）；重点小流域梅江支流葵岭水一宗。投入资金 600 万元，基本完成灌区改造 4 宗（玉水芦下陂、汾水、书坑、杨陂径）和水库除险加固后续完善工程 1 宗（艾子坪）。

【民生】 2015 年，全镇参加城乡医保有 1.65 万多人；有低保 284 户、享受低保对象 589 人，发放低保补助金 119.07 万元；有五保 62 人，发放五保救助金 37.8 万元。发放部队退伍士兵优抚款 68.9 万元，优抚安置费 11.54 万元，优待金 10.19 万元，为 786 名 80 周岁以上老人发放高龄津贴 15.72 万元；全年发放良种补贴 4287 户合计 141.37 万元，其中种粮直补 7.82 万元，综合补贴 107.19 万元，良种补贴 26.36 万元；完成兑付生态公益林补偿款 81.78 万元；投入资金 6 万元，修缮、建设玉水、葵下幸福院 2 个；全年农村劳动力技能培训 122 人，培训转移就业 145 人；利用全镇内外劳动用工信息和科技信息帮助各村富余劳动力参加应聘 55 人。

【综治维稳】 抓好矛盾纠纷排查，及时化解不稳定因素，从源头上预防和减少矛盾隐患，全年受理和成功调解各类民事矛盾纠纷 138 宗，调处成功率 100%。引导群众运用法治思维和法治方式合理地主张权利和表达诉求，推进一村（社区）一法律顾问工作，发挥村级法律顾问"法律宣传员、咨询员、援助员和矛盾调解员、民意信息员"的作用，依法依规聘请律师担任法律顾问。全年立刑事案件 27 宗，破获 16 宗；查处治安案件 69 宗。

【环境保护与治理】 投入资金 336 万元，打造玉水、上坑两个"美丽乡村示范点"，推进 2.8 公里村道硬底化建设、1.6 公里长的灌区改造和打造沿线景观、村民休闲活动公园、自来水工程等。上坑成立绿色农业和饲养专业合作社并带动建立 15 家家庭农场发展优质种养业，打造绿色发展亮点。完成莲塘、上坑省级卫生村建设和玉水、上坑市级卫生村建设。投入资金 120 多万元，对“三边”环境和农村生活垃圾进行集中整治，对周溪河道进行清理清淤；投入资金 23 万元，新建垃圾池 6 个，在人口集中的石下、谢田新建垃圾屋 2 个。发动全镇干部种植树苗 1 万多株，全年完成造林绿化面积 200 亩。完成镇级象山森林公园建设总体规划设计和可行性报告。

【土地保护与利用】 加强对农民建房的监管，引导农村群众依法依规建房；完善镇两违防控网格化管理和包干责任制，确保责任落实和监管到位，镇防“两违三抢”巡查队加强对辖区内土地的巡查，及时发现、制止和查处违抢行为；全年发出《责令停止通知书》41 份，《限期拆除通知书》48 份，依法拆违 11 宗 2586 平方米。

【计划生育】 全年出生 244 人，政策生育率 93.03%，人口出生率 11.1‰，自然增长率 5.4‰。征收社会抚养费 109.03 万元。

【卫生】 2015 年，镇卫生部门开展“爱国卫生运动”，做好农村妇女“宫颈癌”普查工作。城东镇卫生院有现职人员 26 人，其中执业医师 5 人、执业助理医师 9 人、执业护士 6 人、药剂士 3 人、药剂师 1 人、其他 2 人。主要仪器设施有：B 超、心电图、血细胞分析仪、尿液分析仪、心电监护仪、胎心监测仪等；有住院病床 8 张。

【文化】 2015 年，投入资金 16 万元，新建石月村农村文化俱乐部，建设文体活动广场和图书阅览室等；开展送戏下乡 12 场次，播放电影 216 场。

【教育】 2015 年，有完全中学 1 所（广益中学）、小学 1 所（城东镇中心小学）、幼儿园 3 所（公办的城东镇中心幼儿园和民办的金盘幼儿园、宝宝幼儿园）。全镇有教职工 203 人，有中学生 507 人，有小学生 475 人，有在园幼儿 584 人。

【党的建设】 2015 年，全镇有党委 2 个（城东镇党委、汾水村党委）、党总支 8 个（玉水村、莲塘村、上坑村、竹洋村、谢田村、石下村、石月村、书坑村）、村（居）党支部 31 个、机关企事业单位党支部 7 个、“两新”组织党支部 6 个。有党员 1232 人。被定为梅县区创新基层党组织建设和开展智慧党建工作试点镇。投入资金 100 万元，整顿玉水、葵上软弱涣散村党组织，解决玉水村址、老人会场所老旧和缺少党员活动场所和葵上村服务群众能力不强问题。党代会收到党代表提案、提议和意见建议 7 条，决定立案 4 条，转意见建议办理 3 条。完成葵岭小流域治理工程和竹洋至汾水坑洼路面改造等提案、提议 4 条，转镇相关职能部门办理的意见建议 9 条。组建驻点团队和辅助团队 26 支，驻点团队成员 98 人、辅助团队成员 129 人，实现联系群众全覆盖。定点接访、走访群众收集问题、意见 246 条，落实解决 221 条。投入资金 70 多万元,在镇府建设视频主会场 2 个、各村建设分会场 11 个，打造集“党建管理、组织生活、学习教育、互动交流”为一体的信息管理平台。

【城东白渡产业园】 为主动对接“广东梅兴华丰产业集聚带”梅县集聚区的战略部署，城东镇以促进园区内工业企业“上规模”为重要抓手大力发展实体经济。2015 年，全镇规模以上工业企业 8 家（4 家机械制造、3 家水泥建材、1 家采矿业），规上工业总产值 16.14 亿元。城东镇重点培育工业企业“上规模”主要采取三大措施：一是由主要领导亲自部署、分管领导具体抓落实、业务部门重点跟踪服务，随时掌握培育企业的最新生产发展情况、面临的困难和诉求，并及时反馈，在每月镇党政联席会议上提出研究和制定帮扶对策。二是充分调动各种力量和资源，为培育企业创造良好的发展条件，实行党政领导挂点服务企业制度，班子成员每人挂点联系一个以上重点企业，深入企业开展“暖企行动”，根据实际情况采取“一企一策”的重点帮扶方法。同时向企业加大宣传“上规模”的政策和优势，如技改资金扶持、政银保、助保贷等资金扶持政策等，应享尽享，服务好企业发展。三是镇经济发展办认真指导、监督拟“上规模”企业的生产经营和财务管理，及时跟进重点培育企业的发展情况，发现问题，及时处理；统计部门从行业的角度，加强对企业数据填报的指导，确保统计数据能真实地反应企业的生产和销售情况；各相关职能部门协助开展培育工作，提供申报指导和服务，为企业解决生产经营过程中遇到的问题和困难，引导企业增资扩产，帮助企业拓宽销售渠道，提高企业的积极主动性，促进企业健康快速发展。

（供稿：邓金珊）

石 扇 镇

【概述】 石扇镇地处梅县区北部，镇政府驻中和圩，距梅县区人民政府 27.8 公里。东界城东镇，西邻平远县长田、热水，南连梅江区城北，北接蕉岭县新铺、徐溪。总面积 91.4 平方公里。下辖 12 个行政村和 1 个居委会。2015 年总产数 5760 户，总人口 21412 人。全年实现农村经济总收入 9.01 亿元；实现工业总产值 3.8 亿元；实现农业总产值 4.1 亿元；完成固定资产投资 3944 万元；完成规模以上工业产值 1.53 亿元；实现税收 792 万元；年农民人均可支配收入 15368 元。

【农业】 全年粮食种植面积 1733.3 公顷，总产量 1.3 万吨；水稻种植面积 986.7 公顷，总产量 6800 吨；金柚种植面积 1400 公顷，总产量 5.2 万吨；生猪饲养量 2.15 万头，“三鸟”饲养量 26.9 万只，水产养殖面积 81.7 公顷。普及无公害金柚示范基地建设，提升金柚品质；成立镇级农产品质量安全检验检测中心；协调成立石扇镇金柚协会，成立石扇镇电商服务站。2015 年，全镇新增农产品深加工企业 1 家，农电商产值 1500 万元。培育发展龙头企业、农业协会和专业合作社、家庭农场、种植大户等新型经营主体，推广“公司+基地+农户”经营模式，全镇有千亩连片优质柚果基地 12 个，金柚专业村 7 个；有农业龙头企业 9 家，其中省级 2 家、市级 4 家、区级 3 家；有农业专业合作社 65 家，其中国家级 1 家、省级 3 家、市级 3 家，新增 15 家；有家庭农场 18 家，新增 3 家；有林地面积 6600 公顷，其中生态公益林 3566.7 公顷，森林覆盖率 76%；投入资金 20 万元新修防火线、生物防火隔离带 15 公里，新增碳汇造林面积 170.5 公顷。全年完成 6 个村的土地确权。进行集中培训金柚专业户 5 场 275 人次，印发资料 3200 多份；邀请农业专家教授开展技术讲座 4 场培训 465 人次。2015 年，全镇农业产值 4.1 亿元。

【工商企业】 2015 年，引进梅龙柚果、兴缘现代农业优质企业 2 家，投资约 2.5 亿元。优化产业结构，加快发展文化旅游、金融服务、商贸物流等现代服务业，培育新的经济增长点。全年新增规模以上工业企业 1 家、限额以上批发和零售企业 2 家；新增金融服务网点 1 家、快递物流网点 14 家、批发零售企业 4 家；有农贸市场 1 个、商店 135 户、酒楼饭店 9 家、超市 3 家，有个体工商户 300 户。2015 年，全镇工业产值 3.8 亿元。

【圩镇和农村基础设施建设】 投入资金 45 万元，对圩镇街道和环镇公路实施绿化、美化、亮化及净化工程；投入资金 550 万元，对中和、巴庄、加庄、红南实施农综项目；投入资金 520 万元，对中和、新东、银钱、松林实施小农水工程；投入资金 1500 万元，对三坑古梅陂、中村、建新、村南实施改造工程；投入资金 360 多万元，对县道 X019 线后续工程、新东村道等进行升级改造；投入资金 80 万元，建设村自来水工程；投入资金 100 多万元，治理大鸿岗水土流失问题。

【民生】 五大险种医疗保险实现全覆盖，城乡居民医疗保险费用报销全部实现社会化发放；有线电视覆盖率 95%；全年新增农村五保户、低保户共 72 户；城乡居民殡葬基本服务实现全免费；投入资金 5 万元，对敬老院厨房进行重新装修，安装太阳能和购置冰箱；协调帮扶单位完成既定帮扶项目，筹措并落实各类帮扶资金 868 多万元，涉及帮扶项目 30 多个，推动加庄、巴庄村贫困户年人均纯收入比帮扶前增长 248%，村集体收入均实现 5 万元以上；全年组织农村劳动力培训 2 次 250 人次；完成 13 个村（居）全部农村危房改造补助对象入户调查。

【综治维稳】 筹资 80 多万元，在全镇部署安装平安监控视频数字管理系统。全面普及一村一律师顾问，全年组织开展法制宣传活动 12 场（次），解答法律咨询 180 多人次，提供免费法律服务 23 人次，挽回经济损失 10 多万元。全年组织各村、企事业单位签订综治工作责任书 31 份，调处矛盾纠纷 129 件，调处成功率 100%；受理信访件 18 件，办结率 100%；全年立刑事案件 6 宗，查处行政案件 40 宗。

【环境保护和治理】 投入资金 100 万元，对主要交通干道实施安装路灯和绿化美化工程；配备 30 名护林员，组建 20 名应急队员，配置油锯、鼓风机、割草机、防火服等扑火器具一批；投入资金 20 万元，新修生物防火隔离带 15 公里，新增碳汇造林面积 2558 亩；全年查处林业行政案件 3 起，调解山林权属纠纷 8 宗；发现并制止违章建设行为 10 宗，开展卫生专项检查 6 次。2015 年，巴庄村、加庄村、红南村被评为市级卫生村；推进中村村、加庄村建成美丽乡村示范点，全镇建成美丽乡村建设示范点 6 个。

【计划生育】 全年出生 172 人，政策生育率 93.02%，人口出生率 7.61‰，自然增长率 2.48‰。征收社会抚养费 74 万元。

【卫生】 开展农村医疗卫生保健工作，适龄儿童疫苗接种率 100%。城乡居民医疗保险基本实现全覆盖，城乡居民医疗保险费用报销全部实现社会化发放。有中心卫生院 1 间；有各类医务人员 29 人；有床位 20 张。

【体育】有足球场 1 个、室内运动场馆 1 个、篮球场 3 个。全镇 13 个村（居委）均建有文体休闲健身广场。全年组织篮球赛、足球赛等各类文体活动10多场（次）。

【文化】 全镇有业余文艺健身队10支、农家书屋12个，新建有文体活动广场2个、农村文化室5个；筹资25万元，对建新、中村、西南等村的村址进行修缮；全年开展电影下乡140次。2015年新东村、红南村申报中国传统村落。

【教育】 有初级中学1所，有教师50人，有学生270人；有小学1所，有教师48人，有学生668人；有幼儿园2间，有幼师26人，有在园幼儿386人。投入资金70万元，新建幼儿园教学点，增加120个幼儿学位。适龄儿童入学率、小升初和中考升学率居全区前列。

【党的建设】 2015年，全镇有党支部20个，党员1054人，其中新发展党员8人。与各驻村领导、党支部书记层层签订目标责任书29份，明晰职责。按比例将各村党支部工作经费列入全镇年度经费预算，全年落实党建工作经费58万元。筹资96万元，对巴庄、加庄等两个村的村址进行整体搬迁。开展创先争优活动，评选出中和、巴庄、红南等5个先进党支部和81名示范模范党员。建立软弱涣散党组织动态监测和常态整顿机制，采取区领导挂点指导、帮扶单位真帮实扶、“第一书记”包村整顿等措施，全年投入资金35万元，用于软弱涣散村址修缮、村道改造、路灯安装和文体广场等建设。贯彻执行镇干部驻点普遍直接联系群众工作，全镇13个驻点团队联系群众5210人次，收集意见建议3000多条，解决问题650件。开展镇街纪委规范化建设和党员干部违纪违法线索集中排查，全年排查出农村党员干部违纪违法线索14条，立案2宗，办结2宗，给予党内严重警告2人。 （供稿：杨钢军）

丙 村 镇

【概述】 丙村镇地处梅县区东部，镇政府驻丙村圩镇南街，距梅县区人民政府26.8公里。东南邻三乡，西南连白宫、西阳，东北接雁洋、松口，西北界城东、白渡。总面积170.7平方公里。下辖21个行政村和1个居委会。2015年总户数11086户，总人口46509人。全年实现农村经济总收入19.95亿元；实现工业总产值12.33亿元；实现农业总产值5.1亿元；实现税收1.12亿元；年农民人均可支配收入15836元。

【农业】 2015年，全年粮食作物播种面积1933.3公顷，总产量1.7万吨，其中水稻种植面积1253.3公顷，总产量9151吨；水果种植面积1933.3公顷，总产量4.08万吨，主要以种植金柚、红肉蜜柚、三红蜜柚、红肉火龙果、银二枇杷、四季龙眼等，新增金柚、三红蜜柚、百香果、红肉火龙果等特色产业基地366.7公顷；全镇经济作物种植面积631.9公顷，主要种植花生、木薯、中草药材等。生猪出栏量3.56万头，“三鸟”出栏量107.83万只，肉用牛89头，肉用羊1092只，肉用狗3150只，家兔7620只；水产养殖面积208.2公顷，总产量2696吨。有农业龙头企业10家，其中新增区级农业龙头企业1家；有家庭农场29家，新增20家；有农民专业合作社71家，新增13家；有无公害农产品认证

3 家。完成造林绿化 306.7 公顷，森林抚育 780 公顷，植树 2.1 万株，全年木材采伐量 4.55 万立方米。完成 14 个村的农村土地承包经营权确权登记、一轮公示、二轮公示。2015 年，全镇农业产值 5.1 亿元。

【工商企业】 2015 年，引进有广东梅州富柚生物科技公司、梅州市圣果食品有限公司等企业 2 家。规模以上工业企业有荷树园电厂、梅县泰山建材有限公司、梅县锦江电路板有限公司、丙村水泥厂、梅州新嘉建材有限公司 5 家。有农贸市场 1 个；有个体工商户 1514 户，其中商店 1396 户、连锁超市 3 家、酒店 3 家、餐饮服务 112 家。2015 年，全镇工业产值 12.33 亿元。

【圩镇与农村基础设施建设】 完成银二、梅福、黄梅、东溪等 4 个村的村庄规划和村庄整治规划。投入资金 800 多万元，抓好群丰、大雅村幸福村居示范片以及联和、旋风 2 个镇级美丽乡村休闲小公园、文体活动中心、水利、道路、平安视频监控、生态停车场、多功能仓储、污水处理站等基础设施建设。新建镇中心垃圾中转站 1 个、垃圾收集池 42 个和群丰村污水处理站，修缮丙村敬老院，解决梅大高速公路拆迁安置区 300 多户住户用电。完成丙村大桥（全长 605.25 米，桥梁总长 346 米，桥梁宽 16 米，连接线长 259.25 米）规划设计、环评和通航评审，项目争取中央和省补助资金 1516.8 万元。投资 300 多万元，加固改造人和、红光、旋风 3 个灌区以及人和村电灌站。

【旅游】 有五百多年历史的中国传统民居建筑客家围龙屋——仁厚温公祠，有省级文物保护单位银场村邓仲元故居，有市级文物保护单位新圩村扬孝石刻，有叶剑英元帅少年时期就读的三堡学堂，有明清秀才李文固墓地等名人故居景点。群丰村是市、区美丽乡村示范村。将乡村旅游示范村建设与省文保单位——仁厚温公祠修缮和保护相结合，利用好省级文物保护单位修缮保护专项资金 210 万元，抓好丙村仁厚温公祠的一期工程修缮和保护。

【民生】 城乡居民医疗保险参保 3.34 万人；农村社会养老保险参保 1.32 万人，其中享受养老待遇有 6215 人；有 776 户低保户，享受低保对象 1415 人，发放低保救助金 387.71 万元；享受五保对象 115 人，发放五保救助金 8.95 万元；复员退伍 52 人、参战人员 118 人、60 周岁退役士兵 139 人、三属人员 4 人、伤残军人 7 人、五老人员 4 人、中华人民共和国成立前人员 2 人、烈士子女 7 人，共发放优抚补助 168.39 万元；发放种粮农民综合直补补贴 8143 户、金额 184.52 万元，其中，种粮直补 12.55 万元，综合补贴 171.97 万元；全年发放生态林补偿 8.94 万亩、计 174.26 万元；银竹、旋风两个相对贫困村投入帮扶资金 473 万元；投入资金 5750 万元，抓好梅县矿务局丙村棚户区改造一期工程项目建设，解决 220 户职工的住房问题；完成 95 户农村低收入住房改造，帮助 14 户困难残疾人改造残疾人卫生间；全年技能培训各类人员 250 人次。

【综治维稳】 做好因梅坎铁路、丙村水电站、荷树园电厂、梅大高速公路征地拆迁过程中引发的历史老上访户遗留问题的调处工作；常年聘请一名法律顾问，为 50 名家庭经济困难的群众提供法律援助；投入资金 80 多万元，在红光、联和、人和、梅福、溪联等村及圩镇主要路段安装平安视频监控系统。全年受理各类矛盾纠纷 78 宗，调处成功 76 宗，当场解决问题 6 宗，转交相关部门答复解决 70 宗，调处成功率 97%；全年立刑事案件 38 宗，破获 18 宗，逮捕 10 人，行政拘留 30 人。

【环境保护与治理】 筹资 225 万元，对秤子岌 1800 亩和东溪、黄梅、溪联、联和、雷丰、郑均、大雅、咀头共 9900 亩森林进行抚育；规划佛子高森林公园丙村部分 5000 亩；全年发出违规建坟通知 11 份，制止处理乱挖林地 9 宗，罚款 1.4 万元；投入资金 250 万元，兴建镇级垃圾中转站 1 个和垃圾收集池 42 个。

【土地保护与利用】 开展耕地动态巡查，杜绝“两违三抢”行为，确保耕地面积稳定。完善镇村建房用地管理“网格化”巡查制度，抓好“两违三抢”防控，规范管理圩镇和农村建房。成立 5 个巡查防控工作小组，抓好梅州东环高速公路丙村段“两违三抢”防控以及丙村出口优化规划设计的前期工作。全年制止无用地手续的违法建设 2 宗，查处违法用地 3 宗，拆除违章建设 2 宗。

【计划生育】 全年出生 502 人，政策生育率 93.23%，人口出生率 10.84‰，自然增长率 2.74‰。征收社会抚养费 124 万元。

【卫生】 有村级卫生站 16 个。筹资 40 多万元，新建输液大厅、理疗室、BR 室等科室。

【体育】 筹资 100 多万元，新建超华足球场（7 人制）和镇中心小学足球场（5 人制），大雅、群丰、人和、雷丰、黄梅等村及圩镇范围分别兴建全民健身广场；丙村镇中心小学获全国“快乐足球冠军杯赛”第一名；在丙村中学足球场举办新年足球友谊赛，还组织体育爱好者与邻近乡镇及各单位进行篮球、足球邀请赛。

【文化】 2015 年，邓仲元故居被评为省一级文物保护单位；金柚陈茶、客家手工茶通过市级第七批非物质文化遗产的项目审批；申报黄梅村、梅福村、芦陵村为中国传统村落。

【教育】 2015 年，有完全中学 1 所（丙村中学）、小学 2 所、幼儿园 4 间；全镇有教职工 410 人、中学生 1655 人、小学生 2066 人、在园幼儿 1360 人。新增一间留洋小博士幼儿园。投入资金 100 多万元，完善中、小学校及幼儿园教学设备设施和场室建设。2015 年丙村中学高考，上重本线 2 人、上本科线 53 人，3A 线以上 138 人，本科、专科上线率居全区第三。

【党的建设】 2015 年，全镇有党支部 39 个，党员 2071 人，其中新发展党员 11 人。开展“三严三实”专项整治和基层“三项整治”行动，投入资金 100 多万元，抓好梅福、横石村软弱涣散党组织整顿和村集体经济、村公共基础设施建设；实施党建工作“一村一品牌”战略，开展广东超华科技股份有限公司党委与大雅村党支部村企党建共建活动；加强村（社区）党组织带头人建设，培育一批“五强”支部书记，培养村级后备干部 40 人，举办年轻干部学习培训班 50 期；全镇有党代表 183 人，利用党代表工作室，使党代表定期进行交流和探讨做好代表工作的方法和经验，每周一安排党代表进行接访，听取党员和群众的意见建议，使党代表工作室成为“知民情，解民忧，谋发展，促和谐”的新平台，同时开展镇党代会年会制试点工作，全面落实党代表提案；投入资金 10 多万元，建设和完善纪委办公室、谈话室等办公场所及配套设备设施，并配备 1 名专职副书记，协助做好纪委各项工作；加强村级“三资”管理监督，专门成立镇“三资”管理办公室，建立完善“三资”管理信息平台，并抽调 5 名年轻干部负责村账镇管和农村“三资”管理监督工作。（供稿：林 健）

雁 洋 镇

【概述】 雁洋镇地处梅县区东北部，镇政府驻雁洋圩镇荷树岗，距梅县区人民政府 35.2 公里。位于莲花山脉的五指峰下，东、南、西、北四面分别与大埔县英雅、大埔县银江、梅县区丙村、白渡、松口镇接壤。总面积 188 平方公里。下辖 27 个行政村和 2 个居委会。2015 年总户数 8267 户，总人口 33642 人。有 3 家 A 股上市公司（梅雁、宝丽华、超华）、1 家美股上市公司（卡莱橡胶）；有 1 家 AAAAA 级景区、3 家 AAAA 级景区及五指峰旅游景区、桥溪古韵等。全年实现农村经济总收入 93.14 亿元，其中：乡镇企业总收入 90.12 亿元；工业总收入 2.31 亿元，农业总收入 3.02 亿元；实现税收 9.64 亿元；村集体经济收入 425.36 万元；完成固定资产投资 5.24 亿元；镇级财政收入 3202 万元；年农民人均可支配收入 21380 元。

【农业】 全年粮食作物种植面积 1280 公顷，总产量 7859 吨；其中水稻种植面积 1146.7 公顷，总产量 7590 吨；金柚种植面积 726.7 公顷，总产量 1.85 万吨；生猪饲养量 2.86 万头，“三鸟”饲养量 29.52 万只。华银种猪场是国家级种猪场，出栏生猪 5000 头。有农业龙头企业 10 家，其中省级 4 家（梅县雁南飞茶业有限公司、广东梅雁实业投资股份有限公司、广东华银集团公司、广东梅县雁球食品有限公司）、市级 3 家（梅县英帅茶业有限公司、梅县恒盛农业发展有限公司、梅县鸿园花木有限公司）、区级 3 家（梅县新泓基发展有限公司、梅县安盛果蔬有限公司、广东雁归来养生产业有限公司）；有农民专业合作社 50 家，新增 5 家；有家庭农场 8 家。有雁鸣湖南药生产基地、阴那山茶叶基地、南福金柚现代化示范区、雁南飞茶叶生产基地、雁上鸿园花木生产基地、雁上村金线莲种植基地、南福村火龙果种植基地。完成 11 个村开展农村土地承包经营权确权登记颁证工作，除雁中村外，其余 10 个村已进行至“二轮公示”阶段。2015 年，全镇农业总收入 3.02 亿元。

【工商企业】 2015 年，招商引资项目有 4 个，计划投资总额 11.83 亿元，已投入金额 1.6 亿元。规模以上企业有广东梅雁吉祥水电股份有限公司、广东宝丽华集团有限公司、广东超华科技股份有限公司、广东华银集团有限公司、卡莱（梅州）橡胶制品有限公司、广东嘉元科技股份有限公司、梅县雁球食品有限公司等。宝丽华集团利用陆丰优越的海域资源优势，规划建设全国最大的风电及高效节能燃煤发电并举、煤电储运一体化的新能源基地，陆丰甲湖湾电厂于 2015 年 11 月 28 日正式奠基，建成后预计年产值 37 亿元，税收超 8 亿元；宝新能源发起组建广东客商银行股份有限公司，拟定注册资本 20 亿元，宝新能源以自有资金人民币 6 亿元入股，股份占比 30%；梅雁吉祥建成投产的 6 个水电站总装机容量为 12.9 万千瓦，年设计发电量约 4.3 亿度，2015 年末总资产 26.04 亿元，营业收入 2.48 亿元，合并报表归属于母公司所有者的净利润 1976.83 万元；超华科技 2015 年末总资产 26.04 亿元，营业收入 10.48 亿元，归属于上市公司股东的净利润 2598 万元；卡莱公司投入资金 1.13 亿元完成生产线设备升级改造，提升产品质量和生产效率；嘉元科技于 2015 年 12 月 9 日在新三板挂牌上市，投入资金 7600 多万元实施技改项目。有个体工商户 765 户，其中有商店 632 户、酒店 4 家、餐饮服务 129 家、农贸市场 1 个；有企业 183 家，其中新增 15 家。2015 年，全镇工业总收入 72.31 亿元。

【圩镇与农村基础设施建设】 2015 年，雁洋镇入选广东省新型城镇化 2511 综合试点，在镇区打造"雁洋新城"，聘请棕榈园林公司正进行规划设计；纪念园二期拆迁安置房完成移交 24 个单元；投入资金 170 多万元，实现农村公路水泥硬底化项目 2 个共 4.9 公里，其中投入资金 107 万元四和村 S223 线里候旅游道路水泥硬底化工程由广东康宏建设工程有限公司中标建设，全长 3.1 公里；投入资金 87.7 万元，水口桥至石楼村公路路面改造工程由梅州市顺通公路工程有限公司中标建设，全长 1.8 公里；投入资金 87.7 万元，桥溪古韵旅游景区道路安保工程项目由广东康宏建设工程有限公司中标建设，全长 2.4 公里；全年投入水利建设资金 1120.33 万元，其中投入资金 230 万元对雁三村灌区（含雁上、雁中、雁下）进行全面改造、投入资金 418.07 万元建设水质净化厂、投入资金 272.5 万元进行雁洋镇鹧鸪村灌区加固改造工程、筹集 16.76 万元解决南福村 350 人和阴那村 200 人的饮水安全问题、投资 180 万元新建东洲电排站一座，加固改造圳道。

【旅游】 2015 年，雁洋旅游人次 724 万人次，旅游收入 76.8 亿元。建成以茶文化为主题的国家 AAAAA 级景区——雁南飞茶田景区、以养生文化为主题的国家 AAAA 级景区——雁鸣湖度假区、以禅文化为主题的国家 AAAA 级景区——灵光寺景区，以红色教育为主题的国家 AAAA 级景区——叶剑英纪念园，以足球运动为主题的富力切尔西足球学校以及粤东名山五指峰、桥溪古韵等；种植 1.4 万公顷的常绿阔叶林、竹林、灌木丛，森林覆盖率 78.1%，空气质量优良率和水质达标率均 100%，空气离子浓度常年保持在每立方厘米 9.68 万个以上；有广东省文物保护单位桥溪村及松坪、石楼、雁下村等共 187 座古民居得到全面的保护与修缮。先后编制《梅州雁洋文化生态旅游产业园总体规划》《梅州文化旅游特色区雁洋综合服务区城市设计方案》《叶帅故园 · 客家天堂修建性详细规划》《桥溪古韵 · 梦里客家修建性详细规划》《三乡村野公园规划方案》《金柚公园及世界名亭博览园规划方案》《雁洋镇历史文化旅游特色名镇建设规划》等重点规划。

叶剑英故居 位于雁洋镇虎形村，建于清代，占地面积 350 平方米。20 世纪 70 年代初，由当地政府及地县拨出专款进行部分整修；1987 年，被列为县级文物保护单位；1989 年，被列为省级文物保护单位；1989 年，被建立叶剑英纪念馆；2001 年，被列入全国第五批重点文物保护单位；2001 年，纪念馆成为全国爱国主义教育示范基地；2007 年，扩建成叶剑英纪念园；2010 年，被评为国家 AAAA 级旅游景区。

雁南飞茶田 位于雁洋镇南福村，占地

面积 6750 亩。是以客家文化、茶文化为主题，融茶叶生产、加工和旅游度假于一体的“三高农业”“生态农业”“旅游农业”的旅游度假区，先后荣获国家 AAAAA 级旅游景区、全国农业旅游示范点、全国三高农业标准化示范区、全国青年文明号。

雁鸣湖旅游度假村 位于雁洋镇南福村，广东华银集团有限公司于 1996 年 8 月投资创办，占地面积 1.1 万亩。是国家 AAAA 级旅游景区、全国农业旅游示范点、广东最美乡村旅游示范区、省级农业龙头企业、省青少年科技教育基地。2006 年，雁鸣湖森林公园被评定为国家级森林公园。以“山水园林路立体开发，农业与旅游配套建设”的思路开发，以“绿色休闲、养生保健”为主题，强化生态和游乐两大特色，按“春晖园、夏晓园、秋实园、冬融园”等四大功能景区建设。

灵光寺 位于雁洋镇境内的阴那山麓，原名圣寿寺，始建于唐朝。1385 年由梅鼎捐钱扩建，易名“灵光寺”，并亲书“灵光寺”三字嵌刻在山门殿的门额上，是广东省四大名寺之一；灵光寺是广东省重点文物保护单位之一，是“以佛教文化为主线，融佛教、生态、探险、茶文化为一体”的国家 AAAA 级景区。

阴那山五指峰 位于粤东莲花山脉东北部，被称为“粤东群山之祖”，险峻雄奇的玉皇顶海拔 1297 米。有情人谷、观音岩、帷帐壁、棋盘石、茶泉坑等神秘景观，已投入资金 6000 多万元开发建设，科普天文馆是由中国科学院紫金山天文台主持设计、施工，是国内水平最高的大众科普天文馆。阴那山与罗浮、南华鼎峙齐名，并称“粤东三胜”。

桥溪古韵 位于雁南飞茶田以东 4 公里的阴那山五指峰西麓，现有人口 223 人、常住人口 60 多人、海外华侨三胞 6000 多人；村内客家民居建筑，依山傍水，错落有致，山涧溪流清澈。2002 年桥溪村古民居建筑群被列为广东省文物保护单位，2012 年 11 月在全省 132 个古村落中被评为“广东最美十大古村落”。

【民生】 全镇 60 周岁以上老人纳入农村社会养老保险，覆盖率 100%。全镇参加新型农村合作医疗 27414 人、金额 137 万元。有低保户 376 户，享受低保对象 986 人（其中新增低保 35 户 90 人，退出低保 24 户 98 人），全年发放低保救助金 216.29 万元。五保户 135 户，其中分散五保供养的有 79 户，发放五保救助金 114.2 万元。为困难群众解决医疗救助和发放临时救济金 5.26 万元，发放春夏荒救济和冬令救济救助金额 1 万多元。发放退伍士兵优抚补助 187.13 万元，发放义务兵家属优待金 30.59 万元。发放“广东省雁洋公益金”、“雅居乐公益金”81.2 万元，受益 6017 人。发放种粮农民综合补贴 5964 户，种粮直补 7.48 万元、综合补贴 102.51 万元、良种补贴 25.21 万元、金额 135.2 万元。发放生态公益林补偿金 287.95 万元，补偿面积 12.52 万亩，受益群众 7140 户。省下拨危房建设与改造资金 185 万元，完成农村低收入住房困难户住房改造 100 户。农村劳动力技能培训 1350 人，转移就业 350 人。利用科技信息帮助各村富余劳动力参加应聘 24 人。

【综治维稳】 实行网格化管理和每月排除制度，全年调处群众各种矛盾纠纷 126 宗，成功调处 124 宗；其中，镇级调处 30 宗，村级调处 96 宗；为群众提供法律咨询 200 多人次，接收社区矫正人员 9 人，解矫 10 人；全年立刑事案件 33 宗，破获 28 宗；治安案件 54 宗，查处 54 宗。

【环境保护与治理】 2015 年，完成春季抚育造林 550 多亩，抚育深山含笑、山杜英、木荷、枫香、红椎等树木 9.1 万株，碳汇林改造 830 多亩，综合治理病虫害山林面积 2.1 万亩，森林覆盖率 78%。制止各类破坏林地案件 26 宗，处罚违规野外用火 3 宗。开设防火林带 15.5 公里，组建 27 村级半专业扑火队伍。镇组建 12 人的综合执法队伍负责城乡垃圾巡查监管和绩效考核，村环卫协会协助抓好卫生监督，每个村聘请 1—2 名保洁员，全镇日均产垃圾量 20 多吨。上村、石楼、文社被评为 “梅州市卫生村”，雁上、塘心、南福被评为“广东省卫生村”。投资 500 多万元，在雁下村建设水质净化公园，日均处理污水 1000 吨。

【土地保护与利用】 加强基本农田保护区的管护，建立包片动态巡查责任制，制止查处 30 宗土地违法案件，其中 18 宗制止在萌芽状态。全年落实审批新建农房 30 户。各零散地块征地面积 2.3 亩，发放补偿款 10.56 万元。拆除违章建筑 5 座，拆除违建面积 550 平方米。

【计划生育】 全年出生 396 人，政策生育率 93.18%，人口出生率 11.54‰，自然增长率 7.2‰。征收社会抚养费 119.16 万元。

【卫生】 有卫生院 1 间和村级卫生站 29 个。雁洋镇卫生院属一级乙等医院，占地面积 5000 平方米（含三乡门诊 2900 平方米），建筑面积 5257 平方米（含三乡门诊 2584 平方米）；卫生院编制 51 人，实有 42 人，其中在编人员 35 人；卫生院设内、外、妇、儿、中医、预防保健等职能科室，辅助科室有检验、放射、影像等；医疗设备有：全自动血液分析仪、全自动生化仪、心电图机、彩超机、计算机 X 线成像系统等。

【文化】 镇文化站新购一批演奏器材，在各文化室墙面安装文艺宣传匾额，镇综合文化站通过省“特级文化站”复评验收。选点雁中村作为市、区“三多三促”农村文化俱乐部建设示范点并通过验收，雁中村筹资 10 多万元新建休闲健身广场、篮球场，安装一批健身器材。各村图书屋新增加一批图书。上报雁中、雁下、塘心、阴那、永福、鹧鸪传统村落申报材料。邀请区山歌剧团在镇文化园举办迎新春文艺晚会，中秋、重阳等重大节日邀请文艺表演队伍下乡开展演出活动。全年送戏、送电影下乡 164 场次。

【教育】 有初级中学 1 所、九年一贯制学校 1 所、完全小学 3 所，幼儿园 1 所、成人文化技术学校 1 所、足球学校 1 所。

雁洋中学　创办于 1905 年，是梅州市一级学校。占地面积 7.8 万多平方米。2015 年，有教学班 9 个，有学生 380 人；有教职工 50 人，其中高级教师 8 人、中级教师 28 人。2015 年中考考上重点线的学生有 23 人，其中考入梅县东山中学 3 人，升学率 100%。

三乡中学　成立于 1912 年，占地面积 6.93 万平方米，建筑面积 5295 平方米。2015 年有学生 350 人；有教职工 41 人，其中高级教师 4 人、中级教师 23 人、初级教师 10 人，教师达标率 100%；2015 年中考考取东山中学 1 人、曾宪梓中学 1 人、高级中学 9 人、外国语学校 3 人，重点入围率 31%。

叶剑英红军小学　即原雁上小学，始办于 1967 年，1975 年政府公办民助迁建于现址，并于 1976 年经教育主管部门确立为中心小学，2009 年 8 月经全国红军小学建设工程办公室命名为叶剑英红军小学，占地面积8000多平方米，建筑面积3800平方米。2015年，有教学班15个，有学生921人；有教职工61人，其中高级教师54人。

雁洋镇中心幼儿园 创办于1976年，占地面积4085平方米，生均25.8平方米；建筑面积1382平方米，生均8.7平方米；2015年在园幼儿509人，有幼师28人。

富力切尔西足球学校 坐落于雁洋镇雁下村，是一所民办公助学校，2011年9月22日，广州富力地产集团与梅县人民政府签约共建，投资额5亿元，首期工程占地面积250亩，建筑面积2万平方米。建设有行政中心、教学中心、生活中心、运动员培养与发展中心等，并铺设14块具备全天候训练条件的国际顶级足球场。学校实行基础教育与足球训练并重的全日制寄宿办学模式，以“打造球星梦工厂，培养新一代球王”为办学目标，与国际足坛豪门英国切尔西足球俱乐部签署合作协议，全套引进切尔西青训体系，按照广东省一级学校标准开设小学至高中课程，纳入梅州市国民教育系列。学校二期工程(中学部)建筑面积8000平方米，于2015年9月份正式完工并投入使用，建有文化课室、生化实验室、物理实验室、技术分析室、会议室、公寓、食堂、餐厅、更衣室等，可容纳500多人。2015年，有学生230人，其中广东籍学生占42%。

【党的建设】 2015年，全镇有党支部39个，党员1686人，其中新发展党员19人，吸收预备党员15人。有党代表工作室1个、党代表工作站29个、党代表信箱31个、党员关爱基金1个。全年有28位农村党员因病申请农村党员关爱基金补助，发放3.15万元补助款，其中镇级基金发放2.65万元补助款。一是推进驻点联系群众工作，全镇全部完成建档7600多户居民档案，解决实际问题600多个；二是用好先进经验带动村级班子队伍建设，总结推广“六村联动·美丽乡村”党建示范点建设经验，组织各村(社区)“两委”干部召开现场会，充实“村组干部后备人才库”20人，组织5名村“两委”干部报读大专班，组织全镇村(社区)党组织书记到区、镇参加5次集体培训，分4批组织省级新农村连片示范区的干部群众58人到先进地区进行现场学习；三是抓好黄坳、文社软弱涣散党组织整顿工作，完善文社村支部运作规程及村务公开等制度，完善黄坳村组织生活制度，扩建村址办公场所和党员活动中心；四是加强管理，提升镇干部工作执行力；五是推广“梅县区智慧党建”云平台，在黄坳、长教、南福等村建成网络视频会议中心；六是开展以“守纪律、讲规矩、作表率”为主题的纪律教育学习月活动，组织党员干部学习廉政准则、“八个禁止”、“52个不准”，活动期间排除线索30条，涉及“五类”问题线索21条，其中重大违法违纪行为1条，完成查处28条。（供稿：古辉文）

白 渡 镇

【概述】 白渡镇地处梅县区东北部，镇政府驻白渡圩，距梅县区人民政府32.6公里。东南与松口、丙村相连，南与城东为邻，东北与隆文、松口交界，西北与蕉岭县新铺、高思接壤。总面积187.6平方公里。下辖24个行政村和1个居委会。2015年，总户数7561户，总人口2.78万人。全年实现工农业总产值 10.35 亿元；实现税收 2637 万元；完成固定资产投资 13.8 亿元；年农民人均可支配收入 16265 元。

【农业】 全年水稻种植面积 1946.7 公顷，总产量 1.42 万吨；水果种植面积 3000 公顷，总产量 4.8 万吨，其中柚子种植面积 2093.3 公顷，总产量 3.6 万吨；蔬菜种植面积 840 公顷，总产量 3.6 万吨；花生种植面积 350 公顷，总产量 813 吨；木薯种植面积 82 公顷，总产量 334 吨。有农业龙头企业 5 家，其中市级 4 家（梅县白渡镇瓜洲芳华种养场、梅县白渡镇生辉种养场和梅州市晨丰水产养殖有限公司、公珠种猪场），区级 1 家（梅县利民水果专业合作社）；有农业专业合作社 66 家，带动农户 3800 多户。有农业基地 2 个，一是嵩溪村油茶种植业综合标准化研究基地，系由中国标准化研究院和广东伟平农林发展有限公司合作，总投资 8000 多万元打造，集种植、科研、加工、销售、观光旅游一条龙的中国首个油茶种植业综合标准化研究基地；二是梅大金柚种植基地，种植面积 136.7 公顷。名优产品有梅大金柚、汶水香瓜、白渡牛肉干、强基酒、嘉珍无公害金柚、生辉无公害红肉蜜柚、芳华无公害石硖龙眼等。利用电商平台拓宽农副产品销售流通，金柚、蕉柑、西瓜、牛肉干、金樱子酒等特色农副产品的品质和产值均有较大幅度的提升，油茶、火龙果、梅片树等特色农业示范基地成为白渡农业的新亮点。

【工商企业】 2015 年，招商引资有梅县和安沥青混凝土有限公司、广东华建实业有限公司等企业 5 家，投资总额 2.7 亿元。有各类大小企业 88 家；有规模以上企业 2 家（凯盛旋窑水泥有限公司和源兴混凝土有限公司），全年完成产值 1.39 亿元；培育上规模企业 2 个（梅州市佳居门业有限公司、广东博森光电科技有限公司）。有个体工商户 595 户。

【工业园区】 在原有城东白渡工业长廊的基础上，建设梅兴华丰产业集聚带梅县集聚区城东白渡产业园区，园区涵盖城东、白渡两镇，其中白渡控制区内面积约 14 平方公里，规划发展新型电子和新材料两大主导产业，落户的企业有 11 家，包括广东航鑫科技股份公司、梅州市佳居门业有限公司、源兴混凝土有限公司、粤一蒸压砖厂、凯盛旋窑、悦一石灰厂、梅州市三鸟批发市场、诚辉化工股份有限公司、博森光能科技有限公司、和安沥青混凝土有限公司和梅县区天恒水泥预制构件有限公司。2015 年，白渡镇列入省、市重点建设项目的有 5 个，其中产业园扩园增效建设类 2 项，一是总投资 60 亿元的深圳梅县商会新型电子产业化建设项目；二是总投资 7 亿元的梅州市佳锐力实业有限公司印刷线路板制造产业园项目。实体经济类 1 项，总投资 10 亿元的梅县区博森光电产业园多晶硅铸锭炉项目，该项目由梅州博森新能源、江苏天龙光电和安徽中科共同建设，2015 年投资 8 亿元，建成后实现年产值 20 亿元，利税总额 1 亿元。

【圩镇与农村基础设施建设】 按照规划有序推进白渡中心圩镇扩容提质，利用南部石窟河沿河景观带和西部山林生态资源屏障，以 S332 线为城镇发展轴，沿轴线拓展，东拓、北进，打造镇区主中心、镇区副中心和南部公共服务区和北部生活区，形成“一轴、双核、双组团”的城镇空间布局结构，面积将拓展到 1.2 平方公里；引进善运颐养院项目完善圩镇社会福利设施配套；盘活 6 亩圩镇闲置土地用于商业物流配套项目开发；在白渡中学岗沿 S332 线规划 44 亩土地用于圩镇新区建设；按照村庄规划和圩镇总体规划，建设完成嵩溪和悦来 2 个美丽乡村示范点；筹资新建径口、嵩溪、悦来、赋梅、江南等 5 个村的村级文化休闲活动广场和嵩山农村文化俱乐部；规范农村建房、水资源保护和林业生态资源管护；2015 年，全镇农村生活垃圾无害化处理率 90%以上，江南、径口、悦来 3 个村获评广东省卫生村，凤岭、瓜洲、白渡、悦一 4 个村获评梅州市卫生村。投入资金 5000 万元，改造完成省道 S332 线；投入资金 200 多万元，实施悦来、悦一、三和、蕉南和沙坪等村 6 公里村道水泥路面硬底化建设；投入资金 100 万元，维修建侨、罗寨渡口和南溪桥、红岭桥、坑尾桥；动工兴建园区快速干线和瓜洲大桥。有镇管小一型水库 2 宗（石子岭、汶水），镇管小二型水库 2 宗（碓子角、陂头坑），总库容 1029 万立方米，镇村管重点山塘 33 宗；万亩灌区 1 宗（石子岭），千亩灌区 5 宗（沙坪、梅大、白渡、赋梅、公珠）；中小河流域石窟河一宗。投入资金 2100 多万元，实施石子岭灌区改造工程；投入资金 1260 万元，实施白渡、赋梅、梅大、沙坪、公珠五个村的农田水利工程和灌区加固改造工程；投入资金 1030 万元，用于石窟河中小河流域治理；投入资金 400 多万元，实施峰溪、创乐、蔚彩、悦一四个村高标准农田建设；投入资金 130 万元，实施汶水村农村饮水工程；投入资金 110 万元，实施圩镇电排站建设。

【民生】 城镇居民医疗保险参保 2.49 万人，参保率 92%；全年发放低保、五保救济金和优抚补助 478 万元；发放残疾补贴、高龄补贴、退伍安置费和义务兵优待金等 170 多万元；为重度残疾人和低保五保优抚对象缴纳农村合作医疗参保费用 20 万元；为困难群众提供医疗救助、临时救济等 46.8 万元；发放种粮补贴 244 万元，受益农户 6280 户；争取村级公益事业建设“一事一议”财政奖补资金 99 万元，改造建侨、江南、蕉南、桃柳和悦一等村的路灯、村道和桥梁等基础设施；落实资金 117 万元，用于全镇 65 户农村低收入住房困难户房改；通过农村富余劳动力技能培训帮助 130 多人实现再就业；完成兑付 2014 年生态公益林补偿资金 194 万元，补偿兑付率 100%。

【综治维稳】 基层社会治理服务工作按照“镇干部驻村、村干部分片包户”的模式实行网格化管理。建立“一村一法律顾问”工作制度，全年法律顾问参与调处矛盾纠纷 45 宗，接受村民的法律咨询 46 宗，开展法制宣传 79 次。镇综治信访维稳中心全年受理信访矛盾纠纷 51 宗，调解成功 46 起，调处成功率 90.2%；村级维稳工作站组织排查矛盾纠纷 46 起，调解 46 起，调解成功 42 起，调解成功率 91.3%。全年接处警情 324 起，受理行政案件 75 宗，破获刑事案件 15 宗，抓获各类违法犯罪人员 72 人，其中捕判 6 人，强制戒毒 5 人，治安拘留 22 人，捺印指纹 50 份，抓获逃犯 2 人。

【土地保护与利用】 2015 年，全镇耕地保有量 1.87 万亩，基本农田面积 1.54 万亩。全年完成征地 440 多亩，其中园区快速干线建设征地 380 多亩，中小河流域治理石窟河罗寨河堤改造建设征地约 40 多亩，悦一工业园区供水厂建设征地 13 亩。全年阻止违法用地 2 宗。

【计划生育】 全年出生 367 人，政策生育率 92.19%，人口出生率 12.6‰，自然增长率 5.66‰。落实“四术” 167 例。征收社会抚养费 134.26 万元。

【卫生】 白渡镇卫生院有职工 33 人，其中执业医师 8 人、执业助理医师 5 人、执业护士 8 人；主要仪器设施有：B 超、X 光、心电图、血细胞分析仪、尿液分析仪、心电监护仪和胎心监测仪等；有住院病床 30 张。新镇卫生院建设全面启动，完成首期 3000 多平方米的门诊综合大楼规划设计。

【文化】 有镇级文体中心 1 个，包含文化广场、宋湘文体中心（内设宋湘纪念馆、老人活动室和成人教育学校）和文化公园，其中文化广场占地面积 3000 平方米，宋湘文体中心 1500 平方米，文化公园 2500 平方米。全镇 24 个村和 1 个圩镇居委均设置有村级文化室，配置农家书屋。嵩山利用钟氏祖祠古民居建设嵩山农村文化俱乐部，设立村规民约，设有 5 个功能室。有文物保护单位 4 个，分别是省级文保单位宋湘故居、市级文保单位凹下山新居和区级文保单位龙居堂、光远居。

【教育】 白渡中学　位于白渡镇中心区，创办于 1951 年 10 月，是由原铸人公学、杏村学校、象宿中学三校合并而成，占地面积 3.7 万平方米，建筑面积近 1 万平方米。2015 年，有教学班 6 个，有学生 154 人；有教职工 50 人，其中中学高级教师职称 5 人、中学一级教师职称 28 人。

白渡镇中心小学　占地面积 1.36 万平方米，建筑面积 5018 平方米。2015 年，有教学班 17 个，有学生 694 人；有教职工 48 人，其中小学高级教师职称 46 人、小学一级教师职称 2 人。设有 25 个功能场室（包括兼用），设施设备均按义务教育规范化要求配置。

白渡镇中心幼儿园（民办）　占地面积 3368 平方米，建筑面积 1572 平方米。有教室 6 间，设有图书室、体育活动室、音乐活动室、阅览室、美术室等 10 个功能室。2015 年，有教学班 6 个，在园幼儿 160 人；有幼师 15 人。

【党的建设】 2015 年，全镇有党支部 37 个，党员 1316 人，其中新发展党员 15 人。党委将班子成员、镇干部职工共 66 人，分成 25 个驻点团队和辅助团队，实现驻点团队成员分片包户开展直联工作，领导干部入户 7500 多户，建立村居民档案 7560 多户，收到群众反映问题 766 个，解决 752 个，成功调处矛盾纠纷 742 个，解决民生问题 141 宗。有“两新”组织 5 个，其中新社会组织党组织 1 个（幼儿园党支部），新经济组织党组织 4 个：凯盛旋窑水泥有限公司党支部（原名“凯跃水泥厂党支部”）、水泥一厂党支部、升华纸业党支部、嵩灵村党支部。落实中央八项规定和整顿“四风”为重点，开展农村基层党员、干部违纪违法线索集中排查活动，全年排查线索 26 条，立案 4 宗，其中结案 4 宗，给予党内警告 1 人，党内严重警告处分 2 人，开除党籍 1 人，诫勉谈话 1 人。

（供稿：管彦豪）

松 口 镇

【概述】 松口镇地处梅县区东北部，镇政府驻松口寺坑新区，距梅县区人民政府 48.1 公里。东与大埔县青溪为邻，西与白渡镇嵩山接壤，南接大埔县英雅和梅县区雁洋镇，北与桃尧镇、隆文镇相连。总面积 328.6 平方公里。下辖 42 个行政村和 5 个居委会，2015 年总户数 14617 户，总人口 7.3 万人。全年实现农村经济总收入 26.64 亿元；规模以上工业总产值 5.93 亿元；固定资产投资 16.17 亿元；实现税收 1351.6 万元；年农民人均可支配收入 1.5 万元。

【农业】 2015 年，全年粮食作物播种面积 2966.7 公顷，总产量 2.01 万吨，其中水稻种植面积 2833.3 公顷，总产量 1.94 万吨；水果种植面积 4680 公顷，总产量 12.47 万吨，主要以种植柚果为主，特色水果有红肉蜜柚、三红蜜柚、金柚、香蕉、龙眼、李子等；全年新增金柚、三红蜜柚、红豆杉、珍稀苗木等特色产业基地 300 公顷。全镇经济作物种植面积 1186.7 公顷，主要有大豆、花生、木薯、烟草等。生猪出栏量 4.57 万头，“三鸟”出栏量 51.3 万只，肉用牛 752 头，肉用羊 1620 只，肉用狗 6891 只，家兔 11.4 万只；水产养殖面积 266.7 公顷，总产量 3366 吨。有农业龙头企业 12 家，其中省级 2 家、市级 2 家、区级 8 家，新增省级 2 家、市级 1 家；有农民专业合作社 148 家，新增 49 家；有家庭农场 74 家，新增 47 家；有机农产品认证 2 家。完成造林绿化 133.3 公顷，森林抚育 1066.7 公顷，植树 12 万株，全年木材采伐面积 68.5 公顷，采伐量 6183.5 立方米。完成 24 个村的农村土地承包经营权确权登记、一轮公示、二轮公示。

【工商企业】 2015 年，招商引资企业有 5 个，计划投资总额 3.4 亿元。规模以上工业企业有广东航鑫科技股份公司、广东梅州建兴水泥厂。有农贸市场 2 个；有个体工商户 1784 户，其中商店 1648 户、连锁超市 3 家、酒店 4 家、餐饮服务 134 家。2015 年，全镇规模以上工业总产值 5.93 亿元。

【圩镇与农村基础设施建设】 完成 33 个村的村庄规划，全面完成村庄整治规划；投入资金 326 万元，将全镇垃圾统一转运至市填埋场处理，完成对原镇垃圾填埋场覆土、覆绿整治；筹资 838.9 万元，建设松郊、铜琶、蓬下、大黄等 10 个村休闲文化活动广场；投入资金 80 多万元，建成健身休闲广场；筹资 6 万多元，建成孝廉文化长廊；投入资金 70 多万元，对圩镇破损街道进行修整改造和完善圩镇路灯；筹资 90 多万元，建成超华足球运动场；投入资金 50 多万元，实施治安视频监控系统建设；投入资金 20 多万元，购置消防车；争取“一事一议”奖补资金 547.5 万元，建设相关村的公益事业；投入资金 415 万元，实施松口发清大桥引道工程建设；配合完成总投资 886.12 万元的秋云桥维修加固建设工程；完成总投资 668 万元的盘龙永月至洋坑大金坑 4.1 公里旅游公路建设；完成总投资 250 万元的松梓公路及小黄桥改造；完成总投资 985 万元的横西单竹窝至雁洋麒麟桥 9.8 公里三级公路升级改造；配合实施总投资 5530 万元的松口到车至三塔凳仔岗 S332 线（松口段 20.13 公里）道路升级改造工程；投入资金 749.82 万元，对寺坑、南下、上畲、大黄等 22 个村主村道进行升级改造；投入资金 120 多万元，开通桃宝至中畲 7.5 公里乡村公路；投入水利建设资金 6382 万元，完成大小水利工程 38 宗；完成总投资 1256.6 万元引隆水利灌区加固改造二期工程；完成总投资 378 万元中央财政小型农田水利重点项目；完成总投资 313.5 万元礤头水库灌区加固改造工程；完成总投资 624 万元高标准农田建设；配合实施好总投资 1424 万元松源河（官坪段）治理工程。

【旅游】 松口镇位于粤、闽、赣三省交界处，岭南四大古镇之一；铜琶、大黄、南下、梅教、小黄村是“中国传统村落”；大黄村被农业部列为“中国美丽乡村示范点”、全国“一村一品示范村”，是市人文社科示范基地；“丘哲故居”被评为中国农工民主党党史教育基地、中国农工民主党党员教育基地是省文保单位、市爱国主义教育基地；“世德堂”是省文保单位；松口是近代以来粤、闽、赣及客家人下南洋的第一站，是中国客家人移民海外开拓“印度洋之路第一站”，有中国唯一的“中国移民纪念广场”；将松口旅游规划融入市委、市政府提出的梅江韩江绿色健康文化旅游产业带建设，策划切合松口的旅游开发项目，打造“世界客侨海上丝绸之路第一港”品牌，培育商业价值高、社会效益好，独具特色的文化旅游产业；推进松口古镇保护开发，争取文化名片，是“中国华侨国际文化交流基地”；南寿峰健康产业园成功创建国家 AAA 级旅游景区；擦亮“中国历史文化名镇”“中国历史文化名街”品牌，推进中畲、圳头、车田、泰东、富坑村申报中国传统村落，元魁塔申报国家文物保护单位；建成铜琶写生基地，修复中山码头；有序推进中山公园升级改造，力争于 2016 年孙中山诞辰 150 周年纪念活动前建成开放；深圳市奥林投资有限公司捐资 500 万元兴建松口太乙公园；对张榕轩祖屋进行保护修缮，建设张榕轩纪念馆，力争于 2016 年 6 月建成开放；抢抓国家“一带一路”战略机遇，挖掘松口海上丝绸之路的丰富内涵，推进海上丝绸之路项目申报，打造“世界客侨海上丝绸之路第一港”品牌。

【民生】 城乡居民医疗保险参保 51512 人；为 2990 人低保五保人群购买 2016 年农村合作医疗、计 35.88 万元；农村社会养老保险参保 41372 人，其中享受养老待遇有 15461 人；有农村低保户 1011 户、计 2403 人，每月发放低保金约 51 万元，城镇低保户 105 户、计 203 人，每月发放低保金约 7.5 万元，全年发放低保救济金约 690 万元；五保户 304 人，其中分散五保 268 人，集中五保 36 人，全年发放 240 万元；对 476 名定补优抚对象发放补助 270 万元；发放 14 名 2014 年冬季退役士兵安置费补助 33.36 万元；发放 23 名抗日老战士补助金 12.65 万元；全年发放种粮农民综合直补补贴 1.22 万户、金额 284.72 万元，其中，种粮直补 19.36 万元，综合补贴 265.36 万元；全年发放生态林补偿 20.27 万亩、计 116.19 万元；2015 年，帮扶资金投入 825.37 万元，有梅教、车田、铜琶、蓬上 4 个贫困村贫困户全部实现脱贫；改造完成 48 户农村低收入住房；全年培训各类人员 457 人次。

【综治维稳】 完成“六五”普法，46 个村居推开“一村一律师”制度，各村（居）委配备法律服务办公室。做好南下村山林权属争议纠纷、横西村库区移民征地补偿款发放、介溪村温金山建坟引发与温启战的矛盾纠纷调处。全年受理各类矛盾纠纷 163 起（包括接收各类信访案件 49 宗，答复处理 43 宗），调处成功 159 起，调处成功率 97.5%。全年立刑事案件 72 宗，破获 39 宗；受理治安案件 170 宗，查处 117 宗（含调解）；抓获处理违法犯罪人员 71 人。

【环境保护与治理】 筹资 11 万元，对下坪、梅教、到车、下井、中井、小黄村 5500 亩森林进行抚育，全年发出违规建坟通知 5 份，罚款1500元，制止处理乱挖林地11宗，罚款6500元。投入资金326万元，新建镇级垃圾中转站1个和垃圾收集池48个，农村生活垃圾处理实现常态化。横西、梅教、介溪、中江被评为“广东省卫生村”。

【土地保护与利用】 开展耕地动态巡查，杜绝“两违三抢”行为，确保耕地面积稳定。完善镇村建房用地管理“网格化”巡查制度，规范管理圩镇和农村建房。抓好松口出口优化规划设计的前期工作，专门成立6个巡查防控工作小组，全天候做好松口S223线出省快速干线“两违三抢”的防控。全年制止无用地手续的违法建设5宗，查处违法用地15宗，整改覆绿6宗。

【计划生育】 全年出生790人，政策生育率92.28%，人口出生率10.73‰，自然增长率4.17‰。征收社会抚养费143.6万元。

【卫生】 有松口镇卫生院1间和村级卫生站17个。筹资30多万元，完善松口镇卫生院科室设备、院区环境，修缮车棚，补充卫生院人员等。

【体育】 成立有松口元魁塔足球俱乐部（2014年12月成立）、梅县区强民体育会松口分会（20世纪70年代成立，2015年9月重新挂牌）；筹资80多万元，建成健身休闲广场、足球场（5人制），筹资90多万元，建成超华足球场（7人制）；修建圩镇、南上、南下、大黄、横东、横西、下坪、梅教、官坪、中江、大力村全民健身广场；举办“莲泉杯”五人制足球联赛和松口元魁塔足球俱乐部第一届超华杯六镇足球邀请赛；组织体育爱好者与邻近乡镇及单位进行篮球、足球邀请赛。

【文化】 2015年，铜琶村“世德堂”、大黄村“喆庐”被评为省文物保护单位，建成南下、大黄村农村文化俱乐部；升级改造中山公园，力争于2016年孙中山诞辰150周年纪念活动前建成开放。

【教育】 有中学2所（完中松口中学和初级中学松南中学）、小学4所、幼儿园4间；投入资金210多万元，新建民办园童星园。小学有班级55个，有学生1698人，有教职工116人。完中松口中学2015年高考入重点大学围2人、入本科围73人，超区任务25人，入三A围198人、超区任务32人；初级中学松南中学升中考入东山中学分数线6人、入梅县区高级中学分数线以上12人。

【党的建设】 2015年，全镇有党支部71个，党员3009人，其中新发展党员30人。对镇村（社区）干部进行“三严三实”、社会主义核心价值观专题教育培训及各部门业务培训；加强村（社区）党组织带头人建设，培育一批“五强”支部书记，继续实施干部能力提升工程，全年举办学习教育50余次，培养村级后备干部82人；投入资金10多万元，抓好介溪、小黄、四社村软弱涣散党组织整顿和村集体经济、村公共基础设施建设；实施党建工作“一村一品牌”战略；有党代表249人，充分利用党代表工作室，使党代表定期进行交流和探讨做好代表工作的方法和经验，同时每周一安排党代表进行接访，听取党员和群众的意见建议；投入资金3万多元，建设和完善纪委办公室、谈话室等办公场所及配套设备设施，并配备2名业务素质高、能力强的专职副书记，全力协助做好纪委各项工作；筹资10万元，在镇政府门口修建“孝廉文化园”；加强村级“三资”管理监督，完善“三资”管理信息平台。

（供稿：陈大永）

隆文镇

【概述】 隆文镇地处梅县区东北部，距梅县区人民政府 62.5 公里。东连桃尧，西邻蕉岭县高思，南与松口、白渡交界，北与松源接壤。总面积 114.3 平方公里。下辖 14 个行政村和 1 个居委会，2015 年总户数 6127 户,总人口 2.5 万人。全年实现农村社会总产值 5.05 亿元；完成固定资产投资 685 万元；实现税收 614 万元；镇级净收入 206 万元；年农民人均可支配收入 15604 元。

【农业】 全年粮食种植面积 1333.3 公顷，总产量 1.06 万吨，其中水稻种植面积 1066.7 公顷，总产量 9200 吨；生猪饲养量 1.2 万头，“三鸟”饲养量 5.4 万只，水养养殖面积 43.3 公顷。全镇沙田柚、蜜柚、三红柚总产量 6.3 万吨；发挥省一级龙头企业梅州市正佳农业发展有限公司优势，推广现代家庭农场模式，烤烟种植面积 90 公顷。有省级农业龙头企业 1 家。

【工商企业】 2015 年，引进梅州市可嘉实业有限公司、广东健能生物有限公司、梅州市众源实业有限公司、梅州市志创梦景实业有限公司、烟草公司（增资扩产）等企业 5 家，计划投资总额 8.35 亿元，已投资 3700 万元。有工业企业 1 家。2015 年，全镇工业产值 203 万元。

【圩镇与农村基础设施建设】 邀请梅州市展鹏建筑设计有限公司编制隆文镇总体规划和土地详规，推进隆文新圩镇的开发建设；新圩镇一期占地 3333 平方米、投资 1100 万元的“兴丰商贸、物流、酒店”项目基本完工并投入运营，二期 6666 平方米城镇建设用地的征地工作完成 80%；投入资金 450 多万元，改造圩镇河唇街堤岸 620 米；投入资金 45 万元，铺打木寨至坑美村水泥硬底化 1.5 公里；投入资金 52 万元，扩宽改造檀江村村道 1.7 公里；投入资金 35 万元，铺打岩前村援五自然村村道 1.1 公里；投入资金 40 万元，铺打三坑村罗福畲自然村村道 1.2 公里；投入资金 50 万元,铺打横庄村小坑片村道 1.5 公里。

【旅游】 境内有“神秘龙宫”美誉的国内首个水下全淹洞绿窟潭；独具特色的客家文化遗产有龙岩寺、秉彝庄、龙岗围、600 年古堡“将军第”、李氏祖祠“百三郎祠”等客家古民居。

【民生】 实现全镇群众农村医疗保险全覆盖；建设木寨、檀江 2 个美丽乡村建设示范村，其中，木寨村投入资金 85 万元，新建村老人活动中心、篮球场，完善村道和路灯，檀江村投入资金 95 万元，修筑防洪堤、改造主村道 1.7 公里并安装路灯；广东梅州烟叶复烤公司全年投入资金 55 万元，帮扶村东村，有 46 户贫困户脱贫；改造 61 户贫困户农村危房。

【综治维稳】 建立一村一法律顾问制度，全年调解矛盾纠纷 79 起；没有发生到省、市、区上访事件；稳控和处理好“马鞍坳铜矿事件”；全年立刑事案件 10 宗，破获 6 宗；发生治安案件 26 宗，查处 17 宗。

【环境保护与治理】 抓好森林管护工作，每村各聘请专职护林员 2 名，与镇干部、村干部按照网格化原则进行护林防火巡查。檀江村、梅州村成立 40 人的专业应急扑火队，全年实现无山火。加大对乱砍滥伐行为的查处，全年查处违法案件 2 宗。投入资金 103 万元，实施城乡环境综合整治工程，购置一台垃圾压缩车，实行媒体曝光问责制度，倒逼相关区域责任人加强环境卫生监管。

【土地保护与利用】 区与镇签订耕地保护目标责任书，做好耕地和基本农田保护。镇成立三级网络监管机构，国土资源所落实辖区国土资源动态巡查每周不少于 2 次和“零报告制度”，健全和完善巡查登记台账，把国土资源管理工作列入驻村镇干部和村委干部岗位责任制考核。做好开垦补充耕地，落实新增验收耕地的耕种和管护，2015 年镇级耕地保有量保持在 1.93 万亩、镇基本农田面积保持在 1.38 万亩。全年处理土地违法行为 9 宗，其中强制拆除 5 宗、制止在萌芽状态的 4 宗。

【计划生育】 全年出生 301 人，政策生育率 92.69%，人口出生率 11.34‰，自然增长率 5.69‰。征收社会抚养费 86.5 万元。

【卫生】 隆文镇卫生院是一级乙等医院，有医务工作人员 23 人，其中中级职称 2 人、初级职称 18 人（含全科医生 3 人，在读 1 人）；有病床 20 张，使用率 70%；设预防保健科、内科、儿科、口腔科、妇产科、检验科、中医科、超声诊断、X 线诊断、心电诊断等诊疗科室；有梅州、卢溪、文普、村东、江上、横庄、三坑、联坑、居委等卫生站 9 个，由镇卫生院提供技术指导和业务培训。

【体育】 有隆文中学、隆文镇中心小学两块标准足球场，14 个行政村和 1 个居委会均建有至少一个篮球场并配备相应的体育活动设施。镇政府计划投入资金 70 万元，对隆文镇中心小学足球场进行升级改造，将打造为 7 人制人工草皮笼式足球场。2015 年，隆文镇组织机关干部参加首届“超华杯”六镇足球赛；“五四”青年节期间，举办镇干部与中小学教师的篮球友谊赛。

【文化】 完善乡村文化活动基础设施，加强和规范各村“农家书屋”管理，丰富“农家书屋”书籍；建有“农家书屋”15 家，各村拥有藏书 3 万多册，建有文化信息共享工程网点 9 个；坚持利用节假日、农闲时间组织各项文体活动，组织举办一期少年书画培训班；各行政村均举办 1 场篮球赛与少儿游园活动；组建乡村行文艺乐社 2 支，在乡镇之间交流演出 5 场。

【教育】 有初级中学 1 所（隆文中学）、中心小学 1 所、幼儿园 1 间。隆文中学，创办于 1904 年，有教学班 6 个，有学生 157 人；有教职工 44 人，其中本科学历 34 人，本科率 77.2%。隆文镇中心小学，占地面积 1.3 万平方米，每个课室都配置先进的多媒体教学设备。有教学班 14 个，有学生 500 人；有教职工 45 人，教师学历达标率 100%，其中大专以上学历 42 人，占全体教师的 93%。学校附设幼儿园，是梅州市一级幼儿园，园内保教设备齐全，在园幼儿 400 多人。

【党的建设】 2015 年，全镇有党支部 23 个，党员 1038 人，其中新发展党员 9 人。开展“软弱涣散党组织排查整顿”工作，江上村、横庄村 2 个软弱涣散党组织均摘帽；成立驻村工作团队15个，全面铺开镇街领导干部驻点普遍直接联系群众制度，通过接访、走访、座谈会等形式，实现镇街领导干部与群众沟通交流全覆盖；全镇建立村（居）民档案6118户，收到群众反映问题355件，解决316件，结案率89%。

（供稿：张赞峰）

桃尧镇

【概述】 桃尧镇地处梅县区东北部，镇政府驻桃尧圩，距梅县区人民政府67.5公里。东北与福建省永定县的峰市、洪山为邻，西南与松源、隆文两镇相连，南与松口接壤。总面积118平方公里。下辖15个行政村和1个居委会。2015年总户数5184户，总人口17544人。全年实现农村经济总收入3.3亿元；实现税收56.8万元；固定资产投资692万元；年农民人均可支配收入15231元。

【农业】 全年粮食种植面积1400公顷，总产量1.08万吨，其中水稻播种面积1246.7公顷，总产量8992吨；生猪饲养量1.6万头，“三鸟”饲养量6.09万只。2015年，桃尧沙田柚实现丰产，总产量5.19万吨，其中金柚种植面积1260公顷，总产量4.47万吨；烤烟种植面积34.7公顷，收购量80万公斤。“一村一品”有桃溪蕨干，金星、五星、新南烤烟村以及杨阁、宝坑、案背金柚村。

【工商企业】 2015年，招商引资项目有6个，其中农业项目3个、工业项目2个、商贸项目1个，计划投资1.82亿元，2015年投入资金6070万元。引进的给力机电有限公司和梅州市华然农林发展有限公司继续增资扩产、扩大生产规模。

【圩镇与农村基础设施建设】 确定2000平方米的棚户区改造范围，完成规划设计，进入征收土地阶段；投入资金36万元，铺设自来水管道；投入资金31万元，对泰康路污水管道进行重新铺设，并铺筑水泥道路；投入资金32万元，对所有村（居）安装视频探头81个，实现平安视频全覆盖；投入资金132万元，完成恩公前至畲禾坑1.6公里，松林至螺江村道改造，荷玉至荷树排村道水泥路面硬底化建设；投入资金56.5万元，完成7.5公里尧塘水的清违清障等“两清”工程及征地补偿；投入资金850万元，改造中小河流治理工程（尧塘段）；投入资金146万元，新建珠玉村水利工程，加固陂头3座、维修山塘1座、完成三面光圳道6公里。

【旅游】 王寿山位于桃尧镇黄沙村，海拔1148米，是梅县第二高峰，素有“九峰十八景”之美誉，主要景点有螳螂挂壁、棋盘石、笠麻栋、和尚拜烛等。鸡冠山位于桃源村境内，海拔800米，由桃源村乡贤张鼎信先生投资3000多万元在鸡冠山原“‘五七’知青农场”进行一期开发，建成有一栋酒楼、三栋别墅；桃尧镇正按规划设计，建设鸡冠山森林公园。桃源村有大批保存完好、极富特色的客家传统古民居，正在发掘桃源古村落保护开发项目。张民达故居位于螺江村，由孙中山拨1万元光洋筹建，初建于1924年，取孙中山字“逸仙”之“逸”字，命名为“逸庐”，“逸庐”二字由廖仲恺题写，2002年被评为县级爱国主义教育基地。

【民生】 一是办理城乡居民社会养老保险200多人；城乡居民医疗保险1.55万人，参保率100%；全镇组织培训农民工112多人次。二是全镇2个省定贫困村深教村和余坑村全年投入帮扶资金250万元，其中投入资金8.24万元为648人购买“新农合”、余坑村投入资金144万元，将5.4公里的村道拓宽至5米路面；投入资金21.5万元，安装路灯85盏；深教村投入资金15万元，升级改造村自来水管网；投入资金30万元，扩宽水口至石坑段和大屋至井头山段村道；投入资金30多万元，对主要灌溉圳道实施“三面光”工程。

【综治维稳】 成立镇安全生产领导小组，并落实专（兼）职工作人员，制定安全生产的各项工作制度，与各村委、学校、液化气站、加油站、公共场所等各单位签订安全生产责任书及消防安全责任书；排查和化解调处好种类矛盾纠纷，开展严打整治清查行动，严厉打击各种违法犯罪行为；全年立刑事案件10宗，破获2宗；发生治安案件24宗，查处15宗；发生民事纠纷36件，调处成功36件。

【计划生育】 全年出生206人，政策生育率92.72%，人口出生率11.09‰，自然增长率5.6‰。落实“四术”81例。征收社会抚养费45.57万元。

【教育】 桃尧中学　占地面积约8万平方米，建造面积约9000平方米。2015年，有教学班3个，有学生101人；有教师29人。设有1场18室，建设标准达省颁一类一标准。

桃尧镇中心小学　占地面积2.3万平方米，建筑面积3500平方米。2015年，有教学班9个，有学生280人；有教职工28人。设有15个功能场室（包括兼用），设施设备均按义务教育规范化要求配置。

桃尧镇中心幼儿园（公办）　建筑面积450平方米，教室3间，设有图书室、体育活动室、音乐活动室、阅览室、美术室等6个功能室，有幼师4人；在园幼儿97人。

【党的建设】 2015年，全镇有党支部20个，党员962人，其中新发展党员10人。一是抓好驻点直联工作，坚持直接联系群众全覆盖。成立以镇领导为组长16个驻点团队，驻点团队每周至少有一天进村入户，统一制作并向群众发放4000多张写有驻点团队姓名、职务、联系电话的“亲情连心卡”，通过走访、接访、座谈等多种方式“零距离”接触群众，并建立详细台账。2015年，全镇接访群众1156人，走访群众3279户，电话联系外出群众684户，建立村（居）民档案5119户，召开座谈会231场，群众反映问题或意见建议485个，其中解决412个。二是整顿“软弱涣散”村（社区）党组织。按照“一村一策”的要求，制定详细的整顿方案，解决历史遗留问题、慰问困难群体、修缮村址、建立老人活动场所、农村道路建设等。

（供稿：廖伟明）

松　源　镇

【概述】 松源镇地处梅县区东北部，镇政府驻金星，距梅县区人民政府83.4公里。东邻福建永定洪山，西连蕉岭南礤，南与隆文、桃尧交界，北与蕉岭北礤、福建上杭、武平接壤，是两省五县八乡镇的集散地。总面积149.5平方公里。下辖22个行政村和2个居委会。2015 年总户数 11015 户，总人口 40836 人。全年实现农村社会总产值 6.83 亿元；全年实现农村经济总收入 5.11 亿元；完成固定资产投资 1891 万元；实现税收 538 万元；实现镇级财政收入 1694.8 万元;年农民人均可支配收入 10169 元。

【农业】 全年粮食种植面积 1933.3 公顷，优质水稻种植面积 1780 公顷（晚稻创高产水稻示范片平均亩产 630 公斤）；引进梅州市稻丰实业有限公司推广种植客家丝苗米水稻 266.7 公顷，所产客家丝苗米被评为“广东十大名米”之一。金柚种植面积 806.7 公顷、蜜柚种植面积 606.7 公顷，金柚和蜜柚总产量 4.39 万吨，产值 1.94 亿元；培育区“十大优质金柚园”1 个。名优产品是烤烟，是梅州市最大的烟区镇，占梅县区烤烟产量的 72%；有种植烤烟村 20 个、合同种植户 467 户，其中种植 10 亩以上大户 307 户、50 亩以上大户 6 户、100 亩以上大户 3 户；全年烤烟种植面积 494.6 公顷，收购量 108.5 万公斤，总收入 3000 多万元；有普通烤房 700 座、密集式烤房 226 座。有农业专业合作社 44 家，新增 6 家；指导农业专业合作社利用电商平台进行销售，其中十记庄园与京东、天猫、1 号店、本来生活网等电商平台形成了合作关系。有家庭农场 95 家；“一村一品”有金星、五星、新南烤烟村和杨阁、宝坑、案背金柚村。

【工商企业】 2015 年，招商引资项目有 6 个，计划投资总额 2.19 亿元。6 个项目分别是深圳市汇清科技有限公司梅州分公司投资 1.04 亿元建设空气净化处理系统项目、梅州市梅县区松源兴明鞋厂投资 5300 万元的松源兴明鞋厂项目、梅州市德新农场投资 2380 万元的梅州市德新农场项目、梅州市梅县区松源镇德玲家庭农场投资 1500 万元的德玲家庭农场项目、梅州市梅县区乌石径家庭农场投资 1050 万元的乌石径家庭农场项目、梅州市梅县区松源新旺家庭农场投资 1300 万元的松源新旺家庭农场项目。有企业 62 家，新增 6 家；有商店 457 家，新增 34 家；有酒店 1 家；有餐饮服务个体户 37 户。

【圩镇与农村基础设施建设】 全年投入资金 2455 万元，实施交通、水利、公共事业设施建设。投入资金 250 万元，实施金星、园潭、园岭、湾溪、杨阁、豪秀 6 个村乡村道路水泥硬底化 6.77 公里；投入资金 65 万元，升级湾溪村、横坊村、宝坑村、径口村、杨阁村供水区管道 15 公里；投入资金 1600 多万元，实施梅县区小流域综合治理工程湾溪河段 6.3 公里，完成河道清理工程的 80%；投入资金 100 多万元，修建园潭、金星、青塘、新南、东王 5 个村的灌溉圳道；投入资金 80 多万元，清淤疏通宝坑麻地灌区、径口岭尾灌区、园潭水利灌区、案背水利灌区，完善部分灌区三面光圳道；投入资金 100 多万元，改造松源中华体育运动场。

【旅游】 地处闽粤边境，是客家人南迁进入粤东的主要总入口；是梅县苏区；古文物、古民居、古建筑有 35 处，其中麦芽糖、祭祀“扛公王”、挂大牌县级非物质文化遗产保护项目有 3 个；有龙源宫、斐厦堂县级文物保护单位 2 处及市级文物保护单位——蔡蒙吉故居。2015 年初成立梅州市松源商会，并由松源商会牵头投资 10 亿元，规划、建设富有客家特色的、集休闲、度假、养生于一体的客家传奇小镇项目，项目正规划设计中。

【民生】 城乡居民医疗保险参保 3.57 万人，

参保率 99.3%；享受城乡最低生活保障 619 户 1460 人，全年发放低保金 327.4 万元；发放临时补助款和医疗救助款 26.67 万元；发放五保供养费用 101.25 万元；发放高龄老人补（津）贴 31.72 万元；落实重点优抚对象优待款（费）208.02 万元；抗日老战士慰问金 4.4 万元；拨付种粮综补、直补资金 189.16 万元、生态公益林补偿金 56.6 万元；发放年度省、区基本农田保护专项经济补偿金 77.09 万元；全年投入帮扶资金 429.27 万元，改善 3 个贫困村（杨阁村、案背村、白玉村）的村容村貌，帮扶 170 户贫困户；争取省级帮扶资金 123.95 万元，改造低收入家庭住房困难户 67 户。为 28 名白内障患者提供免费复明手术；为 11 名智障儿童提供 0—6 岁智障残疾儿童抢救性康复救助；为 27 名贫困学生争取到团市委、团区委、叶剑英基金会及乡贤和社会团体 10 万元助学金。

【综治维稳】 加强依法治镇，坚持矛盾纠纷隐患排查和信访苗头隐患排查制度，排查率 100%；全年处理群众来信来访、民生通道等信访件 34 件，受理和调处各类矛盾纠纷 197 宗；以创建“平安松源”为载体，投入资金近 50 万元，建设镇应急平台和农村治安视频监控系统；全年立刑事案件 13 宗，破获 5 宗，刑事拘留 7 人，起诉 12 人，逮捕 4 人；受理行政案件 31 宗，结案 24 宗，行政拘留 17 人；查吸毒人员 14 人，强制戒毒 4 人；全年无矛盾激化案件，无群众集体上访事件，无民转刑案件发生。

【环境保护与治理】 全年筹集植树造林资金 32.5 万元，完成义务植树 1 万多株、造林面积 650 多亩、碳汇林改造工程 1.2 万亩；全年发放森林防火宣传资料 2 万多份，张贴（悬挂）标语、横幅 1000 条；投资 300 万元，建设水质净化厂并于 2 月初建成和投入使用；全年未发生重大环境事件和污染事故。

【土地保护与利用】 按照基本农田“七有”“五不准”要求，加大耕地保护力度，成立“两违三抢”联合执法队并签订巡查责任书，加强土地巡查执法监察工作，把违法违规用地和非法采矿行为处理在萌芽状态，同时抓好地质灾害防治和矿产资源管理，健全完善地质灾害群测群防体系等。全年上报审批用地 77 宗，办证 89 宗；申报确权 6 宗，办证 5 宗。

【计划生育】 全年出生 414 人，政策生育率 93.24%，人口出生率 9.40‰，自然增长率 4.7‰。落实“四术”335 例。征收社会抚养费 163.47 万元。

【卫生】 宜康医院占地面积 2001 平方米，建筑面积 5218 平方米，是镇中心卫生院建制。有卫生技术人员 40 人，其中中级 3 人、医师 11 人、护师 3 人、护士 4 人；设内儿科、中医科、骨伤理疗科、妇产科、预防接种门诊等；设备有彩超、CR、全自动生化分析仪、全自动尿液分析仪、全自动血细胞分析仪及心电图等。

【文化】 投入资金 7 万多元，完善文化站、文化室的设备设施；案背村筹集 20 多万元，建成文化休闲公园和文化长廊；金星村寺边附近动工修建文体活动中心和老人活动中心；闽粤梁氏宗祠申报成功市级文物保护单位；黄坑村筹资 300 多万元，建设天子崬森林公园；抓好农村电影“2131”工程，全年放映电影 270 多场；抓好快乐腰鼓队的建设，组织文艺队、音乐队和腰鼓队下乡演出，全年完成送戏下乡10多场；参加梅县区“美丽梅县 巾帼风采”农村业余文艺会演并获得三等奖。

【教育】 松源中学　占地面积7.71万平方米，建筑面积2.55万平方米。有教职工90人；有学生670人。

松源镇中心小学　占地面积2万多平方米，建筑面积5000多平方米。有教职工81人；有学生1178人。

松源镇中心幼儿园（公办）　占地面积2751平方米，建筑面积1481平方米，有教室8间。有幼师17人；在园幼儿365人。

【党的建设】 2015年，全镇有党支部32个，党员1637人，其中新发展党员13人。一是开展领导干部驻点普遍直接联系群众工作。全镇95名镇街干部组成23个团队，全年定点接访群众1505人，走访群众8798户、3.43万人，并投入资金160万元，解决各类问题和矛盾纠纷508个，群众满意度98%。二是推进“三严三实”专题教育活动。集中开展村（居）包括经济责任审计、重大问题责任倒查追究、“慵懒散”整治督查、软弱涣散基层党组织整顿等10个专项行动。三是建立农村群众事务党员代办制。代办内容包括党务、政务、生活三大领域的事项，小到代缴水、电、气等生活费用，大到办理各种证件，全年为群众代办事项650多件。四是全年慰问困难党员101人、60岁以上老党员450人、老支书65人、患病党员申请镇关爱基金8人次、共慰问金15万元。

（供稿：谢　苑）

责任编辑：黎志康

各镇水稻面积

表7　　计算单位：亩

镇别	2010年	"十二五"时期					年平均递增速度
		2011年	2012年	2013年	2014年	2015年	
城东	16316	16261	16261	15540	14777	14777	-2.0
程江	10284	10249	10328	9943	9452	9164	-2.3
石扇	16782	16726	16021	15604	14825	14823	-2.5
梅西	20724	20655	20628	19456	19350	19230	-1.5
石坑	15759	15705	16860	16100	15338	15340	-0.5
大坪	12286	12247	12247	12995	12540	12539	0.4
南口	50590	50412	51328	51939	52702	52139	0.6
畲江	31450	31348	31890	30461	28900	29067	-1.6
水车	11439	11402	11500	11506	11211	11477	0.1
梅南	12125	12086	12086	11540	11847	11847	-0.5
西阳	16480	16434	16778	——	——	——	——
丙村	20323	20257	20279	19360	18697	18781	-1.6
雁洋	17020	16966	17018	16413	16318	16872	-0.2
松源	24775	24675	24689	24680	23374	23875	-0.7
隆文	12638	12595	12038	11714	11264	11270	-2.3
桃尧	19741	19673	19683	19008	18673	18564	-1.2
白渡	30478	30380	30778	29393	29646	29166	-0.9
扶大	4520	4508	4434	1535	1430	1410	-20.8
松口	42068	41930	42488	40339	40352	40216	-0.9

各镇水稻产量

表8 计算单位：吨

镇别	2010年	“十二五”时期					年平均递增速度
		2011年	2012年	2013年	2014年	2015年	
城东	7352	7538	7755	7198	6935	6959	-1.1
程江	4487	4600	4564	4322	4443	4288	-0.9
石扇	7217	7401	6710	6438	6597	6876	-1.0
梅西	8782	9005	9097	8380	8914	8940	0.4
石坑	7422	7614	7987	7433	7224	7377	-0.1
大坪	5319	5459	5686	5665	5762	5930	2.2
南口	21827	22367	23617	22323	25066	24863	2.6
畲江	13920	14295	14797	13838	13246	13643	-0.4
水车	4813	4946	5021	5031	5069	5139	1.3
梅南	5020	5161	5246	5094	5267	5272	1.0
西阳	7047	7256	7534	——	——	——	——
丙村	8766	8998	9225	8578	8681	8845	0.2
雁洋	7208	7403	7689	7016	7142	7590	1.0
松源	10490	10708	11144	10587	10182	10488	0.0
隆文	5522	5661	5675	5175	5619	5235	-1.1
桃尧	8678	8891	9100	8527	9003	8851	0.4
白渡	13320	13668	14635	13382	15091	14170	1.2
扶大	2122	2189	2177	710	726	695	-20.0
松口	18523	18992	19642	17669	18611	18737	0.2

各镇水果面积

表9　　　　计算单位：亩

镇别	2010年	"十二五"时期					年平均递增速度
		2011年	2012年	2013年	2014年	2015年	
城东	20467	20605	20605	18242	22215	22196	1.6
程江	3224	3224	3224	3224	3239	3124	-0.6
石扇	22032	22017	23943	27131	29190	29475	6.0
梅西	18973	19196	19368	19779	19785	20038	1.1
石坑	13677	13878	14768	14134	15070	15103	2.0
大坪	20262	20460	20060	16699	17219	17222	-3.2
南口	52823	52822	55342	58495	64012	64012	3.9
畲江	20121	20122	20223	20225	20025	20626	0.5
水车	15436	15467	15656	15682	15689	16890	1.8
梅南	7227	7848	7700	7700	8321	8452	3.2
西阳	24024	24020	24020	——	——	——	——
丙村	22668	22867	23405	27283	27942	28143	4.4
雁洋	21349	21349	21349	21349	21349	19620	-1.7
松源	26931	26931	27072	27072	28642	29887	2.1
隆文	19372	19921	20283	20518	20630	20644	1.3
桃尧	18461	20261	21155	23495	23495	23725	5.1
白渡	33909	37355	37906	41651	44114	44864	5.8
扶大	1717	1738	1712	1274	1274	1313	-5.2
松口	57976	58514	60282	69873	70077	70177	3.9

各镇水果产量

表10　　　　计算单位：吨

镇别	2010年	“十二五”时期					年平均递增速度
		2011年	2012年	2013年	2014年	2015年	
城　东	26768	29053	31377	31212	31241	32348	3.9
程　江	4443	4830	5167	5600	5838	4940	2.1
石　扇	52088	58355	62480	66721	67854	71976	6.7
梅　西	21799	23674	25539	28253	28471	31120	7.4
石　坑	17963	19439	20859	21628	23255	23417	5.4
大　坪	19103	19334	21054	23594	24509	25563	6.0
南　口	78579	84258	92634	98344	106612	111436	7.2
畲　江	27738	29959	30157	31477	30717	31639	2.7
水　车	16483	18451	19733	21046	21118	22298	6.2
梅　南	5838	6340	7034	7488	7848	7926	6.3
西　阳	21817	23377	26103	——	——	——	——
丙　村	29440	31964	35642	39710	38818	39309	6.0
雁　洋	24964	27120	28872	30392	32127	35584	7.3
松　源	30517	33437	35928	37584	43408	48649	9.8
隆　文	19545	21096	22023	28071	30457	30994	9.7
桃　尧	34759	37310	39717	42895	41546	43630	4.7
白　渡	40674	41098	43721	45008	45489	48505	3.6
扶　大	3587	3895	4197	2993	3068	3034	-3.3
松　口	79467	89086	95540	107816	116708	124663	9.4

各镇蔬菜面积

表11　　计算单位：亩

镇别	2010年	"十二五"时期					年平均递增速度
		2011年	2012年	2013年	2014年	2015年	
城东	14720	14928	15128	15055	15060	15060	0.5
程江	3998	4055	4057	4364	4400	4385	1.9
石扇	9075	9203	9942	10240	10548	10605	3.2
梅西	7685	7794	8033	8273	8753	8764	2.7
石坑	6918	7016	7193	7206	7340	7444	1.5
大坪	7407	7512	7512	7529	7613	7625	0.6
南口	18885	19151	19400	28529	29955	29955	9.7
畲江	15701	15923	15924	16324	16384	16375	0.8
水车	10356	10502	10820	11210	11705	12417	3.7
梅南	9815	9954	10650	11130	12021	12244	4.5
西阳	17156	17398	18119	——	——	——	——
丙村	19055	19324	21212	21370	22096	22095	3.0
雁洋	3908	3963	3963	4090	5325	5377	6.6
松源	4173	4232	4253	4503	4783	4726	2.5
隆文	8143	8258	8408	8157	8380	8383	0.6
桃尧	4094	4152	4212	4216	4092	4057	-0.2
白渡	10578	10728	11797	11947	12019	12020	2.6
扶大	2316	2349	1817	1560	1542	1535	-7.9
松口	15368	15585	15510	15700	16585	16586	1.5

各镇蔬菜产量

表12

计算单位：吨

镇别	2010年	"十二五"时期					年平均递增速度
		2011年	2012年	2013年	2014年	2015年	
城东	46043	49383	52052	52021	52108	52114	2.5
程江	15025	16115	16007	16800	17892	17858	3.5
石扇	17205	18453	19560	19212	21133	22401	5.4
梅西	12961	13901	14761	15642	17328	18819	7.7
石坑	8704	9335	9989	10244	11163	11722	6.1
大坪	11913	12777	13588	13201	14391	15265	5.1
南口	37863	40610	43862	64457	65434	68705	12.7
畬江	47549	48899	51843	54051	54435	56068	3.4
水车	12475	14480	15364	16694	18147	21568	11.6
梅南	13200	14158	15949	16251	17552	20814	9.5
西阳	32386	35236	38597	——	——	——	——
丙村	58970	63248	66931	67549	72854	74070	4.7
雁洋	5321	5707	6165	6498	7082	8676	10.3
松源	6820	7315	7759	8026	8828	9093	5.9
隆文	9641	10340	11252	12070	12666	13505	7.0
桃尧	6141	6587	7052	6602	6649	7313	3.6
白渡	29932	32104	34363	34164	34431	36159	3.9
扶大	3154	3383	3545	1744	1880	2871	-1.9
松口	27241	29717	31712	30992	33397	33399	4.2

各镇水产品面积

表13 计算单位：亩

镇　　别	2010年	“十二五”时期					年平均递增速度
		2011年	2012年	2013年	2014年	2015年	
城　东	2780	2821	2821	2821	2821	2821	0.3
程　江	1150	1160	1140	1120	1100	1100	-0.9
石　扇	2580	2600	2600	2600	2588	2588	0.1
梅　西	3465	3520	3520	3500	3500	3500	0.2
石　坑	1150	1165	1150	1150	1150	1150	0.0
大　坪	2080	2102	2102	2102	2102	2102	0.2
南　口	7360	7435	7435	7455	7480	7480	0.3
畲　江	3500	3530	3500	3490	3450	3450	-0.3
水　车	4500	4545	4545	4595	4615	4615	0.5
梅　南	1275	1300	1300	1300	1310	1310	0.5
西　阳	2965	2995	2995	——	——	——	——
丙　村	5215	5270	5270	5295	5325	5325	0.4
雁　洋	2065	2085	2085	2060	2034	2034	-0.3
松　源	2500	2525	2525	2525	2530	2530	0.2
隆　文	1000	1015	1015	1015	1015	1015	0.3
桃　尧	1320	1335	1335	1335	1335	1335	0.2
白　渡	5275	5330	5330	5310	5330	5330	0.2
扶　大	450	465	450	430	410	410	-1.8
松　口	6650	6720	6720	6740	6785	6785	0.4

各镇水产品产量

表14

计算单位：吨

镇　　别	2010年	"十二五"时期					年平均递增速度
		2011年	2012年	2013年	2014年	2015年	
城　东	1525	1297	1357	1397	1458	1471	-0.7
程　江	720	609	593	597	617	609	-3.3
石　扇	1295	1072	1125	1158	1189	1226	-1.1
梅　西	1870	1576	1600	1639	1747	1895	0.3
石　坑	576	492	505	520	551	553	-0.8
大　坪	960	824	864	890	925	927	-0.7
南　口	3706	3100	3285	3392	3496	3598	-0.6
畬　江	1747	1456	1528	1568	1636	1690	-0.7
水　车	2477	2074	2178	2270	2376	2580	0.8
梅　南	845	708	748	1300	812	821	-0.6
西　阳	1956	2995	1736	——	——	——	——
丙　村	2730	2336	2452	2542	2657	2708	-0.2
雁　洋	1101	937	983	996	1041	1096	-0.1
松　源	1099	939	985	1015	1059	1060	-0.7
隆　文	500	433	445	458	482	490	-0.4
桃　尧	572	488	512	527	546	555	-0.6
白　渡	2580	2162	2352	2329	2404	2447	-1.1
扶　大	278	243	215	212	223	219	-4.7
松　口	3430	2870	3040	3112	3201	3401	-0.2

各镇生猪饲养量

表15 计算单位：头

镇别	2010年	“十二五”时期					年平均递增速度
		2011年	2012年	2013年	2014年	2015年	
城东	26917	26997	27554	30518	31169	31284	3.1
程江	46747	47185	47961	48644	47597	36673	-4.7
石扇	28995	29796	30415	30073	30847	31175	1.5
梅西	34228	36170	39729	42347	41281	44115	5.2
石坑	35187	34938	34598	34405	33423	33688	-0.9
大坪	47587	47845	47516	46380	46800	46060	-0.7
南口	71125	59338	60840	61808	64266	64812	-1.8
畲江	26189	28821	28710	29764	29063	29935	2.7
水车	7851	8199	8527	9492	9323	10946	6.9
梅南	5998	6357	6543	6543	10113	9845	10.4
西阳	38406	39115	39975	——	——	——	——
丙村	53051	52898	54215	54999	53976	52850	-0.1
雁洋	23172	24372	24950	25607	25782	26364	2.6
松源	26961	29359	29477	28607	27454	30465	2.5
隆文	21347	19855	19907	19397	19553	19068	-2.2
桃尧	15456	17454	17609	17155	16675	17107	2.1
白渡	46137	49080	48430	49780	49127	48259	0.9
扶大	18182	16648	16930	15920	15796	14164	-4.9
松口	65573	58804	60414	61181	60021	63652	-0.6

各镇生猪出栏量

表16

计算单位：头

镇　　别	2010年	“十二五”时期					年平均递增速度
		2011年	2012年	2013年	2014年	2015年	
城　东	18927	18878	19535	20016	21212	21343	2.4
程　江	30077	30359	31395	32153	32249	22563	-5.6
石　扇	18741	19604	20319	20035	21312	21590	2.9
梅　西	20878	22132	23304	24138	24305	25035	3.7
石　坑	17804	18571	19287	19287	19390	19446	1.8
大　坪	30877	30945	32190	33200	33970	33200	1.5
南　口	50605	41113	42713	43079	46456	46892	-1.5
畲　江	15126	16886	16887	17232	17563	18090	3.6
水　车	3705	3985	4158	4307	4477	5421	7.9
梅　南	3775	4001	4152	7125	7425	7148	13.6
西　阳	26469	39115	27357	——	——	——	——
丙　村	34426	52898	34644	35188	35619	34585	0.1
雁　洋	14200	24372	15885	16089	16829	16521	3.1
松　源	13793	29359	15261	15261	15158	15710	2.6
隆　文	11290	19855	10040	10291	11131	10642	-1.2
桃　尧	10782	17454	12321	11836	11765	11030	0.5
白　渡	31741	49080	32235	33235	33607	32723	0.6
扶　大	12192	16648	10625	10015	9970	9108	-5.7
松　口	44535	58804	42166	42473	42612	43672	-0.4

各镇家禽饲养量

表17 计算单位：只

镇别	2010年	"十二五"时期					年平均递增速度
		2011年	2012年	2013年	2014年	2015年	
城东	1502466	1486629	1501427	1372282	1298829	1286871	-3.1
程江	682566	621848	623188	565841	535019	391787	-10.5
石扇	435543	409101	393498	362048	343218	342001	-4.7
梅西	199991	208526	166776	161359	146870	149861	-5.6
石坑	166045	173714	176817	174853	162567	160721	-0.6
大坪	272268	296730	299845	282954	263545	263115	-0.7
南口	828626	786163	804553	732824	677329	659269	-4.5
畲江	732207	701745	717759	659998	623253	639750	-2.7
水车	330366	306741	305612	296495	284724	309374	-1.3
梅南	633187	655224	668722	615783	579846	579687	-1.8
西阳	644928	645280	658865	——	——	——	——
丙村	1984006	1860283	1868334	1611150	1472481	1479524	-5.7
雁洋	269694	266214	270197	248697	241331	295825	1.9
松源	113607	122120	122124	116987	106826	107415	-1.1
隆文	308343	342604	318487	301685	278985	275555	-2.2
桃尧	82280	92574	93348	88946	82850	120556	7.9
白渡	738488	674906	689677	626756	588496	578051	-4.8
扶大	725944	691681	691996	644864	585867	575459	-4.5
松口	793881	705867	720161	650411	603083	686092	-2.9

雁鸣湖全景

国民经济主要指标

国 民 经 济 主 要 指 标

2015 年梅县区主要经济指标（一）

表 18

综　合

项　目	计算单位	2015 年	2014 年
1.地区生产总值	亿元	158.2	170.32
其中：第一产业	亿元	43.01	39.51
第二产业	亿元	63.61	60.29
工业增加值	亿元	54.81	51.99
第三产业	亿元	63.7	58.4
三次产业比重	%	24.2：36.5：39.3	25：38.1：36.9
2.公共财政预算收入	亿元	21.5	18.0
3.公共财政预算支出	亿元	47.0	40.4
4.税收总收入	亿元	31.5	27.3
其中：国税收入	亿元	10.2	89.8
地税收入	亿元	21.2	18.3
5.金融机构本外币存款余额	亿元	25.2	20.5
# 城乡居民储蓄存款余额	亿元	195.0	163.2
6.金融机构本外币贷款余额	亿元	122.2	97.1

说明：1. 2014 年数据为三经普调整后年报数，以此为准

2. 2015 年数据为初步核算数

2015年梅县区主要经济指标（二）

表19

工　业（一）

项　目	计算单位	2015年	2014年
1.全区规模以上工业增加值	万元	486370	483891
2.全区规模以上工业总产值	万元	1608228	1595864
其中：按经济类型分			
①国有企业	万元	7612	20877
②集体企业	万元	4485	6769
③股份合作企业	万元	7038	7934
④股份制企业	万元	1171846	1202795
⑤外商及港澳台投资企业	万元	261704	255007
⑥其他经济类型企业	万元	29668	19215
3.七大支柱规模以上工业总产值			
电力生产	万元	571698	621561
电子产品	万元	208961	202866
机械制造	万元	256021	226034
医药化工	万元	80224	47029
编织工艺	万元	38392	36426
建　材	万元	156616	163221
矿产品	万元	46904	52515

续表 19

工 业（二）

项 目	计算单位	2015 年	2014 年
4.主要工业产品产量			
服 装	万件	94.8	95.0
水 泥	万吨	464.13	389.74
电路板	M^2	2268302	2369292
化学用品原药	吨	739.2	896.2
橡胶轮胎外胎	万条	1223.9	1119.2
发电量	万千瓦时	869709.87	951901.31
其中：火电	万千瓦时	832726.61	916557.52
水电	万千瓦时	36983.26	35343.79

2015年梅县区主要经济指标（三）

表20

农　业

项　目	计算单位	2015年	2014年
1.农业总产值	万元	688254	632669
2.粮食及经济作物			
（1）粮食播种面积（含大豆）	亩	472108	475560
其中：水稻面积	亩	351060	351160
粮食产量（含大豆）	吨	194186	193900
其中：水稻产量	吨	164127	163800
（2）花生产量	吨	11213	10827
（3）烤烟产量	吨	2087	2030
3.水果面积及产量			
（1）水果面积	亩	457738	454515
其中：柚类	亩	290237	286853
（2）水果总产量	吨	739159	700708
其中：柚类	吨	511044	480305

2015年梅县区主要经济指标（四）

表21

交通运输

项　目	计算单位	2015年	2014年
1.公路通车里程	公里	2546.8	2441
2.客运输量	万人	472	421
3.旅客周转量	万人公里	61359	54785
4.货物运输量	万吨	2156	1895
5.货物周转量	万吨公里	388162	341091

2015年梅县区主要经济指标（五）

表22

服务业

项　目	计算单位	2015年	2014年
规模以上服务业营业收入	万元	15213.6	14378.3

2015 年梅县区主要经济指标（六）

表 23

固定资产投资

项　目	计算单位	2015 年	2014 年
固定资产投资总额	万元	1383910	1062911
其中：项目投资	万元	899108	626228
房地产开发投资	万元	484802	436683
按产业分			
1.第一产业	万元	47665	18743
2.第二产业	万元	359236	288420
其中：工业	万元	359236	288420
3.第三产业	万元	977009	755748

2015年梅县区主要经济指标（七）

表24

房地产、建筑业

项　目	计算单位	2015年	2014年
1.商品房施工面积	万平方米	235.1	218.47
其中：住宅	万平方米	153.79	162.78
2.商品房竣工面积	万平方米	151.12	110.98
其中：住宅	万平方米	107.85	82.7
3.商品房实际销售面积	万平方米	102.06	56.85
4.商品房实际销售额	亿元	45.99	24.48
5.资质等级以上建筑总产值	千元	1754706	1493951
其中：建筑工程产值	千元	1644769	1304804
安装工程产值	千元	52271	69098
其他产值	千元	57666	120049

2015年梅县区主要经济指标（八）

表25

国内贸易

项目	计算单位	2015年	2014年
1.社会消费品零售总额	万元	1229317.1	1087919
其中：限额以上社会消费品零售总额	万元	412907.9	374063.1
按行业分：批发与零售业	万元	1066137.7	933392.3
住宿餐饮业	万元	163179.4	154526.7
按城乡分：城镇	万元	868677.3	762760.2
乡村	万元	360639.8	325158.8
2.商品销售总额	万元	395853.2	318166.6
零售业销售总额	万元	1031382.0	934087.7
3.住宿业营业额	万元	74414.6	73236.3
4.餐饮业营业额	万元	120209.0	108346.4

2015 年梅县区主要经济指标（九）

表 26

对外贸易

项　目	计算单位	2015 年	2014 年
1.外贸进出口总额	万美元	53225	47606
其中：出口总额	万美元	47804	40678
进口总额	万美元	5421	6928
2.实际利用外资	万美元	1900	1885

2015 年梅县区主要经济指标（十）

表 27

人民生活、物价

项　目	计算单位	2015 年	2014 年
零售物价总指数	%	99.5	101.2
居民消费价格指数	%	101.6	102.4

2015 年梅县区主要经济指标（十一）

表 28

人口、计划生育

项　目	计算单位	2015 年	2014 年
1.总人口	人	610169	601123
其中：农业人口	人	475008	466363
2.总户数	户	166398	163212
3.出生人数	人	7203	7580
出生率	‰	11.37	12.12
4.死亡人数	人	3588	3448
死亡率	‰	5.66	5.51
5.自然增长人数	人	3615	4132
自然增长率	‰	5.7	6.61
6.落实各种节育人数	人	99520	101541
7.总节育率	%	81.1	82.06
8.计划生育率	%	92.82	91.72

审核：陈福君

地区生产总值（按当年价格计算）

表29

主要指标	计量单位	“十一五”时期					“十二五”时期						“十二五”时期年平均增速
		2006年	2007年	2008年	2009年	2010年	2011年	2012年（包含西阳镇数据）	2012年（剔除西阳镇数据）	2013年	2014年	2015年	
一、地区生产总值（GDP）	亿元	72.96	86.25	101.17	106.86	124.83	130.9	142.99	132.21	144.01	158.2	170.32	——
增长速度	%	9.8	14	10.2	10.5	15.6	11.3	10.7	——	12.8	10.1	7.8	10.5
第一产业	亿元	17.6	20.74	24.9	25.41	29.09	33.74	37.31	35.49	37.47	39.51	43.01	——
增长速度	%	3.4	7.3	6.6	5.6	6.8	3.9	5.2	——	3.5	2.7	4.1	3.9
第二产业	亿元	34.48	39.87	45.16	47.6	58.52	52.27	58.22	52.09	55.97	60.29	63.61	——
增长速度	%	13.5	13.9	9.1	10.8	22.9	11	15.3	——	17.1	11.4	7.6	12.4
工业增加值	亿元	29.56	33.87	38.56	40.98	51.54	44.25	50.26	44.67	48.96	51.99	54.81	——
增长速度	%	16.7	13.2	10.4	10	23.6	9.3	17.5	——	17.4	10.7	7.5	12.4
第三产业	亿元	20.87	25.63	31.1	33.85	37.22	44.89	47.47	44.63	50.57	58.4	63.7	——
增长速度	%	9.8	19.9	14.9	13.5	10.9	17.4	7.7	——	12.6	12.7	10.4	12.1
二、人均地区生产总值	元	12975	15404	18111	19195	22464	23461	25449	24659	26941	29488	31633	——
增长速度	%	9.3	14.5	10.5	10.7	15.8	10.8	9.9	——	13.2	9.7	7.4	10.2
三、民营经济增加值	亿元	——	56.77	67.30	70.44	84.09	100.59	101.26	92.97	101.68	111.50	130.21	——
增长速度	%	——	——	9.7	9.7	18.5	15.8	12.6	——	11.7	10.1	6.5	11.3

备注说明：

1、2013年梅县撤县设区，故此2012年数据有两组数值（包含西阳镇的梅县数据、剔除西阳镇的梅县区基数数据）；

2、地区生产总值（GDP）、人均地区生产总值、民营经济增加值等指标数据从2009年至2014年数据使用市统计局反馈的全国第三次经济普查调整数据，以此为准。

农业总产值及其构成

表30

项　　目	2010年	"十二五"时期					年平均递增速度
		2011年	2012年	2013年	2014年	2015年	
合计	466992	542954	596658	595819	632669	688254	8.1
1、种植业（万元）	331146	389005	443242	449074	488151	534913	10.1
其中：稻谷（万元）	72766	87909	95263	86516	95090	99985	6.6
水果（万元）	136019	167426	189795	198078	214517	241217	12.1
2、林业（万元）	11675	14126	14283	11829	7893	10058	-2.9
3、牧业（万元）	92120	110622	108093	103269	101155	106464	2.9
其中：生猪（万元）	54902	69998	65696	60319	58725	63100	2.8
4、渔业（万元）	26338	22998	24316	23848	26558	26595	0.2
5、农林牧渔服务业（万元）	5713	6203	6724	7799	8912	10224	12.3
农业总产值构成（%）	100	100	100	100	100	100	0.0
1、种植业（%）	70.9	71.6	71.6	75.4	77.2	77.2	1.7
其中：稻谷（%）	22.0	22.6	22.6	19.3	19.5	18.7	-3.2
水果（%）	41.1	43.0	43.0	44.1	43.9	45.1	1.9
2、林业（%）	2.5	2.6	2.6	2.0	1.2	1.9	-5.3
3、牧业（%）	19.7	20.4	20.4	17.3	16.0	15.5	-4.7
其中：生猪（%）	59.6	63.3	63.3	58.4	58.1	59.3	-0.1
4、渔业（%）	5.6	4.3	4.3	4.0	4.2	3.9	-7.0
5、农林牧渔服务业（%）	1.2	1.1	1.1	1.3	1.4	1.5	4.6

主要农作物面积

表31 计算单位：亩

项目	2010年	“十二五”时期					年平均递增速度
		2011年	2012年	2013年	2014年	2015年	
一、粮食作物	509949	509134	509368	475128	475560	472108	-1.5
其中：1、水稻	386286	384995	387822	357988	351160	351060	-1.9
（1）早稻	184595	184566	187167	172803	169800	168526	-1.8
（2）晚稻	201691	200429	200655	185185	181360	182534	-2.0
2、薯类	43447	43139	42100	40190	45223	45026	0.7
3、大豆	42766	42679	40013	43569	44772	44879	1.0
二、花生	56758	57162	58171	56020	57104	57456	0.2
三、木薯	19811	19842	19084	18415	19086	18284	-1.6
四、蔬菜	189401	192078	198225	191499	198697	199761	1.1
五、瓜类	27664	27660	22911	21496	24980	27562	-0.1
六、黄烤烟	14770	15190	15726	13374	14647	14674	-0.1

主要农作物产量

表32 计算单位：吨

项目	2010年	“十二五”时期					年平均递增速度
		2011年	2012年	2013年	2014年	2015年	
一、粮食作物	194404	200708	206729	184921	193900	194186	0.0
其中：1、水稻	168046	172368	177539	157578	163800	164127	-0.5
（1）早稻	76252	80286	82429	75371	76300	76617	0.1
（2）晚稻	91794	92082	95110	82207	87500	87510	-1.0
2、薯类	10942	11740	11641	10030	11725	12103	2.0
3、大豆	6033	7418	7951	8129	9390	9412	9.3
二、花生	9176	9316	9948	10185	10827	11213	4.1
三、木薯	13135	13195	12586	13114	13447	14098	1.4
四、蔬菜	402642	431853	461656	446313	467466	490521	4.0
五、瓜类	49297	49436	42042	39862	43058	47574	-0.7
六、黄烤烟	1799	1925	2417	1694	2030	2087	3.0

规模以上工业总产值

表33

计算单位：万元

项　目	2010年	"十二五"时期				
		2011年	2012年	2013年	2014年	2015年
一、规模以上工业企业	1391759	1539313	1402231	1398348	1595864	1608228
1. 按轻重工业分	1391759	1539313	1402231	1398348	1595864	1608228
①轻工业	202716	239340	172840	179538	214935	242837
②重工业	1189043	1299973	1229391	1218810	1380929	1365391
2. 按经济类型分						
1、国有企业	65923	78451	11022	8527	20463	10384
2、集体企业	23014	19842	7011	8947	6116	4454
3、股份合作企业	15856	16747	8345	9555	13570	13380
4、股份制企业	754164	844363	962073	1088901	1255460	1253978
5、外商及港澳台投资企业	509436	534932	380445	263009	281040	299907
6、其他经济类型企业	23366	44978	33335	19409	19215	26125

规模以上工业主要产品产量

表34

产品名称	计算单位	2010年	“十二”五时期				
			2011年	2012年	2013年	2014年	2015
1、服装	万件	173.4	320.3	105.2	94.8	95	94.8
2、电路板	M^2	2823388	2637365	1916029	1645100	2369292	2268302
3、水泥	万吨	527.55	473	409.4	387.31	389.74	464.13
4、橡胶轮胎外胎	万条	1468.7	1350	85.9	1031.1	1119.2	1223.9
5、发电量	万千瓦小时	878128	989386	855916	1032626	951901.31	869709.87
(1)水电	万千瓦小时	58369	68265	34458	34766	35343.79	36983.26
(2)火电	万千瓦小时	819759	921121	821458	997860	916557.52	832726.61

规模以上工业增加值（现行价）

表35

计算单位：万元

项　　目	2010年	“十二”五时期				
		2011年	2012年	2013年	2014年	2015年
合　计	451003	385267	350826	415069	483891	486370
1、国有企业	27573	30806	7280	2906	4239	2015
2、集体企业	5168	5985	1744	2266	1429	966
3、股份合作企业	7943	3586	2778	2552	3181	3080
4、股份制企业	231998	231679	237668	337196	404433	395774
5、外商及港澳台投资企业	170791	104812	94010	65139	65587	77316
6、其他经济类型企业	7530	8399	7346	5010	5022	7219

规模以上工业主营业务收入

表36

计算单位：万元

项　　目	2010年	“十二”五时期				
		2011年	2012年	2013年	2014年	2015年
合　计	1366118	1352793	1335964	1333310	1512597	1482373
1、国有企业	65923	76502	11452	6766	20877	7612
2、集体企业	22883	19149	7014	8947	6769	4485
3、股份合作企业	16132	16670	7858	8963	7934	7038
4、股份制企业	746860	818963	929586	1039803	1202795	1171846
5、外商及港澳台投资企业	491530	377012	346656	249094	255007	261704
6、其他经济类型企业	22790	44497	33398	19737	19215	29688

规模以上工业资产合计

表37　　计算单位：万元

项　目	2010年	"十二"五时期				
		2011年	2012年	2013年	2014年	2015年
合　计	1994519	2029320	2277756	1994067	2139713	2188407
1、国有企业	105258	118437	64647	65031	48397	49977
2、集体企业	20740	14391	9297	10925	8738	9096
3、股份合作企业	6860	7007	7859	7333	13534	15846
4、股份制企业	1445827	1516431	1858626	1684517	1866685	1854210
5、外商及港澳台投资企业	388715	331137	294616	217066	195977	251885
6、其他经济类型企业	27119	41917	42711	9195	6382	7393

规模以上工业实现利润总额

表38　　计算单位：万元

项　目	2010年	"十二"五时期				
		2011年	2012年	2013年	2014年	2015年
合　计	190245	72349	105288	156588	183524	208595
1、国有企业	8908	12682	-733	-3521	-2734	-3526
2、集体企业	927	800	240	191	111	8
3、股份合作企业	4802	654	631	981	760	866
4、股份制企业	98790	60198	76392	142896	160632	163593
5、外商及港澳台投资企业	73453	-3696	28784	15498	24056	47058
6、其他经济类型企业	3365	1711	-26	543	699	596

交通运输线路长度及机动车辆拥有量

表39

项　目	计算单位	2010年	“十二五”时期				
			2011年	2012年	2013年	2014年	2015年
一、公路通车里程	公里	2229	2256	2331	2391	2441	2546.8
二、汽车合计	辆	1792	2388	3076	3971	4183	5195
其中：货车	辆	1572	2163	2839	3726	3930	4922
客车	辆	220	225	237	245	253	273

交通运输部门货物、旅客运输量、周转量

表40

项目	计算单位	2010年	“十二五”时期				
			2011年	2012年	2013年	2014年	2015年
一、货物运输量	万吨	532	524	1427	1670	1895	2156
二、货物周转量	万吨公里	42350	42240	256851	300516	341091	388162
三、旅客运输量	万人	242	238	346	389	421	472
四、旅客周转量	万人公里	29910	29820	44980	50570	54785	61359

地方财政收支情况

表41

项　　目	计算单位	2010年	“十二五”时期					“十二五”时期年平均增速
			2011年	2012年	2013年	2014年	2015年	
一、财政收入	万 元	75790	100132	116805	143784	180068	214982	23.2
其中：各项税收	万 元	58392	62401	81803	103519	126203	150722	——
1、增值税	万 元	12921	14402	14903	16050	18835	19576	
2、营业税	万 元	12349	9951	12696	18628	18210	21395	
3、个人所得税	万 元	3303	1625	2395	2621	2457	3879	
4、城市维护建设税	万 元	3518	4407	4822	6094	6709	7185	
二、财政支出	万 元	155461	217660	236824	279956	403853	469943	24.8
其中：1、一般公共服务支出	万 元	28131	42507	38442	45905	63779	33806	——
2、教育支出	万 元	33701	46978	54965	64983	75662	95183	
3、社会保障和就业支出	万 元	29604	32267	37291	46638	53814	61634	
4、农林水事务支出	万 元	22125	32596	40611	40074	64458	93430	

人口状况

表42

指　标	单位	2010年	"十二五"时期				
			2011年	2012年	2013年	2014年	2015年
一、全区年末户籍人口	人	625701	627427	629535	598177	601123	610169
其中：男	人	314066	315547	315698	301702	302349	306552
女	人	311635	311880	313837	296475	298774	303617
性别比	%	100.78	101.18	100.59	101.76	101.20	100.97
其中：农业人口	人	483095	484756	487013	463841	466363	475008
非农业人口	人	142606	142671	142522	134336	134760	135161
二、全区年平均户籍人口	人	620060	626564	628418	596242	599650	605646
三、年末常住人口	万人	55.52	56.07	56.31	53.55	53.75	53.94
城镇化率	%	46.65	46.73	47.13	50.27	50.71	50.73

计划生育情况

表43

指　标	单位	2010年	"十二五"时期				
			2011年	2012年	2013年	2014年	2015年
一、出生人数	人	6474	6745	7235	7376	7580	7203
其中：男	人	3325	3468	3892	3799	3890	3689
女	人	3149	3277	3343	3575	3690	3514
出生人口性别比	%	105.59	105.83	116.42	106.27	105.42	104.98
出生率	‰	10.03	10.69	11.49	11.97	12.12	11.37
二、全年死亡人口	人	3860	3714	4646	3290	3448	3588
死亡率	‰	5.98	5.89	7.23	5.34	5.51	5.66
三、全年自然增长人数	人	2614	3031	2589	4086	4132	3615
自然增长率	‰	4.05	4.8	4.21	6.63	6.61	5.7
四、已婚育龄妇女人数（累计）	人	132463	137943	130752	123465	123739	122718
落实各种节育人数	人	116782	119673	106010	102843	101541	99520
总节育率	%	88.16	86.76	81.08	80.78	82.06	81.1
五、政策生育率	%	96.94	97.38	71.8	87.77	91.72	92.85

对外经济和外贸

表44

项　　目	计算单位	2010年	2011年	2012年	2013年	2014年	2015年
		签订合同协议意向总数（已批准）	签订合同协议意向总数（已批准）	签订合同协议意向总数（已批准）	签订合同协议意向总数（已批准）	签订合同协议意向总数（已批准）	签订合同协议意向总数（已批准）
一、新签合同协议意向总数	宗	11	21	34	32	14	3
1、合作经营企业	宗	0	0	3	0	0	0
2、独资经营企业	宗	11	21	31	32	14	3
二、协议规定利用外资源	万美元	2646	4815	4662	5136	5284	5430
1、合作经营企业	万美元	0	0	206	0	0	0
2、独资经营企业	万美元	2646	4815	4456	5136	5284	5430
三、实际利用外资	万美元	1386	1861	1902	1816	1885	1900
四、外贸进出口总额	万美元	42986	45515	47255	33838	47606	53225
其中：进口总额	万美元	14686	13581	14167	6479	6928	5421
出口总额	万美元	28300	31935	33089	27359	40678	47804

二〇一〇年教育事业发展情况

表45

项　　目	学校数（所）	班数（班）	在校学生数（人）	招生数（人）	毕业学生数（人）	教职员工（人）	在教职工中专任教师（人）
1、普通中学	29	732	36737	11919	12159	3104	2742
其中：初中	21	486	24379	7513	8280	1958	1796
高中	8	246	12358	4406	3879	1146	946
2、职业学校	5	122	5856	1914	1379	301	242
3、小学	90	868	28395	5041	7155	2532	2424
4、幼儿园	79	458	13727	6912	5720	932	640
5、特殊教育学校	1	2	20	8	9	2	2

卫生机构、床位、人员数

表46

指　　标	计算单位	2010年	“十二五”时期				
			2011年	2012年	2013年	2014年	2015年
一、医疗卫生机构数	个	89	95	96	92	104	117
1、医院	个	22	19	19	20	22	23
县及县以上医院	个	3	1	1	2	4	5
乡镇卫生院	个	19	18	18	18	18	18
2、妇幼保健院	个	1	1	1	1	1	1
3、卫生监督所	个	1	1	1	1	1	1
4、疾病控制中心	个	1	1	1	1	1	1
5、慢性病防治院	个	1	1	1	1	1	1
6、其他卫生事业机构	个	63	72	73	68	78	90
二、病床位数	张	1038	1038	1026	1550	2400	2400
三、卫生工作人员	个	1813	2332	2311	2385	2639	2699
1、卫生技术人员	个	1555	1737	1731	1809	2233	2277
其中：医生	个	765	887	886	923	980	988
护师（士）	个	428	475	493	515	797	794
2、管理人员	个	131	122	116	118	125	132
3、工勤人员	个	152	199	192	186	182	180

环境保护基本情况

表47

指标	计算单位	“十二五”时期				
		2011年	2012年	2013年	2014年	2015年
1、二氧化硫排放量	吨	18007	20303	25241	23309	19220
2、化学需氧量排放量	吨	574.35	481.68	457.42	387.23	427.68
3、氨氮排放量	吨	4.59	6.53	6.1	6.88	16.54
4、氮氧化物排放量	吨	6445	6825	8582	8622	7395
5、固体废物产生量	万吨	——	359.5	312.36	368.83	472.54
其中：综合利用量	万吨	——	357.36	310.22	366.68	470.43

二〇一一年教育事业发展情况

表48

项　　目	学校数（所）	班数（班）	在校学生数（人）	招生数（人）	毕业学生数（人）	教职员工（人）	在教职工中专任教师（人）
1、普通中学	29	684	34959	10891	12236	3120	2788
其中：初中	21	436	21726	6245	8588	1346	1217
高中	8	248	13233	4646	3648	1774	1571
2、职业学校	5		6432	2118	2003	312	253
3、小学	88	883	28008	5580	6027	2414	2316
4、幼儿园	79	832	14616	6606	5350	959	655
5、特殊教育学校	1	1	11	5	0	2	2

二〇一二年教育事业发展情况

表49

项　　目	学校数（所）	班数（班）	在校学生数（人）	招生数（人）	毕业学生数（人）	教职员工（人）	在教职工中专任教师（人）
1、普通中学	28	648	31675	9498	12296	3212	2925
其中：初中	20	400	18430	4949	8041	1439	1313
高中	8	248	13245	4549	4255	1773	1612
2、职业学校	5		6534	2117	2015	308	246
3、小学	35	809	29114	5667	4685	2231	2126
4、幼儿园	88	483	16127	7361	5815	1154	776
5、特殊教育学校	1	1	9	9	0	4	2

二〇一三年教育事业发展情况

表50

项　　目	学校数（所）	班数（班）	在校学生数（人）	招生数（人）	毕业学生数（人）	教职员工（人）	在教职工中专任教师（人）
1、普通中学	27	586	27476	8464	11119	3058	2655
其中：初中	18	341	14772	4332	6875	1286	1108
高中	9	245	12704	4132	4244	1772	1547
2、职业学校	5		6001	1788	2299	308	248
3、小学	34	804	29788	5861	4030	2094	1907
4、幼儿园	91	524	16778	7901	5650	1504	915
5、特殊教育学校	1	2	13	4	0	6	4

二〇一四年教育事业发展情况

表51

项　　目	学校数（所）	班数（班）	在校学生数（人）	招生数（人）	毕业学生数（人）	教职员工（人）	在教职工中专任教师（人）
1、普通中学	27	531	24608	7615	10052	3009	2399
其中：初中	17	304	12767	3923	5777	1179	979
高中	10	227	11841	3692	4275	1830	1420
2、职业学校	5	116	5404	1519	2079	296	240
3、小学	34	889	32379	6549	4014	2127	2102
4、幼儿园	105	584	18878	8122	5726	1754	1057
5、特殊教育学校	1	4	16	2	0	6	4

二〇一五年教育事业发展情况

表52

项　　目	学校数（所）	班数（班）	在校学生数（人）	招生数（人）	毕业学生数（人）	教职员工（人）	在教职工中专任教师（人）
1、普通中学	26	498	22664	7158	8793	2972	2311
其中：初中	17	292	12146	4028	4602	1128	1375
高中	9	206	10518	3130	4191	1844	936
2、职业学校	6	103	4375	984	1987	296	244
3、小学	35	834	33164	6633	4077	2059	1901
4、幼儿园	105	610	19448	7702	7501	1880	1173
5、特殊教育学校	1	5	19	2	0	8	6

元魁塔（李宝贤摄）

内设机构

内 设 机 构

2015年年底梅县区直和各部门内设机构

中共梅县区委办公室：秘书股、人事股、综合信息股、督查股、新闻秘书室、梅县区保密技术检查中心。

中共梅县区党群系统委员会：党委办公室。

梅县区信访局：办信接访股、综合调查股。

梅县区委机要局：业务股、技术股。

中共梅县区委、梅县区人民政府接待办公室：接待股、后勤股。

中共梅县区委、梅县区人民政府调研室：农村股、经济股、政教文股。

梅县区人大常委会机关：办公室、选举联络人事任免工作委员会、法律工作委员会、财政经济工作委员会、城乡建设环境与资源保护工作委员会、农村农业工作委员会、教育科学文化卫生体育工作委员会、华侨外事工作委员会、依法治区办。

梅县区人民政府：秘书股、行政股、综合股、督办股、经协体改股、文教股。梅县区打击走私综合治理办公室、梅县区应急管理办公室、梅县区法制局、梅县区金融服务办公室、梅县区政府系统党委、梅县区直属机关武装部。

梅县区人民政府驻广州办事处

政协梅县区委员会：办公室、联络科、文史科、人秘科、提案委员会、学习文史委员会、经济科技委员会、民营经济委员会、文教卫体委员会、社会法制委员会、港澳台侨委员会。

中国人民解放军广东省梅县区人民武装部：

梅县区综合政务服务管理办公室：政秘股、管理股、督查股。

中共梅县区纪律检查委员会：办公室、信访室（举报中心）、纪检监察一室、纪检监察二室、纪检监察三室、案件审理室、调研宣教室、执法和效能监察室、干部室、案件监督管理室、党风政风监督室、派驻纪检监察组。

梅县区监察局

梅县区社会工作委员会：办公室、社会建设指导股。

中共梅县区委组织部：办公室、干部室、干部监督室、组织室、党代表联络室、青干知工室、人才室、电教室、调研室、组织人事档案管理中心。

梅县区机构编制委员会办公室：综合股、行政机构编制股、事业机构编制股。直属行政单位：梅县区事业单位登记管理局。

中共梅县区委老干部局：人秘股、综合股、业务股、关工股、活动中心股。

中共梅县区委统一战线工作部：办公室、工商联络股、党派股、对台办公室。

梅县区民族宗教事务局：综合股。

梅县区工商业联合会：办公室。

中共梅县区直属机关工作委员会：办公室、组宣股。

中共梅县区委党校：办公室、行政股、教研室、对外培训股。

中共梅县区委党史研究室：人秘股、征开出版股。

梅县区总工会：办公室、组织宣传教育部、生产生活女工部、财务部。

共青团梅县区委员会：办公室、团务部、学少部、联络部。挂靠单位：共青团梅县区直属机关委员会。

梅县区妇女联合会：办公室、儿童部、妇工部。

梅县区招商局：综合部、管理部、招商部、招商二部、行政服务中心。

梅县区审计局：办公室、财金基建审计股、商粮贸审计股、经济责任审计股、工交审计股、行政事业审计股；下设事业单位：计算机审计中心。

梅县区国土资源局：办公室、土地规划与耕地保护股、土地利用管理股、地籍管理股（加挂行政审批股）、测绘管理股、执法监察股（加挂执法监察队）、矿产资源开发管理股、地质勘查与环境股；下属事业单位：梅县区征地和土地储备中心、梅县区人民政府调处土地纠纷办公室、梅县区土地开发整理中心、梅县区地质环境监测站、梅县区国土资源信息中心、梅县区国土资源交易中心、梅县区地价所、梅县区国土资源局测量队、梅县区国土资源局沙、石、土管理站。下辖19个基层国土资源所：程江、扶大、新城、南口、梅南、畲江、水车、梅西、大坪、石坑、城东、石扇、白渡、丙村、雁洋、松口、隆文、桃尧、松源。

梅县区民政局：办公室、计划财务股、双拥工作股、优抚安置股（加挂梅县区退休军人安置办公室和梅县区军队离退休干部安置办公室两块牌子）、救灾股、社会救助股、社会福利和社会事务股、基层建设和社区建设股、区划地名股、婚姻登记股。下设：老龄工作委员会，民间组织管理办公室、福利彩票发行中心、梅县区军队离休退休干部休养所、梅县区光荣院、梅县区殡葬管理监察队、梅县区殡葬管理所。

梅县区外事侨务局：办公室、侨政股、外事接待股。

梅县区归国华侨联合会：办公室。

梅县区扶贫开发局：人秘股、扶贫开发股、老区建设股。

梅县区残疾人联合会：办公室、教育就业股、康复股、残疾人用品用具供应管理股；下属事业单位：梅县区残疾人劳动就业服务所、残疾人康复中心、残疾人托养服务中心。

梅县区人民防空办公室：人秘股、工程通信股。下设：人防工程管理所。

梅县区旅游局：办公室、业务股、行业管理股、质量监督股。

梅县区人民政府地方志办公室：人秘股、编审指导股。

梅县区档案局：人秘股、监督指导股、档案管理股。

梅县区安全生产监督管理局：安全生产执法监察局（副科级）、办公室、行政审批股、安全监督管理一、二、三股、应急救援股、职业安全健康监督管理股和离退休干部、职工管理股。下设二级单位：安全生产应急救援指挥中心。

梅县区体育局：人秘股、群体股、竞训股、市场管理股。

广东电网梅州梅县供电局：办公室、人力资源部、财务部、党群工作部、监察审计部、安全监管部、市场营销部、生产设备管理部、计划建设部。二级机构：输变电管理所、电力调控制中心、物流服务中心。18个基层供电所：扶大、南口、大坪、梅西、梅南、长沙、水车、畲江、西阳、雁洋、石坑、城东、白渡、石扇、松口、隆文、桃尧、松源。

梅县区科学技术局：办公室、科技计划股、高新技术股、科技服务与管理股、知识产权办公室，下属事业单位：梅县区地震局。

梅县区科学技术协会：秘书室，下设事业单位：科学馆。

中共梅县区委宣传部：办公室（挂梅县区企业政工人员专业职务评定领导小组办公室牌子）、理论股（挂市讲师团梅县区教员组牌子）、宣传股（挂区国防教育办公室牌子）、新闻出版办公室（挂区政府新闻办公室牌子）；挂靠单位：社会主义精神文明建设委员会办公室（正科级）；合署办公单位：梅县区文化广电新闻出版局。

梅县区文化广电新闻出版局：办公室、社会文化股（加挂文化艺术股、文物股、广播电视股牌子）、文化市场管理股（加挂新闻出版与文化市场股、文化产业与政策法规股、行政审批股牌子）、非物质文化遗产管理办公室（加挂非物质文化遗产保护中心牌子）。

梅县区文学艺术界联合会：秘书室。

梅县区广播电视台：办公室、财会室、总编室、新闻中心、广告中心、广播节目中心、电视节目中心、播控中心、技术中心、网络传输中心、专题中心、信息中心。下设直属正股级事业单位：发射中心、服务公司和19个基层广播电视台。

中共梅县区委政法委员会：人秘室、调研室、执法督查室，政法委加挂梅县区禁毒委员会办公室牌子，梅县区社会管理综合治理委员会办公室（正科级），中共梅县区委维护稳定工作领导小组办公室（正科级）内设维护稳定工作股，梅县区人民政府防范与处理邪教问题办公室（正科级）内设综合业务股、调研指导股。

梅县区公安局：指挥中心内设秘书股、指挥股、宣传调研股，国保大队内设内勤中队、一中队、二中队，刑侦大队内设内勤中队、禁毒大队、图侦中队，治安大队内设内勤中队、一中队、二中队、三中队，政工室内设人事股、组织股、宣教股、监督督室，法制大队内设内勤中队、一中队、二中队、三中队，警务保障室，经侦大队内设内勤中队、一中队、二中队，出入境管理大队，公共信息网络安全监察大队，交警大队内设内勤中队、事故处理中队、车管股、机动中队、城区中队、侦查中队，违法处理中队，松口中队，畲江中队，雁洋中队，巡警大队内设内勤中队、一中队、二中队，拘留所，看守所，19个镇级派出所。

梅县区人民法院：政工科、执行局、办公室、监察室（与纪检组合署办公室）、研究室、执行一、二庭、立案庭、刑事审判庭、民事审判一、二、三庭、行政审判庭、审判管理办公室、司法警察大队；派出机构：松口、丙村、畲江、大坪人民法庭（副科级编制）。

梅县区人民检察院：监察室、政工科、办公室、反贪污贿赂局、侦查科、职务犯罪预防科、案件管理科、公诉科、侦查监督科、行政装备检察科、反渎职侵权局、监所检察科、民事行政检察科、控告申诉检察科、技术检察科、司法警察大队、派驻程江检察室、派驻畲江检察室。

梅县区司法局：政治工作办公室（副科级）、办公室、基层工作管理股、社区矫正工作管理股、法制宣传教育股、公证律师管理股；管辖直属单位：梅县区公证处、梅县区公职律师事务所、梅县区法律援助处。

梅县区农业局：办公室、综合股、政策法规股、农村经济体制与经营管理股、农业机械化管理办公室、农村经济组织管理股、种植业管理股、植保股、科技教育股、市场与经济信息股（挂梅县区菜篮子工程办公室牌子）、人事股（与系统党委办公室、纪检组合署）。农业局下属事业单位：农业科学研究所、水果服务中心、农村承包合同办理处、农业机械安全监理站、农产品质量监督检测站、中央农业广播学校梅县区分校、农业技术推广中心、农业执法大队、种子监理站、农业机械推广总站、植物检疫与病虫测报站、现代农业园区办公室。

梅县区林业局：人事监察股（科教）、秘书股、计划财务股、林政股、营林股（挂林业规划设计室）、政策法规股、生态公益林管理股、林业产业信息股、自然保护区管理股、梅县区公安局森林分局程江派出所。议事协调单位：梅县区森林防火指挥办公室、梅县区绿化委员会办公室、梅县区人民政府山林纠纷调处办公室。

梅县区水务局：办公室、水政水资源股、计划财务股、建设与管理股、水土保持股、农村水利股、农电股、科技与信息股、供排水管理股、移民办。

梅县区畜牧兽医水产局：办公室、人事股、政策法规股、畜牧兽医股、牧政股、渔业股、渔业技术股、生猪屠宰管理股下设：渔政大队（副局级事业单位）、动物卫生监督所、畜牧兽医水产技术推广站（股级事业单位）、区鱼苗场。

梅县区乡镇企业管理局（梅县中小企业局）：人秘股、生产技术股、企业管理股、教育培训股。

广东省梅县区气象局：办公室、预报股、测报股。

梅县区住房和城乡规划建设局：办公室（与建设系统党委办公室合署）、人事股、计财股、住房保障股（加挂区房改办牌子）、用地规划股、市政规划股、村镇规划股、报建股、城乡建设股、建筑管理股、房地产权管理股、房地市场管理股（加挂梅县区城镇房屋拆迁管理办公室牌子）、工程股、政策法规股。下设事业单位：梅州市住房公积金管理中心梅县区经办业务分理处（内设人秘股、财务股、业务股），梅县区建设工程造价管理站、梅县区建设工程交易中心、梅县区散装水泥管理办公室、梅县区建设工程质量安全监督检测站、梅县区建设工程质量安全监督综合检测室、梅县区城市规划设计室、梅县区城市规划测量队、梅县区建筑技术总工程师室、梅县区城建综合档案室、梅县区墙体材料革新办公室、梅县区房屋安全鉴定站、梅县区房地产交易所、梅县区附城房管所、梅县区基层房管所、梅县区房屋白蚁防治管理所、梅县区房屋测绘队、梅县区房地产评估所、梅县区土地房屋征收安置办公室、梅县区房地产交易中心。

梅县区城市综合管理局：办公室、计财股、市政工程股、综合业务股。下属单位：梅州市梅县区城市管理监督指挥中心、城市管理监察大队、环境卫生管理所、路灯管理、园林绿化管理所、市场物业管理站。

梅县区环境保护局：办公室、评审股、污染防治股、法规宣教股和环境监察股（对外挂环境监察分局牌子）。

梅县区交通运输局：办公室、人事股、规划股、基建管理股、安全技术股、财务审计股、综合行政执法局（副科级）、梅县区交通战备办公室。

梅县区公路局：人事股、办公室、财务股、工程股、养护股、路政股、安全股、监察股、计划股、公路规费征稽所、工会；基层道班15个（养护中心）、1个标志班、1个绿化队。

梅县区发展和改革局：人秘股（系统党委办公室设在人秘股）、改革规划综合股、投资管理股、农业工交能源股、社会发展股。

梅县区人力资源和社会保障局：办公室、人事与综合规划股、财务与保险基金监督股、就业与农民工作股（区农村劳动力转移办公室）、人力资源管理股、培训教育股（职业能力建设股）、专业技术人员管理股、事业单位人事管理股、工资福利股、劳动关系股、养老与失业保险股、医疗与工伤保险股（区劳动能力鉴定委员会办公室）、公务员管理办公室（区军队转业干部安置工作领导小组办公室）。下属单位：基金管理局、就业管理局、人才服务局、劳动保障监察大队、劳动人事争议仲裁院、技工学校、企业退休人员社会化管理服务办公室。

梅县区物价局：人秘股、价格管理股（挂价格认证中心牌子）、收费管理股、物价检查股（挂价格监督所牌子）。

梅县区统计局：人秘股、综合股、农财股、能源股、社会经济调查股；下属事业单位：梅县区人口调查队、梅县区统计局电脑室、梅县区农村面上调查办公室。

梅县区物资总公司

中国人寿保险股份有限公司梅县区支公司：综合部。

中国人民财产保险股份有限公司梅县区支公司：办公室。

梅县区经济和信息化局：办公室、系统党委办公室、经济运行股减轻企业负担工作办公室、法规监察股、电力资源股（加挂节能监察中心牌子）、生产服务业股、行业管理股、煤炭管理股、产业技术质量股、贸易市场股、信息产业管理股（加挂信息网络中心牌子）、离退休管理股、

梅县区财政政局：办公室、人事股、预算股、国库股、行政政法股、教科文股、经济建设股、综合规划股、社会保障股、外经金融股、财政监察股、政府采购办公室、法规股、农业股、企业股、绩效评价股、国有资产管理股。下设事业单位：财务总监办公室、政府采购管理办公室、国库支付中心、财政信息技改资金管理所、投资审核中心、农村财务管理审计办公室。

梅县区对外贸易经济合作局：办公室、政策法规股、贸易发展管理股、外商投资管理股、加工贸易股。

梅县区供销合作联社：人事股、业务股、财会股、办公室。

梅县区二轻工业联社：办公室、生产技术股、资产财务股。

梅县区粮食局：秘书股、人事股、保卫股、财会股、审计股、粮食管理股、经济贸易股、市场管理股。

梅县区商业企业集团公司：人事保卫部、财务部、办公室、综治维稳办公室。

梅县区电子工业公司

广东梅县区东风企业集团公司

梅县区工商行政管理局：办公室、人事监察股、法规股、登记注册股、企业监督管理股、经济检查股、商标广告股、市场合同股、机关服务中心、督察队。直属行政单位：经济检查大队；工商行政管理所有松口、隆文、松源、丙村、雁洋、城东、白渡、梅西、畲江、梅南、南口、程江、宝华、城区 14 个工商行政管理所。

广东省梅县区国家税务局：办公室、政策法规股、收入核算股、征收管理股、税源管理

一、二、三股、人事教育股、监察室、机关党委办公室、工会、纳税服务股，直辖稽查局：丙雁、畲江、梅西、松口税务分局。

广东省梅县区地方税务局：办公室、税政股、征收管理股、人事教育股、监察室、纳税服务股。

梅县区邮政局：综合办公室、市场经营部。

中国电信股份有限公司梅县区分公司：综合部、驻广州（梅州）产业转移工业园办公室。销售部、客响维护部、销售部、政企客户中心 19 个营销服务中心。

中国移动通信集团广东有限公司梅县区分公司：综合部、市场部、服务销售中心。

中国联合网络通信有限公司梅县区分公司：营销服务室、城营销服务中心、乡镇营销中心、集客室、综合建及营业厅。

广东省梅县区烟草专卖局（公司）：综合管理部、营销部、财务部、烟叶管理部和专卖管理办公室（广东省梅县区烟草专卖局稽查大队）。烟叶管理部下设烟叶工作点分别为松源烟叶工作点、桃尧烟叶工作点、松东烟叶工作点、隆文烟叶工作点、南口烟叶工作点，专卖管理办公室（广东省梅县区烟草专卖局稽查大队）下设稽查中队分别为县城专卖稽查中队、丙村专卖稽查中队、南口专卖稽查中队、松口专卖稽查中队；营销部下设卷烟营销服务站即松口卷烟营销服务站。

广东省梅县区质量技术监督局：办公室、人教股、法规股、特设股、标准化股、计量股、质量股、稽查队、质量技术监督检测所。

广东省梅县区食品药品监督管理局：办公室、计划财务股、综合协调股、行政审批股、食品生产监管股、食品流通监管股、餐饮监管股、药品医疗器械监管股、保健食品化妆品监管股、稽查局。

梅县区农村信用合作联社：办公室、人力资源部、内审监察部、合规与风险管理部、授信审批中心、授信管理部、运营部、资产保全部、安全保卫部。贷款中心和三农专营中心。

中国农业银行梅县区支行：客户部、综合管理部、运营财会部；管辖支行营业部有华侨城、嘉大、府前、金穗、新城、丙村、畲江、松口、人民人道、五洲城支行营业网点。

中国银行梅县区支行：办公室。

中国建设银行梅县区支行：综合部。

中国农业发展银行梅县区支行：办公室、客户业务部、会计结算部。

中国工商银行股份有限公司梅县区支行：综合部。辖属营业网点：中国工商银行梅县区股份有限公司梅县区支行（营业部）、梅龙支行、中国工商银行股份有限公司梅州城区支行、华南支行、新中支行、大新城支行。中国工商银行股份有限公司梅县区支行有剑英支行、中央大道支行、丙村支行。

中国邮政储蓄银行有限责任公司梅县区支行：综合部。

梅县区客家村镇银行：综合办公室、会计结算部、营业部、合规风险部、综合业务部、市场扩建部、信息科技部。

梅县区盐务局（盐业分公司）：盐政法规股、专营部、财务部。

梅县区教育局：办公室、人事股、继续教育中心、教育股、教仪站、计财股、招生办、勤工办、信息中心、职成股、教研室、体卫股、督导室、幼教办、保健所、内审室、德育股、党委办。

梅县区卫生和计划生育局：办公室、规划与财务股、体制改革股、疾病预防控制与爱卫股（加挂爱国卫生运动委员会办公室、卫生应急办公室牌子）、妇幼健康服务股、医政股（中医药管理股）、人事股、政策法规监督股、信息与统计股、宣传与科教股、考核办公室、流动人员管理股。

梅县区疾病预防控制中心：办公室、职业病防治科、检验科、科教信息科、质量管理科、公共卫生科、财会科、后勤科、免疫流防科、健康监护科、司机体检科。

2015 年年底梅县区各镇（办事处、高管会）内设机构

梅县区新城工委办事处：党政办公室、经济事务办公室、社会事务办公室、公共事务办公室、人口和计划生育办公室、社会治安综合治理信访维稳办公室、城乡规划建设管理办公室。另设 4 个服务中心：财政结算服务中心、社会保障服务中心、文教体育服务中心、人口与计划生育服务中心。

梅县区扶大高新区管理委员会：管委会办公室、经济建设办公室、社会事务办公室、招商引资办公室、人口和计划生育办公室、创业服务中心、农业服务中心、政结算服务中心、社会保障服务中心、文教体育服务中心、人口和计划生育服务中心、机关服务中心。

梅县区程江镇党委、政府：党政办公室、经济发展办公室、农业办公室、社会事务办公室、计划生育办公室。另设：农业站、水利水电管理所、文化站、人才交流服务站、国土所、司法所、财政管理所、计划生育服务所、农业站。

梅县区南口镇党委、政府：党政办公室、公共事务办公室、城乡规划建设管理办公室、农业事务办公室、社会治安综合治理信访维稳办公室、人口和计划生育办公室、社会事务办公室、经济事务办公室、农业服务中心、财政结算服务中心、社会保障服务中心、文教体育服务中心、卫生和人口计划生育服务中心。

梅县区畲江镇党委、政府：党政办公室（加挂人大办公室牌子）、经济事务办公室、社会事务办公室（加挂社会保障事务办公室、公共事务办公室牌子）、人口和计划尘育办公室、社会治安综合治理信访维稳办公室（加挂安全生产监督办公室牌子）、农业事务办公室、城乡规划建设管理办公室、农业服务

中心、财政结算服务中心、社会保障服务中心、文教体育服务中心、人口和计划生育服务中心。

梅县区水车镇党委、政府：党政办公室、经济事务办公室、社会事务办公室、人口和计划生育办公室、社会治安综合治理信访维稳办公室、农业事务办公室、城乡规划建设管理办公室、农业服务中心、财政结算服务中心、社会保障服务中心、文教体育服务中心、人口和计划生育服务中心梅县。

梅县区梅南镇党委、政府：党政办公室、人口和计划生育服务办公室、农业办公室、社会事务办公室、社会治安综合治理信访维稳办公室、经济事务办公室、城乡规划建设办公室。另设 5 个服务中心：农业服务中心、计生服务中心、文教体育服务中心、社会保障服务中心、财政结算服务中心。

梅县区梅西镇党委、政府：党政办公室、社会事务办公室、人口和计划生育办公室、社会治安综合治理信访维稳办公室、农业事务办公室、城乡规划建设管理办公室。

梅县区大坪镇党委、政府：党政办公室、农业事业办公室、城乡规划建设管理办公室、社会事务办公室、人口和计划生育办公室、社会治安综合治理信访维稳办公室、农业服务中心、财政结算服务中心、社会保障服务中心、文教体育服务中心、人口和计划生育服务中心。

梅县区石坑镇党委、政府：党政办公室、人口和计划生育服务办公室、农业站、财政所、林业站、水管所、国土所、司法所、社会事务办公室、社会治安综合治理信访维稳办公室、农业事务办公室。另设 5 个服务中心：农业、文教体育、社会保障、财政结算、人口与计划生育。

梅县区石扇镇党委、政府：党政办公室、人口和计划生育办公室、经济事务办公室、社会治安综合治理信访维稳办公室、城乡规划建设管理办公室、农业事务办公室、社会事务办公室。

梅县区城东镇党委、政府：党政办公室、经济事务办公室、社会事务办公室、人口和计划生育办公室、社会治安综合治理信访维稳办公室、农业事务办公室、城乡规划建设管理办公室。另设 5 个服务中心：农业文教体育、社会保障、财政结算、人口与计划生育。

梅县区白渡镇党委、政府：党政办公室、社会事务办公室、经济事务办公室、人口和计划生育办公室、社会治安综合治理信访维稳办公室、农业事务办公室、城乡规划建设管理办、社会保障服务中心、人口计划生育服务中心、文体服务中心、财政结算服务中心、农业服务中心。

梅县区丙村镇党委、政府：党政办公室、经济事务办公室、社会事务办公室、人口和计划生育办公室、社会治安综合治理信访维稳办公室、农业事务办公室、城乡规划建设管理办公室、农业服务中心、财政结算服务中心、社会保障服务中心、文教体育服务中心、人口和计划生育服务中心。

梅县区雁洋镇党委、政府：党政办公室（加挂人大办公室牌子)、经济事务办公室、社会事务办公室（加挂社会保障事务办公室牌子)、人口和计划生育办公室、社会治安综合治理信访维稳办公室（加挂安全生产监督办公室牌子)、农业事务办公室、城乡规划建设管理办公室、公共事务办公室。另设 5 个服务中心：社会保障服务中心、人口和计划生育服务中心、文教体育服务中心、财政结算服务中心、农业服务中心。

梅县区松口镇党委、政府：党政办公室、经济事务办公室、社会事务办公室、人口与计划生育办公室、社会治安综合治理信访维稳办公室、农业事务办公室、城乡规划建设管理办公室、公共事务办公室；下设 5 个服务中心：农业服务中心、文教体育服务中心、社会保障服务中心、财政结算服务中心、人口与计划生育服务中心。

梅县区隆文镇党委、政府：党政办公室、人大办公室、组宣办公室、纪检、办公室、社会事务办公室(民政办)、综治信访维稳中心、计划生育办公室、城建办公室、村镇办公室、扶贫办公室、农业服务中心、财政结算服务中心、社会保障服务中心、人口与计划生育服务中心、文教体育服务中心。

梅县区桃尧镇党委、政府：党政办公室、人大办、组宣办公室、纪检办公室、计划生育办公室、社会事务办公室、综合信访维稳中心、城建办公室、扶贫办公室、村镇办公室、农业服务中心、财政结算服务中心、社会保障服务中心、人口和计划生育服务中心、文教体育服务中心。

梅县区松源镇党委、政府：党政办公室、农业事务办公室、社会事务办公室、人口和计划生育办公室、社会治安综合治理信访维稳办公室、城乡规划建设管理办公室；下设 5 大服务中心：农业服务中心、财政结算服务中心、社会保障服务中心、文教体育服务中心、人口和计划生育服务中心。

责任编辑：陈福君

名录

领导干部名录

2015年年底梅县区领导班子成员名单

中共梅县区委

书　记：张文广

副书记：钟光灵

　　　　钟秀堂

常　委：罗时亮

　　　　曾繁伟

　　　　涂戈峰

　　　　林　砝

　　　　张志锋

　　　　张小兰

　　　　曾志佐（挂职）

　　　　曾庆辉

　　　　王杞杨

梅县区人大常委会

主　　任：张文广

常务副主任、党组书记：李义明

副 主 任：谢　芳

　　　　　刘　敏

　　　　　张剑城

　　　　　王英豪

　　　　　刘煌犇

梅县区人民政府

区　　长：钟光灵

常务副区长：曾志佐（挂职）

副 区 长：李丹玲

　　　　　黄黎明

　　　　　黄增国

　　　　　赖启忠

　　　　　管纪城

政协梅县区委员会

主席、党组书记：曾京铭

副主席：余洪昌

　　　　梁俊丰

　　　　钟梅福

　　　　曾祥伟

　　　　赖良钊

中共梅县区纪律检查委员会

书　记：罗时亮

副书记：邓忠麟

　　　　彭俊华

2015年年底梅县区直和各部门领导干部名单

（截至时间2015年12月31日）

中国人民解放军广东省梅县区人民武装部

部　长：方高华
政　委：王杞杨
副部长：杨　凡

中共梅县区委办公室

区委常委、主任：张志锋
副主任：徐凯达
副主任：翁尚华
副主任：王庆润
副主任：梁　彬（挂职）
系统党委副书记：王浩发
国家保密局局长：梁振放
机要局局长：吴福金

梅县区信访局

局　长：陈国和
副局长：古映梅
副局长：谢小彬
副局长：卢坚干

梅县区区委、区政府接待办公室

主　任：
副主任：李健华

梅县区委、区政府调研室

主　任：谢文梅
副主任：叶君元
副主任：洪　英
副主任：刘洪桥

梅县区人大常委机关

办公室主任、人大党组成员：郑伟荣
办公室副主任：张凤明
办公室副主任：梁权荣
依法治区办副主任：钟谊先
财政经济工作委员会主任：卢基铭
财政经济工作委员会副主任：宋国栋
法律工作工委员会主任：张文辉
法律工作工委员会副主任：卜敬勤
选举联络人事任免工作委员会主任：古文辉
选举联络人事任免工作委员会副主任：黄佳昌
华侨外事工作委员会主任：郑作更
华侨处事工作委员会副主任：刘　岚
城乡建设环境与资源保护工作委员会主任：李　玉
城乡建设环境与资源保护工作委员会副主任：谭安泉
教育科学文化卫生体育工作委员会主任：梁　干
教育科学文化卫生体育工作委员会副主任：张秀华
农村农业工作委员会主任：卢建辉
农村农业工作委员会副主任：何荣春

梅县区人民政府办公室

主任、政府系统党委书记：丘孝良
区政府党组成员：张炳荣
副主任：曾繁进
副主任：王志华
副主任：钟加练
系统党委副书记：陈　明

打击走私综合治理领导小组办公室主任：梁　谨
机关武装部部长：潘伟炬
应急管理办公室主任：吴远光
法制局局长：徐婉玲
法制局副局长：杜毅
金融服务办公室主任：李晓斌
机关事务服务中心主任：巫沐炎

梅县区综合政务管理办公室

主　任：刘展南
副主任：张国志
副主任：王彦标
副主任、主任科员：罗伟强

政协梅县区委员会

办公室主任：李孟文
办公室副主任：陈启刚
办公室副主任：李发强
人秘科科长：姚　思
人秘科副科长：黄小勇
人秘科副科长：吴红英
文史科科长：李新有
文史科副科长：赖　勇
联络科科长：钟其志
联络科副科长：黄玉丽
港澳台侨委员会主任：肖曼丽
社会法制委员会主任：梁　斌
提案委员会主任：王杞龙
学习文史委员会主任：陈于洋
民营经济委员会主任：叶成林
文教卫体委员会主任：廖　青
经济科技委员会主任：丘文君

梅县区监察局

局　长：邓忠麟
副局长：李忠青
副局长：钟俊方

中共梅县区纪委

纪委常委：杨焱宁
纪委常委：巫安娜
纪委常委、办公室主任：刘森江
组织宣传室主任：钟轶蓉
党风政风监察室主任：熊伟生
信访室主任：吴威光
纪检监察一室主任：巫思斌
纪检监察二室主任：林　琳
纪检监察三室主任：李意强
纪检监察四室主任：曾干中
纪检监察五室主任：李华奇
案件审理室主任：黄宇标

梅县区社会工作委员会

主　任：钟秀堂
副主任：肖耀宗
副主任：高伟鸿

中共梅县区委组织部

部　长：林　砖
副部长：叶金胜
副部长：张任权
副部长：饶迎春
副部长、两新组织党工委书记：邹彤祥
副部长：冯　青

梅县区机构编制委员会办公室

主　任：陈纪珠
副主任：黄如珍
副主任：沈豪杰
事业单位登记管理局局长：杨冰冰

中共梅县区委老干部局
局　长：张任权
副局长：吕雪珍
副局长：彭文秀

中共梅县区委统战部
部　　长：张小兰
常务副部长、对台办主任：李顺华
副　部　长：黄秋辉

梅县区民族宗教事务局
局　长：赖广贤
副局长：古巧珍
副局长：巫万胜

梅县区工商业联合会
主席、会长：梁俊丰
党组书记：黄秋辉
副主席：廖宇辉
副主席：巫爱玲

梅县区各民主党派
致公党区委主委：李丹玲
致公党区委副主委：陈瑞玲
民革区委主委：余洪昌
民革区委副主委：李朝晖
民盟区委主委：谢　芳
民盟区委副主委：叶柳华

中共梅县区直属机关工作委员会
书　记：
副书记：陈珍荣
副书记：许仕良

中共梅县区委党校
常务副校长：黎志健
副校长：钟启明
副校长：伍剑锋

中共梅县区委党史研究室
主　任：梁文芳
副主任：丘丽芬

梅县区总工会
主席、党组书记：刘　敏
副主席：叶大章
副主席：谢丽春
副主席：温　炽

共青团梅县区委员会
书　记：邹其森
副书记：古　彦
副书记：魏南辉
副书记：汤国和（挂职）

梅县区妇女联合会
主　席：黄　玉
副主席：温友玲
副主席：梁雪梅

梅县区招商局
局　长：卜华兴
副局长：黄宣文
副局长：温淑芳
副局长：李卫民

广州增城市（梅县区）产业转移工业园管理委员会
主　任：黄伟政
副主任：洪福胜
副主任：王杰平

梅县区审计局
局长、党组书记：叶福祥
副局长：韩丽玉
副局长：张永清
副局长：黎　勇

梅县区国土资源局
局长、党组书记：谢源兴
副局长：黄导文
副局长、党组副书记：饶志龚
副局长：丘志超
副局长：余永辉
执法监察队队长：杨　铖
征地和土地储备中心主任：刘卫东

梅县区民政局
局长、党组书记：李建煌
副 局 长：刘捷胜
副 局 长：王　婷
副 局 长：黄康中

梅县区外事侨务局
局　长：朱晓云
副局长：古瑞琼
副局长：陈映兰
副局长：谢雪华

梅县区归国华侨联合会
主　席：朱晓云
副主席：黄小满

梅县区扶贫开发局
局　长：侯鹏伟
副局长：宋晋广
副局长：刘雪理
副局长：黄明清

梅县区残联人联合会
理 事 长：刘火云
副理事长：黄国强
副理事长：陈嘉玲
副理事长：廖伟涛

梅县区人民防空办公室
主　任：谢文梅
副主任：丘平格
副主任：吴雪琳

梅县区旅游局
局长、党组书记：曾令文
副局长：黄利辉
副局长：宫　丹

梅县区人民政府地方志办公室
主　任：曾婉玲
副主任：叶永生

梅县区档案局、档案馆
局长、档案馆馆长：李敏均
副局长、档案馆副馆长：涂惠琴
副局长、档案馆副馆长：杨东梅

梅县区安全生产监督管理局
局长、党组书记：曾建强
副局长：陈　潇
副局长：余喜林
执法监察局局长：张伟忠

梅县区体育局
局长、党组书记：林　煌
副局长：刘明文
副局长：蔡汉恩
副局长：连永娇

广东电网梅州市梅县区供电局
局　　长：徐君政
党委书记、副局长：戴　志
副 局 长：古育文
副 局 长：黄雄文
副 局 长：赖敏军
纪委书记、工会主席：管世雄

梅县区科学技术局
局长、党组书记：李桂清
副 局 长：何国材
副 局 长：曾幼梅
副 局 长：王志文

梅县区科学技术协会
主　席：黄锶强
副主席：王　伟

中共梅县区委宣传部
部　长：涂戈峰
副部长：李钦奋
副部长：张理昌
副部长：谢英强
系统党委副书记：张春兰

梅县区精神文明建设委员会办公室
主　任：李钦奋
副主任：林标强
副主任：张　剑

梅县区文化广电新闻出版局
局长、党组书记：廖峰松
副局长：钟　良
副局长：卜雪梅
副局长：张小宏

梅县区文学艺术界联合会
主　席：钟辉雄
副主席：余志明

梅县区广播电视台
台长、党组书记：谢英强
副 台 长：黄忠健
副 台 长：古志强
副 台 长：刘志文
总 编 辑：戴伟洲

中共梅县区委政法委员会
书　记：曾繁伟
副书记：赖高峰
副书记：宋汉平
副书记：钟　坚
副书记：邱忠强
政法系统党委副书记：丘佳丽

中共梅县区委610办公室
主　任：宋汉平
副主任：赖强伟

梅县区社会治安综合治理委员会办公室
主　任：赖高峰
副主任：黎永康

中共梅县区委维护稳定工作领导小组办公室
副主任：陈维嘉

梅县区公安分局
局长、党委书记、警务督察长：黄黎明
政委、党委副书记：杨启宇
副局长、党委副书记：李志平
副局长：曾令普
副局长：温建光

副局长：蔡如通
副局长：魏少忠
副局长：沈宝德（挂职）
纪委书记：李概涛

梅县区人民法院

院长、党组书记：邱忠强
副 院 长：古英智
副 院 长：张小琴
副 院 长：杨晓东
纪检组长：侯艾青

梅县区人民检察院

检察长、党组书记：钟　坚
副检察长、党组副书记、反贪局局长：张　俊
副检察长：曾华生
副检察长、党组副书记：江亮生
纪检组长：丘志英

梅县区司法局

局　长：丘建文
副局长：谢学平
副局长：李素玉
副局长：肖小平
政工办主任：李伟杰

梅县区农业局

局长、党组书记、系统党委书记：钟匡仁
副局长：陈玲玲
副局长：黄利云
副局长：陈均祥
系统党委副书记：王浪欣

梅县区林业局

局长、党组书记：林作鹏
副局长：刘建潮
副局长：朱建文
副局长：王惠梅
副局长：李小铭
森林分局局长：刘师睿
森林分局教导员：钟柳昌
森林防火办：巫权宏

广东省梅县区阴那山省级自然保护区管理处

副主任：刘建潮

梅县区水务局

局长、党组书记：梁新强
副局长：古英桓
副局长：梁强华
副局长：李标华

梅县区畜牧兽医水产局

局　长：
副局长：郭　斌
副局长：潘国强

梅县区乡镇企业管理局（梅县区中小企业局）

局　长：陈标君
副局长：钟育明
副局长：黎　汕

广东省梅县区气象局

局　长：赖国宜
副局长：黄志兴

梅县区住房和城乡规划建设局

局长、党组书记、系统党委书记：刘演政
副局长、党组副书记：王广清
副局长：赖斯品
副局长：章爱革
系统党委副书记：李小勇

梅县区城市综合管理局
局长、党组书记：李文海
副局长：林喜朋
副局长：古勇科
副局长：曾超群
城市管理监察大队队长：林诗砚
环境卫生管理所：钟绍迁

梅县区环境保护局
局长、党组书记：李志坚
副局长：何彝昌
副局长：黄伟政
副局长：卢好芬

梅县区交通运输局
局长、党组书记、系统党委书记：何问安
副局长、交管总站站长、党组副书记：王志昌
副局长：林　强
纪检组长：陈伟光
交通运输执法局局长：郭　安
地方公路管理总站站长：黄勇青
系统党委副书记：罗钦都

梅县区公路局
局长、党组书记：何绍清
副局长：陈建和
副局长：钟加保
副局长：邓志军

梅县区发展和改革局
局长、党组书记、系统党委书记：李文杰
副局长：胡孟琴
副局长：吴　凡
系统党委副书记：王绍荣

梅县区人力资源和社会保障局
局长、党组书记：叶金胜
副局长：曾昭国
副局长：赖广东
副局长、基金管理局局长：温育泉
副局长：熊　栗
就业服务管理局局长：徐辉文
人才服务局局长：廖顺权

梅县区物价局
局　长：练建平
副局长：宋　薇
副局长：黎奇新

梅县区统计局
局　长：余红梅
副局长：梁　建
副局长：张小聪
副局长：李少华

梅县区物资总公司
经　理：梁桃荣

中国人寿保险股份有限公司梅县区支公司
总经理：谢东晓

中国人民财产保险股份有限公司梅县区支公司
经　理：罗汉强

梅县区经济和信息化局
局长、党组书记：王其帜
副局长：傅传忠
副局长：钟志文
副局长：赖志宇
系统党委副书记：邓晓波

梅县区财政局
局长、党组书记：黄钦昌
副 局 长：李华新
副 局 长：罗文兴
副 局 长：曾丽芳（挂职）

梅县区对外贸易经济合作局
局长、党组书记：张捷先
副 局 长：黄伟东
副 局 长：黄学文
副 局 长：谢源珍

梅县区供销合作联社
主任、党委书记：钟国煌
副主任：陈淑欣
副主任：余　芳

梅县区二轻工业联社
主任、党委书记：傅传忠
副主任：曾　辉

梅县区粮食局
局　长：李胜能
副局长：张文汉
副局长：温映珊
副局长：朱文辉

梅县区商业企业集团公司
总经理：谢昌云

梅县区电子工业公司
经理：

梅县区工商行政管理局
局　长：余春文
副局长：杨集能
副局长：李国粦
副局长：黄　芬

广东省梅县区国家税务局
局　长、党组书记：罗志坚
副局长：曾钢强
纪检组长：李洪方
副局长：丘克波
副局长：李奋强

广东省梅县区地方税务局
局　　长：张爱东
副 局 长：刘建青
副 局 长：罗继光
副 局 长：凌育升
纪检组长：

中国邮政集团公司梅州市梅县区公司
总经理：朱胜君
副经理：陈红星
副经理：谭顺龙

中国电信股份有限公司梅县区分公司
总 经 理：余贤畅
副总经理：林文渊
副总经理：梁　军

中国移动通信集团广东有限公司梅县区分公司
总 经 理：饶宏舵

中国联合网络通信有限公司梅县区分公司
总经理：张剑文

广东省梅县区烟草专卖局
局长、经理：戴新导
副经理：谢志东

副局长：阎小刚
副经理：辛　河

广东省梅县区质量技术监督局
局　长：廖秀丽
副局长：范伟军
副局长：

广东省梅县区食品药品监督管理局
局长、党组书记：古天恩
副局长：廖法元
副局长、党组副书记：张文胜
副局长：蔡孝威
副局长：黄拥军

梅县区农村信用合作联社
理事长：罗胜源

中国农业银行梅县区支行
行　长：张　壁

中国银行梅县区支行
行　长：卓　芬

中国建设银行梅县区支行
行　长：陈清华

中国农业发展银行梅县区支行
行　长：李阳东

中国工商银行股份有限公司梅县区支行
行　长：黄志东

中国邮政储蓄银行有限责任公司梅县区支行
行　长：吴葆晖

梅县区客家村镇银行
董事长：李东强

梅县区盐务局（盐业分公司）
局　长：李　剑
副局长：张富祥

梅县区教育局
局长、党组书记、系统党委书记：冯冶山
副局长：洪春柳
副局长：邹光辉
副局长：吴维权

梅县区卫生和计划生育局
局长、党组书记：叶世震
副局长、卫生监督所所长：李刚松
副局长：丘胜钦
副局长：唐春兰
副局长：梁碧梅
系统党委副书记：邱建光
人民医院院长：沈友权
中医院院长：冯华坚
疾控中心主任：邓友华
妇保院院长：陈　雄
流动人口计划生育服务队队长：钟建新

2015年年底梅县区各镇（办事处、高管会）领导干部名单

（截止时间2015年12月31日）

梅县新城工委、办事处

党委书记：张云龙
党委副书记、主任：冯丽锋
党委副书记：涂新兴
党委委员：李　祟
党委委员：李彩莲
党委委员、纪委书记：温瑞莲
党委委员、武装部长：李达元
党委委员：范斯亮
党委委员：黄洪伦
党委委员：吴少南
党委委员：廖龙美
党委委员：刘　智
党委委员：廖稻香
副 主 任：余志刚
副 主 任：吴龙茂
副 主 任：曾　强
副 主 任：肖韵波

扶大高新区管理委员会

党委书记、主任、市高新区管委会副主任：郭龙元
党委副书记、副主任：邹卓祥
副 主 任：何　迈
副 主 任：朱北辰
副 书 记：殷永华
党委委员：梁　宏
党委委员：黄文浩
党委委员：谢松子
党委委员、武装部长：张焕银
党委委员：温杰灵
党委委员：曾　欢

程江镇党委、政府

党委书记、人大主席：刘勇华
党委副书记、镇长：赖宇坚
党委副书记：李建新
党委委员、副镇长：黎国标
党委委员：黄开瑜
党委委员：张爱民
党委委员、武装部长：梁冬生
党委委员：管依强
党委委员：叶勇彬
党委委员：黄树金
党委委员：谢英强
副 镇 长：温军泉
副 镇 长：李　青
人大副主席：江宏光

南口镇党委、政府

党委书记、人大主席：廖劲松
党委副书记、镇长：吕瑜泉
党委副书记：黄文辉
党委委员、副镇长：古善群
党委委员：陈伟平
党委委员：林嘉文
党委委员：余　强
党委委员：曹志豪
党委委员：张志辉
党委委员：宋世波
党委委员、纪委书记：廖伟业

党委委员、武装部长：廖毅扬
党委委员：刘向科
副 镇 长：黄浩强
副 镇 长：林伟方
副 镇 长：杨建军
人大副主席：赖志仁

畲江镇党委、政府

党委书记、人大主席：凌宏志
党委副书记、镇长：李　扬
党委副书记：林军新
党委委员：廖国昌
党委委员、纪委书记：陈志明
党委委员：林芬兰
党委委员：何概生
党委委员：叶碧新
党委委员：白雪丹
党委委员：钟仁芳
党委委员：温燕权
党委委员：李元驹
党委委员、武装部长：李　涛
副 镇 长：罗国标
副 镇 长：杨秀霞
副 镇 长：刘宋明
人大副主席：卜谭建

水车镇党委、政府

党委书记、人大主席：卢剑平
党委副书记、镇长：涂启文
党委副书记：杨达良
党委委员、副镇长：黄均盛
党委委员：叶伟池
党委委员：廖经武
党委委员、纪委书记：彭文东
党委委员：邹雨军
党委委员、武装部长：陈良琛
党委委员：黄钦焕
党委委员：林苑菲
副 镇 长：曾祥艳
副 镇 长：吴云昌
人大副主席：余小明

梅南镇党委、政府

党委书记、人大主席：李　梁
党委副书记、镇长：连焕荣
党委副书记：吴健凡
党委委员：杨耀雄
党委委员、纪委书记：王红兰
党委委员：曾考兰
党委委员、武装部长：吴东兴
党委委员：曾斌斌
副 镇 长：危越林
副 镇 长：郑春凌
人大副主席：李振鹏

梅西镇党委、政府

党委书记、人大主席：洪　明
党委副书记、镇长：洪伟锋
党委副书记：宋铁军
党委委员、副镇长：刘伟雄
党委委员、纪委书记：凌远辉
党委委员：邓远征
党委委员：张森华
党委委员：卢　英
党委委员：黄通谋
党委委员：陈　伟
党委委员、武装部长：吴德松
副 镇 长：白伟荣
副 镇 长：陈英明
人大副主席：凌宏旺

石坑镇党委、政府

党委书记、人大主席：吴永生
党委副书记、镇长：陈国军
党委副书记：李光照
党委委员、副镇长：温均辉
党委委员：张　炜
党委委员、纪委书记：李明新
党委委员：黄伟强
党委委员：陈意宏
党委委员：李汉清
党委委员、武装部长：李启均
党委委员：余文忠
副 镇 长：黄伟雄
副 镇 长：林玉迁
人大副主席：李绍伟

大坪镇党委、政府

党委书记、人大主席：李志兴
党委副书记、镇长：钟政堂
党委副书记：郑　宏
党委委员、副镇长：叶　友
党委委员、纪委书记：管蹈元
党委委员：温质明
党委委员：许敏玲
党委委员：沈金山
党委委员：周海胜
党委委员、武装部长：余胜军
副 镇 长：张碧文
副 镇 长：洪石金
人大副主席：古　晓

城东镇党委、政府

党委书记、人大主席：叶铭光
党委副书记、镇长：曾　谋
党委副书记：黎国生
党委委员、副镇长：钟增兴
党委委员：陈良爱
党委委员：梁　浩
党委委员：温梓峰
党委委员：许志谋
党委委员、纪委书记：古　毅
党委委员：曾惠珍
党委委员、武装部长：罗　勇
副 镇 长：谢国栋
副 镇 长：赵勇民
人大副主席：古强中

石扇镇党委、政府

党委书记、人大主席：陈永征
党委副书记、镇长：杨文昌
党委副书记：刘志华
党委委员、副镇长：刘连贵
党委委员、纪委书记：廖集栋
党委委员：管荣伟
党委委员：邓时恩
党委委员、武装部长：吴奇罕
党委委员：张　良
党委委员：黄姝雯
党委委员：郑永青
副 镇 长：李潜辉
副 镇 长：陈耿钦
人大副主席：邓维明

丙村镇党委、政府

党委书记、人大主席：冯勇文
党委副书记、镇长：古　健
党委副书记：姚妮雅
副书记：孔志萍（挂职）
党委委员、武装部长：张晓生
党委委员：陈国泰
党委委员：杨利霞
党委委员：巫达文

党委委员：林朝阳
党委委员、纪委书记：李守鹏
党委委员：温鸿华
副 镇 长：陈　军
副 镇 长：陈　锋
人大副主席：李彩诗

雁洋镇党委、政府
党委书记、人大主席：王宏基
党委副书记、镇长：刘志刚
党委副书记：张柳然
党委副书记：梁珍珍（挂职）
党委委员、副镇长：赖志雄
党委委员：王晓琼
党委委员、纪委书记：林光曾
党委委员：姚建辉
党委委员：温永剑
党委委员：肖强斌
党委委员：张剑辉
党委委员：吴友据
党委委员、武装部长：张柳赞
副 镇 长：邓庆华
副 镇 长：何　懿
副 镇 长：林敬宁
人大副主席：杨志华

白渡镇党委、政府
党委书记，人大主席：梁联胜
党委副书记、镇长：陈　浩
党委副书记：邓长河
党委委员、副镇长：付国栋
党委委员：曹立平
党委委员、纪委书记：黄访新
党委委员：陈雪芳
党委委员：黎伟丰
党委委员、武装部长：曾志明
党委委员：沈宝荣
党委委员：古　康
副 镇 长：谢正强
副 镇 长：黄冬梅
人大副主席：钟耀粦

松口镇党委、政府
党委书记、人大主席：章广润
党委副书记、镇长：谢建业
党委副书记：冯行山
党委委员、副镇长：刘永辉
党委委员：黄伟城
党委委员：周章雄
党委委员：张惠文
党委委员：刘孟隆
党委委员、纪委书记：黄庆玲
党委委员、武装部长：张鼎贤
党委委员：陈瑞芳
党委委员：温晓峰
副 镇 长：吴昌增
副 镇 长：饶伟荣
人大副主席：巫瑞珍

隆文镇党委、政府
党委书记、人大主席：王辉有
党委副书记、镇长：陈　宁
党委副书记：张淦辉
党委委员：何华胜
党委委员：赖耀武
党委委员：陈　丹
党委委员：钟伟胜
党委委员：卢明辉
党委委员、武装部长：邓帮清
副 镇 长：李　楠
副 镇 长：杨利芬
人大副主席：李健畴

桃尧镇党委、政府

党委书记、人大主席：熊伟均
党委副书记：洪　苑
党委副书记：廖敏雄
党委委员、副镇长：张群胜
党委委员、纪委书记：陈艺聪
党委委员：杨　青
党委委员：王海锋
党委委员：柯　峰
党委委员、武装部长：曾　可
副 镇 长：陈庆丰
副 镇 长：刘勤敬
人大副主席：沈　越

松源镇党委、政府

党委书记、人大主席：陈天新
党委副书记、镇长：李新泉
党委副书记：卢志勇
党委委员、副镇长：李友康
党委委员：王利灵
党委委员、纪委书记：李志煌
党委委员：沈运兴
党委委员：李　勇
党委委员、武装部长：肖　策
党委委员：刘　坚
副 镇 长：张忠胜
副 镇 长：刘志文
人大副主席：何兰芬

先　进　名　录

先　进　单　位

国家级先进单位

表 53

单　位	授予单位	荣誉称号	表彰时间
梅县区畲江镇	中央文明委员会	全国文明村镇	2015 年 02 月
梅县区丙村镇（杜坡坑农庄、生泰鱼莊）	国家旅游局	中国农村金牌农家乐	2015 年 12 月
梅县区丙村镇溪联村	民政部	全国综合减灾示范社区	2015 年 10 月
梅县区南口镇	中国人民日报社	中国最美历史文化小镇	2015 年 6 月
梅县区工商联	中国工商联	全国工商联“五好”县级工商	2015 年 5 月
梅县区司法局	中华全国人民调解协会	人民调解室宣传工作先进集体	2015 年 10 月

省级先进单位

表 54

单　位	授予单位	荣誉称号	表彰时间
梅县区石扇镇中和村、松林村	广东省爱国卫生运动委员会	广东省卫生村	2015 年 6 月
梅县区石扇镇中心小学 602 中队	广东省教育厅	广东省优秀中队	2015 年
梅县区畲江镇、公和村、上墩村、成山村	广东省爱国卫生运动委员会	广东省卫生村	2015 年 6 月
梅县区丙村镇大雅村、旋风村	广东省爱国卫生运动委员会	广东省卫生村	2015 年 12 月
梅县区丙村镇大雅红肉柚蜜柚专业合作社	广东省农业厅	广东省农民专业合作社省级示范社	2014 年 12 月
梅县区丙村镇大雅村	广东省计划生育协会	人口和计划生育基层群众自治示范村居	2015 年 9 月
梅县区程江镇车子村、大沙村、扶外村、扶贵村、古塘村	广东省爱国卫生运动委员会	广东省卫生村	2015 年 6 月
梅县区扶大高管会铁炉桥村	广东省爱国卫生运动委员会	广东省卫生村	2015 年 12 月
梅县区程江镇	广东省人口文化促进会	广东省人口文化示范基地	2015 年 8 月
梅县区大坪镇守台村、上和村	广东省爱国卫生运动委员会	广东省卫生村	2015 年 6 月
梅县区松源镇豪秀村、东王村	广东省爱国卫生运动委员会	广东省卫生村	2015 年 11 月
梅县区城东镇、莲塘村、上坑村	广东省爱国卫生运动委员会	广东省卫生村	2015 年 6 月
梅县区城东镇广东省金柚农业科技有限公司	广东省农业厅	广东省重点农业龙头企业	2015 年 12 月

（续表 54）

单　位	授予单位	荣誉称号	表彰时间
梅县区南口镇、太平村、铅畲村、潭江村、车坡村、维山村、松水村	广东省爱国卫生运动委员会	广东省卫生村	2015 年 6 月
梅县区水车镇、灯塔村、安美村	广东省爱国卫生运动委员会	广东省卫生村	2015 年 6 月
梅县区国税局	广东省国税局	广东省国税系统“五星级办税服务厅”	2015 年 12 月
梅县农村信用合作社	广东省农村信用联合社	广东省农村合作金融机构 2015 度监管达标升级奖	2015 年 12 月
梅县农村信用合作社	广东省农村信用联合社	广东省农村合作金融机构 2015 度普惠金融贡献奖	2015 年 12 月
梅县农村信用合作社	广东省农村信用联合社	梅州市 2015 年度金融单位内部安全保卫工作先进集体	2015 年 12 月
梅县供电局	广东省总工会	2014 年度全国“安康杯”竞赛活动广东省优胜单位	2015 年 6 月
梅县供电局	广东省安全生产监督管理局	2014 年度全国“安康杯”竞赛活动广东省优胜单位	2015 年 6 月
梅县区工商联	广东省工商联	广东省工商联“五好”县级工商联	2015 年 12 月
中国电信股份有限公司梅县分公司	中国电信广东公司	2014 年度全省先进绩效单位三等奖	2015 年 4 月
中国电信股份有限公司梅县分公司	中国电信广东公司	先进集体	2015 年 6 月
中国电信股份有限公司梅县分公司	中国电信广东公司	第二批企业文化建设示范单位	2015 年 11 月
梅县区国家税务局	广东省国税局	广东省国税系统“五星级办税服务厅”	2015 年 12 月
梅县区广播电视台	广东省新闻出版广电局	广东省广播电视公益广告二类优秀传播机构	2015 年 10 月

市级先进单位

表 55

单　位	授予单位	荣誉称号	表彰时间
梅县区程江镇	梅州市人民政府	2014 年度人口与计划生育工作先进单位	2015.04
梅县区城东镇	中共梅州市委 梅州市人民政府	2014 年度人口与计划生育工作先进单位	2015.04
梅县区城东镇	梅州市人民政府	益生菌代替常规消毒药物和抗生素在肉兔养殖业中的应用研究与推广获梅州市科学技术三等奖	2015.12
梅县区城东镇BPW（梅州）车轴有限公司	梅州市人民政府	新型车轴产业化技术获梅州市科学技术一等奖	2015.12
梅县区城东镇广东水利机械设备有限公司	梅州市人民政府	全自动真空冷冻干燥机械技术获梅州科学技术三等奖	2015.12
梅县海霞水产品有限公司、中山大学	梅州市人民政府	大鲵制种与健康养殖关键技术开发研究 5 与示范应用获梅州市科学技术奖一等奖	2015 年 12 月
广东金森林实业有限公司	梅州市人民政府	公交车及载重车用低粉尘、耐磨、耐高温型陶瓷刹车片研发及产业化获梅州市科学技术奖二等奖	2015 年 12 月
梅县区农业科学研究所、梅县华银茶叶有限公司	梅州市人民政府	金萱茶品种绿、乌、红兼制技术研究与推广应用获梅州市科学技术奖三等奖	2015 年 12 月

先 进 个 人

国家级先进个人

表 56

单位	姓　名	授予单位	荣誉称号	表彰时间
梅县区文广新局	徐建文	文化部	《围龙夜月》获文化部全国公共文化服务中心主办的“文化大视野——全国群众文化、图书、博物论文集”优秀奖(最高奖)。	2015 年
梅县区文广新局	徐建文	文化部	《客家古民居建筑装饰中非物质文化遗产项目传承与保护的思考》获文化部“文化大视野——全国群文、图书、博物论文集”优秀奖(最高奖)。	2015 年

省级先进个人

表 57

单位	姓　名	授予单位	荣誉称号	表彰时间
梅县区白渡镇委员会书记	梁联胜	广东省委组织部	优秀乡镇党委书记	2015 年 7 月
梅县区国税局	罗铮驰	广东省国税局	优秀信息员	2015 年 4 月

责任编辑：陈福君

文献辑存

适应新常态　增创新优势
奋力开创梅县振兴发展新局面
——在区委十二届五次全体会议上的报告

（2015 年 1 月 27 日）

张 文 广

同志们：

现在，我代表区委常委会向全会作工作报告。

一、2014 年主要工作

2014 年，是我区振兴发展取得重大成效的一年。一年来，我们全面贯彻落实省委省政府“一个目标、三大抓手、两条底线”和市委市政府构建“丰华兴梅产业集聚带”、进一步加快振兴发展的工作部署，扎实开展党的群众路线教育实践活动，全面深化各项改革，强力推进“三大抓手”，着力坚守“两条底线”，取得了经济社会发展的新成效。

——全区生产总值 164.04 亿元，增长 10.1%，高于全国、全省、全市平均增速。

——税收总收入 27.34 亿元，增长 12.2%；公共财政预算收入 18.01 亿元，增长 25.24%；本级税收在粤东西北 74 个县（区）排名第 3 位。

——固定资产投资突破百亿元大关，达 106.29 亿元，增长 36.8%，是近年投资规模最大的一年。

——荣获“中国长寿之乡”称号。

——被确定为全市首个国家知识产权强县工程试点区。

——旅游综合竞争力位列全省十强县（市）第五。

——雁洋镇成为中国第二个“国际慢城”。

一年来，我们重点抓了以下九项工作：

（一）坚持理论武装头脑，统一思想凝聚发展力量。区委始终把深入学习贯彻习近平总书记系列重要讲话精神作为一项重大政治任务，加强组织领导，推动全区党员干部用讲话精神统一思想、武装头脑、指导实践。区委常委会带头学习，坚持把学习习近平总书记系列重要讲话精神贯穿于党的群众路线教育实践活动全过程，对每个阶段每个环节的学习重点提出明确要求。通过召开全区干部大会、党委理论中心组学习会、组织专题报告会、举办学习培训班、给党员干部配发《习近平总书记系列重要讲话读本》等多种形式，把学习贯彻活动与加快全区振兴发展的各项工作紧密结合，使各级党组织和广大干部进一步加深了对习近平总书记系列重要讲话丰富内涵和精神实质的理解和把握，自觉在工作中落实重要讲话精神，进一步增强了贯彻落实上级各项决策部署的坚定性和自觉性，有力推动了经济社会的较快发展。

（二）稳妥推进各项改革，深化改革实现良好开局。成立改革领导机构，制定了细化改革实施方案和行动计划，全面落实中央特别是省委的13项改革重点任务和市委的10方面改革工作，突出问题导向，健全体制机制，从群众最期盼的领域改起，推动政府职能转变，共清理压减行政审批事项128项、下放镇级事项28项，行政审批事项压减47%。率先在全市建成启用区、镇、村三级网上办事大厅。全面铺开商事登记制度改革，新设立各类企业、个体工商户同比分别增长65.91%和15.93%。农村综合改革、农村金融改革、集体林地股权改革等改革试点工作扎实推进。

（三）聚焦产业项目建设，城区扩容提质打开新局。积极调整完善城市发展规划，抓好控制性详细规划，启动谋划了葵岗物流产业园和槐岗科技产业园，新城规划控制区面积从40平方公里扩展至70平方公里。在巩固提升华侨城、大新城的基础上，以新城西片区嘉应新区起步区为重点，科学规划建设一批城市综合体项目，继富力、喜之郎、中海油等集团落户后，又引进了红星美凯龙等一批国内知名企业集团。全年完成西片区征地1700亩，拆迁房屋230座；投入新城建设资金37.5亿元，建设项目56项，建成中山大学粤东医院、亲水公园生态休闲带首期工程、新城水质净化厂二期工程等一批公共服务项目，外国语学校、富力城等一批项目建设进展顺利。道路交通、大气污染和市容市貌整治取得实效。新城功能配套不断完善，城市管理不断加强，城市品位不断提升。

（四）狠抓园区扩能增效，经济发展后劲不断增强。成立了增城市（梅县区）产业转移工业园管理委员会和“丰华兴梅产业集聚带”梅县集聚区建设指挥部，借助广州增城的全方位对口帮扶，初步完成集聚区规划，以“三园合一”的思路，将集聚区分为畲江产业园中园、水车产业园和城东白渡产业园三大区域，启动了深圳梅商汇新型电子产业化项目的规划建设，产业发展空间更加广阔。利用整合腾退出来的机关办公楼创办电子商务产业园，引进阿里巴巴及浙江云电商基金创始管理团队，云电商生态城、电商创业大厦、淘宝创业园等初具规模，落户了52家电商企业。客家文化旅游特色区、麓湖山文化产业园、梅雁吉祥产业园建设积极推进。扎实推进企业增资扩产、挖潜增效，大力开展招商引资。全年新增13家规模以上企业，其中新增10亿元产值企业1家、亿元以上产值企业7家，全区规模以上工业增加值增长11.6%；引进博森光能等97个招商项目、计划总投资189亿元，其中亿元以上项目47个、工业项目32个。

（五）加强交通水利建设，投资发展环境明显改善。围绕高速公路、高速铁路、新机场选址和“丰华兴梅产业集聚带”的规划建设，成立交通公路建设指挥部，全力配合做好济广高速梅县段等“两高一场”相关建设，精心谋划了今后五年概算投资总额137亿元的66个交通公路建设项目。投入7.7亿元有序推进城区扩容提质道路、国省道改造、旅游公路、乡村道路建设，剑英大道延长线、205国道梅县段改造工程等一批交通项目建设扎实推进，共升级改造国道、省道18公里、县乡道路136公里，完成新农村公路硬底化建设87公里，道路等级和通车能力进一步提升。新增100辆出租车，城市公共交通不断向农村延伸。投入3.56亿元建设43宗民生水利工程，省级水利建设示范县项目、中央财政小型农田水利重点县建设等一批水利工程有效推进。投入5000万元用于农网升级改造项目建设。

（六）科学推进耕山致富，现代农业发展步伐加快。把农业发展与生态文明建设、文化旅游产业、农民增收紧密结合，放大雁南飞、雁鸣湖的带动效应，积极引导群众大种金柚、茶叶、名优苗木等经济作物，引导农业龙头企业向山进军，省级现代农业示范区建设扎实推进。积极推动主导农产品“上网触电”，金柚等主导农产品的价格提升、销售渠道扩大，有效促进农业增效、农民增收、农村发展，全年实现农业总产值63.96亿元，增长4.4%。培育发展新型农业经营主体，新增省级农业龙头企业4家、农民专业合作社158家，新发展家庭农场114家。积极响应省委省政府开展新一轮绿化广东大行动的号召，认真推进“一消灭三改造”，扎实推进森林碳汇、生态景观林带、森林进城围城、乡村绿化美化等重点生态工程建设，强化资源管理，提高森林质量，提升生态功能，扩大森林覆盖。全年投入造林资金7697万元，完成造林种植面积7.13万亩，森林覆盖率74.5%。

（七）加快美丽乡村建设，文化旅游产业快速发展。围绕“致富百姓、幸福市民、快乐游客”三大目标，突出“修路、种树、活水、优环境”四大抓手，注重加强镇村规划建设，强化文化资源保护利用，狠抓农村环境卫生综合整治，以雁洋、松口、丙村“十村联动”为示范加快推进全区美丽乡村建设和乡村旅游发展。大力完善现有景区景点，加强重点景区、重要节点的旅游服务配套设施建设，建成游客服务中心等一批旅游配套项目，引进“古梅梦景”等一批旅游开发项目。举办了第三届柚花飘香节、第五届金柚节等系列主题突出的特色节庆活动，“中国旅游强县”品牌进一步唱响，客家文化旅游特色区建设进一步推进，有效推动了“全国客家文化生态旅游知名品牌示范区”的创建工作。全年旅游接待人数、旅游总收入分别增长51%和53%。

（八）持续改善重点民生，社会各项事业全面推进。加大民生领域投入，十项民生实事基本完成。全年培训各类农村劳动力1.32万人次、新增转移就业1.5万人次。广州增城对口帮扶进一步深化，增城派出帮扶工作队驻梅工作。新一轮扶贫开发“双到”工作扎实推进，累计投入资金1.2亿多元，实施帮扶项目7210个。教育“创强”成果巩固提升。落实城乡低保、“五保”供养、孤儿供养标准政策，提高城乡医疗救助水平，区镇村三级医疗救治体系建设加强，特别是中山大学粤东医院的建成，广大群众能在家门口享受省城的医疗服务，极大提升了整体医疗服务水平。计生工作成效显著，“单独两孩”生育政策有效落实。公共文化基础设施和服务网络不断完善，文化艺术精品不断涌现，木偶戏《变脸》荣获中国首届木偶展演大赛金奖，大型山歌剧《古寨牛人》获省艺术节优秀剧目二等奖。“全国文化先进县”通过省复评。新增5个中国传统村落。开通“掌上梅县”和“梅县发布”平台，成功承办2014年中国羽毛球王民间争霸赛、洲际四国青年篮球巅峰争霸赛等国际国内重大赛事和大型演唱会。积极创新社会治理，健全完善社会矛盾纠纷防范调处体系，严格落实安全生产“一岗双责”，食品药品安全整治扎实开展，“平安梅县”建设有序有效推进。

（九）开展教育实践活动，党的建设得到全面加强。紧扣“为民务实清廉”主题，按照“照镜子、正衣冠、洗洗澡、治治病”的总要求，扎实开展了第二批党的群众路线教育实践活动，“四风”突出问题得到有效遏制，一批民生问题和联系群众“最后一公里”问题得到解决，反“四风”改作风制度逐步建立和完善，干部作风明显转变、群众反映的问题有效解决。认真贯彻执行《党政领导干部选拔任用工作条例》，树立正确选人用人导向，完善落实选拔使用干部机制，开展超职数配备干部、破格提拔干部、干部档案清理专项整治，实施副科职干部轮岗交流制度，全年提任科级干部 55 人，交流轮岗副科以上干部 67 人，消化超职数干部 65 名。加强机关干部和企业管理人才培训，通过市“千人计划”引进 4 名硕士研究生人才。圆满完成了村级换届选举工作。全面推行镇街领导干部驻点普遍直接联系群众制度，大力整顿软弱涣散村党组织，创新强化固本强基工程。强化党风廉政建设和反腐败工作，有效发挥了党委的主体责任和纪委的监督责任。严格执行中央“八项规定”，治理收受“红包”礼金、公款吃喝、违规使用公车、办公用房等行为，抓好纪律教育学习，创建廉洁城乡，依纪依法查处违法违纪行为，曝光处理了 9 起 39 名“慵懒散奢”违规干部；全年纪检监察机关立案查处违纪违法党员、国家工作人员 75 宗、75 人。

与此同时，大力支持区人大、区政协依法履职，坚持重大决策、重点工作、重点项目听取人大、政协的意见建议。推进法治政府建设，支持司法机关公正司法。重视党管武装工作，“双拥”工作巩固提升。支持工会、共青团、妇联、民族、宗教、工商联等群团和社会组织工作，各项事业齐头并进。

同志们，以上报告的是常委会过去一年的主要工作。这些工作的开展和各项成绩的取得，离不开上级党委政府的正确领导，离不开全区人民的艰苦创业，离不开广大侨贤和社会各界的大力支持。在此，我代表区委常委会表示衷心的感谢和崇高的敬意！

在看到成绩的同时，必须清醒认识当前面临的困难和问题，主要是支柱产业还较少、产业园区建设比较滞后、实体经济发展动力不强、农民持续增收难度较大、民生改善任务还较艰巨、干部执行力还有待提高等等，对此我们必须高度重视，在今后工作中认真加以解决。

二、2015 年工作意见

2015 年是全面完成“十二五”规划的收官之年，是全面深化改革的关键之年，也是全面推进依法治国的开局之年，做好今年工作意义重大。当前，我区加快振兴发展面临许多有利条件和重大机遇。有全面深化改革释放的强大发展活力，有国家促进原中央苏区、省促进粤东西北振兴发展和市加快县域经济发展以及广州增城全面对口帮扶的扶持政策，有全区干部群众强烈追求加快振兴发展形成的巨大内生动力，特别是中央、省委、市委对今年在新常态下的经济社会发展工作作了全面分析和周密部署，为我们做好今年工作指明了发展方向、注入了强大动力。区委积极主动适应经济发展的新常态，进一步调整完善了发展定位和发展思路，提出要“争当粤东西北振兴发展排头兵，确保在 2020 年人均生产总值赶超全国平均水平”的发展目标。现在，目标任务已经明确，只要我们群策群力、奋发有为，做到振兴发展目标不动摇、“三大抓手”重点不偏移、生态文化优势不丢失、深化改革步伐不停滞，始终聚焦产业和项目建设，紧抓实体经济发展，坚守维护社会稳定和生态保护底线，就一定能够在新常态下实现新作为，推动全区加快振兴发展。

2015 年工作的总体要求是：全面贯彻党的十八大和十八届三中、四中全会及中央经济工作会议精神，以邓小平理论、“三个代表”重要思想、科学发展观为指导，深入学习贯彻习近平总书记系列重要讲话精神，按照省委十一届四次全会和市委六届五次全会工作部署，紧扣振兴发展主题，坚持稳中求进，突出创新驱动，主动适应新常态，树立法治思维，强化责任意识，努力在发展质量、发展速度和发展规模上下功夫，大力调整优化产业结构，全面统筹推进经济发展、城乡建设、民生改善、社会建设、党的建设，积极改善振兴发展的基础和条件，奋力开创振兴发展新局面。

通过着力优化第一产业，大力提高二、三产业比重，全区生产总值增长 10%左右、公共财政预算收入增长 15%以上、固定资产投资增长 30%以上，全体居民人均可支配收入与经济增长基本同步。实现上述目标任务，我们面临加快振兴发展和保护生态环境的双重压力，必须付出艰辛努力，要着力抓好如下五方面的工作：

（一）扭紧“三大抓手”，加快“丰华兴梅产业集聚带”梅县集聚区建设

充分用好国家、省的“两大政策”，坚持规划引领，把“三大抓手”有机结合，突出“三园合一”的产业集聚区建设，产业、城市、交通融为一体，把集聚区打造成拉动全区振兴发展的强劲经济引擎。

1. 推进“三大园区”建设

——畲江产业园中园。规划面积 3.6 平方公里。要依托广州（梅州）产业转移工业园的核心作用、产业基础和公共服务，互联互通、互动互补，精准对接、产业配套，错位发展、融合发展，着力培育发展装备制造和保税物流等主导产业。重点要加快完成园区首期 700 亩的征地拆迁安置，完善园区及周边镇的道路、供水、供电等基础设施和公共服务配套建设，规划建设保税、仓储、物流中心，积极提升园区承载能力和产业集聚能力，尽快引进一批带动能力强、发展前景好的大项目、好项目落户。

——水车产业园。规划面积 13 平方公里。要发挥自然生态环境良好和客家文化底蕴深厚的优势，借助中国长寿之乡、中国旅游强县、国际慢城等国字号特色品牌，着力培育发展休闲健康医疗等主导产业。重点要抓好土地利用总体规划调整修编、自然生态环境保护和“三抢”防控等工作。

——城东白渡产业园。首期规划面积 8 平方公里。要借助 BPW（梅州）车轴、航鑫科技等一批落户企业形成的产业基础，着重培育发展装备制造、新型电子和新材料等主导产业。重点要加快园区征地拆迁和配套设施建设，全力推进深圳梅商汇新型电子产业化项目规划建设，尽早完成环境评估、规划设计等前期工作，引进一批项目落户。抓好航鑫科技、博森光能等一批项目的投产工作，加快梅盛伟业旋窑水泥等一批在建项目的建设进度。

2. 培育“百亿”产业和企业

——“四个百亿”产业。围绕“引导、鼓励、扶持、发展”产业转型升级发展思路，发挥现有产业基础优势，积极实施创新驱动发展战略，充分调动企业技改积极性，支持企业与

高等学校和科研院所合作，推动科研成果运用，加强科技成果与产业对接，大力鼓励现有重点企业增资扩产、技术改造、上市融资，延长产业链，做大做强骨干企业，打造支柱产业，促进产业集聚发展，力争三五年内培育发展四个产值超百亿元的产业：一是装备制造产业。以 BPW（梅州）车轴、卡莱（梅州）橡胶、梅州国基精密、梅州鸿荣机械等企业为龙头带动发展，力争在 2017 年前率先打造成产值超百亿元的产业。二是电子信息产业。重点以超华科技等现有一批电子企业和深圳梅商汇新型电子产业化项目基地为龙头带动发展。三是新能源产业。以现有的宝新能源、建设中的博森光能等项目为龙头，力争在 2017 年前打造成百亿元新能源产业。四是商贸物流产业。重点以龙头电子商务企业和建设中的喜之郎、红星美凯龙两大集团打造的粤东北超大规模的家居博览中心以及规划建设的保税物流中心为依托推进发展。

——“一个百亿”企业。力争 2017 年前宝丽华集团公司的产值率先突破百亿元大关。

——促进现代服务业升级发展。牢固树立“抓文化旅游也是抓实体经济”的理念，坚持旅游旺区不放松，把发展文化旅游与生态文明建设、新型工业化、新型城镇化和现代农业发展相结合，完善旅游配套设施，延长旅游产业链条，加快客家文化旅游特色区建设，务实推进生态文化旅游产业发展。大力发展电子商务，推进农产品物联网和电子商务平台发展，规划建设商贸物流中心，推动传统商贸物流业转型升级，做大做强云电商生态城、淘宝创业园、电商创业大厦等一批电商企业。强化金融服务，加强政银企合作，积极支持设立客商银行。

3．推进交通公路建设

全力推进境内包括高速公路、高速铁路在内的概算投资 138 亿元、年度计划投资约 21.9 亿元的 34 个交通基础设施项目的规划建设。

——配合做好“两高一场”项目规划建设。要确保在建的计划年内建成的济广高速公路梅县段的无障碍施工；配合做好梅汕高速铁路和梅平高速、城区东环高速公路等 3 个总投资 79 亿元项目建设的征地拆迁和“三抢”防控等前期工作，确保项目如期动工、有序推进；配合做好梅县机场迁建选址工作。

——争取增设三个高速路出口。一是开通水车出口，使水车产业园直接与梅汕高速连接；二是增设新城（葵岗）出口，直接通往高铁西站，使高铁旅客通过互通立交快速分流；三是增设白渡出口，使城东白渡产业园直接与天汕高速连接。

——建设两条园区快速干线。一是新城至畲江广梅产业园 26.5 公里的快速干线公路；二是白渡至梅州坑工业园 6.2 公里快速道路。

——完善区域交通网络。完成客都大桥延长线工程建设，积极配合做好客都大桥、新程江大桥建设的相关工作。推进 7 条城区扩容提质道路和 5 条工业园区道路（桥梁）的规划建设，抓好 5 条国省道路升级改造工程、9 条县乡公路改造工程和 5 条旅游景区道路建设，扎实推进新农村公路改造，推动公共交通路网与城区扩容提质、产业园区、景区景点的有序衔接。认真谋划储备，积极争取一批交通设施项目列入省、市的“十三五”项目“笼子”。

4．推进城区扩容提质

——调整完善城乡规划。尽快完成嘉应新区梅县范围的市政专项规划和控制性详细规划编制、重点地段城市设计和新城西片区等控制性详细规划修编。

——加快新城建设区项目建设。尽快建成亲水公园、客都大桥连接线、外国语学校等一批在建市政功能配套项目，加快富力城、客都新天地等项目建设进度，尽早动工建设喜之郎、红星美凯龙、中海油等一批城市综合体项目。规划建设自来水厂，完善城市公共服务设施，提升城市管理水平，抓好大气污染整治，铁腕整治城市“六乱”等环境卫生问题，确保国家卫生城市通过“复审”，努力营造宜居宜业宜游好环境。

——科学谋划新城发展区建设。围绕南口高铁站址建设和梅县电厂搬迁，谋划启动20平方公里的葵岗城市发展区、14.2平方公里的槐岗城市发展区，重点要规划建设高速路出入口、进城大道和建设科技产业园，构建与新县城、新机场、畲江园区的快速交通网络，促进城市、人口与产业集聚发展。

——抓好美丽乡村建设。加强镇村规划建设，积极引导农村住宅建设向中心镇村集聚。大力推进乡村绿化美化亮化，继续深入开展农村环境综合整治，扎实推进幸福村居创建活动，抓好古村落、古民居保护开发，争取申报一批中国传统村落。依托中心镇村，积极鼓励发展休闲观光农业、农家乐，打造一批功能完善的农民生活服务圈。加大农村道路、污水及垃圾处理、教育文化场所等公共服务设施建设的投入，进一步推进基础设施向农村延伸，公共服务向农村覆盖，城市文明向农村传播。

（二）转方式调结构，加快推进农业现代化

以强农惠农富农为目标，不断优化种养结构、产品结构、区域结构，努力提升农业现代化水平。

大力加强绿色健康农产品基地建设。继续夯实农业稳定发展的基础，稳定粮食和主要农产品产量，重点开发金柚、茶叶、稻米等一批农产品，打响“中国长寿之乡”品牌效应。因地制宜发展林下经济，规划建设珍贵药材示范基地。积极发展绿色健康渔业，加快水车绿色健康渔业示范园区建设。培育壮大一批农业龙头企业、农民专业合作社，推进农产品仓储、加工、物流基地建设。培育和引进一批有品牌、有实力的龙头企业，推进农产品的粗加工和深加工项目，延伸产业链，提高农产品附加值，扩宽农产品销售渠道。

大力发展精致高效农业。把发展精致高效农业与保护生态环境、促进农民增收紧密结合，推进耕山致富与乡村旅游互动发展，打造一批农业休闲观光基地，加快推进省级现代农业示范区建设，申报以“山区精致高效农业”为主题的国家现代农业示范区，进一步探索高效利用山区资源、实现生态保护与全面开发同行并进的山区农业发展之路。抓好计划投入2.2亿元的42宗重点水利工程项目建设。加强农村基础设施建设，大力推进高标准基本农田建设，加强水库、山塘、农村饮水安全等水利工程运行管理。

大力深化农村各项改革。落实强农惠农政策，强化金融服务，深化农村综合改革。全面铺开农村土地承包经营权确权登记颁证工作，鼓励和支持发展家庭农场、种养大户等新型农业经营主体。加强农民技能培训，造就高素质农民队伍。

大力提升生态环境质量。提高全社会造林绿化美化的责任意识、参与意识和法律意识，深入开展绿化造林攻坚战，加强新造林的抚育管理，加快森林资源培育，优化林分结构，加强生态修复，确保实现“一灭三改”目标。落实森林防火责任制，加强森林消防专业队伍建设，加快森林公园建设。更加注重节能减排，确保全面完成省下达减排目标任务。加强环境安全隐患排查，实行最严格的保护生态环境执法监督制度。加强农村生活污染防治、整治畜禽养殖污染，解决农村突出的环境问题。

（三）保障改善民生，推进城乡公共服务均等化

坚持把 70%以上的财政用于民生领域，以“三就一保一平安”为重点，继续办好十项民生实事，创新社会治理，努力实现城乡基础设施一体化和公共服务均等化。

提升社会保障水平。进一步完善社保体系，加大“五大险种”扩面征缴力度，稳步提高社保待遇水平。建立健全城乡综合性社会救助体系和社会福利体系，进一步提高低保补贴和“五保”供养标准，保障困难群众尤其是特殊困难群众基本生活。推广居家养老模式，鼓励民办养老机构建设，推进区域性敬老院发展，落实银龄安康行动，为60周岁以上困难老人购买意外险。加大殡改力度，为户籍人口提供七项殡葬免费服务。

促进就业创业。完善公共就业创业服务体系，多渠道开发就业岗位，扩宽农村劳动力就业门路，以农村转移劳动力、城镇困难人员、退役军人、残疾人等为重点，强化职业技能培训，力争今年培训各类人员 1.5 万人次。鼓励扶持自主创业，鼓励支持大学生创业就业。

完成扶贫开发“双到”任务。打好扶贫“双到”收官战、决胜战，借力广州增城对口帮扶，突出基础设施、重点项目、实体经济等抓手，突出产业扶贫、学技扶贫等造血式扶贫，整合各方资源，挖掘扶贫潜力，增强贫困村、贫困户自身发展能力，确保 33 个贫困村集体收入达到 5 万元以上，1822 户贫困户如期脱贫，全面完成三年扶贫开发目标任务。

推进社会治理创新。抓好基层社会治理服务平台建设，积极开展社会工作“示范镇、示范社区、示范村”创建活动，提高专业社工、志愿者队伍建设水平。培育和发展社会组织，引导社会组织参与社会建设，探索构建社会组织综合监管体系。运用优秀客家文化传统和现代法治理念，发挥村民理事会作用，推进基层自律自治。完善网上信访建设，进一步畅通群众诉求渠道，提高群众诉求及时就地办结率。巩固提升“平安梅县”成果，整合各类应急资源，全面提升综合应急能力，构建立体式的社会治安防控体系。深入开展食品安全专项治理整顿，确保食品药品和农产品质量安全。落实“一岗双责、党政同责、齐抓共管”责任，强化安全生产监督管理。

（四）坚持统筹兼顾，促进各项事业协调发展

坚持践行社会主义核心价值观，加强公民道德和精神文明建设。全面加强中小学素质教育，推动中小学生均衡发展，继续抓好“广东省教育强镇”复评工作；外国语学校 9 月份要全面建成招生，做好新城中学和华侨中学合并为新的华侨中学工作；进一步改善学校办学条件，努力增加城区优质学位；积极做好特殊教育学校创建标准化学校工作。进一步丰富群众精神文化生活，多出精品力作。申报一批国家和省级文物保护单位和非物质文化遗产保护名录，配合做好第一次全国可移动文物普查和全区历史文化遗产普查、全国第二次地名普查工作，弘扬地名文化。大力发展文化市场和文化创意产业，推动文化大发展大繁荣。稳步推进广电网络改革步伐。加快推进医药卫生体制改革，完善中医医院建设，抓好粤东医院传染病

治疗中心建设，提升医疗卫生服务水平和管理能力。抓好机关事业单位公车改革和养老保险制度改革工作。坚持计划生育服务基本国策，实施好“单独两孩”生育政策。严守耕地红线，节约集约土地，切实为经济社会发展做好用地保障。抓好突发事件预警信息发布中心建设。科学编制好“十三五”规划。

（五）全面从严治党，增强振兴发展的组织保障

要从适应新常态入手，大力巩固拓展教育实践活动成果，深化党的建设制度改革，抓好政治生态建设，营造风清气正、干事创业的环境。

大力加强干部队伍建设。强化党委主体责任，各级党委（党组）书记是党建第一责任人，负总责、亲自抓。树立抓党建是最大政绩的理念，自觉把党建工作与振兴发展大局一同谋划、一同推进、一同考核。坚持民主集中制，严格执行领导班子议事规则和程序，完善“三重一大”决策机制，严肃党内民主生活。贯彻落实《党政领导干部选拔任用工作条例》，坚持以状态看干部、以业绩论英雄，让想干事、能干事、干成事的干部有位置。落实从严管理干部要求，积极稳妥推进超职数配备干部消化，加大干部交流力度，加强对干部的教育、警示、诫勉，加强对年轻干部、女干部、党外干部的培养使用。推进软弱涣散基层党组织整治，加强基层党组织带头人的培养，扎实推进基层服务型党组织建设。区委、区人大、区政府、区政协领导班子成员和各镇（办事处、高管会）书记、镇长（主任）要联系一个以上的龙头企业，抓项目建设、抓技术创新，力促扩能增效。全面落实镇干部普遍直接联系群众制度，整合党群便民服务中心（站、所），实行村干部“坐班制”和镇、村、组、党员四级“代办制”，解决服务群众“最后一公里”问题，持续改进工作作风。从今年 1 月份起，按市标准规范机关事业单位干部津贴补贴，由财政统筹发放；提高村（居）“两委”干部待遇。

强化党风廉政建设和反腐败工作。强化党委反腐倡廉的主体责任、纪委的监管责任。牢记党对干部的要求，严守政治纪律、政治规矩，做到守土有责、守土负责、守土尽责。围绕不敢腐、不能腐、不想腐，抓好教育、制度、监督、惩处等工作，深入推进惩治和预防腐败体系建设，持之以恒落实中央八项规定，继续保持反腐败斗争的高压态势，坚决查处重点领域易发多发的腐败行为，着力营造风清气正的良好发展环境。

加强民主法治建设。要切实加强党对人大、政协工作的领导,支持人大、政协依法履行职能。加强同各民主党派、工商联、无党派人士合作共事。发挥工会、共青团、妇联等人民团体联系群众的桥梁纽带作用。全面推进依法治区，坚决维护宪法法律权威，依法维护人民权益，维护社会公平正义，确保社会安全稳定。加强党管武装工作，抓好第十届省级双拥模范区（城）创建工作，进一步密切军地军民关系。做好民族、宗教、外事、侨务、港澳台等工作，形成合力，共推发展。

同志们，加快全区振兴发展，需要我们勇于担当、真抓实干。让我们更加紧密团结在以习近平同志为总书记的党中央周围，在市委市政府的坚强领导下，坚定信心，锐意进取，适应新常态，增创新优势，奋力开创梅县振兴发展新局面，为争当粤东西北振兴发展排头兵而努力奋斗！

政 府 工 作 报 告

——2015年2月14日在梅县区第十四届人民代表大会第五次会议上

梅县区区长　钟光灵

各位代表：

我代表梅县区人民政府向大会作报告，请予审议。请政协委员参议，请其他列席人员提出意见。

2014年工作回顾

过去的一年，区政府在市委、市政府和区委的正确领导下，在区人大和区政协的监督支持下，围绕振兴发展主线，全面贯彻落实上级和区委的各项决策部署，扭紧“三大抓手”，坚守“两条底线”，聚焦产业和项目建设，着力发展实体经济，统筹推进经济、环境、民生、队伍建设，经济社会发展取得新的成绩。

一、振兴发展势头良好，经济实力持续增强

综合经济实力增量提质。全区生产总值、人均生产总值分别为164.04亿元、30606元，分别增长10.1%、9.8%；税收、地方公共财政预算收入分别为27.34亿元、18.01亿元，分别增长12.2%、25.24%，本级税收在粤东西北74个县（区）排名第三位；固定资产投资106.29亿元，首次突破百亿元大关，增长36.8%，是近年投资规模最大的一年。全体居民人均可支配收入18188.6元，增长11.2%。三次产业比重调整为24.6∶39.5∶35.9，第三产业比重同比提高了1.3个百分点。

工业主导作用更加突出。积极培育主导产业，大力扶持现有企业做大做强。航鑫科技首期、佳居门业等23个工业项目建成投产，BPW（梅州）车轴六期等一批项目建设有序推进。全区规模以上工业总产值157.01亿元、规模以上工业增加值43.65亿元，分别增长13.6%和11.6%；完成工业技改投资4.63亿元，增长23.7%；新增规模以上工业企业13家，新增10亿元产值企业1家、亿元以上产值企业7家。在全区地区生产总值增长10.1个百分点中，第二产业中的工业增加值拉动GDP增长4.5个百分点，贡献率达44.8%。科技创新力度加大，全年专利授权量794件，“柚果套袋技术示范与推广”项目列入国家级星火计划，与30所高等院校、科研院所建立产学研合作关系，新增1个省级工程技术研发中心，我区被确定为全市首个国家知识产权强县工程试点区。

现代服务业高速增长。第三产业增加值58.86亿元，增长11.1%，拉动GDP增长3.3个百分点。积极促进各类消费活动，社会消费品零售总额112.65亿元，增长14.6%。大力扶持电子商务发展，利用清理腾退的机关办公楼创办电子商务产业园，引进了云电商基金等52家电商企业；积极参与“广货网上行”，全年电子商务企业交易额4.76亿元，增长67.6%。建成游客服务中心等一批旅游配套项目，完成“全国客家文化生态旅游知名品牌创建示范区”创建任务，古梅梦景、南寿峰等一批文化旅游项目建设加快，举办了金柚等系列主题突出的特色节庆活动，全年旅游接待人数1212.77万人次、旅游总收入100.98亿元，分别增长51%和53%，旅游综合竞争力列居全省十强县（市）第五位，我区获评“中国长寿之乡”，雁洋镇成为全国第二个“国际慢城”。大力优化贸易结构，积极培育外贸综合服务企业，外贸进出口总额4.76亿美元，增长40.68%。

*农业农村经济稳步发展。*粮食生产保持稳定，特色农业效益进一步提高，农业总产值、农业增加值分别增长4.4%、4.6%，被评为“全国粮食生产先进单位”。扎实推进省级现代农业示范区建设，积极培育发展新型农业经营主体，全年新增金柚、茶叶等特色产业基地1.02万亩，新增农业龙头企业省级4家、市级4家，新发展农民专业合作社158家、家庭农场114家；新增2个省农业名牌产品、“三品”认证13个；完成了3个镇、42个村的农村土地承包经营权确权登记工作，建立了7家农业服务超市。设立了2家农业特色类小额贷款公司，建立了355个乡村金融（保险）服务站和507个助农取款点，金融服务农村功能不断健全。拓宽农副产品销售流通渠道，52 家企业的农产品进入电商销售，金柚等主导农产品价格提升。广州增城对口帮扶进一步深化，增城派出帮扶工作队驻梅工作。投入1.25亿元推进第二轮扶贫开发“双到”工作,实施帮扶项目7210个，贫困村集体收入达5.74万元、贫困户人均收入7124元，九成以上贫困户实现脱贫。

二、“三大抓手”强力推进，发展基础有力夯实

*交通水利等基础设施不断完善。*全力配合市做好“两高一场”规划建设工作，积极谋划了2014至2020年概算总投资达188亿元的一批交通水利建设项目。全年交通基础设施建设投资7.7亿元，增长120.9%，共升级改造国省道路18公里、县乡道路136公里，完成新农村公路硬底化建设87公里，剑英大道延长线、205国道城东至扶大段等一批在建项目进展顺利。新增100辆出租车，城市公共交通不断向农村延伸。投入3.56亿元，实施建设中央小型农田水利重点县等43宗重点民生水利工程。投入5000万元完成一批农网升级改造项目。大力开展标准农田建设，被省评为“高标准基本农田建设工作先进县（区）”。

*产业园区实现扩能增效。*全力配合做好广东（梅州）高新技术产业园建设相关工作。初步完成了丰华兴梅产业集聚带梅县集聚区规划方案，将集聚区划分为畲江产业园中园、水车产业园和城东白渡产业园三大区域推进建设。集聚区实现工业总产值70.51亿元，工业增加值19.63亿元，占全区工业增加值的34.9%，集聚区效应逐步凸显。完成了畲江产业园中园首期700亩用地征地拆迁，正在洽谈建设保税物流中心。城东白渡产业园已有34家企业落户，其中投产企业25家；新引进了博森光能等一批项目，启动了深圳梅商汇新型电子产业化项目规划建设的前期工作；与增城的合作共建产业园，已入园、在建、落实的招商引资项目有10个。麓湖山文化产业园的比迪乐园建成，梅雁吉祥产业园的星泰环保科技等项目建设进展顺利。深入实施乡贤回乡投资兴业工程，促进产业集聚发展。全年引进项目97个、计划总投资189亿元，其中亿元以上项目47个、工业项目32个。

新城扩容提质步伐加快。主动融入梅州市区规划，认真完善控制性详细规划，启动谋划了葵岗物流产业园和槐岗科技产业园。全年投入新城建设资金 37.5 亿元，建设项目 56 项，重点加快了嘉应新区梅县新城起步区开发建设。加强土地征收储备，扎实推进低丘缓坡开发利用和“三旧”改造工作，全年争取批准新增建设用地指标 3035 亩；征地 2740 多亩，其中低丘缓坡地 1200 亩；依法拆迁房屋 254 座。积极引导金融资本、社会资本参与城镇化建设，争取农发行支持融资 4.5 亿元，助推扩容提质工作。继富力、喜之郎、中海油等集团落户后，又引进了红星美凯龙等国内知名企业集团投资建设城市综合体项目。建成中山大学粤东医院、亲水公园生态休闲带首期工程等一批公共服务项目，外国语学校、富力城、客都新天地等 17 个投资亿元以上的重点项目建设进展顺利。投入 1.86 亿元用于市政公用设施，新建了 5 条市政道路，打通了 2 条断头路，完成了 14 座港湾式公交站整合改建，新建、改建 10 座公厕。新城建成区面积由 15.2 平方公里扩大至 16.45 平方公里，规划控制区面积从 40 平方公里扩展至 70 平方公里。美丽乡村建设有效推进，编制了美丽乡村建设规划和十村联动旅游概念性规划，完成了乡镇总体规划和 85% 以上的村庄整治规划，“十村联动”建设成效显著，成为全市美丽乡村建设典范。松口、畲江、雁洋镇被确定为全国重点镇，松口镇入选中国历史文化名镇，新增 5 个村入选中国传统村落，创建了 8 个名村和 24 个示范村。

三、绿色生态巩固提升，城乡环境更加宜居

生态建设有效推进。加强森林资源管护，扎实抓好生态景观林带、乡村绿化美化等生态工程建设，认真推进“一消灭三改造”，投入 7697 万元，完成造林种植 7.13 万亩，建成 50 公里生态景观林带、10 个“美丽乡村”和“万村绿”市级示范点，森林质量提高，森林碳汇增加，生态功能提升，森林覆盖率达 74.5%。

污染治理力度加强。加大对新修订《环保法》的宣传培训，建立了企业节能考核目标责任制，加强对重点企业的减排监管和重点行业的专项整治，对 27 家不符合环保要求的企业实施限期整改，全面完成 407 万吨落后水泥产能淘汰任务和各项节能减排年度计划任务，有 10 家企业获省清洁生产认证，新城水质净化厂二期工程建成，3 个中心镇生活污水处理设施开工建设。加强水源水质管控，大力整治沿河排污企业，加大畜禽养殖业污染治理，饮用和备用水源水质达标率保持 100%。

城乡环境不断改善。深入实施城乡环境综合整治工程，强力推进城区“两违三抢”、大气污染、道路交通和市容市貌整治，加强对建筑垃圾运输车辆的管理。完成老旧车淘汰任务。全年共拆除城区违法建筑 108 宗共 5860 平方米，整治规范店外经营门店 1900 多间，取缔流动乱摆卖摊档 880 多宗，整治夜排档 100 多家，建成美食街和全市第一个建筑垃圾受纳场，建设交通渠化岛，安装电子抓拍设备，疏堵结合，确保城区市容市貌整洁、交通秩序有序。成立联合执法队，加大城区环境噪声整治力度。加强农村生活垃圾处理，全面完成“一镇一站、一村一点”农村生活垃圾硬件设施建设，创建了 21 个省卫生镇、村。国家卫生城市复审相关工作扎实推进。

四、民生保障力度加大，社会事业全面进步

十大民生实事全面完成。坚持民生为重，财政支出向民生倾斜，民生领域支出占公共财政预算支出的 72.3%，同比增长 40%。投入 4.66 亿元，全面完成了年初政府承诺办好的涉及 35 个项目的十大民生实事，在社会保障、文化教育、医疗卫生、生态环境、助困扶残、交通、住房等领域解决了一批事关群众利益的热点难点问题。

就业和社会保障进一步加强。强化就业服务，推动创业带动就业。全年培训各类农村劳动力 1.34 万人次，新增转移就业 1.5 万人次，城镇失业率控制在 2.42%以内，畲江创业带动就业孵化基地批准为省级孵化基地。五大险种参保人数稳步增长，城乡居民养老保险、医疗保险基本实现全覆盖，城乡居民医疗保险费用报销全部实现社会化发放，职工医疗保险与省、市 7 家医院实现联网即时结算。实行“一站式”医疗救助，对城乡困难人员和特殊人群实行大病医疗救助，残疾人康复工作有效推进。全面完成 30 套保障性住房、10 户棚户区改造、1015 户农村危房改造和 144 户“两不具备”贫困村庄搬迁任务，全倒户住入新居。建成梅县儿童福利院。

社会事业加快发展。获认定“全国义务教育发展基本均衡县”，华侨中学和新城中学整合工作有序推进。对进城务工人员随迁子女入读义务教育阶段学校实行了积分入学办法，新增 1300 个小学优质学位，适龄儿童入学率、小升初升学率和高中阶段毛入学率居全市前列，学前教育、义务教育、高中阶段教育、职业教育、特殊教育协调发展。与中山大学附属第三医院深度合作的中山大学粤东医院正式运营，广大群众能在家门口享受省城的医疗服务；启动中医医院试点改革，基层医疗卫生机构全面实施基本药物制度并实行零差率销售。启动实施“单独两孩”政策，提高了失独、残独家庭补助标准，人口和计划生育工作扎实推进。“全国文化先进县”通过省复评，获授“广东诗词之乡”。完成了农村文化俱乐部的创建任务，山歌剧《古寨牛人》获省艺术节优秀剧目二等奖，成功承办 2014 年中国羽毛球球王民间争霸赛、洲际四国青年篮球巅峰争霸赛等国际国内重大赛事和大型演唱会，群众性文化体育活动蓬勃开展，体育产业发展提速。开通“掌上梅县”和“梅县发布”官方微信、“中国·梅县”官方微博，镇村数字电视整转提前完成。完成我区第三次全国经济普查任务。新成立 2 个工商联镇级商会。外事侨务、港澳和对台工作有新进步，国防建设、双拥等工作扎实推进，民族宗教、政府法制、人事编制、妇女儿童、老区建设以及监察、统计、审计、物价、供销、气象、残联、打私、人防、方志、档案等工作取得新成绩。

社会治理能力有效提升。推进社会管理创新，抓好社会组织综合监管机制试点县工作，大力引导社会组织参与社会建设。“客都民意警务”扎实推进，“六大专项”打击整治行动成效突出。加强群防群治工作，社会治安防控体系建设不断加强，社会治安综合治理成效明显，“平安梅县”建设深入推进。全面开展社会矛盾化解，完善网上信访大厅建设，实现网上信访事项办理可查询、跟踪、监督和评价，信访形势保持平稳。食品药品安全监管机制不断完善，食品药品监管力度加强，依法查处了使用非食用二氧化碳制售啤酒等影响较大的案件。强化安全生产红线意识，完善事故隐患排查治理机制和应急管理体系，加强重点行业专项整治，安全生产形势稳定，全区没有发生影响社会稳定的重大不稳定事件。

五、政务环境优化提升，政府自身建设加强

行政体制改革步伐加快。坚持问题导向，全面深化改革。积极推进行政审批“微创新、微改革”活动，清理公布了第三批行政审批调整目录，至今共清理压减行政审批事项128项、下放镇级事项28项，同比压减47%，缩短办事时限50%以上，提前并超额完成省定目标任务。完成39个单位行政审批标准化建设试点任务，全面启动行政审批职能相对集中改革工作，制订了政府向社会力量购买服务实施暂行办法。建立了政府信息和重点领域信息公开专栏，向社会主动公开政府信息和重点领域信息。全面推进部门预算改革，严格按照预算计划拨付资金。综合政务服务中心覆盖全区各乡镇，率先在全市开通镇村网上办事站点，网上办事实现全覆盖。全年受理行政审批、服务事项23.1万件，按时办结率100%。商事登记制度改革全面铺开，新登记各类企业876户、个体工商户3093户，分别增长65.91%、15.93%。

依法行政水平不断提高。健全重大决策社会稳定风险评估机制，完善重大行政决策程序规定和重大事项集体决策、公示等制度。坚持向人大及其常委会报告工作，向人民政协通报情况，主动听取各民主党派、工商联、无党派人士及工青妇等人民团体意见，自觉接受人大、政协监督和舆论监督。28件人大议案建议、27件政协提案全部办复。“六五”普法工作扎实推进，行政复议案件审结率100%，315个村（社区）达到了“民主法治示范村（社区）”标准。一村（社区）一法律顾问工作扎实开展，全区19个镇（办事处、高管会）设立法律援助工作站，388个行政村（居委）全部聘请了法律援助联络员。

作风建设得到加强。坚持为民务实清廉，扎实开展党的群众路线教育实践活动，着力解决“四风”突出问题、关系群众切身利益问题、联系服务群众“最后一公里”问题。坚决落实中央“八项规定”和省、市实施办法，狠刹公款送礼、公款吃喝、奢侈浪费，大力整治超标配备公车、多占办公用房等问题，政府会议、文件以及各类庆典等活动大幅度减少，政务接待进一步简化和规范，全区会议费及“三公”经费支出同比下降36.73%。监察工作加强，审计覆盖面扩大，廉政建设和反腐败工作取得新成效。开展大规模、多层次干部培训，引导和促进各级干部务实干事、创先争优，政府公信力和号召力有效提升。各位代表！成绩的取得来之不易，这归功于市委市政府和区委的坚强领导，归功于区人大和区政协的有力监督支持，归功于全区人民的共同奋斗和海内外各界人士以及广州增城的鼎力支持。在此，我谨代表区政府，向全区人民、全体人大代表和政协委员，向省、市属驻梅单位，驻梅部队、武警官兵，向所有关心支持梅县区发展的海内外同胞们、朋友们，表示衷心的感谢并致以崇高的敬意！

在看到成绩的同时，我们清醒地认识到，我区经济社会发展离广大人民群众期盼还有一定差距。尤其是全区生产总值增长未能实现预期目标，工业投资出现下降，客观上是受经济大环境和淘汰落后产能等产业政策调整因素影响，二、三产业增速减缓，对经济增长的贡献有所减弱；主观上是区政府对新常态下经济发展的新变化认识不足，对推进发展中面临的困难和问题估计不足，各级政府克服和解决困难问题的办法不多。加上全区主导产业牵动能力不强，产业链不长，产品科技含量不高，经济持续增长缺乏有力支撑。极少数政府工作人员担当精神、责任意识和服务水平有所欠缺，等等。对此，我们将高度重视，采取更有针对性的举措认真加以解决。

2015年工作安排

2015年，是推进全面深化改革的关键之年，是全面依法治区的开局之年，是完成“十二五”规划的收官之年。当前，我区既面临着加快振兴发展、改善民生的重任，又肩负着守护好青山绿水的使命。我们既要看到宏观经济形势仍有许多不稳定、不确定因素，保持经济持续较快发展的难度加大，但也应充分认识到，有国家促进原中央苏区、省促进粤东西北振兴发展和市进一步加快县域经济发展的一系列扶持政策，以及广州增城对口帮扶力度的加大，我区的经济增长动力将极大增强。只要我们乘势而上、顺势而为，坚持发展、锐意创新，抓住关键、夯实基础，就一定能够在新常态下实现新作为，推动全区加快发展。

今年政府工作的总体要求是：全面贯彻落实党的十八大、十八届三中、四中全会、中央经济工作会议、习近平总书记系列重要讲话精神和上级的各项决策部署，按照区委十二届五次全会提出的总体要求，牢牢把握经济发展新常态，围绕振兴发展主线，扭紧“三大抓手”，壮大实体经济，优化产业结构，持续改善民生，推进依法行政，进一步激发市场和社会活力，进一步提高发展速度和质量，奋力开创全区振兴发展新局面。

今年全区经济社会发展的主要预期目标是：生产总值增长10%左右，公共财政预算收入增长15%以上，固定资产投资增长30%以上，单位生产总值能耗下降4.01%，人口自然增长率控制在5.81‰以内，居民收入增长与经济增长基本同步。

实现上述目标，重点要抓好六方面工作：

一、坚持创新驱动发展，推动产业转型升级

*全力推进产业集聚区建设。*主动将梅县集聚区纳入丰华兴梅产业集聚带的总体规划，与广州（梅州）产业转移工业园精准对接、产业配套，错位发展、融合发展，重点发展装备制造和商贸物流、休闲健康医疗、新型电子和新材料主导产业，积极争取享受省级产业转移园政策优惠。加大投入，加快完善集聚区道路、供水、供电、通讯等基础设施和服务配套设施。完成畲江产业园中园建设用地“三通一平”工作，抓好水车产业园土地利用总体规划调整报批和“三抢”防控，加快城东白渡产业园博森光能、梅盛伟业旋窑水泥、佳锐力等一批在建项目建设进度。强化跟踪服务，力促保税物流中心等一批意向项目尽早落户园区，力争集聚区规模以上工业总产值、工业增加值均增长30%以上。

*大力培育发展主导产业。*围绕在三五年内打造装备制造、电子信息、新能源、商贸物流四个产值超百亿元产业和宝丽华集团主营业务收入超百亿元企业的目标，全力支持宝丽华、梅雁、华银、超华、BPW（梅州）车轴、卡莱（梅州）橡胶、振声科技等骨干企业增资扩产、挖潜增效、做大做强，吸引上下游配套企业聚集，健全完善产业链，推动产业集群发展，推进企业上规模、保规模和上亿元台阶工作。每个镇（办事处、高管会）要培育发展1个以上规模以上企业，力争全年新增规上工业企业20家以上，规模以上工业增加值、工业投资均增长20%以上。

*加快发展现代服务业。*顺应市场需求和消费新业态，大力提高第三产业比重。充分发挥原中央苏区县、中国旅游强县、中国长寿之乡、雁洋“国际慢城”等品牌效应，大力完善旅游配套设施，加快雁洋生态旅游园、松口古镇、侨乡古村等开发建设，因地制宜发展生态文化

旅游产业，力争把麓湖山文化产业园和南寿峰健康文化产业园创建成国家4A级旅游景区、洞天湖旅游度假村创建成国家AAA级旅游景区，推进客家文化旅游特色区建设。大力发展电子商务，培育引进一批引领带动能力强的电商企业。推动电子商务和快递业务联动发展，鼓励本地企业创建第三方电子商务平台，开展跨境电子商务，开拓国内外市场；借助阿里巴巴推出“千县万村”农村电商计划，积极争取阿里巴巴村淘计划试点工作落户我区；深入推进“农超对接”、“万村千乡”市场工程，提升流通网络现代化水平。力促工业设计与制造业、电子商务产业等相互融合，推动文化创意和设计服务与产业融合发展，提升文化软实力和产业竞争力。

发挥企业创新主体作用。以开展国家知识产权强县工程试点工作为契机，引导企业用好省扶持企业技术改造政策，鼓励支持企业进行技术改造，加大企业自主创新力度，引导企业建立健全先进质量管理体系、质量信用体系。加强与高等院校、科研院所的交流与合作，积极推进工程中心、专业镇、产学研示范基地等科技创新平台建设，支持企业引进创新型人才。着力推动科技成果转化运用，推进科技成果与产业对接，提高专利实施转化率，努力培育发展一批高新技术企业。

搭建服务企业要素平台。制定扶持企业发展的优惠措施，推动企业加快发展壮大。加强政银企合作，推进政银企合作共建普惠金融示范区创建工作。进一步落实扶助中小微企业发展的政策措施，加强中小企业服务体系和融资平台建设。强化金融服务和创新，支持企业上市和在“新三板”或区域股权交易中心挂牌。继续实施民营企业家素质提升工程。深入开展质量强区工作，鼓励企业创建商标品牌，提高产品附加值。

狠抓招商引资工作。坚持把招商引资作为“一把手”工程，突出领导招商、乡情招商、以商引商、产业链招商，着力引进一批带动能力强、发展前景好的大项目。深入实施乡贤回乡投资兴业工程，加强与深圳梅县商会等在外商会的联络沟通，落实责任、精准对接，尽快促成一批电子企业落户深圳梅商汇新型电子产业化项目基地，推动形成新一轮乡贤回乡创业热潮。各镇（办事处、高管会）要完成 5 个以上招商项目，其中要有一个投资亿元以上工业项目。积极抢抓国家发展“一带一路”战略的机遇，充分发挥侨乡优势，加强与海外华人华侨的联系，利用在外侨胞的资源，拓宽与海外地区的合作空间。

二、加强基础设施建设，改善发展区位条件

构建快速交通运输体系。将交通建设与城市扩容提质、产业集聚区规划建设紧密结合，加快推进已谋划项目建设的前期工作，加强高铁、高速、新县城和周边地区的连接。全年规划实施交通项目34个、年度计划投资21.9亿元。全力配合做好“两高一场”规划建设，确保济广高速公路梅县段无障碍施工；规划建设从高铁西站至剑英大道的进城大道、至南口镇的一级公路等 4 条长 18 公里的城区扩容提质道路；积极争取开通梅汕高速水车出口、增设梅河高速新城（葵岗）出口和天汕高速白渡出口；改造升级城东至扶大段等一批国、省道，启动建设梅县新城至畲江广梅产业园、205国道白渡至梅州坑工业园两条快速干线等15项产业集聚区的重点项目，改造重点县乡公路 66 公里，完善主要景区旅游道路，不断优化道路交通网络。规划建设葵岗客货运输枢纽站场，完成国省道“迎国检”项目建设任务。

加快水利电力设施建设。计划投入 2.2 亿元，实施水利工程项目 42 宗，重点抓好 27

宗中小型灌区续建与节水改造工程以及中央财政小型农田水利重点县建设工程项目，开展程江涝区治理和梅州大堤西堤（程江段）达标建设；抓好投资1.3亿元的中小河流治理工程，治理河道62.1公里。计划投入2.4亿元推进变电站和农网改造升级工作。谋划储备一批重大产业和基础设施项目，争取列入国家和省、市的“十三五”规划。

三、坚持城乡统筹发展，提高新型城镇化水平

加快梅县新城建设。做好嘉应新区梅县片区49平方公里控制性详细规划及梅县新城范围市政专项规划的编制工作，规划建设20平方公里的葵岗城市发展区、14.2平方公里的槐岗城市发展区。着力推进嘉应新区梅县新城起步区的发展，加快亲水公园二期等一批在建市政功能配套和富力城、喜之郎、锦绣国际家居博览中心、客都新天地等城市综合体项目建设进度，促进人口和产业集聚。建成剑英大道延长线、客都大桥连接线工程，新建一批市政道路，启动打通3条断头路，改造锭子桥和文化城交通环岛。新建1至2座市场，新建、改造2座以上垃圾中转站，扩大美食街规模效应。巩固国家卫生城市创建成果，铁腕整治城市“六乱”等环境卫生问题，确保成功通过全国卫生城市复审。

提升中心镇集聚能力。以全国重点镇和省级中心镇、专业镇为重点，加大道路、供水供电、污水及垃圾处理等基础设施的投入，增强教育、医疗、文化和社区服务等公共服务的供给。加强产业发展引导，因地制宜发展特色产业，积极培育发展一批特色工业强镇、商业物流镇、文化旅游和生态、农业特色镇，增强小城镇的集聚力和吸引力。积极推行户籍制度改革，引导农业人口就近城镇化。

推进美丽乡村建设。以完善公共服务设施、实施农村人居环境改善工程为重点，多村联动深入推进美丽乡村建设，在雁洋、松口规划建设省级新农村示范片，每个镇（办事处、高管会）要新建2个以上美丽乡村示范点。规范农村建房，引导农村住宅建设向中心镇集聚。抓好农村生活垃圾无害化处理工作，深入推进省、市卫生镇村创建活动。加强古村落、传统村落的保护开发，扶持鼓励、规范发展农事旅游、农家乐，促进农民增收致富。把革命老区建设与扶贫开发有机结合，扶持老区加快发展。深入推进农村精神文明建设，倡导移风易俗，培养良好道德风尚，提高农民综合素质。建立农村留守老人、儿童、妇女的关爱和服务体系，让“三留守”有依靠、有保障。

四、转变农业发展方式，加快推进农业现代化

着力提升农业效益。落实好各级强农惠农政策，重视粮食生产，不断提高粮食安全保障水平。计划投入1.23亿元推进省级现代农业示范区建设，大力发展金柚、茶叶、茶油、优质稻米等绿色产品，加快特色农业基地建设，因地制宜发展林下经济。积极拓展农业功能，努力发展农林产品加工业、观光农业、休闲农业，推进金柚、油茶等大宗农副产品精深加工。完善农产品直供直销等平台，健全线上、线下农产品流通网络，力促农业由单纯的农作物生产向农产品加工和流通及休闲服务业等领域交融发展，拉伸农业产业链条，促进一、二、三产业融合互动，实现农业附加值的增加和农民的增收。

加强农村基础设施建设。大力推进现代标准农田等建设，完成1.27万亩的建设任务；推广水稻全程机械化和山地自动运输系统、农产品加工设备、植保机械的应用，大力发展现代

农业装备。认真实施好“一事一议”项目，积极推进村村通自来水工程建设，加强水库、山塘、农村饮水安全等运行管理，改善农民生产生活条件。

深化农业农村改革。全面铺开农村土地承包经营权确权登记颁证工作，稳步推进农村土地承包经营权流转，盘活农村土地资源，积极支持农村发展适度规模经营，大力引导社会资金投入农业领域，培育和引进一批有品牌、有实力的现代农业龙头企业，鼓励发展家庭农场、专业庄园等新型农业经营主体，新组建一批农民专业合作社，力争发展10家以上的农业龙头企业培育成为特色农产品规上加工企业。全面建成区、镇、村农村集体“三资”管理服务平台，实现区级监控、镇级监管、村级公开。全力推进第二轮扶贫开发，加快帮扶项目建设进度，大力发展壮大村集体经济，确保全面完成三年扶贫开发“双到”工作目标任务。

五、始终坚守“两条底线”，优化振兴发展环境

大力改善生态环境质量。深入掀起新一轮绿化行动，全力抓好林业生态重点工程建设，加快森林资源培育，优化林分结构，加强生态修复，引导全民房前屋后种植珍贵树种，完成造林任务6.1万亩，封山育林2.6万亩，森林抚育11万亩，确保实现“一消灭三改造”目标。完善森林防火管理制度，加强森林防火工作。抓好林业综合执法工作，确保森林资源安全。加强环境执法监管，全力推进主要污染物总量减排，确保完成“十二五”节能减排目标任务。统筹推进新城水质净化厂配套集污管网工程项目，加强城区活禽市场管理整治，全面推广规模化畜禽养殖场标准化治污设施建设。重拳防治大气污染，深入推进机动车尾气、油烟、噪声污染综合治理，开展“治超”、建筑工地扬尘等专项整治。严格执行环境准入制度，实施最严格的耕地保护、水资源管理制度。加强全民生态文明理念，提高全民环境保护和造林绿化的责任意识、参与意识和法律意识。

着力提升政务环境。继续在政府部门开展“微改革、微创新”，建立健全区政府工作部门公开承诺制，提高执行力和办事效率。深化行政审批制度改革，强化目录动态管理。深化商事制度改革，推进“三证合一”，加快建设商事主体综合信息管理平台，强化后续监管。稳妥推进公务用车改革。加快机关事业单位养老保险制度和工资制度改革，推进政府向社会组织购买公共服务。完善实体办事大厅、网上办事大厅和“12345”政府热线等三大平台建设，拓宽政府和社会的沟通渠道。加强社会信用体系建设，增强全社会诚信意识。

切实维护社会稳定。树立底线思维，建立健全依法维权和化解纠纷机制，拓宽网上信访平台，进一步畅通群众表达诉求渠道，切实维护群众合法权益。推进基层自治，发挥村民理事会作用，促进农村和谐稳定。培育发展一批骨干型社会组织，提高专业社工、志愿者队伍服务水平，推动社会协同共治。深入开展平安创建活动，建立健全社区网格化管理工作机制，强化社区矫正工作。深化警务联动机制，扎实推进群防群治服务队建设，构建立体式的社会治安防控体系，严密防范、依法打击违法犯罪活动。强化安全生产责任，坚决遏制重特大安全事故。进一步加强食品药品安全监管工作，确保公众饮食用药安全。整合各类应急资源，完善应急处置机制，有效应对自然灾害、事故灾难、公共卫生事件和社会安全事件，全面提升综合应急能力。

六、推进公共服务均等化，切实增进民生福祉

努力提高社会保障水平。坚持社会保障与经济发展同步提升，提高城乡居民医疗保障和基础养老金标准。继续推进社保扩面征缴，推进城乡社会保障体系统筹并轨，健全低保标准动态调整机制和失地农民社会保障制度。依法征收残疾人就业保障金。健全完善社会救助体系，大力发展社会福利和慈善事业，加强养老、恤孤、助残工作，建设残疾人康复中心，保障困难群众基本生活。强化培训就业服务，加强就业指导和引导，提高就业质量。服务好高校毕业生就业工作，以创业带动就业。强化职业技能培训，提升劳务输出的规模和层次，力争今年培训各类人员 1.5 万人次。

促进各项事业协调发展。深入宣传和引导践行社会主义核心价值观。积极推动城区优质教育资源向农村学校辐射，进一步优化城乡教育资源配置；继续做好迎接“广东省教育强镇”复评工作；引进品牌高校深度合作，促进外国语学校 9 月份全面招生；完成新城中学和华侨中学整合工作，抓好程江德兴小学扩容工程，推进标准化特殊教育学校创建，推动城乡教育均衡发展。加快公共图书馆、农村基层综合文化站、“农家书屋”、社区体育公园等文化惠民工程建设，积极发展社区文化、广场文化等各类群众文化活动。抓住国家发展文化体育产业的机遇，繁荣文艺创作、多出文艺精品；大力支持足球事业发展，全力促成铁汉生态注资收购梅县客家足球俱乐部，培育足球、文体产业，打造品牌赛事，擦亮足球之乡品牌。加大文化遗产和文物保护力度。加快推进医药卫生体制改革，继续严格医药价格管理，完善中医医院建设和粤东医院传染病治疗中心，提升医疗卫生服务水平和管理能力。稳定低生育水平，提高人口出生素质，促进人口均衡发展。深入开展群众性创建双拥模范城（区）活动，重视做好老龄和残疾人事业。完成妇女、儿童发展规划中期阶段任务。积极推动规划改革创新，做好“十三五”规划编制工作。加强统计基层基础建设，确保源头数据质量。继续推进数字梅县地理空间框架建设工作。做好国防、人防、对台、气象、民族宗教、人事编制以及档案、打私、方志等工作。

全力办好十件民生实事。今年财政将投入 7.2 亿元，其中本级财政投入 2.7 亿元，比去年增加 2.54 亿元，集中力量推进十项惠民工程，让群众得到更多的实惠。

一是提高底线民生保障水平。城乡居民基本养老保险基础养老金标准从每人每月 80 元提高至 100 元。城镇和农村低保补助人均月补差水平从 339 元、152 元分别提高至 380 元和 180 元；五保对象供养标准提高到上年度农村居民人均纯收入的 60%以上；孤儿集中供养水平从每月 1150 元提高到 1240 元，分散供养水平从每月 700 元提高到 760 元。残疾人生活津贴从每年 600 元提高到 1200 元，重残护理补贴从每年 1200 元提高到 1800 元。

二是推进教育公平均衡发展。城乡免费义务教育生均公用经费补助标准，小学从 950 元提高到 1150 元，初中从 1550 元提高到 1950 元。中等职业学校和普通高中国家助学金标准，从每生每年 1500 元提高到 2000 元。对区属中等职业学校免学费补助标准，从每生每年 2500 元提高到 3000 元。实施高中阶段残疾学生免学杂费、课本费政策。新增城区学位 3000 个。

三是提高医疗卫生保障水平。基本公共卫生服务项目补助标准从每人每年 35 元提高到 40 元，城乡居民基本医疗保险补助标准从年人均 320 元提高到 380 元，基本医疗保险异地就医即时结算联网医院从 6 家增加到 12 家，建立和实施特困群体重大疾病应急救助制度。

四是提升养老服务水平。为 80 岁以上老人、60 周岁以上困难群体（低保、五保、优抚对象及“三无”人员）购买意外伤害保险。实施城乡居民殡葬基本服务由政府免费提供政策，减免 7 项基本服务收费。

五是优化生态环境。扩大省级生态公益林面积 6.3 万亩，规划建设 5 个森林公园、1 个湿地公园，改造提升梅花山公园。

六是加大保障性住房建设力度。完成 770 套（户）城市棚户区改造，新开工建设（含租赁补贴）20 套（户）公共租赁住房。完成 1062 户农村危房改造。

七是改善城乡居民生产生活条件。加大中心城区供水基础设施建设，配合做好梅城新水厂（首期 10 万吨）的动工建设。开展巨灾保险改革试点工作。完成 70 公里农村公路硬底化改造。完善雁洋、松源、畲江 3 个中心镇污水处理厂建设。

八是完善公共文化体育设施。建成 10 个农村文化俱乐部，实施公共大型体育场馆免费或低收费开放，具备开放条件的学校体育场馆向公众开放率达 50%以上。

九是提高城区交通便民水平。开通梅县区城市公交。新建改造程江镇政府侧市政道路、富力城地块市政道路、喜之郎地块市政道路等 6 条以上市政道路。开展交通秩序综合治理。

十是加强公共法律服务。全面开展一村（社区）一法律顾问工作，对全区 388 个村（社区）按每村（社区）不低于 10000 元/年的标准予以购买法律服务专项补助，为符合条件的困难群众提供法律援助。

各位代表，加强政府自身建设，是全面完成今年各项目标任务的重要保证。区政府将把加强自身建设贯穿在依法履职的全过程，深化作风建设，着力提升干部队伍执行力，努力建设人民满意政府。一是深入推进依法行政。把遵守宪法和法律作为施政根本原则，按照“法定职责必须为、法无授权不可为”的要求，坚持在党的领导下、在法治轨道上开展政府工作，用法治思维和法治方式想问题、做决策、办事情。严格执行区人大及其常委会的决议和决定，加强与政协协商，自觉接受民主监督。深入推进“六五”普法，抓好法治广东建设五年规划的落实。二是深入推进廉洁从政。严守政治纪律和政治规矩，严格落实中央八项规定和党风廉政建设责任制，坚持不懈抓好廉政教育、制度、监督并重的惩防体系建设，深入开展“廉洁城乡”创建活动。严格执行《预算法》，建立健全全面规范、公开透明的预算制度，继续压减“三公”经费。深化领导干部经济责任审计，加强对重点项目、重要资金和重大工程的行政监察和审计监督，坚决纠正各种不正之风。三是提高干部队伍执行力。巩固拓展党的群众路线教育实践活动成果，保持整治“四风”高压态势。深入开展政风行风评议活动，继续改进文风会风。加强公务员教育管理和能力建设，强化目标管理和责任追究制，加大对重点工作和民生实事的督查督办力度，坚决纠正不作为、乱作为，坚决克服懒政、庸政、怠政，坚决惩处失职、渎职行为。从今年 1 月份起，按市标准规范机关事业单位干部职工津贴补贴，由财政统筹发放。提高村（居）“两委”干部福利待遇。建立密切联系群众、改进作风常态化制度，大兴求真务实之风，坚持用结果说话，以实干高效的作风取信于民。

各位代表，新的一年，新的起点。让我们在市委、市政府和区委的坚强领导下，团结带领全区人民，主动适应新常态，调动一切积极因素，推动新发展、再创新优势，确保全面完成全年各项目标任务，为争当粤东西北振兴发展排头兵而努力奋斗！

附：

名词解释

1．三大抓手：指加强交通基础设施建设、加强产业园区建设、做大做强地级市中心城区。

2．两条底线：指维护社会稳定和加强生态保护。

3．丰华兴梅产业集聚带：发挥丰顺、五华、兴宁和梅县资源禀赋、交通条件、产业基础、人力资源及土地资源较为丰富的优势，以丰顺、五华、兴宁、梅县等地的产业园（集聚地）为重点，依托广州（梅州）产业转移工业园，规划建设的产业集聚带。

4．一消灭三改造：即消灭现有的宜林荒山，改造疏残林、纯松林和布局不合理的速生林，加快生态修复，构建生态屏障，增加森林碳汇。

5．“两不具备”贫困村庄：指不具备生产和生活条件的贫困村庄。

6．客都民意警务：是梅州公安机关围绕平安建设新形势，在2013年提出的警务工作新理念。主要是运用优秀客家文化推动社会治理创新，通过抓好民意主导警务、民意支撑警务、民意评价警务“三大机制”建设，努力实现社会治安好、群众评价好、警察形象好的“三个好”目标。

7．“六大专项”打击整治行动：是2014年省公安厅部署开展的严打整治行动，包括打击整治涉毒违法犯罪行动、打击整治涉黄赌违法犯罪行动、打击整治涉食药假犯罪行动、打击整治电信诈骗及银行卡犯罪行动、打击整治涉车犯罪行动、打击整治涉枪违法犯罪行动。

8．新常态：2014年5月，习近平总书记在河南考察时指出，中国发展仍处于重要战略机遇期，我们要增强信心，从当前我国经济发展的阶段性特征出发，适应新常态，保持战略上的平常心态。这是新一代中央领导首次以新常态描述周期中的中国经济。新常态主要特点是从高速增长转为中高速增长；二是经济结构不断优化升级，从要素驱动、投资驱动转向创新驱动。

9．新三板：原指中关村科技园区非上市股份有限公司进入代办股份系统进行转让试点，因为挂牌企业均为高科技企业而不同于原转让系统内的退市企业，故称为“新三板”。目前，“新三板”不再局限于中关村科技园区非上市股份有限公司，而是全国性的非上市股份有限公司股权交易平台，主要针对的是中小企业。

10．“一带一路”战略：指党的十八大后我国对外开放的重大战略，“一带”指建设丝绸之路经济带、“一路”指建设21世纪海上丝绸之路。

11．一事一议：是指在农村税费改革后，本村内兴办农田水利建设、植树造林、修建和维护村级道路等公益事业所需的资金和劳力，由本村村民民主讨论决定。

12．农村集体“三资”管理：指农村集体资金、农村集体资产和农村集体资源管理。

13．三证合一：指将市场主体设立登记时，原需办理的营业执照、组织机构代码证、税务登记证合为一证。

梅州市梅县区统计局关于2015年国民经济和社会发展的统计公报

一、综合

初步核算，2015年全区完成地区生产总值（GDP）169.65亿元，同比增长7.8%。其中，第一产业增加值41.11亿元，同比增长4.2%，拉动GDP增长0.8个百分点；第二产业增加值61.94亿元，同比增长5.8%，拉动GDP增长2.9个百分点；第二产业中的工业增加值53.14亿元，同比增长5.6%，拉动GDP增长2.4个百分点；第三产业增加值66.6亿元，同比增长13%，拉动GDP增长4.1个百分点。三次产业结构比例为24.2：36.5：39.3。

2015年，全区一般公共财政预算收入完成21.5亿元，同比增长19.4%。全区税收总收入31.48亿元，同比增长15.1%。其中，国税税收10.28亿元，同比增长14.5%；地税税收21.2亿元，同比增长15.5%。

2015年，年末居民消费价格指数比上年同期上涨1.6%，商品零售价格指数比上年同期下降0.5%。

2015年，城镇新增就业人员4292人，帮助失业人员实现再就业4102人，帮助就业困难人员实现就业394人；城镇登记失业率2.4%；全年劳务输出15.05万人，其中，城镇3.84万人，农村11.21万人。

2015年，城乡各种救济对象得到国家救济的有45945人，合计资金5364.9万元。全区现有城乡低保对象8438户19725人，农村五保供养2167人，孤儿73名。从2015年1月起提高了低保、五保、孤儿养育标准，城镇低保标准450元/人月、农村低保标准350元/人月。城乡低保对象月人均补差分别为城镇380元，每人每月增加41元；农村180元，每人每月增加28元；五保供养标准调整为每人每月662元，每月人均增加25元。全年发放低保金4522.7万元，五保金1724.9万元；孤儿补贴标准为社会散居孤儿每人每月从700元提高到760元，福利机构集中供养孤儿每人每月从1150元提高到1240元。全年农村困难家庭义务教育阶段得到学生生活费补助共有860人，合计金额11.8万元。

二、农业

2015年，全区实现农业总产值65.74亿元，同比增长4.2%。其中，种植业产值51.37亿元，同比增长4.2%；林业产值0.78亿元，同比增长15.2%；牧业产值9.87亿元，同比增长2.3%；渔业产值2.7亿元，同比增长5.7%；农林牧渔服务业产值1.01亿元，同比增长11.8%。

全年谷物产量17.66万吨，同比增长3.0%；其中水稻产量16.87万吨，同比增长3.0%。经济作物产量中，花生同比增长3.6%，烤烟同比增长2.8%，蔬菜同比增长2.8%,甘蔗同比增长8.3%。

全年水果总产量73.9万吨，同比增长5.5%；其中，柚子产量51.1万吨，同比增长6.4%。

全年生猪饲养量 62.2 万头，同比增长 1.0%；猪肉产量 3 万吨，同比增长 1.7%；水产品产量 2.91 万吨，同比增长 5.4%；三鸟饲养量 894.3 万只，同比增长 0.6%。

2015 年，全区完成造林面积 8.3 万亩；建成生态景观林带 50 公里；完成森林抚育 26.87 万亩；扩大生态公益林 6.3 万亩；年末森林覆盖率达 74.62%。

三、工业和建筑业

2015 年，全区完成规模以上工业总产值 164.94 亿元，同比增长 5.8%；实现规模以上工业增加值 46.75 亿元，同比增长 5.1%。畬江工业园区完成规模以上工业总产值 30.25 亿元，同比增长 8.7%。

规模以上工业总产值按经济类型分：国有企业产值 10384 万元，同比下降 47.6%；集体企业产值 4455 万元，同比下降 24.8%；股份合作企业产值 13380 万元，同比增长 1.9%；股份制企业产值 1306334 万元，同比增长 6.2%；外商及港澳台投资企业产值 287194 万元，同比增长 5.6%；其他经济类型企业产值 27678 万元，同比下降 48.5%。

规模以上工业七大支柱产业工业总产值：电力生产占比重 34.66%，实现产值 571698 万元，同比下降 7.2%；电子产品业占比重 12.67%，实现产值 208961 万元，同比增长 6.4%；机械制造业占比重 15.52%，实现产值 256021 万元，同比增长 17.0%；医药化工业占比重 4.86%，实现产值 80224 万元，同比增长 76.2%；编织工艺业占比重 2.33%，实现产值 38392 万元，同比增长 8.9%；建材业占比重 9.5%，实现产值 156616 万元，同比下降 0.9%；矿产品业占比重 2.84%，实现产值 46904 万元，同比下降 7.7%。其他工业占比重 17.62%，实现产值 290607 万元，同比增长 14.8%。

全区规模以上工业企业实现利税总额 27.22 亿元，同比增长 19.4%。

2015 年，全区完成建筑业增加值 8.99 亿元，同比增长 7.6%。全区资质等级以上建筑业总产值 17.55 亿元，同比增长 17.5%。

四、固定资产投资

2015 年，全区完成固定资产投资总额 138.39 亿元，同比增长 30.2%。分产业看，第一产业投资 4.77 亿元，同比增长 154.3%；第二产业投资 35.92 亿元，同比增长 24.6%；其中，工业投资 35.92 亿元，同比增长 24.6%；第三产业投资 97.7 亿元，同比增长 29.3%。

全年完成房地产开发投资总额 48.48 亿元，同比增长 11%。商品房施工面积 235.1 万平方米，同比增长 7.6%；商品房竣工面积 151.12 万平方米，同比增长 36.2%；商品房销售面积 102.06 万平方米，同比增长 79.5%；商品房销售额 45.99 亿元，同比增长 87.9%。

五、交通、邮电和旅游

2015 年，交通运输、仓储和邮政业实现增加值 7.05 亿元，同比增长 6.1%。

全年交通运输能力如下：

指标名称	总　量	比上年增长	指标名称	总　量	比上年增长
旅客运输量	472 万人	12%	货物运输量	2156 万吨	13.8%
旅客周转量	61359 万人公里	12%	货物周转量	388162 万吨公里	13.8%

2015年，完成邮电业务总量91972万元，同比增长23.8%。其中，邮政业务总量5972万元，同比增长10.8%；通信业务总量86000万元，同比增长24.8%。年末，全区固定电话用户6.55万户，移动电话用户47.38万户，互联网用户29.7万户。

2015年，梅县区荣获广东省县域旅游综合竞争力“十强”，我区的雁南飞荣获国家生态旅游示范区，雁洋镇荣获广东旅游名镇，雁洋“国际慢城”荣获“橙色蜗牛”大奖，雁鸣湖、灵光寺顺利通过了国家AAAA级旅游景区的复评，南寿峰健康产业园评为国家AAA级旅游景区和广东省中医药文化养生旅游建设单位，雁洋镇长教村荣获中国乡村旅游模范村和广东旅游名村等项目佳绩。全年共接待游客1457.78万人次，同比增长20%；其中，过夜游客1091万人次，同比增长20%。旅游总收入122.11亿元，同比增长21%。

六、国内贸易

2015年，全区实现社会消费品零售总额122.93亿元，同比增长13%。其中，城镇零售总额86.87亿元，同比增长13.9%；农村零售总额36.06亿元，同比增长10.9%。

分行业零售总额中，批发和零售业零售总额106.61亿元，同比增长14.2%；住宿和餐饮业零售总额16.32亿元，同比增长5.6%。

七、对外经济贸易

2015年，新签外商投资项目（已批准）3个，合同利用外资金额5430万美元，同比增长2.76%。实际利用外资1900万美元，同比增长0.8%。

全年完成外贸进出口总额53225万美元，同比增长11.8%。其中，出口总额47804万美元，同比增长17.52%；进口总额5421万美元，同比下降21.75%。

八、金融和保险业

2015年，年末金融机构各项本外币存款余额252.74亿元，同比增长23.15%。其中，城乡居民储蓄存款余额194.97亿元，同比增长19.42%。金融机构各项本外币贷款余额122.24亿元，同比增长25.84%。

2015年，梅县区中保财产险全年各类保费收入3851.1万元，同比增长1.8%；赔款金额1393.1万元，同比下降10.5%。梅县区中保人寿险全年各类保费收入10815万元，同比下降7.4%；赔款金额320万元，同比增长34.5%。

九、科技、教育、文化和卫生、体育

2015年，全区共获取2015年度科学技术奖13项。其中，市科学技术奖7项。《新型车轴产业化技术》《大鲵制种与健康养殖关键技术开发研究与示范应用》两项成果获得市科学技术奖一等奖。全区专利申请量1554件（其中发明专利47件，实用新型专利1417件，外观设计专利90件），同比增长49.42%；专利授权量1736件（其中发明专利14件，实用新型专利1645件，外观设计专利77件），同比增长118.64%。年末全区拥有科学技术人员9041人，同比增长0.4%。其中，高级职称1069人，同比增长5.8%；中级职称4847人，同比减少0.7%；初级职称3125人，同比增长0.4%。

2015年梅县外国语学校全面招生，目前在校生677名；原华侨中学和新城中学资源整合新组建梅县区华侨中学；程江镇德兴小学扩容提质新增学位1500个等。

当年普通高中实际招生人数 3130 人，在校学生 10518 人，毕业生 4191 人；普通初中招生 4028 人，在校学生 12146 人，毕业生 4602 人；各类中等职业教育招生人数 984 人，在校学生 4375 人，毕业生 1987 人；普通小学招生 7315 人，在校学生 35539 人，毕业生 4295 人；幼儿园在园幼儿 19448 人；特殊教育在校学生 19 人。小学人口入学率 100%，初中人口入学率 100%，小学毕业生升学率 100%，初中毕业生升学率 99.66%，高中毕业生升学率 72.9%，大学录取率 74.7%。

2015 年，全区共有电影放映单位 1 个，艺术表演团体 2 个。完成农村电影放映 4260 场，广场电影 371 场，科技电影进步月放映 355 场等；山歌剧团、木偶剧团全年送戏演出各 80 多场次，观众人数分别达 10 万多人次。全区共有博物馆 2 个，公共图书馆 2 个，年末图书馆藏书达 28.91 万册。目前，我区有省级非遗项目 4 项、市级非遗 4 项、县（区）级非遗项目 32 项；非遗项目代表性传承人共 5 名，其中国家级代表性传承人 1 人，省级代表性传承人 2 名，市级代表性传承人 2 名。全区电视卫星接收站 8 座，有线电视广播站 19 个，数字电视用户 10.7 万户。全区电视综合人口覆盖率 100%，广播综合人口覆盖率 100%。

2015 年，全区 117 个医疗卫生事业机构拥有床位 2400 张，各类卫生技术人员 2277 人，其中医生 988 人，护士 794 人，药剂人员 225 人。其中镇卫生院共 18 间，拥有病床位 640 张。疾病控制和妇幼保健工作都有进一步发展，全年未出现重大“疫情”。

2015 年，代表我区参加中国青基会希望学校足球赛的丙村镇小队荣获冠军；梅县富力切尔西足球学校参加广东省少年足球联赛荣获冠军；2015 年梅州市“五 · 四”“跃速杯”青年足球比赛冠军；梅县区代表梅州市参加 2015 年广东足协七人制足球联赛（粤东大赛区）我区男子足球队获得冠军；获 2015 年梅州市足球选拔赛（2001—2002 年龄段）男子足球冠军；2015 年梅州市足球比赛（2014—2015 年龄段男子组）冠军；获 2015 年梅州市足球选拔赛（2001—2002 年龄段女足）冠军；梅县铁汉生态足球队在中乙足球联赛南区比赛中获得第三名，梅县庆达足球队在 2015 年广东联盟杯七人足球赛中荣获第三名，并获最佳阵容和体育道德风尚奖；中乙联赛第五名。

十、人口与人民生活

2015 年，全区人口出生率为 11.37‰，死亡率为 5.66‰，自然增长率为 5.7‰。年末，全区户籍人口 610169 人，同比增长 1.67%；其中，非农人口 135161 人，同比增长 0.3%。

据抽样调查，2015 年全区全体居民人均可支配收入 20168 元，同比增长 10.9%；其中：城镇居民人均可支配收入 25650 元，同比增长 11.1%；农村居民人均可支配收入 14627 元，同比增长 10.5% 。

2015 年，全区有 7.43 万人参加社会养老保险，3.23 万人参加失业保险，5.57 万人参加职工医疗保险，3.82 万人参加工伤保险，3.84 万人参加生育保险，50.46 万人参加城乡居民医疗保险，22.64 万人参加城乡居民养老保险。全年社保费征收 3.8 亿元，超额完成全年任务 3.4 亿元的 11.8%。

2015 年，环保审批建设项目 159 宗，环保投资 3.02 亿元，比上年增长 117.27%。全年削减 COD 排放量 198.11 吨、削减氨氮排放量 149.4 吨、削减二氧化硫排放量 4949.23 吨、削减氮氧化物排放量 1174.18 吨。环境空气质量保持稳定，优于国家二级标准，局部环境空气质量持续向好；地表水水质基本达到划定功能区标准，饮用和备用水源水质达标率为 100%；城区环境噪声基本符合城市噪声质量标准。

注： 1. 本公报公布的各项统计数据为初步统计数。

2. 全区地区生产总值、各产业增加值绝对数按现行价格计算，增长速度按可比价格计算。

梅州市梅县区新型职业农民培育认定及管理办法（试行）

第一章　总　则

第一条　为加快推进我区农业现代化进程，保障我区农业产业持续、稳定、健康发展，培育一批有文化、懂技术、会经营的新型职业农民，促进农业专业化、标准化和规模化经营，提高农产品产出率和商品化率，有效增加农民收入，实现富民强县的目标，现根据上级有关要求，结合我区实际，特制定本办法。

第二条　新型职业农民是具有较高文化素质和农业生产管理技能，主要从事农业生产经营，有一定生产经营规模，依靠科技进步和科学管理，并以此为主要收入来源的从业者。培育新型职业农民，有利于吸引和留下一批高素质农业后继者从事农业生产经营，推进现代农业发展，保障粮食和主要农产品的有效供给。

第二章　培育对象的摸底与建档

第三条　以乡镇为单位，以自愿为原则，对全区现有的规模种植、养殖大户进行入户调查摸底，将符合以下条件的对象作为梅县区新型职业农民的重点培育对象进行建档立卡。

（一）劳动力年龄介于 18 至 60 周岁的本区从事种植、养殖产业并具有一定规模的经营业主。

1. 种植业规模要求：果树 10 亩以上，水稻 20 亩以上，茶叶 50 亩以上，蔬菜 3 亩以上。

2. 养殖业规模要求：生猪年栏 200 头以上，兔养殖年出笼 3000 头以上，蛋鸡蛋鸭养殖年存笼 2000 只以上，其他养殖（野猪、肉牛、羊、鱼等）视情况而定，畜禽养殖需取得动物防疫条件合格证。

（二）自愿接受上级有关部门安排的各项培训。

（三）其主要摸底及建档程序是：符合以上条件的种植大户，可到所在乡镇农业服务中心领取《梅县区新型职业农民培育对象登记表》，填好后由乡镇农业服务中心报送区农业局科技教育股；由区农业局科技教育股审查后汇总报区新型职业农民培育工作领导小组。

第三章　培育机制

第四条　根据我区金柚、水稻、茶叶、蔬菜、养殖等产业的发展现状，分产业制定新型职业农民的培育模式。

（一）完善设施建设。依托区、镇、村、农民田间学校等培训场所，配备电脑、投影仪等先进教学设备，做到有场所、有人员、有制度、所有学员都有纸质及电子档案。

（二）优化师资力量。按不同专业或不同培训阶段所需的师资要求，向社会聘请外来专家及技术能人，建立一支专业高效的培训师资队伍，并结合农业生产特点、农民教育规律和学习特点，采取送教下乡、教师进村等农民易于接受的方式，把培训办进农村、办到田间。

（三）创建实训基地。完善无公害金柚种植示范基地、无公害蔬菜标准化示范基地建设并将其作为实训基地，做到基地有牌子、有制度，培训有图片、文字记录等资料。

（四）实行免费培训。免费培训，免费提供教材，免费提供师资，免费提供实践基地实训，免费外出观摩交流学习。

（五）整合农业资源。整合农机、农业龙头企业、农民专业合作社等资源，对新型职业农民进行政策扶持。

第四章　认定标准及条件

第五条　新型职业农民的资格认定坚持政府引导、农民自愿、严格标准、动态管理，坚持公开、平等、择优及德绩并重的原则。我区新型职业农民必须具备以下基本条件：

（一）在劳动力年龄内（18 至 60 周岁内）的本区从事金柚、蔬菜产业且具有一定规模的经营业主。

（二）具有较高文化素质和技能水平：具有农校、农广校或其他院校中专以上学历（含函授生），或具有与申报产业相关的职业资格证书、绿色证书等。

（三）具有一定专业技能和规模化经营管理能力，具备现代农业理念和知识，应对市场变化能力强，实践经验丰富，能够合理配置农业资源，掌握先进成功的经营模式，并根据本地实际进行创新创业，带动当地农民致富。具体指标要求如下：

1. 种植产业需根据摸底与建档标准，本户年人均纯收入是全区年人均纯收入的 2 倍以上。

2. 养殖产业需根据摸底建档要求，并取得畜禽养殖动物防疫条件合格证，本户年人均纯收入是全区年人均纯收入的 2 倍以上。

第五章　认定程序

第六条　其主要认定程序是：

（一）符合认定条件的种植、养殖产业的经营业主和种养大户，可到所在乡镇农业服务中心领取《梅县区新型职业农民资格认定申请表》，填好后由乡镇农业服务中心报送县农业局科教股审查；经区农业局科教股资格审查后，组织召开梅县区新型职业农民专家评定小组会议进行审核；审核认定后委托区农业局颁发《梅县区新型职业农民证书》。

（二）报送区农业局科教股的材料包括：1. 梅县区新型职业农民资格认定申请表一式三份；2. 身份证、毕业证书、专业技术职称证书、有关成果证明、获奖证书或荣誉证书（复印件）各一份。

第六章　保障措施

第七条　区政府成立梅县区新型职业农民培育工作领导小组，由分管农业的区领导任组长，农业局局长任副组长，成员由农业局、财政局、发改局、林业局、畜牧兽医水产局、扶贫开发局、人社局、教育局、科技局、妇联、国土资源局、工商管理局等副局长及梅县邮政银行行长助理、梅县人民财产保险公司副经理组成，领导小组下设办公室，办公室设在县农业局科教股，具体负责我区新型职业农民培育试点的日常工作，协调各方力量，确保人员、技术措施和各项政策的落实到位。各镇（高管会）要成立相应机构，切实加强新型职业农民培育工作。

第八条 区政府出台《梅州市梅县区新型职业农民扶持奖励办法》，整合相关部门资源，对新型职业农民给予政策扶持，从而引导并鼓励高素质的农民向有技术、懂管理、善经营的新型职业农民方向发展，促使职业农民从事农业职业的收入水平赶上或达到各行业平均水平。

第七章 准入及退出机制

第九条 根据我区金柚及蔬菜产业发展的实际情况，以现有的种养大户和有志从事农业生产、有一定经济基础和文化素质较高的返乡创业农民作为新型职业农民的重点培育对象，对他们登记造册、分级分类培训，并在自愿申报的基础上，由区农业局进行资格审查认定后汇总，报梅县区新型职业农民专家评定小组会议审核认定。

（一）准入机制。对经过培育和资格认定的新型职业农民进行动态管理，优先享受各级政府的相关扶持政策，并接受各级政府的跟踪管理服务。

（二）退出机制。对已确定的新型职业农民如有违法行为或不服从新型职业农民培育各项管理、不按要求参加培训学习的，经区领导小组会议研究给予退出新型职业农民培育管理体系，不再享受各级政府的相关扶持政策。

第八章 附 则

第十条 本办法由梅县区新型职业农民培育工作领导小组负责解释。

第十一条 本办法自印发之日起施行。

梅州市梅县区新型职业农民扶持奖励办法（试行）

第一条 为加大对我区新型职业农民的扶持力度，积极营造新型职业农民培育和发展的良好环境，培育造就一批有文化、懂技术、会经营的新型职业农民队伍，结合我区农业产业发展实际，特制定本办法。

第二条 本办法适用于梅县区经认定的新型职业农民。

第三条 对新型职业农民实施“五优先”政策。一是优先享受政府有关土地流转、农资、农机购置等方面的农业补贴，并对农产品当年取得无公害、绿色和有机品牌认证的，凭认证证书等有关材料分别给予10000元、20000元、30000元的奖励。二是优先享受科技推广等各项配套服务。优先选派专业对口的科技人员为新型职业农民开展进村入户、联户结对技术指导服务。三是优先安排参加农民创业等学习培训，优先申报晋升高一级农民专业技术职称）。四是优先安排申报涉农扶持项目，对组建专业合作社的可以优先申报省、市示范社。五是对新型职业农民投资创办的组织，优先参评“十佳农民专业合作社”“十大流通组织”“十大优质金柚示范园”。

第四条 争取多方支持，加大扶持力度。一是在上级新型职业农民培育经费的基础上，结合梅县区实际，适当加大新型职业农民发展产业的资金扶持力度。二是将新型职业农民培育工作纳入全区国民经济和社会发展规划，并争取国家、省级涉农项目扶持资金。三是在科技三项费用中，对新型职业农民高新技术发展、科技创新、科技成果转化等给予资金扶持。四是农业扶贫开发项目向新型职业农民培育项目倾斜。

第五条 完善社会保障机制。制定新型职业农民的创业扶持和权益保障办法，逐步提高对新型职业农民参加社会保障、医疗保障、农业保险、养老保障等方面的补贴额度和补贴范围。

第六条 逐步推行免费培训。将新型职业农民培训纳入职业教育、成人教育范畴，提升新型职业农民的科技素质和创业能力。

第七条 将农村基本农田保护和标准农田建设以及土地整理等涉农项目向新型职业农民倾斜。

第八条 优先办证，减免税费。为新型职业农民创业优先办理有关证照并简化手续。对从事农、林、牧、渔业生产经营收入减征或免征所得税、营业税，自产自销农产品免征增值税等。

第九条 强化金融信贷支持。为新型职业农民创业提供全方位、多层次的信贷支持，推广农村小额信用贷款，推行新型职业农民以农村土地承包经营权、林权、农村房产、果园、茶园、养殖基地、加工设备等用益物权进行抵押融资。

1. 通过梅县区省级现代农业示范区“政银保”项目，优先为新型职业农民提供30万以内、不超过3年的政府担保贴息贷款。

2. 通过梅县区妇女创业小额担保财政贴息贷款项目，优先为妇女新型职业农民提供 2 年期 5 万—8 万元的创业小额担保财政贴息贷款。

3. 通过梅县区人力资源和社会保障局扶持创业就业小额贷款项目，为新型职业农民提供 8 万元 2 年期担保财政贴息贷款。

第十条 本办法由区新型职业农民培育工作领导小组负责解释。

第十一条 本办法自印发之日起施行。

梅州市梅县区公务用车制度改革实施方案

为贯彻落实党的十八大和十八届三中、四中全会精神及《党政机关厉行节约反对浪费条例》、《广东省全面推进公务用车制度改革总体方案》《梅州市全面推进公务用车制度改革总体方案》，推进我区区直机关及各镇人民政府（办事处、高管会）（以下简称“车改单位”）公务用车制度改革，加快建立新型公务用车制度，有效降低行政成本，制定本方案。

一、总体要求

围绕建设节约型、廉洁型机关，坚持社会化、市场化方向，转变传统的公务用车运行管理方式，合理有效配置公务用车资源，创新公务交通分类提供方式，实现公务出行便捷合理、交通费用节约可控、公车管理规范透明、监管问责科学有效，基本形成符合我区区情的新型公务用车制度。区直机关公务用车制度改革于 2015 年 9 月底前完成，乡镇公务用车制度改革于 2015 年 12 月底前完成。

坚持制度创新，改革公务用车实物供给方式，切实保障公务出行；坚持统筹兼顾，科学制定改革方案和相关配套政策，确保新旧机制平稳过渡、有机衔接；坚持厉行节约，确保改革后公务交通支出低于改革前支出总额，整体节支率达 7%。

二、主要任务

（一）参改范围

1. 机构范围：区纪委机关和区委各部门，区人大机关，区政府各部门，区政协机关，区审判机关，区检察机关，区直各人民团体、群众团体，各民主党派区委机关、区工商联，区委、区政府所属参公事业单位，各镇人民政府（办事处、高管会）；党政机关所属行政机构和参公事业单位随本部门机关一并改革。

2. 人员范围：在编在岗的处级及以下工作人员。

3. 车辆范围：各车改单位实际使用的一般公务用车和执法执勤用车。各部门的通勤车纳入本次改革范围；经核定的特种专业技术用车暂不纳入改革范围，仍按有关规定执行。

（二）改革方式

1. 对参改的处级及以下工作人员适度发放公务交通补贴，自行选择公务出行方式。区直机关、新城办、扶大高管会、程江镇参改人员在梅州市梅县区（梅县区新城街道办事处、扶大高新区管委会、程江镇）内从事公务活动，不再报销公务交通费用，具体范围由区公务用车制度改革领导小组按程序审定；其他乡镇参改人员在本乡镇以镇政府为中心，方圆 50 平方公里范围内从事公务活动，不再报销公务交通费用，具体范围由区公务用车制度改革领导小组按程序审定。（牵头单位：区发展改革局）

2. 鼓励区、乡镇党政主要负责人参加改革，确因工作需要不便取消公务用车的，允许以适当集中形式提供工作用车实物保障，但必须严格规范管理，不得再领取公务交通补贴，具体岗位在市核定的总量范围内由区公务用车制度改革领导小组确定。（牵头单位：区发展改

革局）

3. 制定公务交通补贴管理办法，合理确定各职级工作人员公务交通补贴标准。根据“公务交通补贴标准不得高于中央和国家机关补贴标准的 130%”和《梅州市全面推进公务用车制度改革总体方案》要求，梅县区公务交通补贴划分为 6 个档次，具体标准为：正处级每人每月 1000 元，副处级每人每月 800 元，正科级每人每月 600 元，副科级每人每月 450 元，科员每人每月 300 元，科员以下其他人员每人每月 250 元。参改部门车辆封存停驶并经验收合格后，方可发放公务交通补贴。梅县区公务交通补贴标准根据国家、省、市机关公务交通补贴标准的变化适时调整。（牵头单位：区财政局）

4. 取消一般公务用车，保留必要的机要通信、应急车辆。区委、区人大、区政府、区政协机关保留用车数量，由区公务用车制度改革领导小组审核确定；区直每个单位可保留不超过 2 辆，具体由区公务用车制度改革领导小组审核确定。允许区委、区人大、区政府、区政协机关适当保留部分调研、接待用车，保留车辆以中巴车型为主，实行总量控制、集中管理，具体编制数量由区公务用车制度改革领导小组审核确定，经费由区财政部门从改革后节余的公务交通支出经费中统筹安排。乡镇可保留不超过 2 辆，具体由区公务用车制度改革领导小组审核确定。（牵头单位：区发展改革局、区财政局）

5. 从严配备执法执勤用车。进一步压缩执法执勤车辆规模，区直机关保留比例不超过 70%。执法执勤用车配备严格限制在一线执法执勤岗位，机关内部管理和后勤岗位以及机关所属事业单位一律不得配备。筹建跨部门综合执法执勤用车平台，确保两年内完成。与省核定执法执勤用车口径不一致的行政执法用车原则上不再配备，确属行政执法需要的一线执法执勤车辆，在从严控制总量的前提下，经区财政部门核定后纳入执法执勤用车平台统一保障。（牵头单位：区委政法委、区财政局）

6. 实行公务用车定编管理，严格核定定向化保障公务用车的编制。除涉及国家安全、侦查办案等有保密要求的特殊工作用车外，执法执勤用车实行统一标识管理。各部门按规定保留的公务用车实行集中管理，逐步探索社会化监督的有效形式和具体办法。用于机要通信、相对固定路线执法执勤等车辆配备更新时应选用新能源汽车。（牵头单位：区财政局）

7. 车改单位参改人员在规定区域外进行公务活动，选择公共交通工具的，按照现行有关出差管理规定执行；选择利用单位留用车辆和社会化租赁车辆方式的，在保证节约的前提下，经所在部门审核批准，由机关后勤管理部门或社会化车辆租赁公司提供出行服务。梅县区公务出行保障服务供应商，由区财政部门通过向社会公开招标方式确定。（牵头单位：区财政局）

8. 对特别重大抢险救灾、事故处理、突发事件处置等不可预测的特殊事项，区政府应急工作主管部门要会同有关单位，从实际出发在应急预案中另行制定特殊情况下公务用车保障办法，所需经费由区财政部门安排。各部门按规定留用的车辆可用于突发事件的应急保障。（牵头单位：区政府办公室、区财政局）

9. 中央、省属驻梅县区单位按照属地化原则，遵从所在地区相关规定，与所在地区同步推进改革，补贴标准参照所在地区标准执行，经费按原资金供给渠道予以保障。（牵头单位：区财政局）

（三）妥善安置司勤人员

1. 涉改司勤人员安置原则上以内部消化为主，不得简单推向社会。各部门要根据保留公务用车的实际需要，合理设置司勤人员岗位，按照公开、平等、竞争、择优的原则，在现有在册正式司勤人员中，采用竞聘上岗、综合择优等方式确定上岗人员。（牵头单位：区人力资源和社会保障局）

2. 对其他司勤人员，分类采取不同的安置措施。在册正式司勤人员，通过内部转岗、开辟新的就业岗位、提前离岗等多种方式妥善安置，提前离岗的人员限制在距国家法定退休年龄 5 年以内；非在册正式司勤人员，按照国家有关法律法规处理劳动关系，维护其合法权益，相关必要支出由区财政安排专项经费予以保障。区人力资源社会保障部门负责制定司勤人员安置实施办法，并指导各部门做好司勤人员安置工作。（牵头单位：区人力资源社会保障局）

（四）规范处置核定取消的公务车辆

1. 对核定取消的公务用车，由区财政部门统一规范处置，制定处置办法，委托公共资源交易平台公开招标评估、拍卖机构，通过公开拍卖等方式公正处置。取消车辆处置要防止甩卖和贱卖现象，避免国有资产流失。公务用车处置收入，扣除有关税费后全部上缴国库。对高污染排放车辆一律予以淘汰，对达到报废条件的车辆按有关规定处置。（牵头单位：区财政局）

2. 对未能公开拍卖处置的车辆，可登记造册后交由本单位机关车辆管理部门实行有偿使用，或统一委托由区政府授权的现有国有交通运输企业统一管理、实行市场化运营，不得变相为其提供财政性补贴，过渡期暂定 5 年。（牵头单位：区财政局）

三、加强组织领导

（一）加强统筹协调

梅县区公务用车制度改革工作，在区委、区政府统一领导下，由区公务用车制度改革领导小组统筹指导并组织实施，领导小组办公室负责本实施方案的具体组织协调工作，加强督促检查，加快建立改革动态调整机制，及时有效解决改革中遇到的新情况新问题。各成员单位根据分工负责研究制定并组织实施公务用车制度改革的相关配套政策措施。各车改单位负责制定本单位公务用车制度改革实施方案，于 2015 年 11 月上旬前报区公务用车制度改革领导小组审定。

（二）严格执行纪律

把公务用车配备和运行维护费用、交通补贴发放、车辆处置情况等纳入日常和专项审计监督及各车改单位政务公开范围。任何单位、个人不得以特殊用途等理由变相超编制、超标准配备公务用车，不得以任何方式换用、借用、占用下属单位或其他单位和个人的车辆，不得接受企事业单位和个人赠送的车辆，不得以任何理由违反用途使用或固定给个人使用执法执勤、机要通信等公务用车，不得以公务交通补贴名义变相发放福利。公务人员不得既领取公务交通补贴、又违规乘坐公务用车。区纪委、区监察局要加强对各车改单位执行公务用车制度改革工作纪律的监督，对改革中出现的各种违规违纪行为，会同有关部门依法依纪坚决严肃查处。

（三）注重宣传引导

各有关部门要切实加强新闻宣传和舆论引导工作，广泛宣传公务用车制度改革方案、政策、经验和成效，及时回应社会关切，使广大公务人员和人民群众了解、支持公务用车制度改革，努力为改革创造良好社会氛围。

本实施方案自印发之日起实施。中央、省属驻梅县区单位可参照本方案实施。

附件：

1. 梅州市梅县区公务用车制度改革涉及的车辆处置办法
2. 梅州市梅县区公务用车制度改革司勤人员安置实施办法
3. 梅州市梅县区执法执勤用车制度改革实施办法
4. 梅州市梅县区公务交通补贴管理办法
5. 梅州市梅县区公务用车制度改革定向化保障车辆管理办法

附件 1：

梅州市梅县区公务用车制度改革涉及的车辆处置办法

第一条 为规范区公务用车制度改革涉及的车辆处置管理工作，根据《梅州市全面推进公务用车制度改革总体方案》《梅州市梅县区公务用车制度改革实施方案》以及公务用车管理的有关规定，制定本办法。

第二条 区纪委机关和区委各部门，区人大机关，区政府各部门，区政协机关，区审判机关，区检察机关，区直各人民团体、群众团体，各民主党派区委机关、区工商联，区委、区政府所属参公事业单位，各镇人民政府（办事处、高管会）的车辆处置，适用本办法。

第三条 本办法所称车辆，是指公务用车制度改革后，区直机关和各镇人民政府（办事处、高管会）（以下简称“车改单位”）经批准应当核减取消的车辆。

第四条 车辆的处置应当遵循公正公平、统一规范、公开透明、杜绝浪费的原则，采取公开拍卖等方式进行，不得压价出售，避免国有资产流失。

第五条 区财政局负责制定车辆处置管理制度，批复车辆处置申请，确定并公布车辆的评估机构和拍卖机构，指导公共资源交易平台和车改单位具体开展车辆处置工作。

第六条 车改单位是车辆处置工作的直接责任主体，负责本单位处置车辆的清点统计，资料收集、整理、移交，处置期间车辆的封存、保管和展示，申请转移登记和处置收入上缴等工作。

第七条 车改单位主管部门负责组织本部门车改单位的车辆处置工作，对车辆进行清查登记，委托中介机构进行鉴定评估、拍卖，汇总上报处置情况和收入上缴情况等。

第八条 车辆的拍卖应依托公共资源交易平台进行。公共资源交易平台在区财政局的指导下，负责组织拍卖机构对相关车辆进行公开、规范拍卖。

第九条 公共资源交易平台负责制定鉴定评估和拍卖交易规则，针对车辆转让受理、受让登记、交易签约、资金结算等交易环节制定操作细则；承接拍卖机构统一接入公共资源交易平台，与拍卖机构共同发布拍卖信息，协助拍卖机构拍卖车辆；负责结算交易资金；提供车辆交易配套服务，协助组织车辆签约交易及办理过户等。

第十条 区财政局委托公共资源交易平台公开招标评估机构和拍卖机构。

车改单位主管部门按照公共资源交易平台的规则，委托鉴定评估机构和拍卖机构负责本部门车改单位处置车辆的鉴定评估和拍卖工作。

第十一条 车辆鉴定评估机构和拍卖机构应满足如下基本条件：

（一）经工商登记注册具备独立法人资格；

（二）具备国家核发的相应资质；

（三）注册时间 3 年以上，且近 3 年正常开展业务；

（四）拍卖机构应具有一定规模的车辆停放展示场地。

第十二条 车辆按以下程序处置：

（一）车改单位在规定时限内对处置车辆进行清查盘点，并核准机动车登记证、行驶证、购车凭证、车辆购置税凭证、交强险单、车船使用税凭证、组织机构代码证等材料齐备，车辆产权清晰、权属明确。

（二）车改单位将本单位经核定保留车辆，处置车辆情况在本单位进行公示，接受群众监督（公示内容详见附表）。

（三）车改单位主管部门汇总本部门车改单位处置车辆信息，委托评估机构对车辆进行鉴定评估。

（四）车改单位主管部门向区财政局提出处置申请，区财政局作出处置批复。

（五）车改单位根据区财政局批复对车辆进行分类处置：应拍卖的车辆委托拍卖机构进行拍卖。拍卖机构依托公共资源交易平台，通过公开拍卖等方式公开处置拍卖车辆。公开拍卖底价以鉴定评估机构的评估价格为基准价，车辆实际成交价格原则上不得低于基准价。拍卖未成交的车辆，由拍卖机构统计清点报各车改单位主管部门后，按照不低于评估价格 90% 的原则重新确定拍卖底价，进行再次拍卖；仍未成交的，由车改单位主管部门通知鉴定评估机构重新进行评估。经批准报废的车辆，由车改单位主管部门按规定处理。

（六）车辆处置收入由公共资源交易平台结算，车改单位将处置收入抵扣应缴纳的税款和所发生的相关费用（资产评估费、技术鉴定费、交易手续费等）后，按照非税收入管理有关规定上缴国库。

（七）车改单位依据车辆处置批复文件、车辆过户凭证（交易凭证）或报废凭证，按财务会计制度和行政事业资产管理规定及时调整财务、资产账目。

（八）车改单位主管部门在全部车辆处置完成后，向区财政局汇总报送车辆处置和收入上缴明细情况。

第十三条　对未能公开拍卖处置的车辆，登记造册后交由各单位车辆管理部门实行有偿使用，或统一委托由区政府授权的现有国有交通运输企业统一管理、实行市场化运营。

第十四条　违反本办法，有下列情形之一的，由区财政局责令限期改正；造成国有资产损失的，依法追究相关人员责任：

（一）违反《党政机关厉行节约反对浪费条例》的；

（二）违反《中华人民共和国政府采购法》《中华人民共和国招标投标法》和《中华人民共和国拍卖法》的；

（三）瞒报、错报、漏报保留车辆、处置车辆以及车辆关键信息的；

（四）不配合车辆处置工作，故意拖延或者拒绝处置应处置车辆的；

（五）违规进行处置车辆鉴定评估和拍卖的；

（六）其他违反本办法的情形。

第十五条　建立健全舆情反馈机制。对媒体曝光、群众举报的违纪违规问题，按规定处理。

第十六条　非驻梅县区区直机关公务用车制度改革涉及的车辆处置按照属地化原则，与驻在地公务用车处置同步推进。

第十七条　本办法由区财政局负责解释。

第十八条　本办法自发布之日起施行。

附件 2：

梅州市梅县区公务用车制度改革
司勤人员安置实施办法

第一条 为妥善安置司勤人员，保障我区公务用车制度改革顺利实施，根据《梅州市全面推进公务用车制度改革总体方案》《梅州市梅县区公务用车制度改革实施方案》等有关要求，制定本办法。

第二条 区纪委机关和区委各部门，区人大机关，区政府各部门，区政协机关，区审判机关，区检察机关，区直各人民团体、群众团体，各民主党派区委机关、区工商联，区委、区政府所属参公事业单位，各镇（办事处、高管会）的在册正式司勤人员、非在册正式司勤人员及借调、退休返聘等其他用工形式的司勤人员适用本办法。

第三条 本实施办法所称司勤人员，是指在区直机关、参照公务员法管理事业单位和各镇（办事处、高管会）（以下简称“参改单位”）公务用车驾驶、维修等岗位上工作，并与用人单位建立人事劳动关系的工作人员。

第四条 司勤人员安置工作要按照以人为本、积极稳妥、因地制宜的原则，实行新人新办法、老人老办法，以内部消化为主，不得简单推向社会。通过采取内部转岗、开辟新的就业岗位、提前离岗等多种方式进行安置，维护安置对象合法权益，安置过程应公开透明、方法民主科学、结果干部群众认可。

第五条 选用保留公务用车司勤人员,应当根据保留公务用车的实际需要，合理设置司勤人员岗位，按照公开、平等、竞争、择优的原则，在现有在册正式司勤人员中，采用竞聘上岗、综合择优等方式确定上岗人员，订立聘用合同。

第六条 现有在册正式司勤人员按以下途径安置：

（一）内部转岗。挖掘内部潜力，开辟新的就业岗位，在册正式司勤人员原则上调整到本部门及所属事业单位尚有空缺的工勤岗位，从机关调整到事业单位的司勤人员，不再保留原机关工作人员身份。转岗人员按规定参加转岗培训，适应新岗位要求，按有关规定确定其工资待遇。

（二）提前离岗。以车改方案批准日为车改基准日，在基准日前距法定退休年龄不足 5 年，经本人申请，单位审核，可提前离岗，离岗期间工资福利等基本待遇予以保留并不再晋升晋级，单位和个人继续按规定缴纳各项社会保险费，达到国家法定退休年龄时，办理退休手续。

（三）自谋职业。有条件的在册正式司勤人员自愿自谋职业或者自主创业的，终止、解除聘用合同或劳动合同。自愿与用人单位解除人事劳动关系的，按规定给予经济补偿。解除人事关系后的社会保险，按《中华人民共和国社会保险法》等有关规定办理。未签订聘用合同或劳动合同的在册正式司勤人员，解除人事劳动关系的经济补偿参照解除聘用合同的规定执行。

第七条 其他司勤人员按以下途径安置:

（一）对非在册正式司勤人员，在车改基准日前劳动合同到期的，不再续签劳动合同；在车改基准日前劳动合同未到期的，由双方协商一致解除劳动合同或按照《中华人民共和国劳动合同法》第四十条规定解除劳动合同。劳动合同解除或终止的，单位应当按照国家和省有关解除和终止劳动合同的法律法规和政策支付经济补偿。未订立劳动合同的非在册正式司勤人员，其相关权益按照《中华人民共和国劳动合同法》及《中华人民共和国劳动合同法实施条例》等有关规定执行。

（二）对借调、退休返聘等其他用工形式的司勤人员，各单位应在保障其合法权益的前提下及时清退，严格规范人员管理。

第八条 对解除人事关系的在册正式司勤人员，在机关事业单位与企业之间流动时，按照国家和省有关规定，根据其在机关（单位）工作的年限给予一次性补贴，处理各项社会保险关系。对于解除劳动关系的在册正式司勤人员，进入事业单位、企业工作的，按规定处理各项社会保险关系；登记失业的，按照有关政策规定，享受失业保险待遇及相应的就业服务和政策扶持。

第九条 对非在册正式司勤人员，符合本部门本单位内事业单位公开招聘条件的，鼓励其参加公开招聘。

第十条 非在册正式司勤人员在服务期间未参加社会保险的，单位应在解除劳动关系前依法依规为其办理企业职工基本养老保险、医疗保险、失业保险参保手续。涉及补缴条件和标准的，按国家和省有关规定执行，个人补缴部分由单位代扣代缴。

第十一条 区人力资源和社会保障局牵头成立区公务用车制度改革司勤人员安置工作组，负责梅县区公务用车制度改革中司勤人员安置的统筹协调工作，所需支出由区财政安排专项经费予以保障。

第十二条 各部门各单位应在内部广泛征求意见基础上，抓紧制定司勤人员安置方案，经区公务用车制度改革司勤人员安置工作组批准后抓好组织实施。强化动态管理，妥善解决安置工作中的问题。

第十三条 对改革涉及的相关人员，各部门各单位应逐一宣传和解释有关政策，做好思想工作。

第十四条 做好改革涉及司勤人员聘用合同或劳动合同的终止、解除工作，妥善处理各类用工形式司勤人员与单位的人事劳动关系变更、经济补偿金发放、社保关系处理等工作，维护相关人员合法权益。

第十五条 改革涉及相关司勤人员的经济补偿金由各部门各单位报区公务用车制度改革司勤人员安置工作组审核后发放，同时报区公务用车制度改革领导小组备案。所需经费由区财政安排专项经费予以保障。

第十六条 各部门各单位应制定应急预案，周密安排，严格执行方案确定的基本程序和政策规定，加强监督检查，落实各项工作制度和要求。

第十七条 本办法由区人力资源和社会保障局负责解释。

第十八条 本办法自发布之日起施行。

附件 3：

梅州市梅县区执法执勤用车制度改革实施办法

第一条 为规范梅县区执法执勤用车管理，根据《梅州市全面推进公务用车制度改革总体方案》《梅州市梅县区公务用车制度改革实施方案》，制定本办法。

第二条 执法执勤用车改革应坚持满足执法执勤工作需要，从严控制配备范围、编制、标准，规范执法执勤用车管理，加强执法执勤用车监督，形成规范有序、运转高效的执法执勤用车新机制。

第三条 本办法所称执法执勤用车，是指用于办案、监察、稽查、税务征管等执法执勤公务的专用机动车辆。其中，特种专业技术用车是指搭载了专业技术设备、用于执行特殊工作任务的专用车辆。

一线执法执勤岗位是指经常到现场、或和工作对象直接接触的工作岗位。

第四条 保留执法执勤用车的区直机关范围为法院、检察院、公安、纪委（监察）、司法、交通运输、农业、林业、食品药品监管等 9 个部门（系统）。除上述核定的执法执勤部门（系统）外，确属行政执法需要的一线执法执勤车辆，在严格控制总量的前提下，经区财政局核定后纳入跨部门综合执法执勤用车平台统一保障。

第五条 区直机关执法执勤用车纳入公务用车制度改革范围，经核定的特种专业技术用车予以保留。执法执勤车辆保留比例不超过 70%。执法执勤车辆编制数根据行政执法编制（指用于执法执勤岗位的行政编制、政法专项编制、行政执法专项编制等）人数核定，没有行政执法编制的不予核定。机关内部管理和后勤岗位以及机关所属事业单位一律不得配备执法执勤用车。

第六条 区直机关保留和取消的执法执勤车辆根据职能、机构和一线执法执勤岗位等因素核定。区直参改部门拟订保留和取消执法执勤车辆方案，报送区财政局。区财政局核定区直参改部门的方案，报区公务用车制度改革领导小组批准。因机构和人员编制变动需调整执法执勤用车数量的，由区财政局按程序核定。已核定执法执勤用车正常报废更新的，由区财政局按规定办理。

第七条 区财政局根据核准的执法执勤用车保留数量，相应扣减各部门的公务交通补贴。保留执法执勤车辆少于或等于 70%的部门，不扣减部门公务交通补贴；超过 70%的部门，每多保留 1 辆车，每年按 6 万元扣减部门公务交通补贴。

第八条 取消的执法执勤车辆根据《梅州市梅县区公务用车制度改革涉及的车辆处置办法》，按照公正公平、统一规范、公开透明、杜绝浪费的原则统一处置。

第九条 区直机关应加强执法执勤用车使用管理，建立健全登记、公示等使用管理制度。

除涉及国家安全、侦查办案等有保密要求的特殊工作用车外，执法执勤用车应当喷涂明显的统一标识，集中管理。

第十条 严格按规定使用执法执勤用车，严禁以任何理由挪用或固定给个人使用执法执勤用车，不得以任何方式换用、借用、占用其他单位或下属单位执法执勤用车，不得既领取公务交通补贴又违规乘坐执法执勤用车。

第十一条 区纪委（监察局）、区财政局、区审计局负责对执法执勤用车配备、使用和交通补贴发放等改革情况进行监督检查，纠正和查处违规违纪行为。

第十二条 本办法由区财政局会同区委政法委等有关部门负责解释。

第十三条 本办法自发布之日起施行。

附件 4：

梅州市梅县区公务交通补贴管理办法

第一条　为规范梅县区公务交通补贴管理，根据《党政机关厉行节约反对浪费条例》《梅州市全面推进公务用车制度改革的总体方案》和《梅州市梅县区公务用车制度改革实施方案》等规定，制定本办法。

第二条　本办法所称公务交通补贴，是指根据公务用车制度改革要求，为保障普通公务出行，由区财政安排专项用于发放公务人员普通公务出行交通费用补贴的资金。

第三条　公务交通补贴管理遵循保证公务、厉行节约、规范透明的原则。

第四条　公务交通补贴发放范围为区直机关和各镇人民政府（办事处、高管会）（以下简称“车改单位”）在编在岗的公务人员。

车改单位包括区纪委机关和区委各部门，区人大机关，区政府各部门，区政协机关，区审判机关，区检察机关，区直各人民团体、群众团体，各民主党派区委机关、区工商联，区委、区政府所属参公管理事业单位，各镇人民政府（办事处、高管会）。党政机关所属行政机构和参公管理事业单位随本部门机关一并改革。

公务人员包括以上单位在编在岗的区处级及以下公务员和参公管理人员等。机关工勤编制人员参加机关公务用车制度改革，其补贴标准按照科员以下执行。

以上具体范围由区公务用车制度改革领导小组办公室负责核定。

第五条　公务交通补贴标准应根据中央、省和市、区的政策规定，从实际出发，综合考虑公务出行成本、经济发展水平、社会承受能力等因素确定，并根据交通成本等相关因素变化情况，按规定适时适度进行调整。

第六条　公务交通补贴标准由区公务用车制度改革领导小组办公室牵头制定，经区委、区政府批准后实施。

第七条　非驻梅县区区直行政机构公务用车制度改革按照属地化原则，与驻在地公务用车制度改革同步推进，公务交通补贴按驻在地标准执行，经费按原资金供给渠道予以保障。

具体补贴标准由各单位参照驻在地公务用车制度改革方案申报，逐级汇总至区级主管部门审核后报区财政局。

第八条　公务交通补贴属于改革性补贴，原则上纳入各参改单位年初部门预算安排。结余结转资金按规定办理。

第九条　区财政局根据核准的执法执勤用车保留数量，相应扣减各部门的公务交通补贴。保留执法执勤用车少于或等于 70%的部门，不扣减部门公务交通补贴；超过 70%的部门，每多保留 1 辆车，每年按 6 万元扣减部门公务交通补贴。

第十条　实施公务用车制度改革，取消一般公务用车，对公务人员适度发放公务交通补贴后，普通公务出行方式由其自行选择，实行社会化提供，不得既领取公务交通补贴，又违规乘坐公务用车。

区直机关、新城办、扶大高管会、程江镇参改人员在梅州市梅县区（梅县区新城街道办事处、扶大高新区管委会、程江镇）内从事公务活动，不再报销公务交通费用；其他乡镇参改人员在本乡镇以镇政府为中心，方圆50平方公里范围内从事公务活动，不再报销公务交通费用。到前述区域外从事公务活动的，公务交通费用按照现行差旅费管理规定执行。

第十一条 各参改单位要严格按照区公务用车制度改革领导小组办公室核定的在编在岗公务人员数量、职级核定补贴数额，按月发放公务交通补贴。

第十二条 各有关部门要按照职责分工，各负其责，协同配合，共同做好公务交通补贴管理工作。财政部门负责制定公务交通补贴管理制度，将公务交通补贴统一纳入财政预算并按时拨付有关单位,按规定开展监督检查和绩效评价。纪检监察机关负责对公务交通补贴使用管理情况进行监督检查，纠正和查处违纪违法行为。审计部门负责对公务交通补贴的审计监督，将公务交通补贴使用管理情况纳入日常和专项审计监督。区直机关和乡镇负责本部门（单位）公务交通补贴管理，按照规定的补贴范围、标准及时发放公务交通补贴。

第十三条 参改单位要加强资金管理，强化预算硬约束，不得擅自扩大补贴范围、提高补贴标准，不得以公务交通补贴的名义变相发放福利。

第十四条 公务交通补贴绩效评价由财政部门组织，或通过引入第三方实施。参改单位要积极配合，做好绩效自评工作。

第十五条 参改单位应按《中华人民共和国政府信息公开条例》等规定，主动向社会公开公务用车制度改革、公务交通补贴发放情况等内容，接受社会监督。

第十六条 参改单位应建立健全内部监督管理制度。财政、监察、审计等部门负责监督检查，对违法违规行为，按规定予以处罚、处分或移交司法机关处理。

第十七条 本办法由区财政局负责解释。

第十八条 本办法自发布之日起实施。

附件 5：

梅州市梅县区公务用车制度改革定向化保障车辆管理办法

第一条 为规范梅县区定向化保障公务用车使用管理，根据《梅州市全面推进公务用车制度改革总体方案》和《梅州市梅县区公务用车制度改革实施方案》以及公务用车管理有关规定，制定本办法。

第二条 本办法所称定向化保障公务用车，是指公务用车制度改革后保留的机要通信、应急、特种专业技术、执法执勤用车，定向化提供实物保障岗位工作用车以及按规定配备的其他车辆（包括皮卡、大中巴、货车等原非定编车辆）。其中：

机要通信用车是指各单位按规定配备用于机要通信工作保障的车辆。

应急用车是指各单位按规定配备用于应急保障的车辆。

特种专业技术用车是指搭载了专业技术设备、用于执行特殊工作任务的专用车辆。

执法执勤用车是指用于办案、监察执纪、稽查、税务征管等执法执勤公务的专用机动车辆。

定向化提供实物保障岗位工作用车是指按照中央和省有关规定为允许以适当集中形式提供工作用车实物保障的相关岗位配备工作用车。

第三条 明确定向化保障公务用车编制和标准。

（一）合理确定机要通信、应急公务用车。区委、区人大、区政府、区政协机关保留用车数量，由区公务用车制度改革领导小组审核确定；区直机关每个单位不超过 2 辆，其中：人员编制 50 人以下 1 辆，51 人以上 2 辆。乡镇不超过 2 辆。除三防、应急主管部门和具体职能部门外，其他部门配备应急用车时，小轿车不得超过 18 万元和 1.8 升排气量（含带 T），吉普车不得超过 25 万元。

（二）执法执勤用车严格按照《梅州市梅县区执法执勤用车制度改革实施办法》配备。

（三）特种专业技术用车按照保障工作、厉行节约的原则，根据实际情况确定数量。

（四）定向化提供实物保障岗位工作用车严格按照中共中央办公厅、国务院办公厅《党政机关公务用车配备使用管理办法》规定执行。

第四条 严格定向化保障公务用车配备程序。区直机关、各镇人民政府（办事处、高管会）（以下简称“车改单位”）根据区公务用车制度改革领导小组核定的数量，向区财政局报送定向化保障公务用车配备方案。区财政局按规定审核方案后，报区公务用车制度改革领导小组审定。公务用车改革完成后，因机构和人员编制变动需调整定向化保障公务用车数量的，由区财政局按程序核定。已核定定向化保障公务用车正常报废更新的，由区财政局按规定办理。

第五条 配备更新定向化保障公务用车，应根据工作实际情况优先选用新能源汽车。

第六条 加强定向化保障公务用车使用管理。除涉及国家安全、侦查办案等有保密要求的特殊工作用车和定向化提供实物保障岗位工作用车外，其他定向化保障公务用车应当喷涂明显的统一标识；不喷涂统一标识的车辆必须报区财政局核准，并报区监察局备案。

执法执勤车辆按照各级有权限部门制定的统一标识图案执行。已喷涂统一标识的车辆，经报区财政局核准，可按原统一标识执行；未统一标识图案的执法执勤用车和其余定向化保障公务用车应在左右门上喷涂“梅县公务”的字眼，每个字长宽不得小于10厘米。

第七条 严格按规定使用定向化保障公务用车。严禁改变机要通信、应急、特种专业技术用车、执法执勤等定向化保障公务用车用途；严禁将定向化保障公务用车用于非公务活动；严禁对定向化保障公务用车进行改装和豪华装修。

第八条 健全定向化保障公务用车使用管理责任制，建立定向化保障公务用车档案，做到“一车一档”；严格登记车辆使用记录，包括车辆行驶里程、燃油费、维修费等；加强定向化保障公务用车使用管理绩效评价工作，降低定向化保障公务用车运行费用。

参改单位应于每季度终了后10天内将上季度定向化保障公务用车使用情况进行公示，自觉接受广大干部职工的监督。

第九条 区纪委（监察局）、区审计局、区财政局对定向化保障公务用车配备、使用和管理情况进行监督检查，纠正和查处违规违纪行为。

第十条 本办法由区财政局负责解释。

第十一条 本办法自发布之日起施行。

审校：陈福君

小型农田水利建设工程